SPURGEON'S SERMON NOTES

스펄전 신약설교노트

세계
기독교
고전

63

SPURGEON'S SERMON NOTES

스펄전 신약설교노트

찰스 스펄전 | 김귀탁 옮김

CH북스
크리스천
다이제스트

※일러두기

스펄전의 설교노트는 총264편으로 구성되어있는데 1~129편은 구약편이고, 130~264편은 신약편이다. 이 책의 차례 번호는 원서를 그대로 따랐다.

차 례

130
시험받은 하나님의 아들

네가 만일 하나님의 아들이어든
_ *마태복음 4:3*

시험당하는 것은 죄가 아니다. 왜냐하면 완전하신 예수님도 "모든 일에 우리와 똑같이 시험을 받으셨기" (히 4:15) 때문이다.

시험이 반드시 죄를 일으키는 것은 아니다. 왜냐하면 우리는 예수님에 관해, 시험을 받으신 이로되 "죄는 없으셨다"는 말씀을 읽기 때문이다.

최악의 시험이라도 그 안에 죄를 내포하고 있지는 않다. 왜냐하면 예수님도 죄가 없이 악한 자 자신으로부터 가장 악랄한 시험을 받으셨기 때문이다.

우리가 시험받는 것은 필수적이다:

- 테스트를 위해. 시험을 통해 신실함, 믿음, 사랑, 인내 등이 입증된다.
- 성장을 위해. 시험은 우리의 은혜를 계발하고 증가시킨다.
- 타인의 유익을 위해. 우리는 시험을 통해 다른 사람을 위로하고 권면할 수 있게 된다.
- 승리를 위해. 마귀를 이기는 것은 얼마나 영광스러운 일일까!
- 하나님의 영광을 위해. 하나님은 연약한 사람들을 통해 사탄을 정복하신다.

홀로 있는 것은 시험을 막는데 도움을 주지 못한다.

- 오히려 그것은 시험을 촉진시킬 수 있다. 예수님도 광야에서 홀로 계실 때 시험을 받으셨다.
- 금식과 기도가 반드시 시험하는 자를 물리치는 방법은 아니다. 왜냐하면 이것들은 우리 주님도 충분히 사용한 방법들이었지만, 시험을

받으셨기 때문이다.

사탄은 시험할 때 어떻게 말해야 할지 알고 있다: 본문이 그 한 예다.

- 그는 우리 주님이 하나님의 아들이라는 자격에 의심을 던지고, 교묘하게 성경을 인용함으로써 그의 시험의 첫 단계를 시작했다.
- 그는 우리 주님의 세례에 대한 아버지의 말씀을 그대로 되풀이함으로써, 하늘의 증거가 끝난 지점에서 시험을 시작했다.
- 그는 시험할 때 이중으로 공격하는 방법을 알고 있었고, 그래서 즉각 의심과 반역을 제안했다. 이것은 "네가 만일 하나님의 아들이어든 명하여" 라는 말씀 따위에서 확인할 수 있다.

I. 시험하는 자는 "만일"이라는 말로 공격한다.

1. 그것은 노골적 부정이 아니다. 그것은 정말 놀랄 만하다. 의심은 이단보다 사탄의 목적을 성취하는데 더 효과적이다.
2. 그는 자신의 "만일" 공격법을 거룩한 일에 적용시킨다. 그는 하나님의 아들의 신분에 관해 의심을 거룩한 염려인 것처럼 보이게 만든다.
3. 그는 그것을 명백한 성경에 적용시킨다. "너는 내 아들이라" (시 2:7).
4. 그는 그것을 이전의 증거에 적용시킨다. 하나님은 예수님이 세례 받으실 때 "너는 내 사랑하는 아들이라" (눅 3:22)고 말씀하신 적이 있다. 사탄은 우리의 영적 경험이 모순인 것처럼 말한다.
5. 그는 그것을 전생애에 적용시킨다. 어렸을 때부터 예수님은 아버지의 일을 하고 계셨다. 그러나 서른 살 이후 그의 아들됨은 의심을 받는다.
6. 그는 그것을 내면 의식에 적용시킨다. 주님은 자신이 아버지의 아들임을 익히 알고 계셨다. 그러나 악한 자는 대담하게도 그것을 의심하도록 획책했다.
7. 그는 그것을 완전한 인격에 적용시킨다. 그가 아무리 우리에게 질문을 잘한다고 할지라도, 그의 잘못은 너무나 많다.

II. 시험하는 자는 "만일" 공격법을 핵심적인 영역에 적용시킨다.

1. 우리의 자녀됨에 대해
   - 우리 주님의 경우, 마귀는 주님의 인간적 · 신적 자녀됨을 공격한다.
   - 우리의 경우, 마귀는 우리의 거듭남을 의심하도록 만들 것이다.
2. 우리의 어린아이 같은 영에 대해. 마귀는 우리 스스로 만족을 추구하도록 유혹한다. "명하여 이 돌들로 떡덩이가 되게 하라"(마 4:3).
3. 아버지의 영광에 대해. 마귀는 우리로 하여금 아버지의 섭리를 의심하고, 우리를 배고픈 자로 만드신 것에 대해 그분을 원망하도록 획책한다.
4. 천국 가족의 일원으로서 우리의 위로와 힘에 대해.
   - 우리의 자녀됨을 박탈함으로써, 마귀는 우리를 고아로 버려두고, 그 결과 우리를 헐벗고 가난하고 비참한 존재로 만들 것이다.
   - 따라서 마귀는 우리가 기도하지 못하도록 훼방한다. 우리가 자녀됨을 의심한다면, 어떻게 "우리 아버지"(마 6:9)라고 부를 수 있겠는가?
   - 따라서 마귀는 우리의 인내를 파괴할 것이다. 우리가 그분의 자녀가 아니라면 "아버지여, 아버지의 원대로 되기를 원하나이다"(마 26:42)라고 기도할 수 있겠는가?
   - 따라서 마귀는 그것이 무엇을 겨냥하든, 우리로 하여금 자신의 그 다음 공격에 문을 열어놓도록 만들 것이다. 자녀됨에 대한 의심은 우리로 하여금 원수의 공격에 무방비 상태가 되도록 만들 것이다.

III. 시험하는 자는 "만일" 공격법을 상황에 맞게 교묘하게 사용한다.

1. 그대는 홀로 있다. 아버지께서는 그의 아들을 버려두시는 분인가?
2. 그대는 광야에 있다. 그곳이 하나님의 기업의 장소인가?
3. 그대는 야수들과 함께 있다. 하나님의 아들에게 이 얼마나 비참한 일인가!

4. 그대는 배고프다. 사랑하는 아버지가 어떻게 그의 진정한 아들을 굶주리게 할 수 있는가?

이 모든 것들을 종합해 보라. 시험하는 자의 질문은 굶주리고 홀로 있는 자에게는 결코 부정할 수 없는 강력한 힘을 발휘한다.

우리는 이러한 시험 속에 있는 다른 사람들을 볼 때, 그들을 형제로 생각하는가? 우리는 그의 친구들이 욥을 의심했던 것처럼, 그들의 자녀로서의 신분을 의심하지 않는가? 만일 우리가 우리 자신을 의심한다면, 그것은 얼마나 이상한가!

IV. 승리한다면, 시험하는 자의 "만일" 공격법은 유익하다.

1. 사탄으로부터 오는 시험은 우리에게는 우리가 참 자녀임을 입증하는 증명서와 같다.
   - 사탄은 오직 진리만을 의심한다. 그러므로 우리는 참 아들들이다.
   - 사탄은 오직 **자녀들**이 아들됨을 의심하도록 이끈다. 그러므로 우리는 아들들이다.
2. 시험을 이겨낼 때, 그것은 오랫동안 원수에게 치명타를 제공한다.
   - 그것은 사람들의 의심과 의혹들로부터 오는 갈등을 완화시킨다. 왜냐하면 만일 우리가 마귀에게 승리했다면, 사람을 두려워하지 않게 되기 때문이다.
   - 그것은 우리 아버지로 말미암은 장래의 모든 복을 더 달콤하게 만든다.
3. 과거 주님의 경우처럼, 그것은 우리에게 나아와 수종드는 천사들의 전주곡이 된다. 큰 폭풍 이후 만큼 잔잔한 바다는 없다(막 4:39).

친구여, 당신은 사탄이 당신에게 이런 질문을 할 정도로 하나님과 깊은 관계에 있는가?

하나님의 상속자가 아닌 사람들은 진노의 상속자들이다.

✣ 엄선된 글 ✣

종종 단 한 마디 말이 얼마나 큰 힘을 발휘하는지! 예를 들면, 이 교활한 대화를 시작하는데에, "만일" 이라는 한마디 말은 얼마나 위력적인가! 그 말은 구주의 마음속에 실제로는 그분이 아버지의 사랑의 특별한 대상이 아니라는 의심을 심어주기 위한 목적으로 사탄에 의해 사용되었다. 그 말은 교활하고 악한 의도를 지니고 사탄에 의해 선포되었다. 지상에 계실 때, 예수님이 "만일" 이라는 말을 신적 교훈과 천국의 위로를 가르치기 위해 제자들에게 사용하신 것과는 얼마나 다른가! 그분은 결코 불신을 조장하기 위해서가 아니라 신뢰를 불어넣기 위해서 항상 그 말을 사용하셨다. 한 가지 실례를 들어보자: "오늘 있다가 내일 아궁이에 던져지는 들풀도 하나님이 이렇게 입히시거든(if God so clothe the grass of the field …) 하물며 너희일까 보냐 믿음이 적은 자들아" (눅 12:28). 이 신적 권면과 사람과 하나님의 대원수인 사탄의 악의에 찬 속삭임 사이에는 얼마나 큰 차이가 있을까! _ 다니엘 바고(Daniel Bagot)

하나님은 타락하지 않은 한 명의 아들을 가지셨다. 그러나 그 역시 시험의 대상으로서는 예외가 아니셨다. 사탄은 하나님 아버지에 대해 적대감을 갖고 있기 때문에, 그분에게 더 가깝고 더 소중한 사람일수록 더 크게 괴롭히고, 시험을 통해 혼란스럽게 한다. 그리스도만큼 하나님께 사랑을 많이 받은 자는 없다. 따라서 그분만큼 시험을 많이 받은 자도 없다. _ 토머스 브룩스(Thomas Brooks)

사탄은 "너는 하나님의 아들이 아니라" 또는 "네게 증거를 준 음성은 거짓 아니면 환상이라" 고 단정적으로 말하면서 그리스도께 나아온 것이 아니다. 그는 질문을 통해 그분이 하나님의 아들임을 인정하는 것처럼 하면서 그분의 마음속에 의심이 일어나도록 역사했다. _ 리처드 길핀(Richard

Gilpin)

오, "만일" 이라는 이 말을 오, 내 마음 밖으로 떼어놓을 수만 있다면! 오, 내 모든 기쁨을 앗아가는 독약이여! "만일!" "만일!" 그대는 얼음처럼 차가운 손으로 그토록 자주 나를 만짐으로써, 얼마나 나를 얼게 만들까! _ 로버트 로빈슨(Robert Robinson)

131
사람을 낚는 어부가 되는 길

말씀하시되 나를 따라오라
내가 너희를 사람을 낚는 어부가 되게 하리라 하시니
_ *마태복음 4:19*

회심은 회심한 자가 다른 사람들을 회심의 길로 이끌 때 가장 완전하게 입증된다. 우리는 사람을 낚는 어부가 될 때 가장 진실하게 그리스도를 따르는 자가 된다.

중요한 문제는 우리가 자연적으로 그런 자가 되는 것이 아니라 예수님이 자신의 은혜를 통해 그렇게 우리를 만드실 때 그런 자가 된다는 것이다. 기꺼이 예수님을 따라가는 자는 누구나 그분의 나라에서 쓰임 받는 자가 될 것이다.

우리의 소원은 사람을 얻는 자가 되는데 있어야 하고, 그 거룩한 기술을 터득하는 길은 사람을 낚는 어부 대학의 총장 되시는 분에게 철저히 붙잡히는데 있다. 예수님이 우리를 이끄실 때, 우리는 사람을 이끌게 될 것이다.

I. 우리에 의해 이루어져야 할 일. "나를 따라오라."

1. 우리는 그분의 목적을 추구하기 위해서 분리되어야 한다.
   - 우리는 다른 사람들을 버리지 아니하면 주님을 따라갈 수 없다(마 6:24).
   - 우리는 그분의 계획이 우리의 계획이 되도록 그분에게 속해 있어야 한다.
2. 우리는 그분의 영을 얻기 위해서 그분과 함께 거해야 한다.

그분과 관계가 긴밀할수록 영혼들에게 미치는 우리의 힘이 그만큼 강해진다. 가까이서 따라가는 것은 충분한 교제를 의미한다.

3. 우리는 그분의 방법을 배우기 위해서 그분에게 복종해야 한다.
   - 그분이 가르치신 것을 가르치라(마 28:20).
   - 그분이 가르치신 방법으로 가르치라(마 11:29; 살전 2:7).
   - 그분이 가르치신 대상 곧 가난한 자, 비천한 자, 어린아이들 등을 가르치라.
4. 우리는 참진리를 믿기 위해서 그분을 믿어야 한다.
   - 그리스도 자신의 가르침은 사람들을 사로잡는다. 우리도 그것을 반복해서 가르쳐야 한다.
   - 인간의 편에서 볼 때 예수님을 믿는 믿음은 믿음을 일으키는 커다란 힘이다.
5. 우리는 예수님의 복을 하나님으로부터 받기 위해서 그분의 생애를 본받아야 한다. 왜냐하면 하나님은 그의 아들 닮은 자들에게 복을 주시기 때문이다.

II. 그분에 의해 이루어져야 할 일.

"내가 너희를 … 되게 하리라."

우리가 예수님을 따라가는 것은 영혼을 얻기 위한 훈련을 전제로 한다.

1. 우리가 예수님을 따를 때, 그분은 사람들 속에 확신과 변화를 일으키신다. 그분은 우리의 본보기를 이 목적을 위한 수단으로 사용하신다.
2. 우리가 훈련 받을 때, 주님은 우리를 쓰임받기에 합당한 존재로 만드신다.
   - 참된 영혼 구원자는 스스로 만들어지는 것이 아니라 그리스도의 작품이다.
   - 사람을 낚는 어부를 만드는 것은 고도의 창조행위다.
3. 우리가 예수님을 따르는 데 대한 개인적 경험이 있을 때, 그분은 영혼

구원이라는 거룩한 기술에 전문가가 될 때까지 우리를 가르치신다.

4. 내면적 가르침을 통해 그분은 우리에게 말해야 할 것, 말해야 할 시간, 말해야 할 장소 등을 가르쳐 주신다.

만일 우리가 사람들을 구원하려면, 이것들이 세밀하게 파악되어야 한다.

5. 자신의 영을 통해 그분은 우리가 사람들과 접촉할 수 있는 능력을 공급하신다.

성령은 그리스도께 가까이 나아갈 때 우리에게 임하신다.

6. 사람들의 마음에 대한 이 은밀한 사역을 통해 그분은 우리가 신속하게 사역을 진행하도록 역사하신다.

그분은 복음의 그물 속으로 사람들을 유인하심으로써 우리가 참 어부가 되게 하신다.

III. 우리를 가르치는 비유.

"사람을 낚는 어부."

영혼을 구원하는 사람은 바다 위에 있는 어부와 같다.

1. 어부는 의존적이고, 신뢰가 있는 사람이다.
2. 그는 부지런하고 인내심이 강하다.
3. 그는 지성적이고, 세심한 사람이다.
4. 그는 힘써 수고하고 자기를 부인하는 사람이다.
5. 그는 담대하고, 위험한 바다를 항해하기를 두려워하지 않는다.
6. 그는 성공적인 사람이다. 그는 아무것도 잡지 못하는 어부가 아니다.

성공적인 목사들의 안수식을 보라. 그들은 태어나는 것이 아니라 만들어진다. 단순한 인위적 훈련에 의해서가 아니라 하나님에 의해 만들어진다.

우리가 주의 사역에 어떻게 참여할 수 있는지를 보라. 그분의 기술을 표본으로 삼으라: "나를 따라오라 내가 너희를 (사람을 낚는 어부가) 되게 하리라."

갈고리

나는 여러분의 기도회를 사랑한다. 여러분은 아무리 기도해도 많이 한다고 할 수 없다. 그러나 우리는 기도하면서 일하고, 일하면서 기도해야 한다. 나는 바위 위에 무릎 꿇고 앉아 하나님께 자기 자신의 구원에 대해 감사하는 것보다는 죽음의 소용돌이가 난무하는 만 아래에서 고투하면서 다른 사람들에게 생명줄을 던짐으로써 그들을 구원하는 사람이 더 낫다고 본다. 왜냐하면 하나님께서는 다른 사람들을 위한 전도 활동을 구원받은 영혼이 보여줄 수 있는 최고의 감사의 표현으로 받아들이실 것이라고 확신하기 때문이다. _ 토머스 거스리(Thomas Guthrie)

목사는 어부다. 모든 업무는 바쁘고, 고생스럽다. 일반인들이 그렇게 생각하는 것처럼, 어떤 직업도 한가한 것은 없다. 필요없는 직업은 없고, 생계를 유지하기 위해 최후까지 필사적으로 붙들고 있는 것이 직업이다. 하나님의 어부들은 때로는 준비하는 일에, 때로는 수선하는 일에, 때로는 그물을 멀리 던지는 일에, 때로는 그물을 잡아당기는 일에 할 수 있는 한 최선을 다해 부지런히 일함으로써, "헛된 것을 버리고 귀한 것을 모을 수 있도록" (렘 15:19; 마 13:48) 해야 한다. 누구든지 게으르다거나 안일한 삶을 살았다는 말을 듣지 않도록 해야 한다. _ 존 트랩(John Trapp)

목사는 어부다. 그는 어부로 쓰임 받는 데 합당한 자가 되도록 자신을 준비시켜야 한다. 만일 어떤 고기가 낮에만 미끼를 문다면, 낮에 고기를 잡아야 한다. 또 다른 고기들은 밤에만 미끼를 문다면, 그는 그것을 잡기 위해 밤에 일해야 할 것이다. _ 리처드 세실

나는 언젠가 송어를 잡는 한 노인을 본 적이 있었다. 그는 활발하게 하나씩 하나씩 그 고기들을 잡아당기고 있었다. 나는 "영감님, 정말 솜씨가 대단

하십니다. 별로 힘들이지 않고 그렇게 많은 고기를 잡으셨군요" 라고 말했다. 그러자 노인은 몸을 펴고 낚싯대를 땅에 던지면서 이렇게 말했다: "글쎄요, 당신 보기에는 그런가 보구려. 송어 낚시에는 세 가지 규칙이 있다오. 만약 그 규칙을 지키지 않는다면 별로 소득이 없을 게요. 첫째는 자신을 시야로부터 떼놓을 것, 둘째는 자신을 시야로부터 멀리 떼놓을 것, 셋째는 자신을 시야로부터 더 멀리 떼놓을 것. 그러면 당신은 성공할 것입니다" 그 순간 나는 "이는 또한 사람을 낚는 데에도 좋은 방법이겠다" 고 생각했다. _ 마크 가이 피어스(Mark Guy Pearse)

주여, 당신의 음성의 살아 있는 메아리를
들을 수 있도록 제게 말씀하소서.
당신이 찾으신 것처럼 저도
당신의 잃어버린 외로운 자녀들을 찾게 하소서.

오, 방황하고 흔들리는 발걸음들을
인도할 수 있도록 저를 인도하소서.
오, 당신의 배고픈 자들에게 달콤한 만나를
공급할 수 있도록 저를 양육해 주소서.

오, 제가 반석 위에 견고하게 서 있고,
당신 안에서 강할 때,
소용돌이치는 바다에서 고투하는 자들에게
사랑의 손을 펼칠 수 있도록 나를 강하게 하소서.

오, 당신이 허락하신 보배로운 것들을
사람들에게 가르칠 수 있도록 저를 가르치소서.

그것들이 무수한 심령들의 숨겨진 내면에
도달할 수 있도록 제 말에 날개를 달아주소서.

_ F. R. 하버갈(F.R. Havergal)

영혼을 구원하는 전도자를 위한 최상의 훈련은 엄밀히 말해 그의 유일한 목적을 자신 속에 그리스도의 인격을 계발하는 것에 두고, 그것을 위해서라면 무엇이든 따르는 것이다. 그 사람의 인격이 훌륭할수록 그가 전하는 말씀도 그만큼 능력이 있게 될 것이다. 그가 예수님처럼 자란다면, 예수님처럼 설교하게 될 것이다. 동기의 순수함, 마음의 온유함 그리고 신앙의 깨끗함과 같은 것이 주어지면, 말의 힘도 그만큼 강화될 것이다. 영혼을 구원하는 성공의 지름길은 구주처럼 되는 것이다. 그리스도를 닮는 것이 참된 웅변술이다. _ 스펄전

제시 목사는 어떤 물고기들은 향내를 풍기는 미끼를 좋아한다고 말한다. 악의 왕자는 희생물을 찾아 나설 때, 유혹하기 위해 평상시 사용하는 것보다 특별히 더 많은 미끼가 필요하지 않다. 그러나 사람을 낚는 어부는 구원하기 위해 찾는 사람들의 정신에 부합하고, 구미에 맞는 온갖 기술을 사용해야 할 것이다. _ G. 맥마이클(G. McMichael)

132
거부당한 사람들

나더러 주여 주여 하는 자마다 다 천국에 들어갈 것이 아니요
다만 하늘에 계신 내 아버지의 뜻대로 행하는 자라야 들어가리라
그날에 많은 사람이 나더러 이르되 주여 주여 우리가 주의 이름으로
선지자 노릇 하며 주의 이름으로 귀신을 쫓아내며
주의 이름으로 많은 권능을 행하지 아니하였나이까 하리니
그때에 내가 그들에게 밝히 말하되 내가 너희를 도무지 알지 못하니
불법을 행하는 자들아 내게서 떠나가라 하리라
_ *마태복음 7:21-23*

무엇을 시험할 때 그 실상을 재는 최고의 방법 가운데 하나는 죽음의 순간에, 부활의 아침에 그리고 심판 날에 그것이 어떻게 나타나는지를 보는 것이다. 우리 주님은 사람들이 "그날에" 보여 줄 모습에 대해 우리에게 말씀하신다.

부, 명예, 쾌락, 성공, 자축 등은 모두 "그날"의 빛에 비추어 보아야 할 것이다. 이 시험은 특별히 모든 신앙 고백과 행사에 적용될 것이다. 왜냐하면 "그날"은 불 같은 것들로 시험하는 날이기 때문이다.

여기서 심판의 빛 앞으로 나온 사람들은 끔찍한 죄를 저지른 공인된 죄인들이 아니다. 그들은 외면적으로는 흠이 없는 사람들이었다.

I. 그들은 오랫동안 신앙생활을 했다.

1. 그들은 공개적으로 신앙고백을 했다. 그들은 "주여, 주여"라고 말했다.
2. 그들은 기독교 의식을 가장 완전하게 준수했다. 그들은 습관적으로 선지자 노릇을 하고 이적을 행했다.
3. 그들은 놀라운 성공을 거두었다.

귀신들도 나름대로 능력을 갖고 있었다.

4. 그들은 자기들이 행한 능력을 자랑했다.
   - 그들은 **많은** 이적을 행했다. 그들은 다양하게 활동했다.
   - 그들은 이적들을 행했다. 누구나 놀라게 할 정도로.
5. 그들은 부지런히 전통을 답습했다.

그들은 모든 것을 그리스도의 이름으로 행했다. "주의 이름"이라는 말이 세 번에 걸쳐 나타난다.

II. 그들은 꾸준히 그것을 견지했다.

1. 그들은 사람들 때문에 잠잠하지 않았다.

누구도 그들의 거짓이나 모순점을 찾아내지 못했다.

2. 그들은 평생 동안 주님에 의해 공개적으로 부인당한 적이 없었다.
3. 그들은 거룩한 이름을 헛되이 부름으로써 조롱거리가 되지 아니했다(행 19:13-17).

귀신들은 패배당했다.

4. 그들은 천국에 들어갈 것이라고 기대했고, 최후까지 헛된 소망을 붙들고 있었다.

그들은 담대히 마지막까지 그리스도를 "주여, 주여"라고 부른다.

III. 그들은 치명적인 실수를 범했다.

1. 그들의 혀는 그들의 손에 의해 거짓임을 드러냈다. 그들은 "주여, 주여"라고 불렀지만, 아버지의 뜻을 행하지 못했다.
2. 그들은 제자들이 불렀던 이름을 사용했지만, 순종의 종의 본질은 소유하고 있지 않았다(눅 6:46).
3. 그들은 선지자 노릇은 했지만, 기도하지 않았다.
4. 그들은 귀신은 쫓아냈지만, 마귀는 퇴치하지 못했다.

5. 그들은 이적에 참여했지만, 본질에 이르지는 못했다.
6. 그들은 권능은 행했지만, 또한 악을 행하는 자들이었다.

IV. 그들은 대단한 열정으로 그것을 추구했다.

그들은 자기들이 주님으로 부른 분의 입술로부터 참된 정보를 들었다. 여기서 우리는 조심스럽게 확인할 것이 있다:

1. 그분이 "내가 너희를 도무지 알지 못한다"고 하신 말씀의 준엄성. 그분은 그들의 종교에서 제외되어 있었다. 얼마나 두려운 간과인가!
2. 그 말씀이 함축하고 있는 내용의 두려움. 그들은 모든 소망을 포기해야 한다. 그들은 영원히 분리될 것이다.
3. 그분이 하신 말씀의 엄숙한 진리성. 그들은 그분의 마음에 전혀 생소한 사람들이었다. 그분은 그들을 택한 적도 없고, 그들과 교제를 나눈 적도 없고, 그들을 인정한 적도 없으며, 그들을 사랑하신 적도 없었다.
4. 그분이 하신 말씀의 견고한 고정성. 그분의 선언은 결코 취소되거나 변경되거나 소멸되지 아니할 것이다. 그것은 "내게서 떠나라"는 결과를 낳았다.

형제들이여, 주님은 우리들 가운데 어떤 이들에게는 내가 너희를 도무지 알지 못한다고 말씀하실 수 없을 것이다. 왜냐하면 그분은 종종 우리의 음성을 듣고, 우리의 요청에 응답하시기 때문이다.

그분은 다음과 같은 경우에 우리를 알고 계신다:

- 우리가 용서를 구하고, 그것을 받아주시는, 회개 속에 있을 때.
- 그분의 은혜로우신 이름을 송축하며 감사할 때.
- 그분의 주장을 무시한 일에 대해 책망 받을 때.
- 그분의 도우심을 구하고 그분의 날개 아래 안전히 거하는, 고난의 때.
- 그분과 달콤한 교제를 나누는, 사랑 안에서.

이 외에 다른 많은 경우들을 통해 그분은 우리를 알고 계신다.

신앙고백자들이여, 예수님이 당신을 알고 계시는가? 교회도 당신을 알고, 학교도 당신을 알고, 세상도 당신을 안다. 예수님도 당신을 아는가?

너희 이방인들아, 그분께 나아오라. 그분 안에서 영생을 찾으라.

경고

놀라운 이적들에서보다 아주 단순한 많은 활동들 속에서 하나님은 더 잘 증거된다. 바리새인은 천국문에서 "주여, 내가 주의 이름으로 많은 권능을 행하지 아니하였나이까?"라고 말하지만, 슬프도다, 그가 주의 이름을 경탄하게 만든 적이 과연 있었던가? _ T. T. 린치(T. T. Lynch)

폴락은 위선적인 고백자들에 관해 다음과 같이 묘사한다:

그 안에서 마귀를 섬기기 위해
천국의 제복을 훔쳐 입은 사람.

나는 너희가 "시커먼 양", 아니 오히려 사악한 염소라는 것을 충분히 알고 있었다. 나는 너희가 삯꾼들과 위선자들이라는 것을 알고 있었다. 반면에 사랑, 기쁨 그리고 만족에 관한 특별한 지식을 갖고 있는 것에 대해서는 전혀 몰랐다. 나는 너희의 인격과 행위를 인정하거나 긍정하거나 용납하지 못했다(시 1:6; 롬 11:2). _ 존 트랩(John Trapp)

"나는 이전에는 너희를 알고 있었지만, 지금은 인정할 수 없다"가 아니고 "나는 너희를 — 참된 회개자로서, 용서를 구하는 자들로서, 겸손한 신자들로서, 진정한 추종자들로서 — 전혀 몰랐다"는 것이다. _ E. R. 칸더(E. R. Conder)

사람들과 천사들 앞에서, 특히 그 사람들 자신 앞에서 선포하신 우리 주님의 공개적인 선언을 주목해 보자: "내가 너희를 도무지 알지 못하니." 나는 너희에 관해 알고 있었다. 나는 너희가 위대한 사실을 고백했다는 것을 알고 있었다. 그러나 너희는 나와 아무 상관이 없었다. 너희가 나에 관해 무엇을 알고 있든, 너희는 **나**를 전혀 몰랐다. 나는 너희 부류에 속하지 않고, 너희를 전혀 몰랐다. 그분이 전에 그들을 알고 있었다면, 절대로 그들을 잊어버리지 않았을 것이다.

"내게로 오라"는 그분의 초대를 받아들이는 사람들은 그분으로부터 절대로 "내게서 떠나가라"는 말씀을 듣지 않을 것이다. 행악자들은 지금 자비를 위해 구주께 나아올 수 있다. 그러나 만일 그들이 그들 자신이 구축한 소망 위에 서서 구주를 무시한다면, 그분은 그들에게 자신의 의를 엄히 적용시켜 떠나가라고 명령하실 것이다. 선지자들, 귀신을 쫓아내는 자들, 이적을 행하는 자들이 행악자가 될 수 있다는 것이 놀랍지 않은가? 그들은 그리스도의 이름으로 권능을 행할 수 있지만, 그분 안에 분깃이나 몫이 없다. _ 스펄전

"내게서 떠나가라" — 이 말씀은 두려운 명령으로, 끔찍한 분리에 대한 표현이다. "내게서"라고 그리스도는 말씀하셨는데, 이것은 너희를 위해 내 자신이 사람이 되었다는 사실과 내 피를 너희의 대속을 위해 제공했다는 사실을 감안하고 하시는 말씀이다. "내게서"라는 말은 내가 너희를 은혜 속으로 초청했지만, 너희는 그것을 받아들이지 않았다는 것이다. "내게서"라는 말은 나를 믿는 자들을 위해 영광의 나라를 내가 값 주고 샀지만, 그들의 머리에 영원한 기쁨의 면류관을 쓰는 영광을 너희가 거절했다는 것이다. "내게서 떠나가라"는 말은 나의 친교, 나의 교제, 나의 낙원, 나의 임재, 나의 천국으로부터 떠나라는 것이다. _ 토머스 아담스(Thomas Adams)

133
나를 만족시키는 주의 말씀

이르시되 내가 가서 고쳐 주리라
_ 마태복음 8:7
말씀만 하사 내 하인을 낫게 하소서
_ 누가복음 7:7

사람들의 종교적 행복에 관심을 갖고, 그들을 위해 회당을 세운 백부장은 병든 자에 대해서도 동정의 마음을 갖고 있었다. 공식석상에서 보여 주는 자비심이 가정에서도 보인다면, 그것은 진실한 것이다.

이 종은 그의 사환이거나 노예였을 것이다. 그러나 그는 그에게 사랑을 베풀었다. 선한 주인이 선한 하인을 만드는 법이다. 모든 신분이 동정과 연결되어 있다면, 그것은 좋은 일이다. 여기서는 주인과 사환이 사랑으로 연결되고 있다.

주인은 도움을 청하는 것으로 자신의 사랑을 보여 주었다. 마음과 손이 함께 가야 한다. 우리는 말로만 사랑해서는 안 된다.

예수님을 따르는 자들은 모든 연약한 자를 돕기 위해 준비하는 것이 바람직하다. 치유는 예수님께 나아와 구하는 기도와 연결되어 있다.

백부장의 특별한 믿음과 예수님의 분명한 선언을 주목하라.

- 백부장은 장로 몇 사람을 예수님께 보내어 "오셔서 고쳐 주시기"를 구했다. 예수님은 오셔서 고쳐 주려고 하신다.
- 백부장은 나아와 자신에게 "한 말씀"만 해 달라고 구한다. 예수님은 말씀하시고, 그러면 말씀대로 이루어진다.

우리는 이 본문에서 물리 세계에서 일어난 이적을 본다. 마찬가지로 우리는 우리 주 예수님이 영적 세계에서도 똑같은 이적을 행하실 수 있음을 깨닫게 된다.

우리는 다른 사람들을 위해 예수님께 나아와 구하는 백부장의 믿음을 본받아야 한다.

우리는 이 본문을 통해 다음과 같은 진리를 배워야 한다:

I. 그리스도의 완전하신 준비.

1. 그분은 유대의 장로들과 논쟁하지 않고, 그들이 "이 일을 하시는 것이 이 사람에게는 합당하니이다"라는 그들의 판단이 부질없는 것임을 보여 주신다(눅 7:4-5).
2. 그분은 함께 갈 필요가 없음에도 불구하고, 그들의 요구를 기꺼이 들어주셨다. "예수께서 함께 가실새"(눅 7:6).
3. 그분은 이미 길을 다 왔음에도 불구하고, 백부장이 자기 집에 들어오심을 감당하지 못하겠다고 마음을 바꾸었을 때, 왜 그랬느냐고 묻지 아니하셨다.
4. 그분은 어떤 사람들이 그런 것처럼, 그 선한 사람의 동기를 의심하지 아니하셨다. 그분은 그의 마음을 읽었고, 그의 참된 인간성을 이미 파악하셨다.
5. 그분은 자신이 보잘것없는 한 관원과 비교되는 것에 대해서 불평하지 않으셨다. 우리 주님은 결코 의도를 묻지 아니하고, 우리의 저의를 간파하신다.
6. 그분은 백부장의 기도와 믿음을 즉각 받아들이고, 그를 축복하고, 원하는 응답을 제공하셨다.

죄인들을 향하신 우리 주님의 사랑, 자기를 돌아보지 않는 그분의 자비심, 기꺼이 우리를 즐겁게 하시는 그분의 마음과 자신의 사명을 성취하시는 그분의 열심을 통해 우리는 그분께 나아와 우리 자신과 다른 사람들을 위해 기도하는 일에 자극 받지 않을 수 없다.

II. 그리스도의 의식적인 능력.

1. 그분은 사건에 당황하지 않으신다. 하인이 병들어 고통을 당하고 있었다는 것은 큰일이었지만, 그 질병이 무엇이든 간에 주님은 "내가 가서 그를 고쳐 주리라" 고 말씀하신다.
2. 그분은 하인이 처한 극도의 위험에 대해 전혀 주저함이 없으시다. 아니 그분은 그가 죽어간다는 얘기를 들으시고 기꺼이 그를 찾아가 구해 주신다.
3. 그분은 치유를 당연한 일로 말씀하신다.

그분의 오심이 치유를 보증한다: "오셔서 구해 주시기를" (3절).

4. 그분은 절차의 방법을 대수롭지 않은 일로 간주하신다.

그분은 오시든 오시지 않든, "말씀만 하신다면," 그 결과는 똑같을 것이다.

5. 그분은 치유보다 백부장의 믿음을 더 높이 평가하신다.

전능의 은혜는 위엄의 평안과 함께 움직인다.

따라서 우리는 소망을 놓쳐서는 안 된다.

III. 그리스도의 변함없는 방법.

그분은 믿음을 통해 자신의 말씀을 가지고 치유하는데 익숙하신 분이다. 표적과 기사는 일시적이고, 어쩌다 필요할 때 목적을 위해 일어나지만, 믿음과 주의 말씀은 항상 역사한다.

우리 주님은 사건 현장에 모습을 보이지 않더라도 말씀만 하시면 그대로 이루어지고, 이것은 오늘날 우리 시대에도 마찬가지다.

1. 이것은 창조 사역의 원형으로 소급된다.

그것은 가시적인 현상으로 나타난 것보다 훨씬 더 큰 이적이다. 어쨌든 수단들은 덜 나타나 있다.

2. 이 방법은 참 인간성에 맞게 사용된다. 우리는 표적과 기사가 필요하지

않다. 우리에게는 말씀만으로 충분하다(눅 7:7).

3. 이것은 큰 믿음이 필요하다. 왜냐하면 말씀은 하나님에 관한 최상의 신앙적 표현이기 때문이다. 그것은 보이는 어떤 것들보다 말씀을 더 즐거워한다(시 119:162).
4. 이것은 철저히 이성적이다. 말씀이 하나님으로부터 오는 명령이라는 것으로 충분하지 않은가? 백부장의 추론을 주목해 보라.
5. 이것은 성공을 보장한다. 누가 하나님의 명령에 저항할 수 있겠는가? 우리 자신의 경우로 보면, 우리에게 필요한 것은 주님으로부터 주어지는 말씀이 전부다.
6. 이것은 다른 사람들을 위해 확고한 믿음을 전제로 한다. 우리는 주님의 말씀을 사용하고, 그 말씀대로 이루어 주시도록 그분께 기도해야 한다.

이제부터 우리는 그분의 이름으로 나아가 그분의 말씀을 의지해야 하리라!

삽입

백부장의 가정이 천국 자체였다면, 그 말씀이 전능하고, 또 그분 자신이 그 아버지의 전능하신 말씀이셨던 주님 앞에 나아오는 것은 그리 가치 있는 일이 못될 것이다. 그는 바로 그 그리스도께 "말씀만 하사"라고 고백했다. 하나님의 능력은 그 누구도 제한하지 못한다. 그 능력에 다른 제한을 줄 수 있는 것은 하나님 말고는 없다. 산이나 마귀들을 제거하기 위한 토대는 오직 말씀 외에는 없다. 오 구주여, 내 죄는 사함 받고, 내 영혼은 고침 받고, 내 육체는 흙으로부터 다시 살아나고, 영혼과 육체가 영화롭게 되리라고 말씀만 하옵소서. _ 홀 주교(Bishop Hall)

허베이(Hervey)는 다음과 같이 말한다: "나는 하노버 가의 왕자가 영국의회에 의해 공석 중인 왕의 계승자로 지명되었을 때, 그의 취임을 고대했던 많은 귀족들이 유력한 지위에 발탁되기 위해 때맞춰 청원서를 제출했다는 얘기를 들었다. 이 사람들의 청원은 대부분 받아들여졌고, 일종의 약속어음이 발행되었다. 한 귀족이 공문서보관소 소장 자리를 청원했다. 자신의 욕망에 만족할 만하게 그는 다른 성공적인 청원자들이 허락받은 것과 똑같은 인증을 받았다. 그는 너무 감사해서 놀라 자빠질 지경이었다. 그는 불필요한 혼란을 피하기 위해 자신의 청원에 대한 최상의 인증으로서, 왕실의 인증서를 받는 대신 왕위 계승자의 한 마디 약속의 말을 요구했다. 이 요청에 대해 왕위 계승자는 크게 기뻐했다. 그는 '이 자가 나를 왕으로 대접하는구나. 다른 사람은 실망할지라도, 그는 확실히 감사하는 자가 될 것이다' 라고 말했다."

우리 주님은 오시거나 또는 말씀을 하시거나 어떤 식으로든 치유하실 수 있다. 우리는 그분이 복 주시는 방법을 그분에게 요구해서는 안 된다. 만일 우리가 어떤 선택을 하도록 되어 있다면, 훤히 드러나 있는 방법을 택해서는 안 되고, 거의 드러나 있지 않거나 들어보지 못한 방법을 택해야 한다. 비교해 볼 때, 표적과 기사들은 그분의 간단한 한 마디 말씀보다 그분에 관해 더 잘 드러내지 못한다. 그분의 말씀이야말로 그분의 이름을 최고로 높이는 것이다. 이적은 놀람을 주지만, 말씀은 깨달음을 준다. 가장 적게 보는 믿음이 가장 많은 것을 보고, 보이는 것을 전혀 보지 않는 믿음이 보이지 않는 것을 가장 많이 본다. 주여, 영광 속에 오셔서 나를 축복하시는 것, 그것이 당신의 뜻입니다. 하지만 당신이 어디에 계시든, 당신의 뜻과 말씀을 통해 나를 축복하신다면, 저는 그것으로 크게 만족하고, 나아가 이 방법이 당신에게 더 큰 영광을 제공할 줄로 믿습니다! _ 스펄전

134
"마태라 하는 사람"

예수께서 그곳을 떠나 지나가시다가
마태라 하는 사람이 세관에 앉아 있는 것을 보시고 이르시되
나를 따르라 하시니 일어나 따르니라
_ *마태복음 9:9*

마태는 여기서 자기 자신에 관한 사실을 기록하고 있다. "마태라 하는 사람" 이라는 표현과 10절에 언급되어 있는 만찬 자리가 자신의 집이라는 것을 생략하고 있는 기록(한글성경에는 그 집이 마태의 집이라는 것을 밝혀 번역하고 있다; 역주)에서 보이는 그의 겸손을 주목해 보자.

이 기사는 마치 마태의 회심이 이적 때문임을 암시하듯이, 이적에 관한 기사 직후에 기록되어 있다.

이적과 회심 사이에 유사점들이 있다.

마태는 죄와 돈벌이로 말미암아 영적으로 불구가 된 사람이었고, 그래서 그는 "일어나 걸으라" 는 신적 명령을 받을 필요가 있는 사람이었다.

마태의 개인적 경험과 우리 자신의 경험 사이에도 유사점들이 있을 수 있다. 이것들을 살펴보는 것은 우리에게 크게 유익하다.

I. 그의 부르심은 우연적이고 불가능한 일인 것처럼 보였다.

- 예수님은 자주 가버나움에 오셨다. 그곳은 그분이 "본 동네" 로 부를 정도로 선택받은 도시였다. 그러나 마태는 구원받지 못한 상태에 있었다. 그가 지금 부르심 받는 것이 가능해 보이는가? 그에 대한 은혜의 시기는 끝나지 않았는가?
- 예수님은 다른 임무를 보고 계셨다. 왜냐하면 우리는 본문에서 "예수께서 그곳을 떠나 지나가시다가" 라는 말씀을 읽게 되기 때문이다. 그

분이 지금 마태를 부르는 것이 가능한 일처럼 보이는가?

- 예수님은 다른 많은 사람들을 부르시지 않은 상태로 남겨두셨다. 세리를 그냥 지나쳐가는 것이 훨씬 더 가능해 보이지 않는가?
- 그러나 예수님은 다른 많은 사람들은 특별히 부르시지 않았으면서도, 이 "마태라 하는 사람"은 자신에게 부르셨다.
- "그분은 마태라 하는 사람을 보셨다." 이것은 그분이 그를 미리 주목하고 계셨다는 것이다.
- 그분은 그를 알고 계셨다. 이것은 그분이 그를 이미 알고 계셨다는 것이다.

이 모든 사실들을 볼 때, 마태와 우리 자신 사이에 유사성이 있다.

II. 그의 부르심은 전혀 생각지 못하고 예상치 못한 것이었다.

1. 마태는 비천한 일에 종사하고 있었다. 가장 비천한 유대인만이 로마 정복자들을 위해 세금 걷는 일을 담당하려고 했다. 이러한 그의 비굴한 모습은 주 예수에게 아무런 영광을 가져다주지 못할 것이다.
2. 그는 유혹이 많은 일에 종사하고 있었다. 세리들은 주로 합법적으로보다는 불법적으로 돈을 강탈함으로써 개인의 이득을 취했다. 그는 돈을 쓰지 않고, "세관에" 앉아 있었는데, "이것이 그에게는 즐거운 일이었다." 돈은 영혼에게는 올무와 같다.
3. 그는 예수님을 따르기를 원했지만, 감히 그렇게 하지 못했다.

그는 자신을 크게 무가치한 존재로 느꼈다.

4. 그는 주님의 공개적인 초청 없이 왔더라면 아마 다른 제자들에게 거부당했을 것이다.
5. 그는 예수님의 지시에 대해 아무런 반응이 없었다. 기도한 적도 없고, 더 나은 일을 사모한다는 표현을 한 적도 없다.

부르심은 순전히 은혜에 속한 것이다. 그것은 "나를 찾지 아니하던 자에게 찾아냄이 되었으며"(사 65:1)라고 기록된 것과 같다.

III. 그의 부르심은 그에 관해 충분한 지식을 갖고 있던 주님에 의해 주어졌다.

예수님은 "마태라 하는 사람을 보시고" 그를 부르셨다.

1. 그분은 마태 안에서 그동안 있어왔거나 아직도 존재하고 있는 모든 악을 보셨다.
2. 그분은 성경의 기록자와 필자로서, 거룩한 일에 사용할 만한 그의 적성을 보셨다.
3. 그분은 마태에 관해 자신이 만들기를 원하는 모든 부분을 보셨다.
4. 그분은 마태 안에서 그의 택한 자, 그의 대속 받은 자, 그의 회심자, 그의 제자, 그의 사도, 그의 전기 기록자의 면모를 보셨다.

주님은 자신의 뜻대로 부르시지만, 자신이 무엇을 행할지 그 목적을 보신다. 주권은 맹목적이 아니고, 무한한 지혜와 결합되어 활동한다.

IV. 그의 부르심은 은혜로 말미암아 겸손하게 반응했다.

- 주님은 "마태라 하는 사람"을 부르셨다 — 그것은 그에게 최선이었다.
- 그는 세리였다 — 그것은 그에게 최악이 아니었다.
- 그분은 이런 죄인을 자신의 개인적 동반자로 삼으셨다. 그렇다. "나를 따르라"고 하심으로써, 영광의 길로 그를 부르셨다.
- 그분은 그에게 조금도 지체하지 말고 이것을 즉시 받아들이도록 촉구하셨다. 마태는 주님을 그 자리에서 그리고 즉각 따라나섰다.

V. 그의 부르심은 극히 단순했다.

1. "나를 따르라"는 말씀을 받은 자들은 극히 적었다.

그것은 아주 간략하게 기록되어 있다: "예수께서 … 보시고 이르시되 … (그가) 일어나 …"

2. 그 지시는 명쾌했다: "나를 따르라."

3. 그 이야기는 개인적이었다: "예수께서 … (**그에게**) 이르시되"

4. 그 명령은 왕권적이었다: "예수께 … 이르시되."

VI. 그의 부르심은 즉각 효력을 발했다.

1. 마태는 즉시 따라나섰다. "(그가) 일어나 따르니라."
2. 그는 글자 그대로 뿐만 아니라 영적으로도 따라나섰다. 그는 신실하고, 헌신적이고, 진지하고, 지성적인 제자가 되었다.
3. 그는 전적으로 따라나섰다: 자신의 목소리와 필력을 그분께 다 바쳤다.
4. 그는 점진적으로, 갈수록 더욱 잘 따랐다.
5. 그는 항상 변함없이 따랐다. 자신의 주인을 떠난 적이 없었다.

얼마나 멋진 부르심인가! 오직 주님 외에 이렇게 할 수 있는 자는 아무도 없다.

VII. 그의 부르심은 다른 사람들을 위한 문이 되었다.

1. 그의 구원은 다른 세리들이 예수님께 나아오도록 자극을 주었다.
2. 그의 개방된 집은 다른 친구들로 하여금 예수님을 만나도록 기회를 제공했다.
3. 그의 개인적 사역은 다른 사람들을 구주께 인도하는 것이었다.
4. 그가 기록한 복음서는 많은 사람들을 회개시켰고, 앞으로도 항상 그럴 것이다.

당신은 사업에 몰두하고 있는가? 당신은 "세관에 앉아" 있는가? 그러나 부르심이 당신에게 당장 임할 수 있다. 그것이 오고 있다.

그것을 주의 깊게 듣고, 진지하게 고민하고, 즉시 반응하라.

✣ 선한 말 ✣

하나님은 종종 사람들을 이상한 곳에서 부르신다. 기도의 집이나 말씀이 선포되는 설교의 자리가 아니라 영적인 일들이 전혀 없고, 주변의 모든 상황이 은혜의 사역과는 정반대인 것처럼 보이는 곳에서 부르신다. 술집, 극장, 카바레, 도박장, 경마장 그리고 세속성과 죄가 난무하는 곳들과 유사한 다른 장소들이 때때로 변형된 하나님의 은혜의 무대가 되어왔다. 한 노작가가 말하는 것처럼, "우리의 부르심은 장소에 관해 말한다면 불확실하다. 왜냐하면 하나님은 어떤 이들은 배에서 부르시고, 어떤 이들은 가게에서 부르시며, 또 어떤 이들은 울타리 아래로부터 부르시고, 어떤 이들은 시장으로부터 부르시기 때문이다. 따라서 만일 어떤 사람이 자신의 영혼이 확실히 부르심 받았다는 것을 깨달을 수 있다면, 시간과 장소는 그리 큰 문제가 아니다."

나는 지금 한 그리스도인의 부르심에 관해 주어진 말씀들을 얼마나 사랑할까! 주님이 어떤 사람에게는 "나를 따르라" 고 말씀하시고, 다른 사람에게는 "내 뒤를 따라오라" 고 말씀하셨다면, 오! 그분이 나에게도 그렇게 말씀하시리라고 생각하지 않겠는가! 내가 그분을 따라 달려가는 것은 얼마나 감사한 일인가! 나는 그리스도께서 나를 그렇게 부르신 말씀을 거의 읽을 수 없었지만, 곧 "그들이 입었던 옷을 입게 되리라! 나도 베드로나 요한과 같은 사람이 되리라!" 고 기도했다. 나는 가끔 이런 생각을 했다: "그분이 **그들**을 부르셨을 때 들었던 말씀을 듣게 된다면, '오 주여, 나 역시 그렇게 불러주소서' 라고 얼마나 부르짖을까!" 그러나 나는 그분이 나를 부르시지 않을까봐 두려웠다. _ 존 번연(John Bunyan)

우리는 고전에서 오르페우스에 관한 기록을 읽는다. 오르페우스는 그 수금의 음악을 통해 올림포스 산의 짐승들뿐만 아니라 나무와 바위들까지도 매혹시켰고, 그리하여 그것들은 자기들 처소에서 그를 따르기 위해 움직였다. 마찬가지로 우리의 천국 오르페우스인 그리스도께서도 그의 은혜로우신 말씀의 음악을 통해 짐승들과 나무 및 돌들보다 자비로운 영향력을 받아들이지 못하는 사람들, 아니 심지어는 연약하고, 강퍅하고, 무정하고, 죄로 얼룩진 영혼들까지도 자신을 따르도록 이끄신다. 그러므로 오직 그분이 그의 수금을 연주하도록 하라. 그리하여 그대의 마음속에 "나아와 나를 따르라"는 속삭임이 들리도록 하라. 그러면 그대는 제2의 마태로서, 복을 받게 될 것이다.

135
예수님의 자화상

무리를 보시고 불쌍히 여기시니
_ *마태복음 9:36*

이 표현은 아주 강렬하다. 그분 안에서 모든 것은 그분이 보시는 시야에 따라 움직였다. 그분은 감정으로 충만했고, 자신의 전인격으로 그것을 보여 주셨다.

그분의 애절한 연민은 사람들 주위에 집중되었다.

- 예수님의 모습을 강렬한 감정을 가진 모습으로 표시해 보라.
- 이것은 그분이 많은 경우에 보여 주셨던 그분의 자화상이다.
- 참으로 우리 앞에 있는 말씀은 그분의 전 생애의 요약일 것이다.

우리는 그분의 연민을 다음과 같은 형태로 표현할 수 있다.

I. 그분의 생명에 대한 위대한 반응.

1. 그 개념, 그 계획, 그 조항 등에서 영원한 언약은 사람들에 대한 연민으로 충만하다.
2. 우리 주님의 성육신은 무한한 연민을 보여 준다.
3. 사람들과 함께 산 그분의 육신적 삶은 연민을 선언한다.
4. 죽음의 형벌을 담당하신 그분의 대속은 연민에 대한 최고의 열매다.
5. 죄인들을 위한 그분의 중보는 연민의 지속성을 입증한다.

이것은 폭넓은 주제다. 자신의 은혜의 모든 행위를 통해 사랑의 주님은 사람들에 대한 각별한 연민을 보여 주신다.

II. 복음전도자들에 의해 기록된 특별한 사례.

1. 마태복음 15:32에서, 우리는 불쌍한 무리와 배고픈 자들을 본다.
   - 무리는 슬픈 모습이다. 불쌍한 무리는 훨씬 더 그렇다.
   - 이런 무리는 오늘날 우리 도시에서 고통을 받고 있다.
2. 마태복음 14:14에서, 병자가 무리들 가운데 가장 두드러진다.
   - 예수님은 종합병원에 살면서, 자신이 고통을 받으셨을 뿐 아니라 병든 자들을 고쳐 주셨다.
   - 고통 받는 인간에 대한 그분의 연민이 얼마나 깊은지 충분히 말할 사람은 아무도 없다.
3. 본문에 언급된 사건에서, 그분은 무지하고, 방치되고, 죽도록 고생하는 무리를 보셨다.
   - 영적 무지에 따른 슬픔, 위험 그리고 죄들은 크다.
   - 주 예수님은 길 잃은 양들의 목자가 되신다.
4. 마태복음 20:34에서, 우리는 맹인을 본다. 예수님은 영적 맹인을 불쌍히 여기신다.

두 맹인에 관한 흥미로운 기록을 곰곰이 생각해 보라.

5. 마가복음 1:41에서, 우리는 나병환자를 본다. 그리스도는 죄로 오염된 사람들을 불쌍히 여기신다.

예수님은 "원하시면 하실 수 있나이다"라고 말했던 사람을 긍휼히 여기셨다.

6. 마가복음 5:19에서, 우리는 귀신들린 사람을 본다. 예수님은 시험당한 영혼들을 불쌍히 여기신다.
   - 주님이 군대 귀신을 쫓아내준 사람은 두려움에 떨었지만, 그분은 그에게 오직 연민을 베푸셨다.
   - 그분은 마귀에게 시달림을 받고 있는 곤고한 영혼들을 책망하지 않고 불쌍히 여기신다.
7. 누가복음 7:13에서, 우리는 나인성 과부를 만난다. 남편을 잃은 과부와

아버지 없는 사람들은 예수님의 마음에 특별히 더 가깝다.

이 사례들은 유사한 처지에 있는 사람들로 하여금 우리 주님을 바라보도록 도전을 준다.

III. 연민에 관한 예지.

우리의 무지, 필요, 슬픔을 아시는 주 예수님은 우리의 필요에 대한 대책을 미리 세워주신다.

1. 우리의 인도와 위로를 위해 성경을 주셨다.
2. 민감하게, 그리고 경험적으로 사람이 사람에게 말씀을 전하도록 목사를 주셨다.
3. 기도 등을 통해 우리를 위로하고, 우리 연약함을 도우시도록 성령을 주셨다.
4. 우리의 지속적인 안식처로서 속죄소를 베푸셨다.
5. 우리의 영원한 양식을 위해 약속들을 허락하셨다.
6. 우리의 기억을 돕고, 진리를 생생하게 만들도록 의식들을 주셨다.

이 모든 체계는 극히 자비로우신 구주를 계시한다.

IV. 우리 각자의 기억은 이 연민을 증명한다.

우리는 그분이 얼마나 부드럽게 다루시는지를 기억해야 한다.

1. 그분은 우리의 회개를 소망의 시간으로 바꾸어 주셨다.
2. 그분은 우리의 회개가 우리를 절망으로 이끌기 전에 끝내도록 하셨다.
3. 그분은 우리의 고통을 경감하시고, 그 아래에서 우리를 지켜 주셨다.
4. 그분은 우리가 감당할 수 있을 만큼, 우리를 가르치셨다. "내가 아직도 너희에게 이를 것이 많으나 지금은 너희가 감당하지 못하리라" (요 16:12).
5. 그분은 우리가 임무를 완수하도록 이끄셨다.

6. 그분은 죄를 범한 우리를 사랑으로 돌이키셨다.
우리는 우리 자신을 위해 이 신적 자비를 믿어야 한다.
우리는 우리 동료들을 불쌍히 여기는 일에 그것을 모방해야 한다.

자화상 그리기

"불쌍히 여기시니"에 대한 문자적 번역은 "모든 창자가 연민과 동정으로 심하게 요동하고, 흔들렸다"는 것이다. 옛날 고대인들은 창자를 동정 또는 자비의 자리로 믿었다. 여기에 사용된 헬라어(에스플랑크니스테)는 사용할 수 있는 인간의 말 가운데 가장 강렬한 표현으로서 '연민'을 가리키는 말이다. 그러나 우리의 번역은 그 원래의 의미의 넓이와 깊이를 충분히 전달하는데 완전히 실패하고 있다. _ 커밍 박사(Dr. Cumming)

크세르크세스(페르시아의 왕)가 자신의 강력한 군대를 보고 느꼈던 감정과 비교해 보자. "이 거대한 인간 집단을 바라볼 때 그의 마음은 격동했다. 그러나 자랑스러움과 즐거움에 대한 그의 감정은 곧 슬픔으로 바뀌었다. 그는 앞으로 일백 년 안에 그들 가운데 한 사람도 살아남아 있지 못하리라는 생각을 하자 눈물이 쏟아졌다."

사형언도를 받아야 할 자신의 아들을 위해 재판관에게 호소하는 어머니의 심정은 얼마나 애절할까! 오, 그녀의 창자는 얼마나 흔들릴까! 그녀의 눈물은 얼마나 줄줄 흐르고, 그녀가 재판관에게 자비를 구하기 위해 사용하는 언사는 얼마나 슬픔에 차 있을까! 이처럼 주 예수님도 자비하신 대제사장으로서 연민과 자비로 가득 차 있다(히 2:17). 그분은 자신의 감정은 혹 남겨두실지 모르지만, 연민은 아끼지 않으신다. 세상의 일반 변호사는 자신이 변호하는 사건에 감동을 받거나 그것이 진행되는 과정에 대해 애정을 갖지 않는다. 그는 이득 때문이지 사랑 때문에 변호하지 않는다. 그러나 그리스도는 애정을 갖고 중보하신다. 그분으로 하여금 애정을 갖고 중보하도록 만드는 것은 그의 백성들의 사건을 변호하시는 그분 자신에게 원인이 있다. _ 토머스 왓슨(Thomas Watson)

한 선교사가 (오래 전) 이렇게 외쳤다: "50억 영혼들이 아직 깨닫지 못한 상태로 있다니! 아직 참된 지식을 갖고 있지 못한 이 무수한 동료 죄인들을 생각할 때, 나는 결단코 선교사가 되는 사명을 포기할 수 없다. '50억'은 내가 어디를 가든, 무슨 일을 하든, 항상 내 마음속에 자리 잡고 있다. 잠자리에 드는 일이 나의 기억을 다시 떠오르게 하는 마지막 순간이다. 만일 내가 밤에 일어난다면, 오직 그 생각을 반추할 것이다. 아침에 일어난다면, 그 생각을 하는 것이 당연히 첫 번째 일이 될 것이다."

우리는 보통 사람의 눈에는 그들의 외관적 상태가 별 탈이 없는 것처럼 보이지만, 실제로는 참으로 슬픈 상태에 있는 사람들을 생각할 수 있다. 우리는 그들이 일반적으로 그러는 것처럼, 사람들의 영향 아래 그 마음이 즐거운 감정으로 한껏 들떠 있고, 유쾌한 기질은 그 얼굴을 밝게 하고, 그 말을 활기 있게 하며, 그래서 그들 자신이나 다른 사람들에게 행복한 사람으로서, "잘 먹고 잘 산다"고 생각할 수 있다. 그러나 사람이 보지 못하는 것을 보는 자는 지금 외관적으로 흐르고 비치는 그들의 유쾌한 감정의 흐름 속에서 보지 못하는 것을 보았다. 무엇을 보았을까? 지성은 노예처럼 묶여 있고, 이성은 눈이 멀고, 도덕적 능력은 마비되어 있고, 영혼은 힘이 없고 길을 잃어 "**목자 없는 양같이 흩어져 있는**" 것을. _ 데이비드 토머스(David Thomas)

136
은밀히 배운 것을 공개적으로 가르침

내가 너희에게 어두운 데서 이르는 것을 광명한 데서 말하며
너희가 귓속말로 듣는 것을 집 위에서 전파하라
_ 마태복음 10:27

만일 우리가 예수님의 제자라면, 쓰임 받는 것이야말로 우리 영혼의 최대의 소망이다. 우리는 복음을 전파하는 것으로 가장 확실하게 쓰임 받는 상태에 이를 수 있다고 믿는다. 우리는 "전도의 미련한 것"(고전 1:21)을 확실히 믿는다.

우리는 그 복음을 주님으로부터 개인적으로 받아야 하며, 그렇지 않으면 올바로 사용할 만큼 그것을 알지 못하게 될 것이라고 생각한다.

우리는 준비되지 않으면 달려가서는 안 된다. 본문은 묵시적 약속을 통해 마음의 준비가 필요하다는 사실을 묘사하고 있다. 우리 주님이 우리 귀에 말씀하실 것이다. 그분은 우리와 은밀한 가운데 교제하실 것이다.

I. 무한히 가치있는 특권.

제자는 그의 주님과 극히 가까운 관계에 있고, 그분과 가장 친밀한 교제를 나눈다.

우리는 우리 앞에 세 가지 중요한 문제들이 있음을 발견한다.

1. 우리는 개인적으로 우리 주님과 함께 있다는 사실을 깨달아야 한다.

그분은 지금도 우리와 대화를 나누는 분으로, 밤에도 여전히 우리의 동반자요, 홀로 있을 때에도 우리의 친구이시다.

2. 우리는 그분이 우리에게 하시는 말씀을 그대로 느낄 수 있어야 한다.

- 즉각적으로: "내가 너희에게 이르는 것을." 개인적 접촉을 의미한다.

- 힘 있게: "너희가 귓속말로 듣는 것을." 시내 산에서 들렸던 천둥소리가 아니라 "조용하고, 작은 목소리로" 속삭이는 것으로. 그러나 극히 힘 있게 들어야 한다.

3. 우리는 이런 친교를 반복해서 가질 특권이 있다. "내가 너희에게 이르는 것을 … 들으라."
   - 우리는 반복적으로 교훈 위에 교훈을 받고, 선 위에 선을 그을 필요가 있다.
   - 우리 주님은 날마다 스스로 자신을 드러내기를 원하신다.
   - 우리는 홀로 있을 때, 묵상할 때, 기도할 때, 친교할 때, 그분의 음성을 들을 기회를 갖는 것이 지혜롭다.
   - 우리는 주일이나 질병이나 잠 못 이루는 밤과 같은 상황들을 주님이 역사하실 기회로 삼는 것이 좋다.
   - 우리는 우리의 대장되신 예수님을 이처럼 우리의 개인적인 교사로, 개인적인 교제의 대상으로 삼을 무수한 이유를 갖고 있다.

II. 준비과정.

우리는 예수님이 개인적으로 자신의 거룩한 가르침을 우리의 깊은 마음속에 심어 주시기 전에는 무엇을 전해야 할지 올바로 파악할 수 없다.

우리는 주님과 개인적 접촉을 가질 때, 다음과 같은 것을 발견하게 된다:

1. 진리의 인격성. 곧 그분 안에서 살고, 행하고, 느낀다. 왜냐하면 그분은 "진리이자 생명이기" 때문이다. 진리는 그리스도에 관한 하나의 이론이나 환영이 아니다. 그분이 말씀하신 것이 참된 진리다.
2. 진리의 순수성. 이것은 그분 안에서, 그분의 기록된 말씀 속에서 그리고 그분이 심령에 말씀하시는 것 속에서 발견된다. 사람으로부터 오는 진리는 혼합적이고, 혼동적이다. 그러나 예수님으로부터 오는 진리는 순전하다.

3. 진리의 균형성. 그분은 모든 진리를 참된 관계 속에서 가르치신다. 그리스도는 풍자화가나 빨치산이나 정치인이 아니다.
4. 진리의 능력. 그것은 그분으로부터 엄밀하게, 설득력 있게, 납득이 가도록 전능하게 온다.
5. 진리의 영성. 그분의 말씀은 영이요, 생명이요, 사랑이다.
6. 진리의 확실성. "진실로 진실로"가 그분의 표어다.
7. 진리의 희락성. 그분은 영혼에 즐겁게 말씀하신다. 예수 안에 있는 진리는 기쁜 소식이다.

그리스도의 대학에서 공부하는 것이 얼마나 유익한지 살펴보라.

III. 이후의 선포.

예수님이 어두운 데서 오직 우리에게 하신 말씀을 우리는 광명한 데서 공개적으로 말해야 한다. 공개적으로 드러내기 위해서 우리는 "지붕 꼭대기에서" 설교해야 한다.

우리가 귓속말로 들은 이 메시지는 무엇인가?

우리는 다음과 같은 사실을 기꺼이 증거해야 한다:

1. 예수님의 피에 평화가 있다.
2. 그분의 성령 안에 성결의 능력이 있다.
3. 우리 주와 하나님을 믿는 믿음 안에 안식이 있다.
4. 우리의 위대한 본보기이신 분을 따를 때 안전이 있다.
5. 우리 주 예수님을 가까이 할 때 기쁨이 있다.

우리는 잘 들을수록 더 잘 말하게 될 것이다.

오, 사람들이 우리의 열렬한 증거를 받아들였으면!

당신은 이 순간 그분이 우리에게 이르시는 말씀을 받아들이지 않겠는가?

⁘ 사견 ⁘

독일에서 가장 영향력 있는 설교자 가운데 하나인 클라우스 하메스는 언젠가 한 친구를 만나 자신이 하루에 얼마나 많은 시간을 설교해야 하는 사람인지를 말해 주었다. 그의 친구는 즉각 이렇게 물었다: "하지만 여보게, 만일 자네가 그렇게 많이 말해야 한다면, 도대체 언제 잠잠해지는가? 언제가 하나님의 영이 자네에게 말씀하실 때인가?" 그 단순한 질문은 하메스에게 큰 자극을 주었고, 그때부터 그는 매일 칩거하면서 조용히 연구하는 시간을 따로 갖기로 결심했다.

경건한 브람웰(Bramwell)로부터 말씀을 듣고 하나님께 돌아온 한 그리스도인이 같은 입장에 있던 자신의 한 동료에게 "브람웰 형제는 항상 우리에게 새로운 사실을 전해 주는데 도대체 어찌된 일인가?"라고 물었다. 그러자 그 동료는 이렇게 대답했다: "브람웰 형제는 항상 천국문 가까이에서 살기 때문에 우리는 전혀 듣지 못하는 놀라운 사실들에 관해 듣기 때문이야." _ 히첸스(J. H. Hitchens)

어떤 설교자에 관해 이런 말이 전해져온다: "그는 마치 예수 그리스도께서 자기편인 것처럼 설교한다. 여러분은 그가 '주 예수님, 다음에는 어떤 말을 해야 할까요?'라고 말하는 것처럼 가끔 방향을 바꾸는 것을 본 적이 없는가?"

나의 입술을 취하여, 그곳에
당신으로부터 오는 메시지를 가득 채우게 하소서.

_ F. R. 하버갈(F. R. Havergal)

슬픔도 당신에게 다가가면, 빛으로 바뀌고,
그 빛은 기쁨의 광선보다 더 강력합니다.

어둠은 우리에게 빛의 세계들을 보여 주기에,
우리는 결코 낮을 보지 못했습니다.

_ 토머스 무어(Thomas Moore)

사람들은 노래할 때 가르칠 것을 고난의 때에 배운다.

신적 진리를 소유한 자들은 그것을 전하는데 열심이다. 칼라일은 "만일 새로 주조된 금이 유통되기 전에 주머니를 태운다고 이야기된다면, 새로 발견된 진리는 더욱 더 그러하다" 고 말한다.

어떤 주인이 하인에게 생선이 담긴 선물을 가능한 빨리 친구에게 갖다 주기를 원했다. 하인은 신속하게 선물 바구니를 손에 들고 집을 나섰다. 그러나 목적지에 도착했을 때, 그는 웃음거리가 되고 말았다. 그 이유는 생선을 잃어버렸기 때문이다. 그의 바구니 속은 텅 비어 있었다. 교사여! 설교자여! 그와 같은 일이 그대에게는 절대로 일어나지 않도록 하라.

프랑스 남부지역에서 나는 종종 불이 필요했다. 그러나 막상 불을 구했을 때, 그 유익은 거의 아니 전혀 없었다. 기후가 따뜻한 지역에 사는 사람들은 열이 굴뚝을 통해 다 나가버리도록 벽난로를 만든다. 아무리 그 불꽃이 크더라도, 난로는 난로 자체만을 따스하게 만들 뿐이다. 마찬가지로 우리의 거룩한 신앙고백도 그 사람 자신을 위해서만 은혜와 빛과 경건한 감정을 갖게 만드는 것처럼 보인다. 그들의 열정은 그들 자신의 굴뚝 위로 날아가 버린다. 그들은 어두운 데서 자기들에게 말하는 것을 어둠 속에 방치하고, 귀에 들리는 것을 다른 귀에 전해 주지 않는다. _ 스펄전

137
다 세신 바 된 머리털

너희에게는 머리털까지 다 세신 바 되었나니
_ *마태복음 10:30*

우리의 두려움에 대한 주 예수님의 성찰은 얼마나 클까! 그분은 그의 백성들이 핍박받는 것을 다 아시고, 그들을 격려하고자 하셨다.

얼마나 부드럽고 자상한 모습으로 대하실까! 황송하게도 그분은 우리 머리털에 관해서까지 말씀하신다. 이것은 잠언이다. 말씀은 단순하고, 의미는 심장하다.

우리는 이 본문에 네 가지 사실이 담겨 있다고 생각한다.

I. 예정.

본문은 "세신 바 되었다"고 이해할 수 있다(흠정역 영어성경은 본문을 현재 수동형으로 번역하고 있다. 스펄전 목사는 이 부분을 현재완료시제로 보고 그 의미를 해석한다). 그것은 현재와 과거를 망라한다.

1. 그 범위. 예정은 만사에 적용된다.
   - 모든 사람에게. 인간의 전존재는 예지된 상태에 있다. "나를 위하여 정한 날이 하루도 되기 전에 주의 책에 다 기록이 되었나이다"(시 139:16).
   - 그와 관련된 모든 것이 예지된 상태에 있다. 심지어는 그의 머리털까지도. 이것은 목숨이나 건강을 상하게 하지 않고서는 그에게서 잘라 갈 수 없다는 것이다.
   - 그가 행하는 모든 행동. 심지어는 극히 우연한 사고나 행위에도 적용된다.

- 경험하는 모든 일. 이것은 그의 머리털의 색깔이 변하는 일에 대해서도 적용된다. 그러나 슬픔으로 채색된 머리털도 다 세신 바 된다.

2. 그 원천. 세는 일이 주님에 의해 행해진다.
3. 그 교훈. 예수님은 다음과 같은 목적을 위해 이 예정을 언급하신다.
   - 시험 속에 있는 우리를 담대하게 하기 위해.
   - 우리에게 복종을 가르치기 위해.
   - 우리에게 소망을 갖게 하기 위해.
   - 우리를 기쁨으로 인도하기 위해.
4. 그 영향. 우리가 이처럼 세밀하게 예정된 존재라는 것은 우리를 고상한 존재로 만들어 준다.

만일 하나님이 우리의 머리털까지 세신다면, 우리는 정말 존엄한 존재다. 하나님의 은혜의 목적의 대상이 된다는 것은 영광스러운 일이다.

II. 지식.

우리는 우리의 머리털이 세신 바 될 정도로 알려져 있다.

이 신적 지식에 관해 우리는 다음과 같은 사실을 주목해야 한다:

1. 그 속성.
   - 세밀성. "머리털까지."
   - 완전성. 전인격, 곧 영과 혼과 몸이 전능하신 주님에게 가장 확실하게 알려져 있다.
   - 탁월성. 하나님은 우리가 우리 자신을 알고 있는 것보다 또는 다른 사람들이 우리를 알고 있는 것보다 우리를 더 잘 알고 계신다. 왜냐하면 우리와 다른 사람들은 우리의 머리털을 결코 다 셀 수 없기 때문이다.
   - 예민성. 이것은 어머니가 자신의 소중한 머리털을 귀하게 여기는 것과 같다.
   - 공감성. 하나님은 사람의 머리털에 나타날 시험, 세월 그리고 질병과

같은 것들에 함께 하신다.

- 부동성. 하나님 외에 우리 머리에서 머리털을 떨어지게 할 자가 없다.

2. 그 교훈.
   - 성별에 관해, 우리는 아무리 무가치한 것이라도 우리의 것은 주님의 것이고, 왕의 물품 목록에 포함되어 있다는 가르침을 받는다. 그러므로 우리는 참으로 하찮은 머리털까지도 헛되이 사용해서는 안 된다.
   - 기도에 관해, 우리의 하늘 아버지는 우리에게 필요한 것이 무엇인지 알고 계신다는 교훈을 받는다. 우리는 우리가 당한 사건을 알리기 위해 기도할 필요가 없다.
   - 우리의 상황들에 관해서도 가르침을 받는다. 크든 작든, 이것들은 이미 하나님 마음속에 있다. 우리의 머리털과 같은 사소한 문제들까지도 섭리에 의해 기록되어 있기 때문에, 더 큰 관심사는 말할 것도 없이 아버지께서 이미 감찰하고 계심을 확신할 수 있다.

III. 가치.

우리의 머리털은 가치가 있기 때문에 세신 바 된 것이다.

이것은 연약한 성도들도 이같이 높게 평가 받고 있다는 것을 말해 준다.

본문에서 언급되고 있는 숫자는 다양한 질문을 암시한다.

- 만일 머리털 하나가 가치가 있다면, 그 머리는 얼마나 더 가치가 있겠는가?
- 그 몸은 얼마나 더 가치가 있겠는가?
- 그 영혼은 얼마나 더 가치가 있겠는가?
- 그것들 때문에 그 대속주인 주님은 얼마나 큰 희생을 치르셔야 하는가?
- 그렇다면 그분이 그것들 가운데 하나를 잃어버리는 것을 어떻게 상상이나 할 수 있겠는가?

• 우리 역시 그것들을 크게 평가해야 하지 않겠는가?
• 그것들이 각각 은혜에 의한 부르심이라고 생각하는 것이 우리의 의무요, 우리의 영예요, 우리의 기쁨 아니겠는가?

IV. 보존.

머리털은 온갖 악으로부터 보존 받아야 하기 때문에 다 세신 바 되었다.

1. 아주 작은 실제적 손실로부터. 우리는 약속에 의해 하나도 상하지 않고 보전 받을 것이다. "너희 머리털 하나도 상하지 아니하리라" (눅 21:18).
2. 핍박으로부터. 우리는 어떤 핍박을 받을지라도 구원받을 것이다. "두려워하지 말고" (마 10:28).
3. 사고로부터. 주님이 허락하시지 않는 한, 우리는 사고로부터 안전할 것이다.
4. 곤궁으로부터. 우리는 기근이나 기갈 또는 헐벗음 때문에 죽지 아니할 것이다. 하나님은 우리 머리털까지도 보존하실 것이다.
5. 질병으로부터. 우리는 상함 받는 것 이상으로 고침 받을 것이다.
6. 죽음으로부터. 죽을 때 우리는 상실된 자들이 아니라 무한한 승리자가 될 것이다.

부활은 전인간을 회복시킬 것이다.

우리는 스스로 믿어야 하고, 절대로 두려워해서는 안 된다.

우리는 고도의 가치를 지닌 영혼의 소유자들이고, 그것에 대해 진지한 애정을 가져야 한다.

쐐기

"머리털" — 우리 스스로도 중요하게 여기지 않는 것이다. 빗으로 빗어 떨어져 나온 머리털을 누가 주목하겠는가? 머리털이라는 말은 극히 사소한 것을 가리키는 대표적 표현이다. _ 요한 알버트 벵겔(John Albert Bengel)

만일 하나님이 그들의 머리털을 세신다면, 그분이 그들의 머리를 세시는 것은 얼마나 더하겠으며, 그들의 삶, 그들의 위로, 그들의 영혼에 대해서는 얼마나 더 관심을 두시겠는가? 이것은 하나님이 그들이 자신에 대해 갖는 것보다 훨씬 더 크게 관심을 갖고 있음을 암시한다. 자기들의 돈, 재산 그리고 가축에 대해서는 세밀하게 세는 사람도 수시로 떨어져나가 잃어버리는 그들의 머리털에 대해서는 별로 애착이 없고, 그래서 그리 주의를 기울이지 않는다. 그러나 하나님은 그의 백성들의 머리털을 세시고, 그 머리털 하나도 상하지 않게 하실 것이다(눅 21:18). 아무리 사소한 상함이라도 임하지 않고, 오히려 가치 있는 대상이 될 것이다. 이처럼 하나님께는 그의 성도들이 보배롭고, 그들의 생명과 죽음 역시 그러하다. _ 매튜 헨리(Matthew Henry)

자신이 무정한 마음을 가졌다고 탄식하는 사람이 있다.
아무도 최상으로 사랑하지 못한다 ― 오, 헛되고 이기적인 한숨이여!
하나님은 자신의 품으로부터 사랑을 나눠 주신다 ―
성부는 성자가 그대를 위해 죽도록 하시기까지
사랑을 나누어 주신다.
그대를 위해 그분은 죽으셨다 ― 그대를 위해 그분은 다시 사신다.
그분은 자신의 무한한 통치를 따라 그대를 감찰하신다.
그대는 그분의 관심을 크게 받고 있다.
그 관심 없이는 어떤 사람이나 천사도
천국이나 땅에서 살지 못하리라.
세계를 밝게 비추기 위해 또는 벌레들의 행복을 위해
태양빛은 그 영광스러운 조수처럼 쏟아진다.
그 빛은 무한한 창고를 가지고 비추고 비추리라.
그대는 구주의 가장 사랑하는 자다 ― 무엇을 더 바랄까!
_ 존 케블(John Keble)

16세기, 한 이탈리아 순교자는 종교 재판소에서 이단자로서 낙인 찍혀 아주 혹독한 고문을 받았다. 자신의 형이 고문받는 장면을 보고 심한 충격을 받은 그의 동생이 아주 어렵게 그와 면회를 하게 되었다. 순교자는 이렇게 말했다: "아우야, 정녕 네가 그리스도인이라면, 왜 그렇게 괴로워하니? 괴로워 마라. 나뭇잎 하나라도 하나님의 뜻 없이는 땅에 떨어질 수 없다는 것을 알고 있지 않니? 예수 그리스도 안에서 위로를 받으라. 현재의 고난은 장차 우리에게 나타날 영광과 족히 비교할 수 없느니라."

만일 페스트가 온 땅에 만연한다면,
"이것은 하나님이 하시는 일이다"라고 말하라.
진디가 장미꽃 사이에서 기어 다닌다면,
그것 역시 그분의 행하심이 아닌가? —
만일 눈사태가 일어나 그 높은 산에서 굴러 떨어진다면,
섭리자의 뜻을 두려워해야 하리라.
시든 포플라 잎이 그 나무에서 떨어진다면,
그것이 우연이겠는가?

_ 마틴 F. 터퍼(Martin Tupper)

138
십자가를 짊어짐

또 자기 십자가를 지고 나를 따르지 않는 자도
내게 합당하지 아니하니라
_ *마태복음 10:38*

십자가를 지시기 전, 우리 주님은 그것을 이미 알고 계셨고, 그것을 짊어지는 것을 주저하지 않으신다.

똑같은 예지력으로, 그분은 참제자가 자신이 짊어져야 할 개인적 십자가를 받아들일지를 미리 아신다. 그분은 누구도 거기서 면제받은 자가 없음을 아신다.

제자의 마음의 눈에 비친 그림을 보면, 십자가를 짊어지신 예수님을 따라 자기 십자가를 짊어지고 따라가는 행렬로 이루어진다. 이것은 화려한 행렬이 아니라 참 고난의 행진이다. 그것은 평생 짊어지는 십자가다.

십자가를 짊어지는 것은 고단하고, 수고하고, 슬프고, 굴욕을 감수해야 하는 길이다.

십자가를 짊어지는 것은 예수님을 따르는 자에게는 필수적인 길이다. 우리는 자기 십자가를 짊어져야 하며, 그렇지 않으면 그리스도인이 되는 모든 이상을 포기해야 한다.

우리는 순종하는 마음으로 다음과 같이 물어야 한다:

I. 내가 짊어져야 할 특별한 십자가는 무엇인가?

"자기 십자가를 지고."

1. 그것은 어떤 쾌락이나 자유를 포기하는 길일 수 있다.
2. 그것은 비난과 학대를 감수하거나 다른 사람들의 유익을 위해 가난과

궁핍을 견뎌야 하는 길일 수 있다.

3. 그것은 그리스도를 위해 손해와 핍박을 받는 길일 수 있다.
4. 그것은 확실히 예수님께 모든 것을 바치는 것을 의미한다. 나의 전자아를 그분이 나를 영화롭게 하는 섬김의 복된 짐 아래 굴복시키는 것이다.
5. 그것은 또한 나의 하늘 아버지의 뜻을 인내와 복종과 감사로써 받아들이는 것을 포함한다.

자기 십자가는 나의 주님으로 말미암아 나에게 좋고, 지혜롭고, 소중하고, 안전한 선택이다. 그것은 오로지 주님처럼 내가 그것을 짊어질 때에만 만족된다.

II. 그것과 함께 나는 무엇을 해야 하는가?

"지고 나를 따르지 않는 자도."

1. 나는 애써 그것을 짊어져야 한다.
   - 십자가를 선택하라. 그렇지 않으면 다른 시험으로 말미암아 한탄하게 될 것이다.
   - 억지와 완고함으로 십자가를 짊어지지 말라.
   - 나에게 주어진 십자가에 대해 불평하지 말라.
   - 냉정한 금욕주의나 자의적인 의무태만으로 십자가를 경멸하지 말라.
   - 십자가를 아래로 떨어뜨리거나 그것으로부터 도망침으로써, 그 힘이 떨어지지 않도록 하라.
2. 담대하게 그것에 맞서야 한다. 그것은 결국 나무 십자가일 뿐이다.
3. 인내하며 그것을 감당해야 한다. 왜냐하면 그것을 조금씩 옮길 수 있기 때문이다.
4. 즐겁게 그것에 내 몸을 맡겨야 한다. 왜냐하면 주님이 그렇게 하셨기 때문이다.

5. 나는 그것과 함께 그리스도를 따라 순종해야 한다. 그분의 발자취를 따라 걷는 것은 얼마나 큰 영광이고, 위로가 되는 일일까! 이것이 본질적인 요소다.

십자가를 짊어지는 것으로는 충분하지 않다. 우리는 그것을 짊어지고 예수님을 따라가야 한다.

나는 그것을 짊어지기만 하면 되고, 그것이 나를 짊어지는 것이 아니라는 사실에 감사해야 한다.

그것은 왕의 짐이요, 성스러운 짐이요, 성스럽게 하는 짐이요, 그리스도와 교제하는 짐이다.

III. 그렇게 하도록 나를 자극하는 요소는 무엇인가?

1. 필연성: 나는 십자가를 짊어지지 않고는 제자가 될 수 없다.
2. 사교성: 내가 그것을 짊어진 것 이상으로 사람들과 더 좋은 관계에 들어간다.
3. 사랑: 예수님은 내가 짊어진 것보다 더 무거운 십자가를 짊어지셨다.
4. 믿음: 은혜는 십자가의 무게에 비례하여 주어질 것이다.
5. 소망: 나 자신에게 선한 것은 내가 이 짐을 짊어질 때 주어질 것이다.
6. 열심: 예수님은 내가 인내하며 견딜 때 영광 받으실 것이다.
7. 경험: 그럼에도 불구하고 나는 그 안에서 즐거움을 얻게 될 것이다. 왜냐하면 그것은 나에게 무수한 복을 일으키기 때문이다. 십자가는 열매가 있는 나무다.
8. 기대: 영광이 그 상급이 될 것이다. 십자가 없이는 면류관도 없다.

우리는 악인들이 더 나은 운명을 얻게 되리라고 상상해서는 안 된다. 시편기자는 "악인에게는 많은 슬픔이 있다"(시 32:10)고 말한다.

의인들은 십자가를 두려워해서는 안 된다. 그것이 그들을 망하게 하는 것이 아니기 때문이다.

그것은 우리의 두려움에 의해 철색으로 채색될 수 있지만, 무거운 금속으로 만들어진 것은 아니다. 우리는 그것을 짊어질 수 있고, 우리는 얼마든지 기쁘게 감당할 수 있다.

✣ 대못 ✣

알렉산더 대왕은 페르시아를 횡단하여 행군할 때, 얼음과 눈 때문에 더 이상 진군하지 못했다. 그의 병사들은 고단한 행로에 크게 지쳐 있었고, 의기소침해 더 이상 앞으로 나아가지 못했다. 그는 말에서 내려 군사들 사이를 걸어 지나가더니 곡괭이를 들고 자신의 앞길을 만들기 시작했다. 그 장면을 보고 그들은 부끄러움을 느꼈다.

먼저 그의 동지들이, 그 다음에는 그의 군대의 수장들이, 마지막으로는 일반 병사들이 그를 따랐다. 마찬가지로 자기들의 구주이신 그리스도를 따르는 사람들은 누구나 자기들이 횡단해야 할 십자가의 길이 아무리 험하고, 선뜻 내키지 않는다고 할지라도, 기꺼이 그 길을 가야 한다. 자신의 고난의 잔을 마시게 하셨기 때문에 그들은 기회가 되면 그분에게 묶여야 한다. 그분이 자기들을 자신의 고난의 모범으로 삼으셨기 때문에, 그들은 똑같은 슬픔의 단계에서도 그분을 따라야 한다. _ 존 스펜서(John Spencer)

십자가는 그것을 질질 끌고 가는 사람보다 그것을 짊어지고 가는 사람에게 더 쉽다. _J. E. 복스(J. E. Vaux)

우리는 자기 십자가를 지도록 명령받았지 그것을 만들도록 명령받지 않았다. 하나님께서 그의 섭리를 따라 우리에게 십자가를 제공하실 것이다. 그리고 우리는 그것을 짊어지도록 명령받는다. 우리는 그것을 내려놓는 일에 대해서는 아무 얘기도 듣지 못한다. 우리의 고난과 우리의 삶은 함께 살고, 죽는다. _ W. 거널(W. Gurnall)

예수님이 홀로 십자가를 짊어져야 한다면,
모든 교회는 자유로운가?
아니다. 누구에게나 십자가는 있다.
내가 짊어져야 할 십자가도 있다.

플라벨은 "벨벳 십자가를 갖고 있는 사람은 아무도 없다" 고 말했다.

내 친구인 요크셔 출신의 한 늙은 노동자는 "아! 십자가가 사랑으로 묶일 때, 그것을 짊어지는 일은 복된 일이다" 라고 말했다. _ 뉴먼 홀(Newman Hall)

그리스도의 십자가를 기꺼이 환영하고, 그것을 당당하게 짊어지라. 그러나 진실로 그것은 당신의 것이 아니라 그리스도의 십자가임을 기억하라. _ 윌콕스(Wilcox)

그리스도의 십자가는 지금까지 내가 져본 것 중 가장 즐거운 짐이다. 그것은 새에 붙어있는 날개, 배에 달려 있는 돛과 같은 짐으로, 나를 항구로 인도한다. _ 새뮤얼 러더퍼드(Samuel Rutherford)

그 길이 어떤 길이든 간에 그곳에는 그리스도께서 계시고, 그분과 함께 가는 길은 사람이든 천사든 어떤 피조물이든 충만한 기쁨이다. 그분은 자신이 가 보지 못한 외진 길을 가리키면서 "너희는 가라" 고 말씀하시지 않는다. 그분은 우리가 그분의 발자취를 발견할 수 없는 곳과 그분의 함께 하심이 절대로 발견되지 않는 곳은 한 발자국도 갈 필요가 없도록 "나를 따르라" 고 말씀하신다.

만일 날카로운 돌들이 우리의 발을 찌른다면, 그것들은 그분의 발도 이미 찔렀을 것이다. 만일 어둠이 여기저기 짙게 드리워져 있다면, 그분 주위에는 더 짙은 흑암이 드리워졌던 것이다. 만일 때때로 우리가 서서 싸워야 한다면, 그분이 거쳤던 싸움은 훨씬 더 강렬했다. 만일 십자가가 우리 어깨를 무겁게 한다면, 그분이 짊어졌던 것과 비교해 보면 훨씬 더 가벼울 것이다. 백스터(Baxter)는 "그리스도께서는 자신이 이전에 통과했던 것보다 더 어두운 방으로 결코 나를 이끄시지 않는다"고 말했다.

만일 길이 생각했던 것보다 천 배나 더 험했다면, 그리스도와 함께 걷는다는 점으로 볼 때, 그것은 더 가치가 있을 것이다. 예수님을 따라가는 것은 예수님과 교제하는 것을 의미하고, 그 교제의 즐거움은 말로 다할 수 없다. _P.

139
쉼이 없는 자들을 위한 쉼

수고하고 무거운 짐 진 자들아 다 내게로 오라
내가 너희를 쉬게 하리라
나는 마음이 온유하고 겸손하니 나의 멍에를 메고 내게 배우라
그리하면 너희 마음이 쉼을 얻으리니
이는 내 멍에는 쉽고 내 짐은 가벼움이라 하시니라
_ *마태복음 11:28- 30*

예수님은 앞부분에서 **인간의 책임**(20- 24절)에 관한 엄숙한 진리를 가르치고, 이어서 기도를 통해 **선택** 교리를 즐겁게 선포하셨다. 이제 그분은 방향을 바꿔 안식이 필요한 사람들을 그 길로 자유롭게 그리고 충분하게 초청하신다. 이 세 가지 사실은 확실히 일관적이고, 모든 기독교 설교 속에서 발견되어야 한다. 이처럼 사람들을 자기에게 나아오도록 초청하시는 분이 누구인지 기억하라.

지존자의 아들, 그때나 지금이나 하나님의 계시자이신 그분은 사람들이 두려워 말고 자기에게 가까이 나아오도록 명하시고, 이 나아옴 속에 안식이 있다고 말씀하신다. 자기에게 나아오는 자가 누구든 그분은 안식의 축복을 베풀어 주실 것이다.

주님의 은혜로운 초청 속에서 당신은 다음과 같은 사실을 주목해야 한다:

I. 당신을 묘사하는 성격.

1. 수고함. 그 형식을 불문하고, "수고하는 자들."
   - 공공종교의 예배 속에서, 율법을 지키려는 노력에서, 또는 어떤 다른 자기의(自己義)의 길 속에서.
   - 이득, 영예, 편리 등을 얻으려는 자아의 업무 속에서.

- 발견, 발명, 창출 등과 같은 세상의 업무 속에서.
- 사탄, 정욕, 술취함, 불신앙 등의 업무 속에서.

2. 짐을 짐. "무거운 짐 진" 자들이 모두 초청 받는다.
   - 피곤하고, 혼란스럽고, 실망스럽기 때문에 무거운 짐을 짐.
   - 죄, 죄책, 두려움, 후회, 죽음에 대한 공포 등의 짐을 짐.
   - 염려, 걱정, 탐욕, 야망 등의 짐을 짐.
   - 슬픔, 가난, 압박, 중상 등의 짐을 짐.
   - 의심, 유혹, 갈등, 내면의 무기력 등의 짐을 짐.

II. 당신을 초청하는 축복.

1. 쉼이 주어짐. "내가 너희를 쉬게 하리라."
   - 양심에 대해. 속죄와 용서를 통해.
   - 정신에 대해. 무오한 가르침과 확인을 통해.
   - 심령에 대해. 사랑의 안식을 통해. 예수님은 심령을 채우고 만족시키신다.
   - 힘에 대해. 얻을 만한 가치가 있는 대상을 주심으로써.
   - 불안에 대해. 만사가 선에 따라 역사하신다는 확신을 주심으로써.
2. 쉼을 얻음. "너희 마음이 쉼을 얻으리니."
   - 쉼에 쉼이 더해지는 복이다. 곧 쉼을 더 심화시키고, 확실하게 한다.
   - 정욕과 욕망이 극복됨으로써 임하는 쉼이다.
   - 주님께 충분히 헌신할 때 주어지는 쉼이다.

이 쉼이 당신을 얼마나 즐겁게 하고, 강하게 하며, 안심시킬까!
그것은 얼마나 크게 수고와 짐들을 완화시킬까!

III. 당신을 인도하는 방향.

1. "내게로 **오라.**"

- 한 사람 곧 살아 계신 구주요 모범이신 예수님이라는 사람께로 오라.
- 즉시 오라. 예수님은 지금 준비가 다 되어 있다. 당신은 어떤가?
- 수고하고 짐은 진 사람은 **누구나** 오라. 거부당할 사람은 아무도 없을 것이다.
- 짐 진 채 오라. 당신의 마음속에 있는 짐을 그대로 가진 채 오라. 그러면 "내가 너희를 쉬게 하리라." 있는 모습 그대로 오라. 믿음으로 오라.

2. "나의 멍에를 **메라.**"
   - 내 명령에 순종하라.
   - 섬김과 짐을 짊어지는 것을 통해 기꺼이 나를 본받고 따르라.
   - 내가 너에게 제공하는 고난을 감수하라.
3. "내게 **배우라**"
   - 당신은 모른다. 하지만 기꺼이 배우게 될 것이다.
   - 당신은 트집 잡을지 모른다. 그러나 배울 마음을 가지고 있다.
   - 당신은 마음을 다해 배우고, 나의 온유함과 겸손함을 본받으라.

IV. 당신을 설득하는 논증.

당신은 쉼과 섬김에서 주님 닮기를 원할 것이다. 그렇다면 그분에게 나아와 배우라. 그분에 대해 다음과 같은 사실을 기억하라:

1. 겸손한 교사: 실패하더라도 감당하고, 자신의 가르침을 반복 실천하며, 제자를 돕고, 타락한 자들을 회복시키심.
2. 무거운 짐을 놔두시지 아니함. "내 멍에는 쉽고."
3. 그분은 자신이 당신에게 지워 주신 짐에 쉼을 주심. "내 멍에를 메고 … 그리하면 너희 마음이 쉼을 얻으리니."

자석

예수님은 자기 주변에 모인 사람들에게 깊은 연민과 애정을 갖고 계셨기 때문에, 그들의 외적 상황에 맞추어 직접적인 초청의 기회를 베푸셨다고 나는 확신한다. 아마 그때는 거의 해가 질 즈음이었을 것이다. 그날은 우리 구주 자신이 열심히 일하신 날이었다. 밭에서 일하던 농부, 분주한 상인, 그물을 던지던 어부, 짐을 지고 가던 노예, 염려라는 무거운 짐을 진 부자, 세월의 무게로 말미암아 백발이 성성한 죄인 그리고 회한과 두려움으로 깊은 상처를 받은 짐 진 자 등, 이런 사람들이 그들의 마음을 이해하는 구주의 눈에 띄었다. 그러나 그들 속에서 그분은 수고하고, 고통 받는 세상의 모습을 보셨고, 모든 사람들이 받도록 계획되고 예정된 초청의 목소리를 발하셨다. "**내가 너희를 쉬게 하리라.**" 그분은 죄 사함을 통해 짐 진 자들의 양심에 쉼을 주신다. 진리로써 불안한 지성에 쉼을 주신다. 신적 사랑을 통해 목말라 고통당하는 심령에 쉼을 주신다. 하나님의 섭리와 약속들을 가지고 염려로 가득 찬 영혼에 쉼을 주신다. 천국을 미리 맛보여 주심으로써 슬픔과 고난으로 점철된 지친 자에게 쉼을 주신다. 요약하면 "그분의 쉼"을 실제로 누리게 된다. _ E. R. 콘더(E. R. Conder)

그리스도는 "오라 내가 너희를 쉬게 하리라"고 말씀하신다. 내가 너희에게 쉼을 **보여 주겠다**는 것도 아니고, 쉼에 대해 **말하겠다**는 것도 아니다. 나는 진실한 사람으로 절대로 거짓말할 수 없는데, 내가 너희를 쉬게 **할 것이다.** 가장 큰 힘을 소유한 내가 그것을 줄 것이다. 가장 큰 의지를 가지고 있는 내가 그것을 줄 것이다. 가장 큰 권세를 가지고 있는 내가 그것을 줄 것이다. 그러므로 짐 진 죄인들아, 오라. 그리하면 **내가** 너희를 쉬게 할 것이다. 쉼은 가장 바람직한 선이요, 가장 적절한 선으로서, 당신에게는 가장 큰 선이다. 그리스도는 오라 즉 나를 믿으라, 그러면 내가 너를 쉬게 하리라고 말씀하신다. 내가 너희에게 하나님과의 평화 그리고 양심과의 평화를 제공할 것이다. 내가 너의 폭풍을 영원히 잠잠케 할 것이다. 내가 너에게 세상이 너

에게 줄 수도 없고, 또 빼앗을 수도 없는 쉼을 주겠다. _ 토머스 브룩스

주여, 당신은 당신 자신을 위해 우리를 지으셨습니다. 그러므로 우리가 당신 안에서 안식할 때까지는 절대로 안식을 발견할 수 없겠나이다. _ 아우구스티누스

한 가난한 영국 소녀가 파리에 있는 레이 양의 집에서 육체는 병들고, 영혼은 절망에 빠져 있을 때, 그곳 아이들이 부르는 "나는 예수께서 말씀하시는 음성을 들었네"라는 찬송을 듣고 크게 감동 받았다. 그들이 "지치고, 피곤하고, 슬픈 자들아"라는 가사를 노래할 때, 그녀는 "그게 바로 나야! 바로 나야! 그분이 무슨 일을 하셨지? 그것을 말해 봐! 어서 말해 봐!"라고 탄식했다. 그녀는 예수님이 자기 같은 사람들에게 어떻게 안식을 주셨는지를 노래하는 그 찬송가 가사를 전부 듣기 전에는 안식을 얻지 못했다. 이윽고 그녀는 "그것이 사실이냐?"고 물었다. "그럼요"라는 대답이 왔다. 계속해서 그녀는 "너도 예수께 나아갔니? 그분이 너에게도 안식을 주셨어?"라고 물었다. "당연하죠." 몸을 일으킨 그녀는 "내가 너에게 가까이 가는 것이 싫지 않니? 이미 그분께 가본 적이 있는 사람과 함께 가면 그분께 나아가는 것이 더 쉽겠지?"라고 물었다. 그렇다고 말하자 그녀는 자신의 몸을 자신을 바라보고 있는 아이의 어깨에 편하게 기대고, 죽음의 고통 속에 있는 자로서, 아이를 꼭 붙들고, "이제, 너와 함께 예수님께 가 보자"고 중얼거렸다. _ *The Sunday at Home*

수많은 머리들이 그리스도의 품에 기대고 있다. 하지만 거기에 당신이 기댈 공간은 아직도 남아있다. _ 새뮤얼 러더퍼드

140
예수님의 부르심

수고하고 무거운 짐 진 자들아 다 내게로 오라
내가 너희를 쉬게 하리라
_ *마태복음 11:28*

이 본문은 자주 설교되는 말씀이지만, 아무리 자주 해도 너무 자주 하는 것은 아니다. 왜냐하면 본문을 통해 슬픔을 처리하는 사람들은 항상 넘치고, 그 치료는 크게 효과적이기 때문이다.

지금부터 우리는 그것을 우리 주님의 입장에서 보도록 하자.

그분은 지친 자들이 자기에게 오도록 청하신다. 그분은 그들이 자기에게 배우기를 바라신다. 그분은 오는 사람들을 받아주실 뿐만 아니라 오도록 간청하신다. 이 소원이 그분의 가슴 속에서 얼마나 활활 불타고 있을까? 그것이 어디서 올까?

그것을 조심스럽게 살펴보자.

I. 그분은 누구신가?

1. 거부당하셨지만 그분은 "내게로 오라" 고 외치신다.
2. 그 거부에는 우리도 포함되고, 두려운 죄책이 따르지만, 그분은 용서할 준비를 하고, 우리가 오기만 하면, 쉼을 베푸실 것이다.
3. 자신의 아버지의 목적을 아시지만, 수고하고 무거운 짐 진 모든 자들에게 절박한 초청장 주시는 것을 두려워하지 않는다.
4. 오는 사람들을 받아주실 뿐만 아니라 그들 모두에게 쉼을 주실 수 있는 능력을 갖고 계신다.
5. 하나님의 아들로서 무한히 복을 받으신 분이지만, 쉼이 없는 불쌍한 사

람들에게 쉼을 주시는 데서 새로운 기쁨을 발견하신다.

II. 그분은 누구를 부르고, 왜 부르시는가?

1. 스스로 감당할 수 있는 것보다 더 크게 수고하는 자들: 불안에 떨고, 불행에 빠진 자들.

그분은 이런 사람들을 자기에게 부르셔서 쉬게 하고 그들로 하여금 쉼을 얻도록 하신다.

2. 스스로 짊어질 수 있는 것보다 더 무거운 짐을 진 자들: 압박받는 자들, 슬픔에 빠진 자들, 죽기 직전에 있는 자들.
3. 가르침이 필요한 무지하고 불쌍한 자들.
4. 도움의 손길이 크게 필요한, 오직 그분 안에서만 쉼을 얻을 수 있는, 영적으로 무거운 짐 진 자들.

III. 그들에 대한 그분의 소원의 원인은 무엇인가?

그분께 그들이 필요하기 때문은 아니다.

그들의 개인적인 가치 때문도 아니다.

그들이 뭔가 행하거나 행할 수 있기 때문도 아니다.

1. 그분이 우리 인간을 사랑하시기 때문이다. "사람이 거처할 땅에서 즐거워하며 인자들을 기뻐하였느니라"(잠 8:31). 그분은 자진하여 이런 사람들에게 쉼을 주실 것이다.
2. 그분은 자신이 사람이시며, 사람들의 필요를 아신다.
3. 그분은 우리에게 쉼을 주시기 위해 우리가 쉼을 사기에 충분한 일을 행하셨다.
4. 그분은 우리를 위해 즐겁게 더 많은 일을 행하신다. 사람들에게 유익한 일을 행하는 것이 그분의 즐거움이다.
5. 그분은 우리가 그분 안에서 쉼을 얻지 못하면, 우리에게 어떤 멸망이 임

하는지 알고 계신다.

6. 그분은 우리가 그분에게 오기만 하면, 우리에게 어떤 복이 임하는지 알고 계신다.

IV. 그러면 우리는 이 초청을 어떻게 다루어야 할까?

1. 우리는 그것을 아주 진지하게 주목해야 한다.
2. 가장 불쌍한 자들도 그것을 얻도록 아주 단순하게 다루어야 한다.
3. 그것은 정확히 우리에게 어울린다. 그것이 당신에게는 어울리지 않는가?
4. 우리는 그것을 아주 은혜롭게 받아들여야 한다.

메아리

지금까지 그분이 보여 주신 가장 겸손한 사랑, 곧 지금까지 그분이 행하신 가장 은혜로운 이 초청은 그분이 특별히 자신의 영광에 대한 의식을 갖고 있던 그 당시에, 사람들로 하여금 그것을 소유하도록 하시려는 그분의 뜻을 보여 주는 것이었다. 그분은 자신의 아버지로 말미암아 자기에게 주어진 모든 사실들에 관해 말씀하셨을 때, 사람들이 자기에게 오도록 한 초청은 그것에 대해 도움을 주기 위한 방법이었다(마 11:27- 28). 만일 우리를 초청하는 것이 그분이 자신의 영광을 나타내기 위한 방법이라면, 그것은 그분의 초청을 받아들이기 위해 우리가 사용하는 방법이 되어야 한다. 그분이 영광을 받으시기 때문에 모든 민족이 그분에게 달려 나와야 한다.
_ 스티븐 차녹(Stephen Charnock)

"내게로 오라"는 말씀은 너무나 은혜로우신 하나님이면서 동시에 지극히 인간적인 복되신 분의 초청이다. "내게"라는 표현 속에는 자신의 팔로 어린 아이들을 껴안아, 깨질까봐 살짝 그 품에 안아들인다는 의미가 함축되어 있다. "내게"라는 표현은 배고프고, 목마르고, 힘이 빠지고, 비탄에 처하고, 슬퍼하는 사람들에 대해 전능하신 하나님의 마음속에 사랑과 비탄과 고통과 눈물이 느껴졌다는 것을 의미한다. _ 케어드(Caird)

주여, 저는 당신에게로
모든 사람들을 초청했고,
지금도 초청하고, 또 계속 초청할 것입니다.
제 눈에는 오직 그것만이
의롭고 옳은 일이니까요.
누구든 있는 곳에, 그 초청 역시 있어야 하겠지요.
_ 조지 허버트(George Herbert)

"내게"라는 말씀은 이렇게 진행된다 — 너희는 내게, 나는 너희에게. 여기서 친교가 이중으로 이루어진다. 이것은 모두 우리에게 유익하고, 주님의 크신 은혜를 보여 주는 것이다. 우리는 나아오고, 거기서 그분은 거지, 나병 환자, 병든 자, 거부당한 부랑자 등을 얻는다. 이것은 그분 안에 연민 외에 아무것도 없다는 것을 의미한다. 그러나 그분은 우리를 받아들이기 위해 각자에게 합당한 대가를 치르도록 우리에게 요구하시는가? 절대로 아니다. 우리는 그분에게 뭔가를 드리기 위해서가 아니라 그분이 우리에게 모든 것을 주시기 위해 나아와야 하는 것이다. 이것이 우리 주님이시다!

141
의심의 이유와 근거

예수께서 즉시 손을 내밀어 그를 붙잡으시며 이르시되
믿음이 작은 자여 왜 의심하였느냐 하시고
_ *마태복음 14:31*

우리 주님은 물에 가라앉는 자를 구원하기 전에는 의심하는 자에게 질문하지 아니하셨다. 그분의 책망은 항상 적절한 시간에 이루어진다.

그 질문은 책망으로 충분한 가치가 있을 뿐 아니라 특별히 교훈적이며, 의심할 바 없이 오랜 세월 후에도 유효한 힘이 있는 것으로 입증되었다.

믿음의 은혜가 실제로 임하면, 의심은 스스로 해답을 찾게 되고, 그 정당성을 입증할 수 없다면, 사라지게 될 것이다.

오, 의심은 우리 안에서 즉시 사라지기를!

우리는 본문의 질문을 크게 두 부류의 사람들에게 적용시켜 보아야 한다.

I. 오 그리스도인이여, 당신의 의심은 어디서 오는가?

1. 당신이 의심하는 몇 가지 타당한 가정적 이유들을 다루어 보자.

- 당신은 지켜지지 않은 약속들에 관한 과거의 경험을 들 수 있는가?
- 현재 겪고 있는 악이 전능자의 능력을 벗어나 있는가?
- 약속들이 폐지되었는가? 은혜의 계획들이 취소되고 있는가?
- 하나님 자신이 변하셨는가? 그분의 자비가 영원히 사라지고 없는가?

이상의 가정적 이유들은 하나도 존재하지 않는다.

2. 가정적 이유들에 대해 말한다고 해도, 당신이 의심하는 실제적 이유들을 들어보자.

- 나의 죄책감은 특별히 깊고, 분명하다.

- 나의 원죄는 맹렬한 죄악을 나에게 일으켰다.
- 나의 실패는 다른 사람들의 업적 및 나 자신의 의무에 비추어 볼 때, 절망을 정당화시킨다.
- 나의 시험은 너무 특별하고, 너무 맹렬하고, 너무 오래 가고, 너무 다양하다.
- 나의 마음은 나를 늘 붙잡고 늘어진다. 나는 더 이상 방향을 바꿀 수 없다.
- 나의 두려움은 더 큰 악을 예시하고, 최후의 멸망을 암시한다.

이처럼 많은 부정적 이유들이 정신을 흐리게 한다. 따라서 그것들을 정면으로 바라보고, 단호하게 일소하는 것이 지혜일 것이다.

3. 이 이유들을 다른 관점에서 바라보자.

- 당신은 처음 믿었을 때, 그것들을 어떻게 생각했는가?
- 당신은 과거의 시험들이 당신에게 엄습했을 때, 어떻게 생각했었는가? 그리고 그것들을 극복하고 난 지금은 어떻게 생각하고 있는가?
- 당신은 당신이 예수님의 품 — 그분의 사랑이 보증된 — 에 기대고 있는 동안에는 시험들을 어떻게 생각하게 되는가?
- 당신은 다른 사람들을 가르칠 때, 그것들에 관해 어떻게 말하는가?
- 천국에 가면, 그들이 당신에게 어떤 모습으로 나타날까?

예수님은 지금 당신과 함께 하고 있다. 그분이 함께 하실 때 어떻게 그토록 부정적인 시각으로 사건들을 바라볼 수 있는가?

4. 당신이 의심하는 참된 이유들을 말해 보자.

- 당신은 자아를 신뢰했고, 그 신뢰는 당신을 실패로 이끌었다.
- 당신은 지나치게 감정에 따라 사건들을 바라보았다. 감정이 우울할 때, 당신은 자연스럽게 혼란에 빠지게 된다.
- 당신은 주님으로부터 눈을 떼었다.
- 아마 당신은 기도, 주의, 회개 등을 게을리 했을 것이다.

자신의 의심에 대한 참된 이유를 발견했을 때, 당신은 하나님께 용서를 구하고, 나아가 성령께서 믿음을 회복시켜 주시고, 의를 행하도록 해 달라고 구하게 될 것이다.

II. 오 죄인이여, 당신의 의심은 어디서 오는가?

주님의 손은 물에 가라앉는 죄인들을 구원하기에 충분할 만큼 펼쳐진다.

예수님의 능력이 당신을 가라앉는 침몰로부터 구원할 수 있다는 것을 불신하지 말라.

1. 당신이 의심하는 선한 이유들을 생각해 보자.

- 다른 사람들이 믿고 멸망한 적이 있는가?
- 예수님을 믿는 믿음을 시험해 보고, 그것이 헛된 것으로 판명된 적이 있는가?
- 예수님의 피가 그 권능을 상실한 적이 있는가?
- 성령께서 위로와 조명과 갱신의 역사를 멈추신 적이 있는가?
- 복음이 폐기되었는가? 하나님의 은혜가 영원히 사라졌는가?

이것들 가운데 어느 하나도 그렇다고 답변될 수 있는 것은 없다.

2. 당신이 의심하는 명백한 이유들을 들어보자.

- 당신의 죄는 크고, 많고, 깊고, 독자적이다.
- 당신은 구원이 자신을 위한 것임을 생각할 수 없다.
- 당신은 오랫동안 복음을 거부해 왔다.
- 당신의 마음은 끔찍할 정도로 강퍅하고, 무정하다.

이것들 가운데 어느 하나도 전능자의 사랑을 의심할 만한 충분한 이유는 못된다.

3. 이같이 비합리적인 의심을 다루는 방법을 배워 보자.

- 그것에 대해 회개하라. 왜냐하면 그것은 아버지의 권능과 약속, 예수님의 보혈 그리고 성령의 은혜를 더럽히기 때문이다.

• 그것을 끝내라. 그렇게 하기 위해서는 진정 참된 것을 단순히 믿기만 하면 된다.
• 가능한한 빨리 다른 길을 달려가라. 철저히 믿으라.

모든 경우에, 우리는 하나님을 믿는 것은 거룩한 상식이고, 그분을 의심하는 것은 어리석음의 방종임을 확신해야 한다.

최근 사례

하슬램(Haslam) 선생은 연약한 노부부 그리스도인이 나눈 감동적인 대화를 이렇게 보고한 적이 있다: 둘 중 더 연약한 그릇인 남편이 "오! 내 믿음은 너무 빈약해. 나는 너무 의심이 많거든" 하고 말했다. 그러자 그의 아내가 덧붙여 말하기를 "맞아요, 당신은 정말 의심이 많아요. 그것을 내게 좀 나누어 주세요"라고 했다.

하나님의 섭리는 정말 알기 어렵지만, "주께서 구원하시리라"는 것이 믿음의 말이다. 만일 과거의 경험을 들여다본다면, 당신은 하나님이 당신을 위해 큰일을 행하셨음을 깨닫게 될 것이다. 당신이 예상했던 온갖 어려움들 가운데 10분의 9는 무사히 통과한 것이 사실 아닌가? 나는 빌리 브레이에게 큰 공감을 느낀다. 빈털터리가 되어 집에 돌아왔을 때 아내는 그에게 "내 인생에서 당신 같은 사람은 처음 보겠어요. 당신은 나가서 다른 사람들의 아내와 아이들을 돌보고, 그들을 도와주었지요. 하지만 당신의 아내와 아이들은 굶어 죽을 거예요"라고 소리쳤다. 그러자 빌리는 큰 소리로 이렇게 말했다: "하지만, 여보, 당신은 아직 굶어죽지 않았잖소." 그것은 과연 사실이었다. 왜냐하면 그녀가 그 자리에 서 있는 것, 그것이 그의 말에 대한 산 증거가 되기 때문이다. _ 헨리 발리(Henry Varley)

브리스톨에 있는 침례교신학교에서 50년 동안 학장으로 재직했던 경건한 노성도 크리스프 교수는 생애 말기에 자신의 믿음이 실패하지 않을까 두려워했다. 그래서 "자기 아들을 아끼지 아니하시고 우리 모든 사람을 위하여 내주신 이가 어찌 그 아들과 함께 모든 것을 우리에게 주시지 아니하겠느냐" (롬 8:32)는 말씀을 항상 되새겼다. 그는 이 말씀을 반복해서 암송한 다음에 마지막으로 이렇게 덧붙였다: "아니지, 의심하는 것은 잘못이야. 나는 의심할 수 없어. 감히 그럴 수 없고말고. 나는 절대로 의심하지 않을 거야."
_ S. A. 스웨인(S. A. Swaine), "믿음의 사람들" 에서

어둠이 오랫동안 내 마음을 덮고 있을지라도
미소 짓는 날이 다시 한 번 올 것입니다.
그때, 나의 대속주여! 그때, 내가
내 의심과 두려움의 어리석음을 깨닫게 되겠지요.
나는 불신에 빠진 내 마음을 꾸짖고,
지금까지 그토록 비천한 행동을 하게 된 것이나
당신에 대한 강퍅한 생각을 숨겼던 것에 대해
얼굴을 붉힙니다. _ 쿠퍼

어떤 사람들은 의심이 그리스도인에게 필수적인 경험의 한 부분이라고 생각한다. 그러나 그것은 절대로 사실이 아니다. 어린 아이는 자기 아버지의 사랑을 깊이 경험할 때, 아버지에 대한 의심을 전혀 품지 않는다. 그리스도인이 겪는 모든 경험이 기독교적인 것은 아니다. 많은 그리스도인들이 낙심에 빠진다고 해서, 나도 그래야 된다는 이유는 없다. 오히려 그렇게 되지 않는 것이 훨씬 더 합당하다. 많은 양들이 파리 때문에 고통을 겪고 있다고 생각해 보라. 나도 그들처럼 되기 위해 파리가 날아들도록 내 양털이 더럽혀지기를 원해야 하는가? 당신은 의심의 근거를 발견할 때까지 절대로 주님을 의심하지 말라. 그러면 한평생 그분을 의심하지 않게 될 것이다.

142
25에서 35까지

또 제삼시에 나가 보니 장터에 놀고 서 있는 사람들이 또 있는지라
그들에게 이르되 너희도 포도원에 들어가라
내가 너희에게 상당하게 주리라 하니 그들이 가고
_ *마태복음 20:3- 4*

이 사람들을 고용하는 이유는 오직 은혜에 있었다.

확실히 그 선한 주인은 다음 날 아침이 될 때까지 기다릴 수도 있었다. 그러나 그는 자비롭게도 당장 곤궁한 자들을 고용하는 선택을 한다. 그는 일꾼들이 필요하지 않았고, 가난한 일꾼들은 돈이 필요했다.

확실히 주 하나님으로 하여금 우리와 같은 비천한 일꾼들을 사용하도록 이끄는 요인은 주권적 은혜다.

그것을 탐구해 보자.

I. 왜 주님이 나간다고 말할 수 있는가?

1. 은혜를 베풀려는 충동이 모든 경우에 가장 먼저 오고, 아무도 그분이 부르시기 전에는 포도원에 들어갈 수 없기 때문이다.
2. 주님이 성령의 권능으로 나가실 때, 부흥의 때가 있고, 그때 많은 사람들이 들어가기 때문이다.
3. 거룩한 일에 대해 특별히 감동을 받을 때, 대부분의 사람들에게 개인적 초청의 시기가 주어지기 때문이다.

II. 여기서 언급된 시간은 무슨 의미일까?

그것은 25세와 35세 사이의 시기 또는 대략 그 정도의 시기를 상징한다.

1. 청년 시절에 찾아오는 가장 이르고, 가장 청명한 아침 시간의 이슬은 사라졌다.
2. 게으름의 습관은 시장에서 너무 오랫동안 서성거릴 때 형성되었다. 그것은 처음보다 세 번째 시간에 시작하는 것이 더 어렵다. 게으름뱅이들은 보통 빈둥거리며 노는 습관 때문에 망한다.
3. 사탄은 그분을 섬기지 못하도록 그들을 유혹할 준비를 하고 있다.
4. 그들의 태양은 갑자기 질 수 있다. 왜냐하면 목숨은 불확실하기 때문이다. 많은 인생들이 제삼시에 끝났다.
5. 일할 절호의 기회는 아직 남아있지만, 그 시간은 도둑이 도망가는 것처럼 신속하게 흘러가 버린다.
6. 그러나 정말 소중한 일은 아직 시작되지 않았다. 그것은 우리 주님을 위해 일할 때에만 인생은 숭고해질 수 있기 때문이다.

III. 주인이 말한 대상인 사람들은 무엇을 하고 있었는가?

"장터에 놀고 서 있는 사람들이 또 있는지라."

1. 많은 사람들이 문자 그대로 완전히 놀고 있다. 그들은 단순한 게으름뱅이들로서, 할 일 없는 실업자들이다.
2. 많은 사람들이 일을 하면서 놀고 있다. 그들은 일하는 게으름뱅이들로서, 일에 지쳐 정말 가치 있는 업적은 성취하지 못하고 있다.
3. 많은 사람들이 우유부단하기 때문에 놀고 있다. 그들은 바람에 밀려 요동하는 바다 물결만큼이나(약 1:6) 변덕스럽다.
4. 많은 사람들이 낙관적인 생각으로 충만하지만, 놀고 있다. 그러나 그들의 결심은 실천되지 못한다.

IV. 주님이 그들로 하여금 하게 하신 일은 무엇인가?

그분은 그들에게 자신의 포도원에서 낮 동안 일하도록 기회를 주셨다.

1. 그 일은 대부분의 사람들이 늘 하는 일이다.
2. 그 일은 당신에게도 적합하고 적절하다.
3. 그 일을 위해 주님은 당신에게서 도구와 힘을 찾으실 것이다.
4. 당신은 주님과 함께 일하고, 그리하여 고상한 존재로 높여질 것이다.
5. 당신의 일은 갈수록 즐거움을 줄 것이다.
6. 당신의 일은 마지막에 은혜로운 보상이 따를 것이다.

V. 그분의 부르심에 응할 때 사람들은 어떻게 했는가?

비슷한 시기에 있는 당신도 그들을 본받기를!

1. 그들은 즉시 갔다. 이 비유는 즉각적인 섬김을 암시한다.
2. 그들은 열심히 일했다.
3. 그들은 섬김을 중도에 멈추지 않고 저녁까지 계속했다.
4. 그들은 그날이 끝날 때, 충분한 보상을 받았다.

우리는 주님께 젊은이들에게 나아가 그들을 이끌 수 있게 해 달라고 기도해야 한다.

우리는 그들이 교회에 들어오는 것을 기대하고, 그들이 자기 할 일 곧 포도원에 들어와 일하도록 인도해야 한다.

우리는 누구든 지금 나아오도록 구해야 한다.

삽

당신은 이 땅에서 무익한 삶을 살고 있는 무수한 사람들에 대해 극도의 슬픔을 느껴본 적이 없는가? 당신은 수백만 사람들이 자신의 생각, 자신의 감정, 자신의 힘과 자신의 모든 능력을 헛된 곳에 사용함으로써, 그 소행이 마치 사막의 모래가 하늘에서 쏟아지는 비를 흡수해 버리는 것처럼 흩어져 낭비되어 버리는 것을 생각해 본 적이 없는가? 이런 존재들은 자기들이 여행해야 할 목적지에 관해 또는 지금 이곳에 왜 살고 있는지 그 이유를 전혀

생각해 보지 않고, 무작정 길을 떠난다. _ 유진 베서(Eugene Bersier)

그리스도와 무관한 모든 활동 곧 그분의 교회에서 수고하지 않는 모든 수고는 그분의 눈에 "**놀고 서 있는 것**"이다. _ 트렌치 대주교(Archbishop Trench)

지금은 천국에 갔지만, 생전에 무척 훌륭했던 한 목사님이 회중들에게 "당신은 왜 여기서 온종일 놀고 서 있는가?"라는 제목으로 말씀에 기초한 권능 있는 설교를 했다. 그 설교는 많은 사람들에게 은혜를 끼쳤는데, 특히 한 여성도가 이튿날 목사님을 찾아와 "목사님, 저는 삽을 들기를 원합니다"라고 말했다. 놀고 있는 게으른 모든 친구들의 손에 삽을 들려주는 것이 우리의 행복이 되어야 한다. 주일학교의 삽, 선교사업의 삽, 구제사업의 삽, 병자 방문의 삽 등등이 있다. 누가 그들에게 일자리를 주겠는가? _ 홈 이반젤(*Home Evangel*)

하나님의 사업을 돕기 위해 내가 무엇을 할 수 있을까?
내가 가진 이 연약한 힘으로
그 위대한 계획을 진척시킬 수 있을까?
아무리 힘센 손이라고 해도 위대한 일을 행하지는 못하리라.

그러나 위대한 일은 못해도, 하고자 하는 마음은 있고,
강하지는 못해도, 준비된 손은 있으니
포도원 주인이 요청하면,
평생토록 그분 보시기에 합당한 일을 하리라.
그러므로 비록 어릴지라도 포도원 문으로 오라.
그대가 뿌리에 거름을 줄 수만 있다면,

어린 싹을 키울 수만 있다면,
왜 게으름에 빠지고, 죄를 기다려야 하겠는가?

단단한 땅을 파고,
떨어진 가지를 줍기 위해 허리를 굽혔다 펴고,
가득 차 있고, 붉게 물든 포도즙 틀을 부지런히 밟으리라.
이 일들은 팔을 더 강하게 하고, 은사를 더 고상하게 만든다.
그러나 누구든 그 일을 도울 수 있다. 어린아이까지도.
잡초를 모으거나 비옥한 땅에 씨를 뿌리거나
아니면 어둡고 거친 길에 꽃을 뿌리는 일이라도 할 수 있으리라.

_J. H. 클린치(J. H. Clinch)

어느 날 휫필드는 한 노목사에게 "당신은 천국의 안식이 싫증나지 않습니까?" 하고 물었다. 노목사는 "아니요, 절대로" 라고 대답했다. 그는 놀라서 "정말로요?" 하고 반문했다. 그러자 노목사는 이렇게 대답했다: "예, 목사님, 만일 당신이 당신을 위해 일할 몫을 주어 밭으로 종을 내보내면서 그에게 저녁의 휴식과 성찬을 약속했다면, 그가 한낮에 게으름을 피우며 불만스러운 태도를 취하고, '지금이 저녁이라면 좋을 텐데' 라고 중얼거리는 장면을 본다면, 당신은 뭐라고 말하겠습니까? 그에게 '어서 일어나 일을 해라. 어서 그 일을 마치고 집으로 돌아가 약속된 휴식을 누리라' 고 말하지 않겠습니까? 마찬가지로 하나님도 우리에게 토요일 저녁을 기다리는 대신, 그날 낮에 해야 할 일을 하라고 요청하십니다."

143
혼인잔치의 손님

이에 종들에게 이르되 혼인 잔치는 준비되었으나
청한 사람들은 합당하지 아니하니
네거리 길에 가서 사람을 만나는 대로 혼인 잔치에 청하여 오라 한대
종들이 길에 나가 악한 자나 선한 자나 만나는 대로 모두 데려오니
혼인 잔치에 손님들이 가득한지라
_ *마태복음 22:8-10*

하나님의 위대한 계획은 그의 아들의 혼인잔치를 치르는 것이다.

우리 주 예수님은 그의 교회를 신부로 삼았다. 혼인식에는 잔치가 있어야 한다. 그것이 그렇게 되는 것이 당연하지 않는가?

잔치는 손님이 오지 않는다면 아무 소용이 없을 것이다. 그러므로 현재 필요한 것은 혼인잔치에 "손님들이 가득 차는" 것이다.

I. 첫 번째 초청은 실패했다.

이것은 유대 역사가 증명하고 있다.

이방인들 중에는 특별히 복음의 초청을 받은 사람들이 있다. 그러나 대체로 그들은 그 초청을 받아들이는데 인색하다.

오늘날까지 경건한 부모의 자녀들, 말씀을 듣는 자들 가운데 많은 이들이 그들 나름대로의 이유로 말미암아 그 초청을 거부한다.

그 초청이 거부된 이유를 다음과 같이 생각해 볼 수 있다:

1. 그것은 고난을 내포하고 있기 때문이 아니었다. 왜냐하면 그들이 청함 받은 것은 혼인잔치였기 때문이다.
2. 그것은 적절한 준비가 안 되었기 때문도 아니었다. "혼인 잔치는 준비되었으나."

3. 그것은 초청장이 전달되지 않았나 잘못 이해되어서도 아니었다. “청함 받았으나.”
4. 반대로 그것은 그들이 그 특별한 즐거움에 합당치 않았기 때문이었다.
    - 그들은 그들의 왕에게 충성하지 아니했다.
    - 그들은 그분의 왕자인 아들을 가까이 하지 아니했다.
    - 그들은 그 고귀한 혼인을 기뻐하지 아니했다.
    - 그들은 자기이익에 집착하고 있었다.
    - 그들은 충성된 사자들을 박대했다.
5. 그러므로 그들은 불과 칼로 형벌을 받게 되었다.
    - 하지만 왕의 아들의 혼인 잔치가 없는 것이 이들의 멸망이었다.
    - 이 형벌은 왕에게 즐거운 일이 아니었다.

사랑이 지배해야 한다. 은혜는 영광으로 나타나야 한다. 그리스도는 자신의 은혜를 계시하셔야 한다. 그렇지 않으면 그분은 사람과의 교제에서 기쁨을 얻지 못하신다.

II. 청함이 확대되었다.

1. 실망이 새로운 활동과 모험을 자극한다 — “너희는 가서.”
2. 실망이 영역의 확대를 가져온다 — “네거리 길에.”
3. 폭넓은 초청이 시도되고 있다 — “사람을 만나는 대로 청하여.”
4. 민감한 시야가 유지되고 있다 — “만나는 대로 모두.”
5. 공개적으로 알려지고 있다 — “네거리 길에 가서.”
6. 적은 수의 사람들 — 하나나 둘 — 도 데려왔다.

이것은 왕의 분노가 일으킨 결과였다.

주님은 진실로 선하시기에 그분의 청을 무시하는 사람들에 대한 분노는 다른 사람들에게 유익한 결과를 일으킨다.

III. 새로운 사명은 성취되었다.

그 구체적인 사항들은 오늘날 우리에게도 그대로 적용되어야 한다.

1. 죽음을 모면한 이전의 종들은 다시 밖으로 나갔다.
2. 처음에 나가지 않았던 다른 종들은 즐겁지만 필수적인 섬김의 사역에 열렬히 참여했다.
3. 그들은 사방으로 나갔다 — "네거리 길에."
4. 그들은 즉시 나갔다. 한 시간도 헛되이 보낼 수 없었다.
5. 그들은 자기들이 만난 모든 자들에게 한 곳을 가리켰다.
6. 그들은 모든 부류의 사람들을 환영했다 — "만나는 대로 모두."
7. 그들은 기꺼이 나아오는 사람들을 찾았다. 사자들을 내보낸 분이 손님들의 마음이 기울어지도록 했다. 아무도 거절한 사람이 없는 것처럼 보인다.

이 복된 섬김은 지금 이 순간에도 수행되어야 한다.

IV. 위대한 계획은 완성되었다.

1. 왕의 축복은 세상 앞에 현시되었다.
2. 그분이 준비한 양식이 사용되었다. 사용되지 않은 은혜와 용서에 대해 생각해 보라.
3. 사람들의 행복은 촉진되었다. 그들은 충분히 대접을 받았다.
4. 그들의 감사의 찬양이 촉발되었다. 모든 손님들이 왕의 식탁에서 환대를 받았기 때문에 그분을 즐거워했다.
5. 혼인은 은혜로 베풀어졌다.
6. 오기를 거부한 고집쟁이들에 의해 왕의 아들이 경멸을 당하는 것은 내쫓김을 당하는 것 이상의 모욕이었다.
7. 손님들의 모습은 주인의 지혜, 은혜 그리고 겸손을 충분히 보여 주었다.

그들의 전체적인 임무는 왕과 그의 아들의 최고의 영광을 위해 활동하는 것이었다.

아멘! 우리에게도 그 같은 복이 있기를!

청첩장

이 세상의 하찮은 조반을 좋아하던 악인들은 어린양의 영광의 잔치에 참여하지 못한다(계 19:9). 거기서는 완전한 잔치가 되도록 네 가지 사실이 동시에 펼쳐진다: 1) 훌륭한 시간, 영원성. 2) 훌륭한 장소, 천국. 3) 훌륭한 손님들, 성도들. 4) 훌륭한 찬미, 영광. _토머스 아담스

마귀는 현장설교를 좋아하지 않는다. 나도 그렇다. 나는 편한 방, 부드러운 방석, 화려한 강단을 좋아한다. 그러나 한 영혼이라도 구원하기 위해 이 모든 것들을 발로 짓밟아 버리지 않는다면, 나의 열심이 무슨 소용일까? - 존 웨슬리

유대인이든 이방인이든 — "모두 데려오라"
손님이 잔치에 오도록 명하라.
부자든 귀족이든 — "모두 데려오라"
가장 높은 자로부터 낮은 자까지.
아버지께서 그들을 만나기 위해 달려오시나니,
그분은 그들의 모든 슬픔을 아시네,
의복과 반지 그리고 왕의 신발들이
불쌍한 자들을 기다리고 있네.
"모두 데려오라"

_성가와 성창

구멍이 뻥뻥 뚫린 허름한 울타리 사이와 골목길에 이르기까지 혼인 잔치는 손님들로 가득하다. 가난한 자에게 복음이 선포되고, 화려한 옷을 입고 있든 누더기를 걸치고 있든, 심령이 가난한 자는 감사하며 그것을 듣는다. _ 윌리엄 아노(William Arnot)

우리가 집 밖으로 나간다면 훨씬 더 좋을 것이다. 그러면 규칙적으로 주일마나 우리에게서 말씀을 듣는 사람들의 귀에 그토록 힘없이 전달되는 그리스도의 초청장이 결코 전달해본 적 없는 사람들에게 크게 환영받게 될 것이다. 밖의 깊은 물속에는 기다리고 있는 물고기들이 충만한데, 우리는 교회와 예배당의 얕은 물가에서 시간을 허비하는 바보들이다. 우리에게는 **새로운** 사람들이 필요하다. 어떤 사람은 그 소식이 새로울수록, 그것을 더 쉽게 기쁜 소식으로 받아들인다. 음악당 활동, 옥외설교, 가가호호 방문 등은 새로운 사람들을 접하도록 하는데 유익하다. 그러나 그렇게 하기를 좋아하는 사람은 별로 없다. 확실히 자주 방문하는 사람들을 찾아가라. 그러나 아직 청함 받지 않은 사람들이 거절한다고 해서 상황이 악화된다고 생각하지 말라. 거리의 거지들은 전에는 혼인 잔치에 청함 받지 않았다. 그래서 그들은 그 초청에 놀랐지만 의심을 품지 않고, 그 잔치에 기꺼이 응하게 되었다.

144
들어감과 쫓겨남

준비하였던 자들은 함께 혼인 잔치에 들어가고 문은 닫힌지라
_ *마태복음 25:10*

신랑을 기다리는 동안, 처녀들은 별로 차이가 없는 것처럼 보였다. 심지어는 오늘날에도 거짓 고백자와 참고백자 사이를 거의 구별할 수 없다.

한밤중 신랑이 오는 소리가 날 때에야 그 차이가 드러나기 시작했다. 그것은 주님이 재림하실 때에도 마찬가지일 것이다.

신랑이 실제로 왔을 때, 그들은 결국 구별되었다.

우리가 기도하는 마음으로 살펴보자:

I. 준비한 자들과 그들의 들어감

1. 이 준비는 무엇을 가리킬까? "준비하였던 자들은."
   - 그것은 본성의 열매가 아니다. 거듭나지 않는 한, 영광의 혼인 잔치에 들어갈 준비가 된 사람은 아무도 없다.
   - 그것은 은혜의 사역임에 틀림없다. 왜냐하면 우리는 우리 자신을 하나님의 시야에 합당한 존재로 만들 수 없고, 그리스도의 영광은 우리가 자연적으로 그것에 참여하기에는 너무 밝게 빛나고 있기 때문이다.
   - 그것은 우리의 일상적 관심사가 되어야 한다. 혼인 잔치에 들어갈 준비가 된 사람은 살 준비, 죽을 준비가 되어 있는 — 무엇을 하든 대비가 되어 있는 — 사람이다.
   - 그것은 주로 우리 안에서 은밀하게 이루어지는 사역이다.

그의 아들의 죽으심을 통해 하나님과 화목하게 될 때.

거듭나게 되고, 그래서 영광을 충족시킬 때.

성령의 기름 부음을 받고, 거룩한 섬김의 사역을 잘 감당할 때.

하나님과의 고상하고 거룩한 교제에 들어가도록 도전 받을 때.

하나님과 함께 즐거워하고, 그분을 즐거워할 준비를 할 때.

- 그것은 우리가 현재 "준비" 되어 있는지를 물어보는 우리의 질문이 되어야 한다.

어떤 사람들은 신앙고백도 없고, 기도도 없고, 찬양도 없다.

또 어떤 사람들은 신앙고백은 있지만, 사랑이 없고, 신뢰도 없다. 그들은 등은 있으나 그것을 밝힐 기름이 없다.

2. 이 들어감은 무엇을 가리킬까? 영광 속에 들어가 영원토록 주와 함께 하는 것이다(살전 4:17).
    - 즉각적임. "준비하였던 자들은 **들어가고.**" 신랑이 오자마자 그들은 즉시 들어갔다. 사랑은 지체를 허용하지 않는다.
    - 친밀함. 그들은 "**(신랑과) 함께** 들어갔다." 이것은 천국의 영광이고, 그 기쁨의 면류관으로서, 우리는 예수님과 함께 들어가 거기서 영원한 친교를 나눈다.
    - 즐거움. "준비하였던 자들은 함께 **혼인 잔치에** 들어가고"
    - 개인적임. "준비하였던 **자들은** 들어가고" — 각자가 단독으로 들어갔다.
    - 영원함. "문은 닫힌지라" — 그 안에 들어간 상태로 영원히 닫혔다.

"열면 닫을 사람이 없고 닫으면 열 사람이 없는 그"(계 3:7).

- 실제적임. 모든 혼인 잔치에서 지혜로운 처녀들은 각자 자기 몫을 할당받았다. 진실로 그들은 이 비유에 나타나 있는 것보다 훨씬 더 큰 복을 누리게 되었다. 그들은 영광의 들러리이자 신부였기 때문이다.

모든 신실한 자들을 만족시키기에 충분할 정도로 넉넉히 들어간다는 데, 얼마나 큰 의미가 있을까!

II. 준비되지 못한 자들과 그들의 쫓겨남

1. 이 준비되지 못함은 무엇을 가리킬까?
   - 그것은 은밀한 본질이 결여되어 있었다. 그러나 그 결여는 눈에 보이는 준비와 밀접하게 연결되어 있었다.

이 사람들은 처녀들의 이름과 성격은 갖고 있었다.

그들은 참 들러리들이 갖고 있는 등과 횃불을 들고 있었다.

그들은 참처녀들의 동료였다.

그들은 참된 자들처럼 행동했다. 그들의 장점과 실수를 보면 알 수 있다.

그들은 참된 자들이 그러는 것처럼 깨어 있었고, 신랑이 오는 소리에 똑같이 놀랐다.

그들 역시 어느 정도 기도도 했다 — "너희 기름을 좀 나눠달라."

- 그러나 그들은 왕과 함께 들어갈 준비가 되어 있지 않았다.
- 그들은 준비에 대한 '마음의 관심'이 없었다. 그래서 밖으로 등은 준비했지만, 안으로 기름은 준비하지 못했다.
- 그들은 '믿음의 예견력'이 없었다. 그들은 예상되는 기다림과 늦게 오심에 대한 준비가 없었다.
- 그들은 그리스도의 혼인 잔치에 대해 바보처럼 행했고, 그래서 기름을 구하는 것이 어떤 가치가 있는지 미처 생각하지 못하고, 결국에는 연기를 내고 꺼져버릴 등을 들고 나가야 했다.
- 그들은 즉시 행하지 않으면 안 될 일을 밤까지 미루었다.

2. 이 쫓겨남은 무엇을 가리킬까?
   - 그것은 준비를 못한 모든 사람들에게 예외가 없었다.
   - 그것은 결정적이었다. "문은 닫힌지라" — 밖에 있는 사람들과 안에 있는 사람들을 확실하게 분리시키는 닫힘이었다.
   - 그것은 정당했다. 왜냐하면 그들은 준비하지 못했고, 그래서 왕을 경홀히 여겼기 때문이다.

• 그것은 최종적이었다. 문이 닫혔다는 운명적 소식이 전해진 이후 그 문이 다시 열렸다거나 다시 열리게 되리라는 소식을 전혀 듣지 못했다.

지금 이 순간 "보라, 신랑이 오신다!"는 소리가 들린다면 어떻게 하겠는가?

아직은 문이 닫히지 않았다. 그것이 닫히기 전에 준비하라.

등불

"네드 아저씨"로 불리는 남부 출신의 한 흑인 침례교도가 그의 옛 주인의 아들과 대화를 나누고 있었다. 그는 서툴지만 엄숙한 어조로 이렇게 말했다: "도련님, 도련님의 말은 제게는 너무 복잡합니다. 하지만 성경은 ABC처럼 단순해요. 성경은 '믿고 세례를 받는 사람은 구원을 얻을 것이요 믿지 않는 사람은 정죄를 받으리라' 고 말합니다. 그런데 제가 알기로는 도련님이 도무지 믿지 않으니, 그것이 두렵습니다. 도련님, 성경은 또 '너의 등이 꺼지지 않도록 기름을 채우라' 고 말합니다." 이에 주인의 아들은 회피하듯이 "그런데, 네드 아저씨, 나는 아저씨가 내 등에 기름이 없는 것을 상관하지 않았으면 좋겠어요. 아저씨가 왜 그것을 걱정해요?"라고 말했다. 이에 흑인 노인은 "도련님, 나쁜 뜻은 절대로 없습니다. 다만 **도련님이 등조차 들고 있지 않는** 것이 두렵기 때문입니다"라고 슬픈 듯이 중얼거렸다.

시인 쿠퍼는 죄를 뉘우치는 마음이 생겨 기도하기 위해 웨스트민스터 사원을 걸으며 상상했던 것을 우리에게 이렇게 말한다: "그때 나는 사제의 목소리를 듣고 성가대를 향해 걸음을 재촉하고 있었다. 막 입구로 들어가려고 할 때, 오르간 아래 있는 철문이 문고리를 이루고 있던 단지와 함께 내 얼굴을 강타했다. 그 소리가 나를 일깨웠다. 그것은 지상의 모든 교회들로부터 더 이상 들어올 수 없다는 파문선고처럼 들렸고, 이 상상은 피할 수 없는 현실처럼 나를 크게 두렵게 했다."

중요한 여행을 떠날 준비를 완벽하게 하고서 떠날 지점에 도착했는데, 당신이 타기로 했던 배나 열차가 당신만 남겨놓고 예정된 시간에 함께 떠날 사람들을 태우고 이미 떠나버렸다는 것을 알았을 때, 심장이 터질 것 같고, 영혼이 견딜 수 없이 쓰라린 느낌을 가져본 적이 없는가? 당신은 유한에 무한을 곱할 수 있는가? 당신이 너무 늦게 와 천국 문이 닫혀 버렸다면 그래서 "주여, 주여, 우리에게 열어 주소서"라고 소망 없이 부르짖기 시작한다면, 당신의 영혼을 휩쌀 절망을 상상할 수 있겠는가? _ 윌리엄 아노(William Arnot)

한 부인이 스코틀랜드에서 휫필드가 "문은 닫힌지라"는 제목으로 설교할 때, 그것을 듣고 있었다. 그녀 옆 자리에는 유쾌한 두 젊은이가 앉아있었는데, 그곳은 강단으로부터는 상당히 거리가 떨어져 있었다. 그녀는 그들의 명랑한 모습을 보았고, 머리 위로 한 젊은이가 다른 젊은이에게 나지막한 목소리로, "글쎄, 문이 닫히면 어때? 또 다른 문이 열릴 텐데"라고 말하는 소리를 들었다. 그리하여 그들은 본문의 엄숙한 경고를 귀담아 듣지 못했다. 휫필드 목사는 더 이상 설교를 진행하지 않고, "오늘 이 자리에 지각없고 경박한 사람들이 앉아있을 수 있는데, 그들은 이 엄숙한 주제의 경고를 가볍게 생각함으로써 무시하고, '문이 닫히면 어때? 또 다른 문이 열릴 텐데'라고 말할지도 모릅니다"라고 말했다. 두 젊은이는 갑자기 몸이 마비가 된 듯 서로를 쳐다보았다. 휫필드 목사는 계속 설교했다: "맞습니다. 다른 문이 열릴 것입니다. 그런데 그 문이 어떤 문인지 내가 여러분에게 말해 주겠습니다. 그 문은 바닥이 없는 무저갱의 문으로, 바로 지옥문입니다. 천사들의 눈에도 감추어져 있는 끔찍한 저주의 문입니다."

145
로마 병사들의 조롱

가시관을 엮어 그 머리에 씌우고
갈대를 그 오른손에 들리고
그 앞에서 무릎을 꿇고 희롱하여 이르되
유대인의 왕이여 평안할지어다 하며
_ *마태복음 27:29*

수치스러운 장면이여! 조롱의 요소 중 빠진 것이 있는가!

황제의 가상의 라이벌을 조롱하는 로마 병사들은 확실히 그 조소를 극단까지 몰고 갔다.

예수님 자신은 극단적인 그들의 조롱에 대해 희한하게도 철저하게 연약함을 유지한 희생자이다. 그 장면은 그 조롱만큼이나 잔인하다. 가시관과 거친 폭력은 조롱과 조소를 더 두드러지게 했다.

로마 군대는 인정을 무시하고 포악하기로 소문난 짐승 같은 인간의 도구들이었다. 그들은 오직 취미로서 잔혹한 행위를 하고, 극히 잔인한 짓을 오락처럼 일삼는 집단이었다. 우리는 로마 황제 친위대의 소굴로 들어가 그들이 주님을 조롱하는 순간을 주님과 함께 지켜보아야 한다.

I. 여기서 당신의 마음에 주는 교훈을 배우라.

영광의 주님 안에 이처럼 가혹한 조롱의 본부가 세워졌다.

1. 죄가 얼마나 가혹한 것인지를 보라. 주님은 그것을 철저하게 짊어지셨다.
   - 죄의 어리석음을 조소하라. 크신 왕의 전능하신 뜻을 거역하는 그 미친 반역은 경멸받아 마땅하다.
   - 그 허세를 조롱하라. 그것이 오직 하나님께 속한 심령과 인생들의 지

배권을 찬탈할 의도를 갖고 있는 것은 얼마나 가증한 일일까?

- 그 뻔뻔함을 부끄럽게 하라. 그것은 감히 영원자와 대적하여 싸웠다. 오, 가엾도다, 허풍선이 같은 죄여!

2. 구주가 당신을 위해 얼마나 낮아지셨는지를 보라.
   - 그분은 어리석은 죄인을 위해 대속자가 되시고, 죄인처럼 취급 받으신다.
   - 그분은 가장 비천한 졸병들에 의해서 조롱을 받으신다.
   - 그분은 바보를 연기하는 사람들을 위해 꼭두각시가 되신다.
3. 대속자가 당신을 어떻게 사랑하셨는지를 보라.

그분은 무한한 경멸을 감당하되, 침묵으로 일관하고, 그 쓰라림을 끝까지 감수하는데, 이것은 자기 백성들을 지극히 사랑하시기 때문이다.

4. 조롱 뒤에 숨겨져 있는 위대한 사실들을 보라.
   - 그분은 그 보증에서 왕이시다. 그들은 "왕이여"라고 불렀고, 진실로 그분은 모든 인류가 큰 소리로 부를 왕이시다.
   - 그분은 땅의 슬픔을 정복하심으로써 영광을 받으신다. 그분에게 가시관이 씌워진다. 얼마나 영광스러운 면류관인가! 지금까지 이런 승리의 징조가 된 화관은 없었다.
   - 그분은 약함을 통해 다스리신다. 갈대가 그분의 홀이다. 군대의 힘이 아니라 인내와 온유로 다스릴 수 있는 것은 얼마나 영광스러운가!
   - 그분은 사람들로 하여금 무릎 꿇도록 만드신다. 참된 존경은 그분의 것이다. 그분은 사람들이 그렇게 하든 안하든 상관없이 다스리신다.
   - 그분은 유대인의 참된 왕이시다. 그분 안에서 다윗 왕조는 영원히 지속되고, 이스라엘은 영광의 소망을 갖고 있다.
5. 당신은 이 수치와 조롱에 비례하여 그분을 높이고 사랑한다는 것을 알라.
   - 버나드는 "그리스도께서 우리**를 위해** 비천해질수록 그분은 우리**에게**

그만큼 더 소중하게 된다" 고 말하곤 했다.

- 당신은 그렇게 높은 경지에 도달할 수 있겠는가?

II. 여기서 당신의 양심에 주는 교훈을 배우라.

1. 예수님은 계속 조롱 받으실 것이다.
   - 그의 백성들을 조롱함으로써. "사울아 사울아 네가 왜 나를 박해하느냐" (행 22:7). 사람들은 그 종을 조소함으로써 주인을 조롱한다.
   - 그의 교리를 무시함으로써. 그분의 인격을 찬미하는 많은 사람들이 이렇게 한다. 이것은 현대의 특별한 죄 가운데 하나다.
   - 실천하지 못할 결심을 함으로써. 죄인들은 맹세하지만, 결코 지키지 않는다. 죄를 자백하면서도, 그것에 집착한다. 이것은 주님을 모욕하는 것이다.
   - 순종하지 못할 믿음을 가짐으로써. 삶에 영향을 미치지 못하는 믿음을 참된 믿음인 양 가장하는 것은 흔히 그것에 반하는 행동으로 귀착되기 때문에 진리를 모독하게 된다.
   - 정당하지 못한 신앙고백을 함으로써. 많은 교인들이 이런 식으로 주님을 공개적으로 모욕하는 죄책을 범하지 않는가?
2. 만일 그분을 조롱하는 죄책을 범한다면, 당신은 어떻게 해야 할까?
   - 절망하지 말라. 하지만 죄를 자백하고, 슬퍼해야 한다.
   - 자신을 상실된 자로 간주하여 인생을 포기하지 말라. 믿음을 갖고 살라.
   - 슬픈 죄악을 반복해서 범하지 말라. 회개하고 죄를 끊으라.
   - 우울한 침묵 속에 빠지지 말라. 당신이 이전에 경멸했던 그분을 존경하라.
3. 어쨌든 당신은 어떻게 해야 할까?
   - 그분에게 사랑의 관을 씌워드리라.

- 순종으로 그분에게 왕권을 드리라.
- 경배의 무릎을 꿇으라.
- 당신의 개인적 증거를 통해 그분을 왕으로 선포하라.

너희 죄인들아, 여러분의 구주를 슬프게 하는 죄들을 파멸시켜라!
너희 성도들아. 그분을 위해 세상이 행하는 모든 경멸에 대적하라!

비탄과 존경

영원하신 아버지의 영원하신 아들이여, 당신은 어찌하여, 오 어찌하여, 무릎을 꿇으시나이까? 당신은 어찌하여 나를 위해 그토록 비천해지시나이까? 죄는 내가 범했고, 형벌은 당신이 받으셨나이다. 나는 나 자신을 높이고, 당신은 모욕을 받으셨나이다. 나는 수치로 옷 입었는데, 당신은 벗김을 당했나이다. 나는 나 자신을 헐벗은 자로 만들었으나 당신은 치욕의 옷으로 입혀졌나이다. 내 머리는 악을 궁리하고, 당신의 머리는 가시로 찔렸나이다. 나는 당신을 쳤으나 당신은 나를 위해 고통을 받으셨나이다. 나는 당신을 모욕했으나 당신은 나를 위해 조롱을 받으셨나이다. 당신은 마귀들에 의해 모욕당할 가치밖에 없는 나를 위해 사람들의 희롱거리가 되었습니다. _ 홀 주교(Bishop Hall)

그리스도의 머리는 둘러싼 모든 가시들을 성별시켰다. 그분의 등은 모든 채찍 자국들을 성별시켰다. 그분의 손은 박힌 모든 못들을 성별시켰다. 그분의 옆구리는 찍힌 모든 창들을 성별시켰다. 그분의 마음은 누구든 그의 자녀들에게 항상 임할 수 있는 모든 슬픔들을 성별시켰다. _ 새뮤얼 클락(Samuel Clark), "성도의 꽃다발" 에서

여기서 우리는 우리의 왕이 자기를 주신 세상으로부터 최고의 존경을 받는 것을 본다. 그분의 옷은 약간 낡은 진홍색 외투였다. 가시로 만들어진 그

분의 왕관을 보라! 그분의 대관식은 잔혹한 병사들에 의해 이루어진다. 그분의 홀은 갈대다. 그분에 대한 존경은 조롱하는 무릎에 의해 주어진다. 그분의 포고문은 조소의 입술을 통해 주어진다. 그렇다면 우리가 어떻게 스스로 우리 자신을 높일 수 있겠는가?

우리는 결코 연약한 자들을 무시하거나 단순해 보이는 형제들을 조롱하거나 무릇 인간으로 태어난 모든 사람을 박해해서는 안 된다. 우리는 우연히 이런 로마 집정관들의 행동을 따라할 수 있다. 또 우리는 우리 자신보다 예수님을 더 사랑하는 성도들을 모욕할 수 있다. 우리 자신이 조롱받는 것은 주 예수님과의 교제를 우리에게 제공할 수 있지만, 다른 사람들을 조롱하는 것은 우리를 그분의 박해자들과 교제하는 곳에 있게 할 것이다. _ 스펄전

은혜로 충만한 한 여인이 마지막 임종하는 순간에 마지막 유언을 했다. 그녀는 가까스로 "가져오라" 고 말했다. 그녀의 친구들이 그 말의 의미를 파악하지 못하고 음식을 가져와 먹여 주려고 했다. 그러나 그녀는 머리를 흔들더니 "가져오라" 는 말을 반복했다. 이에 그들은 포도주를 가져왔으나 그녀는 그것도 거절했다. 세 번째로 그녀가 "가져오라" 고 말했다. 그들은 그 자리에 없는 다른 친구들이 보고 싶어 그러는 것으로 생각하고 친구들을 그녀에게 불러왔으나 그녀는 여전히 고개를 흔들었다. 곧이어 그녀는 있는 힘을 다해 다음과 같이 분명하게 말했다:

> "만유의 주이신 주님이 쓰실
> 왕관을 가져오세요."

이 말을 마친 후 그녀는 예수님과 함께 하기 위해 세상을 떠났다. _ 뉴먼홀(Newman Hall)

146
"평안하냐"

예수께서 그들을 만나 이르시되 평안하냐 하시거늘
여자들이 나아가 그 발을 붙잡고 경배하니
이에 예수께서 이르시되
무서워하지 말라 가서 내 형제들에게
갈릴리로 가라 하라
거기서 나를 보리라 하시니라
_ *마태복음 28:9- 10*

부활 후에는 우리 주님과 관련된 모든 자들이 평온하고 행복하다. 프랑스의 한 작가는 부활 후 40일 동안의 행적을 가리켜 "영광 속의 예수 그리스도의 삶"이라고 부른다. 진실로 그때 그것은 땅이 감당할 수 있는 한 최고로 충만한 영광이었다.

그분의 무덤은 비어 있었다. 그 결과 제자들의 슬픔은 비어 있는 무덤이 무엇을 의미하는지 충분히 이해했더라면 끝났을 것이었다. 그때가 그들의 부활하신 주님과 생명력 있는 교제를 나눌 최고의 시간이었다. 그때 그분은 그들이 기억에 남을 만한 많은 기회를 갖도록 허락하셨다.

우리 주님이 부활하신 이후, 우리 역시 그분과 행복한 교제를 나눌 수 있게 되었다.

지금은 그분이 부활하신 후 육체적으로 40일 동안 제자들과 하셨던 것처럼, 우리는 그분이 우리에게 영적으로 자신을 드러내시기를 기대할 수 있다.

우리는 우리 자신에 관해 "예수께서 그들을 만나셨다"고 종종 말할 때까지 만족해서는 안 된다.

1. 섬김의 길에 있을 때 예수님은 우리를 만나주신다. "(그 여자들이 제

자들에게 알리려고 달음질할새) 예수께서 그들을 만나 이르시되."

1. 그분은 무덤을 찾아왔던 여자들과 엠마오로 내려가고 있던 제자들과 고기를 잡고 있는 어부들 그리고 서로 위로하기 위해 모인 11명의 제자들에게 그랬던 것처럼, 다른 시간에도 오실 수 있다.
2. 그분은 우리가 그분의 사역을 행하고 있을 때 오기를 좋아하신다. 그것은 다음과 같은 이유 때문이다:
   - 우리는 그때 가장 잘 깨어 있고, 그분을 가장 잘 볼 수 있다.
   - 우리는 그때 그분을 특별히 필요로 한다.
   - 우리는 그때 그분과 가장 잘 조화를 이룬다.
3. 그러나 예수님이 오실 때, 그것은 축복의 방문으로서, "보라"는 말로 시작되기에 합당하다. 오, 지금 그분이 오셨으면!

II. 예수님이 우리를 만나실 때, 그분은 우리를 위해 항상 유익한 말씀을 하신다.

부활 후 교제에 대한 가장 적절한 표어는 "평안하냐" 이다.

1. 인사의 말. 그분은 우리를 형제로 부르기를 부끄러워하지 않고, 우리에게 "평안하냐" 고 인사하신다.
2. 축복의 말. 그분은 우리가 잘되기를 원하신다. 그래서 "평안하냐" 란 말을 통해 자신의 애정과 성별된 소원을 표현하신다.
3. 감사의 말. 그분은 이 여자들을 만나는 것을 감사히 여기셨다. 그분은 그들에게 감사의 소식을 전하셨다. 그분은 그들에게 감사하도록 명하고, 그들에게 감사를 제공하고, 그들에게 "평안하냐" 고 말하심으로써, 감사하셨다.
4. 평안의 말. 그분은 그 후 "무서워하지 말라" 고 말씀하셨다. 그러나 이것은 결국 "평안하냐" 는 말씀에 내포되어 있다. 그분의 임재는 우리가 어떤 손해도 받을 수 없다는 것을 의미한다. 그것은 항상 우리를 강건하

게 한다.

III. 예수님이 우리를 만나주실 때, 그것은 우리를 일으키기 위해서다.

우리는 이런 순간에 제자들처럼 해야 한다. 그들은 이렇게 했다:

1. 그들은 소망에 찬 힘으로 살았다. "여자들이 나아가." 아주 절실한 마음을 갖고 그들은 그분께 나아갔다. 만일 주 예수님이 설교자들과 회중들에게 분명히 나타나신다면, 그들의 삶은 얼마나 활력에 넘치겠는가! 예수님이 나타나시면 무기력은 달아난다.
2. 그들은 모두 행복한 흥분 상태에 빠져 있었다. 그들은 "그 발을 붙잡고 경배했다." — 이 외에 그들이 한 일에 대해서는 거의 알려진 바가 없지만, 그들은 너무 좋아서 어쩔줄 모르고 그분을 바라보았다.
3. 그들은 모두 공손한 사랑으로 불타올랐다. 그들은 "그분을 경배했다." 그들이 그토록 낮아져 그분을 경배한 것은 얼마나 신실한 모습일까!
4. 그들은 모두 그분의 영광에 크게 놀랐다. 그들은 엎어져 그분의 발을 붙잡고, 무서워하기 시작했다.
5. 그들은 모두 자기들의 행복이 사라질까 두려워했다. 그들은 그분을 확인하고, 그 발을 붙잡았다.

IV. 이런 만남으로부터 우리는 그 이상의 사명을 찾아내야 한다.

1. 우리는 영적 지체를 태만에 대한 구실로 삼지 말고, 우리 주님의 명령을 향해 "나아가야" 한다.
2. 우리는 우리 주님과의 관계 때문에 다른 사람들의 선을 추구해야 한다. 그분은 "**내 형제들에게** 말하라"고 말씀하신다.
3. 우리는 우리 주님이 말씀하신 것을 전달해야 한다 — "가서 말하라."
4. 우리는 우리에게 주어진 것과 유사한 기쁨이 우리 형제들을 기다리고 있다는 확신으로 그들을 격려해야 한다 — "거기서 (**그들이**) 나를 보리

라." 그럼으로써 우리는 주님과의 교통이 주는 최고의 유익을 가장 잘 깨닫게 되고, 또 그것을 보존하게 될 것이다. 우리 자신뿐만 아니라 주로 다른 사람들의 유익을 위해서도 우리는 주님을 보아야 한다.

- 우리는 우리가 가는 곳마다 예수님을 만나리라는 소망으로 거룩의 사역을 감당해야 한다.
- 우리는 그분을 만났을 때 거룩의 사역을 더 잘 감당해야 한다.
- 우리는 다른 사람들도 우리와 똑같이 하도록 호소하고 권면함으로써, 그들이 그분이 약속하신 것을 주목하도록 "그분 안에 거하는 일"에 힘써야 한다.

예증

모험심이 강한 한 외교관이 니콜라스 황제에게 누가 제국에서 가장 유명한 신하인지를 물었다고 전해진다. 기록에 따르면, 황제는 가장 유명한 러시아인은 황제와 대화를 나누는 기회를 가지는 영광을 누리게 될 것이라고 대답했다. 왕의 허영이 그런 대답을 만들어 낸 것이었다. 하지만 우리가 사람들 가운데 가장 유명한 자는 만군의 주님이 자신과 친교를 갖도록 허락하는 영예를 누리는 사람이라고 말할 때, 그 말이 "진리와 순수에 입각한 말"이라고 확신한다. "주여, 말씀하소서. 종이 듣겠나이다."

당신이 벗어나기 위해 아무리 힘쓴다고 할지라도,
나는 내가 잡은 것을 절대로 놓지 않겠나이다.
당신이 나를 위해 죽은 바로 그 사람입니까?
당신의 사랑의 신비를 알려 주소서
당신의 이름을, 당신의 본질을 알 때까지
씨름을 해서라도, 나는 절대로 당신을 보내지 않겠나이다.

_ 찰스 웨슬리(Charles Wesley)

우리 자신의 성향에 대해 치르는 대가가 무엇이든 우리의 의무를 다할 때 주어지는 행복을 예증하는 유명한 전설이 있다. 한 수도사가 우리 구주에 관한 아름다운 환상을 보았다. 잔잔한 행복 속에서 그는 그것을 보게 되었다. 그는 수도원 문에서 가난한 자들을 먹이는 임무를 수행할 시간이 되었다. 그는 수도원 골방에서 환상을 보며 소일하는 것을 간절히 원했으나 의무감 때문에 고생스러운 섬김의 사역을 실천하기 위해 그곳을 박차고 나왔다. 돌아왔을 때, 그는 아직도 복된 환상이 자기를 기다리고 있는 것을 발견했다. 그때 그는 "그대가 머물러 있었다면, 내가 갔을 것이다. 그대가 갔기 때문에 내가 남아있었노라"는 음성을 들었다.

주님을 만난 후 그분의 메시지를 가지고 나가는 것은 얼마나 복된 일일까! 우리가 주의 제자들에게 말하기 위해 나가고 있을 때, 그 길에서 그분을 만나는 것은 정말 즐거운 일이다. 또 우리가 증거를 듣고 모인 사람들 속에서 그분을 만나는 것은 무한히 큰 즐거움이다. 주님**으로부터**, 주님**을 위해**, 주님**과 함께** 가는 것은 말로 다 표현할 수 없는 바람직한 조화지만, 개인적으로 경험될 수 있어야 한다. 주 예수님은 그의 백성과 대화할 때 절대로 인색하신 분이 아니다. 그분은 우리가 꼭 만나야 할 때를 따라 적절하게 우리를 만나주신다. 아니 더 자주 만나기를 원하신다. 그분은 그들이 이전에 경험하지 못해 미처 기대할 수 없었던 친교까지 베푸신다. 만일 그분이 "평안하냐"는 말을 스스로 하지 아니했다면, 누가 그 말을 그분이 하신 말씀이라고 생각할 수 있겠는가? _ 스펄전

본문에 기록된 말씀의 메시지 속에서 한 가지 유익한 주제를 발견할 수 있다. 예수님이 "무서워하지 말라"고 말씀하심으로써, 그의 사자들을 준비시킨다는 것이다. 그분을 위해 소식을 전하는 사람들은 평안하고 행복해야 한다. 그분은 그의 제자들을 부르실 때, "내 형제들"이라는 정겨운 이름으로

부르신다. 그렇게 부르면서 그분은 그들이 자기를 만나도록 초청하고, 잘 알려진 약속장소를 정하시며, 거기에 가 계실 것이라고 약속한다. 그들이 어떤 다른 일을 시작하든 간에, 그들은 이 첫 번째 임무 곧 주님과 친교하기 위해 갈릴리에 있고, 주님의 뜻에 자신을 맡기고, 그분의 명령을 받아들여야 한다. _스펄전

147
주의 깊게 들을 것

또 이르시되 너희가 무엇을 듣는가 스스로 삼가라
너희의 헤아리는 그 헤아림으로
너희가 헤아림을 받을 것이며 더 받으리니
_ *마가복음 4:24*

요즘 우리는 설교에 관한 많은 지침들을 가지고 있다. 그러나 우리 주님은 주로 듣는 것에 관해 지침을 주셨다. 주의 깊게 듣는 기술은 설교하는 기술만큼 어렵다.

본문은 **차별**에 관한 교훈으로 간주될 수 있다. 진리, 오직 진리만을 들으라. 당신의 영적 양식에 대해 무관심하지 말고, 분별력을 사용하라(요일 4:1; 욥 12:2).

우리는 본문의 내용을 깨달음에 대한 교훈으로 생각할 것이다. 여러분은 진리를 들을 때, 그에 합당한 주의를 기울이도록 하라. 그것을 스스로 삼가라.

I. 여기에 교훈이 들어있다.

"너희가 무엇을 듣는가 스스로 삼가라."

그 앞 구절(23절)은 "들을 귀 있는 자는 들으라"는 말씀이다. 즉 이것은 귀를 잘 사용하여 소기의 목적을 이루라는 것이다.

1. 분별력을 가지고 들음으로써, 거짓 교훈을 피하라(요 10:5).
2. 주의하여 들으라. 확실히 그리고 진지하게 들으라(마13:23).
3. 스스로를 위해 곧 개인적 적용을 하면서 들으라(삼상 3:9).
4. 진리를 기억하기 위해 집중하고, 노력하면서 들으라.
5. 소원을 갖고 즉 말씀이 여러분을 축복할 수 있게 해 달라고 기도하면서

들으라.

6. 실천적으로 곧 여러분에게 주어진 권면에 순종하겠다는 마음으로 들으라.

이 들음은 선호하는 교훈에 대해서만이 아니라 하나님의 말씀 전체에 대해 적용되어야 한다(시 119:128).

II. 여기에 잠언이 있다.

"너희의 헤아리는 그 헤아림으로 너희가 헤아림을 받을 것이며."

당신은 듣는데 집중하는 것만큼 들음을 통해 유익을 얻을 것이다.

이것은 설교의 결과에서 실제로 입증된다.

1. 말씀에 관심이 없는 사람들은 자신이 말씀과 무관함을 발견하게 된다.
2. 허물을 찾기 원하는 사람들은 허물을 충분히 찾을 것이다.
3. 견고한 진리를 찾는 사람들은 영적 사역을 실천할 때 그것을 찾게 될 것이다.
4. 굶주린 사람들은 양식을 찾을 것이다.
5. 믿음을 가지고 오는 사람들은 확신을 얻을 것이다.
6. 기쁨으로 나아오는 사람들은 기쁨을 얻을 것이다.

그러나 어떤 사람도 비진리를 듣게 되면 복을 얻지 못한다.

또 진리를 듣더라도 부주의하고, 잊어버리고, 흠을 찾을 때에는 복을 얻지 못한다.

III. 여기에 약속이 들어있다. "더 받으리니."

듣는 자는 다음과 같은 것들을 얻게 될 것이다:

1. 듣기를 더 갈망하게 된다.
2. 들은 것을 더 잘 이해하게 된다.
3. 들은 것의 진리성을 더 크게 확신하게 된다.

4. 들은 것에 담겨 있는 복을 개인적으로 더 잘 소유하게 된다.
5. 영광의 복음을 듣는 동안 즐거움이 배가된다.
6. 거기서 얻는 유익을 더 잘 실천하게 된다.

실제 적용을 위해 우리는 다음과 같이 해야 한다:

- **들으라.** 하나님이 말씀하시는 것을 아는 것이 당신의 지혜다.
- **잘 들으라.** 하나님의 가르침은 가장 깊은 주의를 요한다. 그것은 최고의 보상을 제공할 것이다.
- **자주 들으라.** 주일을 무시하지 말라. 그 예배에 한번이라도 빠지지 말라. 주간성경공부와 기도회를 활용하라.
- **더 잘 들으라.** 당신은 그렇게 할 때, 더 거룩한 자로 자라갈 것이다. 당신은 믿음으로 들을 때, 천국의 기쁨을 얻게 될 것이다.

들으라! 들으라!

설교를 잘 듣고 온 사람이 집으로 돌아오자마자 남을 속이거나 부정한 짓을 한다면, 잘 들은 것이 무슨 소용이 있겠는가? _ 존 셀던(John Selden)

마음으로 기억하는 것이 단순히 머리로 기억하는 것보다 더 낫다. 우리가 들은 모든 설교의 말을 한 마디까지 다시 반복할 수 있는 것보다 조금일지라도 우리 영혼 속에 하나님의 생명이 전달되는 것이 더 낫다. _ 드 살레(De Sales)

에벤에셀 블랙웰(Ebenezer Blackwell)은 부유한 은행가이자 독실한 감리교도로서, 웨슬리 가문의 절친한 친구였다. 누군가 그에게 "웨슬리 목사의 설교를 들으러 가지 않겠느냐?" 고 물었다. 그는 "아니, 나는 하나님께 듣고자 하네. 누가 설교하든 하나님께 들을 것이고, 그렇지 않으면 내 모든 수고가 헛될 것일세" 라고 대답했다.

언젠가 회중들과 함께 예배를 드리던 퍼트사이어의 한 지주가 무트힐 교회의 목사인 워커의 설교를 통해 뼈 있는 충고를 들었다. 지주는 월요일에 목사님을 만나자, 하나 이상의 설교를 **소화시킬** 수 없었기 때문에, 주일 저녁예배에서 자기가 듣지 못한 설교의 내용을 설명해 달라고 부탁했다. 이에 워커 목사는 "당신은 소화보다 식욕이 문제라고 생각합니다"라고 말했다.

슬프도다, 말씀을 듣는 곳이 많은 훌륭한 신앙고백자들의 잠자는 장소가 되다니! 나는 가게를 지키는 사람들이 잔돈을 들고 물건을 사러온 손님들에 대해서는 최선을 다해 대접하면서도 자신들이 하나님의 가게에 올 때에는 자신의 생각이 하나님의 계명으로부터 벗어나 방황하거나 악하고 무력한 길로 빠지도록 방치함으로써, 소중한 시간을 낭비하는 것을 종종 보았다. 대부분의 회중들의 머리와 마음 역시 물을 체질하는 것처럼 말씀에 대해서도 아무 소득이 없다. 그들은 설교를 수용하지 않고, 본문을 기억하지 않고, 증거에 의존하지 않으며, 설교가 다른 사람들을 변화시키고 유익하게 하는데 아무런 역할을 하지 못한다. _ 존 번연

어떤 사람들은 하나님의 약속과 은혜와 같은 듣기 좋은 말씀만 좋아할 수 있다. 그러나 그들은 심판과 책망, 경고와 금지 같은 말씀은 듣기 싫어한다. 이런 사람들은 마치 약을 먹을 때, 약이 신체에 미치는 효과 같은 것은 안중에도 없이, 금으로 말아놓은 알약처럼, 달콤한 냄새가 나거나 보기 좋은 모양을 한 약만을 복용하는 사람과 같다. 어떤 사람들은 다른 사람들에 관해 듣기를 좋아한다. 그들의 죄, 그들의 삶과 태도 등에 관한 얘기라면 기꺼이 관심을 기울여 듣는다. 그러나 자기 자신이나 자기 자신의 죄에 관한 사실은 귀담아듣지 않는다. 이것은 사람들이 다른 사람들의 죽음에 관해서는 기꺼이 들어줄 수 있지만, 그들 자신의 죽음에 관해서는 생각조차 하기 싫어하는 것과 같다. _ 리처드 스톡(Richard Stock)

만일 23절이 우리에게 듣기를 권면하는 말씀이라면, 24절은 우리가 들은 것을 주의하고, 그것을 적절히 사용하도록 권면하는 말씀이다. "무엇을 듣는가 스스로 삼가라"는 말씀은 너희가 돈을 받을 때 자세히 살피는 것처럼 그것을 살피라"는 의미다. 진리를 배우는 것은 끝이 아니라 시작이다. 그것은 배운 후에는 적용되고, 지켜지고, 복종되어야 한다. 그리고 그 다음 구절을 보면, 그것이 다른 사람들과 공유하는 것이 되지 않는다면, 우리는 그것을 얻을 수 없거나 또는 그것을 혼자서는 지킬 수 없다는 것을 보여 준다. "너희의 헤아리는 그 헤아림으로('너희의 빛을 나누어 줌으로') 너희가 헤아림을 받을 것이며 더 받으리니." 하나님에 관한 진리를 배우기 위해 여러분은 듣는 것이 필수지만, 또한 그것을 다른 사람에게 말하는 것도 필수다. 이 구절의 의미는 옛날 랍비의 말 가운데서 찾아볼 수 있다. "나는 스승들로부터 많은 것을 배웠고, 동료들로부터는 더 많은 것을 배웠다. 그러나 제자들로부터는 가장 많이 배웠다." 당신은 다른 사람들에게 주는 빛이 많을수록 얻는 것이 그만큼 더 많아진다. 당신은 진리를 나누어 주기 위해 그것을 숙고할 때, 그에 대한 더 깊은 깨달음을 얻게 된다. 당신이 갖고 있는 것을 나누어 주면, 그 사랑은 더 고귀한 것을 받아들이도록 당신의 마음을 열어놓는다. 이것은 돈뿐만 아니라 지식, 그리고 모든 돕는 능력에 대해서도 사실이다. 즉 "흩어지지만 증가하는 것이 있다. 또 대응하기보다는 후퇴하는 것이 있는데, 그것은 빈곤을 자초한다." 자기가 가르치는 모든 것을 통해 배우지 못하는 선생은 어리석은 선생이다. 일할 때 즐거워하라. 그러면 그것은 더 좋은 일이 될 것이다. 왜냐하면 그것이야말로 배움의 최고의 방법이기 때문이다. _ 리처드 글로버(Richard Glover)

148
그는 달리고 달렸다

그가 멀리서 예수를 보고 달려와 절하며
_ *마가복음 5:6*
이에 일어나서 아버지께로 돌아가니라
아직도 거리가 먼데 아버지가 그를 보고 측은히
여겨 달려가 목을 안고 입을 맞추니
_ *누가복음 15:20*

이 두 본문은 명백한 유사점이 있다: 멀리서 예수님께 달려온 사람과 멀리서 탕자에게 달려온 아버지. 그러나 두 본문은 주님을 향한 우리의 행동과 우리를 향하신 주님의 행동 사이에 있는 유사점만큼이나 차이점도 크다는 것을 예증한다.

두 본문을 통해 우리는 다음과 같이 복합적인 교훈을 얻을 수 있다.

I. 죄인의 위치.

"멀리서." 예수님은 그 죄인의 판단에서 멀리 떨어져 있었다. 그는 하나님과는 거리가 먼 행동을 했던 사람이다.

1. 인격에 관해. 귀신 들린 사람과 주 예수님, 탕자와 위대하신 아버지 사이의 차이는 얼마나 클까!
2. 지식에 관해. 귀신 들린 사람은 예수님을 알고 있었다. 그러나 그분의 사랑에 관해서는 거의 알지 못했다. 탕자는 그의 아버지의 자비로운 마음에 관해 거의 알지 못했다.
3. 소망에 관해. 귀신 들린 사람은 회복이나 귀신에게서 벗어난 상태가 되는 것에 대한 소망이 거의 없었다. 그 대신 그는 자기를 죽이려고 한 귀신들을 소원한다. 탕자는 그저 품꾼으로 받아들여지기를 소망했다. 그

는 죄로 말미암아 자신이 아들의 참된 위치로부터 멀리 떨어지게 되었다고 느꼈다.

4. 소유에 관해. 귀신 들린 자는 구주를 붙잡지 못했다. 반대로 그는 "나와 당신이 무슨 상관이 있나이까"라고 부르짖었다. 탕자는 자기가 아버지에 대한 모든 권리를 상실했다고 생각했다. 그래서 그는 "지금부터는 아버지의 아들이라 일컬음을 감당하지 못하겠나이다"라고 말했다.

하나님과 죄인 사이에는 무한한 거리가 놓여있다. 그것은 죄와 거룩, 죽음과 생명, 지옥과 천국 사이의 간격만큼이나 넓다.

II. 죄인의 특권. "그가 예수를 보고."

이것은 아무리 사탄의 영향 아래 있는 자라도 예수님을 알아볼 수 있다는 것을 보여 준다. 당신은 다음과 같은 사실을 알고 있다:

1. 이런 인물이 있다. 그분은 하나님이자 사람으로 구주시다.
2. 그분은 위대한 일을 행하셨다.
3. 그분은 악의 권세들을 깨뜨리실 수 있다.
4. 그분은 그 권세들을 제거함으로써 당신을 구원할 수 있다.

III. 죄인의 최고 지혜의 길.

"그가 달려와 절하며."

귀신 들린 자는 모든 것이 혼란 상태에 있었다. 왜냐하면 그는 자신의 영과 악한 영이라는 서로 싸우는 두 상극적 세력의 영향 아래 있었기 때문이다.

그는 예수님께 달려와 절을 했다. 그러나 한편으로 그는 "나와 당신이 무슨 상관이 있나이까"라고 외쳤다. 이것이 마귀에게 까불림을 당하는 죄인들이다.

그러나 예수님께 달려오는 것이 죄인의 가장 지혜로운 선택의 길이다.

왜냐하면:

1. 그분은 지존자의 아들이기 때문이다(요 1:34).
2. 그분은 우리의 원수인 마귀의 천적이기 때문이다(히 2:14).
3. 그분은 마귀의 군대를 물리칠 수 있는 능력을 충분히 갖고 계시기 때문이다.
4. 그분은 우리에게 옷을 입혀 주고, 온전한 정신으로 이끄실 수 있다.
5. 그분은 지금도 자기에게 가까이 나아와 경배하도록 우리를 이끄신다.

자신의 아버지께 신속하게 나아가는 것이 탕자의 지혜였다.

유사한 내용들이 탕자의 경우에서도 쉽게 발견될 수 있다.

IV. 죄인의 소망의 비결.

"아버지가 그를 보고."

1. 돌아오는 죄인은 아무리 멀리 있어도 전능자의 눈에 보였다.
2. 그는 아들이 그의 아버지에게 알려져 있는 것처럼 알려져 있다.
3. 그는 그의 아버지에 의해 이해되고, 사랑받고, 용납되었다.

상실된 자들의 소망의 기초는 이것이다: **그들**이 볼 수 있는 것 때문이 아니라 사랑과 은혜의 주님이 죄인들을 그 모든 죄와 비참 속에서 보는 것 때문이라는 것.

V. 죄인의 아버지의 행동.

"아버지가 그를 보고 측은히 여겨 달려가 목을 안고 입을 맞추니."

1. 여기에 위대한 자비가 있다 — "아버지가 그를 보고 측은히 여겨."
2. 여기에 위대한 신속함이 있다 — "달려가."
3. 여기에 위대한 겸손이 있다 — "달려가 목을 안고."
4. 여기에 위대한 사랑과 은혜가 있다 — "입을 맞추니."

아버지의 달리기는 아들의 두려움을 일소시키고, 아버지께서 기꺼이 용납하셨다는데 대한 즉각적인 깨달음을 일으켰다.

우리는 우리 구주와 아버지께 달려가야 한다.

우리는 우리 구주와 아버지께서 우리를 만나기 위해 달려오시는 것을 즐거워해야 한다.

달리기에 대한 논평

바늘은 일단 자석이 그것 가까이 움직이면, 자석을 향해 움직일 것이다. 우리 마음도 주님의 위대하고 영광스러운 선의(善意)가 그것에 작용하면, 구원과 거룩을 향해 기꺼이 나아갈 것이다. 마치 모든 달리기가 우리의 몫인 것처럼, 예수님께 달려가는 것은 우리의 몫이다. 그러나 신비한 진리는 주님이 우리를 향해 달려오신다는 것으로서, 이것이야말로 사건의 핵심이다. _ 스펄전

엄마는 집에 앉아있을 때, 아이가 밖에서 비명을 지르는 소리를 듣고, 그 음성만으로도 "오! 내 아이야!" 라고 외친다. 그때 엄마는 자기 손에 들고 있던 모든 것을 다 내려놓고, 아이에게 달려간다. 마찬가지로 하나님도 그의 자녀들의 울음소리에 놀라신다. 여호와께서는 "에브라임이 스스로 탄식함을 내가 분명히 들었노라" (렘 31:18)고 말씀하신다. 그의 외침은 하나님의 귀를 관통하고, 그분의 귀는 그분의 창자에 영향을 미치며, 그분의 창자는 그를 구원하도록 그분의 능력을 불러온다. _ 윌리엄 거널(William Gurnall)

하나님은 어머니가 그의 자녀를 불 속에서 끄집어내는 것보다 더 빠르게 회개하는 죄인을 용서하신다. _ 비안니(Vianney)

하나님이나 인간이나 힘 있게 움직일 때는 발걸음이 빨라진다. 고통 속에 있는 영혼은 예수님께 빠르게 달려간다. 사랑이 풍성하신 하나님은 돌아

오는 죄인을 만나기 위해 빠르게 달려가신다. 천천히 나아오는 발걸음은 마지못해 나아오는 마음을 입증한다. 따라서 회개를 미루는 것은 죽음의 징조다. 당신 안에 죄가 있다면, 당신 앞에는 그리스도께서 계시며, 시간이 당신을 압박한다면, 영원은 당신을 기다리고 있으며, 지옥이 당신 아래에 있다면, 천국은 당신 위에 있다. 오 죄인이여, 빨리 달려갈지어다! 그것은 자기가 원하는 사냥감을 쫓아 달려가는 자의 발걸음과 같고, 상을 얻기 위해 노심초사 경주하는 자의 발걸음과 같으며, 피의 복수자를 피해 도망가는 자의 발걸음과 같다. 천국을 얻기 바라는 자는 그것을 위해 달려가야 한다. _ 스펄전

상당한 영향력을 갖고 있던 한 아버지가 방탕한 아들 때문에 크게 슬퍼했다. 그와 그의 가족은 아들의 비행으로 부끄러움을 느꼈다. 그 탕자는 집을 떠나 다른 지역으로 갔고, 거기서 그는 오랫동안 친척들과 단절되어 있었다. 우연한 기회에 슬픔에 젖은 부모는 한 친구를 통해 소식을 보냈다. 그 소식은 "**아직도 네 아버지는 너를 사랑한다**"는 것이었다. 그러나 소식을 갖고 온 친구는 오랫동안 그 아들을 만나지 못했다. 드디어 악의 소굴에서 그 아들을 발견하고, 그를 불렀다. 그때는 늦은 저녁이었다. 그는 아버지의 소식을 아들에게 전해 주었다. 방탕한 난봉꾼의 마음은 감동을 받았다. 자신의 아버지가 아직도 자기를 사랑하고, 자기를 용서해 주기를 바라고 있다는 생각이 사탄의 역사를 차단시켰다. 그는 방탕한 생활을 끝내고, 아버지에게 돌아갔다. 오, 결코 빼앗을 수 없는 이 절대적인 하나님의 사랑의 메시지의 능력이여! _ *The Preacher's Commentary*

149
구원에 대한 저항

큰 소리로 부르짖어 이르되
지극히 높으신 하나님의 아들 예수여
나와 당신이 무슨 상관이 있나이까
원하건대 하나님 앞에 맹세하고
나를 괴롭히지 마옵소서 하니
_ *마가복음 5:7*

예수님이 어떤 장소에 오실 때마다 소동이 벌어진다.

복음은 죄에 기초한 평화를 크게 파멸시킨다.

태양이 야수들, 올빼미와 박쥐들 사이에서 하는 일처럼, 복음은 자극을 일으킨다.

이 경우에도, 마귀들의 군대는 준동하기 시작했다.

I. 마귀는 그리스도의 간섭에 대항하여 부르짖는다.

"나와 당신이 무슨 상관이 있나이까."

1. 그리스도의 본성은 마귀의 본성과 정반대이기 때문에 예수님이 무대에 등장하면 곧바로 전쟁이 불가피하게 일어난다.
2. 사탄을 위한 은혜의 계획은 없다. 그러므로 그는 예수님으로부터 주어지는 소망이 전혀 없기 때문에, 그분의 오심을 두려워한다.
3. 마귀는 내버려두기를 바란다. 왜냐하면 무분별, 무기력 그리고 절망이 그의 계획에 들어있기 때문이다.
4. 마귀는 지존자의 아들에 대적할 힘이 자신에게 없음을 알고 있다. 그래서 그는 주님과 한판 승부를 벌일 마음을 갖지 않는다.
5. 마귀는 자신의 운명을 두려워한다. 왜냐하면 예수님은 선을 행하고 악

을 물리치는지의 여부에 따라서 지체 없이 그를 고통 속에 집어넣으실 것이기 때문이다.

II. 마귀의 영향 아래 있는 사람들은 복음을 통한 그리스도의 오심에 대항하여 외친다.

1. 그들은 양심을 두려워한다. 그들은 양심이 교란을 당하고, 교훈을 받고, 어떤 힘에 좌우되는 것을 원치 않는다.
2. 그들은 변화를 두려워한다. 왜냐하면 그들은 죄와 그 이득 및 쾌락을 사랑하고, 예수님이 이것들을 대적하여 싸우신다는 것을 알고 있기 때문이다.
3. 그들은 방해받지 않을 권리를 주장한다. 이것이 그들이 종교의 자유를 주장하는 이유다. 그들은 하나님이나 인간에게 질문 받는 것을 싫어한다.
4. 그들은 복음이 자기들을 구원할 수 없다고 주장한다.
   - 그들은 복음으로부터 아무것도 기대하지 않는다. 그것은 그들이 그 풍성한 복이나 주권적 · 전능적 은혜의 능력을 모르기 때문이다.
   - 그들은 복음으로부터 오는 어떤 유익을 받아들기에는 자신들이 너무 가난하고, 너무 무지하고, 너무 바쁘고, 너무 죄악적이고, 너무 연약하고, 너무 복잡하고, 또 때로는 너무 늙었다고 생각한다.
5. 그들은 예수님을 자기들의 즐거움을 빼앗아가고, 자기들의 양심에 고통을 주고, 자기들에게 하기 싫은 의무를 지우는, 괴롭히는 자로 생각한다.

그러므로 그들은 "나와 당신이 무슨 상관이 있나이까" 라고 외친다.

III. 온전한 사람들은 이 외침에 대답할 수 있다.

그들은 "나와 당신이 무슨 상관이 있나이까?" 라는 질문에 대답하려고 애쓴다. 그들은 현실을 직시하고, 질문한다.

1. 나는 주님과 불가피하게 상관이 있다.
   - 그분은 구원하기 위해 오셨고, 나는 책임을 지고 그분의 은혜를 받아들이거나 거절하거나 해야 한다.
   - 그분은 하나님의 아들로서, 나를 지배할 권세가 있고 나의 순종을 받을 권리를 갖고 계시기 때문에, 나는 그분의 피조물이다.
2. 그분은 나를 은혜로 인도하기 위해 나와 상관이 있는가?
   - 그분은 그분이 나에게 보낸 복음으로 말미암아 나와 상관이 있다.
   - 그분이 내 안에 회개, 믿음, 기도 등을 일으켰다면, 그분은 나와 충분히 상관이 있다.
   - 그분이 나에게 용서, 평화, 성결 등을 베푸셨다면, 그분은 나와 모든 면에서 상관이 있다.

IV. 사탄으로부터 구원 받은 사람들은 그와 반대의 외침을 부르짖는다.

본문의 기사에서 우리에게 주어진 실례에 따르면:

1. 그들은 예수님의 발에 앉아 옷을 입고, 정신이 온전하여지기를 구한다.
2. 그들은 항상 그분과 함께 있고, 그분과의 인간적 섬김의 관계가 끊어지지 않기를 구한다.
3. 그들은 예수님의 명령을 받고 나아가 그분이 그들을 위해 행하신 위대한 일들을 널리 전파한다.
4. 이후부터 그들은 예수님을 위해, 오직 그분만을 위해 사는 것 외에는 아무 일도 하지 않는다. 너희 멸시하는 자들아, 와서 거울로 보는 것처럼 너희 자신을 한 번 보라.

변화된 너희 자신의 모습을 볼 때까지 들여다보라.

✣ 촌철살인 ✣

회심은 자연인들이 커다란 위험인 것처럼 두려워하는 것이다. 그들은 하나님의 약속들이 자기에게 경건을 위한 고통과 수고를 강요하는 것처럼 생각한다. 왜냐하면 사람들은 악하고, 위험하다고 알아야만 피하는데, 그것이 그들에게는 진정한 두려움의 대상이기 때문이다. 그런데 벨릭스와 아그립바가 위대한 복음전도자 바울의 전도를 받았을 때, 그들에게 형식적으로는 회심의 모양이 나타났는데 실제로 회심했는지에 대해서는 말할 수 없다. 전자는 떨었고, 그래서 두려워하고 도망쳤는데, 그 후에도 계속 바울을 가두어 두었다. 그는 은혜를 위험하게 생각했고(행 24:25- 26), 그래서 그것을 피했다. 후자는 자기는 이미 절반은 그리스도인이라고 말했다(그러나 그것은 크게 못미치는 절반이었다). 그는 일어나 물러갔다(행 26:28, 30- 31). "이 백성들의 마음이 완악하여져서 그 귀는 듣기에 둔하고 눈은 감았으니 이는 눈으로 보고 귀로 듣고 마음으로 깨달아 돌이켜 내게 고침을 받을까 두려워함이라"(마 13:15). 이 말씀은 사람들이 회심을 악한 것으로 알고 두려워한다는 것을 보여 준다.

한 불쌍한 사람이 청교도 설교자로부터 "신적 능력과 하나님의 영의 증거를 따라 설교한" 어느 청교도 설교자의 말씀을 듣고 자기는 그것에 사로잡힐 위험에 빠진 적이 있었다고 농담처럼 말했다. _ 새뮤얼 러더퍼드

볼테르는 생애의 마지막 순간에 그리스도의 신성을 인정하도록 강요당하자 거부하면서 "하나님의 사랑은 나를 평화롭게 죽도록 허락하지 않기 때문이라" 고 힘없는 소리로 말했다고 전해진다.

일단의 젊은이들이 어느 날 저녁 한 시골 상점에 앉아있었다. 그들은 불신앙과 그것에 대한 두려움 없는 마음에 대해 이야기를 나누고 있었다. 마

지막으로 그 무리의 우두머리인 젊은이가 자신은 5달러를 받는다면 언제든지 그리스도에 대한 모든 관심을 포기하겠다고 말했다. 그 상점에 우연히 들렀다가 그 말을 듣게 된 한 늙은 농부가 "그 말이 무슨 뜻이냐?" 고 물었다. "제 말은 누가 나에게 5달러를 준다면 그리스도에 대한 모든 관심을 끊겠다는 것이고, 또 그렇게 하겠다는 뜻입니다." 사람의 마음이 얼마나 변덕스러운지를 잘 알고 있는 늙은 농부는 자신의 지갑에서 5달러짜리 지폐를 꺼내 그의 손에 쥐어주었다. 그런 다음 종이와 연필을 가져오게 하고, "여보게, 젊은 친구, 지금 이리 와서 내가 말하는 대로 쓰게. 그러면 돈은 자네 것이 될 것일세." 젊은이는 연필을 들어 쓰기 시작했다: "나는 A, B 등 증인들 앞에서 5달러를 받고 지금, 단호하게, 그리고 영원토록 그리스도에 대한 모든 관심을 포기한다." 그런데 연필을 내려놓고 그는 얼굴이 굳어진 채 "**취소하겠어요. 내가 어리석었습니다**"라고 말했다. 젊은이는 종이에 감히 서명을 하지 못했다. 왜? 그에게 양심의 고소가 있었기 때문이다. 그는 하나님이 계신다는 시실을 알고 있었다. 그는 기독교를 믿었다. 그는 언젠가 그리스도인이 되기로 한 적이 있었다. 독자들이여, 이는 그대들도 마찬가지다. 여러분의 명백한 무관심, 하찮은 행동, 교만한 말에도 불구하고, 설사 이런 일이 가능하다고 해도, 여러분은 오늘 일만 달러를 준다고 해도, 예수 그리스도에 대한 여러분의 관심을 결코 포기하지는 못할 것이다. 여러분은 절대로 천국을 빼앗기는 것을 바라거나 기대하지 못할 것이다.

_ *The Congregationalist*(미국)

150
자유롭게 행하시는 그리스도

벳새다에 이르매 사람들이 맹인 한 사람을 데리고
예수께 나아와 손 대시기를 구하거늘
예수께서 맹인의 손을 붙잡으시고 마을 밖으로 데리고 나가사
눈에 침을 뱉으시며 그에게 안수하시고 무엇이 보이느냐 물으시니
쳐다보며 이르되 사람들이 보이나이다
나무 같은 것들이 걸어 가는 것을 보나이다 하거늘
이에 그 눈에 다시 안수하시매
그가 주목하여 보더니 나아서 모든 것을 밝히 보는지라
_ *마가복음 8:22- 25*

사람들은 다양한 과정을 통해 그리스도께 나아온다. 어떤 사람은 그리스도께서 그에게 찾아오고, 또 어떤 사람은 본인이 스스로 그리스도께 나아간다. 또 다른 사람은 4명의 다른 사람들이 그를 그리스도께 데리고 왔다. 이 맹인이 바로 그 사람이다. 우리가 그분께 나아가는 한, 그 과정들은 별로 큰 문제가 아니다.

본문에서 사람들을 예수님께 이끄는 행위는 굉장히 칭찬할 만하다.

- 그것은 사랑의 감정을 증명한다.
- 그것은 예수님의 능력 안에서 실천하는 믿음을 보여 준다.
- 따라서 그것은 참된 지혜의 행위다.
- 그것은 주님이 기꺼이 받아들이신 방법으로, 인간 자신이 기꺼이 나아올 때, 확실히 효력이 있다.

이 경우에는 데리고 나오는 방법에 약간의 잘못이 있었다. 왜냐하면 주님이 인정하시는 인도의 방법에서 벗어나 있었기 때문이다.

I. 고정된 방법으로 기대하는 복은 일반적으로 믿음이 약한 것이다.

"예수께 나아와 손 대시기를 구하거늘."

주님 자신이 흔히 쓰시는 방법이 있었다. 그러나 그분은 그것으로 한정하지 않으신다. 그런데도 우리는 너무나 자주 주님이 그러실 거라고 생각하고 행동한다.

1. 우리는 환난으로부터의 구원은 딱 한 가지 길에서만 와야 한다고 생각한다.
2. 우리는 고통의 방법 아니면 황홀경의 방법을 통해 성화를 기대한다.
3. 우리는 단지 경험이라는 한 가지 형식으로 구원을 바란다.
4. 우리는 다른 사람들이 회심할 때, 꼭 한 가지 감정 형식을 거쳐 또는 자기가 좋아하는 한 가지 사역으로 그 일이 일어나는 것을 보려고 한다.
5. 우리는 판에 박힌 고정된 틀에 따라 부흥을 기대한다.

II. 주님은 믿음을 영예롭게 할 때, 그 약함을 개의치 않으신다.

- 그분은 고정된 방법을 가지고 역사하는 것으로 만족하지 않으셨다.
- 그분이 손을 대셨지만 고침 받지 못했다. 따라서 그분은 이적이 특별한 역사의 방법으로 고정되지 아니함을 보여 주셨다.
- 그분은 그들이 보는 곳에서는 맹인에게 아무 일도 행하지 않으셨다. 그 대신 그를 마을 밖으로 데리고 가셨다. 그분은 그들의 관찰이나 호기심에 영합하지 않으셨다.
- 그분은 그들이 기대한 것에 맞추어 그를 즉각 치유하지 않으셨다.
- 그분은 그들이 생각했던 수단을 사용하지 않으셨다. "눈에 침을 뱉으시며" 등.

그분은 그에게 두 번에 걸쳐 안수하셨다. 그래서 그들의 소원에 맞추실 때에도 그분은 자신의 자유대로 하셨다.

1. 따라서 그분은 자신의 능력을 제한시킨 미신을 조장하는 것을 거부하셨다.

2. 따라서 그분은 상황에 어울리지 않는 파격적인 방법을 사용하셨다.
3. 따라서 그분은 사람들에게 더 큰 교훈을 주셨다.
4. 따라서 그분은 개인에게 더 큰 인간적 관심을 보여 주셨다.

각 심령의 회심에서도 이와 비슷한 일이 일어난다. 그 특별함은 방법의 다양성을 정당화시킨다.

III. 주님은 믿음의 약함을 책망하면서도 믿음 자체는 영예롭게 하신다.

1. 맹인은 예수님께 인도받은 것으로 만족했다. 그러나 예수님은 그를 그 이상으로 이끄셨다. 그들이 그분에게 나아온 것이 그들 자신의 자발적인 행위에 의해서가 아니라 다른 사람들의 강요에 의해서였다는 이유로 그분은 그들을 거부하시지 않는다.
2. 그의 친구들은 시력을 회복시켜 달라고 했고, 주님은 시력을 회복시켜 주셨다. 만일 우리가 믿음으로 기도한다면, 그분은 그 요청에 맞게 역사하실 것이다.
3. 그 사람과 그의 친구들은 주님에 대한 믿음을 보여 주었고, 그분은 그들에게 그들이 기대한 것 이상의 이적을 보여 주셨다. 믿기만 한다면, 우리는 받을 것이다.
4. 치유는 완전했고, 사용된 방법은 그것의 완전무결함을 보여 주었다. 예수님은 불완전한 믿음에 대해서도 완전한 복을 베푸신다.

믿음은 항상 주님을 영화롭게 한다. 그러므로 주님은 그것을 영예롭게 하신다. 만일 믿음이 이 같은 보상을 받지 못한다면, 예수님 자신이 불명예를 당하실 것이다.

믿음을 소유한 자는 확실히 보게 될 것이다. 하지만 표적을 구하는 자는 만족하지 못할 것이다.

우리는 영원토록 주님에 대해 지시된 방법으로 나아가야 한다.

예수님은 자기를 믿는 자들을 확실히 고치실 것이다. 그분은 최상의 방법이 무엇인지 알고 계시고, 그러기에 그분은 무조건 신뢰 받으실 만하다.

✣ 본보기 ✣

이 사건과 데가볼리 지역에서 그리스도께 나아온 귀먹고 말 더듬는 자의 치유사건은 여러 가지 면에서 유사점이 있다. 양자 모두 병자를 예수님께 데려온 사람들은 자기들이 그분께 치유 방법을 정해 주었다. 그러나 두 사건의 경우에 치유자이신 예수님의 방법이 통상적인 방법으로부터 크게 벗어나 있었고, 획일화하기에는 너무 다양해서 다른 사건들의 경우와 비교해 볼 때, 아주 독특하다고 볼 수 있는데, 이것은 주님의 치유가 반드시 어떤 고정된 방법으로 일어난다는 편견을 버리도록 하기 위한 목적이 아니었을까? 예수님이 획일적으로 한 가지 치유 방법을 고수하셨다면, 우리 본성에 깊이 뿌리박혀 있는 형식주의와 미신의 영이 그 방법에 집착하고, 그래서 그것을 불가피하게 예수님의 신적 역사에도 연계시켜 우리에게 복이 오는 통로에 대해 주님은 항상 그렇게 하신다는 일종의 고정관념을 만들어낼 것이 확실하다. _ 한나 박사(Dr. Hanna)

환자가 치료방법을 선택한다면 그가 곧 의사 아닌가? _ 스웨친 부인(Madame Swetchine)

존 뉴턴의 찬송시가 적절한 예가 될 것이다. 그 시편의 한두 구절만 인용해 보자:

> 나는 믿음과 사랑과 모든 은혜 가운데서
> 자랄 수 있도록 주께 구하였네.
> 그분의 구원을 더 깊이 알고,
> 그분의 얼굴을 더 열심히 찾으리라.

어느 날 유익한 시간에, 그분은
나의 기도를 즉시 들어주셨네.
그리고 그분의 사랑의 강권적인 힘으로 말미암아
내 죄는 정복되고, 나에게 안식이 주어졌네.
하지만 주님은 또한 나에게
나의 마음의 숨겨진 죄악들을
느끼도록 하시고,
지옥의 분노의 권세들이
내 영혼의 모든 부분을 공격하게 하셨네.

이처럼 무한한 지혜는 그가 상상하지도 못한 방법으로 그의 기도에 응답하셨다. 그러나 그가 고백한 것처럼, 그것은 완전히 올바른 방법이었다.

나아만의 경우처럼, 은혜의 사역의 방법을 우리 자신의 생각에 고정시키기 때문에, 그 선입관을 극복하기란 쉽지 않다. 나는 전에 내가 오직 믿음으로 구원 얻는 길을 가르쳐 주었던 한 젊은 여인을 만난 적이 있다. 그녀가 그것을 받아들인 것은 아니 심지어 그것을 이해하게 된 것은 그로부터 오랜 세월이 흐른 뒤였다. 그것을 이해했을 때, 그녀의 가슴은 기쁨으로 충만했고, 그래서 그녀는 놀라운 얼굴로, "나는 사람들이 이런 방법으로 평화를 얻을 수 있으리라곤 상상도 못했어요"라고 외쳤다. 내가 "왜 그러느냐?"고 묻자 그녀는 아주 힘 있는 목소리로 "나는 사람이 천국에 가려면 지옥을 거칠 수도 있다고 믿게 되었거든요. 저희 아버지는 극도의 절망에 빠져 6개월 동안 정신병원에 강제수용되어 있었는데, 거기서 마침내 신앙을 갖게 되었답니다"라고 말했다. _ 스펄전

151
강하신 구주께 호소하는 약한 믿음

곧 그 아이의 아버지가 소리를 질러 이르되
내가 믿나이다 나의 믿음 없는 것을 도와 주소서 하더라
_ *마가복음 9:24*

여기에 온갖 걱정에 빠져 온갖 기도를 다 해 보고, 온갖 수단을 사용해 본 한 사람이 있었다. 그러나 그의 소원은 즉시 이루어지지 않았다.

마찬가지로 자신의 영혼에 관해 진지한 생각을 갖고 있는 사람들은 많다. 그러나 그들은 간절한 구원을 즉시 얻지 못한다. 이것은 오히려 그들을 더 큰 슬픔으로 이끈다. 아마 이 아버지의 경우가 그런 사람들이 자신의 상황을 이해하는데 도움을 줄 것이다. 그의 아들은 고침 받지 못했다. 아니 심지어는 전보다 더 악화된 것처럼 보였다. 그러나 결국은 주 예수 그리스도의 권능을 통해 행복한 사건이 되었다.

우리는 그 사건을 조심스럽게 살펴보고, 관찰해 보아야 한다:

I. 의심을 가중시키는 어려움.

1. 아버지는 그 어려움을 제자들이 풀어줄 것으로 생각했다.
   - 그러나 그들은 자기들만으로는 아무것도 할 수 없었다.
   - 주님이 그들과 함께 계셨더라면, 그들은 모든 것을 할 수 있었을 것이다.
   - 핵심적인 어려움은 제자들의 몫이 아니었다. 그들의 몫은 부분에 불과했다.
2. 그는 그 사건의 해결이 거의 절망적이라고 생각했다.
   - 그 질병은 다음과 같은 특징이 있었다:

극히 발작적이고, 신비적이었다.

굉장히 폭력적이고, 그 공격이 돌발적이었다.

지극히 고질적이고, 아주 오랜 세월 지속되었다.

완전히 생명을 파괴할 정도로 치명적이었다.

- 그러나 결국 그것은 우리 자신의 사건도 아니고, 우리가 위해서 기도하는 사람들의 사건도 아니다. 그것은 오히려 신적 능력을 훼방하는 장애로 나타난다. 주님은 불가능을 다루는 것을 좋아하신다.

3. 그는 그 어려움을 주님이 풀어 주시리라고 약간은 확신했다. "무엇을 하실 수 있거든 우리를 불쌍히 여기사 도와주옵소서."
   - "하실 수 있거든." 그가 변형되신 주님을 보았더라면, 주님의 **권능**과 영광을 잘 알고 있었을 것이다.
   - "불쌍히 여기사." 그가 주님의 마음을 읽을 수 있었다면, 구주의 **연민**이 이미 시작되었음을 확실히 느꼈을 것이다.

오 염려하는 심령이여, 그대의 문제의 어려움은 오로지 그대의 믿음이 부족한 것에 있음을 명심하라.

II. 눈물을 흘리는 고백.

"(그가 눈물을 흘리며 말하되 주여) 내가 믿나이다 나의 믿음 없는 것을 도와 주소서."

주 예수님은 자신의 능력에 관해 어떤 의심도 거부하고, "무엇을 하실 수 있거든"이라고 말한 아버지에게 "있거든"(If)이란 말을 상기시키셨다. 여기서 우리는 다음과 같은 사실을 발견한다:

1. 그 사람의 빈약한 믿음은 자신의 불신앙을 드러냈다.
2. 그는 자신의 불신앙 때문에 괴로워하고, 경고를 받았다.
3. 그는 그 방향에 맞추어 자신의 생각과 기도를 바꾸었다. 그의 생각과 기도는 이제 "내 아들을 도와주소서"가 아니라 "나의 믿음 없는 것을 도와주소서"로 바뀌었다.

4. 그는 불신앙의 죄와 그 위험성을 깊이 자각하게 되었다.

우리도 개인적으로 똑같은 방향에서 바라보자. 우리는 불신앙이 얼마나 두렵고 죄악된 일인지 알아야 한다. 왜냐하면 그것은 다음과 같은 사실을 의심하도록 만들기 때문이다:

전능자의 능력

하나님의 약속의 가치

그리스도의 피의 유효성

그분의 탄원의 실효성

성령의 전능성

복음의 진리성

사실상 불신앙은 하나님으로부터 모든 영광을 빼앗아간다. 그러므로 그것은 주님으로부터 축복을 기대할 수 없다(히 11:6).

III. 지성적 호소.

"(주여) 내가 믿나이다 나의 믿음 없는 것을 도와 주소서."

심각한 곤경 속에서 그는 오직 예수님께만 부르짖는다.

1. 믿음의 기초에 관해 — "주여 내가 믿나이다."

2. 죄의 고백에 관해 — "나의 믿음 없는 것을."

3. 이 문제에서 돕는 방법을 알고 있는 분에게 — "주여 도와주소서."

4. 불신앙에 대한 최고의 치료자 되시는 분에게 — "(당신이) 도와주소서."

불신앙은 우리가 예수님께 나아갈 때 극복되고, 다음과 같은 사실이 극복됨을 깨닫게 된다:

그분의 신적 본성의 엄위성

그분의 인성의 부드러움

그분의 직분의 은혜성

그분의 속죄의 위대성
그분의 사역의 영광스러운 목적
어떤 염려가 있든, 모든 경우에 예수님께 나아오라.

여러분의 작은 믿음과 큰 불신앙을 그대로 갖고 나아오라. 이 문제 역시 그분이 그 누구도 할 수 없는 도우심을 베풀어 주실 수 있기 때문이다.

도움말

불신앙으로 귀착되지 않는 죄는 없다. _ 메이슨(Mason)

"**주여 내가 믿나이다.**" 이와 같이 할 수 있는 한 믿겠다고 자신의 믿음을 선포할 때, 그의 이 행위는 어찌하든 믿어보기 위한 고육지책이었다. _ 트랩

17세기에, 마음에 깊은 고뇌를 가진 한 젊은이가 있었는데, 그는 굿윈 박사에게 조언과 위로를 구했다. 그가 박사 앞에서 자신의 양심을 괴롭게 하는 고질적이고 사악한 죄의 항목들을 낱낱이 열거하자 박사는 그에게 사악한 죄가 한 가지 더 있는데, 그것은 아직 말하지 않았다고 지적하였다. "박사님, 그것이 무엇입니까?" 라고 그는 절망적으로 물었다. 박사는 "내가 말한 죄는 그리스도 예수를 구주로 믿기를 거부하는 것일세" 라고 말했다. 이 단순한 한 마디로 말미암아 절망 속에 있던 젊은이의 죄책에 대한 두려움은 사라졌다.

이전에 극히 단순한 믿음 때문에 그녀가 사는 지역에서 잘 알려진 한 경건한 여성이 있었다. 그녀는 혹독한 시험들 속에서도 놀라운 평정심을 유지했다. 멀리 떨어진 다른 곳에 살던 다른 여성이 그녀에 관한 소문을 듣고, "내가 가서 만나봐야겠다. 만나서 그녀의 거룩하고 행복한 삶의 비밀을 알아봐야겠다" 고 말했다. 그녀는 찾아갔고, 당사자를 만나 "당신은 정말 그토

록 큰 믿음을 가졌나요?"라고 물었다. 그러나 그 여성은 "천만에요, 저는 큰 믿음을 갖고 있지 못합니다. 다만 저는 크신 하나님을 믿는 작은 믿음을 갖고 있는 여성에 불과합니다"라고 대답했다.

오 우리를 도와주소서. 믿음의 기도를 통해
더 견고한 믿음을 갖게 하소서.
당신의 종은 더 큰 믿음을 가질수록
더 많은 것을 받게 되기 때문입니다. _ 밀먼(Milman)

한 친구가 갓홀드에게 자신의 약한 믿음에 대해 불평했다. 그는 약한 믿음 때문에 괴롭다고 했다. 갓홀드는 기둥 둘레를 비비꼬고 있고, 그 줄기에 아름다운 포도송이들이 주렁주렁 열려있는 포도나무를 가리키면서, 이렇게 말해 주었다: "포도나무는 약하지만, 특별히 창조주께서 그것이 그렇게 되는 것을 기뻐하셨기 때문에, 그 약함 때문에 어떤 손해를 보지 않지 않는가? 마찬가지로 믿음이 약하다는 자네의 믿음 때문에 손해를 보는 것은 극히 적고, 오히려 그것은 자네를 진지하고 진실하게 만들 것이네. 믿음은 하나님의 역사로서, 그분은 자네가 바라는 만큼 그리고 자네가 올바르게 판단할 만큼 그것을 주신다네. 그분이 자네에게 주신 정도의 믿음을 자네는 충분한 것으로 생각해야 하네. 구주의 십자가와 하나님의 말씀이라는 기둥과 버팀목을 붙잡게. 하나님이 베푸시는 모든 능력으로 이것들 주위를 둘러싸게. 믿음의 약함에 민감하고, 하나님의 은혜의 발 앞에 계속 엎드리는 심령은 그 믿음의 힘이 주는 것보다 더 큰 힘을 얻을 수 있고, 헛된 안전과 교만으로 이끄는 길에서 벗어나게 될거야. 자네는 죄를 범해 주님의 발 앞에 엎드려 부르짖는 여성이 높은 자리에서 거만하게 기도하는 바리새인보다 덜 인정받으리라고 생각할 수 있는가?" _ *Christian Scriver*

152
여리고의 눈먼 거지

예수께서 머물러 서서 그를 부르라 하시니
그들이 그 맹인을 부르며 이르되
안심하고 일어나라 그가 너를 부르신다 하매
맹인이 겉옷을 내버리고 뛰어 일어나 예수께 나아오거늘
_ *마가복음 10:49- 50*

이 사람은 그리스도를 찾는 모든 사람이 간절히 되기를 바라는 사람의 표본이다. 그는 홀로 깊은 흑암과 궁핍 속에서 예수님이 다윗의 자손임을 생각하고, 믿었다.

그는 보지 못하는 맹인이었지만, 들을 수 있는 귀를 사용했다. 비록 모든 좋은 것을 다 갖지는 못했지만, 우리가 갖고 있는 것들을 사용해야 한다.

I. 그는 낙심 속에서도 주님께 구했다.

1. 아무도 그의 부르짖음에 도움을 주지 못했다.
2. 많은 사람들이 그의 시도를 방해했다. "많은 사람이 꾸짖어 잠잠하라 하되"(48절).
3. 한동안 그는 주님 자신으로부터도 주목받지 못했다.
4. 그는 단지 눈먼 거지로서, 이 조건만으로도 주님을 찾는 다른 사람들에게 저지를 당할 수밖에 없었다.

우리는 그의 꿋꿋한 결심을 본받아야 한다.

II. 그는 용기를 얻었다.

자기를 부르라는 주님의 명령을 듣고 그는 용기를 얻었다.

우리 주 예수님의 명령에 따라 사람들이 그분께 나아오게 되는 부르심의

종류는 다양하다. 다음과 같은 것들이 있다:

1. 보편적 부르심. 예수님은 자기를 바라보는 모든 사람들이 살 수 있도록 높이 들리신 분이다(요 3:14-15). 복음은 모든 피조물에게 선포된다.
2. 개인적 부르심. 수고하고 무거운 짐 진 자들에게 임하는 부르심이다. 죄 지은 자, 슬퍼하는 자, 지친 자들을 예수님께로 부르시는 복음의 약속들이 많다(사 4:7; 마 11:28; 행 2:38-39).
3. 사역적 부르심. 주님이 보내시는 종들에게 주어지는 부르심이다. 따라서 그분의 권위로 지지를 받는다(행 13:26, 38-39; 16:31).
4. 유효적 부르심. 성령에 의해 감동을 받아 보내심을 받는 부르심이다. 이것은 우리가 "부르신 그들을 또한 의롭다 하신다"(롬 8:30)는 말씀에서 읽게 되는 부르심이다.

III. 그러나 그는 용기를 얻는 것으로 만족하지 않았다. 계속 예수님께 구했다.

예수님께서 머물러 서서 그를 치유하는 것은 참으로 어리석은 일로 보였을 것이다.

1. 그는 일어났다. 희망을 갖고, 단호하게 그는 구걸을 멈추고 자리에서 일어났다. 구원을 위해 우리는 방심하지 말고 진지해야 한다.
2. 그는 옷 곧 모든 장애물을 벗어 버렸다. 우리의 의, 우리의 안일한 죄, 우리의 습관 등 어떤 것이든, 우리는 그리스도를 위해 포기해야 한다.
3. 그는 예수님께 나아왔다. 맹인으로 흑암에 있었던 그는 귀로 구주의 음성을 듣고 그분을 따랐다.
4. 그는 자신의 상태를 진술했다. "선생님이여 보기를 원하나이다."
5. 그는 구원을 받아들였다. 예수님은 그에게 "네 믿음이 너를 구원하였느니라"고 말씀하셨다. 그분은 완전히 시력을 회복했다. 모든 면에서 그는 완전히 건강한 사람이 되었다.

IV. 예수님을 찾은 그는 그분을 계속 따랐다.

1. 그는 자신의 시력을 자기 주님을 보는데 사용했다.
2. 그는 주님의 공인된 제자가 되었다(52절을 보라).
3. 그는 십자가와 면류관의 길을 가면서 예수님과 동행했다.
4. 그는 그의 아버지의 이름으로 불리는, 유명한 제자가 되었다.

이 사람은 저주 받은 도시 여리고 출신이었다. 우리에게도 슬럼가나 타락한 지역 출신들이 있지 아니한가?

이 사람은 기껏해야 거지였지만, 주 예수님은 그와의 교제를 무시하지 않으셨다. 그는 한평생 주님께 영광이 되었다. 왜냐하면 맹인이 눈을 뜨게 된 사건이 누구에게나 알려졌기 때문이다.

주님을 찾는 영혼들은 모든 장애를 견뎌야 한다. 당신의 등을 밀어내는 사람들을 싫어하지 말라. 아무도 당신이 그리스도와 구원을 찾는 것을 방해하지 못할 것이다.

아무리 눈멀고, 가난하고, 비천하다고 해도, 당신은 반드시 보게 될 것이요, 웃게 될 것이요, 노래하면서 예수님을 따르게 될 것이다.

격려사

"**예수께서 그를 부르라 하시니.**" 이 상황에서 예수님은 책망과 교훈을 함께 보여 주었다. 책망은 맹인을 저지하기 위해 힘쓰던 가난한 사람들에게 그 불쌍한 맹인을 도우라고 명령하는 것으로 주어졌다. 교훈은 비록 주님이 우리의 도움을 꼭 필요로 하시는 것은 아니지만, 우리의 섬김을 따라 행하신다는 것을 우리에게 가르쳐 주기 위해 주어졌다. 따라서 우리는 서로 도와야 하기 때문에, 우리가 동료들을 회복시킬 수 없다고 해도, 그들을 치유의 장소와 수단이 있는 곳으로 자주 이끌고 와야 한다. _ 윌리엄 제이(William Jay)

슬픈 자여, 은밀한 중에, 무릎을 꿇고,
그대의 가슴 속에 세상이 알 수 없는 창을 박으라.
하나님의 호의가 승리하도록 분투하고,
죄악의 시대에 그분의 용서를 구하며,
"나사렛 예수께서 지나가신다" 고
간절히 부르짖으며 서두르라, 서두르라. _ 시고니 부인(Mrs Sigourney)

"**맹인이 겉옷을 내버리고 뛰어 일어나 예수께 나아오거늘.**" 나는 언젠가 한 시골 교회 벽에 걸린 기념 석판에서 이 말씀을 본 기억이 난다. 묘비명들은 그 내용이 종종 만족스럽지 않은데, 특히 그곳에 성경 구절을 인용해 적는 것은 부적절하다. 그러나 이 구절은 단순한 만큼 묘비명으로 삼기에 적당했다. 고교회 신자이자 열렬한 스포츠맨인 그 지역의 지주가 인생 말년에 복음주의 그리스도인 친구들의 영향을 받게 되었다. 그들은 그로 하여금 복음에 관한 지식을 깨닫게 하고, 복음주의자의 말들을 전해 주었다. 그들은 그에게 크게 영향을 미쳤다. 그들은 인간이 한평생 집착하면서, 구주께 나오는 것을 가로막는 교만과 세속적 욕망과 자기의(自己義) 등에 관해 말해 주었다. 인생의 마지막 순간에 구원받은 죄인에게 적용시킬 적합한 묘비명은 이 구절 외에 다른 구절이 있을 수 없을 것 같다. 나는 거기 누워 있는 이 부유한 지주와 복음서 기사에 나오는 불쌍한 맹인 거지의 경건을 비교해 보고 감탄했다. 인간의 의라는 아주 화려한 옷을 거지의 누추한 옷과 비교해 보라. 그것은 "예수께 나아오거늘" 이라는 말씀을 통해 그리스도 안에서 가지는 영혼의 소망과 안식을 잘 표현했다. 그것은 윌리엄 캐리의 묘비명을 상기시켰다:

죄 많고, 연약하고, 의지 없는 벌레인 제가,
당신의 친절한 팔에 떨어졌나이다.

나의 예수님, 나의 모든 것.
당신은 나의 힘이요, 나의 의이십니다.

_P.

이 세상에서의 성공은 오직 결단력이 있는 사람들에게만 온다. 우리의 마음이 진실로 구원을 주목하지 않는다면, 그것을 얻을 수 있을까? 은혜는 사람으로 하여금 이 거지가 예수님께 나아와 시력을 회복했을 때 했던 것처럼 구원받기 위해 결단하도록 만든다. 한 청원자가 권세자의 집 문에서 "나는 기어코 그를 만나야 하겠다"고 말했다. 그 집의 하인이 "당신은 주인을 절대로 만날 수 없다"고 말했지만, 그는 계속 문에서 기다렸다. 한 친구가 그에게 나와서 "당신은 주인을 만날 수 없지만, 내가 당신에게 대답을 가져다 줄 수는 있네"라고 말했다. 그래도 그 답답한 청원자는 "나는 오늘 밤 내내 문에서 기다릴 작정이오. 그래서 반드시 주인을 만나야 하겠소. 오직 그만이 나의 기대를 충족시킬 수 있소"라고 말했다. 여러분은 무수한 방해가 있었지만, 결국 그가 자신의 목적을 이루었다는 얘기를 이상하게 생각하지 않을 것이다. 만일 끈질긴 죄인이 주 예수님으로부터 대답을 듣지 못했다면, 그것이 참으로 이상한 일이 될 것이다. 만일 여러분이 은혜를 얻고자 한다면, 얻을 것이다. 당신이 지체하지 않는다면, 응답도 지체를 받지 않을 것이다. 좋은 일이든 나쁜 일이든 막론하고, 당신은 예수님을 만날 때까지 멈추지 말라. 그리하면 여러분은 결국 그분을 만날 것이다. _ 스펄전

133
멀지 않다

예수께서 그가 지혜 있게 대답함을 보시고 이르시되
네가 하나님의 나라에서 멀지 않도다 하시니
그 후에 감히 묻는 자가 없더라
_ *마가복음 12:34*

하나님의 나라는 사람들 사이에 세워진다. 그 안에 있는 사람들은 다음과 같다:

- 신적 생명으로 소생케 되었다. "하나님은 죽은 자의 하나님이 아니요 산 자의 하나님이시라" (27절).
- 은혜의 통치 아래 들어갔다(롬 5:21).
- 사랑의 계명에 순종했다(요일 4:7).
- 신적 특권들을 누렸다(마 6:33; 눅 12:32).
- 특수한 신분으로 높여졌다(계 1:6).
- 특별한 복을 차지하게 되었다(마 25:34).

그 나라 밖에 있는 사람들도 어떤 면에서 똑같은 위치에 있다. 그러나 다른 관점에서 보면, 어떤 사람들은 "멀리 떨어져" 있고, 다른 사람들은 "멀리 떨어져 있지 않다." 본문에 나오는 서기관은 그 나라의 경계선에 서 있었다.

이제 우리는 이 인물에 관해 살펴볼 것이다:

I. 그 특징은 무엇인가?

1. 정신의 진실성.
   - 이 사람은 율법의 제자로서 순전했다.
   - 이 사람은 율법의 교사로서 정직했다.

- 이 사람은 논쟁자로서 공정했다.
- 일반적인 솔직성, 진지성 그리고 공정성의 정신은 도덕적으로 큰 장점이다.

2. 영적 교훈. 이 서기관은 큰 분별력을 지니고 말했음에 틀림없다. 그렇지 않았다면 주 예수님께서 그의 대답을 특별히 주목하지 않았을 것이다.

주님은 그에게서 다음과 같은 것들을 보셨다:

- 모든 것을 의식(儀式)으로 만들어 버리는 교황주의자보다 낫게 보셨다.
- 가슴의 경험과 거룩의 단계보다 머리의 지식을 우위에 두는 단순한 교리주의자보다 낫게 보셨다.
- 가슴의 사랑을 망각하고 있는 도덕주의자보다 낫게 보셨다.

3. 율법에 정통함.
   - 율법의 요구들의 통일성을 보면서도, 그 광대성과 영성을 동시에 보는 사람들은 희망이 있는 상태에 있다.
   - 더욱이 그들 자신의 삶이 율법의 요구에 부족하다는 것을 알고 있는 사람들은 그 이유를 알고 싶어 한다.
4. 이 사람이 분명히 보여 준 학습능력은 특별히 우리가 진리 배우기를 즐거워한다면, 비록 그가 유명한 사람이 아니더라도, 좋은 귀감이다.
5. 그리스도를 필요로 하는 의식이 이 서기관의 경우에는 나타나지 않았지만, 사역에 임하는 많은 사람들 속에서는 발견된다.
6. 죄악에 대한 두려움과 모든 종류의 불결에 대한 두려움.
7. 거룩한 일들에 대한 고도의 관심과 그것들에 대한 실천적 관심.
8. 부지런히 기도에 힘쓰고, 성경읽기, 묵상, 말씀을 규칙적으로 들음 그리고 다른 고상한 습관들.

이 외에도 다른 특징들이 있지만, 시간이 더 이상 언급을 허락하지 않는다.

이것들 가운데 많은 것들이 나무 위에 핀 꽃처럼 나타나지만, 그것들은 그것들이 자극하는 소망을 좌절시킨다.

II. 그 위험성은 무엇인가?

누구든 하나님의 나라에 실제로 들어가지 않는 한 안전하지 않다. 그 국경은 위험으로 가득 차 있다. 피해야 할 위험들은 다음과 같다:

1. 이 소망으로부터 벗어나지 않도록 조심해야 한다.
2. 어디에 있든지 멈추는 것으로 만족해서는 안 된다.
3. 교만과 자기의가 자라도록 해서는 안 된다.
4. 공평함이 무관심으로 나아가지 않도록 해야 한다.
5. 결정적인 단계를 밟기 전에 희미해져서는 안 된다.

III. 그 의무는 무엇인가?

당신의 상태가 안식을 누리는 상태가 아니라고 해도, 그것은 하나의 특권이기 때문에, 다양한 책임을 당신에게 가져다준다.

1. 당신을 그토록 은혜로 대하시는 하나님에 대해 감사하라.
2. 당신이 천국에 들어가기 위해서는 초자연적 인도가 필요하다는 것을 정말 진지하게 인정하라.
3. 결정적이고, 구원하는 단계를 밟지 못하는 것을 두려워하라.
4. 신적 은혜를 따라 즉시 결심하라. 오, 하나님의 영이 여러분에게 효과적으로 역사하시기를!
   - 그토록 가까운 사람이 멸망해야 한다는 것은 얼마나 불쌍한 일인가!
   - 그렇게 희망을 가진 사람들이 버림받는 것을 보는 것은 얼마나 두려운 일인가!
   - 구원하는 믿음이 부족하다는 것은 얼마나 치명적일까!

✣ 훈계 ✣

복음에 가장 치명적인 원수로 판명된 사람들 가운데 많은 사람들이 과거에 거의 회심했던 것처럼 보였던 자들이다. 그들이 복음을 피하게 된 것은 정말 놀랄 일이었다. 이런 사람들은 그들에게 너무나 중요한 것으로 증명된 복음에 대해 마치 복수하는 것처럼 보인다. 따라서 은혜의 감동 아래 있는 사람들에 대해 우리는 두려움을 느낀다. 왜냐하면 만일 그들이 지금 하나님을 위해 결단하지 않는다면, 치명적인 죄에 빠져들 가능성이 더 많기 때문이다. 어떤 물질이든 햇빛을 받을 때, 그것이 부드럽게 되지 아니하면, 더 딱딱해지는 법이다. 나는 열렬한 부흥사의 영향을 받은 한 사람을 잘 기억하고 있는데, 그는 자신의 아내와 다른 사람들 앞에서 무릎을 꿇고 은혜를 달라고 부르짖었다. 그러나 그 후에 그가 예배에 참석하거나 신앙적 대화에 관심을 기울이는 것을 본 적이 없다. 그는 자신의 회심이 또 다시 모험을 하기에는 너무 부족했다고 말했다. 슬프게도, 천국 문을 스치며 지나가 지옥에 빠져들도다! _ 스펄전

어떤 사람들은 도피성 주변에서 서성거리고 있다. 나는 여러분이 거기에 머물러 있는 것에 대해 경고한다. 오, 한 발자국이 부족해서 구원의 문에서 멸망하는 사람들은 얼마나 불쌍할까!

위층으로 한 발자국 떼놓았지만, 더 이상 올라가지는 않아 꼭대기 층까지는 절대로 올라가지 않는 사람이 있다. 그는 땅으로부터 발이 떨어져 있지만, 그곳의 오염과 습기로부터 벗어나 있지는 못하다. 마찬가지로 "오 주여, 저를 긍휼히 여겨 주소서"라고 진실로 부르짖음으로써, 기도의 첫 단추를 꿰었던 사람이 천국에 들어서지 못한 상태에서 세상과는 단절된 삶을 사는데, 거기서 나오는 위로는 비참한 것이다. _ 던 박사(Dr. Donne)

한 기독교 사역자가 이런 말을 했다: "안전하게 세계일주를 마치고 무사히 돌아온 로열 차터 호가 그만 웰레스 연안의 모엘프라 만에 상륙하기 직전에 조난당해 버렸다. 그 조난으로 남편을 잃고 졸지에 과부가 된 선원의 아내를 찾아가 위로하는 것이 나의 우울한 임무였다. 그 배는 퀸스타운에서 가족들에게 전보를 보냈었고, 그 전보에 따라 아내는 남편을 고대하며, 식탁에 진수성찬을 차려놓고 기다리고 있었다. 바로 그때 남편이 사고로 죽었다는 소식을 전달받았다. 나는 당시 그녀의 슬픔을 잊을 수 없다. 너무 충격을 받아 눈물마저 말라버린 듯 그녀는 내 손을 잡고, "거의 집 가까이 왔는데, 다 와서 죽었어요"라고 부르짖었다. 그 소리는 내게 가장 두려운 인간의 슬픔의 표현으로 들렸다. 그러나 아! 그것은 결국 "옛날에 나는 천국문에 이르러 거의 들어가기 직전이었는데, 지금은 지옥에 있구나"라고 어쩔 수 없이 외쳐야 하는 영혼의 절망적인 고통이 아니고 무엇이란 말인가!

극심한 영혼의 고통 때문에 나를 찾아온 한 사람을 나는 기억한다. 그는 내 마음에 깊은 인상을 남겨놓았다. 그는 굉장히 호전적인 사람으로서, 솔직한 성격을 가진 전형적인 영국 선원이었다. 그러나 슬프도다. 그는 술을 너무 좋아했다. 우리가 함께 대화를 나누며 기도했을 때, 그 불쌍한 영혼의 검게 그을린 얼굴은 글자 그대로 눈물범벅이 되어 있었다. 그는 격렬하게 흐느끼면서 "오, 목사님. 저는 술고래가 되지 않을 수 있었습니다"라고 외쳤다. 진실로, 그가 구원을 받아 조금이라도 용기 있는 행동을 할 수만 있었더라면, 그는 그렇게 할 수 있었을 것이다. 그는 평안을 회복하지 못하고 나를 떠났다. 그 다음 날 그는 술에 잔뜩 취한 채 배를 탔다. 그 후 나는 그의 소식을 들어보지 못했다. _J. W. H.

154
겟세마네

그들이 겟세마네라 하는 곳에 이르매
_ *마가복음 14:32*

우리 주님은 행복한 교제의 만찬 자리를 떠나 다윗의 슬픔이 절절이 서려 있는 기드론 시내를 건너가셨다(삼하 15:23). 그 후 주님은 겟세마네라 부르는 동산으로 들어가셨는데, 그것은 죽음으로부터 자신을 숨기기 위해서가 아니라 특별한 기도 시간을 갖기 위해서였다. 겟세마네는 우리 주님의 은밀한 기도 처소였다(요 18:1- 2).

만일 **그분이** 시험 받는 시간에 자신의 은밀한 기도 처소를 찾아가셨다면, 우리는 참으로 더 자주 그렇게 해야 할 것이다.

홀로 기도하실 때 그분은 커다란 슬픔으로 압박을 받고, 두려운 고뇌로 압도를 당하셨다. 그것은 만찬 자리의 유쾌한 친교로부터 동산의 고독한 고뇌로 바뀌는 끔찍한 변화였다.

우리는 구주께서 피를 흘리신 것처럼 땀을 흘리신 겟세마네 동산의 그 엄숙한 체험에 관해 생각해 볼 것이다.

I. 그곳의 선택.

1. 그분은 마음의 평온함과 용기를 보여 주셨다.
   - 그분은 평소에 찾던 은밀한 기도의 장소로 가신다.
   - 그분은 유다가 그곳을 알고 있었음에도 불구하고 그곳으로 가신다.
2. 그분은 지혜를 보여 주셨다.
   - 거룩한 기억들이 그분의 믿음을 도와주었다.
   - 깊은 고독이 그분의 기도와 부르짖음에 일조했다.

- 어둑한 분위기도 그분의 깊은 슬픔에 적절하게 기능했다.

3. 그분은 우리에게 교훈을 남기셨다.
   - 동산에서, 낙원은 잃고 얻어진다.
   - 감람나무가 내리누르는 겟세마네에서, 우리 주님 자신도 박살이 났다.
   - 슬픔 속에 있을 때, 우리는 은밀하게 후퇴하여 하나님께 나아가야 한다.
   - 특별한 기도를 드릴 때, 우리는 그 기도의 내용이 가까운 사람들에게 알려지는 것을 부끄러워해서는 안 된다. 왜냐하면 예수님도 겟세마네 동산의 은밀한 기도에 제자들을 동참시키셨기 때문이다.

II. 그곳에서의 훈련

모든 항목이 주목하고 본받을 만한 가치가 있다.

1. 그분은 다른 사람들을 위해 적절한 경계조치를 취하셨다.

그분은 제자들이 놀라지 않도록 하셨고, 그리하여 그들에게 깨어있으라고 명령하셨다. 마찬가지로 우리도 우리가 다급한 상태에 있을 때, 다른 사람들이 놀라지 않도록 조심해야 한다. 하나님과 긴밀한 대화 속에 있을 때에도 그분은 제자들 가운데 하나도 잊지 않고 계셨다.

2. 그분은 제자들의 동참을 호소하셨다.

우리는 이것을 무시해서는 안 된다. 우리 주님처럼, 비록 그들의 연약함을 알고 있다고 할지라도, "네가 깨어있을 수 없더냐"라고 말해야 한다.

3. 그분은 하나님과 씨름하며 기도하셨다.
   - 가장 낮은 자세와 태도를 취하셨다(35절을 보라)
   - 애처로운 소리로 반복해서 부르짖었다(36절과 39절을 보라)
   - 땀이 핏방울같이 떨어질 정도로 두려운 영혼의 고뇌를 갖고 기도하셨다(눅 22:44).

- 충분하고도 진실한 복종의 기도였다(마 26:42, 44).

4. 그분은 거듭해서 제자들의 동참을 구했다. 그러나 그들이 실패했을 때 그들을 옹호하셨다(38절을 보라). 우리도 어떤 영혼에게 비참한 실망을 맛볼 때, 그에 대한 실망감을 보여서는 안 된다.
5. 그분은 하나님께 다시 나아와 그의 경건하심으로 말미암아 들으심을 얻을 때까지 격심한 통곡과 눈물로 자신의 영혼을 쏟아놓았다(히 5:7).

III. 그곳에서의 승리

1. 그분의 완전한 포기를 보라. 그분은 "하실 수 있거든" 과 맞서고, 자신의 원이 아니라 "아버지의 원대로" 라는 기도로 승리하신다. 그분은 우리에게 인내의 본보기가 되신다.
2. 그분의 강력한 결단을 기뻐하라. 그분은 책임을 지고, 목적을 향해 굳건하게 나아가셨다(눅 9:51; 12:50).
3. 천사의 섬김을 포기하신 것을 주목하라. 피로 얼룩진 수난자는 지금도 천국에서 모든 천사를 불러낼 권리를 갖고 계신다(마 26:53).
4. 원수들에 대한 그분의 엄위하신 태도를 기억하라.
   - 그분은 원수들에게 용감하게 맞서신다(마 26:55).
   - 그분은 그들을 무찌르신다(요 18:6).
   - 그분은 강제에 의해서가 아니라 스스로 굴복하신다(요 18:8).
   - 그분은 십자가로 가지만, 그것을 보좌로 바꾸신다.

우리는 겟세마네 동산에서 너무 작은 것들을 기대할지 모른다.

우리는 친구 없이 그곳에 가지 않을 것이다. 그분이 우리와 함께 하시므로.

우리는 그분의 힘을 통해 그리고 그분의 방법으로 승리할 것이다.

기억

더블린 출신의 크라우스(W. H. Krause) 목사는 "약해서, 정말 너무 약해서" 깊은 침체에 빠진 한 여성을 심방했다. 그녀는 그날 묵상과 기도 시간에 도저히 생각을 주체하지 못하고, 똑같은 말을 단순히 반복하는 상태에 빠졌기 때문에 정신이 너무 혼란스럽다고 말했다. 이에 그는 그녀에게 신속하게 다음과 같은 대답을 해 주었다: "오, 사랑하는 자매님, 거기서도 복음의 역사는 있답니다. 우리 주 예수 그리스도는 **자신의** 영혼이 심지어는 죽기를 바랄 정도로, 극도의 슬픔에 있을 때, **똑같은 말로** 세 번에 걸쳐 기도했습니다." 이 적절한 성경 적용은 그녀를 크게 위로하는 힘의 원천이 되었다.

겟세마네, 감람나무 고뇌여!
(그리스도인들은 왜 꼭 그렇게 상상할까)
복수심과 싸우고, 사랑 때문에 격렬하게 씨름하는 곳,
합당한 이름, 합당한 장소로다.

_ 조셉 하트(Joseph Hart)

"내 원대로 하시고 아버지의 원대로 되지 않기를 원하나이다"라는 기도는 낙원을 광야로 만들었다. "내 원대로 마시옵고 아버지의 원대로 되기를 원하나이다"(눅 22:42)라는 기도는 광야를 낙원으로 만들고, 겟세마네를 천국문으로 만들었다. _ 프레상세(E. ae Pressensé)

웰레스 동산에 있는 한 비문에는 다음과 같이 적혀 있다:

동산에서 인류의 첫 조상은 속임을 당했다.
동산에서 그는 은혜의 약속을 받았다.
동산에서 예수님은 그의 운명에 배신을 당했다.
동산에서 그분의 몸은 무덤 속에 눕혀졌다.

겟세마네가 없이는 누구도 그리스도인 되지 못할 것이다. 그러나 기도하는 모든 그리스도인은 천사가 없는 겟세마네는 없다는 것을 발견하게 될 것이다. _ 토머스 비니(Thomas Binney)

슬픈 겟세마네에서
아버지는 들으시고, 천사들은 거기서
기도하는 하나님의 아들을 수종들었네.
그분이 고통의 쓴잔을 마셨을 때,
생명과 기쁨은 다시 솟아났네.
슬픔의 폭풍이 우리를 휘몰아치고,
고뇌의 장면들이 우리를 슬프게 할 때,
슬픈 겟세마네를 더 유심히 살펴보라.
거기서 구주를 바라보고
그분처럼, 겸손하게 무릎 꿇고 기도하라.

_ S. F. 스미스

"**천사가 하늘로부터 예수께 나타나 힘을 더하더라**"(눅 22:43) — 놀랍도다! 하나님의 아들이 단순히 피조물에 불과한 천사의 도움을 받다니 놀랍지 않은가? 그렇다. 우리는 여기서 하나님이 기뻐하신다면, 단순한 사람들과 평범한 사물들로부터 도움과 위로를 기대할 수 있다는 교훈을 배운다. 모든 힘과 위로는 하나님으로부터 온다. 하지만 그분은 피조물을 그의 사자로 만드셔서 힘과 위로를 제공하도록 하신다. 이때 우리는 하나님과 그 피조물들에게 공히 감사해야 한다. _ 한 목사가 쓴 복음서 각 구절에 대한 실천적 성찰에서.

감람산 동산의 언덕 중턱은 기도와 묵상의 시간을 갖기에 가장 합당한 곳이다. 그 그늘은 장엄하고, 그 뜰은 거리보다 더 간격이 넓고, 그 땅은 무릎 꿇기에 적당하며, 주변 환경은 모두 거룩한 생각들을 돕도록 되어 있다. 나는 그곳이 왜 그런지 그 이유를 알 수 없다. 그러나 가끔 그 동산에 앉아보면, 그것이 기도 장소와 시간이었다는 느낌 외에는 다른 느낌이 들지 않았다. _ 스펄전

155
회개하는 눈물의 원천

그 일을 생각하고 울었더라
_ *마가복음 14:72*

회개는 하나님의 영으로 말미암아 이루어진다. 그러나 그분은 우리 안에서 죄의 악함을 생각하도록 인도하심으로써, 그 일을 행하신다. 베드로는 자신의 슬픈 죄악을 생각할 때 울지 않을 수 없었다.

이 회개의 시간에 대해 살펴보자:

I. 베드로의 경우를 연구해 보자. 그리고 그것을 우리 자신의 가르침으로 삼자.

1. 베드로는 자신이 주님을 부인했던 것을 생각했다.
   - 우리도 그와 똑같이 하지 않았던가?
   - 이런 일은 많은 경우에 일어날 수 있다.
2. 그는 자기가 부인했던 주님의 탁월성에 관해 반성했다.
3. 그는 주님이 자기를 사도로 세우고, 제자들 가운데 수제자로 삼으신 자신의 위치를 기억했다.

우리도 신뢰의 자리에 서 있지 못한 적이 없었던가?

4. 그는 자기가 부인했던 주님과의 특별한 교제를 생각해냈다. 그와 야고보와 요한은 가장 사랑 받았던 제자들이었다(마 17:1-13; 27:36-46; 막 5:37-43).

우리도 우리 주님과의 즐거운 교제를 알고 있지 않은가?

5. 그는 주님이 미리 엄숙히 경고했던 사실을 상기했다.

우리도 빛과 지식에 반하여 죄를 범하지 않았던가?

6. 그는 자신이 했던 맹세, 주장 그리고 자랑들을 다시 생각했다. "다 버릴지라도 나는 그리하지 않겠나이다" (29절).

우리도 아주 열렬하게 토해냈던 고백을 어기지 않았던가?

7. 그는 그토록 강하게 주님을 부인했을 때, 그분이 처하신 특수한 상황에 관해 생각했다.

우리의 경우에도 그렇게 격동했던 적이 없었는가?

8. 그는 자신의 반복적인 실수를 마음속으로 곰곰이 생각했다. 격동과 함께 그가 반복적으로 범한 실수는 거짓말과 거짓 맹세 등이 있었다.

우리도 우리가 범한 죄악의 각각의 항목들을 곰곰이 생각해 보고, 그럼으로써 그것들에 대해 철저한 회개를 갖도록 해야 한다.

II. 우리 자신의 삶을 연구해 보자. 그리고 그것을 더 겸손해지는 비결로 삼자.

1. 거듭나지 않았을 때 우리가 범한 죄악들을 생각해 보라.
2. 우리가 하나님의 은혜로 말미암아 이겨내기 전, 빛과 양심과 성령에 반하여 행했던 것들을 생각해 보라.
3. 우리가 신적 생명을 자라게 하는데에 진보가 별로 없었던 것을 생각해 보라.
4. 우리의 타락과 영적 방황을 생각해 보라.
5. 다른 사람들의 영혼에 대한 우리의 무관심을 생각해 보라.
6. 우리 주님과의 친교가 별로 없었던 점을 생각해 보라.
7. 우리가 주님의 위대하신 이름에 대해 올려드린 영광이 얼마나 적은지를 생각해 보라.
8. 주님의 무한하신 사랑에 대해 우리가 빚진 것이 얼마나 큰지 생각해 보라.

이 묵상들은 각각 우리로 하여금 눈물을 흘리게 만들 것이다.

III. 이 생각들이 우리 마음속에 어떤 효과를 낳는지 연구해 보자.

1. 우리는 이 일들을 감정 없이 생각할 수 있는가?
   - 이것은 가능하다. 왜냐하면 그 죄들을 그 환경, 그 구조, 그 동료, 그 습관, 그 운명 등의 탓으로 돌려 핑계를 삼기 때문이다. 그것들은 심지어 사탄이나 다른 유혹자 탓으로 돌려지기도 한다. 어떤 강퍅한 심령들은 그 문제를 극도의 무관심으로 처리하기도 한다.
   - 이것은 위험하다. 이런 사람은 베드로가 아니라 유다요, 타락한 성도가 아니라 멸망의 자식이라는 것을 유념하고 두려워해야 한다.
2. 우리는 이 일들을 생각할 때, 감동을 받는가?
   - 우리를 더 크게 감동시킬 수 있는 다른 생각들이 있다.

우리 주님은 우리를 용서하고, 우리를 자신의 형제로 간주하신다.

그분은 우리가 그분을 사랑하는지 묻고, 우리에게 자신의 양을 치라고 명령하신다.

   - 확실히 우리가 이 주제들을 깊이 묵상할 때, 그것은 우리 각자에게 참된 것이 될 것이다.

"그 일을 생각하고 울었더라."

회상

베드로가 자신이 이전에 귀로 들은 것을 회상한 것은 그에게 또 다른 회개의 기회를 제공했다. 우리는 지식보다 회상이 얼마나 우리에게 필요한지 충분히 고려하지 않는다. 우리는 일천 가지 사실에 관해 알고 있지만, 그것들이 지속적이고 생생한 회상을 통해 우리 마음속에서 살아 있지 않으면 안 된다. 그러므로 사람들이 "내가 아는 것 말고는 내게 아무것도 말하지 말라"고 말하는 것은 참으로 어리석고 유치한 일이다. 이에 대해 나는 당신은 많은 것을 잊어버리기 때문에 선 위에 선을 또 긋고, 교훈 위에 교훈을 더하는 것이 필요하다고 대답하고 싶다. 후에 베드로는 자신의 서신서에서 "그러므로 너희가 이것을 알고 이미 있는 진리에 서 있으나 내가 항상 너희에게 생각나게 하려 하노라"(벧후 1:12) 했다. 우리는 우리가 알고 있는 것을 쉽게 잊는다. 그러므로 우리가 아무리 좋은 것을 알고 있어도, 그것을 적절한 때 기억하는 것이 훨씬 더 좋다는 것을 명심해야 하리라. _ 리처드 세실(Richard Cecil)

베드로는 추하게 타락하지만, 회개를 통해 아름답게 일어선다. 그리스도로부터 오는 사랑의 광경이 그를 녹여 눈물로 만들었다. 그는 회개가 은혜의 나라에 들어가는 열쇠임을 알고 있었다. 과거에 그의 믿음은 지나치게 커서 그리스도께 나아가기 위해, 말하자면, 바다 속으로 뛰어들 정도였다. 마찬가지로 지금 그의 회개도 너무 커서 그리스도로부터 떠난 것 때문에, 말하자면, 눈물바다로 뛰어들 정도다. 어떤 사람들은 베드로가 서글픈 실패를 한 후, 너무 자주 울어서 계속 흐른 눈물로 말미암아 얼굴에 깊은 주름이 생겼다고 말한다. 그는 독을 마셨지만, 생명에 위협을 주기 전에 곧 토해냈다. 그는 이 뱀을 만졌지만, 곧 그것을 채찍으로 변화시켜 그것으로 그리스도의 마음으로부터 자기에게 오는 그 밝은 빛, 강력한 사랑, 감미로운 복들에 반하여 죄를 범한 것에 대해 가책을 갖고 자신의 영혼에 매질을 했다.

클레멘트는 베드로는 회개한 이후부터 한평생 닭 우는 소리가 들리는 밤마다 무릎을 꿇고 애처롭게 흐느끼면서, 자신의 죄에 대해 용서를 구했다고 기록한다. 아! 영혼들아, 그대들은 성도들처럼 쉽게 죄를 범할 수 있다. 그러나 성도들과 함께 회개할 수 있는가? 다윗과 베드로처럼 죄를 범하지만, 그들과 함께 회개할 수 없어서 영원토록 멸망하지 않으면 안 되는 사람들이 많다. _토머스 브룩스

쿠퍼는 회개의 필요성에 관해 묵상했던 내용을 다음과 같이 묘사한다: "나는 많은 사람들이 죄 때문에 눈물 흘렸다고 말하는 것을 알고 있었다. 그

러나 내 죄 때문에 울어야 할 시간이 항상 오는 것인지, 자문해 보았을 때, 나로서는 그렇게 하는 것보다 돌이 우는 것이 더 빠르겠다는 생각이 들었다. … 그리스도께서 회개하도록 역사하지 않고는 그것이 절대로 불가능하다는 것을 알고 나는 단념했다." 한 친구가 그의 침상에 다가와 그에게 복음을 전했다. 그는 예수님의 피의 속죄의 유효성과 그분의 의가 우리의 의가 된다는 사실을 강조했다. "그 친구의 말과 그가 인용한 성경구절을 듣는 동안 내 마음은 불타오르기 시작했다. 자비로우신 구주에 대해 그토록 신랄하게 배은망덕했던 느낌이 내 영혼을 파고들었다. 그리고 내가 불가능하다고 생각했던 눈물이 하염없이 터져 나왔다." _ 쿠퍼의 "어린 시절의 기억" 에서

매일 아침 눈물로 세수를 하는 것보다 하나님의 자녀들의 얼굴을 아름답게 만드는 것은 없다. _ 새뮤얼 클락

고대 희랍인들은 기억이 내세에서 고통의 원천이 된다고 생각했다. 그래서 그들은 두 세계 곧 현세와 내세 사이에 레테의 강 곧 망각의 강을 두었다. 그러나 그리스도를 믿는 신자들은 엘리시움 곧 낙원의 경계에 망각의 강을 둘 필요가 없다. 골고다는 이 세상에 있고, 그것으로 충분하다. _ 알렉산더 맥클라렌(Alexander Maclaren)

156
슬퍼하는 사람과 즐거운 전달자

마리아가 가서 예수와 함께 하던 사람들이
슬퍼하며 울고 있는 중에 이 일을 알리매
_ *마가복음 16:10*

마가는 화가다. 그는 네덜란드 화가처럼 내면을 그림으로 그린다. 이 그림에서 우리는 최고의 친구들을 만난다: "예수와 함께 하던 사람들."

우리는 수많은 개인들을 알고 있고, 그들이 무엇을 하고 있는지 그리고 그들이 이별을 어떻게 감당하는지를 흥미 있게 바라본다.

우리는 여기서 다음과 같은 사실들을 본다:

I. 슬퍼하는 사람들. "사람들이 슬퍼하며 울고 있는 중에."

얼마나 감동적인 장면인가! 우리는 눈물과 탄식으로 충분히 표현된, 통상적인 슬픔을 바라본다.

그들은 다음과 같은 이유로 슬퍼했다:

1. 그들이 예수를 믿고, 사랑하고, 그리하여 어떤 일이 일어났는지에 대해 관심을 두고 있었기 때문이다.
2. 그들이 그분을 잃어버린 데서 큰 상실감을 느꼈기 때문이다.
3. 그들이 그분의 고난과 죽음을 목격했기 때문이다.
4. 그들이 그분에 대해 했던 자기들의 악한 행실을 기억했기 때문이다.
5. 그들이 그분에 관해 가졌던 소망이 사라졌기 때문이다.
6. 그들이 자기들의 지도자가 사라진 것을 보면서, 이제 무엇을 어떻게 해야 할지 몰라 완전히 혼란에 빠졌기 때문이다.

예수님의 죽음에 관해서는 슬퍼할 타당한 이유가 있다.

우리는 우리의 죄가 그분의 고뇌와 죽음의 원인이 되었기 때문에, 그분을 분별력을 갖고 슬퍼해야 한다.

II. 위로하는 전달자.

막달라 마리아가 와서 그들에게 예수님이 살아나신 것과 자기 앞에 나타나신 것을 말했다.

이 전달에 관해 우리는 다음과 같은 사실을 주목한다:

1. 그녀는 그들 가운데 한 사람이었다. 우리 주님의 부활에 대한 그녀의 증거는 그분의 제자들의 증거와 같고, 그래서 모든 세계가 안심하고 믿을 수 있다. 그들은 제삼자가 아니라 그 얘기를 들은 사람들에게 잘 알려져 있었던 인물들이었다.
2. 그녀는 최고의 소식을 가져 왔다. 그녀는 예수님이 진실로 부활했음을 선포했다.

우리의 신적 주님의 부활은 다음과 같은 특징이 있다:

- 우리의 슬픔의 원인을 제거한다.
- 살아 계신 대속주의 도우심을 우리에게 보증한다(요 14:19).
- 우리 자신의 개인적 부활을 보장한다(고전 15:23).
- 우리에게 개인적 칭의를 가져다준다(롬 4:25).

3. 그녀는 믿어지지 않았다.
   - 불신앙은 고질이 되기 쉽다. 그들은 주님이 자신의 부활을 예고하셨을 때, 그분을 믿지 못했다. 마찬가지로 그들은 그것을 보고하는 목격자의 말을 믿지 못한다.
   - 불신앙은 잔인할 정도로 불의하다. 그들은 막달라 마리아를 거짓말쟁이로 만들고, 그들 모두가 그녀를 그렇게 취급했다.

III. 위안을 주는 반성.

1. 우리만이 주님이 안 계신 것을 슬퍼했던 유일한 사람들이 아니다.
2. 우리만이 거부당한 유일한 전달자들이 아니다.
3. 우리만이 그리스도의 부활을 의심한 사람들이 아니다.
   - 그 증거는 다른 어떤 역사적 사건에 대한 증거보다 더 충분하다.
   - 사도들은 죽으심에 관해 믿었던 것만큼 부활에 대한 증거들도 믿었다.
   - 그들은 그 확신을 갖기까지 많은 시간이 걸렸다. 그러므로 **그들로 하여금** 믿도록 한 것은 우리에게도 똑같이 유력한 효과를 갖고 있다.
4. 우리는 이처럼 우리 주님에 관해 즐거워할 아주 충분한 이유를 갖고 있다.

우리는 우리 주님의 수난을 너무 슬프게만 생각해서는 안 된다.

우리는 살아 계신 구주를 우리의 친구로 두고 있음을 알고 있기 때문에, 어떤 일에 대해 지나치게 슬퍼할 필요가 없다.

메모

볼로냐의 한 유명한 화랑에는 도메니치노(Domenichino)가 그린 인상적인 그림이 하나 있다. 그 그림은 그리스도의 시신이 방금 치워진 자리에 빈 십자가 옆에 서 있는 한 천사를 그려놓았다. 그 천사는 엄위하신 수난자의 이마에서 떨어진 가시면류관을 손에 들고 있고, 그의 얼굴 표정은 돌출된 가시들 가운데 하나가 그의 손가락을 날카롭게 찌를 때 느끼는 고통을 보여 준다. 이 그림의 광경은 충분한 의미가 있다. 그것은 참으로 경이롭고 놀라운 장면이다. 흠이 없고, 불멸의 속성을 가진 순수한 천사에게, 그 고통은 정말 헤아릴 수 없는 신비다. 그리스도의 죽음도 똑같이 그의 제자들에게 신비였다. _ 휴 맥밀런(Hugh Macmillan)

슬픔은 잘못된 생각 때문에 갖게 된 것이라고 해도, 그 강도가 줄어들지 않는다. 야곱은 요셉 때문에 심히 통곡하며 슬퍼했지만, 사실 그의 사랑하는 아들은 갈갈이 찢기기는커녕, 애굽 전역을 다스리는 지배자가 되기 위해 길을 가고 있었다. 그러나 세상에는 누구나 충분히 공감하는 당연한 슬픔도 있지만, 불필요한 고통은 슬퍼하지 말고 견뎌내야 한다. 최고의 기쁨의 근원을 갖고 있는 사람들은 슬픔을 참아야 한다. 우리 앞에 있는 본문이 이에 대한 전형적인 실례다. 이 시대에 기뻐해야 할 수많은 사람들이 슬픔에 빠져 울고 있다. 오, 불필요한 슬픔의 덩어리여! 불신앙은 이 점에서 거짓의 아비를 위해 일하고, 실제로는 슬픔의 자녀가 아니라 빛과 기쁨의 상속자들인 사람들 사이에서 거짓을 역사함으로써 불행을 자초하도록 만든다. 믿음이여, 일어나라. 그대의 빛으로 이 어둠을 쫓아내라! 만일 미천한 마리아를 통해 그대의 등불의 심지가 다듬어져야 한다면, 그녀의 친절한 도움을 멸시하지 말라.

157
놀라운 일

오늘 우리가 놀라운 일을 보았다
_ *누가복음 5:26*

세상은 지루한 곳으로, 새로운 어떤 것을 바란다.

세상에서 가장 놀라운 사람은 바로 예수님이다. 그런데 슬프게도, 그분은 대부분의 사람들에게 가장 덜 드러나고, 가장 적게 회자된 인물이로다!

만일 사람들이 그분에게 나아와 그분을 본다면, 그들은 놀라운 일들을 보게 될 것이다.

그분의 인격, 그분의 생애, 그분의 죽음, 그분의 가르침은 놀라운 일들로 가득하다.

그분이 행하신 일이 왜 그토록 놀랄 만하고 경이로운 요소를 갖고 있는지 살펴보자.

I. 그 특별한 날에 있었던 놀라운 일들을 주목해 보자.

1. 교사들을 치유하는 권능이 나타났다(17절).
2. 지붕 위로부터 주님에게 믿음이 내려왔다(19절).
3. 예수님이 말씀으로 죄를 사하셨다(20절).
4. 예수님이 생각을 읽으셨다(22절).
5. 예수님이 한 중풍병자를 그가 누웠던 침상을 가지고 가도록 만드셨다 (25절).

II. 그리스도의 날에 있었던 놀라운 일들을 주목해 보자.

1. 인간을 지으신 창조주가 인간들 사이에서 태어나셨다. 무한자가 아기

가 되신 것이다.

2. 만유의 주께서 만유를 섬기셨다.
3. 무죄하신 분이 고소를 당하고, 정죄를 받고, 죄의 희생제물이 되셨다.
4. 십자가에 못 박혀 죽으신 분이 죽은 자로부터 다시 살아나셨다.
5. 주님의 죽음으로 말미암아 죽음이 죽임을 당했다.

이상의 일들은 한 사람의 생애에서 일어난 일들로, 참으로 놀랍고 기이한 사건들이다.

III. 신자들의 날에 그들과 다른 사람들 안에서 보이게 된 놀라운 일들을 주목해 보자.

1. 가책을 지닌 죄인이 믿음으로 의롭게 되었다.
2. 자연적 심령이 은혜로 말미암아 새롭게 되었다.
3. 마치 덤불이 불에 타지만 소멸되지 않는 것처럼, 악이 죽임당할 때 영혼은 영적 생명을 보존 받는다.
4. 섭리의 지혜를 통해 악이 선을 위해 사용되었다.
5. 강함이 연약함 속에서 온전케 되었다.
6. 성령이 신자 속에 거하게 되었다.
7. 땅 위에서 천국을 누렸다.

이상의 일들은 무수한 놀라운 일들 가운데 아주 작은 것들을 적어놓은 것에 불과하다.

생명은 예수님의 동반자가 되지 않는 한 자라지 않는다.

당신은 신자로서 생명이 자라가고 있음을 발견하고 있는가?

당신의 가족과 이웃의 회심을 위해 힘쓰라.

사람들 사이에서 일하시는 예수님에 관해 더 많이 알기를 구하라.

이것은 당신이 영광의 그리스도와 함께 가장 크게 놀랄 일들을 볼 때까지, 더 놀랍고, 놀라운 일들을 제공할 것이다.

✣ 이적 ✣

하나님의 역사에서 이적은 자연적이고, 정당하고, 탁월하다. 그분은 이적의 하나님이시다. 주님의 행사에 대해, "우리 눈에 놀랍도다"(막 12:11)라고 말하는 것은 당연하다. 우리는 그분의 모든 놀라운 일들에 관해 말해야 하지만, 이것은 의심과 의혹의 정신을 가지고가 아니라 열렬한 찬미의 정신으로 그렇게 해야 한다. 거룩하고 감동스러운 이적은 충분히 베풀어져야 하지만, 냉정하고 회의적인 이적은 사탄으로부터 오는 것이므로 거부되어야 한다. 믿음은 하나님에게는 무슨 일이든 가능하다고 간주한다. 그분의 손의 역사에 나타난 이적들을 의심스러운 눈으로 보는 것은 불신앙이다.

스코틀랜드 펜윅 출신의 목사인 거스리(Guthrie)는 언젠가 죽어 가는 한 여성을 심방했다. 그는 그녀의 상태에 관해 걱정이 앞섰지만, 그녀는 그것을 전혀 몰랐다. 그가 복음을 설명해 주자 그녀는 기쁘게 받아들였고, 곧 숨을 거두었다. 집에 돌아오는 길에 거스리 목사는 "오늘 나는 놀라운 일을 보았다. 그것은 자연적 상태에 있던 한 여인이 은혜의 상태에 들어가 영광의 상태에 두어지는 것을 보았다"고 말했다.

지난 세기 초, 스코틀랜드의 한 노목사가 쓴 원고를 보면, 무지막지하게 죄를 범한 것으로 악명이 높았지만 극적으로 회심함으로써 그리스도인들에게 놀라움을 안겨 주었던 제다트 경의 회심에 관한 이야기가 나온다. 회심한 지 얼마 되지 않아 그 일이 거의 알려지지 않았을 때, 그가 성찬식에 참여했다. 그는 한 여인의 옆 자리에 앉았는데, 그녀는 손으로 얼굴을 가리고 있어서 그가 잔을 전해 줄 때까지 그의 얼굴을 보지 못했다. 그녀는 그가 죄에 대해 그토록 악명 높은 제다트 경이라는 것을 알았을 때, 그런 악인이 어떻게 그곳에 있는지 너무 놀라 기절초풍했다. 그것을 알아차린 그는 "부인, 걱정 마세요. 하나님의 은혜는 값없이 주어지잖아요!"라고 말했다. 이 말이 그녀를 진정시켰다. 그러나 제다트 경이 어떤 사람이었는가를 생각한다면, 우리가 그녀의 놀라움을 충분히 이해할 수 있다.

내가 천국에 가면, 거기서 세 가지 놀라운 일을 보게 될 것이다: 첫 번째 놀라운 일은 내가 거기서 보리라고 전혀 기대하지 않았던 사람들이 많은 것이다. 두 번째 놀라운 일은 내가 거기서 보리라고 기대했던 사람들이 많이 없는 것이다. 그리고 세 번째 놀라운 일은 나 자신이 그곳에 있음을 발견하는 것으로, 이것이야말로 가장 크게 놀랄 일이다. _ 존 뉴턴(John Newton)

은혜의 이적들은 하나님께 속하나니,
네 노래로 그분의 자비를 계속 찬미하라.

_ 와츠 박사(Dr. Watts)

158
"그 발 곁에"

그 발 곁에
_ *누가복음 7:38*

동양인들은 감정적이다. 그들의 신앙심을 보면, 우리(서양인)보다 육체의 자세에 훨씬 더 비중을 둔다. 우리는 영혼의 자세에 더 유의하는 편이다.

우리가 주님에 대한 자세를 고찰해 보는 것은 흥미로운 일이다.

그분은 우리를 자신의 마음에 품고(아 8:6), 가슴에 안고(사 40:11), 손에 숨기고(사 49:2; 51:16), 어깨에 메신다(눅 15:5). 그러나 "그 발 곁에"가 우리가 보통 위치하는 자리다.

I. 그것은 어울리는 자세다.

그 자세는 여러 가지 이유로 감탄할 만하다.

1. 그분은 신적 존재이기 때문에, 우리는 그분께 가장 겸손한 존경을 표해야 한다.
2. 우리는 죄인이기 때문에, 그분께 겸손한 고백을 드려야 한다.
3. 그분은 주님이기 때문에, 우리는 최대한 복종해야 한다.
4. 그분은 만유의 주이기 때문에, 우리는 확고한 의존을 표명해야 한다.
5. 그분은 무한히 지혜롭기 때문에, 우리는 그분이 정하신 때를 기다려야 한다.

가장 좋은 것은 그 발 곁에서 기꺼이 그분 앞에 부복하는 것이다.

가장 나쁜 것은 올지 안올지 망설이면서 거기에 오는 것이다.

II. 그것은 유익이 많은 자세다.

1. 울며 참회하는 자(눅 7:38).
   - 우리의 겸손은 회개에 도움이 될 것이다.
   - 우리의 철저한 복종은 확신을 가져다 줄 것이다.
   - 우리의 충분한 존경은 섬김의 준비가 될 것이다.
2. 안식을 얻은 회심자(눅 8:35).
   - 이런 자세로 있으면, 귀신들은 쫓겨나고, 더 이상 우리를 지배하지 못한다.
   - 이런 자세로 있으면, 귀신들은 들어오지 못하고, 되돌아올 수도 없다.
   - 이런 자세로 있으면, 우리는 온전한 정신을 가졌음에 대한 최고의 증거를 보여 주는 것이다.
3. 간구하는 중보자(눅 8:41).
   - 우리는 가장 낮은 자세를 취할 때 최고의 간구를 드리게 된다.
   - 우리가 회당의 지도자일지라도 마음을 깨뜨린다면, "그 발 곁에서" 가장 큰 소망을 발견하게 된다.
4. 즐겁게 배우는 자(눅 10:39). 마리아는 "주의 발치에 앉아" 있었다.
   - 인간적 무지에 대한 겸허한 의식.
   - 주님의 가르침을 믿음으로 받아들임.
   - 그분을 소망의 눈으로 바라봄.
5. 감사하는 예배자(눅 17:16).
   - 고침 받은 나병환자가 그렇게 감사를 표현했다.
   - 천사들도 몸을 굽혀 감사함으로써, 그렇게 그분을 경배했다.
   - 우리의 마음도 형언할 수 없는 감사를 갖고 그렇게 머리를 숙여야 할 것이다.
6. 주님의 영광을 보고 있는 성도(계 1:17).
   - 극도의 황홀감에 압도되고, 엎드러지고, 기쁨에 겨워 힘이 다 빠졌다.

- 그런즉 와서 예수님께 복종하라. 그 발 앞에 무릎 꿇으라.
- 그분은 그럴 만한 가치가 있다. 그분께 모든 존경을 다 바치라.
- 그분은 당신에게 그토록 가혹한 멸시를 당했다. 그러므로 그분의 발에 입맞춤하라.
- 그분은 값없이 용서하실 것이다. 이것 때문에 당신은 당연히 그분 앞에 먼지처럼 엎드러져야 한다.
- 그분은 당신에게 이런 기쁨을 주실 것이다: 실제로 그분의 통치에 철저히 복종하는 것을 능가하는 기쁨은 없다.

III. 그것은 안전한 자세다.

1. 예수님은 그런 자세를 취하는 우리를 거절하지 않으신다. 왜냐하면 그것이 우리가 취해야 할 마땅한 자세이기 때문이다.
2. 예수님은 자기절망 속에서 자신을 그분 앞에 던져 버리는, 겸손한 굴복자를 저버리지 않으실 것이다.
3. 예수님은 자신의 발에서 피난처를 구하는 자들을 절대로 해하지 않을 것이다.
4. 예수님은 우리가 그곳에 거할 영원한 특권이 있음을 부인하지 않으실 것이다.

우리는 이것 ― 그 발 곁에서 ― 을 우리의 지속적인 자세로 삼아야 한다.

- 슬프거나 기쁘거나, 바라거나 두려워하거나.
- 고민하거나 일하거나, 가르치거나 배우거나.
- 홀로 있을 때나 다른 사람들과 함께 있을 때나, 살거나 죽거나.

오, 주님의 발 곁에 있던 마리아와 함께,
내가 영원토록 앉아 있으리라.

발췌글

가정에서 기도할 때 성스럽게 사용되는 매트나 카펫이 길에서 묻혀온 더러운 물질로 오염되지 않도록 하기 위해서는, 시리아나 팔레스타인 지역 손님은 누구나 집에 들어갈 때 신발을 벗어 그것을 문에 두고 가야 한다. 그런 다음에 그는 식탁의 자기 자리로 나아간다.

우리가 구약성경에서 보는 것처럼, 고대에는 낮은 걸상 위에 음식을 가득 담은 접시들을 큰 쟁반 위에 올려놓고 그 앞에 다리를 포개고 앉아 — 아직까지 동양에서 흔히 시행되고 있는 것처럼 — 식사하는 것이 유대인들의 관습이었다. 그러나 유대인들에게 이 관습은 곧 사라지고 시행되지 않았는데, 세월이 흘러 포로기 이후가 되자 다시 시작되었다.

그들이 식사할 때 페르시아인들의 가로누워 식사하는 습관을 모방했는지는 몰라도, 사용된 표현으로 볼 때, 우리 주님이 활동하던 당시 유대인들은 헬라인 및 로마인들과 같이, 연회 때, 현재 사용하고 있는 것과 거의 같은 높이의 식탁 주위에 침상을 놓아둠으로써, 거기에 비스듬히 기대고 음식을 먹었던 것이 분명하다. 지금도 우리는 유월절에 이런 자세로 식사하는 것을 볼 수 있다.

시몬의 집에서 일어난 그 아름답고, 감동적인 사건은 단지 손님들이 식탁을 둘러싸고 있는 침상 위에 기대고 있던 그들의 발이 초대받은 손님들 자리 밖에 서 있던 구경꾼들을 향하고 있었음을 기억해야만 이해될 수 있다. _파러 부주교(Archdeacon Farrar)

아테네인들의 군사장교 가운데 한 사람인 아타바누스는 어떤 유명한 사람으로부터 왕을 알현할 수 있게 해 달라는 부탁을 받았다. 그는 허락하기 전, 왕 앞에 무릎을 꿇고 굴복할 수 있는지를 물었다. 왜냐하면 왕을 숭배하지 않는 자를 그 앞에 세우는 것을 절대로 용납하지 않는 것이 그 나라의 관습이었기 때문이다. 지상의 왕이 갖고 있던 이같이 고고한 태도는 만왕의 왕이신 분에게 우리가 나아갈 때 어떻게 해야 할지에 대한 적절한 기준을 제공한다. 겸손은 우리가 그분과 교제할 때 가져야 할 태도의 기초다. 우리는 그분의 보좌 앞에 무릎을 꿇어야 한다. 너무 교만해서 이 법에 복종하지 않는 죄인은 누구든 그분의 손에서 나오는 호의를 절대로 기대할 수 없다. _ *Handbook of Illustration*

덴마크 선교사들이 말라바르에서 선교할 때, 회심한 토착민들 가운데 몇몇 사람들에게 교리문답을 번역하도록 했다. 그런데 믿는 자들은 하나님의 자녀가 되리라는 부분을 번역할 때, 한 번역자가 깜짝 놀라 연필을 떨어뜨리고는 이렇게 외쳤다: "그것은 너무 지나칩니다. '믿는 자들은 그 발에 입맞춤하는 것을 허락받을 것이라' 고 하는 것이 더 낫다고 봅니다." _ G. S. 보우스(G. S. Bowes)

영 목사는 눈보라 치는 어느 날, 한 성도를 심방하고 있었다. 그 성도는 에드버그에서 몇 마일 떨어진 지역에 사는 독거노인으로 초라한 오두막집에서 무척 가난하게 살고 있었다. 목사는 그가 자기 무릎에 성경책을 펼쳐놓고 앉아있는 것을 보았다. 그러나 외부환경은 좋지 못했다. 구멍이 뚫린 지붕에서는 눈이 떨어져 내려 창문 아래 바닥에 쌓여 있었고, 난로에는 불이라곤 거의 없었다. "존 성도님, 오늘은 좀 어떠세요?" 라고 영 목사는 물었다. 그러자 그 행복한 성도는 "아! 예, 목사님. 저는 지금 주님의 그늘 아래 앉아 있습니다. 얼마나 즐거운지요" 라고 말했다. _「기독교의 보물」

모든 기독교 설교의 목적은 죄인을 자비의 발 앞에서 떨도록 만드는 것이다. _ 비네(Vinet)

당신의 발에 내 영혼이 낮게 기대나이다.
여기에 안전과 하늘의 평화가 있으니까요.
내가 항상 당신의 눈 아래 살게 하소서.
생명, 영원한 생명이 당신에게 있으니까요.

_ 앤 스틸(Anne Steele)

159
최상의 사랑

둘 중에 누가 그를 더 사랑하겠느냐
_ *누가복음 7:42*

우리가 주 예수님의 가장 사랑하는 종이 되기를 바라는 것은 당연한 일이다. "둘 중에 누가 그를 더 사랑하겠느냐" — 이 질문은 교회의 참된 구성원들에 관한 흥미로운 질문이 될 것이다.

우리가 이것을 어떻게 이룰 수 있을까? 우리가 어떻게 그분을 가장 잘 사랑할 수 있을까?

우리는 회개하는 자가 그분의 발을 눈물로 닦을 때 했던 것처럼, 그분을 사랑해야 할 것이다. 이런 특출한 사랑은 어디서 올까?

우리에게 주어진 본문은 그에 대한 결론을 내리는데 도움을 줄 것이다:

I. 우리는 먼저 다른 사람들과 똑같은 방법으로 구원받아야 한다.

특출한 사랑의 길은 곧 평탄한 구원의 길이다. 그 길은 그리스도 안에 있는 모든 사람들이 가야 하는 길이다. 더 좋은 생명을 주는 새로운 복음은 없다. 가장 위대한 수준의 사랑을 이루기 위해 특별한 옷을 입거나 특정한 거처에 거주하거나 어떤 굳은 맹세를 해야 할 필요는 없다.

1. 우리 모두는 빚진 자들이다. 우리는 충심으로 이것을 우리 자신의 길로 삼아야 한다.
2. 갚아야 할 것은 아무것도 없다. 우리는 지체 없이 이것을 우리 자신의 개인적 상태로 고백하기만 하면 된다.
3. 사랑하는 주님께서 우리 각자를 용서해 주신다. 우리는 개인적으로 이 죄 사함이 절실하게 필요하다. 그러므로 우리는 이것을 느끼지 않으면

안 된다.

4. 주님은 각자에게 숨김없이 또는 어떤 대가나 보상 없이 용서하신다. 그것은 우리에게도 마찬가지다. 우리는 값없는 은혜와 대가 없는 호의를 받아들여야 한다.
5. 이것으로부터 사랑이 나온다. 값없는 은혜를 의식할 때, 우리는 주님을 사랑하기 시작하고, 나아가 그분을 더 깊이 사랑하게 된다.

죄인의식이 분명할수록 그리고 값없는 은혜에 대한 우리의 책임을 더 깊이 의식할수록 우리가 구사하는 사랑 역시 더 풍성해진다.

II. 우리는 죄에 대한 깊은 의식을 가져야 한다.

1. 회개하는 여인 속에 풍성한 사랑을 일으켰던 것은 부채에 대한 깊은 의식이었다. 그녀의 사랑의 기초는 그녀의 죄가 아니라 죄에 대한 그녀의 의식이었다.
2. 죄가 공포되고, 고백되는 곳에 이 특별하게 겸손한 의식이 나타나게 된다. 왜냐하면 만일 그것이 드러나지 않는다면, 진실하다는 증거가 되지 못하기 때문이다(고전 15:9).
3. 그러나 그것은 특히 도덕적일 때 자주 발견되고, 수준이 높은 성도들 안에 더 풍성하게 나타난다. 실제로 이들은 죄의 사악함과 그것을 용서하는 사랑의 위대함을 가장 잘 느낄 수 있는 사람들이다(요일 1:8).
4. 그것은 계발되어야 한다. 우리가 죄를 더 크게 슬퍼할수록 그것은 더 크게 계발된다. 그러므로 우리는 그것에 관해 최대한 민감한 마음을 갖도록 노력해야 한다.

그것을 계발하기 위해 우리는 다음과 같은 것을 얻도록 힘써야 한다:

- 율법의 요구에 대한 한층 명확한 입장(눅 10:26, 27).
- 하나님의 탁월성, 특히 그분의 거룩성에 관한 더 충분한 개념(욥 42:5-6).

- 하나님과 인간들을 향한, 우리 자신 속의 죄성(罪性)에 대한 깊은 의식과 그 끔찍한 형벌에 관한 압도적인 뉘우침(롬 7:13; 시 51:3- 4; 요 5:28- 29).
- 우리를 향하신 하나님의 사랑에 대한 더 깊은 자각(요일 3:1- 2).
- 대속의 가치에 대한 더 날카로운 평가(벧전 1:18- 19).
- 죄 사함의 완전성에 대한 확고한 신념은 우리 죄의 수치를 느끼게 하는데 도움이 됨(겔 16:62- 63).

이 수단들과 다른 모든 수단들을 통해 우리는 우리의 마음이 민감해져서 양심이 살아 움직이도록 노력해야 한다.

III. 이것은 주님을 향한 수준 높은 사랑을 보여 주도록 우리를 인도할 것이다.

우리는 본문에 나오는 회개하는 여인이 한 것처럼 그분을 극진히 사랑해야 할 것이다.

1. 우리는 그분에게 가까이, 심지어는 그분의 발 곁에까지 나아가기를 소원해야 한다.
2. 담대한 고백을 해야 한다. 이것은 모든 위험을 무릅쓰고 할 일이다. 비판하는 사람들 앞에서 그분을 높이되, 다른 사람들이 그것을 혹평할지라도, 그렇게 해야 한다.
3. 기꺼이 그분의 발을 씻겨 줄 정도로, 우리의 깊은 겸손을 보여 주어야 한다.
4. 그분에게 눈물을 보여 줄 정도로, 철저한 회개를 단행해야 한다.
5. 열렬한 섬김을 행해야 한다. 이 여인이 한 것처럼, 예수님을 위해 우리의 모든 힘을 쏟아 부어야 한다.
6. 우리가 지니고 있는 모든 것이 완전히 성별되도록 해야 한다. 우리의 눈물, 우리의 눈, 우리의 최상의 재능, 우리의 마음, 나아가 우리 자신까

지도. 이렇게 해서 우리는 우리가 원하는 목표를 이루어야 할 것이다.

"그를 더 사랑하는" 자들의 무리는 어느 자리에 있든, 그들 주변 사람들과의 교제 속에서 그 사랑을 나타내야 할 것이다.

머리로 사역하는 자들은 충분히 많다. 지금은 가슴으로 사랑하는 자들이 필요하다.

우리는 왜 주님을 더 사랑하고, 특별히 성별된 삶을 살아감으로써, 그분과 가장 친밀한 사람들 중에 하나가 되기를 목표로 하지 않는가?

경험적 소견

깊고 쓰라린 죄의식을 철저하게 맛보게 하는 영적 체험을 해 보는 것은 그 당사자에게 커다란 가치를 제공한다. 이것은 술 취하는 일은 두려운 일이지만, 그 경험이 술 마시는 것을 조심하게 함으로써 건강과 남은 인생에 도움을 주는 것과 같다.

대부분 사람들이 이 복음주의 시대에 평안과 즐거움을 누리는 안일에 빠져있는 것이 가장 천박한 경건이 아닌가 싶다. 우리가 최근의 회심자들을 판단할 자격은 없다. 하지만 우리는 확실히 영혼을 눈물 흘리는 십자가의 길로 인도하는 영적 체험을 더 선호한다. 그것은 그로 하여금 "완전히 깨끗하게 되었다"는 확신을 갖기 전에, 그 더러운 얼룩을 보도록 하기 때문이다. 너무나 많은 사람들이 죄를 가볍게 생각하고, 그래서 구주에 대해서도 가볍게 생각한다. 하지만 자신의 죄를 깨닫고, 정죄하며, 자신의 목에 줄을 매달고 하나님 앞에 서 있는 사람이 용서받았을 때 큰 감격 속에서 눈물을 쏟고, 자기가 용서받은 죄악을 미워하며, 자기를 깨끗하게 한 피를 흘려주신 대속주의 영광을 위해 사는 사람이다.

아주 유명한 성도들 가운데에는 회심하기 전에 죄인의 괴수였던 자들이 많다. 교회역사를 살펴보면, 그것은 충분히 입증된다. 우리는 누가 특별한 회심을 겪으면, 특별한 열매를 맺어야 하리라고 당연히 기대한다. 만약 그렇지 못하면 아주 자연스럽게 왜 그렇지 못한지를 의심하게 된다. 특별히 악한 반역자들은 주님께 돌아오면, 충성스러우면서도 용감무쌍하다. 왜냐하면 그는 자기가 날 때부터 충성을 자기 주님께 힘입고 있을 뿐만 아니라 삶 역시 자신의 주인의 자비에 의존하고 있다는 것을 분명히 기억하고 있기 때문이다.

한때 죄를 범해 주님을 멀리 떠난 적이 있는 사람은 항상 죄를 대적하는 싸움이 가장 치열한 현장에서 찾아야 한다. 대담하게 죄를 범한 사람들은 그 흉악한 죄로부터 씻음 받았을 때, 그들의 주님의 영예를 위해 열광주의자가 되게 마련이다. 개심한 밀렵꾼이 최고의 사냥터지기를 만든다고 하는 것처럼, 가장 흉악한 죄인이야말로 주님의 은혜가 위대한 성도를 만들 때 그 순수한 재료가 되는 법이다.

그 그리스도인은 경건한 성도인 펜니파더(Pennefather) 씨에 관해 이렇게 회상한다. 어느 날 가족 가운데 하나가 그의 서재의 문을 노크했다. 드디어 문이 열렸을 때, 그 경건한 성도는 얼굴이 눈물로 얼룩져 있었다. 걱정스러운 태도로 그 이유를 묻자 그는 "내 죄야! 내 죄야! '라고 대답했다. 눈물과 함께 외치는 그 소리로 명백히 드러나는 그 거룩한 영혼의 죄에 대한 민감성, 죄에 대한 그 신속한 평가, 하나님의 의에 대한 그 공손한 개념은 우리의 사랑과 경배에 특별한 도전을 준다. 그를 아는 사람들은 누구나 그를, 삶을 통해 7가지 미덕을 몸소 보여 준 성인으로 생각하고 좋아했다.

스코틀랜드의 한 호수는 그 깊이가 주변 산들의 높이와 일치한다고 말하는 것을 들었다. 죄를 용서받은 것에 대한 감사의식이 깊은 만큼, 여러분을 용서하신 분에 대한 사랑의 높이도 그만큼 높아지도록 하라. _ 스펄전

구주에 대한 사랑은 구원받은 자의 마음속에서 한편으로는 자신의 죄악됨에 대한 의식에 비례하여, 다른 한편으로는 하나님의 은혜에 대한 의식에

비례하여 일어난다. 따라서 성도의 구주에 대한 사랑의 높이는 그 자신의 겸손의 깊이와 같다. 이것은 마치 뿌리가 보이지 않게 땅 속 깊이 뻗어 들어가 있을 때, 꽃을 피우는 가지가 하늘을 향해 그만큼 높이 솟아있는 것과 같다. _ 윌리엄 아노(William Arnot)

160
예수님에 대한 환영

예수께서 돌아오시매 무리가 환영하니
이는 다 기다렸음이러라
_ *누가복음 8:40*

예수님이 자기를 거부하는 거라사인들의 땅으로 들어가셨다. 거기서 그분은 한 사람을 구원하고, 그에게 자신의 은혜의 무한성과 주권성을 보여 주셨다. 그리고 아무에게도 자신의 권능을 보여 주지 않고 즉시 그 무정한 지역을 떠나셨다. 지혜는 그분의 도우심을 거절하는 사람들을 포기한다(잠 1:24). 주님이 택하신 자들은 주의 권능의 날에 기꺼이 나아올 것이다(시 110:3).

본문에서 우리는 "무리가 (그를) 환영하매"라는 말씀을 읽게 된다.

자신을 기다리고, 환영했을 때, 예수님은 기쁘게 그곳으로 오신다.

모든 회중들이 그분을 기다리는 것은 아니다. 따라서 우리는 우리 시대의 회중들에게 "당신은 그리스도를 환영하는가?"라고 질문해 보아야 한다. 그것은 오늘 각자의 대답이 있어야 한다.

I. 아름다운 장면. "이는 다 기다렸음이러라."

이 기다림은 아주 다양한 형식으로 나타날 수 있다.

1. 늘 기도하는 장소에서 기다리고 있는 회중들. 시간을 잘 지키지 못하거나 규칙적으로 잘 참석하지 못하는 자리에서는 종종 예수님을 기다리는 모습이 나타나지 않는다.
2. 부흥을 갈망하고, 그것을 위해 힘써 합력할 준비가 되어 있는 기도하는 단체와 열심 있는 교회. 어떤 교회들은 주님의 오심을 기다리지 않고,

혹 그분이 오신다고 해도 그분을 맞이할 준비가 되어 있지 않다.

3. 하나님의 자비를 위해 탄식하고, 성경을 상고하고, 말씀을 듣고, 그리스도인들에 관해 궁금해 하고, 항상 기도하며, "그분을 기다리는" 구도적 죄인.
4. 본향을 바라보고, 떠나는 성도. 그는 야곱처럼 "여호와여 나는 주의 구원을 기다리나이다"(창 49:18)라고 말한다.
5. 주의 재림을 고대하는, 제도적 교회(계 22:17).

이런 장면들을 보는 눈을 가진 사람들은 복이 있다.

II. 확실한 오심. "예수께서 돌아오시매."

우리는 주님이 다음과 같은 이유로 "자기를 기다리는 모든" 사람들에게 은혜롭게 임하리라는 것을 확신한다.

1. 그분의 영이 이미 오셔서 그들로 하여금 기다리도록 역사하시기 때문이다(롬 8:23).
2. 그분의 마음이 그들에게 연민의 감정을 가지고 그들을 축복하기를 염원하고 계시기 때문이다.
3. 그분의 활동이 존재하기 때문이다. 그분은 그들을 기다리는 상태로 이끌고, 거기서 지금 성도들과 죄인들에게 자신의 은혜를 보여 주기 위한 영역을 찾으시기 때문이다.
4. 그분의 약속이 있기 때문이다. "볼지어다 내가 세상 끝날까지 너희와 항상 함께 있으리라"(마 28:20).
5. 그분의 관례가 있기 때문이다. 그분은 지금도 인자들을 기뻐하신다(잠 8:31).

그러므로 그분의 오심이 가져오는 복은 얼마나 무한할까!

III. 진정한 환영. "무리가 환영하니."

1. 그들은 두려움 때문에 주님을 환영했다.

그들은 그분이 영원히 등을 돌리시지 않을까 두려워했다(시 77:7).

2. 그들은 소망 때문에 그분을 환영했다.

그들은 지금 병든 자가 고침을 받고, 죽은 자가 살아나리라는 것을 믿었다.

3. 그들은 기도 때문에 그분을 환영했다.

예수님이 오시도록 기도하는 사람들은 그분이 오실 때 당연히 환영할 것이다.

4. 그들은 믿음 때문에 그분을 환영했다.

야이로는 지금 자신의 딸이 고침 받을 것을 기대했다(41절).

5. 그들은 사랑 때문에 그분을 환영했다.

우리의 마음이 주님과 함께 한다면, 우리는 그분의 오심을 환영할 것이다.

6. 그들은 다른 사람들에 대한 관심 때문에 그분을 환영했다.

예수님은 자기를 기다리는 사람들을 절대로 실망시키지 않으신다.

예수님은 자기를 환영하는 사람들을 결코 거절하지 않으신다.

예수님은 지금 우리 가까이 계신다. 여러분은 그분을 받아들이도록 마음의 문을 열어놓지 않겠는가?(계 3:20)

진정한 환영

어떤 무리든 그 소속된 사람들이 모두 함께 모이지 않는다면, 주 예수님을 환영한다고 말할 수 없다. 그것은 **시간 엄수**(punctuality)가 필요하기 때문이다. 또 그들이 그분을 만나기 위한 의도로 모이지 않는다면, 그분을 환영한다고 말할 수 없다. 그것은 간절한 **기대**(expectancy)를 요청하기 때문이다. 나아가 그들이 그분으로부터 들을 준비가 되어 있지 않다면, 그분을 환영한다고 말할 수 없다. 그것은 **주의**(attention)를 요하기 때문이다. 그리고 그들이 그분의 가르침을 받아들이겠다는 결심을 하지 않는다면, 그분을 환영하는 것이 아니다. 그것은 **순종**(obedience)을 요구하기 때문이다.

맨턴 지역의 거주자들은 사보이 왕이 방문을 원했을 때, 산을 넘어 그가 방문할 수 있는 길을 만들었다. 언덕에는 터널이 뚫리고, 계곡에는 다리가 놓임으로써, 친애하는 군주는 그의 백성들의 환영을 받게 되었다. 만일 우리가 주 예수님을 진실로 환영하고자 한다면, 우리의 교만을 죽이고, 우리의 생각을 하늘에 두고, 우리의 악한 행실들을 제거하고, 우리의 마음을 준비함으로써, 그분을 위한 길을 만들어야 할 것이다. 주님을 위해 대로를 만들어 놓지 못한다면, 결코 그분과의 친교의 복은 누리지 못할 것이다. _스펄전

161
가족적인 사랑

그에게 마리아라 하는 동생이 있어
주의 발치에 앉아 그의 말씀을 듣더니
_ *누가복음 10:39*

베다니에 사는 이 가정은 우리 주님과 빈번하게 교제를 갖도록 허락받음으로써, 그분의 총애를 받았다. 그 가족들은 모두 특혜를 누렸지만, 마리아는 그것을 가장 지혜롭게 써먹은 사람이었다.

마르다는 최선을 다해 주님을 섬기기를 원했다.

마리아는 우리가 그분께 향유를 부은 사건을 통해 알고 있는 것처럼, 예수님에 대한 사랑으로 충만했다. 그러므로 그녀 역시 최선을 다해 그분을 섬겼던 것이다.

그녀는 그분의 말씀을 주목함으로써 그렇게 했다.

그녀는 지혜롭고 성결한 여인으로, 주님은 그녀를 섬김의 표본으로 칭찬하셨다. 그러므로 우리가 그녀를 본보기로 삼는 것이 좋을 것이다.

우리는 주님의 발치에 배우는 자로 앉음으로써 좋은 편을 택하는 비결을 우리에게 가르쳐 준 여인으로부터 배워야 한다.

I. 여가 속의 사랑. "주의 발치에 앉아."

저녁이 오자 그 가정의 모든 식구들은 난롯가에 모여앉아 모든 염려와 바깥세상과 시간까지 다 잊고, 마음 편히 행복하게, 안식과 친교를 나눈다.

마리아처럼:

- 우리도 우리 주 예수님과 함께 할 때 정말 행복해야 한다.
- 우리도 세상 염려로부터 벗어나야 한다 — 모든 것을 버려두고 주님

과 함께 해야 한다.

- 우리도 그분을 섬기는 봉사에 대한 염려, 그분의 나라를 위한 싸움 그리고 우리의 책임으로 위임된 영혼들에 대한 부담으로부터 벗어나야 한다.
- 우리도 그분이 우리에게 주시는 행복한 여가를 즐겁게 누려야 한다. 그분이 그토록 분명하게 계시하는 쉼을 주는 주제들을 깊이 묵상함으로써, 그것들을 우리에게 진정 참된 것으로 만들 줄 알아야 한다.
- 우리를 위하시는 그분의 활동은 무한한 복으로 성취되고, 받아들여지고, 지속적으로 효력이 있고, 영원토록 흘러넘칠 것이다.
- 그분의 크신 은사들은 이미 받았는데, 그것들은 다가올 것들보다 더 크다.
- 다른 모든 필수적이고 약속된 은혜의 복은 때를 따라 확실하게 임할 것이다(롬 8:32).
- 우리의 모든 미래는 시간상 그리고 영원토록 그분의 사랑의 손길 안에서 안전하다.
- 우리는 두려워 말고 예수님과의 한가로움 — 게으름이 아닌 여가 — 을 즐겨야 한다. 이 한가로움은 게으름을 피우는 여가가 아니라 사랑하고, 배우고, 친교하고, 본받기 위한 여가다.
- 다른 사람들이 분주한 가정에서도 여가를 즐겨야 한다.
- 모든 장소에서 가장 즐거운 모습으로 앉아 여가를 즐겨야 한다.

II. 겸손한 사랑. "주의 발치에."

우리 각자는 개인적으로 마리아의 이 겸손을 본받아야 한다.

우리는 "나는 예수님의 발치에 내 자리를 잡았는가?" 라고 자문해 보아야 한다.

누구든 분주한 주부와 지배인처럼 될 수 있으나 그곳에 은혜는 없다. 은

혜는 다음과 같은 사람에게 있다:

1. 자신의 무가치함을 인정하는 회개자.
2. 자신의 무지를 고백하는 제자.
3. 자신의 공허함을 시인하고 영접하는 자.

이 자세는 내가 어떤 사람이었는지, 현재 어떤 사람인지, 어떤 사람이 되어야 하는지, 나의 주님이 어떤 분인지, 그리고 그분이 나에게 어떤 분인지를 생각해 보면, 유익이 크다. 그러므로 우리는 이 복을 우리에게 허락하는 주님의 겸손한 사랑을 찬미하자.

III. 경청하는 사랑. "그의 말씀을 듣더니."

그녀는 한가할 때 앉아있지 않았더라면, 그리고 겸손하게 **그분 발치에** 앉아있는 선택을 하지 않았더라면, 결코 들을 수 없었을 것이다.

우리도 "딸이여 듣고 보고 귀를 기울일지어다" (시 45:10)라고 말씀하는 사랑의 말을 들어야 하리라.

- 예수님이 그의 말씀 속에서, 그의 창조 속에서, 그의 섭리 속에서 그리고 우리 영혼 속에 거하는 그의 영을 통해 말씀하는 것을 들으라.
- 그분이 자신이 말씀하는 모든 것을 강조하고 달콤하게 하는 음조와 어조를 들으라.
- 그분 자신에게 들으라. **그분**을 연구하고 그분의 마음 자체를 읽으라.
- 듣되, 우리 자신의 자아를 중심으로 형성된 생각들, 관념들, 추론들, 질문들, 욕구들 그리고 편견들을 주제넘게 내세우지 말라.
- 듣되, 더 이상 마음의 경건한 침묵을 혼란시키지 않도록 모든 염려들을 잠잠한 상태에 두도록 하라.

얼마나 달콤한가! 얼마나 교훈적인가! 얼마나 진실 되게 "좋은 편" 인가!

IV. 소유하는 사랑.

그녀는 그녀의 주님, 그분의 사랑, 그분의 임재, 그분의 말씀, 그분의 친교를 얻었다. 그녀는 자신이 그토록 열렬하게 불타올랐던 영혼을 즐겁게 하기 위해 **충분한 향유를 지니고** 그분 앞에 앉아있었다.

그녀는 이 한 가지 사실을 통해 영혼의 필요를 채움 받았고, 그리하여 **완전한 만족감을 지니고** 앉아있었다.

그녀는 결코 빼앗길 수 없는 주님의 약속을 가지고 있었고, 자신의 소유에 행복을 누리기 위해 **충만한 확신을 갖고** 앉아 있었다.

주님의 약속은 그녀에게 그녀가 선택한 좋은 편을 잃어버리지 않았음을 보증해 주었다:

- 주님으로부터 온 시원한 말씀을 통해.
- 언니에 대한 준엄한 충고를 통해.
- 어떤 미래의 고통이나 유혹이나 업무를 통해.
- 그리고 심지어는 죽음 자체를 통해서도 잃어버리지 않았다.

이제 그녀는 **결연한 지조를 가지고** 안식한다. 그녀는 자신의 **궁극적 목적**을 성취했다. 그녀는 주님과 그분의 말씀을 넘어서는 곳으로는 절대로 나아가지 않을 것이다.

오, 예수님과 더 많이 함께 하기를! 이것이 참된 삶이다.

오, 예수님께 더 많이 듣기를! 이것이 참된 섬김이다.

오, 예수님을 더 깊이 사랑하기를! 이것이 참된 보물이다.

오, 예수님과 함께 살고, 그분을 넘어 나아가는 것은 꿈도 꾸지 않기를! 이것이 참된 지혜다.

조용한 식탁

마리아를 보라. 그녀가 모든 경건, 모든 주의, 모든 평정, 영생의 교훈을 받아먹는 모습을 보라. 그녀는 "예수님 발치에 앉아있었다." 그녀는 자신의 영혼의 유익을 위해 자기에게 주어진 기회를 지혜롭게 최대한 활용했다.

"지금이 나의 여름, 나의 추수기다. 내가 시대를 구속하리라." _ 제이(Jay)

마리아는 그리스도께서 말씀을 선포하기 위해 앉아계시자 말씀을 듣기 위해 앉아 있었다(마 5장; 눅 14장; 요 8장). 곧 그녀는 말씀이 선포되는 것을 보고, 조용한 마음으로 그것을 들었다. 조용한 밤에는 작은 목소리도 들리는 법이고, 육체가 조용해지면, 정신도 똑같이 조용해지는 법이다. … 정신이 조용해질 때, 우리는 하늘의 일들을 다루기에 적당하다. 그래서 박사들은 즐겨 성전에 앉아있었다. 하나님은 은밀한 가운데 있을 때 우리를 다루기를 좋아하신다. 그분은 아브라함이 장막 문에 앉아있을 때 그에게 나타나셨다(창 18장). 성령은 사도들에게 강림하셨는데, 그들이 모두 앉아있을 때 온 집 안에 충만하게 임했다(행 2장). 수레에 앉아있던 내시는 빌립의 설교를 통해 부르심을 받고 회심했다(행 8장). _ 헨리 스미스(Henry Smith)

우리는 마리아의 겸손이나 그녀의 순종 가운데 어느 것을 더 찬미할 것인가? 나는 그녀가 걸상을 사용하여 주님 옆에 앉아있었다거나 의자를 사용하여 그분 위에 앉아있었다는 것을 보지 못한다. 그러나 자기의 마음이 무릎만큼 낮아졌다는 것을 보여 주려는 의도에서 그녀는 그분의 발치에 앉았다. 그녀는 낮은 자세를 취했고, 그로 인해 그분의 하늘 광채로 크게 따스하게 되었다. 복종이 클수록 은혜도 더 커진다. 만일 어떤 골짜기에 다른 곳보다 어떤 곳이 더 깊이 패여 있다면, 물은 그곳으로 흐르는 법이다. _ 홀 주교(Bishop Hall)

찰머스(Chalmers) 박사는 "내 영성이 나를 끌고 다녔다" 고 불평했다.

예수님의 발치에서 그분의 말씀을 듣고,
자신의 사랑하는 주님으로부터 지혜의 교훈을 배움으로써,

마리아는 천국의 은혜로 인도받고,
온유한 제자의 위치를 차지하게 되었네.
예수님의 발치는 내 자리이기도 하다.
거기서 나는 겸손한 제자가 되기로 정하였네.

_ 성가와 성창

162
세 가지 입장에서 본 선한 목자

너희 중에 어떤 사람이 양 백 마리가 있는데
그 중의 하나를 잃으면 아흔아홉 마리를 들에 두고
그 잃은 것을 찾아내기까지 찾아다니지 아니하겠느냐
또 찾아낸즉 즐거워 어깨에 메고 집에 와서
그 벗과 이웃을 불러 모으고 말하되
나와 함께 즐기자 나의 잃은 양을 찾아내었노라 하리라
_ *누가복음 15:4-6*

예수님의 사랑은 단순한 감상이 아니다. 그것은 활력적이고, 정력적이다. 그것은 앞장서는 사랑으로, 돌아올 줄 모르고 이리저리 헤매는 양들을 찾아나서는 사랑이다. 그것은 몰두하는 사랑으로, 다른 모든 것을 놔두고 그것을 찾아 나선다. 한 마리의 잃은 양을 아흔아홉 마리의 다른 양들보다 훨씬 더 중요하게 여긴다. 그것은 그분으로 하여금 결연하고, 단호하고, 끈질기게 찾아 나서게 한다.

우리는 우리의 크신 목자를 다음과 같이 주목해야 한다:

I. 찾을 때. "그 잃은 것을 찾아내기까지."

그분이, 자신의 눈과 정신과 모든 능력으로, "그 잃은 것을 찾아" 다니는 모습을 주목해 보자.

1. 그분의 얼굴에 기쁨이 없다. 그분은 잃은 것에 대해 걱정이 있다.
2. 그분의 마음속에 주저가 없다. 그 거친 길, 그 긴 시간 또는 그 밤의 어둠에도 불구하고, 그분은 계속 잃어버린 자들을 찾아다니신다.
3. 그분의 심령 속에 분노가 없다. 양의 방황이 그분에게 큰 대가를 치르도록 하지만, 그분은 오직 그 양을 찾아내기 위해, 그것을 아무것도 아

닌 것으로 생각하신다.

4. 지루하다고 멈추시지 않는다. 사랑은 그분으로 하여금 자신을 잊게 만들고, 그분의 힘을 새롭게 하는 원천이 된다.
5. 찾는 일을 결코 포기하시지 않는다. 아무리 장애요소가 많다고 할지라도 그분은 결코 찾지 못하고는 돌아오시지 않는다.

이것은 다른 사람들을 찾아내는데에 우리의 본보기가 되어야 한다. 우리도 그 영혼을 찾아낼 때까지 모든 영혼에 대해 수고해야 한다.

II. 찾았을 때. "또 찾아낸즉."

양을 드디어 자기 수중에 두었을 때 목자의 모습을 주목해 보자.

1. 방황하는 양을 붙들었다. 그 붙드시는 손에 얼마나 힘이 가해졌을까! 얼마나 기운찼을까! 얼마나 온 힘을 다했을까!
2. 무게를 견뎠다. 꾸짖고, 때리고, 쫓아버리지 않고, 번쩍 들어 어깨에 멤으로써, 그 양을 편하게 하셨다.
3. 먼 거리를 돌아다녔다. 목자는 아무리 멀어도 끝까지 갔다.
   - 그분은 양이 길을 잃고 방황하여 헤맸던 길을 힘들지만 모두 쫓아다니셨다.
   - 양은 돌아오는 길에서는 전혀 고난을 당하지 않아도 된다.
4. 목자는 그 짐을 즐겁게 짊어지고 왔다.
   - 양은 너무 사랑스러워서 그 무게는 기껏해야 사랑의 짐일 뿐이다.
   - 목자는 너무 선해서 자신의 수고 속에서 기쁨을 발견한다.
5. 양도 함께 즐거워했다. 확실히 양이 목자에게 발견되고, 따라서 그 방황이 끝나고, 그 피로가 쉼을 얻고, 그 먼 여정이 제거되며, 그 완전한 회복이 이루어지는 것은 큰 기쁨이다.

III. 집으로 돌아왔을 때. "집에 와서."

목자의 수고와 염려의 결과를 잘 살펴보자. 그분은 집을 나간 양이 "집"에 돌아올 때까지 염려를 거두지 아니하셨다.

1. 천국은 그리스도에게 집이다.
2. 예수님은 불철주야 쉬지 않고 우리를 그곳으로 이끄신다.
3. 잃어버린 양들에 대한 목자의 사명은 영광 속에서 알려지고, 거룩한 사랑을 품고 그들을 돌보시는 것이다. 이 점에서 천국에 있는 모든 자들이 "그분의 벗이자 이웃" 이다.
4. 예수님은 자신이 목적을 성취한 것에 대해 자기와 함께 기뻐하는 사람들을 사랑하신다. "그 벗과 이웃을 불러 모으고." 그들이 어떻게 그분 주위로 몰려들었을지 상상해 보라. 얼마나 멋진 모임이었겠는가!
5. 회개는 또한 우리가 집으로 되돌아오는 것으로 간주되고 있다(7절). "내가 찾아냈다"는 것은 회개하는 죄인을 가리킨다. 그리고 그것은 구원을 얻는 찾아냄으로, 그렇지 않다면 천사들도 그것을 즐거워하지 못할 것이다.
6. 한 죄인이 온 천국을 기쁨으로 가득 채울 수 있다(7절과 10절).

지금까지 살펴본 세 개의 장면으로부터 우리는 다음과 같은 교훈을 배워야 한다:

영혼들이 구원받을 때까지는 끈질긴 노력이 요구된다.

새롭게 찾아내는 영혼들에 대해서 인내가 필요하다.

예수님을 위해 우리가 구원시키기 위해 수고하는 사람들이 영광 속에서 함께 모이는 장면을 바라보면, 힘이 생긴다.

양의 길

1861년 어느 날 저녁, 가리발디 장군은 집으로 가는 중에 우리에서 벗어나 길을 잃어버린 한 마리의 양 때문에 슬퍼하는 사르디니아인인 한 목자를 만났다. 가리발디는 즉시 자신의 부하들을 향해 온 산을 뒤져 그 양을 찾도록 명령을 하달했다. 대탐사대가 조직되었다. 많은 횃불이 준비되고, 전쟁 경험이 많은 노병사들이 부지런히 도망친 양을 찾았다. 그러나 양은 찾지 못했고, 병사들은 병영으로 돌아가라는 명령을 받았다. 다음 날 아침, 가리발디의 시종이 침상에서 여전히 잠에 떨어져 있는 그를 발견했다. 그는 그 모습을 보고 깜짝 놀랐다. 왜냐하면 장군은 항상 그 누구보다 일찍 잠에서 깨었었기 때문이다. 시종은 조용히 침상에서 물러나와 한 시간 반 정도 있다가 다시 가보았으나 가리발디는 여전히 잠을 자고 있었다. 시종은 그만큼 더 기다렸다가 다시 침상에 가서 그를 깨웠다. 장군은 눈을 비비고 일어나더니 길 잃은 양을 덮었던 천을 벗기면서 그 양을 목자에게 갖다 주라고 명령했다. 장군은 그 양을 찾을 때까지 온 밤을 지새우며 계속 찾았던 것이었다. 마찬가지로 선한 목자이신 예수님도 자신의 길 잃은 양을 찾을 때까지 찾아다니신다. _ *The Preachers' Monthly*

목자 그리스도 — 그분은 선한 목자로서, 양들을 위해 자신의 목숨을 버리셨다(요 10:11). 그분은 큰 목자로서, 우리를 죽은 자 가운데서 이끌어내셨다(히 13:20). 그분은 목자장으로서, 다시 나타나실 분이다(벧전 5:4). 그분은 영혼의 목자와 감독이시다(벧전 2:25). 그분은 양떼의 목자로서, 어린양을 그 팔로 모아 품에 안으시는 분이다(요 10장; 사 40:11). 그분은 이스라엘의 목자이자(겔 34:23) 여호와의 목자시다(슥 13:7). _ 존 베이트(John Bate)

주님은 특히 자기 앞에 있는 양들이 길을 잃기 쉽다는 것을 아실 때, 왜 내쫓지 아니하실까? 첫째로, 양은 광야에서 길을 잃기가 더 쉽고, 올바른 길을 가기에는 충분한 지혜가 없기 때문이다. 둘째로, 어리석은 양은 방황하다 스스로 지쳐버리기 쉽기 때문이다. "나라들이 헛된 일로 피곤하게 되는 것이" (합 2:13). 그러므로 친절한 목자는 자신의 어깨에 양을 메고 집으로 돌아온다. _ 토머스 풀러(Thomas Fuller)

얌 싱(Yam Sing)은 샌프란시스코에 있는 침례교회에서 입교문답을 할 때, "당신은 예수님을 어떻게 찾았습니까?" 라는 질문에 "나는 예수님을 전혀 찾지 않았습니다. 그분이 나를 찾아내셨습니다" 라고 말했다. 그는 통과되었다.

아모이에 사는 한 중국인 기독교 가정이 있었다. 그 가족 가운데 하나인 한 작은 소년이 교인이 되기를 원했다. 그는 교회에서 받아들이기에는 너무 어리다는 얘기를 들었다. 이에 그는 이렇게 대답했다: "예수님은 어린양을 품에 안으신다고 약속하셨습니다. 저도 어린 소년입니다. 예수님은 저를 안으시기가 더 쉬울 거예요." _ *The Sunday-Schootteacher*

163
그분이 그렇게 하실 이유가 있는가?

예수께서 그 곳에 이르사 쳐다보시고 이르시되
삭개오야 속히 내려오라 내가 오늘 네 집에 유하여야 하겠다 하시니
_ *누가복음 19:5*

우리 구주께서 먼저 한 사람의 집을 방문하셨다. 이렇게 그분은 자신의 은혜의 열렬함과 권위를 입증하셨다. "나를 찾지 아니하던 자에게 찾아냄이 되었으며" (사 65:1).

우리는 더 열렬히 그분을 우리 집으로 초청해야 한다.

우리는 최소한 우리에게 오시겠다는 그분의 제안을 기쁘게 받아들여야 한다. 아마 이 순간도 그분은 자기를 받아들이도록 우리를 재촉하실 것이다.

그러나 우리는 삭개오가 보여 주는 것처럼 주님을 환영하지 못하는 우리 자신의 모습을 느낄 수 있다. 그는 다음과 같은 사람이었다:

- 경멸받는 자를 부르는 부르심을 받은 자였다 — 그는 세리 곧 세금징수원이었다.
- 지체 높은 사람들에게 역겨운 냄새를 풍긴 자였다.
- 자신의 부를 불의한 방법으로 축적한 의심 받는 부자였다.
- 다른 때에는 나무에 거의 올라가 본 적이 없는 괴짜였다.
- 로마당국의 세금징수원이 되었기 때문에 유대교로부터 파문당한 상태에 있었다.
- 어떤 면에서도 사회의 선택받은 존재가 될 수 없는 자였다.

이런 사람에게 예수님은 오셨다. 그분은 비록 우리가 이웃들에게 비슷하게 배척당한다고 할지라도 우리를 찾아오시고, 그러므로 우리는 그분이 우

리를 지나치실 것이라는 두려움을 가질 필요가 없다.

I. 우리는 구주께서 삭개오의 집에 들어가셔야 했던 필연성을 생각해 보아야 한다.

그분은 다음과 같은 사람을 찾아야 할 절박한 필연성을 느끼셨다:

1. 자신의 자비가 필요하고, 또 그것을 받아야만 하는 죄인.
2. 자신의 선택의 주권성을 증명해 주어야 할 사람.
3. 구원을 통해 주님의 은혜를 확대시켜 줄 인물.
4. 진정한 환대로 자기를 즐겁게 할 집주인.
5. 자신의 복음을 선전하기에 합당한 장본인(9절과 10절).

"내가 오늘 네 집에 유하여야 하겠다"는 말씀을 사실로 만드는 예정 속에 그 필연성이 있었다.

대속주의 은혜로운 마음속에 존재하는 사랑에 그 필연성이 있었다.

삭개오를 통해 다른 사람들이 복을 받도록 하는데 그 필연성이 있었다.

II. 우리는 이런 필연성이 우리 자신에게도 있는지 물어보아야 한다.

우리는 이것을 삭개오의 행동을 통해 주님에게 전달된 다음과 같은 질문들에 답변해 봄으로써 확인할 수 있다:

1. 오늘 그분을 영접할 것인가? "급히 내려와."
2. 진심으로 그분을 영접할 것인가? "즐거워하며 영접하거늘."
3. 다른 사람들이 뭐라고 말하든 그분을 영접할 것인가? "뭇사람이 보고 수군거려 이르되."
4. 그분을 주님으로 영접할 것인가? "주께 여짜오되 주여 보시옵소서."
5. 그분의 법의 통제 아래 우리의 소유를 둘 정도로 그분을 영접할 것인가? "내 소유의 절반을 가난한 자들에게 주겠사오며 만일 누구의 것을 속여 빼앗은 일이 있으면 네 갑절이나 갚겠나이다"(8절).

만일 이 일들에 대해 긍정적으로 답변한다면, 예수님은 우리와 함께 유하실 것이다.

그분은 이처럼 자신을 영접하는 곳이라면 어디든 반드시 나아오신다.

III. 우리는 그 필연성이 함축하고 있는 내용을 충분히 이해해야 한다.

만일 주 예수님이 우리 집에 유하기 위해 오신다면:

1. 우리는 집안의 반대를 무릅쓸 준비를 해야 한다.
2. 우리는 그분에게 대적할 수 있는 모든 것을 집 안에서 제거해야 한다.

아마 그분이 결코 참을 수 없는 것들이 집 안에 많이 있을 것이다.

3. 우리는 하늘의 대손님을 슬프게 할 만한 어떤 것도 용납해서는 안 된다. 그분의 우정은 우리가 세상과 친구가 될 때 끝나도록 되어 있다.
4. 우리는 그분이 우리 집과 우리 자신을 그 누구보다 월등히 또는 지체 없이 그리고 이후 영원토록 다스리도록 해야 한다.
5. 우리는 그분이 우리와 우리가 가진 것들을 그분의 나라를 더 크게 확장하는 도구로 사용할 수 있도록 해야 한다.

우리는 왜 오늘 우리 주님을 영접하지 못하는가?

우리가 즉시 그렇게 해야 할 이유들은 많다.

주여, 당신의 명령을 발하사, "내가 (유하여야) 하겠다" 고 말씀하소서.

주목할 만한 글

우리 구주께서 "삭개오야 내려오라" 는 말씀 외에 다른 아무 말씀도 안하셨지만, 그 불쌍한 자는 그 담대함과 호기심 때문에 스스로를 돌이키는 변화를 보여 주었다. 악행에 대해서는 유명하기보다는 차라리 알려지지 않는 것이 더 낫다. 그러나 그 다음 말씀이 얼마나 그에게 위로를 주는지 모른다: "내가 오늘 네 집에 유하여야 하겠다." 여기에 얼마나 달콤한 친숙함이 담겨 있는가! 그것은 마치 그리스도께서 이제 처음 만난 삭개오와 오랜 세월 동안 서로 알고 지낸 사이처럼 보였다. 관습과는 반대로 주인이 손님에 의해 초대 받고, 예기치 못한 잔치에 부름을 받는다. 비록 입으로는 말하지 않았지만, 우리 구주께서는 자기를 초대하는 삭개오의 마음을 읽으셨던 것이다. 소원이 영혼의 언어요, 그것은 영혼의 하나님이신 분에게 들린다. _ 홀 주교

이제 하나님이 아담을 동산 나무 사이에서 판단 받도록 부르신(창 3:8-9) 것처럼, 그리스도께서 삭개오를 회심하도록 나무로부터 부르기 시작한다. 이전에 삭개오는 너무 작았고, 그래서 올라가지 않으면 안 되었다. 그러나 지금 그는 너무 크고, 그래서 내려오지 않으면 안 되었다. _ 헨리 스미스(Henry Smith)

164
기념해야 할 의식을 정하심

또 떡을 가져 감사 기도 하시고 떼어 그들에게 주시며 이르시되
이것은 너희를 위하여 주는 내 몸이라
너희가 이를 행하여 나를 기념하라 하시고
저녁 먹은 후에 잔도 그와 같이 하여 이르시되
이 잔은 내 피로 세우는 새 언약이니 곧 너희를 위하여 붓는 것이라
_ *누가복음 22:19- 20*

여기서 우리는 주의 만찬을 기억해야 할 충분한 명령을 갖고 있다.

그것이 무엇인지, 그리고 그것이 어떻게 이루어졌는지 살펴보자.

그 명령은 단순하고, 분명하고, 명확하다.

이 외에 다른 것을 행하는 것은 옳지 않다. 우리는 "이를 행하면" 된다.

또 이것을 다른 목적을 위해 사용해서도 안 된다. 오직 "이를 행하여 나를 기념하라" 하셨기 때문이다.

이 명령은 과거에 관한 질문을 일으킨다: 당신은 그분을 알고 있는가? 그분을 모르는 자는 그분을 기념할 수 없다.

이 전제를 가지고 우리는 다음과 같은 사실을 살펴보아야 한다:

I. 만찬의 주목적은 개인을 기념하는데 있다.

"**나를** 기념하라." 우리는 그분의 교리나 교훈을 기억하는 것이 아니라 그분의 인격을 기억해야 한다.

이 만찬에서 주 예수님을 이렇게 기념하라:

1. 당신의 마음의 신뢰의 대상으로서.
2. 당신의 감사의 대상으로서.
3. 당신의 행위의 주인으로서.

4. 당신의 삶의 기쁨으로서.
5. 당신의 인격의 대표자로서.
6. 당신의 소망의 상급자로서.

과거에 그분이 어떤 분이셨는지, 지금 어떤 분이신지, 그리고 미래에 어떤 분이실지 기념하자.

그분을 우리의 생각의 진실과 중심으로 삼고, 생동력 있게, 깊은 감정을 품고 그분을 기념하자.

II. 그 의식 자체는 특징이 있다.

1. 단순하다. 그러므로 이것은 투명하고 진솔한 진리 자체이신 그분 자신과 같다. 단순히 떡이 떼어지고, 포도주가 부어질 뿐이다.
2. 자주. "마실 때마다"(고전 11;25). 이것은 우리에게 지속적으로 요구되는 일임을 지적한다. 그분은 만찬이 자주 거행되기를 원하셨다.
3. 보편적이다. 이것은 누구에게나 필요함을 보여 준다. "누구든지 먹고 마시는 자는." 모든 땅, 그의 모든 백성들이 이 식탁에서 먹고 마셔야 한다.
4. 그분의 죽으심은 그분 자신에 대한 최고의 기념 대상이다. 그러므로 우리가 **그분을** 기억하는 것은 **그분의 죽으심을** 선포하는데 있다.
5. 그분과의 언약 관계는 기념에 큰 도움을 준다. 따라서 그분은 이렇게 말씀하신다: "이 잔은 내 피로 세운 새 언약이니"(고전 11:25). 우리는 우리의 첫 언약의 머리인 아담을 잊지 못한다. 마찬가지로 우리의 둘째 아담도 결코 잊을 수 없다.
6. 우리가 그분을 **영접하는 것**이야말로 그분을 기념하는 최상의 방법이다. 그러므로 우리는 이 규정에 따라 먹고 마신다.

규정된 것 외에 더 좋은 기념은 있을 수 없다.

III. 의도된 목표는 초청 자체다.

우리는 주님을 기념하도록 거룩한 만찬의 초대를 받았기 때문에, 다음과 같은 사실을 안전하게 추론할 수 있다:

1. 우리는 그토록 자주 그리고 슬프게도 주님을 잊어버리지만, 그래도 우리는 그 만찬에 나올 수 있다. 사실상 이것이 그 초청의 이유일 것이다.
2. 다른 사람들은 그분을 잊는다고 해도, 우리는 참여할 수 있다. 우리가 **그들**을 판단하기 위해서가 아니라 우리 자신이 그분을 기억하기 위해서다.
3. 다른 모든 부분에서는 약하다고 해도, 그분의 선하심만 기억한다면, 우리는 참여할 수 있다.
4. 그분을 기념하는 것은 달콤하고, 유쾌하고, 성결하고, 활력을 주는 일이 될 것이다. 그러므로 우리는 반드시 참여해야 한다.

우리는 거룩한 식탁에서 다른 모든 잡념들을 물리쳐야 한다.

우리는 후회, 번민 등으로 자신에게 짐을 지워서는 안 된다.

그분의 살은 참된 양식이요, 그분의 피는 참된 음료이니(요 6:55), 우리는 그분을 전적으로 그리고 오로지 묵상하도록 해야 한다.

증거

우리 주 예수님은 우리에게 자신을 기념하라고 하신 것처럼, 자신도 우리에 관한 기념물을 갖고 계신다. 못자국은 특별히 개인적이고, 지속적인 사랑에 관한 물망초를 형성한다. "내가 너를 내 손바닥에 새겼고"(사 49:16). 이 흔적들로 말미암아 그분은 자신이 이미 받으신 고난을 보고, 활동해야 할 자신의 손이 찔림을 받았기 때문에 이 고난을 떠나서는 아무것도 하지 않겠다고 맹세하신다. 따라서 그분은 자신의 손에 고난의 흔적을 갖고 계시기 때문에 우리는 우리 마음판에 그것들을 새겨놓아야 한다.

나는 성찬이 설교보다 더 나은 경우를 자주 느낀다. 그것은 설교와 동일한 가르침의 능력을 갖고 있으나 더 생동력이 있다. 설교하는 동안 우리의 눈은 멈추어져 있지만, 떡을 뗄 때는 응시되고 있음을 주님은 알고 계신다. 나는 설교보다 성찬을 더 선호했다는 프랑스 왕, 헨리 3세의 말에서 이에 관한 좋은 의미를 찾아낼 수 있다: "나는 나의 위대하신 친구인 그분에게서 듣는 것보다 그분을 바라보는 것이 더 좋다." 나는 주님이 말씀하시는 것을 듣기 좋아한다. 그것은 그만큼 더 자주 그분을 뵐 수 있기 때문이다. 나는 설교에서나 성찬에서나 그분을 보는 것이 똑같다. 그러나 때때로 내 눈이 눈물로 얼룩져 약해져 있거나 먼지로 희미해져 있을 때에는 떡 그릇과 포도주잔 두 개가 나의 눈을 가장 잘 보이게 만든다. _ 스펄전

"이를 행하여 나를 기념하라" (1) 이 명령은 그분 자신에 관한 지식을 전제한다. 기념하기 위해 우리는 먼저 알지 않으면 안 된다. 맹인으로 태어난 사람에게 "햇빛을 기억하라"고 말하는 것은 아무 소용이 없다. (2) 그것은 그리스도의 사랑을 계시한다. 왜 그리스도께서는 우리가 자신을 기념하는 것에 대해 관심을 가져야 하는가? 애절한 목소리로 그분은 우리에게 "때때로 나를 생각해다오. 나를 잊지 말아다오"라고 말씀하셨다. 기억되기를 원하는 것은 사랑의 참된 본질이다. (3) 그것은 잊어버리는 성향이 있음을 암시한다. 하나님은 절대로 필요 없는 제도를 만드시지 않는다. 우리가 그리스도를 제대로 기억하지 못하는 것은 죄다. 우리는 기억에 도움이 되는 모든 것을 최대한 활용해야 한다. _ 스탠퍼드 박사(Stanford)의 강연 요약

학교에서 우리는 "기억법"이라고 부르는 책들을 사용했다. 나는 그 책들이 나를 돕기보다는 혼란을 가중시켰다고 본다. 그 책들의 효용성은 여행자가 지팡이 한 다발을 두 팔로 안고 가는 것에 비견될 수 있다. 정말이지, 그는 걸어갈 때 그 중 하나를 적절하게 사용할 수 있다. 그러나 그동안 다른 지

팡이들은 아무리 많이 가지고 가 봐야 전혀 쓸모가 없는 것이다. 그러나 우리 구주께서는 우리의 모든 선생보다 지혜롭고, 그분의 기념물은 우리의 기억에 참되고, 실제적이다. 그분의 사랑의 징표들은 전혀 실수 없는 언어로 이루어져 있고, 그 말들은 감미롭게 우리의 관심을 촉발시킨다. _ 스펄전

만일 어떤 친구가 죽기 직전에 반지를 빼 준다면, 우리는 그것을 그 친구에 대한 기억의 상징으로 간직하고 있을 것이다. 그렇다면 그리스도의 죽음에 대한 기념으로서 성찬은 얼마나 더 잘 지켜야 하겠는가?_ 토머스 왓슨

당신의 십자가와 수치를 기억하고(고전 9:23- 26),
당신의 이름으로 이 만찬에 참여합니다.
이 포도주와 떡을,
나의 외적 인간이 마시고 먹습니다.
오, 그러나 나의 내적 인간은
더 나은 포도주와 더 나은 떡을 먹고 마시게 하소서!
당신의 부요한 살과 보배로운 피가
내 영혼의 매일의 양식이 되게 하소서!(요 6:54)
주여, 당신께서 저를 위해 죽으신 것을 감사드리오니,
오, 제가 당신을 위해 살고, 또 죽게 하소서!(롬 14:7- 10)

_ A. A. 리스(A. A. Rees)

165
종들의 종

나는 섬기는 자로 너희 중에 있노라
_ 누가복음 22:27

이것은 사도들과 관련한 중요한 사건이다. 그들은 모두 두 가지 질문에 의해 혼란에 빠졌다: "자기들 가운데 누가 더 크냐?" 와 "자기들 가운데 누가 주님을 배반할 것인가?"

겸손이 충만해야 할 곳에 야망이 슬그머니 끼어들었다.

주님은 이기적인 악에 사로잡힌 사도들을 고치셨다.

그분이 사용하신 치료제는 그분 스스로의 행위였다(요 13:12- 17).

만일 그분이 자신을 가장 낮은 자리에 두셨다면, 그들은 더 높아지기 위해서 다투어서는 안 된다.

이 실례가 우리에게도 적용될 수 있기를!

우리는 다음과 같은 사실들을 유심히 고찰해야 한다:

I. 주님의 위치.

"나는 섬기는 자로 너희 중에 있노라."

1. 세상에서, 주님은 다른 사람들이 고대하는 소수의 엘리트 가운데 한 사람이 아니었다. 그분은 노동자로서, 정신적으로 종들의 종(servus servorum)이셨다(막 10:45).
2. 제자들 사이에서, 그분은 섬기는 자셨다. 가장 높은 주인이셨던 곳에서 그분은 최고의 종이 되셨다.
   - 그분은 목자로서, 양들의 종처럼 되셨다.
   - 그분은 유모로서, 자녀에게 종처럼 되셨다.

3. 최후의 만찬 자리에서, 주님은 특별히 제자들의 발을 씻겨주실 정도로 그들 가운데 "섬기는 자"로 계셨다.
4. 자신의 전생애 동안에, 예수님은 지상에서 항상 종이나 노예의 위치를 취하셨다.
   - 그분의 귀는 언약에 들어가심으로써 송곳으로 구멍이 뚫렸다. "내 귀가 주께 뚫렸다 또는 구멍이 났다"(시 40:6 난외주; 출 21:6).
   - 그분의 직분은 그분이 오실 때 선포되었다. "내가 주의 뜻을 행하러 왔나이다"(시 40:7; 히 10:5-9).
   - 그분의 성품은 섬김에 적합했다. 그는 "자기를 비워 종의 형체를 가지셨다"(빌 2:7).
   - 그분은 사람들 사이에서 가장 낮은 자리를 취하셨다(시 22:6; 사 53:3).
   - 그분은 자신이 아니라 남을 위해 사셨다. "인자가 온 것은 섬김을 받으려 함이 아니라 도리어 섬기려 하고"(막 10:45).
   - 그분은 자신의 뜻을 포기하셨다(요 4:34; 6:38).
   - 그분은 모든 강팍한 대우를 참고 감수하셨다(벧전 2:23).

II. 주님의 섬김에 대한 경이.

그분이 자신의 종들 사이에서 종이 되셨다는 것.

그 경이는 다음과 같은 이유로 더 큰 놀라움을 준다:

1. 그분은 본질상 만유의 주님이셨기 때문에(골 1:15-19).
2. 그분은 만물 중에 최고로 뛰어나 지혜, 거룩, 권능 그리고 다른 모든 면에서 가장 탁월하신 분이기 때문에(마 8:26, 27; 요 14:9).
3. 그분은 그들의 최대 시혜자가 되시기 때문에(요 15:16).
4. 그들은 이처럼 보잘것없는 피조물로서, 섬김을 받기에는 너무나 미천하기 때문에.

따라서 그들이 그분의 섬김을 받는 것이 어떻게 가능하겠는가?

그분이 그들을 참고 섬기는 일이 어떻게 가능하겠는가?

III. 주님의 섬김에 대한 해설.

우리는 다음과 같은 특징이 그분의 본질임을 주목해야 한다.

1. 그분은 무한히 크신 분이다(히 1:2- 4).
2. 그분은 무한히 크신 사랑으로 충만하신 분이다(요 15:9; 요일 3:16).

이 두 가지 사실로 말미암아 그분은 깜짝 놀랄 정도로 자신을 낮추신 분이다.

IV. 주님의 섬김에 대한 모방.

우리는 주님을 다음과 같이 본받아야 한다:

1. 가장 낮은 자리를 즐겁게 선택함으로써.
2. 최대한 마음을 낮추고, 겸손한 태도를 보여 줌으로써(엡 4:1- 3; 빌 2:3; 벧전 5:5).
3. 다른 사람들의 유익을 위해 자신을 희생함으로써. 자기희생이 우리의 삶의 실천법칙이 되도록 하자(고후 12:15).
4. 평화를 깨뜨리거나 원수를 갚거나 다른 사람들을 슬프게 하거나 하지 않고 기꺼이 불의를 참음으로써(벧전 2:19- 20; 3:14).
5. 우리가 가장 적게 받고, 가장 많이 주는 자리를 선택함으로써.

본문이 우리의 교만을 질책하지 않는가?

본문이 우리로 하여금 형제들을 섬기도록 크게 분발시키지 않는가?

섬김이란

가말리엘의 아들이 결혼했을 때, 랍비 엘리에셀과 조슈아와 사독이 혼인잔치에 초대 받았다. 이스라엘 사람들 사이에서 가장 영향력 있는 인물 가운데 하나였던 가말리엘은 그날 손님들 시중을 들었는데, 포도주를 잔에 채우더니, 그 잔을 엘리에셀에게 내밀었다. 엘리에셀은 그것을 정중히 거절했다. 가말리엘은 이번에는 조슈아에게 내밀었다. 조슈아는 그 잔을 받았다. 그 순간 엘리에셀은 조슈아에게 "여보게 조슈아, 어떻게 우리가 앉아서 그토록 위대한 사람의 시중을 받을 수 있겠는가?"라고 말했다. 이에 조슈아는 이렇게 대답했다: "오랜 옛날에 그보다 더 위대한 사람도 그렇게 했는데, 왜 그는 그렇게 못하겠는가? 우리 조상 아브라함은 정말 위대한 사람이 아니었나? 심지어 그는 '그들 앞에 차려 놓고 나무 아래에 모셔 서매 그들이 먹으니라' (창 18:8)고 기록되어 있는 것처럼, 손님들을 대접하지 않았나? 아마 자네는 그가 그들이 천사인줄 알고 그렇게 한 것이라고 생각하겠지. 그러나 그것이 아니라네. 그는 그들이 아랍인 여행객인줄 알았다네. 그렇지 않다면 그는 그들에게 발 씻을 물을 제공하거나 그들의 배고픔을 채워 주기 위해 음식을 제공하지 않았을 걸세. 그렇다면 왜 우리가 친절한 주인이 그 탁월한 실례를 모방하는 것을 막아야 한단 말인가?" "아브라함보다 훨씬 더 위대한 존재도 그와 똑같이 한 것을 나도 알고 있네" 랍비 사독이 거들었다. 그는 계속해서 역설했다: "정말이지, 우리가 언제까지 피조물들을 찬양하는 데만 목소리를 높이고, 창조주의 영광은 무시하려는가? 그분은, 바람을 불게 하고, 구름을 모으며, 비를 내리게 하도다! 그 이름을 송축할지어다! 그분은 땅을 비옥하게 하고, 날마다 그의 피조물들에게 진수성찬을 허락하시는도다! 그렇다면 우리가 왜 우리의 친절한 주인 가말리엘이 그토록 영광스러운 주님을 본받는 것을 방해하겠는가?" _「히브리 설화」

글렌코어에 사는 한 노파는 윌리엄 맥가빈이 방문했을 때, 그 지방에서 일반적으로 보는 모습과는 달리, 아주 깨끗한 침대에 앉아있었다.

"제가 알기로 당신은 그리스도의 오랜 종이었는데"라고 그가 말했다.

"그리스도의 종이라니요? 천만에요, 아니랍니다. 나는 단지 죄인일 뿐이라오. 그분이 나를 섬긴 지 49년이나 되었답니다."

"당신을 섬겨요? 어떻게?"

"당신은 그걸 모르시나요?" 계속해서 그녀는 이렇게 대답했다: "그 집에서는 그리스도 주님께서 손님들을 섬긴답니다. 그분이 스스로 '나는 섬기는 자로 너희 중에 있노라' 고 말씀하시지 않았나요? 나를 자신에게 이끄신 때부터 줄곧 그분은 나를 섬기셨답니다. 누구도 그리스도의 수고를 보면서 게으른 종이라고 불평하지 못할 것입니다."

"그래요. 하지만 그럼에도 불구하고 나는 당신이 종이기를 바랍니다. 그분의 종들은 영광 속에서 그분을 섬길 것이거든요. 그 완전한 상태는 지금 이곳에서부터 시작되어야 합니다."

"그 말도 맞습니다. 내가 그분의 권위 아래 있음을 압니다. 하지만 내가 그리스도를 얼마나 잘 섬겼는지에 대해 생각하는 것은 좋아하지 않았습니다. 그 생각을 하면 마음이 편하지 않기 때문입니다." —「칼과 삽」

그토록 많은 신앙고백자들이 하나님과 인류를 위해 겸손하게 활동해야 할 것에 대해 "자신이 우월하다고 느끼는" 이유는 무엇일까? 우리는 자신의 위치가 "자신의 재능보다 못하다"고 불평하는 그리스도의 사역자에 관해 듣는다. 마치 바울의 재능을 가진 사람이 거지 신분으로 있는 것처럼! 어떤 사람들은 선교학교에 입학하기를 원하지 않거나 빈민가에서 활동하기를 싫어한다. 이상하게도 그들은 위대한 주님 자신이 선교사였다는 사실을 잊고 있다. 그런 사람들은 예수님이 그의 제자들의 발을 씻기신 낡은 수건이 카이사르의 손발을 닦았던 고급 수건보다 더 빛난다는 사실을 배우지 못했는가? 그들은 영광의 자리는 섬김의 자리라는 것을 모르고 있는가? "주일학교에서의 내 위치가 국회에서의 내 위치보다 훨씬 더 높다"고 한 저명한 기독교 정치인이 말했다. _ 카일러 박사(Dr. Cuyler)

166
"아버지 저들을 사하여 주옵소서"

이에 예수께서 이르시되
아버지 저들을 사하여 주옵소서
자기들이 하는 것을 알지 못함이니이다 하시더라
_ *누가복음 23:34*

우리는 우리가 어떻게 용서받을 수 있는지 알아보기 위해서는 갈보리로 가야 한다. 그리고 우리가 어떻게 용서할 수 있는지 배우기 위해서 그곳에 오래 머물러 있어야 한다. 거기서 우리는 죄가 사랑의 주님을 죽이는 장면을 보면서, 죄가 무엇인지 깨닫고, 아울러 전능자의 자비가 어떻게 그것을 제압하는지도 보게 된다.

여기서 우리는 주님이 십자가에 못 박히는 장면을 보고, 그 위에서 그분이 하신 첫 마디 음성을 듣게 되는데, 이제 그것을 살펴보고, 배우고, 좋아하게 될 것이다.

I. 우리는 예수님의 오래 참으시는 사랑을 본다.

- 인간의 사악한 행위를 끝까지 참으심.
- 수치를 끝까지 견디심(빌 2:8; 히 12:2).
- 인간적 고통을 극한까지 참으심(시 22:1- 18).

우리는 여기서 불평 없이 견디시는 인내만을 보는 것이 아니라 그 원수들의 유익을 위해 견디시는 사랑도 본다.

II. 우리는 사랑이 스스로 드러내는 것을 본다.

- 사랑은 기도보다 더 좋은 도구를 사용할 수 없다.

- 사랑은 죽음의 고통 속에서도 계속 기도한다.
- 사랑은 관련된 사람들의 구원을 위해 천국을 가져온다.
- 사랑은 최대한 그 대상을 행복으로 이끈다.

우리 주 예수님은 자신이 택한 사람들을 축복하기 위해 지금 이 순간에도 중보자로 활동하고 계신다(롬 8:34; 히 7:25).

이것이 우리를 위한 그분의 매일의 기도다.

III. 우리는 사랑이 무엇을 위해 기도하는지를 본다.

- 용서가 최초의, 주된, 기초적 복이다.
- 아버지로부터 오는 용서는 그의 아들의 죽임을 용서하는 데까지 나아갈 수 있다.
- 용서는 주님의 희생제물이 갖고 있는 최대의 간청이다.

사랑은 용서가 요구된다는 것을 인정한다. 그래서 그것은 용서가 주어지지 않는다면 죄책이 임하게 될 것을 생각만 해도 몸서리친다.

IV. 우리는 사랑하는 예수님이 어떻게 기도하시는지를 본다.

- 자신을 죽이는 악랄한 살인자들의 행위에 대해 기도하신다.
- 그들의 완전하고도 즉각적인 죄 사함을 위해 기도하신다.
- 그들의 죄를 무지로 돌리고 다른 데서 이유를 찾지 않는 기도를 드리신다. 그리하여 이 간청의 은혜만 제시되거나 받아들여질 수 있도록 하신다.

예수님이 그들을 위해 중보하지 않으신다면 어떤 죄책이 있게 될까?

V. 우리는 그분의 기도가 어떻게 경고와 간청을 동시에 담고 있는지를 본다.

- 그것은 용서의 가능성에 한계가 있다고 암시하기 때문에 경고를 담

고 있다.

- 사람들은 무지를 핑계할 수 없을 정도로 죄를 범할 수 있다. 정말, 어떤 핑계도 있을 수 없다.
- 그것은 간청이 있다면 예수님이 그것을 감안하실 수 있다는 것을 증명하기 때문에, 간청을 담고 있다.

오라. 와서 그분의 손에 여러분의 안식을 맡겨라. 그분은 자신의 소송의 뢰서를 작성하고, 자신의 사랑의 변론서를 만드신다.

VI. 우리는 그분이 어떻게 십자가로부터 가르치시는지를 본다.

- 그분은 우리 동료들의 행위에 대해 최선의 해석을 하고, 그들이 우리를 슬프게 하는 악을 저지를 때 그 상황을 최대한 완화시켜 생각하도록 우리를 가르친다.
- 그분은 아무리 악랄한 범죄자라도 용서해 주라고 우리를 가르친다(막 11:25).
- 그분은 삶의 마지막 순간까지 다른 사람들을 위해 기도하라고 우리를 가르친다(행 7:59- 60).

한 번 주 예수님을 통해 하늘 아버지께 영광스러운 호소가 행해지면, 그 효과는 우리에게 계속 나타날 것이다.

"아버지 저들을 사하여 주옵소서" 라는 기도의 음악을 죄인의 괴수들의 귀에 들려줌으로써, 그들이 하나님께 나아오도록 하자.

권고와 권면

우리가 우리를 괴롭히는 죄악을 경험할 때 무지를 상정하는 것은 좋은 일이다. 내가 병에 걸려있을 때, 악의에 찬 한 편지가 내게 전달되었다. 그러나 나는 내가 얼마나 힘든 상태에 있는지 그 편지의 필자가 모르기를 바랐다. 그녀의 험담은 어리석은 비방을 반복했지만, 나는 언제나 그녀가 그것을 사실로 알고 그랬을 것이라고 생각했다. 한 개인이 악의적으로 나를 모욕했으나 나는 그것을 거친 농담으로 다르게 생각했다. 모든 경우에 나는 그것은 실수였을 것이라고 믿는 것이 나 자신에게 위안이 됨을 알았다. 나아가 만일 우리가 항상 그것을 더 좋은 정보가 없어서 생기는 판단의 오류나 실수로 간주한다면, 아주 수월하게 어떤 불쾌한 감정을 갖지 않게 될 것이다. _ 스펄전

이 간청 속에는 처음에 나를 혼란시키는 뭔가가 있었고, 그것은 나로 하여금 어떤 의미에서 그리스도께서 그렇게 하셨는지 공손하게 묻도록 했다. 확실히 무지를 핑계하는 것은 복음적인 간청이 아니다. 무지는 아무에게도 하나님에 관한 변론을 제공하지 않는다. … 우리는 "무지로 말미암아 의롭게 된, 우리는 하나님과 화목하게 되었다"고 말해서는 안 된다. 무지는 무죄가 아니라, 자주 죄로 드러난다. 어떤 죄가 다른 곳에서 구원이 되는 법은 없다.

그리스도의 원수들이 자기들이 얼마나 큰 죄에 연루되어 있는지를 알지 못하는 무지는 그들을 자비의 경계 안으로 이끌고, 그들에게 용서의 가능성 — 주님의 십자가가 제공하는 근거에 입각한 가능성 — 을 허용한다. 아마 어떤 단순한 사람들은 실제로 자기들이 그리스도를 거역하는데에 어떤 일을 했는지 모르고 있을 것이다. 하지만 사탄은 자기가 한 일을 알고 있고, 우리가 아무리 들어봐도 그에 관해서는 어떤 복음도 들리지 않았다. 그러나 인간 죄인들은 자신의 죄를 충분히 알 수 없다. 그들의 무지는, 비록 그것이 죄를 무죄한 것으로 만들지는 못해도, 용서의 가능성을 남겨놓는다. _ 찰스 스탠퍼드

구주여, 당신은 듣기만 하소서! 무지와 단순함으로 말미암아 그토록 당신

을 핍박하는 사람들은 당신의 중보를 통해 행복한 소득을 얻습니다. 이제 저는 설교 한 편을 듣고 삼천 명의 영혼들이 회개하고 돌아온 것을 아나이다. 그것은 베드로의 말이 아니었습니다. 그것은 당신의 기도였습니다. 그래서 그것이 효력이 있었습니다. 이제 그들은 자기들이 죄 사함과 구원을 공히 소유한 것과 자기들의 죄악이 감사로 바뀔 수 있음을 깨닫고, 고백의 은총을 누리고 있습니다. 주여, 당신이 당신을 죽인 살인자들과 죄인들의 용서를 위해 기도하실 때, 제가 사함 받을 수 없는 죄가 무엇이 있겠나이까? 또는 제가 탕감 받을 수 없는 죄악이 어디에 있겠나이까?_ 홀 주교

> 그분에게 어떤 잘못을 저지르는 것은
> 그분으로부터 자비를 낳는 원인이 되나니,
> 그것은 그분의 마음이 부요하기 때문이라.
> 그 훌륭한 마음 판, 그 안에 비록 그대가
> 미움의 씨를 뿌린다 해도, 그것은 사랑의 꽃을 피우리라.

포키온(Phocion)이 인격적으로 얼마나 훌륭한 도덕성을 갖춘 자인지를 보여 주는 일화가 있다. 그에게 죽음이 임박했을 때, 한 사람이 그의 아들에게 남길 말이 있는지를 물었다. 그는 "예, 당연히 있습니다. 그에게 내가 아테네인들로부터 받은 악한 대접을 잊어버리라고 전해 주십시오"라고 말했다. 이런 용서의 정신이 좋은 이교도가 되도록 했다면, 죽어가는 순간에 "아버지, 저들을 사하여 주옵소서 자기들이 하는 것을 알지 못함이니이다"라고 기도하신 주님의 용서의 정신은, 얼마나 더 은혜롭고 사랑이 넘치는 그리스도의 제자가 되도록 하겠는가? 원수를 용서하기를 거부하고, 심지어는 그분의 용서를 자기를 부인하는 사랑의 행위로 연결시키지 못하는 자는 누구나 기독교 정신을 말할 권리가 없다.

한 학교에서 가장 큰 소년이 작은 소년들을 크게 괴롭혔기 때문에 선생은

그를 학교에서 추방시키는 것을 투표로 결정하기로 했다. 채 5살도 안 된 한 소년을 제외하고 나머지 모든 소년들이 찬성표를 던졌다. 그러나 그 아이는 그가 자기를 얼마나 괴롭혔는지 잘 알고 있었다. "그런데 왜 너는 찬성표를 던지지 않았니?" 라고 선생이 묻자 그는 "그가 여기서 쫓겨나면, 더 이상 하나님에 관해 배울 수 없게 되고, 그렇게 되면 더 악해질지도 모르잖아요" 라고 말했다. "그러면 너는 그를 용서하겠니?" "예, 내가 잘못했을 때 엄마, 아빠도 용서해 주시거든요. 하나님도 역시 용서해 주시고요. 그렇다면 저도 똑같이 해야 되잖아요." _「성경의 보물」

167
주님의 방문

이 말을 할 때에 예수께서 친히 그들 가운데 서서 이르시되
너희에게 평강이 있을지어다 하시니
_ *누가복음 24:36*

그가 과거에 어떤 사람이었는지를 보고 현재 어떤 사람일지를 추론하는 것이 보통 안전한 방법이다.

이것은 우리 주 예수님의 경우에 더욱 두드러진다. 왜냐하면 그분은 항상 변함이 없으신 분이기 때문이다. 육신을 입고 살 때 그분이 제자들에게 어떤 분이셨느냐 하는 것은 오늘날 이 시대에 그분을 따르는 자들에게 그분이 어떤 분이 되실 것인지를 말해 준다.

우리는 그분이 그의 성도들이 주일에 모일 때 그들에게 자신을 즐겁게 계시하실 것을 기대한다. 그것은 그분이 과거 지상에 계실 때 그렇게 하셨기 때문이다.

우리는 본문에 묘사된 방문을 고찰해 보아야 한다. 초청받은 것도 아니고, 기대되던 방문도 아니며, 그럴 만한 이유도 없었지만, 그 방문은 최대의 환영을 받았다. 예수님은 그들 한가운데 서 계심으로써, 지도자가 추종자들 사이에서 차지하는 위치를 점하고 있었다.

I. 그분이 나타나신 때.

1. 그들이 그분을 배반하고 도망쳐 그분을 시련 속에 방치함으로써, 가장 무가치하게 행동했을 때.
2. 그들이 그분의 약속을 믿지 않고 의심하며, 그의 사자들의 증거를 거절함으로써, 준비되지 못한 상태에 있었을 때.

3. 그들이 목자 없는 양처럼 됨으로써, 그분의 출현이 정말로 필요할 때.
4. 그들이 함께 모여 사랑의 교제를 나눔으로써, 작은 생명을 실천하고 있을 때. 그때까지 그들은 잘 하고 있었고, 복을 가져오기 쉬운 길을 따라 행하고 있었다.
5. 그들이 그분의 부재를 슬퍼하고 있을 때. 이것은 그들이 그분을 갈망하고 있었음을 입증한다. 이것은 그분의 출현을 가져오는 가장 칭찬할만한 수단이다.
6. 그들 가운데 일부가 그분을 증거하고 있을 때.

우리도 비슷한 상태에 있지 아니한가?

우리가 주님의 자기출현을 소망을 갖고 바라보지 않겠는가?

II. 그분이 말씀하신 것. "너희에게 평강이 있을지어다."

1. 그것은 축복이었다. 주님은 그들의 평강을 기원했다.
2. 그것은 선언이었다. 그들은 하나님과 화목하게 되었다.
3. 그것은 명령이었다. 그분은 그들에게 평강을 불어넣으셨다.
4. 그것은 사면이었다. 그분은 그들의 평강을 해치는 모든 불법을 제거하셨다.

주님은 성령을 통해 우리의 혼란된 마음을 진정시키고, 모든 염려로부터 구제하고, 모든 죄를 면제하시며, 모든 영적 갈등을 제거하실 수 있고, 또 우리 각자에게 즉각적이고 완전한 평강을 제공하실 수 있다.

III. 그분의 출현으로 일어난 일.

1. 그분은 그들의 모든 의심을 일소하셨다. 심지어는 도마까지도 그 완고한 불신앙을 버리게 되었다.
2. 그분은 그들에게 자신의 손과 발을 보여 주심으로써, 그들의 마음에 자신의 사랑을 계시하고, 각인시키셨다.

3. 그분은 그들의 기억을 새롭게 하셨다. "내가 너희와 함께 있을 때에 너희에게 말한 바 곧 모세의 율법과 선지자의 글과 시편에 나를 가리켜 기록된 모든 것이 이루어져야 하리라 한 말이 이것이라 하시고"(45절).
4. 그분은 그들의 마음을 열어놓으셨다(45절).
5. 그분은 그들에게 그들의 위치를 보여 주셨다. "너희는 이 모든 일의 증인이라"(48절).
6. 그분은 그들을 기쁨으로 충만케 하셨다(요 20:20).

주님은 이 섬김이 있을 때 우리에게도 오셨는가?

그분은 우리 영혼에 특별한 평강을 공급해 주셨는가?

만일 그렇다면, 우리는 잠시 기다려서 그분의 동참을 즐거워하고, 그분의 겸손한 사랑을 찬양해야 한다.

만일 이처럼 환대받은 사실을 느끼지 못한다면, 우리는 뒤로 물러가 그분의 얼굴을 자세히 살펴야 한다.

찬양과 기도의 특별 모임이 지금부터 30분 동안 있겠사오니, 오 주 예수여, 우리와 함께 하소서!

잔물결

부활하신 후 처음 만난 사람들에게 주님이 하신 인사는 "평안하냐"였다(마 28:9-10). 두 번째 만남에서 그분의 인사는 "너희에게 평강이 있을지어다"였다. 그리고 이 인사를 그분은 다시 한 번 더 말씀하셨다(요 20:19-21). 우리는 첫 번째 만난 사람들과 두 번째 만난 사람들 간의 차이를 염두에 두어야 한다. 첫 번째 만난 사람들은 일반사회로부터 배척당한 소외자들로서, 여자들뿐이었다. 두 번째 만난 사람들은 모든 사람들을 망라하는 일반 사회 자체와 같았다. 그들은 모두 겁먹고 주님을 버릴 처지에 있던 사람들이었다. 요한도 그 부끄러운 순간의 예외가 되지 못했다. 여인들은, 그리스도와 만났을 때, 진실했고, 오직 슬픔만 느끼고 있었다. 남자들은 진실하지 못했다. 그들은 슬픔 외에도, 깊은 동요와 불타는 수치심을 함께 느끼고 있었다. 그분은 그들의 마음을 아셨다. 이것은 히브리 민족사에 나오는 요셉 이야기와 같다. 자기를 구덩이에 던져 넣고, 노예로 팔아먹은 자기 형제들을 세월이 흐른 후, 요셉은 그들의 주인으로서, 그들은 그의 탄원자로서 다시 대면하게 되었다. 그러나 그는 그들을 폭풍처럼 몰아붙이지 않고, 점잖게 그들에게 "나는 당신들의 아우 요셉이니"라고 말하면서 자신의 정체를 드러냈고, 그것은 자신의 이름을 밝힘으로써, 자신이 그들과 긴밀한 관계에 있다는 것을 진지하게 언급하는 것이었다. 마찬가지로 천상의 요셉이신 주님도 자신이 그토록 크게 사랑했으나 자신을 그토록 비열하게 버리고 도망갔던 사람들에게 자신을 드러낼 때, 먼저 마리아를 보내 "가서 내 형제들에게 말하라"고 알려 주었고, 그 다음에는 친히 나타나 그들의 모든 두려움을 제거하고, 그들의 애정을 다시 불타오르게 만들었으며, 그들 안에 있는 동요를 일시에 잠재우는 한마디 곧 "너희에게 평강이 있을지어다"라는 말을 육성 메시지로 들려주셨다. 그리스도 안에 있는 형제들이여, 이 메시지는 우리 각자의 온 가족에게도 주어졌도다. _ 찰스 스탠퍼드

바다 속 심연에는 폭풍이 전혀 일어나지 않는다는 말을 들은 적이 있다. 그곳은 어떤 폭풍도 영향을 미치지 못하는 영역이다. 폭풍은 바다의 표면을 할퀴고, 요동하게 할 뿐이다. 그리고 창공의 높은 곳에도 구름이 더 이상 올라가지 못하는 영역이 있다. 그곳 역시 폭풍이 엄습하지 못하고, 항상 햇빛이 비춰며, 깊은 평온을 방해하는 것이 아무것도 없다. 이것은 각각 예수님이 찾아오는 영혼을 상징한다. 그분이 평강을 말씀하는 사람들은 그 두려움을 그분이 내쫓아주고, 그 소망의 등불이 환하게 비치도록 받쳐 주신다. _ 트위디(Tweedie)

존 던컨 박사의 생애를 보면, 이런 감동적인 일화가 있다. 그는 신앙적 우

울증으로 큰 고통을 받았다. 그의 정신적 갈등은 너무 자주 큰 혼란 상태에 빠졌고, 그로 인해 그의 인생과 사역은 그림자가 잔뜩 드리워졌다. 어느 날 그는 극도의 낙심 상태에 빠진 채 대학에 강의하러 갔다. 그러나 시작 기도를 하는 동안 그 그림자는 걷혔다. 그의 눈은 빛났고, 그의 몸은 긴장이 풀렸으며, 강의를 시작하기 전 그는 감동적인 어조로 "사랑하는 제자 여러분, 나는 방금 예수님의 모습을 보았습니다"라고 말했다.

우리는 예수 그리스도의 군사들이다. 그런데 그가 싸우기 위해 전진할 때, 그의 팔을 당기고, 그의 마음에 힘을 주는 것은 그가 속해 있는 군대의 숫자가 아니라 그가 따르고 있는 대장의 성품이다. 웰링턴 공이 치른 전투 가운데 하나를 보면, 군사들이 적의 공격을 당해내지 못하고 후퇴하고 있을 때 그가 그들 속으로 달려 들어왔다. 한 병사가 환희에 차서 "**저기 공작님이 오신다! 만세! 나는 전체 여단보다 그의 얼굴 보기를 원하노라!**"고 소리 질렀다. 이 말로 인해 군사들은 모두 눈을 돌려 그들의 대장인 공작을 바라보았고, 그것으로 그의 전우들은 다시 힘을 얻어 적을 무찌를 수 있었다. 그들은 절대로 패배를 모르는 장군이 자기들과 함께 있으니 자기들도 절대로 패배하지 않으리라고 느꼈던 것이다. 내가 군사였던 한 친구에게 이 주제에 관해 말했더니, 그는 이 일화를 한 번도 들어본 적 없지만, 그 말은 틀림없는 사실일 거라고 했다. 나아가 그는 덧붙이기를 특출한 장군 하나가 나타나면, 언제든 군사 5천 명의 가치가 있다고 했다. _「히브리인들의 설화」

168
승천할 때의 주님의 태도

예수께서 그들을 데리고 베다니 앞까지 나가사
손을 들어 그들에게 축복하시더니
_ *누가복음 24:50*

무덤을 파하고, 땅을 성결케 하신 예수님은 이제 승천하는 길에 통과하게 될 공중을 정화시키셨다.

그분은 특별히 주목할 만한 방법으로 승천하셨다. 우리는 이 승천과 관련하여 몇 가지 요점을 개관해 볼 것이다.

1. 그분이 부활하신 후 지상에 계셨던 기간 즉 40일은 그분이 자신의 정체성을 확인시켜 주고, 의심을 제거시키고, 그의 제자들을 가르치며, 그들에게 사명을 주시기에 충분한 기간이었다.
2. 그분이 승천하신 장소는 산으로서, 이전에 제자들과 친교를 나누던 곳이었다. 이 산은 베다니가 내려다보이는 곳으로, 그분이 가장 애용하는 지상의 안식처였다. 또 겟세마네에서 가까운 곳으로, 그분의 처절한 고뇌의 장소이기도 했다.
3. 승천의 목격자들은 그 진실성을 보증하기에 충분한 숫자의 사람들이었다. 그들은 그분과 오랫동안 친숙한 관계에 있던 사람들로서, 그분의 정체성에 관해 속임을 당할 사람들이 아니었다.

그들은 본질상 단순하고, 나이를 먹을 만큼 먹은 성인들로서, 냉정한 기질을 가진 사람들이었다.

4. 장면 자체는 크게 주목할 만했다.
   - 미신을 조장할 만한 상태와는 거리가 아주 멀었다.
   - 아주 조용했다 ― 불마차와 불말들은 없었다.

• 아주 엄위했다 — 상상의 나래를 펼칠 만한 천사들이나 다른 행위자들은 없었고, 주님 자신의 능력과 신성만이 극히 단순하게 역사했다.

여기서 우리가 택한 주제는 주님이 승천하면서 마지막으로 보여 주신 모습이 될 것이다.

I. 그분의 손이 축복하기 위해 높이 들려졌다.

1. 이 축복하심은 특별한 일은 아니었다. 축복하기 위해 자신의 손을 펼치시는 것은 그분이 통상적으로 취하는 자세였다. 그 자세를 하고 그분은 떠나셨고, 그분의 입술로부터 지금도 축복은 나오고 있다.
2. 이 축복하심은 권위가 있었다. 그분은 아버지께서 그분을 하늘로 받아들이기로 인정하는 동안 그들을 축복하셨다.
3. 이 축복하심은 말하자면, 그분이 자기 손을 다 비우실 정도로 풍성했다. 그들은 존귀하신 손이 자기들에게 복을 한량없이 내려주는 것을 보았다.
4. 이 축복하심은 그분의 육성을 직접 듣지는 못해도 그분 아래 있는 모든 사람들을 위해 베풀어졌다. 그분은 그들 모두를 위해 복을 골고루 뿌려 놓으셨다.
5. 이 축복하심은 그분의 지상생애에 대한 가장 적절한 대미였다. 이것 이상으로 적절하고, 더 좋은 결말은 결코 생각될 수 없다.

II. 그분의 손이 뚫려 있었다.

이것은 그들이 위를 바라보았을 때, 볼 수 있었던 장면이었다.

1. 따라서 그들은 그것이 그리스도의 손이었음을 알고 있었다.
2. 따라서 그들은 그 축복의 대가를 보았다. 그분의 못 박히심은 대속 받은 모든 사람들에게 지속적인 복을 가져다주었다.
3. 따라서 그들은 그 축복의 통로를 보았다. 그것은 그분의 희생적 상처를

통해 그분의 손으로부터 온다.

4. 그분의 손을 보는 것은 그 자체로 복이다. 그 봄을 통해 우리는 죄 사함과 영생을 본다.
5. 그 전체 행동은 복음의 축소판이다. "뚫린 손이 복을 나누어 준다." — 이것이 문제의 본질이다. 예수님은 고난과 죽음을 통해 가장 높은 하늘로부터 우리를 축복하실 권세를 갖고 계신다.

이것이 우리 주님이 보여 주신 마지막 장면이다.

그분은 복에 대한 자신의 태도를 결코 바꾸신 적이 없다.

그분은 영광 속에서 강림하실 때까지 그것을 바꾸지 아니하실 것이다.

III. 그분의 손은 왕권을 휘두르신다.

그분의 손은 전능하신 손이다. 그의 제자들을 축복한 바로 그 손이 지금 그들을 위해 왕권을 쥐고 계신다.

1. 섭리에 관해. 크고 작은 모든 사건들을 다 주장하신다.
2. 영적 나라에 관해. 교회와 그 모든 사역들을 주장하신다.
3. 미래의 심판과 그 영원하신 통치에 관해.

우리는 그분을 경배해야 한다. 그분은 높이 올라가신 분이니까.

우리는 그분의 승천이 그분과 우리에게 주는 열매를 즐거워해야 한다.

우리는 그분을 찬양하고, 그분의 영광을 선포해야 한다.

섬광

예수님이 승천의 장소로 선택한 곳은 어떤 곳인가? 그분이 선택한 곳은 천군천사들이 내려와 그분을 찬양했던 베들레헴도 아니고, 천상의 존재들이 그분을 경배하기 위해 둘러쌌던 다볼 산도 아니고, 바위들이 터지고, 무덤이 열리며, 자신의 신성을 선포했던 골고다도 아니고, 오랜 세월 그분 자신의 셰키나가 신비한 광채로 불타올랐던 그 호화로운 성전도 아니었다. 그곳은 베다니로서, 주님은 그곳의 이름을 거룩하게 하시고, 사랑의 집으로 구별하신다. _ 맥더프(Macduff) 박사의 "베다니에 관한 추억"

그리스도께서 하늘로 올라가신 승천의 방법은 거의 조화가 어려운 두 개념 곧 신적 단순함과 장엄함이라는 요소가 서로 결합되어 있다고 할 수 있다. 제자들을 축복하신 다음, 주님은 그들을 떠나 하늘로 올라가더니 구름 저편으로 사라지셨다. 그것은 화려한 장관도 아니었고, 극히 단순한 것 외에 다른 것은 전혀 없었다. 이처럼 그 종교의 창시자인 그분이 인간의 감각에 크게 호소하는 장면을 보여 주지 못했는데, 그의 종교를 전파하는 그의 제자들이 어떻게 화려한 형식과 의식에 의존할 수 있겠는가? 어떤 선한 사람들이 승천의 방법에 관해 조언을 받을 수 있다면, 우리는 그 결과를 상상할 수 있다. _ N. 아담스

승천은 죽음의 침상 장면이 아니다. "여기엔 눈물 흘릴 이유가 전혀 없다." 거기서 우리는 생을 마감하는 것이 아니라 새로 시작하는 것이다. 위대한 생애가 끝나고, 위대한 선생의 입술이 영원히 닫히게 됨에 대한 슬픔의 징조가 전혀 없다. 엘리사의 귀에 두 번에 걸쳐 들렸던 우울한 질문에 대한 근거도 없다. "여호와께서 오늘 당신의 선생을 당신의 머리 위로 데려가실 줄을 아시나이까 하니 이르되 나도 또한 아노니 너희는 잠잠하라 하니라" (왕하 2:3). 그렇다. 우리 앞에 있는 장면은 은은한 승리의 장면 가운데 하나다.

모든 수고, 슬픔은 지나가고,
모든 싸움은 승리했도다.

대속주의 지상 사역은 끝났다. 지상에서의 짧은 머무름을 취임식으로 삼

는 사역은 바야흐로 이제 시작이다. 우리는 "하늘과 땅의 모든 권세를 내게 주셨으니"(마 28:18), "담대하라 내가 세상을 이기었노라"(요 6:33)고 말씀하신 분의 임재 가운데 있다. _ Harrow 학교 교장, 버틀러(Butler) 박사

놀라운 그리스도의 손이여! 그것은 갈릴리 바다의 파도에 휩쓸려 빠져가던 베드로를 신속하게 뻗어 붙잡아 구해 주신 것과 똑같은 손이었다. 그것은 제자들이 무덤에 시체로 장사된 것을 본 지 삼일째 저녁에 의심하는 그들의 눈에 보인 것과 똑같은 손이었다. 그것은 보기 전에는 부활의 능력을 믿지 못하겠다던 의심 많은 도마에게 보인 것과 똑같은 손이었다. 그것은 그에게 내밀어 보여 주셨을 뿐만 아니라 그 손의 못 자국을 만져보도록 한 것과 똑같은 손이었다. 그것은 그분이 구름을 타고 제자들을 떠나면서 그들을 축복하기 위해 들어 올리셨을 때 마지막으로 보았던 것과 똑같은 손이었다. 그들이 뚫린 그리스도의 손으로부터 온 충만한 복을 깨닫게 된 것은 단지 10일이 지나서였다. 오순절에 베드로가 "**너희가 십자가에 못 박은** 이 예수를 하나님이 주와 그리스도가 되게 하셨느니라"(행 2:36)고 설교했을 때, 그의 기억 속에는 그 마지막 승천 장면이 생생하게 투영되었을 것이다. 못 자국 난 그 손이 들어오기 위해 마음의 문을 두드리신다. 깊은 사랑의 흔적이 새겨진 그 손이 천국 길에서 지쳐 있는 경주자에게 어서 오라고 신호를 보내고 있다. _ F. B. 풀런(F. B. Pullan)

169
세례 요한의 메시지

이튿날 요한이 예수께서 자기에게 나아오심을 보고 이르되
보라 세상 죄를 지고 가는 하나님의 어린 양이로다
_ *요한복음 1:29*

우리 주님과 관련될 때, 장소와 시간도 잊지 못할 것이 된다. 그래서 우리는 그날 베다니에서 일어난 일에 관해 듣게 되고, 이어서 "이튿날"에 일어났던 일에 관해서 듣게 된다.

우리는 우리가 주님을 본 시간들에 커다란 관심을 갖고, 거룩한 기억들 — 특히 예수님에 관한 기억들 — 을 마음에 새겨야 한다.

본문에 나오는 선포자는 훌륭한 사람인데, 그의 선포의 주제는 더욱 훌륭하다. 세례 요한은 예수님을 선포한다.

우리는 여기서 그리스도의 모든 사자들의 모델을 보게 된다.

I. 참된 사자.

1. 세례 요한은 예수님을 친히 본 사람이다. 요한이 그리스도를 알아보지 못한 때가 있었다. 그런 적당한 때가 되자 성령께서 그분을 가르쳐 주셨다(33절).

예수님의 참된 전달자는 요한과 같아야 한다:

- 그는 주님의 나타나심을 자세히 살핀다.
- 그는 자신이 그분을 직접 보아 알고, 또 계속 보기를 바라는 사람으로서, 예수님을 즐겁게 선포한다.
- 그는 주님이 오신다고, 오고 계신다고 선포한다.

2. 요한은 사람들에게 예수님을 보도록 촉구한다. "보라 하나님의 어린양

이로다."

- 그는 이것을 분명하게 그리고 확신 있게 선포한다.
- 그는 이것을 지속적으로 선포한다. 그것이 그의 유일한 메시지이다. 요한은 "이튿날에도"(35절) 똑같은 말씀을 선포했다.
- 그는 이것을 진지하게 그리고 강력하게 선포한다. "보라."

3. 요한은 자신의 동료들을 예수님에게 인도한다. 요한의 제자들은 요한이 말한 것을 듣고, 예수님을 좇았다(37절).
   - 그는 사람들을 자신의 추종자로 만들 충분한 힘이 있었다.
   - 그는 자신의 추종자들이 자기를 떠나 예수님께 가도록 유도할 만큼 충분히 겸손했다.

이것이 세례 요한의 영광이다.

- 그는 그렇게 함으로써 자신도 기뻐할 수 있을 만큼 은혜가 충만했다.

우리의 설교는 사람들을 우리 자신이 아니라 그리스도께 나아가도록 만들어야 한다. "우리는 우리를 전파하는 것이 아니라 오직 그리스도 예수의 주 되신 것을 전파함이라"(고후 4:5).

4. 요한은 예수 안에서 자신을 버린다.
   - 그는 "그는 흥하여야 하겠고 나는 쇠하여야 하리라"(요 3:30)는 것이 필연적임을 알고 있다.
   - 그는 "신부를 취하는 자는 신랑이나 서서 신랑의 음성을 듣는 친구가 크게 기뻐하나니 나는 이러한 기쁨으로 충만하였노라"(요 3:29)는 말씀의 속성을 알고 있다.

이 모든 점을 지킬 수 있는 사역자가 복이 있다.

II. 참된 메시지.

요한의 선포는 간단했으나 강력했다.

1. 그는 예수님을 "하나님의" 보냄을 받으신 자와 기름 부음을 받으신 자

로 선언했다.

2. 그는 그분을 죄에 대한 유일하게 참된 하나님 지정 희생제물 — 하나님의 어린양 — 로 선언했다.
3. 그는 그분을 인류의 죄의 유일한 제거자 — 세상 죄를 지고 가는 — 로 선언했다.
4. 그는 그분을 믿음의 대상 — 보라 어린양이로다 — 으로 선언했다.

그는 자신의 제자들에게 주님을 바라보도록 권면함으로써, 그들이 구원을 고대하도록 했다.

모든 사명과 의식의 목적은 사람들이 예수님을 바라보도록 하는 것이다. 이미 앞서 달려간 요한과 지금 뒤따라 달려가고 있는 우리는 똑같은 지점을 향해 가고 있는 것이다.

III. 그 메시지에 대한 참된 반응.

요한의 제자들의 행위는 복음 증거에 관한 우리의 참된 지혜가 다음과 같다는 것을 보여 준다.

1. 예수님을 우리 죄를 도말하시는 희생제물로 믿고 인정하는 것.
2. 예수님을 따르는 것(37절).
3. 비록 우리가 홀로 될지라도 예수님을 따르는 것. 예수님을 따른 이후 참으로 많은 선구자들이 있었다. 그들은 그것이 얼마나 큰 고난을 수반하는지 몰랐으나 제일 먼저 따라갔다.
4. 예수님과 함께 거하는 것(39절).
5. 다른 사람들에게 나아가 예수님을 전하는 것(40절과 41절).

그렇다면 여기에 설교하는 사람들에게 주는 교훈이 있다. 요한의 설교는 짧았지만, 예수님으로 충만했고, 영혼을 구원하는데 효과적이었다는 것이다. 그를 본받자.

또 여기에 믿은 사람들에게 주는 본보기가 있다.

지금까지 구주를 알지 못했던 사람들에게 주는 복음도 있다.

✣ 특별사항 ✣

1857년에 수정궁에서 설교하기 하루나 이틀 전, 나는 강대상을 어디에 설치할지를 결정하고, 건물의 음향시설을 점검하기 위해 그곳에 가 보았다. 마이크 앞에서 나는 큰 소리로 "보라 세상 죄를 지고 가는 하나님의 어린양이로다"라고 외쳤다. 그곳에서 무슨 일이 벌어지고 있는지 잘 모르고 있던 한 일꾼이 복도 한쪽에서 일하다 그 소리를 들었는데, 그의 영혼에 마치 하늘에서 오는 음성처럼 들렸다. 그는 죄의식에 사로잡혀 일하는 도구들을 버려두고 집으로 갔다. 집에서 얼마 동안 영적 갈등을 겪은 그는 하나님의 어린양을 바라봄으로써 평강과 생명을 얻었다. 몇 년 후 임종하기 전 그는 자기를 찾아온 사람에게 이 사실을 털어놓았다. _ 스펄전

그 수단은 참으로 단순한데, 그 결과는 얼마나 엄청난지를 보라! 요한은 단순히 "보라 하나님의 어린양이로다"라고 선언했다. 여기에는 열렬한 호소나 성난 질책이나 열광적이고 강압적인 주장도 없었다. 그것은 하나님의 진리에 관한 단순하고 진지한 선언이다. 그리스도의 종들이 그리스도의 인격과 사역에 계시된 대로, 진리, 복음, 하나님의 뜻 외에 다른 무엇을 전하겠는가? 우리가 그들에게 강요하거나 압력을 가하고, 위협하거나 초대하고, 주장하거나 강제하며, 장광설로 호통을 치거나 마음을 녹이려고 하기보다는 단순히 진리를 말해 주는데 온 힘과 정력을 다하는 것이 훨씬 더 중요하지 않은가! 그러면 진리 자체가 영혼 속으로 들어가 호통을 치거나 그 마음을 녹이고, 깨우거나 속삭이고, 상처를 내거나 위로함으로써, 그곳에 빛과 능력을 제공한다. 그리스도의 설교와 사도들의 설교는 얼마나 조용하고 객관적으로 나타나고 있는가! 그들에게 스며들어있는 의식은 얼마나 강력한가! 이것은 하나님의 진리요, 하늘로부터 온 빛이요, 위로부터 온 권능이로

다! "보라 하나님의 어린양이로다." _ 아돌프 사피어(Adolph Saphir)

존 웨슬리는 어느 날 대신들과 귀족들을 대상으로 설교할 때, "독사의 자식들아"라는 본문을 설교하고 좌중을 살폈다. 웨슬리에게 실망한 한 대신이 퇴장하면서 "그 설교는 뉴게이트에서 했어야 했는데"라고 말했다. 그러자 웨슬리는 두려움 없이 "아니오, 내가 언급한 **거기**는 '보라 세상 죄를 지고 가는 하나님의 어린양' 이었습니다"라고 말했다.

영국인 순교자 가운데 하나인 로저 클락은 화형당할 때, 군중들을 향해 "보라 세상 죄를 지고 가는 하나님의 어린양이로다"라고 외쳤다. 자신의 증거를 그분의 피로 인치기 위해 성도가 사용한 이 외침은 얼마나 적절한가!

어떤 **사자**라도 자기보다 훨씬 훌륭한 사람이나 시대, 자신의 빛보다 더 밝은 빛에 관해 말하는 것이 아니라면, 메뚜기와 석청을 먹으며 광야에서 그토록 오래 살 수는 없었을 것이다. 요한은 꿀벌과 메뚜기보다 자신이 선포했던 예언에 관해 더 충실한 삶을 살았다. _ 파커 박사

한 젊은 전신기사가 자신의 영혼에 관해 고민에 빠져 있었다. 한숨도 자지 못하고 밤을 꼬박 새운 후, 근무를 시작했다. 일하면서도 자신의 죄인됨에 관한 생각으로 마음이 착잡하던 그는 앞에 있던 전신기가 움직이는 소리를 들었다. 깜짝 놀란 그는 다음과 같은 말이 타전된 것을 발견했다: "윈더미어로부터 와크워드에게. '보라 세상 죄를 지고 가는 하나님의 어린양이로다. 그가 자신의 피로 죄 사함을 베풀고 우리를 구속하셨도다.'"

이는 평강을 구하던 한 젊은이로부터 온 편지에 답장으로 주어진 것이었다. 그것은 이중의 행복으로 작용했다. 전신기사와 수신자 두 사람 모두에게 구원의 길을 보게 해 주었기 때문이다.

170
참 이스라엘 사람

예수께서 나다나엘이 자기에게 오는 것을 보시고
그를 가리켜 이르시되
보라 이는 참으로 이스라엘 사람이라
그 속에 간사한 것이 없도다
_ *요한복음 1:47*

본문은 "보라 세상 죄를 지고 가는 하나님의 어린양이로다"라는 말씀이 기록된 장에 나오는 말씀이다. 우리는 먼저 "하나님의 어린양을 보아야" 한다. 그리고 그 다음에는 하나님의 사람을 보아야 한다.

나다나엘은 단순하고, 솔직하고, 정직한 사람으로, "참으로 이스라엘 사람" 이었다.

이 점에서 그는 그의 위대한 조상인 야곱과 닮지 않았다. 야곱은 그 기념비적인 날 밤, 천사와 씨름해서 육체의 힘을 다 상실할 때까지, 탈취자였고, 하나님과 함께 하는 왕자가 아니었다. 그 연약함을 단순하게 전능하신 하나님께 두었을 때 비로소 야곱은 이스라엘이 되었다(창 27:36; 32:28).

순전하고 단순한 성품은 우리 주님이 활동하던 당시에는 일반적인 것이 아니었다. 그것은 오늘날에도 많은 사람들에게 무시되는 성품이다. 그것은 우리 주님에 의해 크게 평가되었다. 주님은 똑같은 성품을 완전하게 구비하신 분으로, 진실로 "거룩한 아들 예수"로 불린다.

이 간사함이 없는 성품은 다음과 같다:

I. 구하는 자 속에 있는 행복의 표지.

우리는 나다나엘이 거친 과정을 통해 이것을 예증할 것이다.

1. 그는 제자들이 말하기 쉬운 부류에 속하는 사람이다. "빌립이 나다나엘

을 찾아" (45절).

2. 그는 자신의 고민을 털어놓고, 그러므로 자기 친구들이 그것을 어떻게 해결하는지 본다. "나사렛에서 무슨 선한 것이 날 수 있느냐" (46절).
3. 그는 "와서 보라" (46절)는 적절한 시험을 치를 준비가 되어 있다.
4. 그는 그 시험에 응할 때 정직하다. 주님은 나다나엘이 말꼬리 잡기 좋아하는 비판가도 아니고, 무익한 호기심에 가득 찬 구경꾼도 아님을 알고 계셨다(47절).
5. 그는 정확한 증거만 제시된다면, 믿음을 가질 수 있는 사람이다. 우리 주님이 자신의 전능성을 보여주자마자 나다나엘은 믿었다(48절).
6. 그는 고백할 준비가 되어 있다(49절).
7. 그는 그리스도의 학교에 진학할 준비가 되어 있다. 주님은 그가 볼 준비가 되어 있기 때문에, 그에게 더 큰 일을 보게 될 것을 약속하셨다(50절과 51절).

이스라엘 사람은 "이스라엘의 임금" 을 알고 있는 사람이다(49절).

이스라엘 사람은 모든 이스라엘 사람들의 조상의 유명한 꿈을 이해하고 있는 사람이다(51절; 창 28:12).

II. 신자 속에 있는 생명의 요소.

참으로 솔직한 사람, 오직 그런 사람만이 그리스도인이 될 수 있다.

1. 용서의식이 간사함의 유혹을 제거한다. 우리는 용서받았을 때 변명을 멈추게 된다(시 51편).
2. 그리스도를 "진리" 로 받아들일 때, 간사함을 미워하게 된다.
3. 복음에 대한 진정한 확신은 위선적 신앙을 차단한다.
4. 주님에 대한 완전한 헌신은 이중적 신앙생활과 온갖 거짓된 목표와 원칙들을 끝내도록 한다.
5. 하나님의 임재의식은 간사함을 부조리한 것으로 보이게 한다.

6. 하나님을 믿는 용기 있는 믿음은 간사함을 비천하고 비겁한 것으로 나타나게 한다.

III. 다른 특질들의 확실한 생산자.

1. 그것은 사람을 성경을 사랑하는 자로 만든다. 나다나엘은 율법과 선지자에 대해 익숙했다.
2. 그것은 사람을 기도하는 자로 만든다. 그는 이스라엘 사람이다(창 32:28).
3. 그것은 사람을 홀로 있도록 이끈다. "무화과나무 아래 있을 때에"(48절).
4. 그것은 사람을 그의 얼굴에 마음이 나타나도록 만든다. "이는 참으로 이스라엘 사람이라"(47절).
5. 그것은 사람을 순전하고 참된 천국의 영광을 보도록 준비시킨다.

우리 가운데 누가 일반적인 영리함, 솜씨, 기민함 그리고 비판력 등으로 유명하게 될까?

우리는 영리함에 대해 지나치게 칭송받는 것을 두려워해야 한다.

단순함이 부족한 것이 절대로 건전함의 표지는 아니다.

어쨌든 진실하자. 주께서 우리에게 그의 진리를 가르쳐 주시기를!

모자이크

그리스도께서는 평범한 사람들에게 말씀하는 것을 좋아하셨다. 서기관들과 바리새인들이 그분에게 들었더라면, 또 이 시대의 사람들 가운데 똑똑한 사람들이 그분에게 들었더라면, 그들은 그리스도가 자기들을 바보로 만들 의도로 말했다고 생각할 것이다.

오늘날 거짓되지 않은 사람들 가운데 바보 아닌 사람이 있을까? 그는 치밀함과 꾀가 없는 사람을 지혜 없는 사람이라고 평가하지 않는가? 그에게 평범함은 약점이고, 우직한 성실함은 우둔한 단순함이다. 하지만 정직하지 않으면 누구든 분별력이 없는 사람이다. 그렇게 되면 양심은 단지 미친 두뇌로부터 올 뿐이다. 그는 옷으로 가리면 다 가려진다고 본다. 그에게는 속이는 것만이 지혜로운 것이다.

최대의 사기꾼이 그에게는 가장 심오한 사람이다. 그리스도는 뱀과 비둘기 곧 지혜와 단순함을 쌍으로 갖고 계신다. 그분은 하나님이 결합시킨 것을 인간이 분리해서는 안 된다고 말씀하신다. 그러나 세계는 그 두 가지를 분리시킨다. 그것들은 서로 분리되는가? 거의 분리되지 않는다. 그것들을 분리시켜 보라. 오늘날에는 비둘기와 뱀이 서로 어울리지 못하고 있다. 단순함과 지혜는 하나의 마음속에서 정박하지 못하고 있다. 확실히 단순한 태도야말로 보배다. 그러나 세상은 그것을 사용하는 자를 바보라고 조롱한다.

오늘날 사람들은 자기들의 지혜가 문제가 되면 안 되기 때문에 솔직하게 행동하지 않는다. 그들은 바보천치라는 말을 듣지 않기 위해 정직한 단순함을 두려워한다. 어떤 사람이 자신을 정직한 사람이라고 자칭한다면, 여러분은 그를 의심의 눈으로 보게 될 것이다. 바보라는 이름은 너무 창피한 이름으로, 사람은 바보라고 불리기보다는 나쁜 놈이라고 불리기를 더 좋아할 것이다. 그러나 하나님의 말씀, 하나님의 지혜는 참이스라엘 사람을 진실하고 단순한 사람으로 규정한다. 그는 간사함이 없는 사람이다. _ 리처드 클락

"보라 이는 참으로 이스라엘 사람이라 그 속에 간사한 것이 없도다" — 이 표현은 분명히 시편 32편의 내용을 인용한 결과로 보이고, 이 간사함이 없는 마음은 단순한 순전성이 아니라 죄 사함의 열매라는 것을 암시한다. "허물의 사함을 받고 자신의 죄가 가려진 자는 복이 있도다 마음에 간사함이 없고 여호와께 정죄를 당하지 아니하는 자는 복이 있도다" (시 32:1- 2). 만일 우리가 이 단서를 따를 수 있다면, 나다나엘은 속죄에 대한 영적 의미를

전혀 모르는 자가 아니었고, 따라서 속죄가 필연적으로 느끼게 해 준 죄에 대한 의식이 없었던 것이 아니었다. 한편으로는 죄책감으로 인해, 다른 한편으로는 성전 희생제사에서 느낀 속죄에 대한 조항으로 말미암아 그는 죄 사함을 위해 하나님과 씨름하고, 또 거기서 승리함으로써 마음에 간사함이 없다는 지적을 받게 된 것이다. 이처럼 사함 받은 사람 속에는 그의 기도를 들으시고, 그가 부르짖는 애원을 허락하시는 하나님을 어린아이 같이 의지하는 가식 없는 마음이 충만하다. 그는 그리스도를 아는 인격적 지식을 위한 가장 잘 준비된 상태에 있고, 우리는 그가 주님을 처음 대면했을 때 그분을 공경하는 믿음으로 충만해 있는 것을 보게 되며, 다른 12 제자들에 의해 똑같이 주어지는 고백보다 더 멋진 고백을 보여 줌으로써, 참된 제자도의 출발점에 서 있다고 말할 수 있다. _ C. A. 데이비스

나다나엘은 이 참된 이스라엘 사람 가운데 하나였다. 그는 실제로 보나 고백으로 보나 하나님의 자녀 가운데 하나였다. 그가 이에 관해 제공하는 증거는 그가 간사함과 거리가 멀다는 것이다. 그러나 구주는 그가 죄책이 없다고 말씀하시지 않는다.

사람은 흠이나 점이 있을 수 있고, 결코 투명한 존재일 수 없다. 그리스도인은 죄가 없는 순전한 존재는 아니다. 그는 그냥 넘어갈 수 없고, 통탄해야 할 무수한 허물을 갖고 있으나 간사함은 없다. 그는 위선자는 아니다. 그는 자기에게 속해 있지 않은 품성을 가장하기 위해, 종교적으로 최고 수준에 있는 것처럼 꾸미지 않는다. 그는 겉과 속이 다르지 않다. 그의 고백과 행동, 그의 말의 의미와 말 자체 사이에는 일치가 있다. 그는 자신과 다른 사람들과 하나님과의 관계에 솔직하다. 그는 시종일관하다. 그는 홀로 있을 때나 다른 사람들과 함께 있을 때나 항상 똑같다. 자기 집에서나 하나님의 집에서나 동일하다. 순경 속에 있을 때나 역경 속에 있을 때나 변함이 없다. _ 윌리엄 페이(William Fay)

금강석은 깨끗해질수록 그 섬광 또한 그만큼 더 빛난다. 마음도 더 단순할수록 하나님의 눈에 더 밝게 비친다. 그리스도께서 나다나엘에게 하신 칭찬 — 보라 이는 참으로 이스라엘 사람이라 그 속에 간사한 것이 없도다 — 은 얼마나 멋질까!

171
우물가에 앉으신 예수님

거기 또 야곱의 우물이 있더라
예수께서 길 가시다가 피곤하여 우물곁에 그대로 앉으시니
때가 여섯 시쯤 되었더라
_ *요한복음 4:6*

주님에 관한 어떤 일들은 우리에게 더 자세히 기억될 수 있다.

우리는 여기서 주님을 우물이나 오후에 편안하게 쉬시는 모습을 통해 생각해 볼 수 있다. 얼마나 인간적인 예수님의 모습인가! 그분은 긴 여정에 피곤하셨다. 그분의 피곤은 휴식이 필요했다. 쉬기 위해 그분은 "우물곁에 앉으셨다."

그분의 인성이 얼마나 피곤하셨을까! 그분은 제자들보다 더 피곤하셨다.

- 그분은 제자들보다 더 정신적으로 긴장하셨다.
- 그분은 그들이 모르는 피곤함을 갖고 계셨다.

그분의 자기부인은 여기서도 두드러지게 나타났다.

- 그분은 모든 면에서 그의 형제들과 똑같은 모습을 보여 주셨다.
- 그분은 자신을 노고로부터 제외시키지 아니하셨다.
- 그분은 이적을 자기만족을 위해 행하지 아니하셨다.
- 그분은 더위, 갈증, 피곤을 기꺼이 감수하셨다.

따라서 그분은 다음과 같은 사람들에게 공감하실 수 있었다:

- 길가에서 쉬는 여행객.
- 노고에 지친 노동자.
- 뼛속 깊이 고통을 느끼는 환자.
- 차가운 돌 위에서 쉬고, 공동우물에 음식을 씻어야 하는 가난한 자.

• 삶에 대해 예비된 아무런 위로가 없고, 단순한 자연 질서 속에서만 안식을 찾아야 할 정도로, 곤고한 삶의 여정에 압박받는 지친 영혼.

본문을 읽어보고, 우리 앞에 어떤 그림이 그려지는지 확인해 보자. 그러면 다음과 같은 그림을 그려야 할 것이다.

I. 당신의 양심은 지치신 구주의 영적 모습을 그려야 한다.

1. 그분은 죄로 말미암아 지쳐 있다(사 43:24).
2. 그분은 우리의 형식적 예배로 말미암아 지쳐 있다(사 1:14).
3. 그분은 불신앙에서 오는 우리의 죄악으로 말미암아 지쳐 있다(시 95:10).
4. 그분은 우리가 자신의 영을 대적함으로 말미암아 지쳐 있다(사 63:10).
5. 그분은 우리의 생트집과 반역으로 지쳐 있다(말 2:17).

특수한 괴롭힘이 언급되어 있는 아모스 2:13에서 읽는 것처럼, 어쩌면 우리는 특히 주님을 더 지치게 했을지 모른다. 그것은 "너희가 사람을 괴롭히고서 그것을 작은 일로 여겨 또 나의 하나님을 괴롭히려 하느냐" (사 7:13)는 이사야 선지자에 의해 주어진 엄중한 질문이다.

II. 당신의 양심은 당신을 기다리시는 구주의 영적 모습을 그려야 한다.

1. 그분은 우물로 나아오는 자들을 기다리신다. 그분은 모든 기회를 축복의 기회로 삼으신다. 곧 고통의 순간, 말씀을 들을 때, 다시 돌아온 생일 또는 극히 사소한 인생의 사건들까지도 그 기회로 사용하신다. 사람들은 다른 일로 나아온다. 그들은 단지 물을 얻기 위해서 우물을 찾는다. 그러나 주님은 더 위대한 목적으로 그들을 만나신다.
2. 그분은 죄로 얼룩진 죄인들을 기다리신다. 그녀는 남편이 5명이나 되었다.
3. 그분은 가르치고, 깨닫게 하고, 회개시키기 위해 기다리신다.

4. 그분은 영접하고, 사명을 주기 위해 기다리신다.
5. 그분은 그녀가 사마리아 사람들에게 한 경우처럼, 한 회심자가 더 큰 추수를 시작하도록 기다리신다.

당신을 위해 그분은 얼마나 오래 기다리셨을까!

그분은 얼마나 다양한 관점에서 당신을 바라보셨을까!

그분이 지금 이 순간에도 당신을 기다리고 계시지 않는가?

당신은 그분의 오래 참으시는 사랑에 복종하지 않겠는가?

III. 당신의 회개는 또 다른 모습을 그려야 한다.

인물의 입장을 바꾸어 보자.

1. 당신은 죄의 길에서 지쳐 있다.
2. 당신은 주님의 은혜로운 말씀이 있는 우물에 나아가 앉는다.
3. 당신의 구주가 오실 때까지 지키고 기다린다.
4. 그분께 물을 마실지 여쭈어보고, 그렇게 함으로써, 그분께 가장 신선한 활력을 드리게 된다.
5. 당신 스스로 생수를 마시고, 그런 다음 다른 사람들에게 그 사실을 말하기 위해 달려간다.

당신은 즉시 이렇게 하지 않겠는가?

성령께서 당신에게 그렇게 지시하시기를!

묵상

그때는 오후 시간으로, 주님은 오랜 여행으로 지쳐 있었고, 어쩌면 혹독한 무더위에 지쳐서 "우물 곁에 그대로" 앉아계셨을 것이다. 원래의 표현은 아주 애처로운 모습이다. 그것은 여행자가 정말 기진맥진해서, 가능한 한 가장 편한 자세로, 그 수족을 그 자리에 던져버리는 것을 의미한다. _ 파러 부주교

고된 일을 하는 사람들이 한낮에 휴식을 위해 몇 분 동안 앉아 쉴 때, 우리는 그들의 모습을 통해 주님이 우물에서 취하신 정오의 휴식을 상기해 보아야 한다. 그분도 우리처럼 지치셨지만, 그분의 휴식은 짧았고, 그분의 일은 거의 쉴 틈이 없었다. 그분은 우리를 찾아다니는데 지치셨다. 우리의 완고한 마음이 그분의 천국으로부터의 모든 여정을 지치도록 만들었다. 그분은 우리의 사랑을 절실히 원했지만, 그것을 거의 찾지 못하셨다. 그 반대의 경우를 생각해 보라. 예수님은 이 세상 누구에게서 그 사랑을 발견하셨는가? 위대하고 사치스러운 사람들이 아니라 평범한 사람들에게서 그 노고를 함께 나누셨다. _「교역자를 위한 복음서에 관한 실천적 묵상」

우리가 우리 주님의 육체적 피로에 공감한다면, 죄로 말미암아 갖게 된 영혼의 피로를 상정해 보는 것은 당연할 것이다. 그분은 사람들에게 복을 주길 원하셨으나 그들은 생명의 떡을 거부했다. 그분은 그들을 모으셨으나 그들은 모이지 아니했다. 그분은 특별히 박하와 회향과 근채의 십일조를 드린 바리새인들의 가식적인 위선과 서기관들의 어리석은 율법주의에 지치셨다. 그분은 유대인들의 완고한 불신앙과 자신의 제자들의 나약한 믿음에 대해서도 지치셨다. 자기 주변 사람들의 죄, 생트집, 중상, 이기심, 마음의 강퍅함으로 말미암아 그분은 그 거룩한 영혼이 피곤해졌고, 날마다 슬픔의 사람이 되지 않을 수 없었다. 그러나 그분은 결코 우물을 떠나지 않고, 목마른 영혼들에게 기꺼이 생수를 주셨으며, 자기에게 나아와 마시기를 원하는 자들을 거부하지 않으셨다. _스펄전

"예수께서 길 가시다가 피곤하여" — 그분 자신이 고난을 받으셨기 때문에, 그분은 이 연약한 사마리아 여인을 더 크게 도울 수 있었고, 또 돕기가 쉬웠다. 그래서 요한 사도는 우리에게 우리 몸 즉 정욕과 나약함 때문에 비참에 빠지기 쉬운 육체처럼, 고난 속에 있는 자들을 동정하라고 명한다. _

트랩

우리는 피곤할 때에도 선한 일을 도모해야 한다. 지쳐 우물 곁에 앉아 계시던 주님은 그 와중에도 여전히 살피고 계신다. 하루의 고된 사역을 마치고 집으로 돌아온 목사에게 부인이 가정기도를 생략하자고 말하자 그는 "기도를 못할 정도로 피곤하지는 않다" 고 대답했다. 하나님께서 말씀을 축복하실 때, 진실한 사역자들은 그 피로를 잊고, 밤이 새도록 방문자들과 말씀의 은혜를 나누는 법이다. 그러나 슬프도다! 성령께서 인간의 마음에 역사하시지 않는다면, 그 사람은 그 예외적인 섬김의 사역을 마치고 그 방을 떠날 때, 밤 새워 일하는 것이 불필요한 "초과업무" 라고 스스로 핑계할 것이다. 언젠가 다른 사역자가 이렇게 말했다: "오, 그는 너무 차가워! 그는 종교적인 열정을 잘못이라고 생각하는 사람이야. 그는 열심을 참을 수 없지." 특별한 점을 보여 주는 것이 우리의 모습이 되어야 하리라. 경건한 브레이너드는 침상에서 죽어 가고 있었기 때문에 설교할 수 없었을 때, 한 작은 인디언 소년을 그 자리로 불러 설교함으로써 그를 가르치려고 했다. 우리도 영혼구원을 위해 살아야 하고, 또 그것을 위해 죽어야 한다. _ 스펄전

172
원천

여자가 이르되 주여 물 길을 그릇도 없고 이 우물은 깊은데 어디서 당신이 그 생수를 얻겠사옵나이까
_ 요한복음 4:11

우리 주님의 목적은 그 여인이 자기에게서 구원을 찾도록 이끄는 것이었다. 우리의 소원은 오늘날 존재하는 모든 사람들의 즉각적인 회심이다.

사마리아 여인은 첫 번째 구할 때, 구주를 영접했다.

많은 사람들이 여러 번에 걸쳐 예수님의 초청을 받아왔다 ― 당신은 끝까지 응하지 않겠는가?

우리 주님은 평범한 가르침과 친절한 태도를 통해 그녀의 마음을 사로잡으셨다 ― 우리도 우리 회중들에게 똑같은 과정을 취해야 한다.

그분의 흥미로운 비유를 그녀가 깨닫지 못하자 그분은 솔직한 사실 설명으로 들어가, 그녀의 삶의 비밀을 털어놓으셨다. 한 영혼의 멸망을 지적하는 것보다 더 나은 방법은 없다.

I. 앞의 가르침을 설명해 보자.

주님은 그녀에게 "네가 만일 하나님의 선물과 또 네게 물 좀 달라 하는 이가 누구인 줄 알았더라면 네가 그에게 구하였을 것이요 그가 생수를 네게 주었으리라"(10절)고 말씀하셨다.

그 비유는 단순히 주변 산들의 물 ― 샘의 근원이 되는 물이 아니라 땅에 담겨 있는 물 ― 을 모아놓은 야곱의 우물물과 대조시켜 설명한 생수에 관한 비유였다.

그분은 자신의 은혜가 샘에서 나온 물과 같다는 것을 말씀하고자 함이었다.

- 그것은 최상급으로, 항상 새롭다.
- 그것은 생명력이 있어서, 생명을 자라게 한다.
- 그것은 능력이 있어서, 스스로 길을 찾아간다.
- 그것은 지속적이고, 결코 마르지 않는다.
- 그것은 풍성해서, 나아오는 모든 자들에게 충분히 공급된다.

나아가 그분은 그 여인에게 친밀했다:

1. 그분이 그것을 갖고 계셨다. 그릇을 함께 당길 필요가 없었다.
2. 그분이 그것을 주기 위해 갖고 계셨다.
3. 그분이 그것을 구하는 자에게 주려고 갖고 계셨다.
4. 그분만이 그것을 주실 수 있었다. 그것은 지상의 우물에서는 발견되지 않았다.

II. 본문의 질문에 대답해 보자.

무지하기에, 그 여인은 "어디서 당신이 그 생수를 얻겠사옵나이까"라고 물었다.

우리는 지금 이 순간에 주님이 우물 곁에 앉아서 주신 대답보다 훨씬 더 깊은 대답을 줄 수 있다.

그분은 지금 무한한 구원 능력을 갖고 계시고, 그 능력은 다음과 같은 이유들로 말미암아 주어진다:

1. 그분의 온전한 인성과 결합된 신적 본성으로부터.
2. 하나님의 목적과 약속으로부터.
3. 성령의 기름 부으심으로부터.
4. 그분의 대속사역으로부터. 이 사역은 그것을 실제로 성취하시기 전부터 효력을 발휘했고, 지금은 그 효력이 충분한 상태에 있다.
5. 아버지의 오른편에 앉아 행하시는 그분의 중보로부터.

6. 영광 중에 거하시는 그분의 대표적 삶으로부터. 지금은 모든 권능이 그분의 손에서 나온다(마 28:18).

III. 그 대답으로부터 몇 가지 추론을 이끌어내 보자.

1. 그분은 계속 복을 주실 수 있다. 그분은 이 생수를 오직 불변하시는 자신의 자아로부터 흘려내기 때문에 그분은 항상 변함없이 충분하게 그것을 공급하실 수 있다.
2. 그분은 우리에게 아무것도 요청하지 않으신다. 그분 자신이 영원히 충분한 유일의 샘의 근원이 되신다.
3. 우리는 그분의 자원이 고갈될까 두려워할 필요가 없다.
4. 우리는 언제든 그분에게 나아갈 수 있고, 그분이 우리를 거부하실까 전혀 걱정할 필요가 없다.

물방울

샘으로부터 흘러나오는 큰 물줄기를 볼 때, 우리가 그것이 어디서 나오는지에 대해 질문하는 것은 당연하다. 이것은 대부분의 사람들에게 자연의 신비 가운데 하나다. 욥은 "바다의 샘들"에 관해 말하고, 아무도 그것들을 찾아낼 수 없음을 암시한다. 그러나 구원의 샘은 어디에 있는가? 신적 은혜의 강 아니, 무한한 대양은 어디서 연원하는가? 예수 안에는 모든 충만함이 있다. 그러나 거기서 어떻게 그것이 나왔을까? 그분은 자기에게 나아오는 모든 자에게 생수를 제공하신다. 그분은 이 한량없는 공급량을 어디서 가져오시는가? 이 질문들은 해 볼 가치가 없는가? 그 대답이 우리 자신에게 교훈이 되고, 우리 주님에게는 영광이 되지 않는가? 그렇다면, 오라. 와서 이 사마리아 여인의 말을 차용해서 우리 주님과 대화해 보자. _ 스펄전

언젠가 런던 거리를 말을 타고 다니는데, 수백만 시민들이 매일 삶을 유

지하기 위해 공급되는 생필품들이 얼마나 많은지, 그러면서도 기근이 즉시 일어나지 않은 것에 대해 깜짝 놀란 적이 있다. 그러나 수퍼마켓과 물품창고들을 보고, 온 땅이 이 방대한 대도시에 그 생산품을 팔기 위해 얼마나 열심을 다하고 있는지를 생각하게 되었을 때, 나는 적이 안심이 되었다. 나는 엄청난 물량의 공급품이 어디서 나오는지 알고 있고, 여기서 내가 놀라는 것은 수백만 명의 사람들이 먹고 산다는 것이 아니라 그들이 그토록 엄청난 양의 음식을 소비할 수 있다는 것이다.

마찬가지로 인간의 영적 필요를 보았을 때, 나는 그것이 항상 충족되어 왔다는 것에 놀란다. 주 예수님의 인격과 사역을 보았을 때, 나의 놀라움은 그치고, 새로운 경이가 시작된다. 나는 죄의 권능보다 은혜의 무한성에 더 크게 놀란다. _ 스펄전

「이집트에서의 거친 생활」의 저자인 카이로는 이렇게 말한다: "아마 배수구로 흐르는 짧고 간단한 물소리만큼 인상적인 소리는 없을 것이다. 하나님의 선물은 물가죽부대를 어깨에 메고 가는 것과 같다. 사마리아 여인에게 주님께서 '네가 만일 하나님의 선물과 또 네게 물 좀 달라 하는 이가 누구인 줄 알았더라면 네가 그에게 구하였을 것이요 그가 생수를 네게 주었으리라' (10절)는 말씀을 빼놓고, 이 소리를 듣기란 불가능하다. 이 무더운 나라에서 그토록 무한한 가치가 있고, 그토록 희귀한 물이 그 당시에도 요즘처럼 그 보배로움을 지적하기 위해 '하나님의 선물' 로 불리는 것은 당연하다. 그렇다면, 그 표현은 그 여인에게 가장 힘이 있고, 의미로 충만한 것이 되었을 것이다." _「성경의 보물」

사람들이 이 우물로 가기 위해 얼마나 많은 준비를 해야 할까! 육체의 갈증들을 풀고 해소하기 위해 우물물을 마시려고 얼마나 많은 거리를 가야 하며, 육체의 질병으로부터 벗어나기 위해 그들은 얼마나 다른 많은 일들을 포

기해야 할까! 그러나 그럼에도 불구하고 생수를 찾는 자는 얼마나 적고, 세속적 관심사 때문에 그들의 불멸의 영혼의 유익과 건강에 대해서는 얼마나 미온적일까! — 벤저민 키치(Benjamin Keach)

"**이 우물은 깊은데**"라고 여인은 예수님께 말했고, 그것은 정말 그랬다. 그것은 돌을 떨어뜨리면 수면에 닿아 물 튀기는 소리가 들리기까지 2. 5초 정도의 시간이 걸렸다. … 본문의 내용으로 돌아가 보자. 그곳을 방문했을 때, 내 마음속에 떠올랐던 의미는 바로 "**생수**"였다. 그만큼 깊었고, 또 깊은 만큼 그 속의 물이 의심할 것 없이 시원했던 야곱의 우물은 단지 사람이 만든 우물에 불과했다. 곧 빗물을 모아놓은 물통으로, 땅의 배수로였을 뿐이다. … 가뭄이 닥치면, 이 우물은 아무 소용이 없을 수밖에 없었다. 그것은 샘이 아니라 우물 곧 물의 저장소였다.

생수의 근원은 하나님 자신이시다(렘 2:13). "생명의 원천이 주께 있사오니"(시 36:9). 그것은 단순한 저장소가 아니다. 그것은 솟아나고, 흘러나오고, 살아 있는 시내다. 아니, 영원토록 솟아나는 샘이다. 우리는 누구나 높은 곳에서 압력을 가하면 물 꼭지로부터 물이 강력하게 분출되는 것을 알고 있다. 샘이 높은 곳에 있을수록 그 분출되는 물줄기도 더 높아지고, 강력하게 마련이다. 그러나 아무리 높이 분출된다 해도, 그 원천이 되는 샘의 높이를 능가할 수는 없다. 우리의 영적 생명, 곧 "우리의 생명의 샘"은 그 원천을 하늘에 두고 있다. 그것이 일어나는 곳은 천국이다. 그러므로 아무리 높다 하더라도, 그것이 만족시키지 못하는 곳은 없다. 그것은 하나님으로부터 오고, 하나님께 다시 돌아갈 것이다. _F. A. 몰슨(F. A. Malleson)

173
안식일에 일하심

이날은 안식일이니
_ *요한복음 5:9*

그리스도는 어느 날이든 가리지 않고 사람들을 고치셨다. 그러나 안식일은 엄숙한 은혜의 날이다. 복음서에는 주님이 안식일에 고치신 여섯 가지 특별한 치유사례가 기록되어 있다:

1. 귀신을 쫓아내심(눅 4:31- 35).
2. 손 마른 자를 회복시키심(눅 6:6- 10).
3. 꼬부라져 몸을 펴지 못하는 여자를 고치심(눅 13:10- 17).
4. 수종병 든 사람을 고치심(눅 14:1- 6).
5. 38년 동안 누워있던 자를 온전케 하심(요 5:1- 9).
6. 맹인의 눈을 열어 주심(요 9:1- 14).

하나님께서는 안식일에 쉬시고, 그날을 거룩하게 하셨다. 하나님이 그렇게 하신 것처럼 예수님도 치유의 사역을 통해 안식하게 하심으로써, 그날을 거룩하게 하셨다.

I. 이 치유들은 다양한 환자들을 만족시킨다.

1. 사탄의 영향 아래 있는 사람들(눅 4:31- 35). 오늘날 이 순간에도 많은 사람들이 이 질병에 시달리고 있다.
2. 영적 무능력을 의식하고 있는 사람들(눅 6:6- 10).
3. 큰 고통, 낙심, 절망 등으로 눌려 있는 사람들(눅 13:10- 17). 이 불쌍한 여인은 18년 동안 무력한 상태에 있었다.
4. 고질병으로 시달리고 있는 사람들(눅 14:1- 6). 이것은 죄의 치명적 성

격을 대표하고, 둘째 사망에 대한 두려움에 사로잡혀 있는 사람들의 경우를 상징한다.

5. 완전히 마비된 상태에 있는 사람들(요 5:1- 9). 이 사람은 38년 동안이나 꼼짝 못하는 상태에 있었다. 어떤 사람들은 특히 당연히 해야 할 일에 대해 느낌이 없거나 행함이 없거나 대책이 없을 수 있다. 그들은 약하고 우유부단하다. 치유의 연못 가까이에 누워 있지만, 다른 사람들이 그들보다 먼저 뛰어들기 때문에 그들은 은혜의 수단으로부터 아무런 이득을 취하지 못한다.
6. 태어날 때부터 맹인인 사람들(요 9:1- 14). 많은 사람들이 이 상태에 있다. 그들은 영적 진리를 보지 못하고, 복음 진리에 관해 완전히 어둠 속에 있다.

II. 이 치유들은 통상적 과정을 상징한다.

1. 마귀에게 주어진 말씀. "잠잠하고 그 사람에게서 나오라"(눅 4:35). 사탄은 주님의 말씀의 권능을 알고 있지만, 전혀 중시하지 않는다.
2. 고난당하는 자에게 개인적으로 주어진 말씀. "네 손을 내밀라"(눅 6:10). 그는 그렇게 할 수 없었지만, 하도록 명령을 받았고, 거기에 순종했다. 이것이 복음의 방법이다.
3. 실천대로 받아들여진 말씀. "여자여 네가 네 병에서 놓였다"(눅 13:12). 믿음은 약속을 현실로, 복음의 가르침을 실제 구원으로 바꾼다.
4. 말씀 없이 행해진 권능(눅 14:4).
5. 일으키고 명령하시는 말씀. "일어나 네 자리를 들고 걸어가라"(요 5:8). 많은 사람들이 오랜 무기력과 무감각에서 벗어나는 자극을 받음으로써 구원을 받는다.
6. 다른 수단들과 연계된 말씀(요 9:6- 7). 모든 이적은 말씀에 깊이 연루되어 있다.

이 다양한 방법들에 따라 예수님은 안식일에도 일하신다.

III. 이 치유들은 회당 안팎에서 일어났다.

1. 회당 안, 무례한 행동을 했던 사람에게(눅 4:33).
2. 회당 안, 무리들 중에서 선택한 사람에게(눅 6:8).
3. 회당 안, 예수님께 부르심을 받은 여자에게(눅 13:12).
4. 회당의 업무가 다 마쳐진 다음(눅 14:1).
5. 너무 연약해서 회당에 갈 수 없는 자에게(요 5:5).
6. 너무 가난해서 회당에 있는 자에게(요 9:8).

IV. 이 치유들은 당사자가 원해서 이루어진 것이 아니었다.

이것은 그들 모두에 관해 한 가지 공통적인 특징이 있다.

1. 귀신 들린 사람은 그리스도께 자기를 내버려 두라고 청했다(눅 4:34).
2. 손 마른 사람은 고침 받는 것은 생각조차 못했다(눅 6:6).
3. 꼬부라진 여인은 회복에 대한 희망을 품지 못했다(눅 13:11).
4. 수종병든 사람은 축복을 구하지 아니했다(눅 14:2).
5. 38년된 병자는 몸의 마비가 너무 심해 그리스도께 구원을 청할 수 없었다(요 5:5).
6. 날 때부터 맹인이었던 사람은 눈먼 사람의 눈이 열릴 수 있다는 말을 들어본 적이 없기 때문에 그것을 전혀 기대하지 않았다(요 9:32).

이 역시 안식일이다. 안식일의 주인을 바라보자.

그분께서 오늘 구하는 자들에게 이것을 주시지 않겠는가?

그분께서 우리가 자기에게 이끄는 자들을 축복하시지 않겠는가?

그분께서 우리가 위해서 기도하는 자들을 축복하시지 않겠는가?

✣ 설교의 종(鐘) ✣

주일에는 천국문이 활짝 열려 있다.
복은 풍성하고 충만하다.
바라는 것보다 더 풍성하다.

_ 조지 허버트

임종하기 직전 브레이너드는 이렇게 말했다: "나는 안식일에 태어났고, 안식일에 거듭나기를 원했다는 근거가 있고, 이번 안식일에 죽기를 바란다."

안식일의 주인이 그날에 특별히 자신의 주권을 보여 주시는 것은 당연하지 않은가? 오늘날 우리는 주일에 그날의 주인이 자신의 이름을 높이고, 그날을 자신의 은혜로 빛내는 것을 기대하지 않는가? 한 주간의 첫날을 자연의 빛(태양)을 던져준다는 의미에서 일요일이라고 지칭했고, 그날이 지금은 은혜의 빛을 던져주는 특별한 날이 되는 것은 정말 즐거운 일이다. 그날은 우리에게 안식일이다. 주님이 그날에 지친 심령들에게 안식을 주시지 아니했는가? 사람들은 그날을 일요일이라고 부른다. 의의 태양이 자신의 능력으로 치유하실 때, 우리는 행복하다. 옛날에는 주간에 일을 먼저 하고, 그러고 나면 안식일이 밝아왔다. 그러나 지금은 안식이 먼저 온다. 우리는 안식일에 먼저 쉬고 한 주간의 일을 시작한다. 왜냐하면 우리는 먼저 예수 안에서 안식을 발견하고, 그런 다음에 그분을 위해 일하기 때문이다. 주님 자신이 헛되이 수고하는 사람들에게 스스로 행하신 일 속에서 안식을 말씀하실 때, 주의 날이 복이 있다. _ 스펄전

그리스도는 단순히 우리에게 망토를 던져 주심으로써, 하나님의 복수하시는 눈으로부터, 자신의 공로와 의를 가지고 우리의 모든 더러운 상처를 덮어 버리기 위해 세상에 오신 것이 아니다. 그분은 특별히 죄 자체의 죄책보

다 참 그리스도인에게 더 슬프고, 더 무겁고, 더 해로운 그 상처들의 더러움과 부패로부터 우리가 벗어나도록, 영혼의 의사가 되시기 위해 오셨다. _ 커드워스(Cudworth)

비유: 의사는 환자가 오라고 부를 때까지 그들에게 가지 않는다. 그들이 가까이 온다 해도, 자기들이 내린 처방 외에, 그 대가를 더 받기를 기대한다.

차이점: 그리스도는 오라고 하지 않았는데도 우리에게 오셨다. 그분은 자신을 가리켜 "나는 나를 구하지 아니하던 자에게 물음을 받았으며 나를 찾지 아니하던 자에게 찾아냄이 되었다"(사 65:1)고 말씀하셨다. 환자들이 의사를 먼저 찾지도 않았고, 먼저 오지도 않았다. 반대로 의사가 먼저 환자들에게 가셨다. "인자가 온 것은 잃어버린 자를 찾아 구원하려 함이니라"(눅 19:10). 게다가 그분은 자신의 오랜 여행에 대한 요금을 본인이 기꺼이 다 치르신다. _ 벤저민 키치

174
"그가 어디 있느냐?"

명절 중에 유대인들이 예수를 찾으면서 그가 어디 있느냐 하고
_ *요한복음 7:11*

예수님은 비밀리에 명절에 참여했고, 유대인들은 그분을 찾았다.

그들이 그분을 찾는 동기는 다양했지만, 어쨌든 그들은 그분에 관해 물었다. 어떤 사람도 일단 예수님에 관해 들으면, 더 이상 그분에 대해 무관심할 수 없다. 그는 주 예수님에 대해 어떤 형태로든 관심을 보이지 않으면 안 된다.

많은 사람들로부터 "그가 어디 있느냐"는 질문이 온다.

우리는 여기서 다음과 같은 사실을 살필 것이다:

I. 그 질문이 주어지게 된 원인을 고찰해 보자.

1. 미움. 이것은 그분을 죽이고 그분의 주장을 타도하려는 잔인한 욕망에서 나왔다. 헤롯이 이 부류의 표본이다.
2. 불신앙. 이것은 그분의 존재를 냉소적으로 부정하고, 그분의 주장이 전혀 사실이 아니라는 이유로(벧후 3:4) 그분을 따르는 자들을 조롱하는 결과로 이어졌다.
3. 심약한 두려움. 이것은 슬프게도 그분의 임재, 권능 그리고 탁월성을 의심하는데서 나왔다.
4. 회개. 겸손히 그분을 구함으로써, 그녀는 자신의 죄를 고백하고, 주님을 신뢰하고, 그분에 대한 감사를 보여 줄 수 있었다(욥 23:3).
5. 사랑. 이것은 그분과의 교제와 그분을 섬기기 위한 기회를 진정으로 바라는데서 나왔다.

6. 두려움. 이것은 그분의 부재를 슬퍼하고, 그분의 돌아오심을 간절히 바라는데서 연원했다(아 3:3).
7. 소망. 이것은 재림하실 때 그분을 만나고, 그분의 영광을 보기 원하는 절실한 열망으로부터 나왔다.

II. 성도들의 체험에 나타난 대답을 제시해 보자.

1. 그분은 우리가 은밀하게 부르짖을 때 속죄소에 계신다.
2. 그분은 우리가 성경을 상고할 때 말씀 속에 거하신다.
3. 그분은 두세 사람이 모일지라도, 그의 백성들의 모임 중에 계신다.
4. 그분은 떡을 떼는 것으로 알려진, 그분의 식탁에 계신다.
5. 그분은 돕고, 동정하고, 인도하고, 번영하는 섬김 속에 존재하신다. 믿음의 눈앞에서는 모든 것이 영화롭게 된다.
6. 그분은 시련의 용광로 안에 계심으로써 자신을 계시하고, 시련을 성별시키며, 우리로 하여금 그것을 감당하도록 하신다.
7. 그분은 우리 가까이, 아니 우리와 함께 그리고 우리 안에 계신다.

III. 그 질문을 우리 자신에게 적용해 보자.

1. 그분이 우리의 신뢰의 기초가 되고 있는가?
2. 그분이 우리의 기쁨의 근원인가?
3. 그분이 우리의 마음 보좌 위에 앉아계신가?
4. 그분이 지속적인 대화를 통해 우리 가까이 계시는가?
5. 우리의 정신, 우리의 말, 우리의 행동 속에 그분의 임재를 표현하고 있는가?
6. 그분이 우리 앞에서 우리의 여행의 목표, 곧 우리가 매일 향해 달려가는 종착지인가?

IV. 그 질문을 천사들에게 해 보자.

그들은 이구동성으로 주 예수 그리스도께서 다음 장소에 계신다고 대답한다:

1. 아버지의 품속에.
2. 영광의 한복판에.
3. 통치의 보좌 위에.
4. 대언자 자리에.
5. 속죄소 안에.
6. **우리** 곧 지금 그분의 얼굴을 뵙기 원하는 모든 불쌍한 죄인들을 붙들 수 있는 범주 안에.

오, 오라. 우리가 가서 그분을 만나보리라!

우리는 그분이 우리 가운데 계실 때 비로소 명절을 치러야 할 것이다.

✣ 일화 ✣

여러 해 전, 방탕과 무절제에 빠져 저지르게 된 죄악으로부터 벗어나기 위해 노력해 왔던, 버밍햄 출신의 한 젊은이가 있었다. 탄로, 적발, 파멸에 대한 두려움이 너무 커서 그는 극도로 절망했고, 그래서 그 나락으로부터 벗어나기 위해 자기 아버지의 집을 떠났다. 하나님의 선한 섭리에 따라 그는 본드 거리를 헤매고 다녔고, 그러던 어느 날 그는 거부할 수 없는 충동에 의해 전에는 전혀 알지 못했던 한 침례교회를 찾아가 앉아있게 되었다. 마침 그 교회 목사인 에드먼즈 목사는 욥기 본문을 읽고 있었는데, 때로는 아주 기민하게 설명을 첨가하여 읽고 있었다. 다음 구절을 읽게 되었을 때, 그 젊은이는 불가항력적인 어떤 힘에 이끌려 주의를 집중하게 되었다: "그런데 내가 앞으로 가도 그가 아니 계시고 뒤로 가도 보이지 아니하며 그가 왼쪽에서 일하시나 내가 만날 수 없고 그가 오른쪽으로 돌이키시나 뵈올 수 없구나" (욥 23:8- 9). 여기서 설교자는 "욥, 욥이여, 그대는 위를 바라보았는가?"

라고 탄원하듯이 외쳤다. 이 말은 튼튼한 곳에 신속하게 박히는 못과 같았다. 이후 그 젊은이는 무의식적으로 성령에 이끌려 그곳에 들어오게 된 것과 자신의 인생을 파멸로부터 구속하고, 결국엔 사랑과 은혜로 관을 씌우도록 하필이면 그 순간 설교자에게 그 말씀을 읽도록 강하게 역사하신 하나님께 항상 감사했다.

헨리 워드 비처(Henry Ward Beecher)는 이렇게 말했다: "어느 날 나는 뉴잉글랜드의 한 마을에 사는 친구와 밤을 함께 보내기로 하고 그를 방문하게 되었다. 나는 전에는 그곳에 가 본 적이 없었다. 역에 도착했을 때, 친구가 거처하는 곳으로 직접 인도해 줄 택시를 금방 탈 수 있으리라고 생각했다. 그러나 내가 타고 왔던 열차는 정규열차가 아니라 특별열차였고, 그곳에 택시는 기다리고 있지 않았다. 그래서 걸어가야 했다. 마을까지의 거리는 3마일 정도였는데, 그곳에 도착할 때까지 무려 13마일이나 헤매고 다녀야 했다. 나는 그곳 주민들이 모두 잠자리에 든 밤 늦은 시간에 그곳에 도착했다. 그곳에 관해 아무것도 아는 것이 없었고, 어디로 가야 할지 막막했다. 교회나 가게나 여관 등도 발견할 수 없었다. 나는 거의 반 시간 정도 헤매고 다녔으나 처음보다 더 악한 상태에 처해 있다는 것을 알았다. 나를 도와줄 사람이 아무도 없다는 것을 느꼈다. 그때 내 처지가 자신의 나라에서 자신의 나라말로 말할 수 있는 능력을 완전히 잃어버린 한 사람과 같다는 것을 깨달았다. 몇 집을 방문하여 문을 두드렸으나 반응이 없었다. 나는 불빛이 새나오는 한 집으로 갔다. 안에서 다투는 소리가 들렸다. 나는 그들이 내가 온 것을 알아챌 것으로 믿었다. 나는 문 밖에서 잠을 재워주는 호의를 받게 된 것을 미리 생각하기 시작했다. 그러나 아무리 두드려도 반응이 없었다. 다시 거리로 나와 무작정 온 거리를 헤매다니다 드디어 빛이 나오는 또 한 집을 발견했다. 지체 없이 그 집으로 달려가 벨을 눌렀다. 비로소 내가 찾던 집을 찾아낸 것이었다. 그날 밤 얼마나 유익한 일이 많았는지에 대해 생각했다. 특히 그 중에서도 밤에 예루살렘 거리를 온통 돌아다닌 사람들과 같지 않음에 대해 감사했다. 그들은 그 도시의 지도도 갖고 있지 못했고, 아무도 그들에게 말해 주지 않아 이리저리 헤매고 다녔지만, 그들의 영혼이 쉴 곳을 찾지 못했다. 그 마음이 고민 속에 있고, 그 양심이 너무 괴로워 여기저기, 위 아래로 헤매고 다니면서 '당신은 나의 주인, 나의 주님을 보셨습니까? 당신은 내 영혼이 그 안에서 기뻐할, 그분이 머무르고 계신 곳을 말해 줄 수 있습니까?' 라고 묻고 다니며 영적 안식을 갈구하는 사람을 보는 것만큼 불쌍한 것은 없다."

우리의 영광의 주님은 항상 집에 계신다. 그러나 반드시 같은 방에 그 거처를 두고 계시는 것은 아니다. 어느 날에는 자신의 골방에서 우리를 만나주시지만, 또 다른 날에는 더 큰 거실에서 우리를 만나주신다. 오늘 그분은 현관에서 우리를 만나주시지만, 내일은 가장 깊은 은밀한 방에서 우리를 만나 주실 것이다. 성경을 읽을 때에는 그분을 서재에서 만나게 되고, 그분을 위해 일하는 순간에는 정원에서 만나 그분과 교제하게 된다. 소망으로 충만할 때 나는 지붕 꼭대기에서 그분과 함께 걷고, 그분을 기다리는 또 다른 순간에는 은밀한 계단에서 그분을 기다리게 된다. 그분이 설교하시는 거실에 있거나 그분과 거룩한 교제의 대화를 나누게 되는 응접실에 있는 것은 좋은 일이다. 그러나 그 집의 최고의 방은 그분이 자신의 식탁을 차려놓고 우리의 떡과 포도주를 준비하시는 주방이다. 어쨌든 우리 마음의 한 가지 간절한 소원은 그분을 만나는 것이고, 그분과 함께 사는 것이다. _ 스펄전

175
쟁론의 원인이 되신 그리스도

예수로 말미암아 무리 중에서 쟁론이 되니
_ 요한복음 7:43

심지어는 예수님이 아주 부드럽게 자신의 온화하고 사랑으로 가득 찬 교훈을 선포할 때에도 사람들 사이에 쟁론이 있었다.

심지어는 그분 자신에 관해서도 논란이 있었다. 그러므로 우리는 우리의 가르침이 아무리 참되거나 우리의 영혼이 아무리 평화로울지라도, 누구나 다 기뻐하리라고 기대할 수 없다. 우리는 심지어 생명의 역동성보다 죽음의 고정성을 더 두려워할 것이다.

오늘날까지 세상에서 가장 큰 분열은 "**예수로 말미암아**" 일어난다.

I. 제자가 아닌 자들 사이에 쟁론이 있었다.

우리는 예수님 당시 형성된 파당을 오늘날 우리 시대의 파당을 상징하는 것으로 볼 수 있다.

1. 어떤 이들은 주님의 주장을 전혀 인정하지 않았다.
2. 또 어떤 이들은 부분적으로만 인정하고 나머지는 거부했다.
3. 다른 이들은 그분의 주장을 인정했지만, 그 합당한 결과들을 따르는 데는 인색했다.
4. 극히 일부이긴 하지만, 어떤 이들은 그분의 진지한 청자가 되어 그분으로부터 배울 것이 있는 한, 그분이 가는 곳은 어디든지 함께 갔다.

우리는 진지한 소망으로 예수님에 관해 생각이 많은 사람들을 볼 수 있다.

그들은 지금 머뭇거리고 있지만, 올바른 길로 나아갈 가능성이 있다. 우리는 경솔하게 서두름으로써 새들을 놀라게 해서는 안 된다.

우리는 그분의 주장을 부정하고, 그분의 나라에 저항하는 사람들을 위해 기도해야 한다.

우리는 진리를 향해 한 발자국이라도 나아오는 사람들을 돕되, 그 길에서 그것을 발견할 수 있도록 그들을 기꺼이 도와야 한다.

우리는 거룩한 진리들을 철저히 외면하는 사람들을 일깨워야 한다.

II. 신자와 불신자들 사이에 쟁론이 있었다.

이것은 크고 광범한 차이로서, 차이가 더 분명히 드러날수록 좋다. 왜냐하면 하나님께서 그것을 아주 깊고, 극히 중요한 것으로 보시기 때문이다.

지금도 다음과 같은 큰 차이가 있다:

1. 견해에서: 특히 주 예수님에 관해서 더 그렇다.
2. 신뢰에서: 많은 사람들이 자아를 의지하고, 오직 경건한 사람들만이 예수님을 의지한다.
3. 사랑에서: 각각 다른 즐거움과 목표를 지니고 있음은 사람들이 다른 목표를 추구하고 있음을 증명한다.
4. 순종, 성품과 말에서.
5. 발달, 성장, 취향에서.
6. 운명에 관해서: 인생의 노선은 여행의 목적지만큼이나 다른 곳을 가리킨다.

이 차이는 가장 친한 친구와 친척들이라도 그 사이를 갈라놓는다.

이것은 세상에서 가장 실제적이고, 가장 깊은 차이다.

III. 그러나 믿음이 오면, 연합이 이루어진다.

예수로 말미암아 사람들 사이에 연합이 있다.

1. 민족들이 하나가 된다. 갈보리는 바벨을 치유한다.

- 유대인들과 이방인들이 그리스도 안에서 하나가 된다.
- 영적 사실들에 관해 가까이 있거나 멀리 있거나 막론하고 누구나 은혜와 진리의 유일한 중심이신 그분 안에서 가까워진다.
- 모든 민족의 신자들 사이에 분열이 사라진다.

2. 개인적 특성들로 말미암아 일어났던 분열들이 사라진다.
   - 그리스도를 위해 수고하는 자들은 그들에게 임하는 통상적인 어려움들로 말미암아 한 몸으로 연합된다.
   - 지위, 신분 그리고 재산 등의 차별이 하나 되게 하는 은혜의 역사 앞에서 무너진다.
3. 정신적인 차이들도 연합의 기운을 느낀다.
   - 다양한 신조를 가진 성도들이 그리스도 안에서 본질적으로 하나가 된다.
   - 다양한 시대에 속하는 모든 성도들이 그분 안에서 동일하다.
   - 다양한 교육을 받은 성도들이 예수 안에서 하나가 된다.
   - 천국에 있는 성도들이 파도처럼 무수히 많지만, 바다처럼 하나가 된다.

다른 모든 것을 와해시키는 야망도 예수의 발 앞에서는 극복되고, 무릎 꿇게 된다.

만일 차이가 있다면, 우리는 분리해야 한다. 그러나 그리스도 안에 참된 연합이 있다면, 우리는 긴밀하게 연합해야 한다.

확증

평화의 참 저자인 그리스도는 악인들 편에서 보면, 불화의 원인이시다. _ 존 칼빈

지금까지 예수 그리스도만큼 사람들의 마음을 깊은 감동으로 이끈 사람

은 없었다. 지금까지 세상을 호령했던 위대한 군주들, 지금까지 전쟁터를 누볐던 위대한 전사들, 예술이나 과학이나 문학 분야에서 활동했던 위대한 대가들도 나사렛 예수만큼 많은 사람들에게 영향력을 행사하고, 그토록 크게 마음을 감동시켰던 사람은 없었다.

그분은 세상 역사의 진로를 변화시켰고, 그분이 오실 때의 상태와는 거의 상상할 수 없을 정도로 큰 차이를 만들어 놓으셨다. 그분의 가르침은 세상의 가장 큰 민족에 의해서도 받아들여지고, 무수한 사람들이 그분의 이름으로 자신들을 지칭한다.

그분은 수많은 사람들에게 높은 존경과 사랑을 받고 있다. 그분을 위해 사람들은 다른 사람들은 결코 그렇게 살 수 없거나 살기를 원하지 않는 삶을 살았다. 그분을 위해 그들은 다른 사람들이 결코 죽을 수 없거나 죽지 못하는 죽임을 당했다.

그러나 그리스도께서 일부 인류에 의해 주어지는 믿음, 존경 그리고 사랑에 비례하여, 다른 사람들이 그분에 대해 보여 주는 불신, 경멸 그리고 미움도 있다. 지구의 양극도 사람들이 그리스도께 보여 주는 이 극단적인 감정의 거리만큼 멀리 떨어져 있지는 않다.

그 두 불일치만큼 철저한 불일치는 그 어느 것에도 없다. 여러분은 "귀하신 주의 이름은 참 아름다워라"라고 찬송하는가? 오늘날까지 유대인은 그 이름을 저주하고, 불신자들은 그 이름을 사기꾼의 이름으로 낙인찍는다. 여러분은 그리스도를 가장 뜨겁게 사랑할 가치 있는 이름으로 간주하는가? 그분을 열정적으로 미워하는 사람들이 있다. 사탄 자신도 그리스도에 대해 어떤 사람들이 그러는 것보다 더 악랄하게 적개심을 드러내지는 않는다. _P.

성도들의 연합은 그리스도와의 연합의 결과다. 이것은 자석이 자성을 통해 철 분자들을 자기에게 이끌 뿐만 아니라 그 성분을 통해 그것들이 서로

하나가 되도록 연합시키는 것과 같다. _ 리처드 세실(Richard Cecil)

나는 여기서 한 밭을, 저기서 다른 한 밭을 보았는데, 그곳은 각각 곡식이 빽빽하게 자라고 있었다. 그 밭은 울타리 하나로 양분되어 있었다. 적절한 때가 되자 추수꾼들이 들어왔다. 곧 땅은 무거운 짐을 벗고, 곡물은 그 예정된 자리인 창고로 옮겨져 함께 섞이게 되었다. 그리하여 그 전에 울타리로 말미암아 서로 분리되었던 곡식이 어디서 온 것인지 알 수 없게 되었다. 교회도 이와 마찬가지다. 그것은 말하자면 다양한 들판, 여기저기서 자란다. 그러나 그것은 다양한 울타리로 분리되어 있다. 그런데 추수 때가 오면, 하나님의 모든 알곡이 과거에 그 모양이나 형태의 외적 상황에 따라 분리되었던 구별에 상관없이 곳간에 모아들여진다. _ "비유 또는 신앙시" 로부터.

처음에 로마제국은 기독교를 유대인들 사이에서 연원한 유대교의 단순한 한 분파로 여겼다. 그리하여 그 백성들은 그들의 당당한 선생들이 받았던 배려와 경멸을 동시에 받았다. 그러므로 클라우디우스나 베스파시안 황제가 이 새로운 기독교 당파 곧 나사렛당에 관해 알고 있었거나 알기를 원했던 것이 바리새파, 사두개파, 에세네파, 혹은 자유주의파와 같은 이름들을 가진 전통적인 유대종파와 어떤 차이가 있었겠는가? … 그리스도는 오직 "단 하나의 그리스도" 로서, 그분을 따르는 자들과 유대교 제사장들 사이의 논쟁은 할 일 없는 사람들이 고집스럽게 집착하는 하찮은 시비거리 가운데 하나로 간주되었다. 그런데 작았던 교회가 크게 부흥하자 세상은 그 존재와 현존을 느끼기 시작했다. 그리하여 교회는 그 참된 성격과 구별된 정신을 드러냄으로써, 로마제국과 대면하게 되었다. 일단 대면하게 되자 그 둘은 본능적으로 상대방이 절대로 화해할 수 없는 불구대천의 원수라는 것을 인식하게 되었고, 곧 그 둘 사이에는 처절한 증오의 전쟁이 벌어지기 시작했다.

처음부터 그들은 상대방이 박멸의 대상이었고, 어느 쪽이든 한 쪽이 망할 때에야 그 전쟁은 끝날 수 있었다. 그리스도와 가이사가 동시에 설 자리가 세상엔 없었다. 둘 중에 하나는 반드시 죽어야 한다. _I. 번스(Islay Burns)

176
말씀의 자리

내 말이 너희 안에 있을 곳이 없으므로
_ 요한복음 8:37

예수님의 말씀이 즉시 받아들여져야 하는 곳에서 종종 거부되는 일이 벌어진다. 이 유대인들은 아브라함의 후손이었으나 아브라함의 믿음을 갖지 못했다.

예수님은 자신의 말씀이 받아들여져야 할 곳과 받아들여지지 않을 곳이 어디인지 알고 계신다. 그분은 말씀을 받아들이는 것 외에 다른 모든 것은 무익하다고 선언하신다. 만일 그들이 구주의 말씀을 자기 마음속에 받아들이지 않는다면, 그들이 아무리 선택받은 민족이라 할지라도, 헛된 것이었다. 그들의 삶에 나타난 실제적 결과는 그들이 예수님을 죽이려고 획책했다는 것이다.

우리는 그것을 솔직하게 살펴보아야 한다:

I. 말씀이 사람들의 마음속에서 차지해야 할 자리.

말씀은 하나님의 지정된 사자인, 예수님으로부터 온다. 그것은 진실하고, 중요하고, 구원의 능력이 있다. 그러므로 그것은 그것을 듣는 사람들 가운데 자리 잡아야 한다. 그것은 다음과 같은 곳에 자리 잡고, 계속 존속해야 한다:

1. 내면의 자리: 생각, 기억, 양심, 감정 속에 거해야 한다. "주의 말씀을 내 마음에 두었나이다"(시 119:11). 또 렘 15:16; 골 3:16을 보라.
2. 영예의 자리: 그것은 관심, 존중, 믿음, 순종을 받아야 한다(요 8:47; 눅 6:46; 마 7:24-25).
3. 신뢰의 자리: 우리는 모든 일들 속에서 약속의 말씀을 굳게 의지해야 한

다. 하나님은 거짓말 하거나 실수를 저지르거나 변덕을 부리시는 분이 아니다(사 7:9; 삼상 15:29; 딛 1:2).

4. 법의 자리: 예수님의 말씀은 그리스도인의 법이다.
5. 사랑의 자리: 그것은 우리의 일용할 양식이 되어 우리의 생명을 유지시킨다(욥 23:12; 유 1:3).
6. 영원한 자리: 그것은 우리 안에 거하는 것만큼 우리를 변화시킨다.

II. 그것이 많은 사람들 속에서 자리 잡지 못하는 이유.

만일 어떤 사람이 회심하지 못했다면, 우리는 그가 자신의 문제에 합당한 이유를 찾도록 도와주어야 한다.

1. 당신은 너무 바쁘다. 그래서 그것을 받아들일 수 없다.
   - 당신의 생명의 거처 속에 예수님을 위한 방이 없다.
   - 그것을 생각해 보라: "당신은 구원받기에는 너무 많은 것들을 이미 차지하고 있다."
2. 그것은 새로운 것으로 오지 않는다. 그러므로 당신은 그것을 거부한다.
   - 당신은 옛날이야기에 싫증이 나 있다.
   - 당신은 음식에 싫증 나는가? 아니면 공기, 물, 인생?
3. 다른 것이 예수님의 말씀의 자리를 차지하고 있다.
   - 당신은 인간, 미신, 회의주의의 말을 더 좋아한다.
   - 이것이 지혜로운 선택인가?
4. 당신은 그리스도의 말씀을 지나치게 거룩하고, 지나치게 영적이라고 생각한다.

이 사실은 당신을 놀라게 할 것이다. 왜냐하면 그것이 당신을 정죄하니까.

5. 그것은 당신에게 따스한 위로를 주지 못한다. 그래서 당신은 그것에 아무 자리도 주지 않는다.

이것은 당신의 본성이 타락했음을 보여 준다. 왜냐하면 성도들은 그 안에서 즐거워하기 때문이다.

6. 당신은 너무 현명하고, 너무 현학적이고, 너무 고상해서 예수님의 통치에 자신을 복종시킬 수 없다(요 5:44; 롬 1:22).

7. 당신이 말씀을 거부하는 이유는 다음 사항들 가운데 하나인가?

- 당신이 진지하지 않아서?
- 당신이 죄를 좋아해서?
- 당신이 부정한 이득을 탐해서?
- 당신이 마음의 변화가 부족해서?

III. 그리스도의 말씀이 당신 안에 자리 잡지 못할 때 나오는 결과.

1. 말씀을 거부한 과거의 모든 행동은 당신을 죄인으로 만들었다.
2. 말씀은 당신 안에서 거할 자리를 찾지 않을 것이다.
3. 당신은 강퍅한 자가 되어, 외부의 귀로 말씀 듣기를 거절할 것이다.
4. 당신은 유대인들처럼 말씀에 대한 격렬한 대적자가 될 것이다.
5. 말씀은 마지막 심판 날에 당신을 정죄할 것이다(요 12:48).

그러므로 여기서 우리는 당신과 잠시 얘기를 나누어 보겠다.

당신은 왜 말씀에 자리를 내주지 않는가?

당신에게 요청되는 일은 오직 당신이 말씀에 자리를 제공하는 것이다. 말씀은 당신에게 필요한 모든 것을 제공할 것이다.

문을 크게 열라. 그리하여 말씀이 들어오도록 하라!

그것은 구주이신 주 예수님의 말씀이다.

그것은 당신에게 최고의 선을 보장하고, 최대의 행복을 제공할 것이다.

공통의 장소

아무리 이 시대의 계몽된 지식인이라 해도 성경에 기록된 정신보다 더 고

상하고 위엄 있는 정신을 그들 스스로 창출해낼 수는 없다. Verbum Dei Manet In Aeternum(하나님의 말씀은 영원히 존재한다)는 문구는 확고부동한 요한이 스스로 채택한 묘비명이자 삶의 모토였다. V. D. M. I. AE 이니셜은 기, 그림, 접시 등 그의 집안의 모든 가구들과 그 집의 종들의 소맷자락 등에 이르기까지 무엇에든 새겨져 있었다. 나는 여기서 무엇보다 그의 깊은 마음을 인식할 수 있다. _ 토머스 칼라일

오 성경이여! 무한히 달콤하도다! 내 마음은
모든 글자들을 빨아들이고, 거기서 꿀을 얻는도다.
어떤 종류의 슬픔에 대해서든 보배 같으니,
가슴을 시원하게 하고, 모든 고통을 진정시키는도다.

_ 조지 허버트

그토록 많은 사람들이 성경에 반대하는 유일한 이유는 성경이 자기들을 반대한다고 알고 있기 때문이다. _ G. S. 보우스(G. S. Bowes)

과거에 마다가스카르(말라가시) 사람들은 성경 외에 다른 책에 대해서는 전혀 알지 못했다. 안타나나리보에 크리올 출신의 상인이 한 사람이 있었는데, 그는 일부 원주민들에게 크게 원성을 샀다. 그들은 그의 집을 습격해서, 재산을 강탈했다. 그들은 사방에서 그의 집으로 돌진해서 손에 가져갈 수 있는 것은 무엇이든 빼앗아갔다. 한 사람이 그 상인의 거래 장부를 가져가서 높이 들고 큰 소리로 이렇게 외쳤다: "우리가 큰 성경을 얻었다! 우리가 큰 성경을 얻었다." 그 상인의 거래장부가 많은 경우에 그의 성경이라는 것은 두려워해야 할 일이다. _ 커즌스(Cousins), 「마다가스카르에 관해」

성경은 무신론자 또는 사제제도주의자들의 미움을 받아 다수 유럽 국가

국민들로부터 오랫동안 배척 받았다. 당연히 가정의 미덕은 감퇴했고, 부부 관계는 악화되고, 사기와 음모가 상호신뢰를 대신했으며, 사회는 속속들이 병들었다. 이 악덕들을 억제하기 위해 우리가 할 수 있는 최상의 일 – 효과를 볼 수 있는 유일한 일 – 은 그 민족들을 하나님의 말씀으로 회복시키는 것이다. 즉 그들이 빼앗겼던 성경을 그들 집안에 돌려주는 것이다. 그것은 프랑스와 이탈리아, 벨기에와 스페인, 포르투갈과 오스트리아에서뿐만 아니라 우리나라(영국)에서도 시행되어 크게 성공을 거두었다. 성경을 온 가족이 갖도록 하자. 그러면 어떤 정치가의 정책도 해내지 못하고 어떤 애국자의 혁명도 이룩하지 못한 놀라운 변화가 유럽 전역에 충만할 것이다. _ *The Leisure Hour*

아이트켄에 의해 잘 알려진 다음 일화는 일부 사람들에게는, 심지어 그들의 기억에서조차 말씀이 차지할 자리가 없다는 것을 보여 준다: "얼마 전, 한 친구가 우리 교구에 속한 한 교회에서 설교를 했다. 그는 그날 특별히 기억나는 말씀 가운데 하나를 설교 본문으로 삼고자 했는데, 혹시 말씀이 겹칠지 몰라 교회 사무원에게 '그날 아침 설교 내용이 무엇인지' 물어보는 것이 편하겠다고 생각했다. 그러나 그 사무원은 잠시 얼굴이 어두워지더니, 대답을 하기 위해 골똘히 생각하는 것처럼 보였다. 그러나 웬일인지 그는 그것을 생각해낼 수가 없었다. 성가대원들이 성가대실에서 쉬고 있는 것을 보고, 그는 그들에게 가서 물어보겠다고 했다. 그리하여 그 질문은 성가대원들에게 주어졌고, 그들 역시 똑같은 당혹감에 빠지게 되었다. 결국 기억력 좋은 사무원이 돌아와, 분명하게 '목사님, 그것은 기독교에 관한 것이었습니다' 라고 대답했다. 나는 교인들에게 말씀을 어떻게 들어야 하는지에 관해 가르쳐 줄 필요가 있다고 생각한다. 그렇지 않은가?"

177
참과 거짓

하나님이 죄인의 말을 듣지 아니하시고 경건하여
그의 뜻대로 행하는 자의 말은 들으시는 줄을 우리가 아나이다
_ *요한복음 9:31*

성경 구절을 문맥에서 멋대로 뽑아 그것을 마치 무오한 말씀인 것처럼 간주하는 것은 잘못된 일로, 그것은 단지 사람의 말에 불과하다.

이처럼 어리석게 행함으로써, 우리는 하나님이 없다(시 14:1)고, 하나님이 그의 백성들을 잊었다(시 49:14)고, 그리스도께서 포도주를 즐기는 자였다(마 11:19)고, 그리고 우리는 마귀를 경배해야 한다(마 4:9)고 주장할 수 있을 것이다. 이것은 절대로 있어서는 안 된다. 우리는 본문을 가지고 설교를 시작하기 전에 그 문장이 누구의 말인가를 살펴보아야 한다.

본문은 지혜로운 한 맹인의 말이다. 그는 공부를 많이 한 사람이 아니었다. 물론 그의 이 말은 가치 있는 말로 인정되어야 하지만, 무조건 그리스도의 가르침으로 간주되어서는 안 된다.

바리새인들은 그 말의 효력을 분명히 인정하고, 혼란에 빠졌다. 그것은 그들이 트집을 잡아 논쟁거리로 삼기에 좋은 말이었다. 이 맹인의 말은 우리가 그것을 다음과 같이 조명해 볼 때 그 참과 거짓이 드러날 것이다:

I. 그 말은 어떤 의미에서 볼 때 참이 아니다.

우리는 다음과 같은 이유로 하나님이 죄인의 말을 듣지 않으신다고 절대로 말할 수 없다:

1. 하나님은 죄인의 말을 들으신다. 그렇지 않으면 그분은 누구에게서도 듣지 못하는 상황이 되고 만다. 왜냐하면 땅 위에 죄인 아닌 사람은 하

나도 없기 때문이다(왕상 8:46).

성도의 말도 들려지지 않을 것이다. 성도도 죄인이니까.

2. 하나님은 때때로 거듭나지 못한 죄인들의 말도 들으시고 응답하신다.
   - 자신이 참하나님이심을 보여 주고, 그들이 그것을 깨닫도록 하시기 위해(시 106:44).
   - 자신의 크신 사랑을 입증하시기 위해. 그래서 그분은 심지어 까마귀들의 부르짖음도 들어주신다(시 147:9).
   - 그들을 회개로 이끄시기 위해(왕상 21:27).
   - 그들이 핑계하지 못하도록(출 10:16- 17).
   - 불평에 대해 메추라기를 주고(민 11:33), 이스라엘에게 왕을 허락하실 때(삼상 7:17) 진노하셨던 것처럼, 그들을 처벌하기 위해.
3. 하나님은 죄인이 자비를 요청할 때, 은혜를 베풀기 위해 그의 말을 들으신다.
   - 이것을 믿지 못하는 것은 복음을 복음되게 하지 못하는 것이다.
   - 이것을 믿지 않는 것은 사실을 부정하는 것이다. 다윗, 므낫세, 십자가에서 죽어 가던 강도, 세리, 탕자 등은 이것을 증거한다.
   - 이것을 믿지 않는 것은 약속을 부인하는 것이다. "악인은 그의 길을, 불의한 자는 그의 생각을 버리고 여호와께로 돌아오라 그리하면 그가 긍휼히 여기시리라 우리 하나님께로 돌아오라 그가 너그럽게 용서하시리라"(사 55:7).

II. 그것은 또 어떤 의미에서 볼 때 참이다.

주님은 자기 백성들의 말은 들으시고 죄인들의 말은 들으시지 않는다.

1. 그분은 우리 주 예수님의 중보가 없는 죄인들의 기도를 들으시지 않는다(딤전 2:5; 엡 2:18).
2. 그분은 악의적이고, 형식적이며, 마음 없는 기도를 들으시지 않는다(잠

15:29).

3. 그분은 고의로 계속 죄를 범하고, 불신 속에서 사는 사람의 말을 들으시지 않는다(렘 14:12; 사 1:15).
4. 그분은 위선자의 가식적인 기도를 들으시지 않는다(욥 27:9).
5. 그분은 용서를 모르는 자의 말을 들으시지 않는다(막 11:5, 26).
6. 그분은 자기 백성일지라도 의도적으로 죄에 빠져 있고, 그 마음을 즐거워할 때 그들의 말 역시 듣지 않으신다(시 66:18).
7. 그분은 자신의 말씀을 듣지 않거나 그의 계명에 순종하지 않는 자들의 말을 들으시지 않는다(잠 28:9).
8. 그분은 그의 영의 권고, 그의 섭리의 경고, 그의 사역자들의 호소, 양심의 소리 등을 거역함으로써 자기의 마음을 강퍅하게 하는 사람들의 말을 들으시지 않는다.
9. 그분은 은혜로 말미암아 구원 받기를 거부하거나 자신의 기도를 구원의 근거로 삼는 사람들의 말을 들으시지 않는다.
10. 그분은 회개하지 않고 죽는 죄인들의 말을 들으시지 않는다. 마지막 날 그분은 어리석은 처녀들이 "주여 주여 우리에게 열어 주소서"(마 25:11)라고 외쳤을 때처럼, 그들에 대해 자신의 귀를 닫으신다.

하나든 둘이든, 이것들은 아주 분명하고 확실하다.

그분은 자기에게 말하지 않는 사람들을 들으실 수 없다.

그분은 우리들 가운데 누구든 획일적으로 거부하지 않으셨다.

그분은 이 순간 우리의 기도를 허락하신다. 그러므로 우리가 그렇게 하는 것은 바람직하고, 그분이 과연 우리를 들으시지 않는지 확인해 보자.

관찰

우리의 헌신 속에 나타나 있는 무수한 결함들을 눈감아 주시고, 진실하게 기도하면 그 기도 속에 여러 가지 약점이 있을지라도 탓하지 않고 들어주시는 것은 하나님의 은혜다. 이 은혜는 하나님이 우리 기도에 화를 내시는 것보다 훨씬 더 크다. 일반적으로 그것은 죄다. "하나님이 죄인의 말을 듣지 아니하시고 경건하여 그의 뜻대로 행하는 자의 말은 들으시는 줄을 우리가 아나이다"(요 9:31). "내가 나의 마음에 죄악을 품었더라면 주께서 듣지 아니하시리라"(시 66:18). 우리 기도가 응답되지 못하도록 가로막는 것은 우리의 죄다. 우리의 기도가 상달되지 못하도록 방해하는 것은 하늘과 땅 사이가 그토록 멀기 때문도 아니고, 구름이 너무 짙게 끼어서도 아니며, 하늘이 삼층천이나 칠중궤도로 이루어져서 그런 것도 아니고, 천계 탓도 아니며, 오직 우리의 죄 때문이다. "너희가 많이 기도할지라도 내가 듣지 아니하리니 이는 너희의 손에 피가 가득함이라"(사 1:15). 하나님은 피 묻은 손으로 드리는 간청을 절대로 받지 않으실 것이다. 우리 기도는 환어음과 같아서, 경건하고 겸손한 마음으로부터 나올 때, 천국에서 통용된다. 그러나 우리가 우리의 믿음을 파기하고, 은혜를 파산시킨다면, 하나님은 우리의 어음을 거절하실 것이다. 즉 그분은 우리의 기도를 받아주시지 않을 것이다. _ 토머스 아담스(Thomas Adams)

내 생각은 땅 아래 남겨놓고, 내 말만 하늘로 날아가네.
그러나 생각 없는 말은 결코 하늘로 올라가지 못하리라. _셰익스피어

하나님은 "들으시는데 인색하지 않을 뿐만 아니라 주시는 데도 인색하지 않으시다."

양의 피와 돼지의 피는 똑같다. 그러나 돼지의 피는 돼지의 피이기 때문에 드려져서는 안 된다. 마찬가지로 거듭나지 아니한 자의 기도가 아무리 유창하다고 할지라도, 또 기도가 요청되는 즉시 드려졌다 할지라도, 받아들여질 수 없다. 그것은 그 모든 것이 합당치 못한 마음과 인격으로부터 나오

기 때문이다. _ 새뮤얼 클락(Samuel Clark)

이 진리를 예증하기는 어렵다. 그 이유는 회개하지 않는 죄인이 하나님께 기도한다고 가정할 때, 그에 응답해서 일어나는 일을 인간의 삶 속에서 찾아볼 수 없기 때문이다. 모든 정부가 다양한 청원을 받는다. 그러나 그 권위에 도전하는 반역자의 청원은 결코 없다. 어떤 정부의 권위에 반역하면, 정부에 도움을 청원할 권리를 상실한다고 보는 것이 보편적으로 인정되고 있다. 마찬가지로 회개하지 못한 죄인이 하나님께 기도하는 것 역시 가장 부자연스럽고 희한한 일로서, 생각할 수 없는 일 가운데 하나다.

하나님이 인자하고, 선하고, 너그러우시다는 사실이 회개하지 않는 죄인이 그분께 기도할 권리를 주는 명분은 되지 못한다. 그것은 다만 그의 회개하지 않는 강퍅함이 얼마나 지독한가를 보여 줄 뿐이다. 만일 하나님이 선하고, 인자하고, 너그러운 분이라면, 왜 그는 계속 회개하지 않고, 반역적인가?

또 회개하지 않는 죄인이 큰 곤궁 속에 있다는 사실도 그가 하나님께 기도할 자격을 갖게 되거나 그의 어리석음을 삭감시키는 명분은 아니다. 그의 고통은 그의 죄에 대한 형벌로 주어진 것일 수 있고, 그 경우 그가 하나님께 구원을 요청하는 것은 마치 유죄를 선고받은 도둑이 쳇바퀴에서 불편하고 고생스럽게 일한다는 이유로, 그분의 엄위하신 정부에 그 일로부터 자신을 면제시켜 달라고 요청하는 것과 같다. 또는 그의 고통이 하나님께서 그의 완고함과 회개하지 않는 죄를 끊도록 하기 위한 목적으로 사용하시는 수단일 수 있다. 하나님은 그것을 통해 그의 영혼을 포위 압박하는 것이다. 그러나 반역을 일으킨 도시가 합법적인 정부의 세력에 의해 포위당했다면, 그 거민들이 정부에 항복하겠다는 추호의 의사를 보여 주지 않으면서, 그 고통이 너무 크다는 이유로, 감히 그 정부에 도움을 요청하는 것이 가능하겠는가? _ *The Preachers' Monthly*

178
문

내가 문이니 누구든지 나로 말미암아 들어가면 구원을 받고
또는 들어가며 나오며 꼴을 얻으리라
_ *요한복음 10:9*

우리 주님은 자신을 극히 겸손한 자리에 두신다.

아무리 장엄하고 시적인 말이라 해도, 그분은 너무 영광스러워서 그것을 적절하게 묘사할 수 있는 표현은 없다. 그러나 그분은 극히 평범한 사람들도 이해할 수 있는 익숙한 표현을 택하신다.

문은 평범한 사물이다. 예수님은 우리가 자신을 자주 생각하기를 바라셨다. 문은 아주 단순한 상징을 보여 준다. 예수님은 가장 보잘것없는 자들도 자기를 알고, 자기를 써먹기를 원하셨다.

양 우리의 문은 문 가운데 가장 초라한 문이다. 예수님은 그의 백성들을 섬기고 구원하기 위해 그런 존재로 자신을 낮추셨다.

I. 문. 이 수수한 비유에서 우리는 다음과 같은 사실을 본다:

1. 필수성. 우리에게는 하나님, 평화, 진리, 구원, 순결 또는 천국에 들어갈 수 있는 조건이 아무것도 없다는 것을 생각해 보라.
2. 유일성. 오직 하나의 문이 있다. 우리는 다른 문을 찾으려고 힘을 소모해서는 안 된다. 구원은 다른 문으로는 절대로 안 되고, 오직 그 문으로 들어갈 때에만 주어진다(행 4:12).
3. 인격성. 주 예수님은 자신을 문이라고 하신다. "내가 문이니"라고 말씀하신다. 이것은 의식, 교리, 고백, 공로가 아니라 우리의 희생제물인 주님 자신이다.

4. 적합성. 그분은 인간과 하나님 사이의 연결통로로 적합하다. 그분은 양자를 자신의 인격 속에 연합시키고, 그리하여 양자가 각각 땅과 하늘을 향하도록 문을 열어놓으신다(딤전 2:5).
5. 영속성. 그분이 "내가 … 이니"(I am)라고 하신 말씀은 항상 모든 시대에 걸쳐 유효하다(마 28:20). 우리는 지금도 그분을 통해 아버지께 나아갈 수 있다(요 14:6; 히 7:25).

II. 문을 사용하는 자들.

1. 그들은 단순한 구경꾼이나 문을 두드리는 자들이나 그 앞에 앉아 있는 자들이나 그 앞에서 여기저기 왔다 갔다 하는 파수꾼도 아니다.

그들은 믿음, 사랑, 경험, 친교를 통해 그 안으로 **들어간다.**

2. 그들은 인종, 신분, 교육, 직책, 또는 재산과 같은 특별한 자격이 있는 사람들이 아니다. 상전이나 여성들에게만 언급된 것도 아니다. "**누구든지**"이다.
3. 그들은 한 가지 자격조건을 갖추고 있는 사람들이다. 그것은 "**그 안으로 들어가는 것**"이다. 그 사람은 "누구든지"이지만, 본질적인 구분은 "들어가는 것"이다.
   - 다음과 같은 것은 제외되도록 되어 있다:

고상한 인격이 출입의 전제 조건은 아니다.

슬픔이나 즐거움과 같은 감정이 출입의 준비 조건은 아니다.

들어가려는 행동이 들어가도록 허락받는 조건은 아니다.

- 문은 각각 세워지고, 그래서 그곳으로 들어가는 자는 적을 것이다.
- 그 문임을 똑똑히 알아 볼 수 있는 문은 자유롭게 출입하도록 되어 있다. "내가 문이니"라는 특별한 선전과 거기에 부착된 특별한 약속은 상상할 수 있는 가장 자유로운 초청이다.
- 그러므로 생명으로 들어가기를 원하는 자는 누구나 오라.

III. 이 문을 사용하는 자들의 특권.

그것은 들어가는 모든 자에게 해당된다. 예외는 없다.

1. 구원. "구원을 받고" 즉시, 영원토록 그리고 완전히 받는다.
2. 자유. 그는 "들어가며 나올 것이다." 이것은 감옥의 문이 아니라 목자가 자유를 주는 무리를 위한 문이다.
3. 접근. "들어가며." 이것은 간청, 피난, 교제, 교훈, 기쁨을 위해서다.
4. 외출. "나가며." 이것은 섬김, 진보 등을 위해서이다.
5. 양육. "꼴을 얻으리라." 우리의 영적 양식은 그리스도를 통해, 그리스도 안에서, 그리스도 주위에서 발견된다.

우리는 들어가야 한다. 그 문은 들어가기 쉽다. 우리는 어떤 높은 담을 타고 올라갈 필요가 없다.

우리는 들어가야 한다. 그것은 어리석은 양을 위한 문이다.

우리는 들어가야 한다. 그 문은 예수님 자신이다. 우리는 그분께 가까이 나아가는데 두려워할 필요가 없다. 왜냐하면 그분은 마음이 온유하고 겸손하기 때문이다.

✣ 두드리는 자 ✣

독일의 정치가인 슈테른은 종교개혁의 업적을 다음과 같이 묘사한다: "참 고맙게도, 루터 선생은 천국 문지기들과 시종들과 의식의 주인공들을 해고시킴으로써 천국에 들어가는 입구를 더 간단하게 만들었다."

옛날 대성당들은 범죄자들과 다른 사람들이 피난할 수 있는 성소로 간주되었다. 더럼 대성당은 두 명의 문지기들이 번갈아 그 입구를 지키고 있던 하나의 방이었는데, 그들은 언제든 곧 밤이든 낮이든 문을 두드리는 사람은 누구나 그 안으로 들어올 수 있게 함으로써, 성자 쿠트베르트(Cuthbert)의 보호를 받도록 했다. 우리의 피난처의 문에 나아오는 자는 누구나 언제든 들어가도록 허락 받는다.

고대 트로이 성은 오직 하나의 입구가 있었다고 전해진다. 어떤 방향에서 오든 여행자는 법적으로 지정된 그 유일한 문 외에는 그 도시 안으로 들어갈 방도가 없었다. 오직 그 문만이 들어가거나 나가는 사람들에 의해 사용되었다. 하나님의 은혜에 나아가고, 하나님의 가족이 되고, 기도를 통해 하나님의 존전에 다가가고 그리고 마지막으로 영원히 하나님의 성에 들어갈 수 있는 길은 오직 하나밖에 없다. 그 길은 그리스도시다. "내가 곧 길이니, 나로 말미암지 않고는 아버지께로 올 자가 없느니라"(요 14:6)고 그분은 선언하신다. _ 존 베이트(John Bate)

우리는 우리 주님의 문을 통과하지 않고는 집을 나오거나 다시 들어갈 수 없다. 모형을 통해 그분이 가까워지는 것처럼, 실체 안에서도 주님을 가까이 해야 한다.

양은 먼저 문을 통해 우리 안으로 들어간다. 그것은 문이 안에 가두어 주기 때문에 우리 안에 거하게 된다. 양떼들은 밖으로 나갈 때 문을 거쳐야만 한다. 또 그것들이 안식을 위해 돌아올 때에도 똑같은 문을 거쳐야 한다. 우리로부터 문을 제거해 보라. 그러면 원수가 들어오거나 양떼들은 길을 잃고 헤매게 될 것이다. 문이 없는 양 우리는 결국 우리로는 소용이 없을 것이다. _ 스펄전

우리는 죄와 비참으로부터 벗어나는 길이 다양하게 있는 것이 아니다. 이 죽음을 피할 수 없는 인생의 가파른 언덕과 황량한 황무지들을 넘어서는 것은 여러 길 가운데 어느 하나를 선택함으로써 가능한 것이 아니라 오직 하나의 길뿐이다.

그러나 만일 이것이 유일한 길이라면, 또한 그 길은 완전하게 보장된 길이다. 비아 유니카, 비아 세르타(유일한 길, 확실한 길)라는 말은 이 진리를 가장 강력하게 천명하는 라틴어 속담이다. _ 딘 호손(Dean Howson)

예수님이 나는 문이라고 천명하기 때문에, 우리는 그분의 능력을 최대한 사용하는데 지체가 없어야 한다. 우리는 지체 없이 그분을 통해 평화, 생명, 안식, 거룩 속으로 들어가야 한다. 대문자로 "이것이 길이다"(THIS IS THE WAY)라고 기록되어 있는 것을 볼 때, 우리가 그 길을 따른다면, 과감하게 뛰어드는 것을 두려워해서는 안 된다. 오직 따라야 할 길은 어떤 길인가? 오직 통과해야 할 문은 어떤 문인가? 문의 길이 통과되지 않는다고 생각해 보라. 그러면 당신은 그것이 아무 소용없다고 말할 것이다. 그것을 왜 벽돌로 막아놓아서는 안 되는가? 죄인들이 주 예수님을 통해 하나님께 나아가 그분을 경외하는 것만큼 그분을 영화롭게 하는 일이 없기 때문이다. 그분은 항상 우리가 자기에게 나아오는 것을 기뻐하신다. _ 스펄전

179
우리 모임 중에 계시는 주님

예루살렘에 수전절이 이르니 때는 겨울이라
예수께서 성전 안 솔로몬 행각에서 거니시니
_ *요한복음 10:22- 23*

예수님의 출현은 주목할 만하다:

- 그 장소. "예루살렘에, 성전에."
- 그 정확한 위치. "솔로몬 행각."
- 그 시간 — 그 시기 — 정확한 시기는 "겨울이었다."
- 그 행사. "수전절이 이르니."

사생활의 모든 역사와 모든 사건들 속에서 핵심적인 특징은 예수님의 출현 또는 부재에 있다.

언급된 시기에 주 예수님은 분명히 사람들 사이를 거니셨다.

우리는 지금 그분의 영적 현존을 크게 갈망하고 있다.

I. 그분이 여기 계실까?

그분이 우리 모임 중에 계실 것인가?

그 장소가 바로 예루살렘일 수 있다. 그러나 그분이 그곳에 계실 것인가? 우리의 모임 장소가 성전일 수 있지만, 그분이 거기 계실 것인가? 그날이 특별한 날일 수 있다. 그러나 주님이 우리와 함께 계실 것인가? 그날이 추운 겨울날일 수 있다. 그러나 그분이 거기 계신다면 어떤 날이 되겠는가? 우리가 열렬히 추구하는 한 가지 질문은 그분의 현존에 관한 것이다. 우리는 다음과 같은 이유로 그분이 우리에게 오실 것을 확실히 믿는다:

1. 우리가 그분을 초청했기 때문이다. 그분은 그의 친구들을 거절하지 않

으신다.

2. 우리가 그분을 위해 준비했기 때문이다. 우리는 그분을 환영하기 위해 기다리고 있다.
3. 우리에게 그분이 크게 필요하기 때문이다. 그분은 연민으로 충만하시다.
4. 우리가 여기서 우리들 가운데 그분의 형제들을 갖고 있기 때문이다. 그들은 자기들과 함께 우리를 그분께 인도한다. 참으로 그분은 그들과 함께 하신다.
5. 우리가 여기서 그분이 찾고 있는 자들과 함께 하고 있기 때문이다. 그분은 길 잃은 양을 찾고, 그 양들이 여기 우리와 함께 있다.
6. 그분이 오시겠다는 약속을 하셨기 때문이다(마 18:20).
7. 어떤 이들은 자기들이 이미 그분을 보았다고 선언하기 때문이다. 그렇다면 우리들 가운데 다른 사람들은 왜 똑같은 복을 누리지 못하겠는가?

II. 그분이 머무실까?

그분은 다음과 같은 경우에 그렇게 하실 것이다:

1. 우리가 그분의 교제를 소중히 여기고, 그것 없이는 살 수 없다고 느낀다면 가능하다. 우리는 진지한 기도를 통해 우리와 함께 거하시도록 그분에게 압력을 행사해야 한다.
2. 우리가 그분의 진리를 사랑하고, 그것을 알기를 즐거워한다면, 가능하다.
3. 우리가 그분의 뜻에 순종하고, 신실하고 거룩하게 산다면, 가능하다.
4. 우리가 그분을 섬기고 예배하는데 부지런하다면, 가능하다.
5. 우리가 그분과, 다른 형제들과 상호 간에 그리고 불쌍한 죄인들과 사랑 안에서 하나가 된다면, 가능하다.

6. 우리가 겸손하게 처신하고, 그분의 발 앞에 낮은 자세로 앉는다면, 가능하다. 그분은 결코 교만을 좋아하지 않으신다.
7. 우리가 방심하지 않고 깨어 있으면, 가능하다.

III. 오신다면, 그분은 무엇을 하실까?

1. 그분은 우리와 함께 걷고, 심지어 예루살렘에서 성전에 나아왔던 사람들에게 하신 것처럼, 우리가 하는 일을 감찰하실 것이다.
2. 그분은 예루살렘의 멸망을 슬퍼하신 것처럼, 많은 사람들의 영적 상태에 대해 슬퍼하실 것이다.
3. 그분은 자기에게 말하기를 원하는 자 누구에게든 듣기 위해 기다리고 계실 것이다.
4. 그분은 자신의 종을 통해 가르치고, 받아들이든 받아들이지 않든, 그분의 말씀은 크신 능력과 권위를 갖게 될 것이다.
5. 그분은 오늘날 우리에게 자신을 성전으로 지칭하심으로써, 성전 자체에 대해 설명하실 것이다.

예수님을 생각해 보자. 그분은 하나님의 성전으로서(계 21:22), 성전 안에 계시고, 따라서 그분의 임재의 빛을 통해 이해되신다.

- 성전(히 9:11; 계15:5).
- 제단(히 8:10; 계 8:3).
- 희생제물(히 9:28; 고전 5:7).
- 진설병(히 9:2).
- 휘장(히 10:20).
- 방주와 속죄소(히 9:4-5; 계 10:19).
- 제사장(히 10:12).

6. 그분은 즉각 속죄소 위에 자신의 빛을 비추심으로써, 자기 백성에게 자신의 사랑을 계시하실 것이다.

7. 그분은 항상 어디 계시든 우리를 데리고 다니시지만, 그곳에 겨울은 없다. 새 예루살렘으로, 성전으로 그리고 솔로몬의 행각보다 더 아름다운 곳으로 우리를 데리고 다니실 것이다(계 21:10-11).

강해

여기서 "솔로몬의 행각" 으로 불리는 것은 엄밀히 말하면 그 말의 영어 단어가 가리키는 의미 곧 현관을 가리키는 것이 아니고, 성전 안뜰 주위를 둘러싸고 있는 커다란 주랑 곧 기둥이 선 복도 가운데 하나를 가리킨다. … 외곽 뜰 사면의 전체 둘레 길이는 4분의 3마일 정도였다. 동쪽 방면이 "솔로몬의 행각" 이었다. 그곳은 두 줄로 이루어진 방대한 기둥 복도였다. 기둥 하나는 그 높이가 10미터 정도로서, 하얀 대리석 조각으로 이루어졌다. 위 지붕은 삼나무 재목으로 만든 틀로 되어 있었다. 동쪽과 외곽을 향해 기둥들 사이를 보면, 감람산 너머 계곡이 보였다. 안쪽을 보면, 기둥숲 같은데, 마치 나무들을 심어놓은 것처럼 보인다. 명절 때가 되면 그곳은 사람들로 북적거렸다.

예수님이 이 유명한 행각의 기둥 사이를 "거니셨을" 때, 그 모습을 생각해 보면, 굉장히 엄숙한 느낌이 전해져 온다. 예수님의 생애에 관한 이 구절의 표현과 동일한 복음서 저자 곧 요한에 의해 기록된 복음서의 첫 부분과 비교해 보면 흥미롭다. 우리는 요한복음 첫 장에서 예수님이 세례 요한과 그의 두 제자들이 바라보는 동안 요단 강 가를 "거니셨다" — 홀로 — 는 기록(36절)을 읽는다. 이때 아마 주님은 공생애 사역을 시작하는 시기에 그리고 신속하게 자신을 따르도록 첫 제자들을 부르시는 시점에 자신의 위대한 사명에 대해 깊은 생각에 젖어있었던 것으로 보인다. 아니 어쩌면 그분은 자신의 사역의 성취에 관해, 예루살렘과 유대교 성전의 파괴에 관해 그리고 유대인들의 운명에 관해 묵상에 잠겨 있었을지도 모른다. 홀로 걷고 계시던, 역사의 족적이 새겨져 있는 유명한 강가를 거니시든, 또는 해마다 명절 때가 되면 똑같이 유명해지는 성전의 이 행각에서 거니시든 간에, 어느 쪽이든, 우리가 예수님에 관해 생각할 때 마음속에 남는 인상은 무척 진지하다. _ 딘 호손(Dean Howson)의 "성도들의 날을 위한 사색"

이슬람 교도들에게는 "두 사람이 만나는 곳에는 항상 세 번째 사람이 있다"는 속담이 있다. 이 속담은 하나님의 임재를 가리킨다. _ 호지(Hoge) 교수

태양이 윈저 공원에 있는 오크나무만큼이나 흔하게 마을 위에 화사한 빛을 쏟아놓을 준비를 하고 있는 것처럼, 그리스도께서도 땅 위에 사는 빈부노소를 막론한 모든 사람들의 마음을 기꺼이 찾아오신다. _「예화사전」

그리스도께서 "내가 너희와 함께 있으리라"고 말씀하실 때, 당신은 자신이 원하는 것에 당신을 보호하는 것, 당신을 인도하는 것, 당신을 위로하는 것, 당신 안에 은혜의 사역을 일으키는 것 그리고 마지막 날 당신을 영생과 영광으로 관 씌우는 것 등을 더할 수 있다. 이 모든 것과 이보다 더 큰 것이 이 보배로운 약속에 포함되어 있다. _ 존 트랩

180
사랑의 중요성

내가 갔다가 너희에게로 온다 하는 말을 너희가 들었나니
나를 사랑하였더라면 내가 아버지께로 감을 기뻐하였으리라
아버지는 나보다 크심이라
_ *요한복음 14:28*

예수님은 제자들이 자신이 떠나가는 일로 괴로워할 때, 자신에 대한 그들의 사랑을 그들 스스로에 대한 위로의 수단으로 사용하도록 말씀하신다.

그분은 그들의 영혼을 일깨우기 위해 그들의 마음속에 있는 한층 따스한 감정에 호소하신다. 은혜가 우리 안에 위로의 원천이 되는 원리들을 제공한다면, 그것은 좋은 일이다.

오 복되신 주여, 당신은 우리의 기쁨을 기대하고 항상 말씀하십니다!

우리는 오늘 본문으로부터 다음과 같은 사실을 배워야 한다:

I. 우리는 그리스도의 빛 속에서 사물을 보아야 한다는 것.

1. 그분은 사물을 전체적으로 보신다. 그분은 "내가 간다" 고 말씀하실 뿐만 아니라 "내가 너희에게 다시 오리라" 고도 말씀하신다.
2. 그분은 사물들을 꿰뚫어 보신다. 그분은 "내가 죽으리라" 고 말씀하지 않고, 그 이상을 보셨는데, "내가 아버지께로 간다" 고 말씀하신다.
3. 그분은 사물의 참된 결과를 보신다. 일어날 사건들은 그 자체로는 비극이었지만, 행복한 결과를 가져올 것들이었다. "나를 사랑하였더라면 내가 아버지께로 감을 기뻐하였으리라."

우리가 그분의 빛 속에서 사실을 보기 위해서는 그분과 함께 거하고, 그분 안에서 살고, 그분처럼 자라고, 특히 그분을 더욱 사랑해야 한다.

II. 우리의 사랑이 그분의 인격을 향해 나아가야 한다는 것.

"**나를** 사랑하였더라면." 그분에 관한 것이라면 무엇이든 좋다. 그러나 그분 자신은 전체가 사랑스럽다(아 5:16).

1. 그분은 자신이 베푸시는 모든 은혜의 원천이다.
2. 그분을 사랑하면, 우리는 그분을 소유하는 것이기 때문에 그분의 은혜도 소유하게 된다.
3. 그분을 사랑하면, 우리는 그분의 은혜를 더욱 소중히 여기게 된다.
4. 그분을 사랑하면, 우리는 그분이 행하는 모든 일에 공감하게 된다.
5. 그분을 사랑하면, 우리는 그분을 위해 그분의 백성들을 사랑하게 된다.
6. 그분을 사랑하면, 우리의 사랑은 그분을 위해 온갖 핍박을 견디게 된다.
7. 그분을 사랑하면, 아버지께서 우리를 사랑하신다(요 14:23).
8. 그분을 사랑하면, 우리는 그분과 혼인하게 된다. 사랑은 영혼이 그리스도와 연합하는 확실하고도 진정한 혼인서약이다.

어떤 사람을 사랑하는 것은 가장 진실한 감정을 갖는다는 것이다.

어떤 사람을 사랑하는 것은 가장 영향력 있는 동기를 갖는다는 것이다.

어떤 사람을 사랑하는 것은 가장 자연스럽고 만족스러운 애정을 갖는다는 것이다.

III. 우리의 슬픔이 우리의 사랑을 문제로 만들어서는 안 된다는 것.

그러나 제자들의 경우에, 주님은 타당하게 "나를 사랑**한다면**" 이라고 말씀하셨다.

그분은 우리가 다음과 같은 상태에 빠지면 슬픔에 젖어 우리에게 똑같이 말씀하실 수 있다:

1. 우리가 다른 피조물의 상실에 대해 지나치게 슬퍼할 때.
2. 우리가 심각한 고통 때문에 그분의 뜻에 불평할 때.

3. 우리가 슬픔에 빠진 혼란으로부터 피할 방도가 없기 때문에 그분의 지혜를 불신할 때.
4. 우리가 죽음을 두려워하고, 그래서 주님과 함께 하는 것을 좋아하지 않음을 보여 줄 때. 확실히 우리가 그분을 사랑한다면, 그분과 함께 하는 것을 즐거워할 것이다.
5. 우리가 그분과 함께 하기 위해 우리 곁을 떠난 사람들에게 불평할 때. 우리는 예수님이 제자들 속에서 그의 영혼의 고통을 보시고, "아버지께서 내게 하라고 주신 일을 내가 이루어 아버지를 이 세상에서 영화롭게 하였사오니"(요 17:4)라고 응답받은 기도를 갖고 계신다는 것을 즐거워하지 못하겠는가?

IV. 우리의 사랑이 우리에게 개인적 상실을 가져다준다고 할지라도, 주님을 높이게 된다면, 그것을 기뻐해야 한다는 것.

1. 그들의 주님이 아버지께 가야 한다는 것은 제자들에게는 분명히 상실이었다. 우리는 우리의 상실에 대해 하나님의 분명한 섭리를 생각할 수 있다:
   - 우리가 영혼의 침체로 말미암아 시험 속에 있을 때, 우리가 경배하면, 그리스도는 높아지신다.
   - 우리가 고난 속에 있을 때, 견딤을 통해 그분이 영화롭게 된다.
   - 우리가 명예를 잃을 때, 그 결과 복음이 전파된다.
   - 우리가 다른 사람들의 유익을 위해 특권을 포기할 때.
   - 우리가 우리 자신을 평가할 때 더 낮추고 겸손할 때, 하나님의 나라는 권능으로 임한다.
2. 주님이 아버지께 가는 것은 그분에게 커다란 유익이 있었다.
   - 그리하여 그분은 영원히 고난의 땅을 떠나셨다.
   - 그리하여 그분은 피하셨던 영광을 다시 얻게 되었다.

• 그리하여 그분은 아버지께서 주시는 영광을 받으셨다.

• 그리하여 그분은 그의 교회와 자신의 진리를 영화롭게 하셨다.

우리가 우리의 기쁨보다 사랑을 더 주목하고, 우리의 사랑을 통해 기쁨을 기대하는 것이 더 좋다.

우리가 사랑이 빈약해서 이성을 희미하게 만들 수 있고, 사랑 안에서 자라는 것이 우리를 더 행복하고 지혜롭게 만든다는 것을 아는 것이 좋다.

모든 일 속에서 주님이 첫 번째가 되어야 한다. 그렇다. 심지어는 그것이 강력한 인간적 욕구를 불러올 수 있는 최고의 영적 기쁨들 속에서도 그렇게 해야 한다.

✣ 인상적인 글 ✣

그리스도께서 자신의 선재적인 영광을 언급하면서 "아버지는 나보다 **크셨던**(was greater I) 분" 이라고도 아니하시고, 승천 후에 다시 얻게 된 영광을 언급하면서 "아버지는 나보다 **크실**(will be greater I) 분" 이라고도 아니하시고, 현재 곧 육체 안에서 낮아지신 상태에 있는 시기 — 를 가리키는 표현방식을 사용하셔서 "아버지는 나보다 **크심이라**(is greater than I)" 고 말씀하신다. 사도들은 그분이 직접 떠나실 것을 말씀하시자 슬픔을 표현하였고, 이 구절 속에는 그들의 이기적인 감정에 대한 은근한 질책이 포함되어 있다. 그것을 다음과 같이 부연 설명할 수 있다: "너희가 진정 나를 사랑했다면 — 너희가 고백하는 염려와 애정이 순수하게 그 본질에 따라 사심(私心)이 없었다면 — 내가 잠시 낮아진 이 상태를 벗어나는 것에 대해 슬픔을 표명하지 않고, 잠시 떠나는 것에 대해 오히려 즐거워했을 것이다. 나는 이제 슬픔의 사람이 되지 않을 것이고, 더 이상 비통과는 친해지지 않을 것이다. 나는 영원부터 아버지와 함께 누렸던 원래의 본질적 영광을 다시 얻을 것이다. 내가 이 낮아진 현재의 상태를 계속 견지하는 한, 내 아버지는 나보다 영광이 더 크시다. 그러나 내가 육체를 입고 사는 날을 끝낸다면, 아버지 자신의 자아와 함께 영광을 얻게 될 것이다. 곧 창세 전 아버지와 함께 누렸던 영광으로 영화롭게 될 것이다." 이것이 분명히 그 구절에 대한 정확한 해석이다. 이것 말고 "아버지는 나보다 크심이라"에 대한 다른 해석은 절대로 정당화될 수 없다. 그렇지 않으면 구주께서 제자들의 사랑과 애정에 대해 주시는 흥미로운 호소에 다른 의미를 부착하게 될 것이다. _ 딘 보갓(Dean Bagot)

존 던컨(Duncan) 박사는 새 언약의 복을 수퍼마켓에 비유하고, 누구든 거기서 영생에 필요한 모든 것을 살 수 있다고 전하는 하늘나라에 관한 한 설교를 듣고, 예배가 끝난 후 자신의 친구 무디 스튜어트 박사를 만났다. 그는 친구에게 "여보게, 나는 수퍼마켓에서 주어지는 좋은 물건들에 관해 들었는데, 생각해보니, 그 주인과 결혼을 해야 하겠네. 그러면 그 물건들이 전부 내 것이 되지 않겠나"라고 말했다. _ *The Christian*

케임브리지 대학의 로빈슨 목사의 자서전 작가는 이렇게 말했다: "제가 그와 마지막으로 나눈 대화는 존경하는 그가 죽음을 맞이하는 슬픔의 자리에서였습니다. 그는 특유의 눈빛으로 저에게 시선을 돌리더니, 특유의 목소리로 '그것이 영광이라고 생각하네' 라고 말했습니다."

성도는 예수 그리스도와 동행하는 상황이 얼마나 힘들지 염려하지 않을 때, 그분과 더 잘 동행하게 된다. 그는 므비보셋이 다윗에게 말한 것처럼, "내 주 왕께서 평안히 왕궁에 돌아오시게 되었으니 그로 그 전부를 차지하게 하옵소서"(삼하 19:30)라고 말한다. 또 모세가 하나님의 이름과 함께 갈 것을 구하면서, "그렇지 아니하시오면 원하건대 주께서 기록하신 책에서 내 이름을 지워 버려 주옵소서"(출 32:32)라고 말한 것과 같고, 세례 요한이 "그는 흥하여야 하겠고 나는 쇠하여야 하리라"(요 3;30)고 말한 것과 같다. _ 랠프 베닝(Ralph Venning)

181
주님의 슬로건

일어나라 여기를 떠나자
_ 요한복음 14:31

우리는 한곳에 오래 머무를 수 없다. "일어나라 여기를 떠나자"는 음성이 항상 우리 귀에 들려오기 때문이다. 심지어 우리가 아주 감미로운 주제에 관해 대화를 나누거나 극히 거룩한 의식들을 준수할 때조차도 우리의 영원한 거처가 되지는 못한다. 지금 우리는 행군 중에 있고, 나팔은 "일어나라 여기를 떠나자"고 그 소리를 울리고 있다.

우리 주님 역시 행군 명령을 받고 계셨다. 그분은 그것을 알고 계셨다. 그분에게는 이 땅 위에 있을 곳이 없었기 때문이다.

그분이 자신에게 어떻게 요구하는지 들어보라. 아무리 그 길에 피 같은 땀을 흘리는 고난과 피 흘리는 죽음이 있다 해도, 자신의 모든 것에 대해 계속 전진하라고 독촉하신다.

I. 우리 주님의 슬로건. "일어나라 여기를 떠나자."

이 도전적인 말씀에 대해:

1. 그분은 아버지에게 순종하기 바라는 자신의 소원을 표현하셨다. "아버지께서 명하신 대로 행하는 것을 세상이 알게 하려 함이로라 일어나라 여기를 떠나자."
   - 그분은 예상된 고난으로 인해 방해받지 않으셨다.
   - 그분은 그 고난 속에서 아버지가 특별히 자신을 버리는 요소가 있었지만, 뒷걸음질치지 아니하셨다.
   - 그분은 죽음이 거의 예상되었지만, 주저하지 않으셨다.

- 그분은 아버지의 뜻을 열심히 추구했고, 하늘과 땅의 모든 것들이 자신이 아버지께 얼마나 전적으로 복종하셨는가를 알리기 원하셨다.

2. 그분은 대원수를 맞이할 준비가 되어 있음을 지적하셨다. "이 세상의 임금이 오겠음이라 … (그러니) 일어나라 여기를 떠나자."
   - 그분은 시험을 준비하셨다. 그는 "내게 관계할 것이 없으니."
   - 그분은 사탄의 영역을 전복시키려는 열망을 갖고 계셨다.
3. 그분은 자신이 실천할 활동을 보여 주셨다. 그 장 전체(14장)는 우리 주님의 권능을 보여 준다. 그분은 쉬지 않고 일하신다. "나는 간다. 그러나 다시 올 것이다. 내가 그렇게 하리라. 내가 기도하리라. 그러니 일어나라 여기를 떠나자."
   - 그분은 거룩한 의식 자체보다 활동을 더 좋아하신다. 따라서 입술로 이 말씀을 하시고 만찬 자리를 떠나신다.
   - 그분은 감미로운 대화보다 활동을 더 좋아하신다. "내가 너희와 말을 많이 하지 아니하리니 … 일어나라 여기를 떠나자."
4. 그분은 우리에게 자신의 절실한 사랑을 보여 주셨다.
   - 그분은 우리의 구속을 이루실 때까지 온갖 고난을 당하셨다.
   - 그분은 그들의 속전을 다 지불하실 때까지 가장 사랑하는 자들 속에서 편히 쉬실 수 없었다.
   - 그분은 십자가의 수치와 죽음의 쓰라림을 다 겪을 때까지(히 12:2) 하나님 오른 편에 앉아계시지 못했다.

II. 우리의 모토. "일어나라 여기를 떠나자."

앞으로, 앞으로 우리는 진군해야 한다(출 14:15).

1. 우리는 먼저 은혜로 부르심을 받았을 때 세상으로부터 떠나야 한다(고후 6:17).
   - 그 부르심은 얼마나 분명할까! 우리의 순종은 얼마나 신속해야 할까!

- 예수님은 영문 밖에 계시고, 우리는 그분을 향해 나아가야 한다(히 13:13).
- 우리는 분리되기 위해 스스로 일어나야 한다. "일어나라 여기를 떠나자."

2. 신자로서 우리가 소돔성의 롯과 같은 위치에 있다는 것을 발견한다면, 금지된 사귐에서 벗어나야 한다. "도망하여 생명을 보존하라"(창 19:17).
3. 은혜 안에서 자라갈 때, 현재의 수준에서 벗어나야 한다(빌 3:13-14).
4. 자기를 기쁘게 하는 모든 것으로부터 떠나야 한다. 우리는 찰나의 만족을 위해 멈추어서는 안 된다. 자기만족은 우리를 혼란에 빠뜨릴 것이다.
5. 어디서나 예수님을 위해 일하러 가야 한다. 우리는 영혼을 위해 동료들과의 사귐이나 가정의 편안함으로부터 떠나야 한다.
6. 믿음이 가장 크게 공격당하는 곳으로 그것을 변증하기 위해 가야 한다. 우리는 우리의 안일을 포기하고 원수와 싸울 준비를 해야 한다(유 1:3).
7. 주님이 우리에게 두신 고난을 감당하기 위해 가야 한다(고후 12:9).
8. 위에서 오는 음성이 우리를 본향으로 부를 때, 우리는 죽기 위해 떠나야 한다(딤후 4:6).

오 죄인이여, 오늘 갑자기 부르심을 받는다면 그대는 갈 준비가 되어 있는가?

오 죄인이여, 일어나 떠나가는 것보다 그대에게 더 좋은 일이 일어날 수 있겠는가?

나팔소리

언젠가 한 저명한 사람이 한 말을 잘 기억하고 있다. 그 말은 기억해둘 만한 가치가 있다. "올바른 길을 가고 있다고 스스로 만족하는 마음을 갖게 될 때, 그대는 길을 잘못 가기 시작했음을 기억하라." 우리는 이것을 사탄의 올무로 알고 조심하고, 항상 사도들의 태도를 견지하도록 노력해야 한다. "오직 겸손한 마음으로 각각 자기보다 남을 낫게 여기라"(빌 2:3). 그리고 모든 공로와 찬양을 하나님께 돌리는 훌륭한 신학적 표현들을 단순히 입술로 고백한다고 해서 이 자기만족이 효과적으로 처리되리라고 생각하는 실수를 저지르지 말기를 바란다. 이것들은 너무나 자주 영적 교만의 옷을 입는다. 그것들을 참된 겸손으로 착각해서는 절대로 안 된다. _ 아이트켄(W. H. M. H. Aitken)

얼마 전, 내 친구 한 사람이 어떤 사건에 연루되었다는 얘기를 들었다. 나는 그 사건을 기억하고 있을 뿐만 아니라 반복해서 말할 수도 있다. 그는 그리스도를 자신의 구주로 고백했으나 그분에게 자신을 충분히 복종시키지 못하는 것에 대해 두려움을 느끼고 있던 한 여인과 완전 성화의 필요성에 관해 진지한 대화를 나누었다. 마지막으로 그녀는 똑같은 상황이 되었을 때 많은 사람들이 정확히 보여 줄 것으로 보이는 모습보다 훨씬 더 진솔한 모습으로 "저는 그리스도께 제자신의 권리를 주장하고 싶지 않습니다. 만일 제가 그렇게 한다면, 그분이 저와 함께 하심을 누가 알 수 있겠어요? 제가 알고 있기로는, 그분은 저를 중국으로 보내실 수도 있으니까요"라고 말했다. 몇 년의 세월이 흐른 후 내 친구는 바로 이 여성으로부터 참으로 깊은 감동을 느낄 만한 편지를 받았는데, 그녀는 그 편지에서 그녀가 그토록 오랫동안 하나님과 갈등을 빚었던 문제가 해결이 되고, 지금은 얼마나 행복하고 평화로운 상태에서 주님께 완전한 복종을 실천하고 있는지를 말하고 있었다. 그녀는 과거에 나누었던 대화를 언급하면서, "지금 저는 더 이상 과거의 내가 아닙니다. 나는 지체 없이 하나님께 자신을 복종시켰고, 그분은 저를 중국으로 보내고 계십니다"라고 말했다. _ W. H. M. H. 아이트켄

사면팔방으로 적군에 포위 공격을 받던 오스트리아 장군 멜라스는 수와로우에게 전령을 파견해, 자신이 어디로 "후퇴" 해야 하는지를 물었다. 수와로우는 연필로 편지를 썼는데, 그 내용은 이랬다: "**앞으로!**"

그 연필은 영원히 잊지 못할 한 단어를 썼다. 그 단어는 인류의 기억과 감탄 속에서 대리석 위에 새겨진 무수한 과장된 말들을 압도할 것이다. 정말 이 한 마디는 아무리 세월이 흘러도 지워질 수 없다.

열심이 있는 자들은 약간의 훼방도 견디지 못한다. 에드먼드 버크는 브리스톨 유권자들에게 이렇게 말했다: "우리가 달리고 있을 때는 박수갈채를 보내주십시오. 우리가 넘어졌을 때는 위로해 주십시오. 우리가 회복할 때에는 격려해 주십시오. 그러나 우리는 전진해야 합니다. 하나님을 위해 전진합시다!"

역사는 우리에게 로마 가톨릭 교회의 위대한 선교사 — 동방의 사도 — 가 그가 지극히 사랑했던 야만인들에게 둘러싸여 침상에서 죽어가고 있을 때, 그의 죽어 가는 영혼은 자신의 사역에 바빴고, 죽어가는 순간에도, 비록 반짝거리는 눈은 희미해져 잘 보이지 않고, 창백한 입술은 영원한 침묵으로 빠져 들어가기 시작했지만, 더 높은 승리에 대한 환상이 자기 앞에 찬란하게 펼쳐졌고, 그 순간 그의 마지막 한 마디는 "암플리우스(앞으로)!" 였다. 형제들이여, 이 말 "앞으로"가 우리의 모토, 우리의 외침이 되어야 한다. 황량한 산허리 가장 먼 저곳에서 방황하는 최후의 한 마리 양이 그리스도의 음성을 듣고 그의 우리로 돌아올 때까지! _ A. H. 베인스(A. H. Baynes)

우리는 주님의 음성이 들리지 않는 곳으로 가지 않도록 조심해야 한다. 우리는 그분의 명령을 주시하고 기다려야 한다. 내 연대의 부관 중에는 명령실에서 근무를 위해 상시대기하고 있던 연락병들이 있었다. 더블린과 같은 주둔지에서 나는 항상 두 명의 연락병을 두었다. 그들의 위치는 내 목소리가 들릴 수 있는 범위 내인 명령실 바로 문 밖이었다. 그들은 명령을 주시하고 기다리고 있었다. 그들은 편지, 전달사항 등을 받았다. 그들은 메시지만 전달한 것이 아니라 내가 떠나지 않고는 자리에서 떠날 수 없었다. 항상 대기 중, 그것이 그들의 의무였다. 그들은 편지나 메시지를 실제로 전달하러 갈 때 못지않게, 대기 중에도 주시하고 기다리면서 자기의 임무를 수행하고 있었다. 그리스도의 종도 마찬가지다. "누구든지 내게 들으며 날마다 내 문 곁에서 기다리며 문설주 옆에서 기다리는 자는 복이 있나니"(잠 8:34).

여왕의 시녀였던 한 여성이 여왕 옆에 있는 것이 자기에게는 큰 기쁨이었다고 말했다. 그녀는 거기서 여왕의 통치를 위해 조금이라도 섬길 기회를 갖기를 간절히 원했다. _ 도슨(Dawson) 대령의 "친교와 갈등" 으로부터

182
"보라, 너희 왕이로다!"

빌라도가 유대인들에게 이르되 보라 너희 왕이로다
_ 요한복음 19:14

빌라도는 자신이 이해한 것 이상의 사실을 말했다. 그러므로 우리는 그가 한 말의 의미를 우리에게 국한시켜서는 안 된다.

우리 주님에 관한 모든 사실은 그 당시보다는 현재 그 의미가 더 충분히 드러나 있다. 가야바의 말, 제자들의 도망, 그분의 옷을 나눠가짐, 병사들이 그분의 옆구리를 창으로 찌른 일 등도 그렇다.

예수님은 유대인들에게 오셨으나 그들에게 거절당하셨다. 그러나 그분은 분명히 그들의 왕이라고 선언하셨다.

똑같은 일이 오늘날 특별한 권리를 부여받은 사람들 중에서 반복되고 있다. 그러나 그들이 그분을 받아들이든 아니든, 어떤 의미에서든 확실히 그들의 왕이다.

본문에 나오는 소환자들에게 그의 대답은 조롱거리였다.

우리는 가장 깊은 존경심으로 우리의 왕께 가까이 나아가 그분을 살펴볼 것이다.

I. 자신의 보좌를 예비하는 주님을 보라.

1. 그분은 자신의 고난 속에 그 보좌의 기초를 두신다.
2. 그분은 자신의 속죄의 고통을 통해 그것을 은혜의 보좌로 만드신다.
3. 그분은 자기에게 나아오는 사람들의 슬픔에 참여하심으로써, 그들에 대해 공감하는 자신의 능력을 통하여 그것에 접근할 기회를 마련하신다.

4. 그분은 기꺼이 그리고 무조건적으로 스스로를 쳐서 복종시킨 수치를 통해 그것을 영광스럽게 하신다.

이렇게 세워진 보좌의 영원함을 믿으라.

II. 우리의 경배를 요구하는 주님을 보라.

그분은 우리에게 경배를 요구하고, 받기 원하신다:

1. 최고의 사랑의 권리로서.
2. 완전한 지불의 권리로서.
3. 우리가 진정한 사랑의 감사 아래 그분에게 충심으로 바치는, 성별의 권리로서.

이 경배를 적절하게 감당할 때 영광이 있다.

III. 자신의 지배대상을 복종시키는 주님을 보라.

1. 유대인과 이방인들은 그분이 그들을 위해 고난 받으신 것을 바라봄으로써 순종에 이르게 된다.
2. 이 일은 어디서든 그분이 택하신 자들에게 일어난다.
3. 이 일은 타락자들을 회복시킨다. 그들은 자기들이 상하게 한 그분을 바라보고, 그분에게 충성하기 위해 다시 돌아온다.
4. 이 일은 그분의 모든 종을 포로로 만든다. 그들은 자기들 때문에 이같이 수치를 당하신 분에게 자기들의 모든 것을 내놓음으로써 영광을 돌린다.
5. 이 일은 만물이 그분께 복종하도록 한다. 그분은 십자가의 수난으로 말미암아 하늘과 땅과 지옥을 다스리신다.

그분의 십자가 홀 앞에 무릎을 꿇자.

IV. 자신의 나라의 모형을 보여 주신 주님을 보라.

그분은 그곳에서 자신의 지배대상들의 선지자와 모형으로 서 계신다.

1. 그것은 지상의 나라가 아니다. 그 차이는 모든 면에서 두드러질 것이다.
2. 그것은 그 나라의 왕과 그분의 충실한 신복들 모두에게 수치 및 고난과 연계되어 있다.
3. 그것은 그분의 사랑과 자기희생 위에 기초되어 있다. 이것은 그분의 주권적 권리다. 이것은 그분의 군대의 힘이요, 그분의 소득의 원천이다.
4. 그것은 그분의 고뇌로 말미암아 빛을 발하게 된다. 이 고뇌가 그분의 궁정의 표상이요 훈장이다. 그것은 천국에서도 그분의 영광이 된다.

오직 십자가에서만 영광이 있으리라.

V. 자신의 나라의 확실성을 증명하는 주님을 보라.

1. 그분은 수치당하신 곳에서도 왕이신가? 확실히 그렇다. 그분은 죽은 자들로부터 살아나 영광 속으로 들어가셨기 때문에 왕이시다.
2. 그분은 수치와 고통 속에서도 왕이신가? 그렇다. 그분은 우리가 똑같은 상황에 있다면, 우리를 도우실 수 있다.
3. 그분은 우리의 구속의 값을 지불하시는 동안에도 왕이신가? 진정 그렇다. 그분은 그것을 지불하셨고, 영원한 구원의 저자가 되었기 때문에 왕이시다.
4. 그분은 빌라도의 재판정에서도 왕이신가? 참으로 그렇다. 그분은 빌라도가 재판받기 위해 자신의 재판정 앞에 서게 될 때, 그렇게 되실 것이다.

성도들이여, 이리로 오라. 와서 그대의 익숙한 예배를 드리라!
죄인들이여, 이리로 오라. 와서 우선 먼저 경배하라!

✣ 섬광 ✣

누더기를 걸치신 주님을 십자가에 못 박는 것보다 예복을 입으신 구주를 경멸하는 것이 훨씬 더 악하다. 왕이 종으로 위장하여 종의 옷을 걸치고 있을 때보다 보좌에 앉아있는 왕을 모욕하는 것이 훨씬 더 죄가 크다. 그리스도는 고난을 받은 후 영광에 들어가셨다. 그분의 원수가 되는 자들은 모두 번영 후 비참 속에 들어가지 않으면 안 된다. 그분의 황금 홀에 지배를 받지 않는 자들은 누구나 그분의 권세에 의해 박살이 날 것이다. _ 스티븐 차녹(Stephen Charnock)

빌라도는 유대인들의 마음을 일종의 경멸적인 동정으로 녹이기를 원했을까? 그는 그들이 그 가련한 대상으로부터 눈을 돌리고, 그분을 반역죄로 고소한 것을 부끄러워하리라고 생각했는가? 아마 그랬던 것 같다. 그러나 그는 착각했다. 예수님에 대한 슬픔이 그들로 하여금 그분에 대한 미움을 극복하도록 만들지 못한다. 그러나 이 사실은 그의 마음이 얼마나 필사적으로 강퍅해졌는가를 보여 준다.

성령이 역사하신다면, 고난 속에 있는 예수님을 바라보도록 하는 것만큼 사람들을 그분께 이끄는 더 좋은 방법은 없다. 오 사람아, 바라보라. 그대의 죄가 무슨 일을 저질렀는지를 보라! 그대의 대속주가 무엇을 감당하셨는지를 보라! 그분이 그대에 관해 어떤 주장을 하시는지 보라! 다른 사람의 구주가 아니라 바로 그대 자신의 구주로 바라보라! 그대의 친구, 그대의 구주일 뿐만 아니라 그대의 왕이신 그분을 바라보라! 그분을 바라보라! 즉시 그분 앞에 무릎 꿇고, 그대 자신을 그분의 사랑하는 종으로 만들라! _ 스펄전

"보라 너희 왕이로다" — 이것은 불가능하거나 망상적인 명령이 아니다. 예수님으로부터 시선을 떼고 있는 눈은 지금 그분을 **바라보아야** 하는데, 우리가 어떻게 바라볼 것인가? **지금** 그 시야는 온통 아름다움과 영광과 대관

식으로 충만하다. 슬픔과 상한 얼굴은 이미 지나갔다. 심지어는 우리가 그분을 하나님의 어린양으로 바라볼 때에도 **지금** 그분은 "보좌에 앉아계신" 어린양이다.

믿음으로 말미암아 예수님을 왕으로 바라보는 오 시온의 딸들아, 너희가 무엇을 보고 있느냐? 오, 그 대답의 선율은 다음과 같으리라! — "영광과 존귀로 관을 쓰신 예수를 보니"(히 2:9). "왕은 사람들보다 아름다워"(시 45:2). "아름답고 영화로울 것이요"(사 4:2). "그의 아름다움이 어찌 그리 큰지"(슥 9:17). "생김새는 레바논 같으며 백향목처럼 보기 좋고"(아 5:15). "그 얼굴은 해가 힘 있게 비치는 것 같더라"(계 1:16). "그 전체가 사랑스럽구나"(아 5:16). _ 프란시스 리들리 하버갈(Frances Ridley Havergal)

183
손수건

예수께서 이르시되
여자여 어찌하여 울며 누구를 찾느냐 하시니
_ *요한복음 20:15*

여자는 타락 이후 눈물을 흘려야 할 이유가 많이 있었다.

예수님은 우는 여인들 사이를 거쳐 죽음의 길을 가셨고, 부활하신 후에 그녀들 가운데 한 여인을 만나셨다.

구주께서 부활하신 후 처음 하신 말씀은 울고 있는 한 여인에게였다.

여인의 몸에서 태어난 주님은 여인의 눈물을 마르게 하기 위해 오셨다.

이 신령한 위로자가 취한 지혜로운 방법을 관찰해 보자.

막달라 마리아는 우는 이유를 말해야 한다. "여자여 어찌하여 우느냐?"

종종 슬픔은 그 이유가 분명해질 때 사라진다. 신비를 쫓아버리고 슬픔의 진짜 이유를 아는 것이 지혜롭다.

그분은 두 번째 질문 곧 "누구를 찾느냐?" 묻고, 그녀의 슬픔에 더 가까이 가심으로써, 그녀를 돕고 계신다. 그녀는 **그분**을 찾고 있었던 것이다.

그분은 자신의 질문에 대해 스스로 답변하셨다.

모든 경우에 예수님은 가장 합당한 위로자요, 위로 자체이시다.

"여자여 어찌하여 우느냐"는 질문을 두 가지 면에서 생각해 보자:

I. 그것이 자연적 슬픔인가?

1. 당신은 친족과 사별했는가? 부활하신 구주께서 당신을 위로하신다. 왜냐하면:
   • 그분은 당신에게 죽은 자들의 부활을 보장하시니까.

- 그분이 당신의 살아 계신 돕는 자로서, 당신과 함께 하시니까.
- 그분이 당신에게 공감하시니까. 이것은 그분이 이전에 친구 나사로를 잃어버린 적이 있기 때문이다. 아니 그분 자신이 죽으신 적도 있기 때문이다.

2. 당신의 사랑하는 자가 병이 들었는가? 슬픔은 얼마든지 견딜 수 있다. 왜냐하면:
   - 그분은 살아 계셔서 치유를 원하는 당신의 기도를 들어주시니까.
   - 그분은 그가 죽어 가고 있다면 그를 축복하기 위해 기다리고 계시니까.
3. 당신 자신이 병 들었는가? 그것도 견딜 수 없는 것은 아니다. 왜냐하면:
   - 예수님은 살아 계셔서 당신의 고통을 진정시키시니까.
   - 예수님은 살아 계셔서 고통 속에 있는 당신의 마음에 활력을 주시니까.
   - 예수님은 살아 계셔서 당신의 영혼에 하셨던 것처럼, 몸에도 생명을 주시니까.
4. 당신은 가난한가? 불평하지 말라. 왜냐하면:
   - 그분은 살아 계시고, 부자니까.
   - 그분은 자기 속에서 당신의 모든 것을 찾아가도록 하시니까.
   - 그분은 당신을 버려두거나 포기하지 않으시니까.
5. 당신은 슬픈 마음을 갖고 있는가? 절망하지 마라. 그 대신:
   - **그분의** 슬픔이 **그분에게** 임한 곳이 어디인지를 바라보라.
   - 그분이 어떻게 슬픔 속에 있는 자들에게 왔고, 또 지금 어떻게 오고 있는지를 바라보라.
   - 그분이 위로의 사역을 감당할 때 무엇을 하시는지를 보고, 다른 사람들을 즐겁게 함으로써, 그분을 본받으라.

이렇게 하면 당신은 스스로 위로받게 될 것이다.

II. 그것이 영적 슬픔인가?

1. **분별하라.** 그것이 선한 것인지 아니면 악한 것인지를 살펴보라. "여자여 어찌하여 울며."
   - 그것이 이기적인 슬픔인가? 부끄러워하라.
   - 그것이 반항적인 것인가? 회개하라.
   - 그것이 무지로 인한 것인가? 예수님에 관해 배우고, 그래서 그것을 피하도록 하라.
   - 그것이 소망 없는 것인가? 하나님을 믿고, 항상 소망을 가지라.
   - 그것이 은혜로운 것인가? 그렇다면 그분께 감사하라.
2. **선포하라.** 예수님께 그에 관한 모든 것을 고하라. "여자여 어찌하여 울며."

그것이 다른 사람들 때문에 갖는 슬픔인가? 그분도 당신과 함께 우신다.

- 사랑하는 자들이 죄에 빠져 있는가?
- 교회가 냉랭하고 죽어 있는가?

그것이 진리를 찾는 성도에 관한 슬픔인가? 그분은 당신을 만나주신다.

- 당신은 그분의 임재를 놓치고 있는가?
- 당신은 거룩의 수준을 높일 수 없는가?
- 당신은 원하는 만큼 충분히 그분을 섬길 수 없는가?
- 당신은 기도가 실패한 것처럼 보이는가?
- 당신의 옛 본성이 반역하는가?

그것이 의심하는 자에 대한 슬픔인가? 그분은 당신을 강하게 하실 것이다.

- 죄인으로 예수님께 나아오라.

그것이 진리를 찾는 죄인에 관한 슬픔인가? 그분은 당신을 받아주실 것이다.

- 당신은 과거의 죄 때문에 울고 있는가?

- 당신은 자신의 악한 본성 때문에 두려워하는가?
- 당신은 복음을 이해할 수 없는가?
- 당신은 다시 강퍅해지지 않기 위해 울고 있는가?
- 당신은 슬퍼할 수 없어서 슬퍼하는가?

그분은 당신 앞에 계신다. 그분을 믿으라. 그러면 울음이 끝날 것이다.

그분은 당신을 용납하신다. 당신은 그분 안에서 당신이 추구하는 모든 것을 얻게 될 것이다.

위안을 주는 생각

한 힌두교 여성이 선교사에게 말했다. "당신의 성경은 확실히 여자에 의해 기록되었군요." "왜요?" "여자들에 대한 친절한 내용이 너무 많으니 말이에요. 우리 인도 학자들은 책망할 때 외에는 여자들에 관해 말하지 않거든요."

"**여자여 어찌하여 울며.**" 하나님과 그의 천사들은 우리가 흘리는 헌신의 모든 눈물을 주목한다. 갑작스러운 이적도 그녀의 눈물을 마르게 하지 못했고, 그녀의 혀를 기쁘게 하지 못했다. 그녀는 구주의 부재에 대한 슬픔의 이유를 자유롭게 고백한다: "사람들이 내 주님을 옮겨다가 어디 두었는지 내가 알지 못함이니이다"(13절). 슬프도다! 착한 마리아, 그대는 어찌하여 눈물을 헛되이 흘리는가? 그대는 누구에 관해 불평하고 있는가? 그대의 최고의 친구에게가 아닌가? 그분 자신 말고 누가 그대의 주님을 떠나게 하겠는가? 자신의 인간적 육체를 죽음의 영역으로부터 취한 자가 그분 자신 아니면 누구인가? 그분은 지금 더 이상 무덤에 누워 계시지 않는다. 그분은 그분이 없다고 불평하고 있는 바로 그대 옆에 서 계신다. 이처럼 부드럽고 겸손한 무수한 영혼들이 그것을 깨닫지 못하고 느끼지 못해 구주가 없다고 괴로워하고 있다. _ 홀 주교 그녀는 라헬이 위로받기를 거절한 것처럼 천사들에게서 몸을 돌린다. 그러나 그녀에게는 그녀가 느꼈던 슬픔만큼 위로가 준비되어 있다. 우리는 여기서 주님이 막달라 마리아의 경우처럼 영혼들을 얼마나 충분히 위로할 수 있는지를 보여 주는 한 사례를 갖고 있다. 주님은 마음을 아시고, 그러기에 아무도 자기 때문에 헛되이 울지 않도록 하실 것이다. 그러나 심지어는 천사들까지도, 그들의 연민이 아무리 은혜롭다고 할지라도, 극도의 슬픔을 위로하는 역할은 주님의 몫으로 남겨두어야 한다. _ 루돌프 스티어(Rudolf Stier)

그리스도께서 부활하신 후에 처음으로 하신 말씀이 "여자여 어찌하여 우느냐"는 말씀이었다. 그것은 그리스도의 부활 이후의 질문으로는 합당한 질문이다. 그리스도께서 다시 살아나셨는데, 울어야 할 이유가 어디 있는가? 우리의 머리이자 보증이신 그분이 우리를 위해 죽임당하셨기 때문에 우리의 죄는 사함 받는다. 그리스도께서 다시 사셨는데, 우리가 왜 우는가? 만일 우리가 상하고 겸손한 마음을 가진 자로서, 그분의 죽음과 부활에 관심이 있다면, 결코 슬퍼할 이유가 없다. _ 리처드 십스

"선한 사람들은 잘 운다"고 희랍의 시인은 말한다. 좋은 사람일수록 울기를 잘하는데, 특히 고통 속에서는 더 그렇다. 여러분이 다윗에 대해 알고 있는 것처럼, 그의 눈물은 보석 대신 그의 침상을 수놓은 장식이었다. 요나단, 욥, 에스라, 다니엘 등도 마찬가지다. 어떤 사람이 다음과 같이 말했다: "내가 땅 위에서 눈물을 흘리지 않는다면, 하늘에서 하나님께서 내 눈물을 어떻게 닦으실 수 있겠는가? 내가 눈물로 씨를 뿌리지 않는다면, 어떻게 기쁨을 거둘 수 있겠는가? 나는 눈물과 함께 태어났고, 눈물과 함께 죽을 것이다. 그렇다면 이 눈물 골짜기에서 어찌하여 눈물 없이 살고자 하겠는가?" _토머스

내 영혼아, 고민하지 말라. 하나님은 그대가 상상하는 것보다 훨씬 더 좋은 것을 그대를 위해 갖고 계신다. 갈릴리 여인들에게 함께 했던 것이 그대에게도 함께 한다. 그녀들은 단지 죽은 시체를 찾았지만, 살아 계신 주님을 찾아냈다. 또 그대는 땅에서 그대의 소망이 이루어지기를 간절히 염원했다. 그분은 만사가 그대의 유익을 위해 합력한다고 약속하셨지만, 세상의 위로는 그대를 외면했는가? 정말 그랬는가? 그렇다면 그분의 약속이 헛것인가? 그대를 실패하게 만든 바로 그 지점에서, 인생의 상실과 슬픔 속에서 그 약속이 발견된다고 생각하는가? 만일 그대가 무덤이 비었다는 것을 알았다면, 그분의 육체가 곁에 없다는 것이 무슨 문제인가? 잃어버리는 것이 곧 얻는 것이고, 비어있는 것이 곧 기쁨의 충만이다. 부활을 의미하는 상실이 있다. 나는 내 소유를 발견할 때보다 나의 필요를 발견할 때 더 크게 일어선다 ⋯ . 오 갈라진 연고에서 흘러나오는 향기여! 오 부활의 빛이여! 인간의 공허함에서 얻는 그대의 유익으로 말미암아 나는 부요하다. _ 조지 매더슨 박사(Dr. George Matheson)

184
나를 붙들지 말라

예수께서 이르시되 나를 붙들지 말라
내가 아직 아버지께로 올라가지 아니하였노라
너는 내 형제들에게 가서 이르되
내가 내 아버지 곧 너희 아버지,
내 하나님 곧 너희 하나님께로 올라간다 하라 하시니
_ *요한복음 20:17*

여기서 교훈은 주님의 임재를 의식하고 있는 영혼에게 주어진다.

오, 그 상태 속으로 들어갔으면!

막달라 마리아는 주님의 부재 때문에 울었고, 그분을 간절히 찾았다. 그런데 지금 그녀는 그 소원을 이룬다. 그분이 그녀 앞에 서 계신다.

오, 우리도 그분을 발견할 수 있는 곳을 알았으면!(욥 23:3)

그분의 발 곁에서 그분을 붙들려는 그녀의 행동은 자연스러운 것이었으나 사람의 지혜를 능가하는 천상의 지혜로 말미암아 그것은 금지되었다.

I. 주의.

"나를 붙들지 말라."

1. 우리는 가장 친밀한 교제 속에 있을 때에도 실수할 수 있고, 절제를 요구 받을 수 있다. 우리가 하나님께 가장 가까이 나아갈 때만큼 조심할 필요가 있을 때가 없다. 충신들은 보좌 앞에서 가장 조심하지 않으면 안 된다.
2. 우리는 영적인 것을 육욕적인 것으로 만들 수 있다.

이것은 최고 수준의 성도들에게서도 나타났던 성향이었다. 그것은 이성보다 감정이 더 강한 사람들에게 더 쉽게 나타났다.

3. 우리는 전혀 본질적이지 않은 것을 가장 정열적으로 추구할 수 있다.
   - 촉각이나 다른 감각들을 통한, 감각적 확신을 중시함. 그러나 믿음의 확신이 더 낫고, 더 충분한 것이다.
   - 갈 의사가 없는 사람의 지체함.
4. 우리는 아직 얻지 못할 것을 갈구할 수 있다.

영원한 영광에 들어갈 때에 우리는 현재 우리가 구해서는 안 되는 것을 누리게 될 것이다.

5. 우리는 우리의 복에 대해 이기적이 될 수 있다.

우리는 기쁜 소식을 선전함으로써, 다른 사람들에게 복을 전달해야 할 때, 홀로 명상에 빠져 있을 수 있다(왕하 7:9).

II. 사명. "내 형제들에게 가서."

그녀는 머물러 있기를 더 원했으나 예수님은 가라고 명령하신다.

1. 이 일은 그녀에게 더 좋은 일이었다. 홀로 명상에 빠지게 되면 감상적, 감각적, 비현실적 상태로 떨어지기 쉽다.
2. 이것은 형제들을 위해 더 좋은 일이었다. 그들은 가장 믿을 만한 소식통으로부터 최고의 소식을 들었다.
3. 이것은 이 경건한 여인을 통해 지체 없이 시행되었다.
   - 그녀는 자기가 본 것을 그대로 전했다.
   - 그녀는 자기가 들은 것을 그대로 말했다.
   - 여자들은 말로 전달하기를 좋아한다. 그러므로 이것은 지혜로운 선택이었다.
   - 여자들은 감정적이고, 그래서 설득력이 좋다. 그러므로 우리가 지금 다루고 있는 사랑의 메시지를 전달하기에 적합하다.

III. 호칭. "내 형제들."

우리 주님은 그의 슬퍼하는 자들을 위로하기 위해 이 호칭을 의도적으로 선택하셨다. 그들은 그분의 동료, 제자 또는 친구가 될 수 없을 정도로 행동했지만, 형제관계는 지속적 관계다. 그들은:

1. 그분이 그의 보좌로 승천하실 시점이었지만, 그분의 형제들이었다.
   - 그분은 더 이상 고통과 죽음에 예속된 존재가 아니지만, 아직 인간이셨다.
   - 그분은 여전히 그들의 부활의 첫 머리로서 그들을 대표하셨다.
   - 그분은 그의 목적과 관점에 서 그들과 하나이셨다.
2. 그분이 고난당하실 때 그분을 버리고 떠났지만, 그분의 형제들이었다.
   - 관계는 변함이 없었다. 그 이유는 형제 관계는 결코 깨질 수 없기 때문이다.
   - 관계는 이전보다 더 깊어졌다. 그 이유는 그들의 죄책감이 그들을 더 조심스럽게 만들었기 때문이다. 그분은 그들에게 참 요셉이었다(창 45:4).
   - 관계를 더 깊이 성찰하게 되었다. 그 이유는 그들이 재확신하게 되었기 때문이다.

우리는 본문의 "내 형제들"이라는 호칭에서 나오는 복음의 달콤함, 그 공손함, 그 축복 그리고 사랑의 말을 결코 잊어서는 안 된다. 만일 우리가 이 보배로운 말을 망각한다면, 주님의 은혜의 메시지는 손상을 입게 될 것이다.

IV. 소식.

"내가 내 아버지 곧 너희 아버지, 내 하나님 곧 너희 하나님께로 올라간다."

이 메시지는 그들을 일으키고, 위로하기 위해 주어진 것이었다.

1. 그분이 떠난다는 소식을 듣고 그들은 일으킴을 받는다.
2. 그분의 승천 소식을 듣고 그들은 새로운 결의를 다지게 된다.
3. 만인의 아버지께로 그분이 올라가심으로 말미암아 그들은 자기들도 그

곳에 가리라는 전망을 갖게 되어 위로받는다. 그분은 아무도 모르는 미지의 장소로 가시는 것이 아니라 자신과 그들의 거처로 올라가셨다(요 14:2).

4. 그분이 하나님께 올라가심으로 말미암아 그들은 엄숙한 경외심에 사로잡혔고, 자기들 사이에 계시는 주님을 더 큰 존경심으로 바라보게 된다.
   - 우리 주님이 얼마나 실제적인지, 그리고 그의 종들의 유용성에 대해 얼마나 큰 가치를 두고 있는지를 보라.
   - 우리는 할 말이 없는가?
   - 남자든 여자든, 주님이 당신에게 말씀하신 것을 그분의 형제들에게 전하라.

촉각

심지어는 태초부터 사람들이 힘쓰고 힘써온 것은 곧 시각적, 감각적 사물들에 크게 집착하는 것이었다. 그들은 그리스도를 예배하지만, 자기들 앞에 하나의 그림이 있어야 한다. 그들은 그리스도를 경배하지만, 그분의 몸을 떡 조각 아래로 끌고 와야 한다. 그들은 눈으로 보기를 원하고, 그래서 그들의 마음을 천상의 방법에 따라 하나님과 그리스도께 올리기보다는 하나님과 그리스도를 자기들에게 끌어내린다. 교만하고 저속한 인간의 세속성이 이렇게 만든다. 그러므로 그리스도께서는 "나를 붙들지 말라"고 말씀하신다. 그러나 지금 내게는 과거와 같지 않다. 우리는 그리스도에 관한 저급하고 비천한 자만심을 조심해야 한다. 바울이 고린도후서 5:16에서 뭐라고 말하는가? "그러므로 우리가 이제부터는 어떤 사람도 육신을 따라 알지 아니하노라 비록 우리가 그리스도도 육신을 따라 알았으나 이제부터는 그같이 알지 아니하노라." 육신을 따를 때 그리스도는 이런 족속, 저런 신장을 가진 분, 이런 은사와 저런 특징을 지닌 분이다. 그것이 나와 무슨 상관인가? 그리스도는 지금 만군의 주, 만왕의 왕이시다. 그분은 천국에서 영광의 광채시

다. 나 역시 그분을 그렇게 생각한다. _ 리처드 십스

"**나를 붙들지 말라**" — 여기서 우리가 이해해야 할 것은 주님은 결코 그녀의 애정 표현을 이런 식으로 거부하신 것이 아니라는 것이다. 왜냐하면 우리는 주님이 직후에 도마에게 손을 자신의 옆구리에 넣어보라고 하신 것을 발견하기 때문이다(25절). 그러나 이때는 마리아가 그렇게 하려고 했던 순간과 달랐다. 주님은 그녀를 통해 제자들에게 메시지를 보낸 상황이 있었다. 그때는 그녀뿐만 아니라 제자들까지도 그분의 부활의 복된 소식을 받아들일 수 있는 시간이었다. 그러므로 그분은 먼저 그녀를 그들에게 보내신 것이다. _ 호커 박사(Dr. Hawker)

그런데 주님 당신은 그녀를 누구에게 보내셨나요? "**내 형제들에게 가서.**" 여기에 속한 사람들은 예수님을 송축하라! 그들은 당신을 따르지 못한 자들이 아니었나요? 그렇습니다. 그들은 당신을 버리고 떠난 자들이 아니었습니까? 그러나 지금도 당신은 그들을 내 형제라고 부르십니다. 오, 감탄할 만한 겸손이여! 오, 무한한 자비여! 어떻게 당신께서 그들을 형제로 부르실 수 있나요? 처음에 그들은 당신의 종이었습니다. 그때 그들은 당신의 제자들이었습니다. 당신이 죽으시기 전까지, 그들은 당신의 친구들이었습니다. 그런데 지금 당신이 부활하신 후 그들은 당신의 형제들입니다. 죽음의 세계에서 영원불멸의 세계로 무한히 높아지신 당신께서 그토록 낮아져서 이전에 친구, 제자, 종이었던 자들을 형제로 부르십니다. _ 홀 주교

엘리야의 승천을 아무도 따라갈 수 없는 새의 비상에 비유할 수 있다면, 그리스도의 승천은 말하자면 하늘과 땅 사이를 잇는 다리로서, 그분이 이 땅에 오심으로 말미암아 자기에게 이끄시는 모든 사람을 위해 놓으신 것이다. _ 바움가르텐(Baumgarten)

185
표적과 증거

도마에게 이르시되 네 손가락을 이리 내밀어 내 손을 보고
네 손을 내밀어 내 옆구리에 넣어 보라
그리하여 믿음 없는 자가 되지 말고 믿는 자가 되라
_ *요한복음 20:27*

도마는 주님이 직접 오셔서 자기가 했던 말을 그대로 하실 때, 얼마나 놀랐을까!(25절을 보라.)

예수님은 우리에게 말씀을 사무치게 하시는 방법을 알고 계신다.

오늘날 교회에서 우리는 많은 도마들을 만난다. 그들은 느리고, 수상쩍고, 비판적이고, 의심이 많지만, 진실한 마음을 갖고 있다.

도마는 자신의 주님을 시험했는데, 급기야는 그분의 인내심을 시험에 부쳤다.

주님은 그 시험을 받아들였고, 그리하여 자신의 겸손을 증명하셨다.

그 증명은 도마를 만족시켰고, 그럼으로써 주님의 지혜를 입증했다.

아마 우리 가운데에도 이런 종류의 시험을 해 보고 싶은 사람이 틀림없이 있을 것이다.

그들에게 우리는 다음과 같이 진지하게 말해 주어야 한다:

I. 표적을 구하지 말라.

그리스도께서 그의 사도들에게 충분한 증거를 보여 주셨다면, 우리에게는 더 이상 증거가 필요 없다. 그 이상의 표적과 증거를 바란다면, 잘못이다. 그러나 어떤 이들은 이적, 신유, 환상, 음성, 감정, 황홀경, 압력 등을 요구한다.

1. 그것은 당신의 주님을 욕되게 하는 것이다.
2. 그것은 불합리한 것이다. 왜냐하면 진리는 자체 안에 증거를 갖고 있기 때문이다.
3. 그것은 주제넘은 짓이다. 충분한 증거가 있는데, 그 이상의 것을 요구하거나 우리의 편견을 즐겁게 하는 부류의 증거를 감히 요구할 수 있는가?
4. 그것은 우리 자신을 망하게 하는 것이다. 믿음에 대해 이런 증거를 요구하는 것만큼 그것은 약화되게 마련이다. 이 믿음의 약화 속에는 계산할 수 없는 해악이 들어있다.
5. 그것은 위험스러운 것이다. 만일 표적을 구하는 이 욕심을 포기하지 않는다면, 우리는 불신앙이나 미신에 쉽게 빠져들 것이다.

만약 주님의 개입이 없었더라면, 도마가 얼마나 치명적인 불신앙의 영향 아래 놓이게 되었을지 상상해 보라.

II. 그 대신 그리스도의 상처를 바라보라.

표적과 기사들을 구하는 대신 이런 자세를 취하도록 하라.

그리스도의 상처 속에서 다음과 같은 사실을 바라보자:

1. 그분의 죽으심의 보증. 그분은 실제로 그리고 진실로 죽으셨다. 그분이 어떻게 옆구리의 상처를 안고 계속 살아 계실 수 있었겠는가?
2. 그분이 실제로 부활하신 분과 동일인임을 확증.
3. 그분의 사랑의 증거. 그분은 자신의 손바닥에 우리를 새겨 넣으셨다.
4. 그분의 고투의 표지. 그분은 그것을 부끄러워하지 않고, 그들에게 그것을 보여 주신다.
5. 그분의 수난의 기념물. 그분은 죽임을 당한 어린양으로서 영광 가운데 계심을 보여 주신다(계 5:6).

이것만으로도 우리는 만족할 수 있으나 아직 의심이 사라지지 않을 수 있다. 그때는 다음과 같이 하라.

III. 당신이 갖고 있는 증거들을 사용하라.

1. 조심스럽게 연구해 본다면, 우리 주님의 생애와 죽음에 관한 거룩한 기사는 한결같이 자기증거의 능력을 보여 준다.
2. 거듭나게 하고 순결하게 하는 크신 주님을 믿는 믿음의 결과가 더 큰 증거가 될 것이다. "이러므로 그들의 열매로 그들을 알리라" (마 7:20).
3. 슬픔 속에 있는 사람에게 믿음이 일으키는 위로도 좋은 증거다.
4. 시험당할 때 주는 믿음의 힘도 증거에 도움이 된다.
5. 예수님을 믿는 믿음이 만들어 내는 정신의 열정과 목표의 앙양도 또 다른 경험적 증거들이다.
6. 마음을 소성시키고, 영혼을 부흥시키며, 정신을 인도하는 성령의 초청도 또 다른 증거들이다. 이처럼 성령도 주님을 증거하신다.
7. 주 예수님 자신과의 실제적인 교제의 누림은 전체 논란을 종식시키는 만능열쇠가 된다. "우리가 알고 믿었노니" (요일 4:16).

이것이 당신에게 하찮은 얘기로 들리는가?

만일 그렇게 들린다면, 당신은 두려워할 이유가 보이지 않는가?

지금 믿음으로 주님의 상처를 바라보라. 그러면 당신은 살리라.

노트

그토록 쓰라린 그대의 고질적인 의심에도 불구하고,

그대의 구주를 계속 사랑하고,

그대의 주님이자 하나님이신 그분을 경배하라.

그리고 항상 그분의 뜻을 행하라.

비록 난해한 생각들이 계속될지라도,

그대의 영혼을 절대로 흐리게 하지 말라.
곧 그분이 자신의 모든 상처를 그대에게 보여 주면서,
이렇게 말씀하시리라:
"나는 오랫동안 네 이름을 알았고, 너는 항상 내 얼굴을 보리라."

_ 케블

우리는 여기서 우리가 진리에 관해 얼마나 부적절한 기준들을 세우기 쉬운지에 대해 배운다. 우리는 얼마나 자주 우리의 경험, 이성, 감각을 통해 사물들을 배타적으로 판단할까! 이보다 더 어리석은 일이 어디에 있을까? 이 능력들이 미치는 범위는 참으로 작지 않은가? 확실히 많은 진리들이 서로 다른 범주에서는 진리가 아닌 것으로 드러나지 않는가! 인간과 관련된 참으로 많은 일들이 어린아이에게는 불가능한 것으로 나타나지 않는가! 열대 지역에서 거주하는 사람들에게 연중 내내 액체로만 보아온 물이 고체로 변해 그 위로 걸어 다닐 정도로 단단하게 되는 현상에 대해 말해 보라. 아마 그것이 그에게는 무익한 이야기로 들릴 것이다. 그는 이런 현상을 한 번도 본적이 없고, 아무리 자신이 알고 있는 사실로부터 추론해 보아도 그것은 이해할 수 없는 일로 생각한다. 만일 도마가 자신이 고백한 법칙에 따라 계속 판단하게 된다면, 그가 믿을 수 있는 것은 얼마나 적을까! … 단지 우리가 이해할 수 있는 것 또는 우리의 지식형식으로 환원시킬 수 있는 것만 믿는다면, 하나님의 권위는 절대로 존중되지 못할 것이다. 그렇다. 그렇게 되면 그것은 그분의 지혜와 신실하심에 관한 반성에 불과하게 된다. 그분의 지혜에 관해 말한다면, 그분은 우리가 알고 있는 것 이상으로는 말씀하실 수 없는 분처럼 되고 만다. 그분의 신실하심에 관해 말한다면, 그분은 아무리 해도 믿어질 수 없는 분이 되고 말 것이다. _ 윌리엄 제이

능숙하게 헤엄치는 사람들은 자기 키보다 더 깊은 곳으로 헤엄쳐 나가는

것을 두려워하지 않는다. 그러나 이제 갓 수영을 배우는 자들은 바닥을 의식하고, 강변에서 멀리 가는 것을 싫어한다. 강한 믿음은 하나님이 피조물을 그의 이성의 깊이 이상으로 데리고 갈 때 결코 두려워하지 않는다. "우리가 어떻게 할 줄도 알지 못하옵고 오직 주만 바라보나이다"(대하 20:12)라고 선한 여호사밧은 말했다. 이것은 마치 그가 이렇게 말한 것과 같다: "우리는 스스로 도울 수 없는 환난의 바다 속에 있습니다. 또는 생각만 해도 이 해협들로부터 어떻게 휘둘릴지 모르는 상황에 있습니다. 그러나 우리의 눈은 오직 주만 바라보나이다. 우리는 주님의 팔의 힘과 주님의 마음의 인자하심, 그리고 주님의 약속에 대한 진실이 있는 한, 절대로 우리의 상황에 절망하지 않겠나이다." 반면에 이성이 세워놓은 발판을 더듬어 찾는 약한 믿음은 하나님의 약속을 인간의 이성에 맞추어보는 데만 익숙하다. _ 윌리엄 거널(William Gurnall)

186
보지 않고 믿는 믿음

예수께서 이르시되 너는 나를 본 고로 믿느냐
보지 못하고 믿는 자들은 복되도다 하시니라
_ *요한복음 20:29*

그분을 보고도 믿지 않는 사람들은 복과는 거리가 멀었다.

그분을 보고 믿는 사람들은 의심할 것 없이 복을 받았다.

그러나 보지 않고도 믿는 사람들은 절대적으로 복을 받는다.

지금처럼 믿을 필요 없이 예수님을 직접 대면하여 볼 때에는 최고의 행복이 기다리고 있다.

그러나 현재로서는 보지 않고 믿는 것 ― 이것이 **우리의** 복이고, 이것이 복음역사 속에서 차지하고 있는 우리의 위치다. 이 정도 높은 수준의 복이 우리에게 열려 있다는 것은 얼마나 위로가 될까!

I. 우리는 이 복을 감소시켜서는 안 된다.

1. 우리는 보는 것을 원함으로써 그것을 감소시켜서는 안 된다.
   - 어떤 상상의 음성이나 환상이나 계시를 갈망함으로써.
   - 이적적인 섭리와 개인적인 은혜를 열망함으로써.
   - 절망이나 황홀경을 추구함으로써.
   - 증명과 논리적 입증을 끊임없이 요구함으로써.
   - 말씀 선포 및 교회의 선교사업과 관련하여 눈에 띄는 응답을 강요함으로써.
   - 다수와 함께 믿기를 바람으로써. 진리는 대체로 소수와 함께해 왔다.
2. 우리는 믿지 못함으로써 그것을 감소시켜서는 안 된다.

- 믿음에 따라 행동할 만큼, 실제로 믿으라.
- 모순을 조롱할 만큼 열심히 믿으라.
- 어린아이처럼 단순할 정도로 생명력 있게 믿으라.
- 균일하게 신뢰할 정도로 지속적으로 믿으라.
- 비록 다른 모든 사람들은 주의 교훈에 대해 거짓말쟁이가 될지라도 혼자 정직할 정도로, 개인적으로 믿으라.
- 나머지 믿음을 찾아낼 정도로 철저하게 믿으라.

II. 우리는 이 복을 얻을 수 없다고 생각해서는 안 된다.

1. 이 복은 주님이 인정하시는 믿음과 영원토록 연계되어 있다. 실제로 그것은 믿음에 대해 약속된 상급이다.
2. 하나님은 이 믿음에 따라 우리에게 보상하신다. 그분은 진정 진실하신 분이기 때문에 그분의 입증되지 않은 말씀도 믿음으로 얼마든지 지지할 수 있다. 우리가 그분을 볼 수 있을 때에만 그분을 믿을 수 있는가?
3. 무수한 성도들이 이 믿음을 보여 주었고, 또 보여 주고 있다. 그들은 이 순간에도 이 복을 누리고 있다. 우리는 똑같이 보배로운 믿음으로 그들과 함께 교제하는 자가 되어야 한다.
4. 지금까지 우리의 경험은 이 믿음을 보증했다. 그렇지 않은가?
5. 지금 우리들 가운데 그 복된 믿음의 평화를 누리고 있는 성도들은 큰 확신을 갖고 그 문제에 관해 말할 수 있다.

그렇다면 왜 그렇게 많은 사람들이 낙심하는가? 왜 그들은 믿지 못할까?

III. 우리는 그 복을 절대로 놓쳐서는 안 된다.

주님이 묘사한 믿음은 굉장히 보배롭고, 우리는 그것을 추구해야 한다. 왜냐하면:

1. 그것은 유일하게 참되고, 구원능력이 있는 믿음이기 때문이다. 보는 것

을 요구하는 믿음은 믿음이 아니다. 그것은 영혼을 구원할 수 없다.

2. 그것은 본래 하나님께 가장 받아들여질 만한 것이기 때문이다. 그 어느 것도 그것이 없이는 받아들여질 수 없다(히 11:6). 그것은 인간과 그의 활동의 받아들여짐에 대한 증거다.
3. 그것은 내면적 은혜의 증거이기 때문이다. 즉 영적인 마음, 거듭난 본성, 화목된 심령, 새로 태어난 영혼 등이 그것이다.
4. 그것은 은혜로운 성품의 근본 원리가 되기 때문이다.
5. 그것은 다른 사람들에게도 굉장히 유익하기 때문이다. 그것은 절망하는 자들을 위로하고, 불신자들을 감동시키며, 구하는 자들을 격려한다.
6. 그것은 그것을 소유한 자를 최고로 부자로 만들기 때문이다. 기도할 때 능력을 주고, 마음에 힘을 주고, 인격에 결단력을 주고, 시험을 견디게 하고, 정신에 담대함을 주고, 영혼에 기쁨을 주며, 천국을 현실화시킨다.

당신은 이 믿음을 알고 있는가?
그 길에 복이 있다. 그것을 구하라!

투고

하지만 왜 특별히 복이 있는가? 성령이 그들의 마음속에 이 믿음을 일으켰기 때문이다. 그들은 믿는 마음을 갖고 있을 때 복이 있다. 그들은 그 믿음의 도구가 있을 때 복이 있다. 그들이 죽음에서 생명으로 옮기었다는 증거를 갖고 있을 때 복이 있다. "너희가 보지 못하였으나 사랑하는도다"(벧전 1:8). 보는 것보다 믿는 것이 더 복이 있다. 왜냐하면 그것이 하나님의 말씀을 더 존중하기 때문이다. 그것은 우리에게 불변의 목표를 제공하기 때문에 더 복이 있다. 보이지 않는 구주를 믿을 수 있는 자는 모든 환경 속에서 그분을 의지할 수 있다. 토굴 속에 그를 가두어 보라. 그에게서 모든 시력과 빛을 차단해 보라. 그것은 아무 문제가 아니다. 왜냐하면 그는 항상 의를 믿는 마음을 갖고 있고, 그의 영혼은 결코 흔들리지 않는 반석 위에서 안식하고 있기 때문이다. 보이지 않는 부활의 구주를 붙잡고 있는 동일한 믿음은 복음의 모든 다른 진리도 같이 붙들고 있다. _ 리처드 세실(Richard Cecil)

홀 주교는 이렇게 말한다: "사람들에 대해서는 먼저 시험해 보고, 그 다음에 믿는 것이 좋은 법칙이다. 그러나 하나님에 대해서는 그 반대로 하는 것이 좋다. 나는 먼저 그분을 가장 지혜롭고, 전능하고, 자비로우신 분으로 믿을 것이다. 그런 다음에 과연 그런지 그분을 시험해볼 것이다."

지속적으로 바라보면, 보이는 대상들의 효력은 더 작아지고, 지속적으로 믿으면, 믿어지는 대상들의 효력은 더 커진다. 이것이 그렇게 되는 이유는 인간의 눈은 사실을 각인시키는 데에 상상의 영향력을 인정하지 않지만, 믿음에 의해 실제가 된, 보이지 않는 대상들은 상상의 보조적 도움을 받아 그것들을 과장하지 않고, 그것들에게 살아있는 색상을 입혀 마음속에 각인시키기 때문이다. 이것이 그 이유이든 아니든, 우리는 더 자주 바라볼수록 대상의 능력은 덜 느끼게 되지만, 믿음으로 대상을 더 자주 의지할수록 그 능력을 더 크게 느끼게 된다. _J. B. 워커(J. B. Walker)

믿음은 보이지 않는 것들을 보이는 것으로, 없는 것들을 현존하는 것으로, 멀리 떨어져 있는 것들을 영혼에 아주 가까이 있는 것으로 만든다. _ 토머스 브룩스

불신앙의 영역은 하나님의 불쾌한 시선으로 불길하고, 재앙과 진노로 가득 차 있다. 그러나 신앙의 영역은 천국의 마루처럼 밝다. 그리스도의 의가 그것을 감싸고, 성령의 은혜가 그것을 아름답게 하며, 하나님의 영원한 미소가 그것을 위로하고 영광스럽게 하기 때문이다. _ 호지 박사(Dr. Hoge)

자신의 자녀가 법정에 서서 자기에게 불리한 증언을 하고, 자기가 한 말에 대해, 차라리 모르는 사람보다 더 못할 정도로, 진실하지 못했다고 비난하는 것을 보는 것은 관대한 아버지를 크게 슬프게 할 것이다. 그러나 자녀의 증언이 부모의 정당성을 **옹호하는**(for) 것일 때, 그것은 그 공정성이 의심되기 때문에, 그 증언을 듣는 사람들의 의견에 약간 신뢰를 상실할 수도 있다. 그러나 부모의 정당성을 **거부하는**(against) 것일 때에는 전혀 모르는 사람이 그를 비난하는 말을 할 때보다 그 진실에 대한 가능성이 더 크다고 볼 수 있을 것이다. 자녀가 자신의 부모에게 갖게 되는 자연적 애정의 끈은 너무 신실하기 때문에 쉽게 의심받지 않는 법이다. 진실에 대한 불가피한 증언의 필요성이 더 커질 때를 제외한다면, 부모가 자녀에게 폭력을 행사할 것이라고 의심받는 일은 없을 것이다.

그리스도인이여, 다음과 같은 사실을 재삼재사 생각해 보라. 그대의 불신앙으로 말미암아 그대는 하나님에 대해 거짓된 증언을 하게 된다는 것을! 만일 그대가 하나님의 자녀로서, 하늘 아버지에 관해 좋게 말하지 못하고, 세상을 향해 그분의 아름다운 성품을 제시하지 못한다면, 그래서 세상 사람들이 하나님에 관해 완고한 생각에 빠지고, 급기야는 회개하지 않는 강퍅함과 불신앙에 처하도록 한다면, 그대가 그토록 크게 그분을 향한 사랑을 고백하고, 그분과 긴밀한 관계를 맺고 있다손 치더라도, 그분이 그대에게서 발견하는 신뢰는 얼마나 적을지 확인하게 될 때, 그것이 전혀 이상하지 않을 것이다. _ 윌리엄 거널

187
묶을 수 없는 끈

하나님께서 그를 사망의 고통에서 풀어 살리셨으니
이는 그가 사망에 매여 있을 수 없었음이라
_ *사도행전 2:24*

우리 주님은 죽음의 고통을 진실로 그리고 실제로 느끼셨다. 그분의 육체는 진짜 시체가 되었으나 부패되지는 않았다.

- 그것은 필요하지 않았다. 그것은 우리의 대속과 아무 상관 없기 때문이다.
- 그것은 어울리지 않는 일이었다.
- 그것은 자연법칙에 의해 요구되는 일도 아니었다. 왜냐하면 그분은 무죄하신 분이고, 부패를 일으키는 원인은 죄에 있기 때문이다.

I. 죽음의 굴레가 우리 주님을 붙들어놓는 것은 불가능했다.

그분은 사망의 속박에 대한 자신의 승리를 다음과 같은 사실에서 끌어내셨다:

1. 그분이 자신의 생명을 다시 얻을 권세를 갖고 있다는 아버지의 계명으로부터(요 10:18).
2. 그분의 인성의 존엄성으로부터.
   - 신성과 연합된 것이기에.
   - 본래 절대적으로 완전한 존재였기에.
3. 그분의 화해의 완전함으로부터.

빚은 청산되었다. 그분이 자유롭게 하셨다.

4. 머리의 생명과 지체들의 생명이 함께 포함된 은혜의 계획과 목적으로

부터(요 14:19).

5. 그분의 직분의 영원함으로부터.
   - 제사장 — "멜기세덱의 반차를 따라 영원히 대제사장이 되어"(히 6:20).
   - 왕 — "하나님이여 주의 보좌는 영원하며"(시 45:6).
   - 목자 — "죽은 자 가운데서 이끌어내신"(히 13:20).
6. 사실의 본질로부터. 그것 없이는 우리가 다음과 같을 것이기 때문이다:
   - 우리 부활에 대한 보증이 없다(고전 15:17).
   - 칭의에 대한 확실성이 없다(롬 4:25).
   - 천국에 대한 대표성이 없다(히 9:24).
   - 영광과 영예를 누리는 인간의 면류관과 하나님의 손의 사역에 대한 인간의 찬양이 없다.

II. 어떤 다른 속박도 그분의 나라를 붙들어놓는 것이 불가능하다.

1. 아무리 견고하게 세워진 허위의 성이라도 진리의 승리를 막지 못한다.

거창한 헬라 철학 체계와 로마 정치제도도 이미 사라졌다. 다른 악의 세력들도 마찬가지다.

2. 그분의 원수들의 학문도 그분의 지혜를 막지 못할 것이다. 그분은 지상에 계실 때 세상 현자들을 압도하셨다. 그분이 성령을 통해 행하실 때는 훨씬 더 그러하실 것이다(고전 1:20).
3. 인류의 무지도 그분의 빛을 어둡게 하지 못할 것이다. "가난한 자에게 복음이 전파된다"(마 11:5). 버림받은 족속들이 진리를 받아들인다(마 4:16).
4. 허위의 권세, 부, 인기 그리고 명성 등도 그분의 나라를 무너뜨리지 못할 것이다(행 4:26).
5. 세상이 교회에 미치는 악한 영향도 신적 불꽃을 끄지 못할 것이다(요

16:33).

6. 불신앙의 광포한 힘도 그분의 지배를 파괴하지 못할 것이다. 이 시대를 보면 죽음의 속박이 교회를 묶어놓고 있는 것처럼 보이지만, 그 족쇄들은 녹아 없어질 것이다(마 16:18).

III. 그분에게 속한 것은 무엇이든 속박에 붙들어놓는 것이 불가능하다.

1. 몸부림치는 연약한 죄인은 자신의 죄책, 타락, 의심, 사탄 그리고 세상의 속박을 면하게 될 것이다(시 124:7).
2. 사방으로 우겨 쌈을 당한 하나님의 자녀는 환난, 시험, 또는 억압에 의해 포로가 되지 아니할 것이다(시 34:19; 시 116:7).
3. 그분의 성도들의 몸은 무덤 속에 갇혀있지 않게 될 것이다(고전 15:23; 벧전 1:3-5).
4. 신음하고 있는 피조물도 하나님의 아들들의 영광의 자유에 참여하게 될 것이다(롬 8:21).

여기에 그리스도 안에 있는 모든 자들을 위한 참된 부활찬가가 있다.

주님은 진실로 부활하셨고, 거기서 가장 복된 결과들이 따라 나온다.

우리는 그분의 부활 속에서 부활하고, 그분의 해방을 따라 자유롭게 살아간다.

자유로운 생각

우리의 빚 때문에 옥에 갇힌 그리스도께서는 죽음의 사슬 속으로 들어가셨다. 그러나 신적 공의가 만족되자 권리로든 힘으로든 그분을 그곳에 붙들어놓는 것이 불가능하게 되었다. 왜냐하면 그분은 자기 속에 생명이 있었고, 스스로의 힘으로 사망의 임금을 정복하셨기 때문이다. _ 매튜 헨리

테오도시우스 황제는 모든 감옥의 문을 열어 죄수들을 석방시키는 대사

면을 단행한 후 "이제 신을 위해 내가 모든 무덤을 열어놓고, 죽은 자들에게 생명을 줄 것이다"라고 말한 것으로 전해진다.

그러나 예수님의 전능하신 능력과 고귀한 은혜는 한계가 없다. 그분은 공의의 옥문과 사망의 옥문을 동등하고 무한한 여유를 가지고 열어놓으신다. 그분은 영혼만이 아니라 육체도 구원하신다. _ 스탠퍼드 박사

188
마음의 찔림

그들이 이 말을 듣고 마음에 찔려
_ *사도행전 2:37*

베드로의 설교는 세련된 웅변능력을 보여 주는 것은 아니었다. 극히 감동적인 호소도 아니었다. 그렇다고 "믿으라! 믿으라!" 고 큰 목소리로 외치기만 하는 공허한 부르짖음도 아니었다. 그것은 단순했다. 평범한 말이었고, 간절한 염원을 담은 진지한 설교였다.

그의 설교의 능력은 설교자인 그의 진실함, 그의 성경에 대한 호소, 그의 증인인 형제들의 협력 그리고 그 자신의 증거 있는 믿음에 있다.

I. 구원의 감정은 마음의 찔림이다.

마음이 노하는 것은 죽이는 것이고(행 5:33), 마음이 찔리는 것은 구원하는 것이다.

1. 모든 참 종교는 마음에 기초를 둔 종교여야 한다.

이것이 없으면:

- 의식들은 무익하다(사 1:13).
- 최고의 전통도 헛되다(렘 7:4).
- 신앙고백과 강요된 도덕도 쓸모없다.
- 단순한 정열에 의해 자극되고 유지되는 야단스러운 열심도 무모하다.

2. 마음이 찔리지 않는 감정은 악이 될 가능성이 많다.

- 그것들은 진노와 반대를 일으킬 수 있다.
- 그것들은 얄팍한 위선으로 나아갈 수 있다.

• 그것들은 거짓된 희망을 낳고 조장할 수 있다.

3. 이 피상적인 감정은 비록 선하다고 해도, 일시적이다. 그것은 지나가 버리면 한때 그것을 느꼈던 사람들을 종종 강퍅하게 만든다.
4. 그것은 확실히 아무 효력이 없을 것이다. 그것은 마음을 감동시키지 못할 때, 생명에 아무런 영향을 미치지 못할 것이다.

• 그것은 고백과 탐구로 나아가지 못할 뿐만 아니라
회개와 삶의 변화도 낳지 못하고,
말씀을 기쁘게 받아들이게 하지도 못하며,
순종과 부동심을 일으키지도 못한다.

• 마음의 역사가 유일하게 참된 역사다.

II. 어떤 진리가 이런 찔림을 낳는가?

1. 복음의 진리는 종종 성령의 능력을 통해 회의적이고 반항적인 정신 속에 지울 수 없는 찔림을 낳았다.
2. 특별히 죄를 두려워하는 어떤 사람의 의식은 자주 양심을 자극하여 찔림을 낳았다(삼하 12:7).
3. 율법의 본질이 주는 교훈과 그 결과로서의 죄에 대한 혐오감은 이 찔림에 이르게 만들었다(롬 7:13).
4. 하나님의 참된 존재에 대한 반항으로서, 죄의 무한한 사악성 역시 찔림에 대한 생각을 낳는다(시 51:4).
5. 심판과 그 결과로서의 죄의 형벌에 대한 정확성, 엄격성 그리고 두려움이 찔림에 대한 생각들을 일으킨다(행 16:25-30).
6. 하나님의 크신 인자하심이 많은 사람들을 인도하여 그분에 대한 죄가 가져오는 잔혹한 결과를 보도록 만든다(롬 2:4).
7. 대속자로서의 그리스도의 죽음은 종종 죄가 너무 커서 절대적으로 속죄가 필요하다는 것을 계시하고, 죄의 악한 성향이 선하고 의로우신 분

을 죽게 했음을 보여 주는 수단이 되었다(슥 12:10).

8. 복음에 계시되어 있고, 우리에게 받아들여진 풍성한 은혜와 사랑은 마음을 찌르는 날카로운 화살이다.

III. 어떤 손이 이 고통스러운 찔림을 만드는가?

1. 찌르는 진리를 기록한 똑같은 분의 손이 이 찔림도 만들어낸다.
2. 그분은 우리의 심정을 잘 알고 있고, 그래서 그 찔림을 만드실 수 있다.
3. 그분은 살리시는 자, 보혜사, 우리 연약함을 도우시고 예수님의 모든 것을 우리에게 가르쳐 주시는 영이시다. 그분의 열매는 사랑, 기쁨, 평화 등이다. 우리는 이 다정하신 친구에게 찔림을 받을 때 절대로 절망할 필요가 없다.
4. 그분은 그의 백성들의 기도에 응답하기 위해 활동하는 분으로 간구를 들으시는 영이다.

IV. 이 찔림은 어떻게 치유될 수 있는가?

1. 오직 한분 하나님의 아들만이 그 찔림 받은 심령을 고치실 수 있다.
2. 유일한 약은 그분의 피다.
3. 그것을 고치실 수 있는 유일한 손은 찔림 받은 손이다.
4. 요구되는 유일한 대가는 그분을 기쁘게 영접하는 것이다.

우리는 "사람들아, 우리가 무엇을 해야 할까?" 라고 질문해 보아야 한다. 그리고 그 대답으로서 복음에 순종하고, 주 예수님을 믿어야 한다.

핵심 요점

회심은 **논쟁** 활동이다. 왜냐하면 그 판단은 진리에 의해 얻어지기 때문이다. 또 그것은 **가책** 활동이다. 왜냐하면 회심하는 자들은 마음에 찔림을 받기 때문이다. 그 다음 그것은 **탐구** 활동이다. 왜냐하면 그들은 "우리가 구원받기 위해 어찌해야 할꼬?" 하고 묻기 때문이다. 마지막으로 그것은 **위로** 활동이다. 왜냐하면 그들은 죄 사함과 성령의 선물을 받기 때문이다. _ 조셉 서트클리프(Joseph Sutcliffe)

베드로는 제자들과 함께 서서 "이 예수를 하나님이 살리신지라 우리가 다 이 일에 증인이로다 하나님이 오른손으로 예수를 높이시매 그가 약속하신 성령을 아버지께 받아서 너희가 보고 듣는 이것을 부어 주셨느니라 … 그런즉 이스라엘 온 집은 확실히 알지니 너희가 십자가에 못 박은 이 예수를 하나님이 주와 그리스도가 되게 하셨느니라" (행 2:32- 33, 36)" 고 외쳤다. 나는 베드로의 이 위대한 설교를 "그런즉" (therefore) 설교라고 부른다. "그런즉" 이 말은 기독교를 변증하는 이 최초의 설교에서 가장 강력한 한마디였다. 이것을 좀 더 자세히 설명하면 이런 뜻이다. 성령이 약속되었다. 그분이 부어졌다. 그런즉 그분을 받아들이는 사람들은 자연법칙 배후에 계신 권능 – 전에도 계셨고, 지금도 계시고, 장차 오실 분인 우리 주 – 이 우리에게 상징적으로 불어넣어졌던 것처럼, 이제 모든 세대의 사람들에게 불어넣어 진다는 것을 안다. 너희가 보고 듣는 이것을 부어 주셨다. 그런즉 이스라엘 온 집은 확실히 알지니 너희가 십자가에 못 박은 이 예수를 하나님이 주와 그리스도가 되게 하셨다. 이 순간 예루살렘에 모인 사람들이 "**그런즉**"이라는 말을 들을 때, 그들은 마음에 찔림을 받게 되었다. _ 조셉 쿡

마음의 사역은 하나님의 사역이 되어야 한다. 오직 마음을 창조하신 위대하신 분만이 마음을 깨뜨리시는 위대한 자가 될 수 있다. _ 리처드 백스터

보혜사께서는 세상을 책망하기 위해 오셨다. 오 보혜사여! 내 형제들아, 이 사명을 띠고 여러분 가운데 오신 그분에 대한 이 호칭이 이상하게 생각되는가? 여러분을 위로하는 대신, 여러분의 죄를 깨닫게 함으로써, 그분이 여

러분을 수치와 혼란 에 빠뜨리고, 말할 수 없는 고뇌와 낙심 속으로 가라앉게 만드는 것처럼 보이는가? 사랑하는 형제들이여, 아니 그것은 그렇지 않다. 진실로 성령께서 죄를 깨닫게 한 여러분은 그것이 그렇지 않다는 것을 확신할 것이다. 여러분은 죄를 깨닫게 될 때, 성령이 참된 보혜사 되심을 증명하셨다고 전할 것이다. 만일 죄에 대한 가책과 의식이 다른 원인으로 말미암아 일어난다면, 정말이지 그것은 우리를 수치로 치를 떨게 하고, 상상할 수 없는 두려움에 빠뜨리기에 충분하다. 그러나 하나님의 영으로 말미암아 오게 될 때, 그것은 그 날개 위에 치유와 위로를 함께 가지고 온다. 성령이 우리로 하여금 깨닫게 하는 죄가 무엇인가를 기억하라. 그것은 우리가 그리스도를 믿지 않는 죄다. 이 밖에 죄에 대한 다른 깨달음은 아무 소망이 없다. 여기서 소망은 그리스도를 믿지 않는 죄에 대한 깨달음으로부터 오고, 그것과 하나다. 만일 우리가 그리스도를 믿지 않는 죄를 깊이 그리고 절실하게 느낀다면, 동시에 그리스도께서 다른 모든 죄와 함께 이 죄를 처리하기 위해 오셨다는 사실도 아울러 느끼게 될 것이다. _J. C. 헤어(J.C. Hare)

어떤 사람이 날카로운 화살에 상처를 입는다면, 그 화살이 박혀 있는 상처 부위가 큰 고통의 원인이 될 것이다. 그러나 그 부위로부터 화살을 빼내기 위해 힘을 더 강하게 가할수록 힘줄의 당기는 힘도 더 강해지고, 그만큼 상처도 더 커지고 고통도 증가될 것이다. 성령의 권능으로 말미암아, 사람이 죄로 인한 상처를 받을 때, 지존자의 화살은 그의 영혼을 찢고, 그는 자주 스스로의 손으로 그것을 빼내려고 시도하게 된다. 그러나 그럴수록 고통은 가중되고, 결국 악화된 상처는 무기력과 절망의 원인이 될 뿐이다. 오직 위대하신 하늘의 의사만이 영혼을 찢어놓거나 도지지 않게 상처를 치유하는 방법을 알고 계신다. _「예화사전」

189
황금의 재갈

또 병 나은 사람이 그들과 함께 서 있는 것을 보고
비난할 말이 없는지라
_ 사도행전 4:14

유대 지도자들과 장로들은 베드로와 요한을 반대했다.

복음이 반대를 받는 것은 새로운 사실이 아니다. 성공한 사람들, 관원들, 권력자들 그리고 유력자들이 이 반대의 선봉에 서는 것도 이상한 일이 아니다.

거듭나지 못한 자들의 반대에 대해:

- 인간의 마음이 타락한 것을 보면, 당연하다.
- 우리 주님과 그의 사도들이 그것을 당했기 때문에 참을 수 있다.
- 만일 우리가 하나님께 의탁한다면, 해를 당하지 않을 것이다.
- 하나님의 은혜와 지혜의 섭리를 통해 선을 이룰 것이다.

복음에 대한 반대를 잠잠케 하는 최상의, 아니 유일한 길은 거기서 나오는 복된 결과를 그들에게 보여 주는 것이다.

예수님의 말씀으로 말미암아 나타난 치유의 역사들을 자기 눈앞에서 볼 때, 그에 반대하는 **어떤 말**을 하려고 할지라도, 친히 목격한 것 때문에 **아무것**도 말할 수 없다. "병 나은 사람"은 우리의 최고의 변증가이다. 결과를 통해 보여 주는 증거야말로 페일리(Paley)의 「증거론」이나 버틀러의 「유비론」보다 훨씬 더 큰 변증이 된다.

I. 복음은 그 결과에 의해 확증된다.

1. 열방들 속에 광범하게. 영국, 태평양군도, 자마이카, 마다가스카르 등

어디서나.

2. 알려져 있는 죄인이 회심할 때. 아주 악랄한 죄인들 가운데 어떤 이는 그의 회심을 통해 복음의 정화능력을 보여 주는 명백한 실례가 된다.
3. 낙이 없고 절망 속에 있는 자들이 소망을 회복할 때. 정신적 질병을 치유하는 면에서 복음의 효과는 정말 경이적이다.
4. 성도들이 이기적 목적과 계획들을 초월하고, 영웅적인 헌신으로 나아갈 때. 은혜가 넘치는 사람들의 자서전은 말씀의 신적 능력에 대한 산 증거가 된다.
5. 혹독한 시험 속에서 인격이 연단받을 때. 주변의 부패한 환경 속에서 은혜의 소금이 되는 것은 훌륭한 일이다.
6. 거룩하고 행복한 임종의 자리에서. 이 실례는 전체 역사상 모든 계층의 사람들 속에서 풍성하게 발견된다. 그들은 그 자리에서 진솔한 사람들을 꼭 회개시킨다.

복음의 역사의 결과들에 대해서는 이 외에도 무수한 목록이 열거될 수 있다. 많은 사람이 자신의 어머니, 아내 또는 자녀 속에서 본 것 때문에 불신에 빠질 수 없게 된다.

II. 복음 사역과 사역자도 동일한 변증을 보여 주어야 한다.

오늘날 사람들은 결과에 대해 묻는다. 나무는 열매를 맺어야 한다. 그렇지 않으면 "잘라버리라"는 소리를 듣게 된다. 우리는 이 시험을 피하지 않는다:

1. 사역자는 자신의 회심 속에서 자신의 부르심에 대한 증거와 가르침, 방법과 특성 등에 대한 변증을 찾아내야 한다.
2. 사회, 대학 또는 기관도 그 열매로 흥하거나 망하도록 되어 있다.
3. 모든 신앙고백자가 각각 똑같은 시험을 거쳐야 한다.
4. 어느 곳에 있든, 아무리 큰 교회든 모든 교회가 똑같은 방법으로 시험을

거쳐야 한다.

5. 심지어는 주님 자신도 그분을 따르는 자들의 행동에 따라 사람들 사이에서 영예를 얻거나 잃거나 하신다.

III. 복음과 그 사역자에 대한 확증은 우리 손에 달려있다.

고침 받은 사람들은 담대하게 증인 및 동역자로서 베드로와 요한과 같은 자리에 있어야 한다.

이것은 다음과 같은 일련의 실제적 질문을 제기한다:

1. 복음이 우리 안에 복된 결과를 일으켰는가?
2. 우리는 복음이 우리를 고친 것을 증거하기 위해 그 설교자들과 함께 하는 자리로 나아갔는가? 우리는 지속적으로 그리스도의 복음의 진리와 가치를 증거하고 있는가?
3. 우리에 대한 복음의 영향력은 지속적이고, 그 영향력을 신뢰할 만큼 경건한 삶이 더 확대되고 있는가?
4. 우리의 인격 속에 복음에 대한 평판을 훼손시키는 문제점은 없는가? 이 문제점을 즉시 교정하지 않겠는가?
5. 지금부터라도 말씀의 반대자를 침묵시키기 위해 좀 더 효과적인 삶을 살 수 없을까?

교회는 회심자들이야말로 교회 최고의 변론자라는 것을 분명히 직시해야 한다. 그들은 실제로 교회의 존재 이유다. 회심자들은 왜 자기가 자신의 믿음을 세상에 나아가 선포하고, 하나님의 백성들과 연합해야 하는지 그 이유를 알고 있어야 한다.

촌철살인

웨슬리는 전도여행차 그 코스의 하나인 고향 엡워스로 갔다. 다음 날이 주일이라서 교구목사를 돕겠다고 제안했지만 거절당한 그는 저녁에 자신의 아버지의 묘비 앞에 자리를 정하고, 이전에 엡워스에서 으레 그랬던 것처럼 많은 사람들을 모아놓고 설교를 했다. 밤마다 그렇게 했다. 8일간 그곳에 머무르면서 주변 마을 사람들에게 말씀을 전했다. 마을들마다 모임이 이루어지고, 사람들 사이에 큰 역사가 나타나기 시작했다. 그들 가운데 일부는 그 일로 고난을 당하기도 했다. 이 일에 대해 웨슬리는 이렇게 증거한다: "성난 이웃들이 새로 회심한 일단의 이단자들을 재판관 앞에 데리고 갔다. 그러나 재판관이 그들이 무슨 죄를 범했는지 물었을 때, 깊은 침묵이 흘렀다. 왜냐하면 고소자들은 그들이 무엇을 했는지 정작 모르고 있었기 때문이다. 드디어 한 사람이 말문을 열었다. '그들은 다른 사람들보다 더 좋은 사람인 양 가장하고, 아침부터 저녁까지 기도를 했습니다.' 또 다른 사람이 말했다. '그들은 내 아내를 "**회심**"시켰습니다. 아내가 그들 속에 있기 전에는 수다쟁이였는데, 지금은 어린양처럼 조용해졌습니다.' 결국 재판관은 '그들을 풀어주라. 마을의 모든 수다쟁이들을 회심시키도록 그들을 풀어주라' 고 판결했다." _ 타이어맨(Tyerman)의 「웨슬리의 생애」

신앙보다는 그 지혜로 더 유명한 피터버로 경은 캔터베리 대주교인 페네롱과 함께 기숙할 때, 그의 경건과 고상한 인격에 매료되어 헤어질 때 그에게 이렇게 말해 주었다: "만일 내가 더 오래 여기 머무른다면, 나도 모르게 그리스도인이 되고 말 것 같소." _ G. S. 보우스

흑인들이 복음을 듣는 것에 대해 실제 어떤 유익이 있는지 부정적인 생각을 가진 한 사람이 잭이라 불리는 소년이 복음을 듣고 어떻게 좋아졌는지에 대해 질문을 받게 되었다. 그는 이렇게 대답했다: "글쎄요, 나는 그가 술주정뱅이, 거짓말쟁이 그리고 도둑이었다고 말하지 않을 수 없습니다. 그러나 확실히 지금 그는 착한 소년입니다. 나는 어느 정도 그를 믿을 수 있습니다. 나는 그가 신앙에 대해 말했을 때, 그를 술주정뱅이로 만들려고 시도했지만 실

패했기 때문입니다." _ 어빈(Arvine)

일단의 신사들이 매튜 윌크스 목사를 찾아와 그의 설교가 이상하다고 불평을 토로했다. 윌크스 목사는 그들의 말을 다 듣고, 많은 이름이 기록된 명단을 읽어준 다음, "이 보배로운 영혼들은 모두 여러분이 이상하다고 비판하는 설교를 듣고 구원을 얻었다고 고백한 사람들입니다. 여러분이 크게 칭찬하는 건전한 목사님들로부터 이와 유사한 명단을 작성할 수 있습니까?" 이것은 결정적인 힘을 발휘했고, 그들은 아무 말도 못하고 돌아갔다.

어떤 고백자들의 행동은 종종 불신자들로 하여금 신앙을 공격하도록 만드는 빌미를 제공했다. 락탄티우스는 이교도들이 "그 제자들이 좋지 못한데, 선생이 좋을 수는 없지"라고 말했다고 기록한다. 죄인들은 율법의 독선을 악의적으로 비난한다. 왜냐하면 자기들의 부정한 삶이 율법으로부터 크게 벗어나있기 때문이다. 오, 당신의 순전한 삶이 그들의 입술에 자물쇠를 채울 수 있기를! _ 윌리엄 세커(William Secker)

190
"재차"

또 재차 보내매 요셉이 자기 형제들에게 알려지게 되고
_ 사도행전 7:13

요셉과 예수님, 그의 형제들과 우리 자신 사이에는 분명한 평행성이 있다. 진실한 구도자들 가운데 어떤 사람들은 즉시 평강을 찾지 못한다. 그들은 어느 정도 시간이 지나야 예수님께 나아가고, 나아왔던 만큼 뒤로 돌아간다. 우리가 두려워하는 것은 그들이 무관심이나 절망으로 나아갈 가능성이 있기 때문이다.

우리의 소망은 그들이 다시 나아와 조만간 위대한 비밀을 발견하고, 그 영혼이 양식을 찾는 것이다. 이 때문에 우리는 요셉 이야기의 발자취를 따라가 보고, 그 이야기를 구도자를 위한 비유로 사용할 것이다.

I. 당신이 알지 못하는 어떤 것이 있다.

이스라엘의 아들들은 요셉을 몰라보았다. 그들처럼 당신도:

1. 예수님이 누구신지 그리고 무슨 일을 행하시는지 깨닫지 못하고 있다. 그분 속에는 권능과 사랑이 하나로 연합되어 있다. 그분은 겉으로 나타나는 모습 이상이다.
2. 그분을 단지 위대하고, 위엄 있고, 접근할 수 없는 분으로만 바라본다. 곧 강하고 엄격하신 군주나 세리처럼 말이다.
3. 그분이 당신의 형제 곧 당신과 본성, 관계, 사랑에서 하나라는 것을 모르고 있다.
4. 그분이 얼마나 당신을 사랑하는지 알지 못하고 있다. 그분은 자신이 알려지길 원하신다. 그분의 마음은 크신 연민으로 가득 차 있다.

5. 그분이 당신을 위해 무엇을 행하실지 곧 그분이 어떻게 당신의 뜻에 따르고, 당신의 뜻을 이루실지 짐작하지 못하고 있다.

이스라엘 목자들이 크게 성공한 애굽 총리 앞에 서 있는 모습을 그려보라. 그는 신비에 싸여 서 있는데, 권능으로 허리띠를 띠고 있고, 영예로 둘러싸여 있다. 그가 바로 자기들의 아우 요셉인 줄을 그들은 상상도 할 수 없었다.

II. 당신이 이것이 왜 그런지 처음에는 알지 못했던 이유가 있다.

요셉은 형제들이 처음 애굽에 왔을 때는 그 정체가 그들에게 알려지지 않았다. 마찬가지로 당신도 그분의 사랑을 알 만큼 예수님을 알지 못했다.

1. 당신은 그분을 바라보지 못했다. 야곱의 아들들은 아우를 만나기 위해서가 아니라 곡식을 구하러 애굽에 갔다. 당신은 구주가 아니라 위로 등을 구하기 위해 애쓰고 있다.
2. 당신은 아직 예수님을 대적하는 자신의 죄를 느끼지 못하고 있고, 요셉이 그의 형제들로 하여금 자신들의 대죄를 고백하도록 이끈 것처럼, 그분도 당신을 회개로 이끄실 것이다.
3. 당신은 아직 온 힘을 다해 나아가고 있지 못하다. 형제들이 집에 베냐민을 두고 온 것처럼 당신도 은혜를 구하는데에 어느 정도 능력을 방치하거나 제한하고 있다.
4. 당신은 더 큰 복을 미루어놓고 있다. 주 예수님은 요셉이 그런 것처럼, 가장 적절한 시간에 자신을 계시하실 것이다. 그때까지 그분은 참고 계신다.

III. 그분께 재차 나아갈 때 당신에게 더 큰 소망이 있다.

요셉의 형제들은 **재차** 방문에서 큰 발견을 했다. 당신도 그들과 비슷한 상황에 있다. 두 번째 나아가라. 그 이유는:

1. 나아가지 않으면 멸망하기 때문이다. 애굽에만 곡식이 있었다. 마찬가

지로 그리스도 안에서만 구원이 있다.

2. 다른 사람들이 더 빠르게 나아가기 때문이다. 모든 민족이 애굽으로 갔고, 아무도 거절당하지 않았다. 예수님이 하나라도 내쫓으신 적이 있는가?
3. 이스라엘의 아들들이 그런 것처럼, 당신은 이미 너무 오래 지체했기 때문이다.
4. 당신을 환영하기 위해 기다리고 있기 때문이다. 요셉은 그의 형제들을 기다리고 있었다. 예수님도 당신을 간절히 만나보기 원하신다.

IV. 당신이 간다면 어떤 일이 일어날지 전조가 있다.

그 이야기는 그 자체로 예언이다. 이스라엘의 아들들이 요셉 앞에 섰던 것처럼, 당신도 예수님 앞에 설 것이다.

1. 당신은 그분의 임재 앞에서 두려워 떨 것이다.
2. 그분은 당신에게 가까이 오라고 명하실 것이다.
3. 그분은 자신을 당신에게 계시하심으로써 당신을 위로하실 것이다.
4. 그분은 당신을 축복하고 부요하게 하시며, 당신을 기꺼이 고향으로 보내 가족들을 자기에게 데려 오도록 하실 것이다.
5. 그분은 당신을 위해 온 세상을 다스리실 것이다. 당신은 그분과 함께 하고, 그분을 통해 부요하게 될 것이다.

우리는 우리 구주께 두 번째 신속하게 나아가야 한다.

확실히 지금이 바로 그때다. 왜냐하면 성령께서 "오늘"이라고 말씀하시기 때문이다.

선 위의 선

당신은 응답받지 못하는 것과 그리스도의 문이 처음 두드릴 때는 잘 열리지 않는다는 것에 애로를 느낄 것이다. 다윗은 자주 두드려야 했다: "내 하나님이여 내가 낮에도 부르짖고 밤에도 잠잠하지 아니하오나 응답하지 아니하시나이다"(시 22:2). 주의 교회 역시 기다려야 한다: "내가 부르짖어 도움을 구하나 내 기도를 물리치시며"(애 3:8). 만유의 후사이신 사랑의 예수님도 눈물과 강한 부르짖음으로 기도할 때, 응답받을 때까지 세 번에 걸쳐 "나의 하나님"을 외치셨다. 기다려라. 죽도록 기도하라. 결코 힘을 잃지 말라.

주님이 처음에는 응답하시지 않는다고 해도 소망을 잃지 않기 위해서, 우리의 마음을 그리스도와 그분의 사랑에 관한 달콤한 원리들로 채우는 것이 유익하다. 그분은 그리스도이기에 머지않아 죄인의 부르짖음을 들어주실 것이다. 몰인정해 보이는 것은 다만 그리스도의 외면일 뿐이다. _ 새뮤얼 러더퍼드

별로 내키지 않는 마음으로 오랫동안 믿음을 구했던 한 사람이 어느 날 돈지갑을 잃어버렸다. 그는 자기 아내에게 "지갑이 창고에 있을 거야. 그곳에 갈 때는 지갑이 있었는데 그곳을 떠날 때 없어졌어. 되돌아가 찾아볼 거야. 지갑을 찾기 위해 짚더미를 다 뒤져야 한다면 그렇게라도 할거야." 그는 곧 지갑을 찾았다. 아내는 그 사건을 통해 남편에게 예수님을 찾는 방법을 아주 쉽게 예증할 수 있었고, 그 결과 그는 예수님을 발견하고 놀라운 구원 속에서 즐거워하게 되었다.

나는 유서 깊은 파웰 홀에서 신앙을 결단하는 문제에 관해 마지막 설교를 했다. 나는 5일에 걸쳐 그리스도의 생애에 관한 설교를 하고 있었다. 나는 아기 시절의 예수를 만나보았고, 재판정에 들어선 그분의 뒤를 따라 들어가 기도 했다. 그런데 그날 나는 내 인생에서 돌이킬 수 없는 가장 큰 실수를 저질렀다고 생각한다. 만일 내 행동을 다시 바꿀 수만 있다면, 결단코 그렇게 할 것이다. 10월, 그 잊을 수 없는 날 밤, 화재경보 사이렌이 울리고 있었다.

그러나 나는 그것에 전혀 신경쓰지 않았다. 우리는 화재경보기 소리에 너무 익숙해 있었기 때문이다. 그 소리는 아무런 경각심을 주지 못했다. 나는 "나는 예수님과 함께 무엇을 할 것인가?"라는 제목으로 설교를 마쳤다. "이제 한 주간 동안 이 질문을 깊이 생각해 보기를 원합니다. 다음 주일에 다시 와서 어떻게 생각하는지 확인해 보겠습니다." 얼마나 큰 실수였던가! 이 말을 했을 당시 마치 사탄이 내 마음속에 있었던 것처럼 생각된다. 그때 그들은 자신의 구원에 관해 생각해 볼 한 주간의 시간을 갖지 못했기 때문이다. 만약 그들이 구원을 받지 못했다면, 그들은 심판 받을 때 나를 원망할 것이다. "지금은 은혜 받을 만한 때요"(고후 6:2). 우리는 다른 모임을 위해 아래층으로 내려갔다. 내려가면서 나는 생키의 찬송을 기억했다. 그 간절한 가사가 얼마나 생생히 마음속에 울려 퍼졌는지 모른다.

> 오늘 구주께서 부르시네.
> 피난처로 어서 오라.
> 공의의 폭풍이 엄습하면,
> 죽음이 가까이 있네.

집회 후 집으로 돌아오는 중에 홀을 태우는 불길을 보면서, 옆 동료에게 "오늘이 시카고가 멸망하는 날이라면" 하고 말했다. 한 시간 만에 파웰 홀은 사라져 버렸다. 방금 내가 설교했던 교회가 없어져 버렸다. 모든 것이 뿔뿔이 흩어져 버렸다. 나는 청중들을 다시 만나지 못했다. 내 친구들이여, 우리는 내일 어떻게 될지 알지 못한다. 그러나 내가 아는 것 한 가지가 있는데, 그것은 만일 여러분이 하나님의 선물 곧 그리스도 예수만 붙든다면, 구원을 받을 것이라는 것이다. 여러분은 오늘 그분과 함께 하기로 결심하겠는가? 지금 결심하겠는가?_ D. L. 무디

191
스데반과 사울

증인들이 옷을 벗어 사울이라 하는 청년의 발 앞에 두니라
_ 사도행전 7:58

성령은 스데반의 순교사건을 기록하고 있으나 영감 받지 못한 기록자들이 그렇게 하기 쉬운 것처럼, 그의 고난과 죽음에 관해서는 상세한 설명을 제공하지 않는다.

성령의 목적은 호기심을 충족시키거나 감정을 자극하는데 있지 않고, 교훈을 주고 그것을 본받도록 하는데 있다.

그분은 우리에게 "무릎 꿇은" 순교자의 모습, "주여 이 죄를 그들에게 돌리지 마옵소서"라는 그의 기도 그리고 "자니라"고 그가 죽을 때 보여 준 평안을 언급하신다.

이 요점들을 각각 다룬다면, 몇 권의 책이 될 것이다.

여기서 우리의 관심은 사울의 출현 사건에 맞춰진다.

이는 우리에게 다음과 같은 사실을 보여 준다:

I. 극명한 대조. 스데반과 사울.

이들은 똑같이 크게 열심이 있고, 두려움을 모르던 자들이었다.

그러나 이 시점에서 그들은 극단적으로 다른 사람들이었다.

1. 스데반은 영적인 사람이었다. 그의 설교는 신앙의 영적 본질을 역력히 보여 주었고, 그 외적 의식들에 대해서는 상대적으로 무관심했다. 48-50절을 보라.

사울은 미신적이고, 형식과 의식을 중시했으며, 성전과 제사장 등에 대한 존경으로 가득 차 있었다.

2. 스데반은 오직 믿음으로 구원받아, 주 예수님을 믿는 겸손한 신자였다.

사울은 자기의로 충만한 바리새인으로 말할 수 없이 교만한 삶을 살고 있었다.

3. 스데반은 예수님의 복음을 변호하고 변증했다.

사울은 주 그리스도의 종을 핍박하는데 지지와 찬성과 도움을 제공했다.

오늘날에도 어떤 사울이 존재하는지 생각해 보자. 이름을 불러보라.

당신은 선한 사람들의 핍박을 **찬성하는** 자리에 서 본 적이 있는가?

당신은 사울이라는 이 젊은이처럼 행한 적이 있는가?

그것은 당신이 그리스도인을 조롱거리로 만드는 것을 반대하지 않는 것이다.

그것은 이런 조롱을 들을 때, 미소 짓는 것이다.

신앙에 미지근한 태도를 보이는 것은 당신이 대적을 돕고, 그 역사를 부추기는 것이다.

이렇게 한다면, 증인들이 옷을 벗어 당신의 발 앞에 두고, 당신은 그들의 공범자가 되는 것이다.

오, 은혜가 당신을 변화시키기를!

II. 참된 신앙에 대한 기념비적인 소개.

많은 사람들이 어느 정도 비슷한 수단을 통해 하나님 앞에 나아오게 되었다. 사울이라는 이름을 가진 젊은이는 스데반이라는 인물을 통해 예수님의 종교를 접하게 되었다. 그때 그는 다음과 같은 환경 속에서 그것을 보았다:

1. 밝게 빛나는 얼굴을 봄.

2. 고상한 설교를 들음.

3. 승리의 죽음을 목격함.

이것들은 사울을 변화시키지 못하고, 회개하지 못하도록 그를 더 강퍅하게 만들었다. 그러나 훗날 의심할 여지 없이 그는 그것들에 대해 생각했을 것이다.

우리도 사람들에게 믿음을 그렇게 소개해 줄 때, 그 소개에 대한 기억이 언젠가는 그들에게 가치 있게 될 것이다.

III. 자기 교회를 향한 주님의 사랑의 독보적인 실례.

사도들의 계승은 교회를 통해 이어졌다.

1. 스데반의 죽음은 교회에 치명적인 타격이었다. 그러나 그 순간 그의 후계자가 바로 옆에 있었다.
2. 그 후계자는 원수의 자리를 차지하고 있었다.
3. 그 후계자는 순교자 스데반보다 훨씬 더 큰일을 하게 되었다.

교회를 위해서는 두려움이 없다. 아직은 그의 원수들 가운데 숨겨져 있지만 그는 교회의 가장 큰 영웅으로서, 때가 되면 부르심을 받을 것이다.

교회의 최고 옹호자의 죽음은 다른 후계자들의 회심으로 보충되게 될 것이다.

IV. 회개한 죄에 대한 은혜로운 기억.

바울은 누가에게 자신에 관한 이 정보를 제공하지 않았을까? 그리하여 사도행전에 기록하도록 하지 않았을까?

바울이 회심 전 자신의 죄를 기억한 것은 유익했다.

우리도 우리의 죄를 기억하는 것이 좋을 것이다.

1. 겸손의 감정을 창조하거나 새롭게 하기 위해.
2. 사랑과 열심을 점화시키기 위해.
3. 주권적 은혜에 관한 교훈을 더 깊이 사랑하도록 하기 위해.
4. 다른 사람들에 대한 소망과 열심을 강화시키기 위해.

죽어 가는 스데반은 사울 청년의 구원을 바라보면서 즐거워했을 것이다.

사악했던 사울 청년은 스데반에 대한 자신의 죄악을 회개했을 것이다.

✣ 관찰 ✣

처형당하는 스데반의 모습을 그린 그림에서 한 스페인 화가는 사울이 말없이 우울한 얼굴을 하고 순교자 옆에서 걷고 있는 장면을 그렸다. 그는 실수였지만, 의무감에 대한 진지한 확신을 가지고 그의 죽음에 동조한다. 그의 얼굴 표현은 흥분한 유대교인들의 분노 및 피 흘리는 장면을 보며 둘러서 있는 군중들의 광포함과는 크게 대조를 이룬다. 문자 그대로만 볼 때, 이 모습은 직후 사울의 행동과 거의 일치되지 않고, 또는 인생 후반기에 그가 자신에 관해 언급한 표현과도 어울리지 않는다. 그러나 그 그림은 역사적으로는 정확하지 않지만, 시적으로는 정확하다. 화가는 자신의 참된 예술적 이념에 따라 앞으로 회심하게 될 모습을 그 핍박자의 얼굴에 그려 넣음으로써 작품을 만든 것이다. 우리는 스데반의 순교를 바울의 회심과 분리시킬 수 없다. 그토록 풍성한 지조, 그토록 풍성한 믿음, 그토록 풍성한 사랑의 장면을 그는 결코 잊을 수 없었을 것이다. "교회는 스데반의 기도 덕택으로 바울을 얻었다"는 아우구스티누스의 말은 결코 터무니없는 말이 아니다. _ 코니베어(Conybeare)와 호손(Howson)

여기서 먼저 한 개인이 하나님의 교회에서 가장 탁월한 인물이 되도록 예정된 사실을 확인하게 된다. 이때 한 선지자가 그의 옆에 서서 "사울, 그대는 곧 똑같은 고백을 하게 될 것이고, 똑같은 이유로 순교자가 될 것이다"라고 예언했다. 그는 놀람과 분노로 충천하여, "뭐라고? 그렇게 할 자는 당신의 종인 개가 아닌가?"라고 외쳤다. _ 윌리엄 제이

사탄은 사울의 회심 소식을 듣자마자 마귀들에게 깊이 슬퍼하도록 명령했다. _ 존 라일랜드(John Ryland)

18세기 대부흥의 지도자들 가운데 스코트 대령과 토리엘 조스 대령이 있

었다. 전자는 기병대의 대장이었고, 후자는 해군함장이었다. 둘 다 유명한 설교자가 되었다. 휫필드는 그들에 관해 "하나님은 자신을 찬양하도록, 홍수 위에 좌정하셔서 바다 속에서 상어를 끌어올리실 수도 있고, 숲 속에서 사자를 일으키실 수도 있다"고 말했다.

「매일을 위한 책」의 저자인 윌리엄 혼(William Hone)의 다음 시구는 자신의 체험을 묘사하기 위해 쓴 것이다:

매일 요동치던 극히 교만한 마음이
내 안에서 진압되었나이다.
당신의 진리를 조롱하고, 당신의 원수를 돕기 위해
날마다 활동하던 극히 거친 의지가, 나의 하나님,
당신으로 말미암아 진정될 것이옵니다.

내 뜻이 아니라 당신의 뜻이 이루어지이다.
내 마음은 항상 당신의 것이옵니다.
능하신 말씀, 내 구주 그리스도, 나의 하나님, 나의 주님,
당신의 십자가가 나의 표지가 됨을
당신께 고백하나이다.

이 구절들은 바로 "사울이라 하는" 청년에 의해 기록된 것이 아닌가?

192
"우리에게"

이 구원의 말씀을 우리에게 보내셨거늘
_ 사도행전 13:26

바울과 바나바는 처음에 복음을 아브라함의 후손들에게 설교했다.

이 유대인들은 복음을 거부하고 모독했다. 그리하여 46절에서 보는 것처럼, 주의 종들은 담대히 "우리가 이방인에게 향하노라" 라고 외쳤다. 이 복된 전환이 오늘날 여러분과 나에게 임하였도다! 이 말씀 안에는 우리가 명심해야 할 경고가 들어있다. 그것은 우리가 복음을 거부해서는 안 된다는 것, 그렇게 했다가는 그것이 우리에게서 떠나 다른 사람들에게 넘어가게 된다는 것.

이 시점에서 우리는 회중들에게 진지하게 "이 구원의 말씀을 우리에게 보내셨거늘" 이라고 말해야 한다.

그러면 여기서 다음과 같은 사실을 살펴보자:

I. 이 구원의 말씀은 무엇을 말하는가?

1. 그것은 예수님이 약속된 구주라는 증거다(23절).
2. 그것은 죄를 회개하고 주 예수를 믿는 믿음을 보여 주는 모든 사람들에게 죄 사함을 약속하시는 말씀이다(38- 39절).
3. 한마디로, 그것은 부활하신 구주로 말미암은, 완전한 구원의 선포다(32- 33절).

그것은 말씀이다. 왜냐하면 그것은 진실로 "말씀" 이신 분을 계시하기 때문이다. 그것은 **구원의** 말씀이다. 왜냐하면 그것은 구원을 선언하고, 묘사하고, 제시하고, 알아듣도록 설명하기 때문이다.

그것은 **보내신** 말씀이다. 왜냐하면 복음의 전파는 하나님이 주신 은혜의 사명이고, 복음은 예수가 메시아라는 메시지이며, 성령 자신도 사람들에게 구원을 역사하기 위해 **보내심을 받기** 때문이다.

II. 복음이 어떻게 우리에게 전해졌는가?

1. 그것이 모든 피조물에게 선포되도록 규정한 일반명령을 통해.
2. 복음이 우리 땅에 설교되고, 성경이 모든 집에 전달되고, 말씀이 거리마다 선포되는 사실을 통해.
3. 오늘날 우리에게 말씀을 듣도록 역사하신 섭리를 통해. 우리가 설교자에게 보내지고, 설교자를 우리에게 보내며, 특별한 메시지가 설교자를 통해 우리에게 보내지는 역사는 아주 특별하다.
4. 우리의 상황, 성격 그리고 필요를 따라 그것을 우리에게 부합시키는 특별한 적용을 통해. 우리의 질병에 맞는 약은 분명히 효력이 있다.
5. 우리가 그것을 부정한다 할지라도, 그것을 듣는 순간, 그것에 부착되어 있는 능력을 통해.

만일 우리가 한 사람이라도 따로 구별하여 "이 말씀은 당신에게 보내신 것이 **아니오**"라고 말해야 한다면, 그것은 정말 슬픈 일이다. 우리는 절대로 그처럼 불행한 상황에 있지 않다.

III. 그것은 우리 안에서 어떤 위치를 차지하는가?

다음과 같은 위치를 차지한다:

1. 특혜 받은 은혜의 위치. 선지자들과 왕은 우리가 듣는 것을 듣지 못하고 죽었다(마 13:16).
2. 과거와 현재에 순교자와 하나님의 사람들에게 현저하게 빚을 진 위치. 왜냐하면 이들은 우리에게 복음을 전해 주기 위해 살고 죽었기 때문이다.

3. 큰 소망 안에 있는 위치. 왜냐하면 우리가 그것을 전할 때, 그가 그것을 받아들이고, 그것을 따라 살 것이라고 믿기 때문이다.
4. 중대한 책임을 가진 위치. 우리가 그것을 등한히 한다면, 그 보응을 어떻게 피하겠는가?(히 2:3)

복음에 의해 아무런 감동을 느끼지 못하는 것은 당신의 능력 밖의 일이다. 복음이 당신을 구원하거나 아니면 정죄하거나 할 것이기 때문이다.

Ⅳ. 우리는 이 말씀을 어떻게 대할 것인가?

1. 우리가 작심하고 그리고 진심으로 그것을 거절하겠는가? 이것은 너무 두려운 결정이다. 그러나 정말 그렇게 할 때, 우리는 그 복된 결과 때문에 더 크게 놀라게 될 것이다.
2. 우리가 비열하게 그리고 어리석게 그 대답을 지체할 것인가? 이것은 아주 위험한 생각이다. 많은 사람들이 그러다 멸망하고 있다.
3. 우리가 위선자가 되어 마음으로는 그것을 거부하면서 겉으로 그것을 받아들이는 척 할 것인가?
4. 우리가 잠시 동안만 회심자로 행동할 것인가?
5. 우리가 구원의 말씀을 즐겁게 받아들이지 않을 것인가?

복음이 선포되는 곳에 당신이 나아가지 않음으로써, 또는 당신에게 크게 존경받는 복음전도자가 죽음으로써, 당신이 그것으로부터 배제된다고 상상해 보라. 그것은 충분히 있음직한 일이다. 그것은 얼마든지 일어날 수 있다. 그러므로 은혜의 날이 끝날 때 영원토록 비탄에 빠지지 않도록 천국의 메시지를 더 이상 거절하지 말라.

개인성

시립교도소에서 복음을 전해 온 한 목사가 날카로운 지성과 세련된 매너를 소유했지만 예수를 믿지 않는 한 젊은이를 대동하고 왔다. 목사는 죄수들을 바라보고 예수님에 대해 설교하면서, 함께 왔던 젊은이가 감동 받도록 더 열심히 말씀을 전했다. 돌아오는 길에 젊은이는 "목사님, 오늘 목사님의 설교를 들은 사람들이 진리의 말씀에 틀림없이 크게 감동 받았을 거예요. 이런 설교는 감동을 받지 않을 수 없거든요"라고 말했다. 이에 목사가 "사랑하는 젊은이, **자네**는 감동받지 못했는가? 오늘 자네는 말씀을 통해 하나님을 자네의 분깃으로 선택하라는 재촉을 받지 못했는가?"라고 물었다. 그러자 그는 즉각 "목사님은 오늘 제가 아니라 죄수들에게 설교하셨잖아요"라고 대답했다. "아니야 자네가 잘못 생각했어. 나는 그들뿐만 아니라 자네에게도 설교했네. 자네에게도 그들과 똑같이 구주가 필요하네. 누구든 구원의 길은 오직 하나밖에 없다네. 이 불쌍한 죄수들만큼 자네도 똑같이 오늘 오후 메시지를 들었어야 했네. 그걸 모르겠나?" 그토록 충심으로 해 준 말에 하나님의 은혜가 임했다.

예수님은 "만민에게 복음을 전파하라"고 말씀하셨다. 나는 베드로가 주님에게 "아니, 주님! 주님을 십자가에 못 박은 사람들에게 구원을 전하라고요?"라고 묻는 장면을 상상해 본다. 또 예수님이 그에게 이렇게 대답하시는 장면도 상상해 볼 수 있다: "그래, 베드로야, 나는 네가 예루살렘에서 시작해서, 만민에게 복음을 전하기를 원한다. 나를 십자가에 못 박은 사람들에게도 구원을 선포해라. 베드로야, 나는 네가 내 머리 위에 가시면류관을 씌운 그 사람을 찾아가기를 바란다. 찾아가서 그에게 말해 주어라. 만일 은혜로 거저 주어지는 구원을 받아들인다면 내게서 가시면류관이 아닌 영광의 면류관을 얻을 수 있으리라고 말이다. 또 내 옆구리를 창으로 찌르고, 내 가슴에 상처를 낸 로마군병을 찾아 그것보다 내 가슴에 더 가까이 나아오는 길이 있다고 말해 주어라. 내 가슴은 그의 영혼에 대한 사랑으로 가득 차 있다. 그에게 구원을 선포하라." _ D. L. 무디 구원의 하나님이 **누구에게** "구원의 말씀"을 보내셨는가? 그분은 그것을 듣는 모든 죄인들에게 보내셨다. 그것은 죄인들의 사건을 해결하는 말씀으로, 그들에게 보내진다. 만일 그것이 어떤 **목적**으로 죄인들에게 보내졌는지 질문을 받는다면, … 그것은 정죄 받은 죄인에게 **죄 사함**의 말씀으로 보내진 것이라고 대답할 수 있다. 따라서 저주받은 죄인들마다 그것을 굳게 붙잡고, "이 말씀은 내게 보내진 말씀이라"고 말할 수 있다. 그것은 반역을 일으킨 죄인에게 **평화**의 말씀으로 보내진 것이다. 그것은 죽은 자에게 **생명**의 말씀으로 주어진 것이다. 그것은 포로된 자들에게는 자유의 말씀으로, 병든 자들에게는 치유의 말씀으로, 더러워진 자들에게는 **정결**의 말씀으로 주어진 것이다. 그것은 방황하는 자들에게는 **방향제시**의 말씀으로, 지친 자들에게는 **원기회복**의 말씀으로 주어진 것이다. 그것은 수심에 잠긴 자들에게는 위로의 말씀으로, 힘이 빠진 영혼들에게는 **힘을 주고 힘을 내게 하는** 말씀으로 주어진 것이다. 요약하면 그것은 **구원의 말씀**으로, 그것도 **모든 종류의** 구원과 구속을 상실한 영혼들에게 주고, "그리스도께서 잃어버린 자를 찾아 구원하기 위해 오셨다"고 말하도록 보내진 것이다. _ 랠프 어스킨(Ralph Erskine)의 요약

193
홍왕하고 세력을 얻음

믿은 사람들이 많이 와서 자복하여 행한 일을 알리며
또 마술을 행하던 많은 사람이
그 책을 모아 가지고 와서 모든 사람 앞에서 불사르니
그 책값을 계산한즉 은 오만이나 되더라
이와 같이 주의 말씀이 힘이 있어 홍왕하여 세력을 얻으니라
_ *사도행전 19:18-20*

본문 마지막 구절은 전쟁터에서 왕의 군대의 영광의 승리를 전하는 급보다. 과거 복음의 승리들은 현재 위로의 원천으로 사용될 수 있다.

우리 역시 하나님의 말씀이 성장하고 승리하는 것을 본다. 왜냐하면:

- 복음은 어제나 오늘이나 동일하기 때문이다.
- 인류의 마음도 변함없기 때문이다.
- 정복되어야 할 죄도 똑같기 때문이다.
- 성령의 능력도 회심시키고 거듭나게 하는데 변함이 없기 때문이다.

승리의 전리품은 어느 때나 똑같은 것으로 기대될 수 있다.

사람들, 마술, 책들 그리고 돈에 대한 사랑도 모두 정복될 것이다.

우리는 다음과 같은 사실을 주목해야 한다:

I. 심겨진 하나님의 말씀.

그것은 분명히 심겨졌다. 그렇지 않았다면 자랄 수 없었을 것이다.

그 작업은 다음과 같은 방식으로 이루어졌다:

1. 어떤 제자들은 더 많은 가르침을 받고, 더 크게 깨우치고, 더 높은 수준의 은혜를 구하도록 인도 받았다. 이것은 놀라운 시작으로, 이렇게 시작된 부흥은 지금도 변함없이 지속되고 있다.

2. 이들은 간과되었던 규례에 순종하게 되었다(5절). 또 그들이 전혀 듣지 못했던 성령을 받아들였다. 이 두 가지 큰 일이 부흥에 결정적 역할을 했다.
3. 전도자들은 담대하게 진리를 선포하고 변호했다.
4. 반대가 일어났다. 이것은 언제나 필수적인 표지다. 하나님은 마귀가 활동하지 않은 곳에서는 오래 역사하시지 않는다.
5. 속이는 가짜들이 판을 치기 시작했으나 금방 철저하게 끝장났다.
6. 바울은 복음을 소리 높여 선포하고, 변증했다. 그리고 떠날 때 "모든 사람의 피에 대하여 내가 깨끗하다" (행 20:26)고 말할 수 있었다.

이 장과 그 다음 장을 읽고 에베소에 교회를 심기 위해 그가 어떻게 삼 년의 세월을 보냈는지 살펴보라.

II. 흥왕하는 하나님의 말씀.

"이와 같이 주의 말씀이 힘이 있어 흥왕하여." 그 역사가 다음과 같은 곳에서 나타났다:

1. 많은 유능한 장로들이 탄생한 교회 안에.
2. 복음의 출현을 충분히 깨닫는 사람들이 생긴 이웃들 사이에. 그것은 그들에게 실천적인 영향을 미쳐서 중요한 역사를 일으켰다.
3. 회심하고, 공개적으로 자기들의 회심을 고백하는 사람들 중에.
4. 믿음에 대한 일반 사람들의 존경 속에. 심지어는 복음에 순종하지 않는 사람들도 그 능력에 대해서는 존경을 보내고, 그것을 의지했다.

여기서 우리는 바울의 사역과 하나님의 사역을 본다. 바울은 열심히 심는데 수고했고, 하나님은 그것을 자라게 하셨으나 그것은 모두 하나님께 속한 것이었다.

하나님의 말씀이 우리 사이에 자라고 있는가? 그렇지 않다면, 왜 그런가?

- 그것은 산 씨로서, 자라야 한다.

• 그것은 산 씨로서, 우리가 그것을 방해하지 않는 한, 자랄 것이다.

III. 세력을 얻는 하나님의 말씀.

성장은 반대를 가져온다. 그러나 말씀이 내적 생명력을 가지고 자라는 곳에서, 그것은 외적 반대를 물리치고 승리한다.

여기에 주어진 승리의 특별한 증거는 마술책들을 불사른 것이었다.

1. 바울은 마술을 행하는 악한 습관에 관해 깊이 연구한 것처럼 보이지 않는다. 그러나 복음의 빛은 그 속임수의 사악함을 드러나게 했고, 하나님의 섭리는 그것이 조롱당하도록 진행되었다.
2. 죄가 드러나 죄책을 느낀 사람들과 그것에 대해 연구를 시작한 사람들에 의해 죄가 고백되었다.
3. 죄가 고백되자 그것은 철저하게 포기되었고, 그렇게 하라는 아무런 지시가 없었지만, 자발적으로 의분을 갖고 책을 불살랐다. 이것은 옳았다. 왜냐하면:
   • 만일 그 책들을 다 팔았다면, 그들에게 큰 해가 임했을 것이기 때문이다.
   • 그들은 다 불태워버릴 정도로 그것들을 혐오했기 때문이다.
   • 그것들을 공개적으로 불태운 것은 복음 증거에 큰 빛을 제공했기 때문이다.
4. 그 책들을 불태우는 데는 비용이 많이 들었지만, 그들은 기꺼이 그것을 감수했고, 그 비용은 복음 증거에 큰 역할을 했다.

우리의 사역에 나타나는 다른 권능의 증거들도 회중들의 삶에 실천적 결과가 나타나느냐 여부에 달려 있을 것이다.

우리의 설교를 듣는 사람들이 육체와 영혼의 모든 죄악으로부터 스스로를 깨끗하게 하는 것을 보는가?

✣ 불꽃 ✣

하나님의 말씀이 힘이 있어 흥왕할 때 — 이때야말로 한 영혼 속에서, 한 가족 안에서, 한 교회 안에서, 한 나라 안에서 가장 복 있는 때다. … 솔직한 죄인들이 자신의 죄를 떠나고 구주를 찾는 모습을 보여 줄 때, 사람들이 불의한 소득을 포기하는 것을 보여 줄 때, 술집주인이 그 간판을 떼어내 불태워 버릴 때, 그리고 그들이 사업허가증을 찢어버릴 때, 그 시간은 정말 복된 시간이다. 또 노름꾼이 카드를 던져 버리고 그 대신 성경을 붙잡을 때, 그때는 진정 복된 시간이다. 또 화려한 옷을 좋아하는 사람이 화려한 옷을 벗어 그것을 찢어 버릴 때, 그 순간은 참으로 복된 시간이다. _ 로버트 머리 맥체인(Robert Murray McCheyne)

큰 힘을 지닌 나무처럼 복음은 돌밭 사이에서도 잘 자란다. 이와 같이 나는 그것이 위선자들, 형식주의자들 그리고 세속주의자들 사이에서 잘 자라는 것을 보았다. 또 나는 주변의 토양이 아무리 척박해도, 그것이 한 사람, 또 한 사람 나아가 많은 사람들을 지배하는 것을 보았다. "이와 같이 주의 말씀이 힘이 있어 흥왕하여 세력을 얻으니라."

복음의 누룩이 활동하기 시작하면, 그리스도인이 세상 사람들이 즐겨하는 헛된 유희와 천박한 책을 가까이 하는 것이 얼마나 불합리하고, 얼마나 철저하게 무가치한지를 증명하기 위해 굳이 논증을 동원할 필요가 없다. "에브라임의 말이 내가 다시 우상과 무슨 상관이 있으리요"(호 14:8). 내가 마술이나 거짓말쟁이와 상관할 것이 무엇인가? 먼저 그리스도를 믿은 사람들은 기꺼이 모든 것을 포기하고 그분을 따르는 법이다. 은혜의 복음은 새로운 즐거움을 낳는다. 그것은 우리에 관해 모든 것을 변화시킨다. 우리의 친구, 추구할 목표 그리고 볼 책들까지 다 바꾼다. _ 리처드 세실

아게실라우스(Agesilaus)는 불에 타고 있는 고리대금업자의 채권과 어음들을 보면서, "나는 결코 한평생 그보다 더 밝은 빛을 본 적이 없었다"고 말했다. 마찬가지로 모든 추잡하고, 퇴폐적이고, 선정적인 책과 책자들도 똑같이 불에 타기를 충심으로 바라는 바이다. _ 존 스펜서(John Spencer)

그렇다. 하나님은 자기를 부인하는 자들을 축복하시고, 그들에게 보상을 주시는데, 그 보상은 정말 적절하다. 책을 불태워 버린 그들은 다른 책을 얻었다. 그들은 그리스도를 위해 책을 불태우고, 그분으로부터 다른 책을 받았다. 당신은 바울이 에베소인들에게 쓴 편지에 관해 들어본 적이 없는가? 당신은 구주로부터 "에베소에 있는 교회의 사자에게" 쓴 편지 같은 것이 생각나지 않는가? _ T. R. 스티븐슨(T.R. Stevenson)

"위대한 해학가요, 위대한 학자요, 위대한 시인이요, 위대한 죄인이자 위대한 회심자"로 알려진 로체스터 백작은 자신의 저속하고 외설적인 책들을 단지 악덕과 부도덕을 조장할 뿐이기에 불살라 버리도록 엄히 명했다. 그는 그 책들을 통해 하나님을 크게 공격하고, 거룩한 종교를 모독하고 모욕했는데, 결국에는 세례를 받았다.

194
황소와 채찍

사울아 사울아 네가 어찌하여 나를 박해하느냐
가시채를 뒷발질하기가 네게 고생이니라
_ *사도행전 26:14*

예수님은 습관처럼 하늘로부터 온 비유를 말씀하신다.

그분은 바울에게, 반항하는 황소의 비유를 간단히 언급하신다.

그 부드러운 호소의 감정을 주목해 보라. 그것은 "네가 박해를 통해 나에게 해를 입히는구나"가 아니라 "네가 스스로 상처를 입는구나"이다. 그분은 "**내게** 고생이니라" 하시지 않고, "**네게** 고생이니라" 하신다.

이처럼 주님께서 오늘날 그분의 은혜를 거부하는 사람들에게 부드럽게 말씀하시고, 그들 스스로가 낸 상처로부터 그들을 구원하시기를 바란다.

이 단순한 비유를 유의해서 듣고 다음과 같은 사실을 관찰하자:

I. 황소.

타락한 인간에 대해 이보다 더 적절한 비유는 없다.

1. 당신은 무지와 정욕에서 짐승처럼 행동하고 있다. 당신은 영적이지 못하고, 생각이 없으며, 사리가 분명하지 못하다.
2. 그러나 하나님은 사람이 황소를 생각하는 것보다 훨씬 더 가치 있는 존재로 당신을 생각하신다.
3. 그러므로 그분은 당신을 먹이고, 죽게 놔두시지 않는다.
4. 당신은 인도자 없이는 무익한 존재지만, 주님의 손에 잘 복종하지 않는다.
5. 만일 순종을 잘한다면, 당신은 크게 쓰임 받고, 그 섬김에 만족하게 될

것이다.

6. 당신은 순종하든지 죽든지 양자택일을 피할 수 없다. 완강하게 버티는 것은 소용없는 일이다.

II. 황소-채찍.

당신은 농부가 완강한 황소를 다루는 것처럼 주님께서 당신을 다루도록 만들었다.

1. 주님은 당신을 신사적인 수단, 말씀, 고삐를 당기는 것 등으로 다루셨다. 아버지 같은 사랑을 통해, 친구와 교사들 같은 부드러운 권면을 통해 그리고 자신의 영의 자상한 자극을 통해 그렇게 하셨다.
2. 이제 그분은 더욱 엄한 수단을 사용하신다.
   - 자신의 율법을 통해 준엄한 위협을 가하심.
   - 양심의 두려움과 심판에 대한 공포를 주심.
   - 친척, 자녀, 친구를 데려가심.
   - 질병과 다양한 고통을 주심.
   - 암담한 미래와 함께 죽음의 그림자를 드리우심.
3. 당신은 어느 정도 이런 가시채를 느끼고 있고, 그것이 참으로 날카롭다는 것을 부정할 수 없다.

더 악한 것이 임하지 않도록 조심하라.

III. 채찍을 향한 뒷발질.

이것은 완고하게 계속 죄 안에 거하는 사람들에 의해 다양한 방법으로 행해진다.

1. 구속받는 것에 반항하는 어린아이같이 유치한 반역이 있다.
2. 복음, 사역자들, 거룩한 일들에 대한 조롱이 있다.
3. 양심과 빛에 반하는 고의적인 죄가 있다.

4. 하나님의 백성들에 대한 모욕과 박해가 있다.
5. 의심, 불신 그리고 불경이 있다.

Ⅳ. 이 모든 강퍅함의 결과가 황소에게 주어짐.

그것은 막대기에 상처를 입히고, 인도자가 의도한 것보다 훨씬 더 큰 고통을 당한다.

1. 현재. 당신은 행복하지 않다. 당신은 불안과 공포로 가득 차 있다. 당신은 더 많은 징계를 당하고, 당신의 마음은 슬픔에 떨고 있다.
2. 가장 가능한 미래에. 당신은 극복해야 할 치명적인 습관들이 있고, 원 상태로 돌아가기 위해 더 큰 악을 저지르게 됨으로서, 쓰라린 후회를 느끼게 될 것이다. 만일 당신이 결국 회개하고 순종한다면, 이 모든 것은 사라지게 될 것이다.
3. 가능한 미래에. 당신은 마음의 강퍅함, 절망 그리고 파괴를 스스로 더 증가시킬 준비가 되어 있다.

오, 당신의 헛된 몰두를 슬퍼하시는 하나님께 뒷발질하는 것으로부터 나올 수 있는 선은 하나도 없다는 것을 깨닫기를!

당신의 하나님의 연단에 복종하라.

그분은 지금 당신을 동정하고, 당신에게 자신의 길을 돌아보도록 요구하신다. 말씀하시는 분은 예수님이다. 짐승처럼 하늘로부터 오는 그분의 말씀을 거절하지 말라.

당신은 다소의 사울처럼 크게 쓰임 받고, 주 예수님을 위해 많은 밭을 경작할 수 있으리라.

인상적인 생각

바이런 경이 복음에 관해 "그것이 최악일지라도 나는 그것을 믿는다" 고 말했을 때, 채찍의 날카로움을 느끼고 있지 않았을까?

당신은 황새치에 관해 들어본 적이 있는가? 그것은 아주 신기한 피조물로서, 길고 단단한 부리 곧 그 머리 앞으로 툭 튀어나온 침을 갖고 있다. 그것은 아주 흉폭해서, 자기에게 다가오는 다른 물고기들을 공격하고, 그 침으로 찌르려고 달려든다. 그 물고기는 때로 극히 맹렬해서 단단한 나무도 꿰뚫어 버리는 힘으로 항해 중에 있는 배에 그 침을 쏘려고 달려든다고 알려져 있었다. 그러나 어떤 일이 일어났는가? 그 어리석은 물고기는 자신의 힘으로 스스로를 찌르고 말았다. 배는 이전처럼 안전하게 운항했고, 화가 난 황새치는 자신의 분노의 희생자가 되고 만다. 그러나 다소의 사울처럼 그리스도를 반대하는 사람들의 어리석음을 우리가 어떻게 묘사할 것인가? 그들은 결코 성공할 수 없다. 황새치처럼 그들도 그저 그들 스스로 파괴시키는 일을 하고 만다. _ 예화를 통한 가르침

존 홀 박사는 자신의 한 설교에서 불신자들의 기독교에 대한 공격을 철끈을 물어뜯는 뱀에 비유하였다. 뱀은 철끈을 계속 물어뜯을 때, 그 조각들이 쌓이는 것을 보고 크게 만족스러워한다. 그러나 고통을 느끼고 피를 보는 순간, 그 철끈에 자신의 이빨이 닳아 떨어져나갔을 뿐이고 그것은 아무런 손상을 입지 않았다는 것을 발견하게 된다.

> 오 저주받을지어다. 저주받을지어다, 죄여!
> 하나님의 배반자요, 인간의 파괴자로다!
> 비통과 죽음과 지옥의 어머니로다!, _ 폴락

쿠퍼는 볼테르를 이렇게 묘사한다: "건강할 때 무신론자, 그러나 병들었을 때는? 오, 그가 살아 있을 때, 말씀이 그를 어루만져 주기를."

사람들은 자기들의 환경에 대해 불평하면서, "**이것은** 너무 고생이다 –

이제 갓 깨어난 새가 그 둥지의 철사를 물어뜯는 것만큼이나 고생이다"라고 부르짖는다. 아니, 그보다 훨씬 더 고생인 것들이 있다. 시간을 잃어버리는 것, 용기를 잃어버리는 것, 힘을 잃어버리는 것, 신뢰의 대상을 잃어버리는 것, 순종을 잃어버리는 것 등은 더 고생이 되는 것들이다. 그리고 그것으로부터는 그 어떤 선도 나올 수 없기 때문에, 그 결과로부터 얻을 수 있는 것 역시 아무것도 없다. 몽상가여, 그것은 어리석은 씨름보다 더 악하다. 모든 사람은 **자신**을 증진시키기 위해 씨름해야 한다. 그렇게 할 때 그는 반드시 자신의 운명을 크게 확대시킬 것이다. 그러나 지상에서 자신의 운명에 대해 "뒷발질"을 해서는 안 된다. 그렇게 하면, 전혀 상처가 없더라도, 자신은 더 큰 상처를 입게 되기 때문이다. 그는 "가시채를 뒷발질하는 것이다." _「풀핏 주석」

하나님의 영은 죄인들을 대속주 안에서 가져야 할 회개와 믿음으로 이끌기 위해 어떤 도구라도 사용하실 수 있다. "소는 그 임자를 알고 나귀는 그 주인의 구유를 알건마는 이스라엘은 알지 못하고 나의 백성은 깨닫지 못하는도다"(사 1:3)에 대한 주석을 보자. 선지자는 하나님의 인자하심을 경멸하고 그분의 참된 현존을 망각하고 있는 인간의 마음이 얼마나 특별한 죄악을 범하는 것인지를 그의 백성들에게 각인시키기를 원했다. 3, 4일 후에 이 말씀을 들은 한 농부가 자기 가축들에게 꼴을 주고 있었다. 그의 보살핌에 분명히 고마움을 느낀 황소들 가운데 한 마리가 걷어 올린 그의 팔을 핥기 위해 다가왔다. 이 단순한 사건을 통해 성령은 즉시 농부의 마음속에 섬광과 같은 확신을 심어 주셨다. 그는 눈물을 흘리며, 이렇게 외쳤다: "그렇다. 그것은 모두 진리다. 얼마나 놀라우신 하나님의 말씀인가! 이 어리석은 말 못하는 가련한 짐승도 내가 하나님께 하는 것보다 더 큰 감사를 실제로 나에게 하고 있다. 그러나 나는 모든 것을 하나님께 빚지고 있다. 얼마나 큰 죄인인가! 그는 그 교훈을 통해 효과적으로 그리스도께 나아갔다.

195
불을 피움

비가 오고 날이 차매
원주민들이 우리에게 특별한 동정을 하여
불을 피워 우리를 다 영접하더라
_ *사도행전 28:2*

여기에 일찍이 조난당한 선원들의 사회가 있었다. 거친 사람들 사이에 크고 참된 동정이 남아있었다.

더 신사적이고, 더 많은 교육을 받고, 더 큰 재산을 소유한 사람들은 아니지만, 친절한 행위는 뒤로 밀리지 않는다.

그들의 동정은 철저하게 실천적이었다. 우리는 "덥게 하라"는 말은 많이 하지만 불을 피우는 일은 적게 한다.

차가움에는 영적 차가움과 육적 차가움이 있을 수 있다. 특별히 영적 차가움을 위해 불을 피우는 것이 요구된다.

이것이 오늘 우리의 주제다.

I. 우리는 차가워지기 쉬운 존재다.

1. 세상은 은혜 아래 있는 사람들에게 차가운 나라다.
2. 유전된 죄로 말미암아 우리는 차가운 존재들이고, 따라서 미지근해지거나 얼어버리기 쉽다.
3. 주위의 모든 것들이 얼어붙는 차가운 계절이 온다. 목사들, 교회들, 성도들 역시 너무나 자주 얼음처럼 차가워진다.
4. 햇빛이 거의 비치지 않는 차가운 구석이 여기저기 존재한다. 어떤 선인들은 이런 차가운 항구에서 살고 있다.

5. 오늘날 냉랭한 경향이 만연되어 있다. 현대사상, 세속주의, 경기침체, 기도의 경시 등이 그것이다.

만일 차가움의 권세에 굴복한다면, 우리는 먼저 불안하게 되고, 그 다음에는 무기력해지며, 결국에는 죽음에 이르게 된다.

II. 따뜻하게 하는 수단들이 존재한다.

1. 하나님의 말씀. 이것은 불과 같다. 듣거나 읽거나 간에 그것은 마음을 따스하게 하는 경향이 있다.
2. 개인, 단체 또는 가정 기도. 이것은 로뎀 나무 숯불과 같다.
3. 묵상과 예수님과의 친교. "내 마음이 내 속에서 뜨거워서 작은 소리로 읊조릴 때에 불이 붙으니"(시 39:3). "길에서 우리에게 말씀하시고 우리에게 성경을 풀어 주실 때에 우리 속에서 마음이 뜨겁지 아니하더냐"(눅 24:32).
4. 다른 그리스도인들과의 교제(말 3:16).
5. 다른 사람들에게 선을 행하는 것. 욥이 자기 친구들을 위해 기도하자 그의 곤경이 돌이킴을 받았다(욥 42:10).
6. 처음 사랑을 회복하고 처음 행위를 가지는 것. 이것들은 이전의 따스함을 되찾게 한다(계 2:4-5).

우리는 이 불들을 가까이 가져옴으로써, 동상에 걸리거나 감각이 마비되지 않도록 해야 한다.

III. 우리는 다른 사람들을 위해 불을 피워야 한다.

우리는 그토록 많은 사람들이 우리의 해안에서 휩쓸려 내려가 죽어 가는 상황에 있는 것을 보면서, 부흥의 불이 필요하다.

참된 부흥에 관해 말한다면, 그것은 본문에 나오는 불과 유사점과 상이점이 공존한다는 것을 기억해야 한다.

1. 그것은 어려운 상황에서 피워야 한다 — "비가 오고 날이 차매" — 나무들은 젖어있고, 난로에는 물이 들어왔으며, 주위는 습기로 축축하다. 이런 상황에서 불을 피우는 것은 쉽지 않지만, 그래도 피워야 한다.
2. 그러나 우리에게 필요한 불은 원주민들에 의해 피워질 수 없다. 그 불꽃은 위로부터 와야 한다.
3. 일단 불꽃이 점화되면, 불은 아무리 작아도 타기 시작한다. 작은 나뭇가지들이 불을 피우기에 좋다.
4. 무릎 꿇고 따스하고 진실한 간구들을 그 위에 불어 넣으면, 그 불꽃은 크게 피어날 것이다.
5. 연료가 계속 공급되어야 한다. 위대한 바울이 나무 한 묶음을 주워온 것을 생각해 보라. 우리도 각자 그 몫을 분담해야 한다.
6. 이 불은 "모든 사람들"을 위해 피워야 한다. 우리는 떨고 있는 모든 사람들이 위안을 얻기까지 만족해서는 안 된다.
7. 그 불은 큰 봉사에 해당하는 일로, 독사 한 마리보다 더 소중한 생명을 따스하게 만들 수 있다. 독이 스며든 피조물을 소생시킨 불이 또한 그것을 태워 없애 버릴 수도 있는 것에 대해 하나님께 감사하라.

우리 각자는 이 불에 대해 무엇을 할 수 있는가? 우리는 불을 피우거나 잘 피도록 할 수 없는가? 나뭇가지를 가져오라.

절대로 불꽃이 물에 젖지 않도록 하자.

우리가 기도하자.

점화

영적 뜨거움은 어떻게 유지해야 할까! 필립 헨리가 그의 딸에게 해 준 권면은 이렇다: "네가 이 추운 계절(1692년 1월)에 따스함을 유지하려고 한다면, 다음 4가지 지시를 지키라: (1) 태양 밑으로 갈 것. 그 복된 빛(그리스도) 아래에는 따스함과 안온함이 있다. (2) 불 가까이 나아갈 것. '내 말이 불같지 아니하냐" (렘 23:29). 얼마나 격려가 되는 말씀인가! (3) 운동과 활동을 할 것. 네 안에 있는 하나님의 은혜와 은사가 움직이도록 하라. (4) 그리스도인과의 교제를 구할 것. '어떻게 혼자서 뜨거워질 수 있겠느냐?'" _「화살깃」(*Feathers for Arrows*)

스코틀랜드 출신인 나의 조부는 손자들에게 "나무 하나로는 불붙지 않는다! 얘야, 불 위에 나무를 더 많이 놓아라. 하나로는 불붙지 않는다"고 말하곤 했다. 때때로 마음속에서 불이 잘 타오르지 않고, 구주에 대한 사랑이 희미해질 때, 다른 나무를 가져다 놓기만 하면, 다시 따스해지고, 밝게 타오른다. 하나님에 대한 열렬한 기도와 그리스도와의 친교 다음으로 우리에게 필요한 것은 성도 상호간의 교제다. "두세 사람이 모인 곳에서"(마 18:20) 마음은 불타오르고, 사랑은 뜨거운 열로 불이 붙는다. 친구들이여, 우리가 자주 가나안 행복의 땅을 향해 함께 가는 순례자들과 교제를 나누자. "나무 하나로는 불붙지 않는다." 반면에 풍성한 나무 묶음은 반드시 활활 타오를 것이다._ 무명씨

지난 세기 초에 생존했던 자들로서, 학문과 경건을 겸비한 두 위인에 관한 이야기를 당신에게 해 주고자 한다. 그들 가운데 한 사람은 위대한 고위 성직자(곧 대주교)이고, 다른 한 사람은 유명한 성도였다. 이 두 저명인은 종종 함께 만나 학문에 대한 관심사와 교회의 사건들에 관해 의견을 나누었다. 그들은 자신의 업무를 마치면, 서로에게서 거의 떨어지지 않았는데, 만날 때마다 이렇게 인사했다. 대주교는 "어서 오게, 좋은 박사, 오늘은 예수 그리스도에 관해 얘기를 좀 나누세." 그러면 박사는 "여보게, 나의 선생, 나는 자네가 그 특유의 언변으로 하나님의 인자하심에 관해 말하는 은혜를 듣고 싶네. 우리가 천국으로 서로의 마음을 따스하게 함으로서 이 차가운 세상이 좀 더 나아질 수 있게 해 보세"라고 말했다. 서두 없고, 예외 없는 거룩

한 대화의 실례가 여기 있다. 똑같이 경건한 정신을 가진 사람들이 있는 곳에서는 선례를 본받기가 쉽다. 많지 않은 이런 사람들이 독신(瀆神)을 몰아내고, 대화의 흐름을 경건하게 바꾸어놓을 것이다. _ 굿맨

불꽃 하나가 얼마나 높이 치솟는지 보라
은혜의 불티에 의해 불타오르도다!
예수님의 사랑은 열방을 불태우고,
불길 속에서 천국이 세워지도다.
주님이 오신 땅 위에는 불이 일어나고,
그 불은 심령들 속에서 활활 타오르도다.
오, 누구나 그 불꽃을 붙잡고,
누구나 영광의 지복에 참여하기를!

_ 찰스 웨슬리(C. Wesley)

196
하나님의 용납하심에 관해

혹 네가 하나님의 인자하심이
너를 인도하여 회개하게 하심을 알지 못하여
그의 인자하심과 용납하심과 길이 참으심이 풍성함을 멸시하느냐
_ *로마서 2:4*

하나님이 사람들과 변론하시고, 이 질문과 이와 유사한 다른 질문들(사 1:5; 55:2; 렘 3:4; 겔 33:11)을 하시는 것은 그분의 겸손을 보여 주는 한 실례가 된다.

하나님은 죄인들에게 인자하게 행하실 뿐만 아니라 그들이 자신의 인자하심을 오용할 때, 그들을 바로 잡기 위해 애쓰신다(사 1:18; 호11:8).

다른 사람들에 대한 하나님의 판단을 목격하고 스스로 피하는 사람들이 이 특별한 자비로부터 죄에 죄를 더하는 명분을 이끌어내는 것은 정말 슬픈 일이다(렘 3:8).

주님의 진지한 질문으로부터 우리는 지혜를 배워야 한다.

I. 우리는 주님의 인자하심과 용납하심과 오래 참으심을 존중해야 한다.

그것을 존중하는 마음은 그것을 무시하지 않도록 이끄는 확실한 방패막이 될 것이다.

1. 그것은 우리에게 3중의 형식으로 펼쳐진다:
   - 과거의 죄를 감당하신 인자하심(시 78:38).
   - 현재의 죄를 감당하시는 용납하심(시 103:10).
   - 과거 및 현재의 죄와 마찬가지로, 미래의 죄에 대해서도 그 죄책을 감당하실 준비가 되어있는 오래 참으심(눅 13:7- 9).

2. 그것은 풍성함 속에서 펼쳐진다: "그의 인자하심과 용납하심과 길이 참으심이 풍성함을."
   - 현세적 · 영적 자비를 망라한, 풍성한 자비가 베풀어졌다(시 68:19).
   - 풍성한 인자하심이 은혜의 구원에 나타났다. 그것은 질병, 가난, 정신착란, 죽음 그리고 지옥과 같이, 우리를 엄습할 수 있는 악을 충분히 피하도록 베풀어졌다(시 86:13).
   - 풍성한 은혜가 모든 필요에 대해 약속되고, 제공되었다.
3. 그것은 네 가지 대상을 통해 탁월하게 펼쳐진다:
   - 그것을 베푸시는 분. 그것은 전능하신 "**하나님의** 인자하심" 이다. 그분은 죄를 감찰하고, 죄를 미워하고, 죄를 벌하실 권능이 충분하시지만, 죄인을 향해서는 끝까지 인내하신다(시 145:8).
   - 그것을 받아들이는 자. 그것은 죄책이 있고, 무가치하고, 비천하고, 화를 자극하고, 배은망덕한 존재인 인간에게 주어진다(창 6:6).
   - 그것에 대한 응답인 행위. 그것은 죄에 대한 사랑의 반응이다. 비록 죄가 무수하고, 거칠게 하고, 화나게 하고, 대담하고 반복될지라도, 하나님은 자주 용납하신다(말 3:6).
   - 그것이 일으키는 복. 그것들은 생명, 일용할 양식, 건강, 복음, 성령, 거듭남, 천국에 대한 소망 등이다(시 68:19).
4. 그것은 어느 정도 당신에게도 펼쳐졌다. "**네가** 멸시하느냐"

II. 우리는 그것이 어떻게 멸시될 수 있는지를 고려해야 한다.

1. 그것을 부주의하게 방치하고, 배은망덕하게 간과함으로써.
2. 그것을 우리의 당연한 권리로서 주장하고, 마치 하나님이 우리를 당연히 감수하셔야 하는 것처럼 말함으로써.
3. 그것의 의도를 거역하고, 회개하지 않음으로써(잠 1:24-25).
4. 그것을 마음의 강퍅함, 몰염치, 불신앙 그리고 담대하게 죄를 범하는 것

에 대한 핑계거리로 전락시킴으로써(습 1:12; 전 8:11).

5. 그것을 게으름의 구실로 삼음으로써(벧후 3:3-4).

III. 우리는 그것의 인도하는 힘을 느껴야 한다.

하나님의 용납하심은 우리를 회개로 이끌어야 한다.

왜냐하면 우리는 다음과 같이 주장해야 하기 때문이다:

1. 그분은 굳거나 무정한 분이 아니시다. 그렇지 않다면 그분은 우리를 결코 용서하지 아니하셨을 것이다.
2. 그분의 오래 참으심은 깊이 명심할 가치가 있다. 우리는 관대한 마음으로 그것에 반응해야 한다.
3. 계속해서 그분을 거역하는 것은 그분에게는 너무 잔인하고, 우리 자신에게는 수치스러운 일이다. 용납하심을 도전의 이유로 삼는 것은 하나도 좋을 것이 없다.
4. 그분의 용납하심으로 볼 때, 우리가 돌아오기만 하면, 그분은 우리를 기쁘게 받아주실 것이 분명하다. 그분은 구원하기 위해 용서하신다.
5. 그분은 각 사람을 개별적으로 다루신다. 그리고 "하나님의 인자하심이 **너를** 인도하여 회개하게 하신다"는 본문에서처럼, 이 수단들을 통해 그렇게 하실 수 있다. 그분은 우리를 자신에게 개인적으로 부르신다. 따라서 우리는 각자 개인적으로 자비를 베푸시는 하나님에 대한 자기만의 경험을 가져야 한다.
6. 그 수단들은 너무 쉽다. 우리는 그것들에 즐겁게 복종해야 한다. 이 인도하심을 거절하는 사람들은 인도 자체만으로 만족해야 한다.
   - 오 죄인이여, **인자하심**의 은총이 당신을 예수님께 이끌기를!
   - **용납하심**이 당신으로 하여금 예수님을 향해 눈물 흘리도록 만들기를!
   - **오래 참으심**이 당신으로 하여금 예수님을 기다리고, 추구하도록 만

들기를!

당신은 죄로부터 돌이켜 하나님께 돌아오겠는가, 아니면 "그분의 인자하심의 풍성함을 멸시하겠는가?"

✣ 변론 ✣

본문에는 감탄할 만한 일련의 특별한 말씀이 있다. 첫 번째 말씀(인자하심)은 신적 본성의 무한한 자비하심과 관대하심을 의미한다. 여기서 그분은 그의 피조물들에게 동정을 베풀고, 구원하기 위해 선을 행하는 경향이 있다. 두 번째 말씀(용납하심)은 그분이 회개하는 자에게 자비를 베푸신다는 것을 표현한다. 여기서 그분은 지시와 경고를 통해 죄인들이 돌이키도록 이끄신다. 세 번째 말씀(오래 참으심)은 그분이 대담한 죄인들의 태도를 무한히 견디신다는 것이다. 여기서 그분은 그들이 개심하기를 간절히 기다리고, 마지막 복수의 채찍이 주어질 때까지 오래 지체하신다. 하나님의 **인자하심**의 **풍성함**과 다가올 **진노의 풍부함**은 상호간에 얼마나 적절한 대비를 이루고 있을까! _ 앤서니 블랙월(Anthony Blackwall)

죄인들을 향한 하나님의 용납하심과 오래 참으심은 참으로 놀랍다. 그분은 세상을 창조하실 때보다 여리고성을 멸망시키는데 시간을 더 많이 쓰셨다. _ 벤저민 베돔

유대인들의 속담에 "미가엘은 단지 한 날개로 날아오지만, 가브리엘은 두 날개로 날아온다"는 말이 있다. 하나님은 평화의 천사들을 보내실 때 신속하고, 그들도 빠르게 날아온다. 그러나 진노의 사자들은 천천히 온다. 하나님은 자신의 종들을 영화롭게 할 때는 악인들을 정죄하실 때보다 더 서두르신다. _ 제레미 테일러(Jeremy Taylor)

로마의 재판관들은 어떤 사람에게 태형을 언도할 때, 많은 매듭들로 단단히 묶인 채찍 한 다발을 자기들 앞에 두었다. 그 이유는 바로 이것이다: 매듭들을 푸는 시간을 가짐으로써 재판정 직원이나 채찍질하는 사람이 성급하게 다른 방법을 취하지 않고, 정해진 순서에 따라 형을 집행하도록 하면서, 재판관은 죄수의 행동과 태도를 통해 그가 자신의 잘못을 슬퍼하거나 개전의 정을 보여 주는지를 살펴보고, 형을 철회하거나 형벌을 경감시켜 주고, 그렇지 않을 때는 형을 더 무겁게 하기 위해서다. 이처럼 하나님도 죄인들을 처벌하는데 얼마나 참으시는지! 채찍질을 얼마나 싫어하시는지! 회복의 희망이 조금이라도 보이면, 그 분노를 얼마나 지체하시는지! 그분이 푸실 때 얼마나 많은 매듭들이 있는지! 심판을 행하기 위해 일어서실 때 얼마나 주저하시는지! 그분은 군법으로 우리를 대하시지 않고, "이스라엘 족속아 어찌 죽고자 하느냐"(겔 33:11)고 우리를 위해 항변하신다. 그리고 그렇게 하시는 것은 불쌍한 죄인이 자기 발 앞에 무릎 꿇고 엎드릴 때, 그가 안으로 들어가고, 평강을 얻고, 구원 받도록 하시기 위함이다. _ 토머스 풀러

율법을 어기고 죄를 범하는 것은 대담하지만, 사랑을 거역하고 죄를 범하는 것은 비겁하다. 공의를 거역하고 반역하는 것은 변명의 여지가 없지만, 자비를 거역하고 맞서는 것은 가증스럽다. 자기를 돌보는 손을 찌를 수 있는 사람은 독사보다 나을 것이 없는 사람이다. 개가 주인을 문다면, 그것도 자기에게 먹이를 주고 자기의 머리를 쓰다듬을 때 문다면, 주인이 개를 죽인다고 해도 아무도 이상하게 여기지 않을 것이다.

197
"예수 우리 주"

예수 우리 주
_ 로마서 4:24

본문의 말씀대로, 두 호칭의 커다란 대조를 받아들이고, 그 호칭을 일상적 대화의 한 부분으로 삼는 것은 믿음의 역할이다.

이 주라는 이름은 성육신과 낮아지심과 커다란 대조를 이루는 말이다.

구유 속에서, 가난 속에서, 수치 속에서 그리고 죽으심 속에서도 예수님은 여전히 주님이셨다.

"우리 주"라는 이름이 발견되는 데서 볼 수 있는 이 이상한 조건들은 성령의 열매인 믿음으로 보면 아무런 난점이 없다. 왜냐하면 교회는 예수님의 죽으심 속에서 그분이 우리 주가 되시는 최고의 이유를 발견하기 때문이다(빌 2:7- 11). "이러므로 하나님이 그를 지극히 높여"(빌 2:9).

교회는 그분의 주님 되심을 부활의 열매로서 기뻐한다. 하지만 죽음 없이는 부활도 있을 수 없었다(행 2:32- 36).

교회는 자신을 만유의 주로 선포하는 예수님으로 말미암아 압제하던 모든 대적의 배후에서 여호와의 음성을 듣는다(시 21:1).

구원을 위해 예수님을 믿는 우리의 믿음이 우리로 하여금 만유의 주이신 그분을 덜 존경하도록 만드는 일은 결코 일어나지 않는다. 그분은 "예수"이자 또한 "우리 주"이시다. "아기로 태어났지만, 왕이시다." "나의 사랑하는 아들"이지만, "나의 주, 나의 하나님"이시다.

우리가 그분을 단순히 신뢰하는 믿음, 그분에 대한 친밀한 사랑, 기도를 통해 그분께 담대히 나아감, 그분과 다정하고 친근하게 나누는 사귐 그리고 무엇보다도 그분과 하나 되는 혼인관계 등은 여전히 그분을 "우리 주"로 부르게 한다.

I. 그분의 부드러운 낮아지심은 그 호칭을 더 소중히 여기게 만든다.

"예수 우리 주"는 신자의 마음속에 정말 감미롭게 각인된 이름이다.

1. 우리는 특별히 그분이 "우리가 범죄한 것 때문에 내어줌이 되고 또 우리를 의롭다 하시기 위해 살아나신"(25절) 사람이기에 그분께 주라는 호칭을 붙이도록 주장한다. 나사렛 예수로서, 그분은 주님이시다.
2. 우리는 그분이 우리를 사랑하고, 우리를 위해 자신을 내어주셨기 때문에 더 충분히 그리고 더 거리낌 없이 그분을 주로 인정한다.
3. 그분 안에서 우리에게 주어진 모든 특권들 속에서, 그분은 주이시다:
   - 우리는 구원 받을 때, "그리스도 예수를 주로 영접했다"(골 2:6).
   - 우리는 교회에 참여할 때, 모든 지체가 복종해야 할 몸의 머리로서 그분을 인식한다(엡 5:23).
   - 우리가 한평생 살아갈 때, 그분은 우리 삶의 주이시다. "우리가 살아도 주를 위하여 살고"(롬 14:8). 우리는 그분의 이름으로 하나님을 영화롭게 한다(엡 5:20).
   - 부활에서, 그분은 죽은 자들 가운데서 먼저 나신 분이다(골 1:18).
   - 재림에서, 그분의 오심은 최고의 영광이 될 것이다(딛 2:13).
   - 영원한 영광에서, 그분은 영원토록 경배를 받으신다(계 5:12- 13).
4. 성만찬에서 우리가 가장 친밀한 교제를 나눌 때, 그분은 "예수 우리 주"이시다.

그것은 주의 식탁이요, 주의 만찬이요, 주님의 잔이요, 주님의 몸과 피다. 이때 우리의 목적은 주의 죽으심을 증거하는 것이다(고전 11:20, 26- 27, 29).

II. 사랑으로 불타는 우리의 마음은 그 호칭에 특별한 강조점을 두고 이해한다.

1. 우리는 오직 그분께만 복종한다. 모세는 종이다. 그러나 예수님은 유일한 주시다. "너희 선생은 하나요" (마 23:8, 10).
2. 우리는 그분께 기꺼이 복종한다. 우리가 가진 모든 것으로 기쁘게 존경을 표한다.
3. 우리는 그분께 무조건 복종한다. 우리는 우리의 순종이 완전하기를 바란다.
4. 우리는 법을 정하고, 진리를 가르치는 등의 모든 문제들에 그분께 복종한다. 그분은 주인이자 주님이시다. 그분의 말씀이 실천과 교리를 결정한다.
5. 우리는 교회와 섭리의 모든 관할 문제들에서 그분께 복종한다.

"이는 여호와이시니 선하신 대로 하실 것이니라" (삼상 3:18).

6. 우리는 그분이 주님의 역할을 잘 수행하도록 하기 위해 그분께 진실하게 복종한다. 어떤 왕도 그분만큼 지혜롭고, 선하고, 위대하실 수 없다 (욥 1:21).
7. 우리는 영원토록 그분께 복종한다. 그분은 후계자 없이 교회에서 다스리신다. 시작한 날처럼 지금도 그분을 주인과 주님으로 부른다(히 7:3).

III. 우리는 "우리"라는 단어에서 큰 즐거움을 느낀다.

1. 그것은 주님에 대한 우리의 개인적 관심을 상기시킨다.

각 신자는 이 호칭을 단수로 사용하고, 마음속으로는 "나의 주"라고 그분을 부른다.

- 다윗은 "여호와께서 내 주에게 말씀하셨다" (시 110:1)고 썼다.
- 엘리사벳은 "내 주의 어머니" (눅 1:43)라고 말했다.
- 막달라 마리아는 "사람들이 내 주님을 옮겨갔다" (요 20:13)고 했다.
- 도마는 "나의 주님이시요 나의 하나님이시니이다" (요 20:28)라고 말했다.

• 바울은 "내 주 그리스도 예수를 아는 지식"(빌 3:8)이라고 썼다.

2. 그것은 우리의 마음속으로 많은 형제들을 이끌고 오게 한다. 왜냐하면 그것은 우리를 "우리 주"라고 말하는 그들과 하나로 연합시키기 때문이다. 따라서 그것은 우리로 하여금 서로를 기억하도록 만든다(엡 3:14-15).
3. 그것은 우리 모두가 우리의 "유일하신 주님"을 중심으로 모일 때, 연합을 촉진시키고, 거룩한 지체의식을 일으킨다. 모든 시대의 성도들은 이 안에서 하나다.
4. 주님으로서 그분이 보여 주신 본보기는 실천적 사랑을 촉진시킨다. 주님이 제자들의 발을 씻기신 것과 그때 그분이 하신 말씀을 상기하라(요 13:14).
5. 그분을 주로 섬기려는 우리의 열정은 자기를 높이는 모든 교만을 금지시킨다. 너희는 랍비라 칭함을 받지 말라 너희 선생은 하나요 또한 지도자라 칭함을 받지 말라 너희의 지도자는 한 분이시니 곧 그리스도시니라"(마 23:8, 10).
6. 주님으로서 그분의 위치는 우리로 하여금 교회에 대한 신뢰를 확신하게 한다. "하늘과 땅의 모든 권세를 내게 주셨으니 그러므로 너희는 가서 모든 민족을 제자로 가르치라"(마 28:18-19). "제자들이 나가 두루 전파할새 주께서 함께 역사하사"(막 16:20).
7. 예수님을 우리의 주로 섬기는데서 오는 우리의 공통되는 즐거움은 은혜의 증거가 되고, 따라서 서로 하나가 되게 한다(고전 12:3).

우리는 예수님을 우리 주와 하나님으로 경배해야 한다.

우리는 그분의 모든 계명에 순종함으로써, 그분을 섬겨야 한다.

보석

주님을 온전히 따르는 것이 우리 모두의 최대 관심사가 되어야 한다. 우리는 하나님의 뜻에 대한 순종과 그분의 영예에 대한 섬김의 과정을 통해 그분을 보편적으로, 흔들리지 않고, 진솔하게, 즐겁게, 의심하지 않고, 지속적으로 그리고 변함없이 그분을 따라가야 한다. 이것이 그분을 온전히 따르는 것이다. _ 매튜 헨리

그리스도의 제자는 그리스도의 처분에 온전히 따르기 위해 자신을 포기하는 사람이다. 즉 그는 그분이 가르치는 것을 배우고, 그분이 계시하는 것을 믿고, 그분이 명하는 것을 실천하고, 그분이 금하는 것을 피하고, 그분에 의해 또는 그분을 위해 받게 되는 손해를 감수하고, 그분이 약속하신 상급을 기대하는 사람이다. 이런 사람이 그리스도의 제자로서, 그가 참된 그리스도인이다. _ 데이비드 클락슨(David Clarkson)

조지 3세가 윈저 숲 속에서 다 죽어가는 한 집시 여인의 오두막집을 방문하여 그녀와 신앙에 관한 대화를 나눈 것은 놀라운 겸손의 행위로 생각되었다. 그렇다면 영광의 왕이신 분이 우리에게 내려오셔서 우리의 죄를 취하고, 슬픔을 짊어지심으로써 우리를 자신과의 영원한 교제로 이끄신 것에 대해서는 어떻게 생각해야 할까?

한 어린아이가 다른 사람들이 주 예수님에 관해 말하는 것을 듣고 "아빠, **우리** 예수님 아니었어요?" 라고 물었다. 이 어린아이와 같은 지극히 단순한 마음으로 우리도 "예수 우리 주" 에 관해 말해야 한다.

몇 년 전, 오랜 세월 예수님을 알고 사랑해 온 한 노목사가 임종을 목전에 두고 있었다. 기억이 가물가물했다. 그가 가장 사랑했던 사람들에 대한 기억이 완전히 백지상태였다. 그러나 누군가 그의 귀에 입을 대고 "목사님, 목사님은 예수 그리스도를 아시죠?" 라고 속삭였다. 그러자 갑자기 황홀한 목소리로, 그가 이렇게 외쳤다:

예수, 나의 주님! 그 이름을 알고말고.
그의 이름은 내가 의지하는 전부라네.
그가 내 소망을 부끄럽지 않게 하시고,
내 영혼이 상실되지 않게 하시리라.

198
죽어야 산다

이와 같이 너희도 너희 자신을 죄에 대하여는 죽은 자요
그리스도 예수 안에서 하나님께 대하여는 살아 있는 자로 여길지어다
그러므로 너희는 죄가 너희 죽을 몸을 지배하지 못하게 하여
몸의 사욕에 순종하지 말고
_ *로마서 6:11- 12*

신자의 의무는 그 특권과 얼마나 밀접하게 결합되어 있을까! 그는 하나님을 위해 살기 때문에 죄를 포기해야 한다. 부패한 일은 죽음의 유산에 속해 있기 때문이다. 신자의 의무와 특권은 그의 주 그리스도 예수와 얼마나 깊이 관련되어 있을까!

우리는 이 문제들에 관해 참으로 깊이 생각함으로써, 옳고 적절한 것이 무엇인지 **헤아려보고**, 실천해야 할 문제들로 판단되는 것을 수행해야 한다.

우리는 본문에서 다음과 같은 사실을 발견한다:

I. 여겨져야 할 위대한 사실.

"이와 같이 너희도 너희 자신을 죄에 대하여는 죽은 자요 그리스도 예수 안에서 하나님께 대하여는 살아 있는 자로 여길지어다."

1. 우리는 그리스도 안에서 형벌을 받았기 때문에 죄에 대해 그분과 함께 죽은 자들이다.

그리스도 안에서 우리는 죽음의 형벌을 받았고, 율법에 의해 죽은 자로 여겨진다(6절과 7절).

2. 우리는 그분과 함께 살아나 의인이 되었고, 새 생명을 얻었다(8절).
3. 우리는 그분이 살아 계시는 한 다시는 죄 아래 붙잡혀 올 수 없다(9절).
4. 우리는 그러므로 영원히 그 죄책과 그 지배하는 권능에 대해 죽은 자들

이다. "죄가 너희를 주장하지 못하리니"(12- 14절).

이 여김은 진리 위에 기초되어 있다. 그렇지 않으면 우리는 그 권면을 따를 필요가 없다.

하지만 우리가 죄를 전혀 범하지 않는다고 자랑함으로써, 죄에 대해 우리 자신을 완전히 죽은 자로 여기는 것은 거짓에 기초된 사실로, 크게 잘못된 것이다. "범죄치 아니하는 사람은 없다"(왕상 8:46; 요일 1:8). 자신의 절대적 완전성을 자랑하는 죄인들만큼 하나님의 화를 자극하는 자는 없다.

우리가 범죄하지 않는다고 여기는 것은 신자가 범하는 죄는 전혀 죄가 아니라고 주장하는 충격적 관념인 도덕폐기론을 취하는 것이나 다름 없다.

따라서 우리의 양심은 우리는 다양하게 작위나 부작위, 지나침이나 모자람, 기질상이나 정신상으로 죄를 범하는 존재라고 말해 주어야 한다(약 3:2; 전 7:20; 롬 3:23).

성경적 의미에서 우리가 우리 자신을 죄에 대해 죽은 자로 여기는 것은 마음과 삶 양자 모두에게 유익이 많다. 그렇게 여길 준비를 하자.

II. 실천되어야 할 위대한 교훈.

"그러므로 너희는 죄가 너희 죽을 몸을 지배하지 못하게 하여 몸의 사욕에 순종하지 말고."

1. 죄는 큰 권능을 갖고 있다. 그것은 우리 안에 있고, 우리를 지배하려고 획책할 것이다.
    - 그것은 불법으로 존재하는데, 우리 본성 속에 숨어있다.
    - 그것은 음모로서 존재하는데, 우리의 멸망을 계획하고 있다.
    - 그것은 원수로서 존재하는데, 우리 마음의 법과 싸운다.
    - 그것은 폭군으로 존재하는데, 참된 생명을 질식시키고, 압제한다.
2. 그것이 활동하는 영역은 육체다.
    - 그것의 결핍 — 배고픔, 갈증, 추위 등 — 은 불평과 시기와 탐욕과 약

탈로 인도함으로써 범죄의 원인이 된다.

- 그것의 욕망은 무절제한 탐닉을 갈망할 수 있고, 지속적으로 억제하지 않으면 쉽게 악으로 빠지게 될 것이다.
- 그것의 고통과 결함은 성급함과 다른 과실들을 통해 죄를 낳을 수 있다.
- 그것의 쾌락 또한 쉽게 죄에 대한 동기가 될 수 있다.
- 그것의 마음과 영혼에 대한 영향은 우리의 고귀한 본성을 땅의 저급한 유물론 사상으로 전락시킬 수 있다.

3. 육체는 **죽음을 면할 수 없다.** 만일 진실로 은혜가 내면에서 역사한다면, 육체가 우리의 현재 물질적 구조로부터 해방됨으로써, 우리는 죄로부터 온전히 구원받게 될 것이다. 그때까지 우리는 죄가 "이 저급한 육체" 의 이런저런 지체 속에 숨어있음을 발견하게 될 것이다.
4. 그동안 우리는 죄가 지배하도록 허용해서는 안 된다.
    - 만일 육체가 우리를 지배한다면, 그것은 우리의 신이 될 것이다. 그것은 우리를 죽음 아래로 이끌고, 하나님에 대해 살지 못하게 할 것이다.
    - 그것은 단 한순간일지라도 지배자가 된다면, 제한 없는 고통과 상처를 우리에게 줄 것이다.

죄는 우리 안에 있으면서, 우리를 지배하려고 획책한다. 이 지식은, 그럼에도 불구하고 우리가 하나님에 대해 살고 있다는 사실과 함께, 다음과 같이 되어야 한다:

- 우리의 평화를 도울 것이다. 왜냐하면 비록 죄가 사람들 속에서 싸우고 있다고 해도, 우리는 그들이 진실로 주님의 것임을 알고 있기 때문이다.
- 우리의 보호를 촉진시킬 것이다. 왜냐하면 우리의 신적 생명은 보존해야 할 가치가 크고, 지속적인 관심을 갖고 보호받을 필요가 있기 때

문이다.

- 우리로 하여금 은혜의 수단을 사용하도록 이끌 것이다. 왜냐하면 이 수단을 통해 주님은 우리를 만족시키고, 우리의 거듭난 생명을 새롭게 하시기 때문이다.

우리는 친교의 식탁과 다른 모든 의식들 앞으로 나아와 하나님에 대해 살아야 한다. 그렇게 우리는 그리스도를 먹고 자라가야 한다.

교훈

4세기경 기독교 신앙이 이집트에서 힘 있게 전파되고 있을 때, 한 젊은 형제가 위대한 마카리오 원장을 찾아왔다. "원장님, 그리스도와 함께 죽고, 장사된다는 말씀의 의미가 무엇입니까?" 라고 물었다.

마카리우스는 이렇게 대답했다: "젊은이, 자네는 얼마 전 죽어 장사지낸 우리의 사랑하는 한 형제를 기억하는가? 이제 그의 무덤으로 가 보세. 그대가 지금까지 그에 관해 들었던 부정적인 얘기들과 그래서 우리는 그가 죽은 것과 그를 데려가신 것에 대해 감사하다는 얘기를 몽땅 그에게 해 보게. 왜냐하면 그는 너무 악랄하게 우리를 괴롭혔고, 교회에서 많은 근심거리가 되었으니 말일세. 젊은이, 가서 말해 보게. 그리고 그가 대답하는 말을 들어보게."

젊은이는 원장이 명하는 대로 하고 다시 돌아왔다.

"그래, 그 형제가 뭐라고 말하던가?" 라고 마카리우스 원장이 물었다.

"예, 원장님. 그가 어떻게 말을 할 수 있겠어요? 그는 죽은 사람입니다" 라고 외쳤다.

"젊은이, 지금 한 번 더 가게. 가서 지금까지 자네가 그에 관해 들었던 온갖 선행과 칭찬의 말을 반복하게. 그에게 우리가 그를 얼마나 그리워하고, 그가 얼마나 훌륭한 성도였는지, 그의 행위가 얼마나 고결했는지, 온 교회가 그를 얼마나 크게 의존했었는지에 대해 말하고, 다시 돌아오게. 그리고 그가 뭐라고 말하는지 내게 말해 주게."

젊은이는 교훈을 받기 시작했다. 마카리우스는 그를 가르쳤다. 그는 다시 무덤으로 가서 죽은 자에 대한 많은 칭찬의 말을 전하고 다시 마카리우스에게 돌아왔다.

"원장님, 그는 **아무 말**도 하지 않습니다. 그는 죽었고, 장사지낸 사람이니까요."

"젊은이, 그리스도와 함께 죽는다는 것이 무엇을 의미하는지 이제 알겠는가? 칭찬이나 비난도 똑같이 그리스도와 함께 실제로 죽고, 장사된 그에게 칭찬과 비난도 똑같이 아무것도 아니라네." _ 무명씨

가장 낮은 자리에 있는 신자는 죄의 권세 위에 있지만, 가장 높은 자리에 있는 신자는 죄의 권세 아래 있다. 죄는 그것이 지배하는 곳 외에서는 절대로 파멸의 역사를 일으키지 못한다. 죄는 그것이 **교란되는** 곳에서는 **파멸시키지** 못한다. 우리가 죄를 더 악하게 받아들일수록 그것은 우리에게 덜 악하게 역사한다. _ 윌리엄 세커

죄는 성도 안에서 반역을 일으킬 수는 있지만 그를 지배할 수는 없다. 그것은 거듭난 자들 안에서는 다니엘이 "그의 권세를 빼앗겼으나 그 생명은 보존되어 정한 시기가 이르기를 기다리게 되었더라"(단 7:12)고 말하는 짐승들처럼, 대접을 받는다. _ 토머스 브룩스

사람들은 단 한 가지의 죄도 살아남도록 해서는 안 된다. 만일 사울이 아말렉인들을 모조리 몰살시켰더라면, 그를 멸망시키기 위해 살아남은 아말렉인들은 하나도 없게 되었을 것이다. _ 데이비드 롤랜드(David Roland)

199
하나님의 상속자

자녀이면 또한 상속자 곧 하나님의 상속자요
그리스도와 함께 한 상속자니
우리가 그와 함께 영광을 받기 위하여
고난도 함께 받아야 할 것이니라
_ *로마서 8:17*

이 장은 마치 모든 면에서 기쁨으로 충만한 에덴동산과 같다. 만일 어떤 사람이 로마서 8장만 가지고 설교하도록 되어 있다면, 그는 평생 동안 설교할 수 있는 주제를 갖게 될 것이다.

그 장의 모든 구절이 본문이 되기에 손색이 없다. 각 구절이 무진장의 광산이다. 바울은 우리 앞에 황금 사다리를 두고, 한 계단씩 높이 올라가도록 한다. 그는 양자됨으로부터 상속권으로 올라가고, 상속권으로부터 주 예수님과 함께 하는 공동상속권으로 올라간다.

I. 상속권의 근거. "자녀이면 또한 상속자."

1. 그것은 일반 창조로부터 나오는 것이 아니다. 그것은 "피조물이면 또한 상속자"라고 기록되어 있지 않다.
2. 그것은 자연적 혈통에서 나오는 것도 아니다. 그것은 "아브라함의 후손이면 또한 상속자"라고 기록되어 있지 않다(롬 9:7- 13).
3. 그것은 공로적 섬김을 통해 오는 것도 아니다. 그것은 "종이면 또한 상속자"라고 기록되어 있지 않다.
4. 그것은 의식의 준수를 통해 주어지는 것도 아니다. 그것은 "할례를 받거나 세례를 받으면 또한 상속자"라고 기록되어 있지 않다(롬 4:9- 12).

우리가 성령으로 말미암아 하나님에 대해 거듭나거나 다시 태어난 것이 바로 우리 상속권의 근거다.

우리는 다음과 같이 질문해 보아야 한다:

- 우리가 거듭났는가?(요 3:3)
- 우리가 양자의 영을 소유하고 있는가?(갈 4:5)
- 우리가 하나님의 형상을 닮고 있는가?(골 3:10)
- 우리가 예수님을 믿었는가?(요 1:12)

II. 상속권의 보편성. "자녀이면 또한 상속자."

1. 연장자 우선의 원리는 이 문제에 적용될 수 없다. 하나님의 가족은 나이가 많거나 적거나 상관없이 똑같이 상속자다.
2. 하나님의 사랑은 누구에게든 동일하다.
3. 그들은 모두 똑같은 약속에 따라 복을 받는다(히 6:17).
4. 그들은 모두 똑같이 그들의 상속권이 그들에게 주어지게 한 위대하신 큰 아들에게 관계되어 있다. 그분은 많은 형제들 가운데 장남이시다.
5. 유업은 그들 모두에게 충분히 주어질 정도로 넉넉하다.

그들은 모두 선지자, 설교자, 사도 또는 심지어 공부를 많이 하고 유명하게 된 성도들이 아니다. 그들은 모두 부유하고 유력한 사람들이 아니다. 그들은 모두 강하고 유능한 존재들이 아니다. 그럼에도 불구하고 그들은 모두 상속자들이다.

따라서 우리는 그 자격으로 살고, 우리의 몫을 기뻐해야 한다.

III. 상속권의 중심인 유업. "하나님의 상속자요."

우리의 유업은 하나님이 주시는 것으로 무척 크다. 우리는:

만물의 상속자다. "이기는 자는 이것들(all things)을 상속으로 받으리라" (계 21:7).

"만물이 다 너희 것임이라" (고전 3:21).

- 구원의 상속자(히 1:14).
- 영생의 상속자(딛 3:7).
- 약속의 상속자(히 6:17).
- 생명의 은혜의 상속자(벧전 3:7).
- 의의 상속자(히 11:7).
- 천국의 상속자(약 2:5).

우리는 "하나님의 상속자"로 언급되는데, 그것은 다음과 같은 사실을 의미한다:

1. 하나님이 소유하신 모든 것의 상속자.
2. 하나님 속성의 상속자. 그래서 그분의 사랑의 상속자가 되는데, 그 이유는 하나님은 사랑이시기 때문이다. 또 하나님은 선하시기 때문에 가능한 모든 선의 상속자가 된다.
3. 하나님 자신의 상속자. 얼마나 그 분깃이 무한하겠는가!
4. 하나님과 사람이신 예수님의 소유와 그분의 속성의 모든 것의 상속자.

IV. 상속권자들의 공조. "그리스도와 함께 한 상속자니."

1. 이것은 우리의 상속권에 대한 시험(test)이다. 우리는 그리스도와 함께, 그리스도로 말미암아 그리고 그리스도 안에서가 아니면 상속자가 아니다.
2. 이것은 모든 상속권을 가장 좋은 것으로 만든다. 예수님과의 교제가 우리의 최고의 분깃이다.
3. 이것은 그 유업이 얼마나 큰 것인지를 보여 준다. 예수님만큼 가치가 있다. 이 유업은 아버지께서 사랑하는 아들에게 주시는 것과 같다.
4. 이것은 우리에게 그 권리를 확실하게 보장한다. 왜냐하면 예수님은 절대로 그것을 잃어버리지 않기 때문이다. 그분의 권리행사와 우리의 그것은 하나로서, 불가분리적이다.

5. 이것은 그분의 사랑을 계시하고, 그것을 느끼게 한다. 모든 일에서 그분이 우리와 파트너가 되어야 한다는 것은 한량없는 사랑이다.
   - 그분이 우리를 자신과 연합하도록 이끄시기 때문에 우리의 유업은 안전하다.
   - 그분이 우리를 위해 기도하시기 때문에 그것을 얻게 된다.
   - 그분이 우리보다 앞서 천국에 올라가셔서 그것을 예비하신다.
   - 그분이 다시 오면, 그것을 충만히 누리도록 우리를 이끄실 것이다.
6. 이 공동상속권은 우리를 예수님과 더 단단하게 묶는다. 그 이유는 우리는 그분을 떠나서는 아무것도 아니고, 또 아무것도 소유한 것이 없게 되기 때문이다.

우리는 그리스도와 현재의 고난을 즐겁게 감당해야 한다. 그것도 유업의 한 부분이기 때문이다.

우리는 때가 되면 확실히 주어지게 될 영광을 믿어야 한다. 그리고 현재 즐거움 속에서 그것을 기대해야 한다.

주(註)

하나님은 사람들을 어떻게 다루시는가? "그분은 그들을 용서하고, 자신의 집으로 맞아들이신다. 그분은 그들을 자기 자녀로 삼고, 그분의 모든 자녀들은 그분의 상속자다. 그분의 상속자들은 왕자가 되고, 그분의 모든 왕자들은 **면류관을 쓰게 된다.**" _ 존 펄스퍼드(John Pulsford)

죽은 사람이 재산을 상속받을 수 없는 것처럼, 죽은 영혼도 하나님의 나라를 유업으로 받을 수 없다. _ 샐터(Salter)

저명한 엘던 경이 쓴 원고를 보면, "나는 1751년 6월 4일에 태어났다고 **믿는다**"는 메모가 나오는데, 이 기록만큼 신중하고, 정확한 기록을 상상하기란 쉽지 않다. 우리는 이 조심스러운 진술이 자신의 육체적 탄생을 가리키는 것이 아니라 영적으로 거듭난 날짜에 관해 말하는 것임을 짐작할 수 있다. 그러나 많은 사람들이 자신의 영적 생일에 관해 불확실한 개념을 가지고 있다. 비록 그 날짜를 정확하게 말할 수는 없다고 해도, 우리가 "나는 죽음에서 생명으로 옮겨갔다는 것을 알고 있다"고 말할 수 있는 것은 엄청난 일이다.

칭의는 그리스도의 의(義) 안에서 그분과 연합하고 하나가 되는 것이고, 성화는 그분의 거룩 또는 거룩한 성품과 본성 안에서 그분과 연합하고 하나가 되는 것이다.

마찬가지로 유추해 보면, 양자됨도 그분의 아들의 신분 안에서 그분과 연합하고 하나가 되는 것으로 말할 수 있다. 확실히 이 세 가지 연합과 하나됨은 최고, 최상의 복이다. _ 캔들리쉬 박사(Dr. Candlish)

유업(유산) — 이것은 무엇일까? 병사의 봉급은 유업이 아니다. 또 변호사의 수임료, 의사의 진료비, 상인의 이윤, 노동자의 임금도 유업이 아니다. 수고나 기술의 보수는 그것을 가지고 있는 사람의 손에 의해 얻어지는 것이다.

반면에 유업은 새로 태어난 아기에게 주어지는 재산과 같다. 따라서 현재 울고 있는 아기의 요람 위에 오래 전 후원자인 용감한 군사가 먼저 싸워서 취득한 왕관이 놓여 있다. _ 거스리 박사

"자녀라면"(If children)에서 "라면"(If)이라는 말에 문제가 있다. 당신은 자신의 아들됨을 입증함으로써 그 문제에 대한 모든 불확실성을 불식시킬 수 있는가? "또한 상속자요"에서 "또한"이라는 말 — 아! 이 말은 당신의 상속권에 관해 조금의 의심도 남겨놓지 않는다.

어느 누구도 자신이 하나님의 아들이라면, 천국이 자신의 것임을 의심할

필요가 없다. 유업은 그리스도와 함께 영광을 받는 것이다. 어린아이가 자신의 큰 형님만큼 유업을 차지하는 것 외에 무엇을 더 바라겠는가? 만일 우리가 예수님만큼만 사랑을 받는다면, 무엇을 더 바라겠는가?

200
복음에 대한 불순종

그러나 그들이 다 복음을 순종하지 아니하였도다
이사야가 이르되 주여 우리가 전한 것을 누가 믿었나이까 하였으니
_ *로마서 10:16*

모든 시대에 인간은 누구나 똑같이 불순종의 피조물이다. 우리는 사람들이 복음을 거부하는 것을 보고 슬퍼한다. 역사상 모든 선지자를 대표하는 인물인 이사야 선지자도 그랬다.

인간이 율법 이상으로 복음에 순종하지 못한다는 것과 사랑이나 율법 안에서 자기에게 말씀하시는 하나님께 불순종하는 것은 인간의 마음의 타락에 관한 가장 큰 증거 가운데 하나다. 인간들은 하나님을 의지하기보다는 그분을 상실하고 떠나는 것이 더 쉽다.

누구든 복음을 받아들이면, 그것은 은혜의 역사다. "여호와의 팔이 나타났나니." 그러나 그들이 거부하면, 그것은 그들 자신의 죄다. "그들이 다 복음을 순종하지 아니하였도다."

I. 복음은 힘 있는 계명으로 사람들에게 다가온다.

사람들이 복음을 기꺼이 받아들이거나 거부하는 것은 선택의 문제가 아니다. "이제는 어디든지 사람에게 다 명하사 회개하라 하셨으니"(행 17:30). 그분은 또한 그들에게 회개하고 복음을 믿으라고 명령하신다(막 1:15).

믿기를 거절하는 것은 큰 죄를 범하는 것이다(요 16:8).

불순종하는 사람들에게는 죽음의 형벌이 있다(막 16:16).

복음은 다음과 같은 결과를 일으킨다:

1. 하나님의 영광을 얻게 한다. 동등한 위치에 있는 존재가 다른 동등한

위치에 있는 존재에게 준 것이 아니라 크신 하나님이 정죄 받은 죄인에게 주신 것이다.

2. 그 선포자에게 담대함을 준다. 사역자는 지금 주님의 권위를 가지고 담대하게 선포한다.
3. 사람으로 하여금 그 의무를 깨닫게 한다. 비록 복음이 인간에게 큰 복을 베푸는 것이라고 해도, 절대로 면제받지 않는 자연적인 의무가 있는데, 그것은 회개와 신앙이다.
4. 겸손하게 그것을 구하는 자에게 용기를 주신다. 그는 예수님을 믿도록 명령 받았기 때문에 그렇게 할 충분한 자유를 가지고 있어야 한다. 만일 그렇게 하지 못한다면 그는 그 자유를 위협받게 된다.
5. 사람들로 하여금 자기 영혼의 행복을 절실하게 사모하도록 역사한다. 육체든 영혼이든, 자살은 언제나 큰 죄악이다. 위대한 구원을 무시하는 것은 커다란 죄악이다.

복음은 사람들이 왕의 진노의 형벌 아래 있는 사람들에게 잔치로 선포된다. 탕자는 자기 아버지에게 돌아오기를 정말 잘했다. 만일 그가 그렇게 하는 것이 옳았다면, 우리도 그와 똑같이 하는 것이 옳을 것이다.

II. 복음이 순종을 요구하는 근거는 무엇인가?

1. 복음을 보내신 분의 권위. 하나님이 명하시는 것은 무엇이든, 사람은 그것에 순종할 의무가 있다.
2. 복음을 보내신 분의 동기. 구원의 복음에 순종하기를 거부하는 것은 하나님의 사랑을 모욕하는 것이다.
3. 복음을 보내신 분의 큰 선물. 그분은 우리에게 자신의 독생자를 주셨다. 예수님을 거부하는 것은 그 한량없는 사랑을 욕보이는 것이다.
4. 복음을 보내신 분의 요구의 합리성. 그렇다면 왜 사람들이 하나님을 믿고, 구주를 의지해서는 안 되겠는가?

5. 복음을 보내신 분의 열심. 그분의 온 마음은 복음에 있다. 구원의 계획이 하나님의 평가에 얼마나 높은 위치를 차지하고 있는지를 주목하라. 우리가 왜 이런 열렬한 애정을 갖고 우리에게 하신 호소에 순종하지 않겠는가?

하나님의 은혜의 복음을 거절하거나 무시하는 것이 과연 옳은 일인지 당신의 양심에 물어보라.

지금 구원받은 사람들에게 오랫동안 불신앙 가운데 있었던 것에 대해 어떻게 생각하는지 물어보라.

너무 오래 지체함으로써 조만간 닥칠 후회할 날을 자초하지 말라.

복음을 거절함으로써 당신의 영혼이 위기에 처하지 않도록 하라.

III. 복음에 의해 요구된 순종은 무엇인가?

복음은 그것을 단순히 듣거나 믿거나 좋아하거나 고백하거나 혹은 선포하는 것이 아니라 그 명령에 충심으로 순종하는 것이다. 그것은 다음과 같은 것들을 요구한다:

1. 주 예수 그리스도를 믿음.
2. 자기의를 포기하고 죄책을 고백함.
3. 회개하고 죄로부터 실제적으로 벗어남.
4. 주 예수님의 제자가 됨. 이것은 그분의 가르침과 그분의 삶을 모두 따르는 순종을 의미한다.
5. 세례를 받음으로써, 그분이 정한 방법으로 그분의 이름을 공개적으로 고백함.

만일 당신이 복음에 순종하지 않는다면:

- 당신의 마음은 더 악화된 불신앙으로 강팍해질 것이다.
- 다른 사람들이 당신이 거절하는 복을 대신 받게 되고, 이것은 당신 자신의 정죄를 심화시킬 것이다.

• 당신은 자신의 머리에서 흘러내리는 피와 함께 죄 가운데서 죽을 것이다.

실천

인간의 마음이 하나님께 대항하는 적대감을 가지고 있음을 입증하는 강력한 증거는 복음의 실패다. 사람들에게 복음은 이런 적대감이 드러나게 하는 역할을 할 뿐이다. 복음의 목적은 우리를 하나님의 아들과 연합하도록 이끌고, 그분을 아버지가 보내신 분으로 믿게 하는 것이다. 그리스도는 영혼들을 하나님께 모으려고 하시지만, 그들은 모이지 않을 것이다. 하나님이 자신의 아들을 통해 사람들을 부르실 때, 극소수의 사람들만 그분께 나아간다는 것은 참으로 두려운 일이다. "내게 그리스도를 주시오. 아니면 나는 망합니다. 그리스도 외에는 아무도 나를 하나님과 화해시킬 분은 없으니까요"라고 말하는 사람은 거의 없도다! 당신은 날마다 그리스도의 대속을 통해 화목되도록 요구받지만, 헛되도다! 이것은 완고하고, 도저히 극복할 수 없는 적대감을 의미할 따름이 아닌가? _ 존 하우(John Howe)

"하나님의 모든 계명은 능력을 부여하는 힘이 있다"고 한 노저술가는 말한다.

순종은 구현된 믿음이다.

복음에 불순종하는 것은 율법을 어기는 것보다 더 악하다. 왜냐하면 율법에 대한 불순종은 복음 속에 치유책이 있지만, 복음에 대한 불순종은 어디서도 그 치유책이 발견될 수 없기 때문이다. "다시 속죄하는 제사가 없고"(히 10:26).

옛날 페루의 왕들은 붉은 양털로 만들어진 술 장식을 머리에 쓰는 것이 습관이었다는 보고가 있다. 그들은 관리를 그들 나라의 어느 지역에 총독으로 파견할 때, 자기들이 쓰고 있는 술의 실 가운데 한 올을 그에게 주었다.

그 이유는 그 단순한 실 한 올에 대해 마치 그것이 왕 자신인 것처럼 순종해야 했기 때문이다. 그렇다. 왕은 단지 이 실 한 올과 함께 관리를 보내 아무 허락 없이 전지역 사람들을 죽일 수 있도록 했는데, 그런 일은 자주 일어났다. 그것은 사람들이 그 술 장식 한 올만 보아도 거기에 기꺼이 복종하도록 그것이 그만한 권세와 권위를 갖고 있었기 때문이다. 그런데 만일 실 한 올이 그토록 강력하게 이교도의 복종을 끌어낼 수 있었다면, 그리스도인을 운반하는 수레의 끈에 대해서는 더 말할 필요가 없다고 생각된다. 전세계를 막강한 힘으로 통치했던 로마인들에 대한 전세계인들의 복종도 특기할만하다. 그렇다면 확실히 복음에 대한 순종은 정말로 엄청난 가치가 있고, 모든 사람들을 향해 엄청난 힘을 지니고 있다. 왜냐하면 그것이 마음속에 들어오면, 하나님의 모든 뜻에 무조건 순종하도록 역사하기 때문이다. 생명에 관해서든 죽음에 관해서든, 하나님으로부터 나온 한마디 말씀은 그것을 마음속으로 들어오게 하는 순종이 있을 때, 전영혼을 지배할 것이다. _ 스펜서의 새 것과 옛 것.

201
즐거운 교제

즐거워하는 자들과 함께 즐거워하고
_ *로마서 12:15*

어떤 사람들이 즐거워하는 모습을 상상해 보라. 이것은 행복한 상상이다. 당신은 그들과 함께 즐거워하도록 초대 받는다. 이것 역시 행복한 초청이다.

공감하는 것은 인간의 공통적인 의무일진대, 거듭난 영혼들에게는 더욱 그러하다. 한층 차원 높은 삶을 사는 사람들은 참된 동료애를 통해 자신들의 거룩한 연합의 모습을 보여 주어야 한다. 즐거운 공감은 그 즐거움이 영적이고, 영원하다는 점에서 이중으로 유익하다.

나는 당신을 이 즐거움으로 초대하는데, 그 이유는 최근에 예수님께 나아온 사람들이 지금 교회에 등록하여 신앙생활을 하고 있기 때문이다. 그 시간은 즐겁다. 그 즐거움을 사방에 전파하도록 하라.

I. 회심자들과 함께 즐거워하라.

1. 어떤 이들은 통탄할 죄의 인생으로부터 구원받았다. 누구나 자기들을 영원히 파멸시키는 죄로부터 구원받고, 그들 가운데 어떤 이들은 사회 속에서 사람들을 해치는 죄악으로부터 구원받는다.
2. 그들 가운데 어떤 이들은 감당할 수 없는 두려움과 깊은 절망으로부터 구원 받았다. 당신이 그들이 뉘우치는 모습을 보았다면, 그들이 자유를 얻고 행복해하는 것을 진실로 즐거워할 것이다.
3. 그들 가운데 어떤 이들은 큰 평강과 즐거움을 얻게 되었다. 그들의 첫 사랑에 대한 복된 경험은 우리도 공감하는 즐거움 속으로 이끌 것이다.

4. 그들 가운데 어떤 이들은 나이 먹은 노인들이다. 이들은 제 11시에 부름 받은 사람들이다. 그들이 임박한 위험으로부터 구원받은 것을 함께 즐거워하라.
5. 그들 가운데 어떤 이들은 젊은이들이다. 그들에게 복된 섬김의 삶을 살 수 있는 많은 세월이 남아있음을 같이 즐거워하라.
6. 각각의 경우가 다 특별하다. 어떤 사람들에게서 우리는 그들이 지금까지 해 온 일들에 대해 생각하게 되고, 또 어떤 사람들에게서는 앞으로 그들이 할 일에 관해 생각하게 된다.

이처럼 거듭난 자들에게는 커다란 즐거움이 있다. 우리가 무관심해야 하겠는가? 진정한 기쁨으로 그들을 축하하자.

II. 그들의 친구들과 함께 즐거워하라.

1. 어떤 이들은 친구들을 위해 오래 기도해 왔고, 지금도 그 기도소리가 들리고 있다.
2. 어떤 이들은 매우 염려하면서, 과거에 범한 죄를 슬퍼하고, 미래에 지을 죄에 대해 크게 두려워하는 모습을 보여 주었다.
3. 어떤 이들은 이 구원받은 사람들에게 특별한 관심이 있는 친구들, 부모들, 자녀들, 형제들이다.
4. 어떤 이들은 이 새롭게 구원받은 자들로부터 기대를 받고 있고, 어떤 경우에는 이미 큰 위로를 받아들이고 있는 사람들이다.

경건한 부모들은 진리를 따라 사는 자녀들을 보는 것보다 더 큰 즐거움이 없다. 우리도 그 즐거움에 동참하지 않겠는가?

III. 그들을 예수님께 인도한 사람들과 함께 즐거워하라.

이 회심자들의 영적 부모는 즐겁게 마련이다.

- 목사, 복음전도자, 선교사, 책의 저자.

- 부모, 자매 또는 다른 사랑하는 친척.
- 주일학교나 성경학교 교사.
- 그들에게 예수님에 관해 편지를 쓰거나 입으로 말해 준 친구.

개인적인 노력을 통해 영혼들을 구원시킨 사람들에 속한 즐거움은 얼마나 큰 것일까!

우리 자신을 위해 똑같은 즐거움을 갖도록 노력하고, 그동안 다른 사람들이 그것을 갖게 된 것을 기뻐하라.

IV. 성령과 함께 즐거워하라.

1. 그분은 자신의 분투가 승리하는 것을 보신다.
2. 그분은 자신의 가르침이 받아들여진 것을 보신다.
3. 그분은 자신의 소생시키는 능력이 새 생명 속에 작용하는 것을 보신다.
4. 그분은 자신의 신적 인도에 복종하는 거듭난 심령들을 보신다.
5. 그분은 자신의 은혜로 말미암아 위로받는 심령을 보신다.

우리는 성령의 사랑 안에서 즐거워해야 한다.

V. 천사들과 함께 즐거워하라.

- 천사들은 다시 돌아온 죄인의 회개를 주목해 왔다.
- 그들은 이제 순례자의 발걸음을 즐겁게 인도할 것이다.
- 그들은 그가 한평생 믿음을 지킬 것을 기대하고, 그렇지 못하면 그들의 기쁨도 사라질 것이다. 그들은 영원히 그의 수종드는 종이요, 또 종이 될 것이다.
- 그들은 언젠가 그를 영광의 본향으로 이끌기를 기대하고 있다.

악한 천사들은 우리를 신음하게 한다. 선한 천사들의 즐거움은 우리로 하여금 그들의 즐거움에 보조를 맞추어 노래하도록 하지 않는가?

VI. 주 예수님과 함께 즐거워하라.

1. 그분의 즐거움은 자신이 구원한 구속받은 자들이 받아야 할 멸망에 비례한다.
2. 그분의 즐거움은 그들의 구속의 대가에 비례한다.
3. 그분의 즐거움은 그분이 그들에게 갖고 계시는 사랑에 비례한다.
4. 그분의 즐거움은 그들의 장래 행복과 구원이 그분에게 가져올 영광에 비례한다.

당신은 새롭게 세례 받은 신자들과 함께 즐거워하는 것을 소중히 여기는가? 나는 당신이 그렇게 하기를 권한다. 왜냐하면:

- 당신은 자신만의 슬픔을 가지고 있고, 이 즐거운 친교는 그 슬픔을 크게 완화시킬 것이기 때문이다.
- 당신은 이 새로운 신자들과 교제를 나눔으로써, 그들의 사랑을 새롭게 할 수 있기 때문이다.
- 당신이 회심한 **친구들**과 함께 즐거워한다면, 당신 자신의 잘못한 일들에 대해서 큰 위로를 받을 것이기 때문이다.
- 당신이 성공적으로 사역을 감당하는 **동역자들**과 함께 즐거워한다면, 그들에 대한 질투를 금지시킬 수 있기 때문이다.
- 당신이 성령 및 천사들과 함께 즐거워하기를 힘쓴다면, 당신의 영이 원기를 회복할 수 있기 때문이다.
- 당신이 죄인의 친구이신 예수님과 함께 즐거워한다면, 당신을 똑같은 자리에 동참하는데 적합한 존재로 만들어 줄 것이기 때문이다.

공감

사도시대로부터 300년 정도가 흐른 후, 이방인 노인이었던 가이우스 마리우스 빅토리우스는 자신의 불신앙을 버리고 기독교 신앙으로 전향했다. 하나님의 사람들이 이 소식을 들었을 때, 모든 교회에서 크게 소리치며 즐거워하고, 펄쩍펄쩍 뛰면서 감격하고, 감사의 찬송을 불렀다. 그들은 즐겁게 서로 말하기를 "가이우스 마리우스 빅토리우스가 기독교인이 되었다네! 가이우스 마리우스 빅토리우스가 기독교인이 되었다네!" 라고 했다.

하슬람은 자신의 회심에 관한 이야기를 할 때, 이렇게 말한다: "내가 한 말을 다 기억하지는 못하지만, 나는 내 영혼에 놀라운 빛과 기쁨이 들어온 것을 느꼈다. 그것이 내 말이나 내 태도, 아니면 내 얼굴 표정에 어떻게 나타났는지 나는 잘 모른다.

그러나 갑자기 회중 속에서 한 전도자가 손을 높이 들고 서서 큰월 말로 '교구신부가 회심했습니다. 할렐루야! 교구신부가 회심했습니다' 라고 외쳤다. 그러나 다른 곳에서 나오는 3, 4백 명의 회중들의 외침소리와 찬양소리에 그의 목소리는 묻혀버리고 말았다.

이전에 으레 그랬던 것처럼, 이 희한한 '대소동' 을 비판하는 대신, 나는 그 찬양의 외침소리에 가담하기 시작했고, 그 순서에 따라 나는 회중들이 마음과 목소리를 다해 거듭해서 부르는 '만복의 근원 하나님을 찬양하라' 는 찬송을 불렀다."

거듭나지 않은 한 젊은이가 부모를 따라와 어느 목사의 설교를 듣게 되었다. 그 설교의 주제는 천국의 상태에 관한 것이었다. 집으로 돌아오는 길에 그 젊은이는 설교자의 능력에 감탄했다.

그리고 그는 자신의 어머니를 향해 "하지만 엄마와 아빠가 눈물 흘리는 모습에 너무 놀랐어요" 라고 말했다. 이에 어머니는 걱정스러운 듯이 "아, 아들아, 내가 울었던 것은 설교 주제 때문도 아니고 네 아빠 때문도 아니고 바로 너 때문이었단다.

사랑하는 아들아, 네가 천국의 축복을 영원히 놓쳐버리지 않을까 걱정이 되어서 울었던 것이란다" 라고 대답했다. 아버지는 아내를 바라보며, "나도 당신 생각과 똑같소. 우리의 사랑하는 아들에 대한 똑같은 염려 때문에 나

도 울었소." 이들의 부드러운 대화는 젊은 아들의 마음을 파고들었고, 그는 곧 회개했다. _ 어빈

202
성경으로부터 오는 인내와 위로와 소망

무엇이든지 전에 기록된 바는
우리의 교훈을 위하여 기록된 것이니
우리로 하여금 인내로
또는 성경의 위로로 소망을 가지게 함이니라
_ *로마서 15:4*

본문은 노년의 휴 래티머가 생애 후반기에 연속해서 설교했던 본문이다. 확실히 그는 이 본문에서 설교 자료를 충분히 찾아냈던 것이다.

바울 사도는 구약성경이 신약시대 신자들을 가르치기 위해 예비된 것으로 선언하고 있다.

무엇이든 전에 기록된 것들은 우리 시대를 위해 기록된 것이다.

구약성경은 구시대적인 것이 아니다. 사도들도 거기서 배웠다. 그 권위가 끝난 것도 아니다. 그것은 지금도 확실하게 가르침을 주고 있다. 그 신적 능력도 떠나지 아니했다. 왜냐하면 그것은 그것을 받아들이는 사람들에게 성령의 은혜들 곧 인내, 위로, 소망 등을 제공하기 때문이다.

이 구절에서 성령은 구약성경에 자신의 인을 치고, 그 거룩한 책을 폄하하는 모든 사람들에게 영원히 이의를 제기하고 있다.

성경은 가장 고상한 은혜를 낳고, 풍성하게 자라게 하신다.

그것을 조심스럽게 살펴보자:

I. 성경의 인내.

1. 성경이 가르치는 인내는 다음과 같다:
   - 하나님의 뜻이 담긴 모든 약속 아래 인내하라.
   - 인간의 핍박과 사탄의 공격 아래 인내하라.

- 형제의 짐을 서로 질 때 인내하라(갈 6:2).
- 하나님의 약속들이 성취될 것을 기다리며 인내하라.

2. 성경이 실례로 보여 주는 인내는 다음과 같다:
   - 무수한 고난에도 굴하지 않고 인내함으로써 결국 승리하는 욥.
   - 하나님과 함께 다니는 순례자들로서, 이방 땅에서 언약의 약속을 붙잡고, 인내하며 기다린 아브라함, 이삭, 야곱.
   - 인내하며 형제들의 악행을 용서하고 그의 주인의 잘못된 처벌을 감내한 요셉.
   - 다양한 시험과 무수한 박해 속에서도 인내하며 면류관을 기다리고, 핍박자를 해하지 않은 다윗.
   - 온갖 형태의 시험 아래 모든 것을 참고 견딘 우리의 구주.
3. 성경이 인내를 일으키는 것으로 제시하는 것들은 다음과 같다:
   - 시련을 포함하는 거룩의 길로 우리를 부르심으로써.
   - 환난 속에서 하나님의 계획을 보여 주고, 그리하여 영혼이 견고한 상태를 유지하게 함으로써.
   - 현재의 고난을 기꺼이 참도록 만드는 미래에 관한 약속들을 우리에게 선언하심으로써.

II. 성경의 위로.

1. 성경이 가르치는 위로는 다음과 같다:
   - 성경은 우리에게 두려움을 초월하라고 명한다(시 46:1- 3).
   - 성경은 우리에게 세상의 일시적인 모든 것들을 중시하지 말라고 권고한다.
   - 성경은 우리에게 하나님 안에서 즐거움을 찾도록 명령한다.
   - 성경은 우리에게 환난이 우리를 옛날 선지자들처럼 만들기 때문에

그것들 아래서 즐거워하도록 자극한다.

2. 성경이 보여 주는 위로의 실례들은 다음과 같다:
   - 하나님과 동행한 에녹.
   - 하나님을 자신의 피난처로 삼고, 가장 큰 상급으로 생각한 아브라함.
   - 하나님 안에서 자신을 강하게 한 다윗.
   - 여호와께 편지를 보낸 히스기야.
   - 그 이외에도 많은 사례들이 기록되어 있고, 이것들은 우리의 용기를 자극한다.
3. 성경이 위로의 주체로 제시하는 것들은 다음과 같다:
   - 성령은 보혜사로서 성경을 위로를 위해 사용하신다.
   - 성경 자체의 성격이 위로에 적합하다.
   - 성경은 그 고결성, 확실성, 충분성, 은혜성, 적합성, 인격성 등을 통해 우리를 위로한다.
   - 우리의 즐거운 경험이 성경의 위로의 능력에 대한 최상의 증거다.

III. 성경의 소망.

- 성경은 우리 안에 좋은 소망을 일으키려는 뜻이 있다.
- 소망을 가진 사람들은 스스로 순결하게 되고, 다양하게 고결하고 고상한 인격을 보여 줄 것이다.

성경의 소망을 우리는 다음과 같이 이해한다:

1. 성경이 제시하는 소망은 다음과 같다:
   - 구원의 소망(살전 5:8).
   - "복스러운 소망과 우리 주님의 나타나심" (딛 2:13).
   - 죽은 자의 부활에 대한 소망(행 23:6).
   - 영광의 소망(골 1:27).

이것이 좋은 소망, 산 소망, 복음 안에서 우리 앞에 놓인 소망이다.

2. 성경은 이런 소망을 성도들의 삶을 통해 보여 준다. 그 순교자 명단이 히브리서 11장에서 발견된다.
3. 성경이 소망의 주체로 제시하는 것들은 다음과 같다:
   - 우리는 하나님이 그의 백성들을 위해 행하신 것을 보고, 거기서 소망을 얻는다.
   - 우리는 말씀을 통해 주어진 약속들을 믿고, 거기서 소망을 얻는다.
   - 우리는 현재의 축복을 누리고, 거기서 소망을 얻는다.
   - 우리는 인내와 위로의 하나님이자 동시에 소망의 하나님이신 분과 지속적인 교제를 가져야 한다. 그리고 우리는 말씀들이 제시하는 순서에 따라 즐거움의 단계를 하나씩 밟아 올라가야 한다.

위로

이 짧은 한 구절 속에서 우리가 발견하는 중요한 문제들이 얼마나 많을까! 그 구절은 하나님의 말씀에 관해 얼마나 큰 빛과 영광을 던지고 있는가! 우리는 여기서 성경이 기록된 말씀으로서, **그 권위**를 가지고 있고, 전에 기록된 것으로서, **그 고대성**을 가지고 있으며, 우리의 교훈을 위하여 기록된 것으로서, **그 효용성**을 가지고 있음을 익히 알고 있다. 우리는 또한 즉각 결론으로서 **그 신적 기원성**을 추론할 수 있다. 왜냐하면 성경의 수단들은 성령의 살아 있는 권능을 수반하기 때문이다(사 59:21). 하나님은 우리 영혼에 인내와 위로와 소망을 주시는데, 본문에서 사도가 표현하고 있는 것처럼, 그것은 하나님 자신이 **인내와 위로의 하나님**이시자 **소망의 하나님**이시기 때문이다(13절). 그분은 이 은사와 은혜의 샘으로서, 그 물이 영감된 말씀의 통로를 통해 우리의 심령과 삶에 흘러들어옴으로써, 그분을 섬기도록 역사한다. 우리 안에서 그것들이 서로 교통하고, 규칙적으로 발전하도록 이끄는 은혜의 단계를 지적하지 않을 수 없는데, 그 과정의 순서는 다음과 같다: **(1) 인내, (2) 위로, (3) 소망.** 내적 평강과 위로에 대한 은은한 느낌으로부터, 우리는 동일한 성령을 통해 복된 소망, 말하자면, 즐거운 소망으로 인도를 받는다. 그러나 이 순서를 따르기 위해서는, 우리 안에 하나님의 뜻을 감당하거나 행할 때, 항상 인내라는 토대가 있어야 한다. _ 제임스 포드(James Ford)

올리버 크롬웰은 언젠가 빌립보서 4:11- 13을 크게 소리 내어 읽고 난 후에 이렇게 말했다: "불쌍한 아들이 죽던 날, 이 성경이 내 생명을 구원하기 위해 가까이 다가왔다."

조지 피버디는 찰스 리드 경의 집에 머물고 있을 때, 그의 막내아들이 가정기도용 큰 성경을 자기 아빠에게 가져다 주는 것을 보았다. 피버디는 "오! 아이야, 네가 지금 성경을 움직이고 있구나. 그러나 세월이 흐르면 **성경이 너를 움직이는 것**을 발견할 때가 올 것이다"라고 말했다.

한 그리스도인이 죽어 가면서 다음과 같이 말했다: "지금은 성경 속에 있는 말씀만 해 주십시오. 하나님의 말씀은 믿을 수 있으나 인간의 말은 믿을 수 있는지 생각하는 수고를 해야 하니까요." _ 보우스

복음으로부터 나오는 인내, 위로 그리고 소망에 관한 한 가지 실례로서, 다음과 같은 페이슨 박사의 글이 있다: "그리스도인들은 하나님께서 다른 어떤 것을 사용하지 않고서도 그들을 행복하게 만들 수 있는 분임을 믿는다면, 많은 혼란을 피할 수 있을 것이다. 하나님은 내게서 복을 차례로 거두어 가셨다. 그러나 모든 것이 사라졌을 때, 그분이 내 안에 들어오시더니 복이 사라진 그 빈자리를 채우셨다. 지금 나는 불구자가 되어 움직일 수 없지만, 이전에 내 삶에서 가졌던 것보다 그리고 항상 가졌으면 하고 바라던 것보다 더 행복하다. 만일 내가 이것을 20년 전에 믿었더라면, 나는 더 많은 걱정거리들을 덜어냈을 것이다."

203
값으로 산 것

너희 몸은 너희가 하나님께로부터 받은 바
너희 가운데 계신 성령의 전인 줄을 알지 못하느냐
너희는 너희 자신의 것이 아니라 값으로 산 것이 되었으니
그런즉 너희 몸으로 하나님께 영광을 돌리라
_ *고린도전서 6:19-20*

사도는 얼마나 열렬하게 죄를 파괴하고자 애쓰고 있을까!

그는 죄를 방치할 정도로 소극적인 사람이 아니다. 그는 가장 분명한 어조로 "음행을 피하라"(18절)고 외친다. 수치는 책망에 있는 것이 아니라 책망을 듣게 하는 죄에 있다. 그는 논증을 통해 이 더러운 죄악을 쫓아버린다(18절을 보라). 그는 그것을 하나님의 영의 빛 안으로 끌고 온다. "너희 몸은 너희가 하나님께로부터 받은 바 너희 가운데 계신 성령의 전인 줄을 알지 못하느냐"(19절).

그것을 십자가에 못 박아 죽인다. "너희는 값으로 산 것이 되었으니."

이 마지막 논증에서 우리 죄의 죽음을 찾아보도록 하자.

I. 복된 사실. "너희는 값으로 산 것이 되었으니."

"너희는 산 것이 되었다." 이는 현대 이단자들이 "상업주의"라고 부르는 대속의 개념이다. 상업주의적 대속은 성경적 개념이다. 왜냐하면 "값으로 샀다"고 표현하기 때문이다. 이 말은 그 개념을 이중적으로 선언한다.

대속은 창조나 보존보다 더 큰 은혜의 원천이다. 곧 그것은 거룩의 수원(水源)이다.

"값으로." 이 말은 치른 대가가 크다는 것을 암시한다. 아버지는 아들을 내놓으셨다. 아들은 자기 자신 곧 자신의 행복, 자신의 영광, 자신의 평안,

자신의 몸, 자신의 영혼, 자신의 생명을 주셨다.

피 같은 땀, 버림받음, 배신, 조롱, 십자가, 비탄 등을 그 값으로 지불하셨다.

우리의 몸과 영혼은 예수님의 몸과 영혼과 함께 값으로 지불되었다.

1. 이것은 사실이 아니면 거짓이다. "너희는 산 것이 되었으니." 그렇지 않으면 너희는 구속받지 못한다. 얼마나 두려운 양자택일인가!
2. 만일 사실이라면, 그것은 이적 중의 이적으로서, 당신의 생명에 관련된 **그** 사실이다.
3. 그것은 모든 사실들 가운데 가장 큰 사실로서, 영원히 당신에게 남아있을 것이다. 만일 그것이 전적으로 사실이라면, 그것은 진실이기를 그치지 않고, 어떤 다른 사건도 그 중요성을 능가하지 못할 것이다.
4. 그러므로 그것은 현재와 장래에 우리에게 강하게 작용할 것이다.

II. 명백한 결과. "너희는 너희 자신의 것이 아니라."

소극적인 면 ― 만일 산 것이라면 여러분은 여러분 자신의 것이 **아님이** 분명하다.

1. 이것은 특권을 포함한다.
   - 여러분은 여러분 자신의 공급자가 아니다. 양들은 그 목자에 의해 양육된다.
   - 여러분은 여러분 자신의 인도자가 아니다. 배들은 그 사공에 의해 조종된다.
   - 여러분은 여러분 자신의 아버지가 아니다. 자녀들은 그 부모에 의해 사랑 받는다.
2. 이것은 또한 책임을 포함한다.
   - 우리는 우리 자신의 것이 아니므로 육체든 영혼이든 훼손시켜서는 안 된다.

- 우리는 우리 자신의 것이 아니므로 게으름, 오락 또는 공론(空論)에 허비해서는 안 된다.
- 우리는 우리 자신의 것이 아니므로 변덕을 부리고, 우리 자신의 편견, 부패한 감정, 줏대 없는 의지 또는 무절제한 욕망에 빠져서는 안 된다.
- 우리는 우리 자신의 것이 아니므로 다른 주인을 섬겨서는 안 된다.
- 우리는 우리 자신의 것이 아니므로 자아를 섬겨서는 안 된다. 자아는 폐위당한 폭군이다. 예수님은 복된 신랑으로, 우리는 그분의 것이다.

적극적인 면 — "너희 몸과 영혼은 하나님의 것이라."

- 우리는 전적으로 하나님의 것이다. 몸과 영혼은 전인(全人)을 구성한다.
- 우리는 항상 하나님의 것이다. 일단 값이 지불되면, 우리는 영원토록 그분의 것이다.

우리는 우리가 하나님의 것임을 알고 있음을 즐거워한다. 그 이유는 다음과 같다:

- 우리는 사랑하는 주인을 갖고 있다.
- 우리는 영예로운 예배를 추구한다.
- 우리는 복된 자리를 채운다. 우리는 그리스도의 돌보심 속에 있다.

III. 실천적 결론. "그런즉 너희 몸으로 하나님께 영광을 돌리라."

너희 몸으로 하나님께 영광을 돌리라:

순결, 순수, 절제, 근면, 즐거움, 자기부인, 인내 등을 통해 하나님을 영화롭게 해야 한다.

하나님께 영광을 돌리라:

- 고통 속에 있는 몸이 죽음에 이를 때까지 인내함으로써.
- 일하는 몸이 거룩한 열심을 가짐으로써.

- 예배하는 몸이 기도를 통해 무릎 꿇음으로써.
- 자기부인을 통해 다스림을 잘 받는 몸이 됨으로써.
- 주님의 뜻을 즐겁게 행하는 순종하는 몸이 됨으로써.

너희 영으로 하나님께 영광을 돌리라:

거룩, 믿음, 열심, 사랑, 천국지향, 즐거움, 열정, 겸손, 소망 등을 통해 하나님을 영화롭게 해야 한다.

오 구속 받은 자여, 다음과 같은 사실을 기억하라:

1. 당신은 그리스도의 원수들에게 철저하게 감시당하고 있다.
2. 당신은 다른 사람들보다 더 큰 은혜를 기대하고, 그렇게 하는 것이 옳다. 왜냐하면 당신은 그리스도 자신의 것이라고 내세울 수 있기 때문이다.
3. 만일 당신이 거룩하지 않다면, 당신의 구속주, 당신의 소유주 그리고 당신의 내주자이신 분의 거룩한 이름을 더럽히게 될 것이다.
4. 그러나 당신이 구속에 합당한 삶을 산다면, 당신의 하나님은 영광을 받게 될 것이다.

세상은 대속자가 행하실 수 있는 일을 보아야 한다.

세상은 "하나님께 속한" 사람들이 무엇을 하는지를 보아야 한다.

돈

왜 그토록 커다란 대가가 필요했는가? 인간이 그만한 가치가 있는가? 이 세상 어느 곳에서는 사람이 황소 한 마리 가격으로 거래된다. 그것도 단순한 인간이 아니라 어떤 면에서 구원 받아야 할 죄인이 그렇다. 한평생 술주정뱅이로, 게으름뱅이로, 아무 쓸모없이 살아온 사람을 보라. 우리는 그에게 아무 가치가 없는 사람이라는 뜻에서 "개망나니"라는 별명을 붙여 주는 것이 적당하다. 그러나 만일 그가 사형에 처해지거나 종신징역을 살아야 할 범죄를 저지르고 있다면, 지금 그를 사도록 하라. 그를 구하고, 그를 당신의 종으로 삼으라. 케임브리지 최고 부자로 하여금 전 재산을 들여 그 개망나니를 사도록 제안해 보라. 그의 제안은 아무 소용이 없을 것이다. 왜? 고려해야 할 것은 그 사람만이 아니라 법도 있기 때문이다. 영국법에 따르면 형벌로부터 어떤 사람을 구하기 위해서는 막대한 대가를 치르도록 되어 있다. 그러나 그리스도께서는 하나님의 법의 저주로부터 모든 사람들을 구원하기 위해 오셨다. _ 윌리엄 로빈슨(William Robinson)

공의는 당신의 주님께 당신 자신을 바치라고 요구하지 않는가? 하나님은 당신을 위한 권리를 갖고 계실 뿐만 아니라 당신에게 권리를 주기도 하셨다. 만약 그분을 섬기는데 당신 자신을 바치지 않는다면, 당신은 그분이 주신 권리를 박탈당할 것이다. 사는 자가 어떤 사람을 샀다면, 특히 그가 큰 대가를 치렀을 때에는, 산 자를 자신의 것으로 간주하게 된다. 하나님은 무한한 값을 치르고 당신을 사지 아니하셨는가? 그런데 당신은 그분을 가족에서 종으로 전락시키고, 그의 성소에서 성물을 도적질하지 않았는가? 사람에게 속해 있는 것을 취하는 것은 도적질이다. 그러나 하나님께 속해 있는 것을 취하는 것은 신성모독이다. _ 윌리엄 제이

주 예수님이 구속에서 전부가 되신다. 왜냐하면 그분은 산 자이면서 그 대가이기 때문이다.

어리석은 아이는 판매놀이를 할 때 돈도 내고 물건도 내준다. 그러나 누구라도 이것이 잘못된 것임을 안다. 만일 당신이 물건을 그대로 가지고 있다면 돈을 가질 수는 없다. 그리고 돈을 받는다면 물건은 더 이상 당신의 것이 아니다. 당신은 이것 아니면 저것 둘 중 하나를 취할 수 있지, 둘 다는 취할 수 없다. 마찬가지로 당신은 원한다면 당신 자신의 것이 될 수 있다. 그러나 대속의 값을 지불했다면, 당신은 당신의 것이 아니다. 만일 당신이 속전을 받아들인다면, 속전된 대상은 더 이상 당신의 것이 아니고, 그것을 산 사

람의 것이다. 만일 내가 구속받았다면, 나는 그리스도의 것이다. 내가 나를 내 자신의 것이라고 결정한다면, 나는 나의 대속주를 포기하고, 속량되지 않은 상태로 죽어야 한다.

204
기념할 것

축사하시고 떼어 이르시되
이것은 너희를 위하는 내 몸이니
이것을 행하여 나를 기념하라 하시고
_ *고린도전서 11:24*

사람들은 이 최고의 복된 의식을 악한 용도로 사용했다. 그러나 그들은 성경의 애매성에 대해 아무런 이유를 대지 못했다. 희생제물이나 제단에 대해서는 못할 말이 아무것도 없다. 모든 것이 명확하다. 우리가 성경에서 보는 것처럼, 성찬은 기념, 증거 그리고 친교에 관한 의식으로서, 그 이외에 다른 것이 아니다.

호화로운 의식이 준비되어 있지 않다. 심지어는 태도도 규정되어 있지 않다. 단순히 떡과 포도주를 제공하라는 규정뿐이다. 취하고, 떼고, 먹고, 마시는 것 외에 다른 규정은 없다.

영적 행동은 특별히 규정되어 있다. 우리 주님을 기념하는 것이 되어야 한다. 그렇지 않으면 우리는 실패하게 된다.

I. 다른 기념들이 주어지겠지만, 절대로 그 유일한 기념을 잊어서는 안 된다.

다음 기억들은 자연적이고, 가능하고, 유익이 있을 수 있지만, 그것들은 두 번째 자리를 차지해야 한다.

1. 우리가 이방인과 외국인이었을 때 우리 자신에 관한 기억들.
2. 이전에 우리가 식탁에서 기대하고 소원하던 것에 관한 기억들.
3. 우리가 처음에 나아온 후부터 받은 은혜에 대한 기억들.

4. 이전에 식탁에서 함께 했지만 지금은 떠나고 없는 사랑하는 사람들에 관한 기억들.
5. 이 순간 질병으로 움직일 수 없어서 우리와 함께 할 수 없는 사랑하는 사람들에 관한 기억들.
6. 우리와 함께 하면서 은혜를 함께 나누었던 많은 사람들에 관한 기억들. 우리는 그들의 필요와 거룩한 삶에 관해 생각할 수 있다.
7. 유다처럼, 자기들의 허위를 입증한 배교자들에 관한 기억들.

이 기억들이 아무리 우리를 감동시키더라도, 우리는 그분의 영예를 위해 성찬이 마련되었음을 알고 **그분**을 무엇보다 먼저 기억해야 한다.

II. 성찬은 한 가지 거룩한 기념을 위해 유익하다.

1. 떡과 포도주를 진열하라. 그것들은 실제 몸과 피를 가진 참사람으로서의 우리 주님의 인격을 보여 주는 상징이다.
2. 식탁에 앉으라. 그것들의 임재는 주님과의 친밀한 교제와 우리가 그분께 가까이 나아감을 상징한다.
3. 떡을 떼어놓고, 포도주를 부으라. 그것들은 그분의 고난을 상징한다.
4. 떡과 포도주를 분리시키라. 몸은 피로부터 분리되었고, 그것들은 그분이 우리를 위해 죽으셨음을 선언한다.
5. 먹으라. 우리는 예수님의 생명보존능력을 보여 주고, 그분을 우리의 가장 깊은 자아 속으로 받아들인다.
6. 만찬이 끝났을 때 그것들이 남아있도록 하라. 그 남은 것들은 다른 잔치를 위해 떡과 포도주가 남겨져 있다는 것을 암시하고, 그럼으로써 우리 주님이 항상 전충족적 존재라는 것을 암시한다.

성찬예식의 각 성물은 예수님을 지시하고, 우리는 거기서 하나님의 어린 양을 보아야 한다.

III. 그 거룩한 기념은 본질상 우리를 위해 가장 필요하다.

그것은 십자가에 못 박혀 죽으신 우리 주님을 기념하기 위해 필요하다. 왜냐하면:

1. 그것이 믿음을 지속적으로 유지시키기 때문이다.
2. 그것이 사랑에 대한 자극을 주기 때문이다.
3. 그것이 소망의 원천이 되기 때문이다.
4. 그것이 세상으로부터, 자아로부터, 논쟁으로부터, 수고로부터, 우리 동료들로부터 분리시키고 주님께 나아가도록 이끄는 효과를 낳기 때문이다.
5. 그것은 우리를 잠으로부터 깨우는 기상신호와 같기 때문이다. 그것은 혼인만찬의 전주곡으로, "하늘에서 있을 혼인잔치"를 고대하도록 한다. 무엇보다 먼저 그것은 우리 마음속에 우리 주님의 이름을 새겨놓도록 자극한다.

IV. 이 상징적 만찬은 우리의 기억을 새롭게 하고, 또 다른 면에서도 우리에게 크게 유익하다.

1. 우리는 아직 몸을 갖고 있고, 유물론은 극히 실제적이고, 강력한 힘이 있다.

우리는 눈에 보이지 않는 영적인 것을 구현하기 위한 가시적 표지와 형식이 필요하고, 그렇게 함으로써 그것을 마음에 생생하게 새기도록 만든다.

2. 우리의 건망증을 잘 아시는 예수님께서 이 사랑의 성찬예식을 정하셨고, 우리는 그분이 정해진 목적에 따라 우리를 축복하시리라는 것을 확신할 수 있다.
3. 우리는 자주 그 놀라운 가치를 경험을 통해 깨닫는다.
4. 성도들의 기억이 되살아나는 동안, 그것은 또한 성령의 보증을 받게 될 것이다. 왜냐하면 그분은 아주 빈번하게 이 엄숙한 예식에 무감각하게

참여하는 방관자들을 일깨우고 그 죄를 깨닫게 하는 역사를 행하셨기 때문이다.

- 성찬예식에 대한 준수는 모든 신자들에게 명해졌다.
- 그것은 "자주" 시행하도록 명해졌다.
- 그것은 오로지 **기억**을 도울 때에만 유익한 것으로 사용될 수 있다. 당신의 주님을 기억하게 해 달라고 겸손히 은혜를 구하라.

기념

특별히 미덕이나 능력, 또는 국가나 인류에 큰 공을 세운 업적으로 말미암아 크게 유명해진 사람들의 영예를 기념하기 위해서 그들이 탄생한 날이나 죽은 날을 기념일로 삼는 것은 인간 역사에서 흔히 있는 일이다. 그러나 우리는 여기서 예외적으로 자신의 생애 동안 자기를 기념하도록 명하고 정하는 한 사람에 관한 기사를 읽게 된다.

그는 자신을 따르는 모든 자들에게 규칙적으로 그것을 준수하도록 의식을 정하고, 명령을 내린다. 인류 가운데 가장 위대한 인물이 된 사람들 중에서, 인류에 가장 큰 공헌을 한 위인들 가운데 누가 지금까지 자신의 명예를 걸고, 열렬히 그리고 서둘러서 자신의 이름, 자신의 인격, 자신의 행위를 영원히 보존하고 존속시켜 줄 것을 요구함으로써, 다가올 모든 시대를 통해 자신을 기념해 달라고 부탁한 적이 있었는가?

그들은 그 의식을 처음 시행한 자기들에게 결코 헛되지 않고, 결코 무례한 일이 되지 않고, 또 결코 어리석은 모습이 되지 않도록 하기 위해서 자기들 뒤에 태어나는 사람들에게 그 방법들을 그대로 물려주었다. 그렇다면 누가 지금까지 해 오지 않은 것을 감히 새로 만들어 행할 수 있겠는가?

그가 죽기 전 자신의 행위를 통해 자신의 죽음의 의미를 기념하도록 만든 제도를 누가 감히 조작할 수 있겠는가? 확실히 그는 전무후무하게도 지금까지 아무도 그렇게 하지 못한 것을 기념하도록 주장한다는 것을 알고 느낀 유일한 사람임에 틀림없다. 자기를 따르는 자들에게 그 방법을 구체적으로 알려 준 것을 볼 때, 그는 자신을 기념하도록 한 그 제도가 가장 순전하고, 가장 심오하고, 가장 희생적인 사랑에 동기를 두고 있기 때문에, 그 주장을 하는데 아무런 두려움이 없지 않았을까! 예수 그리스도는 자신의 생애 동안 이 기념의식을 세울 때, 평범한 인간의 수준을 벗어난 삶을 살고, 완전히 그리고 절대적으로 인간에 대해 유일한 입장을 스스로 확증하지 않는가? _ 한나 박사(Dr. Hanna)

에지워스 양은 자신의 이야기책에서 "최후의 만찬"을 묘사하는 그림을 그린 한 스페인 미술가에 관한 일화를 다루고 있다. 그 화가는 주님의 모습과 얼굴을 그리는데 자신의 모든 솜씨를 발휘하겠다는 목적을 가지고 있었다. 그는 그림 속에 정면 식탁 위에 몇 개의 포도주 잔을 그려 넣었는데, 굉장히 탁월한 솜씨였다. 그의 친구들이 와서 벽에 걸린 그림을 보고 이구동성으로 "잔들이 참 아름답다!"고 감탄했다. 그러자 그는 "아, 내가 잘못 그렸구나. 이 잔들이 그림을 보는 자들의 시선을 주님으로부터 돌려놓는구나"라고 탄식했다. 그는 곧 다시 붓을 들어 그림 속에서 잔들을 지워버렸다. 그렇게 함으로써 사람들이 바라보기 원하는 대상 곧 주님의 힘과 활력이 의도한 대로 나타날 수 있도록 만들었다. _ G. S. 보울스(Bowls)

그리스도의 죽음을 기억하지 않는 사람은 그분을 닮아가는 노력을 하지 않게 되기 때문에 그분의 대속의 목적을 망각하고, 그분의 희생이 담긴 십자가를 수치스럽게 한다. _ 앤서니 호넥(Anthony Horneck)

205
성찬에 앞서 자기를 살핌

사람이 자기를 살피고 그 후에야 이 떡을 먹고 이 잔을 마실지니
_ *고린도전서 11:28*

성찬은 모든 사람들을 위한 것이 아니고, 오직 영적으로 주의 몸을 분별할 수 있는 사람들을 위한 것이다.

그것은 죄인들의 회심을 위해 주어진 것이 아니라 제자들의 교육을 위해 주어진 것이다.

따라서 우리는 우리 자신을 잘 살핌으로써 권리를 갖고 있지 못한 일에 아무 소용없이 끼어들지 않도록 조심해야 한다.

I. 살펴야 할 것.

1. 참례자가 먹고 마실 자격이 있는가. "살피고 그 후에야 먹고."

자신의 무자격을 합리화시키기 위해 살펴서는 안 된다.

2. 그는 자신이 감당해야 할 책임이 무엇인지 알고 있는가. 살핌은 제사장이나 목사가 하지 않는다. 자기가 **자신**을 살펴야 한다.
3. 그는 엄숙한 마음으로 참례하고, 따라서 조심스러운 마음으로 식탁에 나아오는가. 그는 마음을 살펴야 하고, 따라서 식탁에 겸손한 마음으로 나아올 수 있어야 한다.
4. 그는 지식을 가지고 곧 자신이 무엇 때문에, 왜 그리고 어디로 나아오는지 알고 나오는가.
5. 그는 적절한 확신과 즐거움을 가지고 나아오는가. 살핀 후에야 자신이 나아올 자격이 있는지 그리고 편안하게 임할 수 있는지를 알게 될 것이다.

만일 이 살핌이 전체적으로 실천된다면, 많은 유익이 주어질 것이다. 이 본문에서 "사람" 은 "각 사람" 과 "모든 사람" 을 의미한다.

이 살핌은 떡을 뗄 때마다 이루어져야 한다. 자신을 더 깊이 살피지 않아도 되는 사람은 아무도 없다.

II. 살펴야 할 문제.

살펴야 할 문제들은 다음과 같은 사상에 의해 제시될 수 있다:

1. 성찬식은 축제다.
   - 나는 생명을 갖고 있는가? 죽은 자는 잔치 자리에 앉지 못한다.
   - 나는 식욕을 갖고 있는가? 그렇지 않으면 어떻게 먹을 수 있겠는가?
   - 나는 주인이신 주님과 친교를 갖고 있는가?
   - 나는 혼인예복을 입고 있는가?
2. 예수님은 우리에게 자신의 죽음을 선포하라고 명하신다.
   - 나는 그분의 죽음을 믿는 믿음을 갖고 있는가?
   - 나는 그분의 죽음으로 말미암아 살고 있는가?
3. 예수님은 우리에게 떡을 먹음으로써 이것을 행하라고 명하신다.
   - 이 먹음은 사실에 대한 상징인가, 아니면 단순한 조롱인가?
   - 예수님은 실제로 그리고 진실로 내 영혼의 양식인가?
4. 예수님은 각 신자에게 서로 연합하여 이것을 행하라고 명하신다.
   - 나는 진실로 그의 백성의 하나로서, 그들과 하나인가?
   - 나는 그들 모두와 사랑 안에 거하고 있는가?
5. 이 잔은 그리스도의 피 안에서 새 언약이다.
   - 나는 그리스도 예수 안에서 하나님과 언약 가운데 있는가?
   - 나는 그 언약에 내 모든 소망을 두고 있는가?
6. 예수님은 그의 백성들에게 이 성찬에서 자기를 기억하라고 요구하신다.

- 나는 그리스도를 기억하는가, 아니면 헛된 일을 시도하고 있는가?
- 나는 그분을 알고 있는가? 다른 방법으로 어떻게 그분을 기억할 수 있을까?
- 내 과거의 그분과의 교제는 내가 기억하기 원할 정도로 충분한가?
- 그분을 내 기억 속에 두기를 원할 만큼 나는 그분을 진정 사랑하고 있는가?

우리의 고백, 경험, 행위, 소망 그리고 계획들은 이 자기 살핌의 테스트를 통과해야 한다.

III. 살핀 후의 의무.

1. 떡을 먹는 것.

성찬을 게을리 하거나 그것을 연기시키거나 식탁으로부터 멀어지지 말고, 공손하게 참여하라.

2. 잔을 마시는 것.

이것은 특별히 명해지고 있다. 따라서 우리는 잔이 없는 천주교 미사에 참례해서는 안 된다.

3. 이 의식에 상징화되어 있는 예수님을 볼 수 있을 정도로 깨어 있는 마음으로 주의 몸을 분별한 다음에 먹고 마시는 것.
4. 이토록 큰 특권을 허락하신 주님께 감사하는 것. 만찬 중에 우리는 갑절로 감사하고, 찬송으로 끝내야 한다. 그것은 장례식이 아니라 축제다.

이 식탁에 부주의하게 나오는 사람들은 자신의 잘못된 참례를 회개하고, 올바르게 참례할 때까지 참석하지 말아야 한다.

전혀 나아오지 않는 사람들은 땅 아래에서의 성찬에 합당하지 못한 한, 하늘에서의 잔치에도 합당하지 못하다는 사실을 기억해야 한다.

우리 모두는 예수님에 관해 숙고하고, 자신을 살피며, 겸손한 마음으로 그분을 바라보고 위로받아야 한다.

✣ 살핌 ✣

필립 헨리는 성례에 참여하기 전에 세 가지 질문을 해 봄으로써 자기검토의 시간을 갖도록 사람들에게 권면했다: 1) 나는 어떤 존재인가? 2) 나는 무엇을 했는가? 3) 나는 무엇을 원하고 있는가? _ 존 화이트크로스(John Whitecross)

모든 사람이 주의 만찬에 참여하기 전에 자신의 그리스도에 대한 관심, 늘 받는 은총 그리고 자신이 그 의식에 참여할 수 있는 진정한 권리와 적합성을 지니고 있는지 성찰하는 것은 굉장히 엄숙하고 진지한 의무다. "먹고 마실지니," 이것은 우리가 처음 참례할 때만이 아니라 참례하는 모든 순간마다 해야 할 일이다. 그런데 첫 번째처럼 두 번째, 세 번째도 우리는 그렇게 먹어야 한다. 큰 의무를 실천하려면 큰 준비가 필수적이다. 그 조항은 사전에 자신을 살피는 검토 작업 없이는 나아오지 말라고 명한다. 누구든 그렇게 해야만 나아올 수 있다. 만일 누구든 자기 검토를 생략한다면, 이 위대한 신비에 참여하지 못하도록 해야 한다. 시편기자가 "여호와여 내가 무죄하므로 손을 씻고 주의 제단에 두루 다니며"(시 26:6)라고 말한 것처럼, 고대의 성도들이 희생제물을 드리기 전에 손을 깨끗이 하거나 씻었던 것은 그들의 영혼의 순결함을 증명하려는 의도에서였다. 만일 우리가 암브로시우스의 글을 찾아본다면, 거기서 "나는 순결한 마음으로 제단이면서 동시에 희생제물이신 메시아를 품을 것이다"라는 글을 읽게 될 것이다. "주의 제단에 두루 다니며" 따라서 나 역시 이런 내적 정결 없이는 감히 그 예식에 참여하려는 마음을 품지 않을 것이다. _ 스티븐 차녹(Stephen Charnock)

무가치하게 성찬에 참여하는 죄와 위험을 막기 위해 자기 살핌을 요구하는 것은 중요하고도 필수적인 의무다. 그것은 마치 금세공인들이 시금석을 통해 금의 진위 여부를 가리고, 불을 통해 그 순수성을 재며, 저울을 통해 그 무게를 측정하는 것과 같다. 우리는 본문에서 다음과 같은 사실을 기억해야 한다: 1. 살피는 사람. "사람이 자기를 살피고." 2. 살핌을 받는 사람. 그는 곧 "자기 자신" 이다. 그는 자기자신을 양심의 법정으로 소환하고, 스스로 다음과 같은 질문을 해 보아야 한다: (1) 참여할 권리가 있는지, 자신의 상태에 관해. (2) 자신의 죄와 잘못들에 관해. (3) 자신의 부족함과 궁핍에 관해. (4) 자신의 목적과 계획에 관해. 즉 그것이 자신을 위해 죽으신 구주의 가르침에 순종하는 것인지, 다시 말해 그분의 죽으심을 선포하고, 그분의 아버지와의 언약을 새롭게 하고 보증하며, 그분과 더 긴밀한 친교를 이룸으로써 자신의 영혼의 만족과 자신의 필요를 채울 수 있는지에 관해. (5) 자신의 은혜와 자격들에 관해. 특별히 지식, 믿음, 회개, 두려움, 사랑, 감사, 거룩한 욕구, 새로운 순종 등에 관해. _ 존 윌리슨(John Willson)

206
잠이 듦

어떤 사람은 잠들었으며
_ 고린도전서 15:6

그렇다. 예수님의 친구들은 하나씩 죽어갔다. 이 사람들이 교회에 끼친 위대한 업적과 그들이 떠나감으로써 주어진 손실을 생각해 보자. 그러나 슬픔의 말은 한마디도 없다. 그것은 그들이 망했다거나 어둠의 나라로 들어갔다고 하지 않고, "잠들었다" 고 말한다.

그 영혼은 예수님과 함께 영광 속에 있고, 그 육체는 그분이 다시 오실 때까지 안식하고 있다. "잠들었다" 는 말씀은 이교도들이 죽음에 관해 갖고 있던 생각과는 전혀 다른 개념을 제시하고 있다.

I. 여기서 사용되고 있는 비유.

1. 가장 자연스러운 행위: "잠들었으며."
   - 그것은 피곤한 날이 끝났다는 것이다.
   - 그것은 고통이 아니라 고통의 끝이다.
   - 만일 거부당한다면, 그것을 위해 기도해야 할 정도로 그것은 바람직하다.
2. 안식의 상태가 중대한 요소다.
3. 순례자, 노동자, 전사 등에게 따라다니는 무수한 위험들로부터 안전한 위치.
4. 전혀 파멸이 없는 상태.
   - 잠 곧 죽음은 존재를 파괴하거나 심지어는 그것에 상처를 주지도 못한다.

- 잠 곧 죽음은 악으로 생각될 이유가 전혀 없다.

5. 소망으로 충만한 위치.
   - 우리는 이 잠으로부터 깨어날 것이다.
   - 우리는 아무 난관 없이 깨어날 것이다.
   - 우리는 완전히 새로운 존재로 일어날 것이다.

II. 그 비유를 통해 깨닫게 된 생각들.

1. 우리는 지금 잠을 자고 있는 사람들을 어떻게 대했는가?
   - 우리는 그들의 삶, 행위 그리고 증언을 존중했는가?
   - 우리는 아직 살아 있는 사람들에게 더 친절해서는 안 되는가?
2. 우리는 그들의 잠 때문에 입게 된 손실을 어떻게 보충할 수 있을까?
   - 그들이 비워놓은 자리를 채워야 하지 않겠는가?
   - 그들을 본받음으로써 유익을 얻어야 하지 않겠는가?
3. 우리 역시 얼마나 잠 잘 준비를 잘해야 할까!
   - 우리의 집은 적합한가?
   - 우리의 마음은 적합한가?
   - 우리의 기독교적 활동은 적합한가?
4. 악인이 죄 가운데 죽는 것보다 신자가 잠자는 것은 얼마나 더 좋을까!
5. 하나님의 백성들에게 안식이 기다리고 있기 때문에, 우리는 수고의 고난의 날들을 얼마나 인내하며 살아야 할까!

III. 그 비유를 통해 확실해진 소망들.

1. 잠든 자도 여전히 우리에게 속한 사람들이다. 이것은 집에서 잠자고 있는 사람들도 주민의 한 사람으로 세는 것과 같다.
   - 그들은 우리와 함께 살고 있는 사람들과 똑같은 삶을 살고 있다.
   - 그들은 우리와 동일한 가족의 한 부분이다.

- 그들은 하나의 교회를 이루고 있다.

2. 잠든 자들도 깨어날 것이다.
   - 그들의 아버지의 음성이 그들을 깨울 것이다.
   - 그들은 진실로 건강과 힘이 충만한 상태로 깨어날 것이다.
   - 그들은 새 의복을 입게 될 것이다.
   - 그들은 다시 잠들지 아니할 것이다.
3. 잠든 자들과 우리는 달콤한 교제를 나누게 될 것이다.
   - 잠은 지금 형제 및 자매들의 사랑을 파괴하지 못한다.
   - 우리는 주 안에서 구원받은, 하나로 연합된 가족으로 일어날 것이다.

우리는 잠든 사람들에 대해 아무 소망 없이 슬퍼해서는 안 된다.

우리는 잠들 때가 올 때까지 잠을 자서는 안 된다.

우리는 이처럼 좋은 사람들 안에서 잠드는 것을 두려워해서는 안 된다.

밤의 생각

경건한 스코틀랜드 출신의 한 목사는 병으로 죽게 되었을 때, 한 친구로부터 죽음에 대해 어떻게 생각하느냐는 질문을 받고 이렇게 대답했다: "여보게, 나는 정말 죽든지 죽지 않든지 아무 걱정이 없네. 왜냐하면 죽는다면 하나님과 함께 할 것이고, 죽지 않고 산다면 그분이 나와 함께 하실 것이기 때문이네." _ 어빈(Arvine)

하나님의 손이 그를 어루만지자 그는 잠들었다. _ 테니슨

콜리지(S.T. Coleridge)는 사랑하는 한 친구의 죽음에 관해 말하면서, 이런 말을 했다: "그것은 죽음이 아니라 회복이다. 주 안에서 잠자는 자들이 복이 있다. 그의 생명은 그리스도 안에 감추어져 있다. 그것은 그의 대속자의 생명 안에 감추어져 있고, 그분의 영광 속에서 발견될 것이다. 생리학자들은

사람은 주로 잠 잘 때 성장한다고 주장한다. 그렇다면 우리가 왜 이런 품 속에서 이런 잠을 자게 되리라는 소망을 가져서는 안 되는가?

죽음이 그리스도 안에서 잠이 되려면, 먼저 그리스도 안에 생명이 있어야 한다. "사랑하는 루이여, 주 안에서 잠드소서"라고 루이 16세의 죽음을 선언했던 사제는 말했다. 그러나 토머스 칼라일은 이에 대해 단호하게 말했다. "만일 게으름과 정욕의 화신이라고 할 수 있는 사람이 주 안에서 잠들었다고 한다면, 다른 곳에서는 누가 잠자고 있을지 생각해 보시오."

207
위로 받는 것과 위로하는 것

찬송하리로다 그는 우리 주 예수 그리스도의 하나님이시요
자비의 아버지시요 모든 위로의 하나님이시며 우
리의 모든 환난 중에서 우리를 위로하사
우리로 하여금 하나님께 받는 위로로써
모든 환난 중에 있는 자들을 능히 위로하게 하시는 이시로다
_ *고린도후서 1:3- 4*

사도는 하나님의 축복을 염원하는 것으로 시작했다(1절).

이어서 그는 하나님을 송축하는 단계로 나아갔다.

그는 큰 시련을 겪었으나 감사와 기쁨의 마음이 있었다. 왜냐하면 그는 극히 위로를 주는 일들에 관해 기록하고 있기 때문이다.

여기서 우리는 다음과 같은 사실을 깨닫게 된다:

I. 위로를 가져오는 일.

하나님을 찬송하는 것. "찬송하리로다."

만일 고통 속에 있는 사람이 하나님을 찬송한다면:

1. 그것은 그의 심령이 패배당하지 않는다는 것을 증명한다.
   - 즉 불평함으로써 사탄을 만족시키거나
   - 절망에 빠짐으로써 스스로의 영혼을 죽이지 않는다.
2. 그것은 하나님이 그를 신속하게 구원하여 새로운 찬양을 하도록 하시리라는 것을 예고한다. 이자를 정확하게 지불하는 자에게 돈을 빌려 주는 것은 당연하다.

사람이 하나님을 찬양하면 조만간 그분은 그에게 복을 주실 것이다.

3. 그것은 신자에게 기대 이상의 유익을 준다.

• 그것은 현재의 고난으로부터 그의 마음을 분리시킨다.
• 그것은 천국의 사상과 사실들로 그의 심령을 이끈다.
• 그것은 그로 하여금 천국을 맛보게 한다. 왜냐하면 천국은 주로 하나님을 경배하고 찬송하는 곳이기 때문이다.
• 그것은 하나님을 무대 위로 등장시킴으로써 고통을 파괴시킨다.

4. 우리가 어떤 상태에 있든지 그것은 주님께 마땅히 드려져야 할 것이다.

II. 위로를 가져오는 호칭들.

1. 친근함의 호칭. "우리 주 예수 그리스도의 하나님."
2. 감사의 호칭. "자비의 아버지."
3. 소망의 호칭. "모든 위로의 하나님."
4. 구별의 호칭. "**우리**를 위로하시는 하나님." 하나님은 자기를 믿는 사람들을 특별히 돌봐주신다.

III. 위로를 가져오는 사실. "모든 위로의 하나님이시며 우리의 모든 환난 중에서 우리를 위로하사."

1. 하나님은 인격적으로 성도들을 위로하기 위해 자신을 낮추신다.
2. 하나님은 습관적으로 이것을 행하신다. 그분은 한 순간도 우리를 홀로 두지 않고, 우리의 모든 과거 시간에 우리를 위로하기 위해 언제나 우리에게 가까이 다가오셨다.
3. 하나님은 효과적으로 이것을 행하신다. 그분은 항상 모든 환난 중에서 우리를 위로하실 수 있었다. 어떤 시험도 그분의 역사를 좌절시킬 수 없었다.
4. 하나님은 영속적으로 이것을 행하신다. 그분은 끝까지 우리를 위로하실 것이다. 그것은 그분이 "모든 위로의 하나님"이기 때문이다. 그분은 절대로 변함이 없으시다.

우리는 하나님이 항상 우리를 위로하시기 때문에 항상 행복하지 않겠는가?

Ⅳ. 위로를 가져오는 계획. "능히 위로하게 하시는 이시로다."

1. 우리를 다른 사람들의 위로자로 삼는 것. 주님은 다음과 같은 것을 목표로 하신다: 보혜사 성령께서 위로자가 되도록 우리를 훈련시키신다. 죄로 얼룩진 이 세상에서 이 거룩한 섬김의 사역은 절실히 필요하다.
2. 우리를 큰 위로자로 삼는 것. "모든 환난 중에 있는 자들을 능히 위로하게 하시는." 우리는 온갖 종류의 슬픔에 관심을 두고, 모든 환난당한 자들을 위로할 준비가 되어 있어야 한다.
3. 우리를 위로의 전문가로 삼는 것. "능히 위로하게 하시는." 이것은 하나님의 위로를 받아본 우리 자신의 경험 때문에 가능하다.
4. 우리가 기꺼이 그리고 공감적으로 우리의 개인적 체험을 통해 본능적으로 다른 사람들의 상태를 보살펴 줄 수 있도록 함.

우리는 주님의 말씀으로부터 위로받아야 하고, 그리스도 예수 안에서 스스로 행복을 누려야 한다.

우리는 모든 환난당한 자들에게 위로를 베푸는 자가 되기 위해 깨어 있어야 한다.

위로의 말

음악은 거기서 나온 반향이 물에 의해 되돌아오는 강물 위에서 가장 아름답게 들린다. 구슬프게 찬양하라. 눈물로 감사하라. 그리고 고난의 홍수 너머로 하나님을 찬양함으로써, 천국의 귀에 가장 감미로운 음악이 들리게 하라. _토머스 풀러(Thomas Fuller)

아버지의 집에서 울려 퍼지는

수많은 할렐루야 소리가
어두운 방의 그늘에서는
그 첫 번째 복창이 흐느낌으로 들리리라.

우리는 서로 위로하려고 할 때, 하나님의 위로를 주는 자가 되어야 한다. _ 린치(T.T. Lynch)

우리는 시험의 때에 가진 것보다 더 좋은 믿음을 가질 수 없다. _ 앤드류 풀러(Andrew Fuller)

인도의 한 불쌍한 원주민 여자는 나오미처럼, "두 아들을 떠나보냈다." 그녀는 아마 큰 슬픔에 빠져 하나님에 관해 전혀 생각하지 못하고, 아무런 위로도 얻지 못했을 것이다. 그녀가 할 수 있는 말은 딱 하나, "두 아들이 있었으나 모두 내 곁을 떠나고 말았소"라는 대답뿐이었다.

며칠 후 그녀는 완전한 절망에 빠져 아무 의욕이 없는 태도로 "허무한" 인생을 고백하고 한탄했다. 어느 날 아침 그녀가 선교사들 사이를 여기저기 배회할 때, 한 선교사가 다시 힘내라고 권면했지만, 여전히 똑같은 말을 반복할 뿐이었다: "두 아들이 있었으나 모두 내 곁을 떠나고 말았소." 이에 그 선교사는 거무스름한 원주민들 사이에서 흰옷을 입고 선교활동을 하던 한 여성이 있는 곳을 가리키면서 "보세요, 저기 **그녀**가 보이죠?"라고 말했다. 이에 원주민 여인은 고개를 돌려 상냥하고 얼굴이 핼쑥한 한 얼굴을 바라보았다. 그녀는 환자로서, 얼굴은 폭풍이 지나간 후 말갛게 씻긴 푸른 하늘처럼, 조용하고 명랑한 모습을 하고 있었는데, 그 폭풍이 이미 지나갔음을 여실히 말해 주고 있었다. 그 여인은 "예, 보고 있습니다"라고 말했다. 그러자 선교사는 "그녀도 당신처럼 아들들을 잃었답니다"라고 말했다.

불쌍한 원주민 여인은 잠시 정신이 나간 것처럼 그녀를 응시했다. 그러더니 그녀를 향해 "오, 선교사님, 당신도 두 아들이 있었으나 모두 잃었다면서요"라고 외쳤다.

흰옷을 입은 그녀가 고개를 돌려 그 여인을 바라보았다. 그리고 "예, 둘이 있었죠"라고 말했다.

"둘 다 잃으셨어요?"

"예 둘 다요."

"그러나 내게는 아들이 둘뿐이었어요. 그런데 둘 다 잃어버렸어요."

"나도 그렇답니다." 그녀는 슬픔에 빠져있던 그 불쌍한 원주민 여인의 손을 덥석 붙들고 계속 이렇게 말해 주었다: "하지만 예수님이 그들을 데려가셨어요. 그들은 지금 예수님과 함께 있지요. 또 예수님은 나와 함께 있기도 하구요. 그러니 곧 그들을 다시 찾을 거예요."

그 이후부터 원주민 여인은 그 선교사 여인의 발 주위에 앉아 떠나지 않았다. 그 여인은 그녀를 따라다니며 그녀의 말을 듣고, 그녀를 통해 위로를 받았다. 그 위로는 "그녀 자신으로 하여금 하나님께 받는 위로로써 모든 환난 중에 있는 자들을 능히 위로하게 하시는 위로"였다. _ 「무엇이 그대를 괴롭히는가?」에서

그는 자신의 섬김이 필요한 불쌍한 교구민들을 떠나기보다 계획했던 여행을 연기하는 쪽을 선택했다. 인간의 본성에 관한 지식을 통해, 그는 특별한 방법으로 자신의 도움이 필요한 사람들의 환경 속으로 들어갈 수 있었다. 이와 비견할 만한 동정은 없었다. _ 챔버스(Chambers), 조지 크랩에 관해서

208
시제

그가 이같이 큰 사망에서 우리를 건지셨고 또 건지실 것이며
이후에도 건지시기를 그에게 바라노라
_ *고린도후서 1:10*

문법학자들은 여기서 시제에 관한 교훈을 얻는다. 그리스도인들도 그 분석에 동조할 때 큰 유익을 얻을 수 있다.

우리는 과거, 현재, 미래를 각기 개별적으로 고려할 수 있다.

우리는 또한 그것들을 서로 연관시켜 생각해 볼 수도 있다.

본문은 하나님의 은혜가 항상 그의 백성들에게 안전하게 전달된다는 것을 지적하고 있다. 바울의 경우도 그러했다. 그래서 그는 "우리를 건지셨고," "(우리가) 바라노라" 와 같은 복수형을 사용한다.

우리는 사도의 입술을 통해 나온 말을 우리 자신의 경우에 적용시켜 볼 것이다.

I. 본문은 세 가지 사고의 단계를 제시한다.

1. 기억은 과거에 있었던 구원들에 관해 말해 준다:
   - 폭력적 사망으로부터. 바울의 경우에, "이같이 큰 사망" 은 광포한 폭도들이나 황제에 의한 사망을 의미한다.
   - 죄로 인한 우리의 죽음으로부터. 이것이야말로 진정 "이같이 큰 사망" 이다.
   - 죄책감을 느낄 때 심각한 절망으로부터.
   - 사탄에 의해 시험받을 때 완전한 패배로부터.
   - 일상적인 환난이 주는 의기소침으로부터.

- 중상과 같은 일들에 의한 파멸로부터.

주님은 지금까지 우리를 은혜 가운데 구원해 주셨다. 우리는 그분께 감사를 표현해야 한다.

2. 관찰은 현재의 구원에 관해 주목하게 한다.

주님의 선하신 손길을 통해 우리는 현재 다음과 같이 보존을 받고 있다:

- 생명에 대한 보이지 않는 위험으로부터.
- 사탄의 교활한 공격으로부터.
- 시대의 만연된 오류로부터.
- 타고난 죄와 자연적 타락으로부터.
- 내면의 죽음의 정죄와 자기의지라는 더 큰 위험으로부터. 그 앞 절을 보라.

우리의 현재 위치는 완전히 하나님의 은혜에 의존하고 있고, 그 은혜를 의지할 때 우리는 행복한 확신을 가질 수 있다.

3. 기대는 창문 밖으로 미래를 바라보게 한다.

믿음은 오직 "우리가 바라는" 하나님을 의지하는 것이다. 믿음은 그분을 통해 미래의 구원을 바라본다.

- 미래의 모든 일반적 시련으로부터.
- 우리에게 임할 수 있는 미래의 손실, 고통 그리고 질병으로부터.
- 시대의 질고와 결핍으로부터. 특수한 죽음의 암운으로부터.

이 기대는 우리로 하여금 즐겁게 살아가도록 한다.

II. 본문은 세 가지 논증의 노선을 제공한다.

하나님이 우리를 끝까지 지켜 주실 것이라는 것은 아주 확실하다. 우리는 그분에 관해 "이후에도 건지시기를 바라는 분" 으로 말할 수 있다.

1. 하나님이 구원을 시작하셨다는 점으로부터, 우리는 그분이 이후에도 구원하실 것을 논증한다. 왜냐하면:

- 그분이 우리에 대한 사랑을 시작하실 만한 이유가 우리 안에는 없었기 때문이다. 만일 그분의 사랑이 우리 자신의 본성과 상관없이 일어난다면, 그것은 계속될 것이다.
- 그분은 새로운 지식을 더해야 할 필요가 없으시기 때문이다. 그분은 우리의 모든 악행을 미리 알고 계셨고, 따라서 우리를 내팽개칠 이유가 없으시다.
- 처음에 그분을 움직인 이유는 지금도 작용하고 있고, 아무것도 더 요구될 것이 있을 수 없기 때문이다.

2. 하나님의 구원이 계속되고 있다는 점으로부터, 우리는 그분이 이후에도 계속 구원하실 것을 논증한다. 왜냐하면:
   - 그분의 구원은 정말 무수하게 베풀어졌기 때문이다.
   - 그것들은 그 지혜와 능력을 보여 주었기 때문이다.
   - 그것들은 우리가 참으로 무가치한 존재였을 때 우리에게 임했기 때문이다.
   - 그것들은 그분이 절대로 우리를 떠나거나 포기하지 않으시라는 것을 확실히 느끼게 할 정도로 끊어지지 않고 계속되었기 때문이다.
3. "우리가 바라는" 주님 자신으로부터, 우리는 그분이 이후에도 구원하실 것을 추론한다. 왜냐하면:
   - 그분은 과거처럼 지금도 사랑이 많고 강하신 분이기 때문이다.
   - 그분은 미래에도 동일하실 것이기 때문이다.
   - 그분의 목적은 변함 없고, 자신이 시작한 것을 이루는 것이 그분의 영광이기 때문이다. 진실로 "그분은 우리를 이후에도 건져 주실 것이다."

III. 본문은 세 가지 추론을 가능하게 한다.

1. 우리가 항상 구원받을 필요가 있다는 것은 그만큼 위험 속에 있다는 것을 추론한다. 그러므로 우리는 교만하지 않고, 두려워한다.

2. 우리는 하나님의 간섭이 지속적으로 필요함을 추론한다. 오직 그분만이 과거에 우리의 문제를 만족시켰고, 미래에도 만족시키실 수 있다. 그러므로 우리는 항상 우리 하나님 가까이 거해야 할 것이다.
3. 우리는 우리의 전체 삶이 하나님에 대한 찬양으로 채워져야 함을 추론한다. 왜냐하면 그분은 과거, 현재, 그리고 미래를 망라한 모든 시간에 우리의 구원자가 되시기 때문이다.

✣ 시대에 대해 ✣

첫째, 하나님은 만물에 대해 적당한 시간을 갖고 계시는 것처럼 우리의 구원에 대해서도 적당한 시간을 가지고 계시다. 둘째, 하나님의 시간이 최선의 시간이다. 그분은 시간에 관해 최고의 분별자이시다. 셋째, 이 시간은 그분이 우리 영혼에 역사하실 때, 특히 우리로 하여금 자신을 의지하도록 하실 때가 될 것이다. 본문에서처럼 바울이 하나님을 의지하기로 했을 때, 그분은 그를 구원하셨다. _ 리처드 십스

로마 귀족들은 그들의 적인 카르타고 사람들이 그 주위를 에워싸고 있는 땅을 샀을 때만큼 그들의 성과 군대에 대한 확신을 더 크게 증명해 보인 때가 없었다. 마찬가가지로 우리는 우리의 원수들, 어둠, 질병 그리고 환난 등이 지배하고 있는 땅에서 하나님을 의지하고, 그분이 그것들의 주인이고 그것들 모두보다 훨씬 더 강한 것처럼 행동할 때만큼 그분에 대한 우리의 확신을 더 크게 증명할 수는 없다. 이것이 진리에 대한 유일한 반응이다.

하나님을 망각하는 곳에 놓여있는 절망의 힘과 하나님이 충분히 믿어질 때 용솟음치는 소망의 힘을 동시에 예증하는 한 시위 사건이 있다. 이 땅에 사는 아프리카 민족의 권리에 먹구름이 잔뜩 끼어 있었다. 구원의 방도는 전혀 없는 것처럼 보였다. 프리드리히 더글러스(Frederick Dougls)는 군중집

회에서 그 두려운 상황을 설명했다. 모든 것이 그 민족들에게는 불리했다. 한 정당은 노예제도에 찬성하는 법안을 상정하기로 했고, 다른 정당은 무조건 그것에 반대하지는 않고, 그것을 제한하기로 방침을 정했다. 대법원은 흑인들에게 불리한 판결을 내렸다. 그는 자신의 민족이 지배자의 채찍질에 괴로워하고, 야만적이고 호색적인 사람들에 의해 짓밟히는 장면을 그림으로 그렸다. 그가 절망적인 말로 상황을 설명했을 때, 어둠의 거대한 공포는 청중들을 얼어붙게 만들었다. 그는 민족을 위해 열변을 토했다. 다른 구원은 없었다. 그때 그는 그 어디에도 구원이 없음을 보았다. 이 비운의 민족에 대해서는, 모든 것 곧 모든 힘, 모든 사건이 선이 아니라 악을 위해 뭉쳤다. 마치 그것들은 파괴를 위한 운명처럼 보였다. 먹구름이 짙게 청중들 위에 드리워지는 바로 그 순간, 앞자리에서 한 늙은 여성이 천천히 일어났다. 그녀의 이름은 "소저너 트루스"(Sojourner Truth)였다. 그녀는 자기를 스스로 그렇게 불렀다. 그녀는 아프리카 여선지자로 전세계에 크게 알려져 있었다. 모든 눈이 그녀를 주시했다. 연설은 잠시 멈추어졌다. 그녀가 길고 앙상한 손가락으로 프리드리히를 가리키자 모든 사람의 시선이 그곳으로 집중되었다. 그때 그녀는 "**프리드리히, 하나님은 죽었나요?**"라고 외쳤다. 그것은 어둠을 깨는 한 줄기 섬광이었다. 구름이 물러가기 시작했다. 믿음과 소망과 인내가 인격적이고 항상 살아 계신 하나님에 관한 생각과 함께 다시 돌아왔다. _「칼과 삽」, 1887

이 흑암의 시대에 자신의 운명이 불길하다고
누가 불평하는가?
그 그늘 안에 하나님의 손이 놓여 있고,
그분의 찬양의 문 위에 있는 돌들은
결국 일어나리라.

_J. G 휘티어(J.G. Whittier)

209
모든 약속

하나님의 약속은 얼마든지 그리스도 안에서 예가 되니
그런즉 그로 말미암아 우리가 아멘 하여
하나님께 영광을 돌리게 되느니라
_ *고린도후서 1:20*

바울은 고린도를 방문하는 일에 관해 자신의 마음을 바꾸었다.

그는 그만한 이유들이 충분히 있어서 그렇게 했다.

일부 고린도 교인들은 편견을 가지고 그의 행동을 오해하고, 그의 말이 신빙성이 없다고 비난했다. 그는 자신이 경솔하게 행동하지 않았다는 것과 자신의 마음이 어느 날 고린도를 방문하게 되는지와 같은 사소한 문제에 관해서까지 이럴까 저럴까 "망설임"(yea and nay)이 없었다는 것을 주장했다. 그는 자신의 설교가 이럴까 저럴까 "망설이는 것이 아니었다"고 말한다. 더 나아가 그는 하나님의 약속은 이럴까 저럴까 "망설이게 하는 것"이 아니라고 선언한다.

이처럼 하찮은 환경과 사소한 말이 가장 보배로운 진리를 말하게 하는 결과를 가져왔다. 이런 일은 종종 일어난다.

이 말씀을 통해 우리는 다음과 같은 사실을 조심스럽게 살펴보아야 한다:

I. 하나님의 약속의 존엄성.

그것들은 "**하나님의** 약속"이다.

1. 그것들은 각각 하나님에 의해, 그분의 뜻의 목적에 따라 정해졌다.
2. 그것들은 그분의 명령과 행위를 연결하는 고리로서, 그 명령에 대한 음성이요, 행위에 대한 예고자가 된다.

3. 그것들은 그것들을 말씀하신 분의 속성을 보여 준다. 그것들은 참되고, 불변하며, 권능 있고, 영원하다.
4. 그것들은 하나님과의 연합 안에 두어져 있다. 세월이 흘러도, 그것들은 처음에 말했을 때와 똑같이 여전히 **그분의** 약속이다.
5. 그것들은 그것들을 말씀하신 하나님의 인격에 의해 보장된다.
6. 그것들은 그분이 그것들을 이루실 때 그분을 영화롭게 할 것이다.

II. 하나님의 약속의 범주. "하나님의 약속은 **얼마든지.**"

그 약속의 영역은 다음과 같은 사실을 관찰해 볼 때 분명하게 드러날 것이다:

1. 그것들은 모든 세기에 걸쳐 창세기에서 요한계시록에 이르기까지 신구약성경 전체에서 발견된다.
2. 그것들은 두 종류의 약속 곧 어떤 활동을 지시하는 조건적 약속과 절대적 명령에 관한 무조건적 약속을 모두 포함한다.
3. 그것들은 모든 종류의 일들 곧 육적·영적 일, 개인적·일반적 일, 영속적·일시적 일 등을 모두 포함한다.
4. 그것들은 다음과 같은 다양한 사람들에 대한 복을 포함한다:
   - 회개하는 자(레 26:40- 42; 사 55:7; 57:15; 렘 3:12- 13).
   - 믿는 자(요 3:16; 18; 6:47; 행 16:31; 벧전 2:6).
   - 섬기는 자(시 37:3; 잠 3:9- 10; 행 10:35).
   - 기도하는 자(사 45:11; 애 3:25; 마 6:6; 시 145:18).
   - 순종하는 자(출 19:5; 시 119:1- 3; 사 1:19)
   - 고난당하는 자(마 5:10- 12; 롬 8:17; 벧전 4:12- 14).
5. 그것들은 가장 풍성한 축복의 길 곧 죄 사함, 칭의, 성화, 교육, 보호 등으로 우리를 이끈다.

"하나님의 약속은 얼마든지." 약속 안에는 얼마나 놀라운 부요가 들어있을까!

III. 하나님의 약속의 견고성.

"하나님의 약속은 얼마든지 그리스도 안에서 예가 되니 그런즉 그로 말미암아 우리가 아멘 하여."

헬라어 "예"(나이)와 히브리어 "아멘"은 이방인과 유대인 모두에게 확실성을 보장하는 말로 사용된다.

1. 그것들은 분명히 영원하신 하나님의 마음과 목적이 되기 때문에 모든 의심을 초월하여 세워져 있다.
2. 그것들은 모든 변경을 초월하는 것으로 확인된다. 여호와께서 "아멘"이라고 말씀하시면, 그것은 곧 영원한 말씀이 되리라.
3. 그것들의 견고함은 그리스도 예수 안에서 모든 우연을 초월해 있다. 왜냐하면 그분은:
    - 하나님의 약속의 증거자이시기 때문이다.
    - 언약의 보증이 되시기 때문이다.
    - 모든 약속의 종합이자 실체가 되시기 때문이다.
    - 자신의 실제적 성육신, 대속적 죽음, 생생한 탄원, 승천 능력 등을 통해 약속을 이루셨기 때문이다.
    - 그것들을 이루도록 모든 권능이 자신의 손에 있기 때문에, 약속의 보증인이자 담보물이 되시기 때문이다.

IV. 하나님의 약속의 결과. "하나님께 영광을 돌리게 되느니라."

그의 사역자들과 그의 믿는 백성들인 **우리를 통해** 약속의 하나님은 영광을 받으신다.

1. 우리는 우리와 약속을 하실 정도로 낮아지신 그분의 겸손한 사랑을 영화롭게 해야 한다.

2. 우리는 약속을 지키시는 그분을 바라볼 때 그분의 능력을 영화롭게 해야 한다.
3. 우리는 그분의 진실함을 존중하는 믿음을 통해 그리고 그분이 약속하신 축복들을 기대함으로써, 그분을 영화롭게 해야 한다.
4. 우리는 약속의 진실성을 입증하는 우리의 경험 속에서 그분을 영화롭게 해야 한다.

우리는 그분의 확실한 말씀을 확실하게 의지해야 한다.

우리는 현재 흐르는 시간 속에 적용시킬 수 있는 특별한 약속을 청구해야 한다.

수집

풀턴 거리에서 실시된 기도회에서 한 강사가 "나는 돈을 계산하거나 수지를 맞출 때 수표를 모두 현금처럼 계산한다"고 말했다. 마찬가지로 우리는 이 세상의 상품들을 많이 갖지 못할 때, 최소한 하나님의 약속들을 소유할 수 있다. 왜냐하면 그것들은 하나님의 은혜의 은행에서 지급받을 수 있는 수표와 같고, 우리는 그것들을 전부 우리의 소유로 계산할 수 있기 때문이다. 그렇다면 우리는 부자라고 느낄 수 있고, 하나님의 말씀을 의지하고 그 약속들을 현재 사용할 수 있는 상품처럼 취하는 영혼은 부자이다.

옛날 폼페이 거리에는 비가 많이 와서 물의 높이가 높아지면 사람들이 건너도록 한 세 개의 디딤돌이 여기저기 놓여 있었는데, 지금도 그 흔적이 남아있다. 약속들은 이와 같은 디딤돌이 되어 "순례자"가 그의 발을 디딜 수 있도록 함으로써, 환난이나 의심이라는 물줄기를 건너가기에 족할 만큼 또는 절망의 진창길을 더 쉽고 안전하게 피할 수 있도록 인도한다.

하나님의 약속은 우리가 입는 옷과 같다. 육체 안에 생명이 있다면, 옷은 우리를 따스하게 하고, 그렇지 않으면 아무 소용이 없다. 살아있는 믿음이 있는 곳에서 약속은 우리에게 따스한 위로를 제공할 것이나 죽은 영혼인, 믿지 않는 마음은 그것이 차갑고, 아무 효과가 없다. 강심제를 시체의 목구멍에 쏟아 넣는 것만큼 무익한 일은 없다. _ 윌리엄 거널

만일 당신이 하나님의 약속 자체만 믿고, 그것들 안에 계시는 예수 그리스도를 믿지 않는다면, 모든 것이 수포로 돌아갈 것이다. … 어찌하여 그토록 많은 영혼들이 약속을 은혜의 보좌에 가지고 나오면서, 그것으로부터 그렇게 적게 가지고 갈까? 그들은 약속 안에 계시는 그리스도를 의지하지 못하고 약속만 의지한다. _ 페이스풀 티이트(Faithful Teate)

본문의 "우리가" 에서 우리는 **사역자들** 곧 약속들을 선포하고, 설명하고, 적용하는 사람들을 가리킨다. 약속들은 종종 향수 담긴 상자와 같다. 그것은 극히 귀하지만 설교자가 그것을 깨뜨릴 때까지는 그 향기가 방안을 가득 채우지 못한다. 또는 그것은 하갈 옆에 있던 물과 같다. 그녀는 여호와의 천사가 눈을 열어 우물을 보여 줄 때까지 그것을 발견하지 못했다. 또 "우리가" 에서 우리는 **신자들** 곧 우리의 인격과 행위 속에서 그 탁월성과 유효성을 실현시키는 사람들을 가리킨다. 이 약속들은 경험으로 나타날 때 — 육체와 영혼의 모든 불결함으로부터 우리가 깨끗하게 되고, 신적 본성의 참여자가 될 때, 우리는 부르심을 받은 소명에 합당한 삶을 살게 되고, 자비와 선행으로 우리의 삶을 채우게 되며, 우리에게 엄습하는 모든 시험들을 즐겁게 감수하게 될 때 — "우리가"(우리를 통해) 하나님을 영화롭게 한다. _ 윌리엄 제이

210
거룩에서 나오는 깨끗함

그런즉 사랑하는 자들아 이 약속을 가진 우리는
하나님을 두려워하는 가운데서 거룩함을 온전히 이루어
육과 영의 온갖 더러운 것에서 자신을 깨끗하게 하자
_ *고린도후서 7:1*

그리스도의 사랑으로 말미암아 촉발되고, 모든 영적 복들과의 교제를 통해 얻게 된 불타는 감정을 가지고, 사도는 여기서 강력하게 권고한다. 그는 하나님의 자녀들이 갖고 있는 가장 고상한 정열에 호소함으로써, 그들로 하여금 하나님의 계보, 현재 누릴 복 그리고 고귀한 운명에 대한 기대를 견지하도록 권고한다.

우리 안에 이 경건한 야망을 심기 위해 그는 우리 앞에 기독교적 경건을 다양한 빛에 따라 펼쳐놓는다:

I. 극히 영광스러운 특권을 소유하고 있음.

"이 약속을 가진." 앞으로 상속될 약속들뿐만 아니라 이미 받고, 품고, 누리고 있는 실제 소유 중의 약속들을 망라한다.

언급된 약속들은 앞장에서 다루어지고 있다.

1. 하나님의 내주하심. "내가 그들 가운데 거하리라" (고후 6:16).
2. 하나님의 현현. "내가 그들 가운데 두루 행하여" (고후 6:16).
3. 하나님의 언약. "나는 그들의 하나님이 되고 그들은 나의 백성이 되리라" (고후 6:16).
4. 하나님의 받아주심. "내가 너희를 영접하여" (고후 6:17).
5. 하나님의 양자됨. "너희에게 아버지가 되고 너희는 내게 자녀가 되리라 전능하신 주의 말씀이니라" (고후 6:18).

이 약속들은 이미 우리의 경험 속에서 성취되고 있다.

II. 불결한 죄악을 제거하기 위해 노력함.

"자신을 깨끗하게 하자." 그 안에는 다음과 같은 문제가 있다:

1. 개인성: "**자신을** 깨끗하게 하자."
2. 활동성. 우리는 육체와 영혼 모두를 깨끗하게 하기 위해 계속 활동해야 한다.
3. 보편성. "온갖 더러운 것에서."
4. 철저성. "육과 영의."

만일 하나님이 우리 안에 거하신다면, 그분은 순전하신 분이기 때문에 우리는 그 집을 깨끗하게 해야 한다.

주님은 우리가 자신의 백성이 되리라고 언약을 맺으셨는가? 이것은 우리로 하여금 경건하게 살도록 요청하는 부르심을 포함하고 있지 않은가?

우리는 그분의 자녀인가? 그렇다면 우리는 아버지를 슬프게 해서는 안 되고, 사랑하는 자녀로서 그분을 본받아야 한다.

III. 가장 고귀한 위치를 목표로 함. "거룩함을 온전히 이루어."

1. 우리는 온전한 거룩을 도달해야 할 목표로 삼아야 한다.
2. 우리가 그것을 이루지 못한다면 우리 자신을 책망해야 한다.
3. 우리는 이미 도달한 거룩을 일관적으로 유지해야 한다.
4. 우리는 인격의 온전함을 위해 고투해야 한다.

IV. 가장 성스러운 동기를 통해 자극을 받음.

"하나님을 두려워하는 가운데서 거룩함을 온전히 이루어."

1. 하나님에 대한 두려움은 인간에 대한 두려움을 내쫓고, 따라서 다양한 죄의 원인으로부터 우리를 구원한다.

2. 하나님에 대한 두려움은 죄에 대한 사랑을 내쫓고, 뿌리와 함께 그 열매도 확실히 제거한다.
3. 하나님에 대한 두려움은 믿음, 예배, 순종의 뿌리이고, 따라서 그것은 온갖 거룩한 섬김의 태도를 낳는다.

분출

"**자신을 깨끗하게 하자.**" 그의 백성들을 성화시키는 자는 하나님이시다. 그분은 그들의 허물과 죄를 씻겨내신다. 그분은 자신의 약속에 따라 깨끗한 물을 쏟아 붓지만, 자신을 깨끗하게 하도록 우리에게 요구하신다. 우리는 자신을 깨끗하게 해야 한다. 그분은 우리 속에 새 생명을 심고, 그것이 활동하도록 힘을 주며, 그것이 자라도록 우리를 자극하며, 성화의 과정에 들어가도록 그것을 이끄신다. 사람들은 희한하게도 사물의 구조에 역행하는 경향이 있다. 사람은 활동하고, 일하고, 근면해야 한다고 그들에게 말해 보라. 그러면 그들은 그들 자신의 힘으로 그렇게 함으로써, 그들 스스로 구주가 되려고 할 것이다. 이번에는 하나님이 우리 안에서, 우리를 위해 우리의 모든 활동을 행하신다고 말해 보라. 그러면 그들은 아무 일도 하지 않고 쉬려고 할 것이다. 만일 무엇이든 하는 일에 대해 칭찬을 들을 수 없다면, 그들은 팔짱을 끼고 앉아 아무 일도 하지 않을 것이다.

그러나 이것은 타락한 육체의 논리로, 비열한 궤변에 불과하다. 사도는 빌립보서 2:13에서 이와 정확히 반대되는 논리를 피력한다: "너희 안에서 행하시는 이는 하나님이시니 자기의 기쁘신 뜻을 위하여 너희에게 소원을 두고 행하게 하시나니." 그러므로 육에 속한 심령은 말하기를 "우리는 일할 필요가 없다. 아니 최소한 그렇게 열심히 일할 필요는 없다"고 할 것이다. 그러나 사도는 이렇게 추론한다: "(그러므로) 두렵고 떨림으로 너희 구원을 이루라" 즉 지극히 겸손하게 하나님께 순종하고, 그분을 의지하되, 게으름과 나태함으로 그분의 은혜의 능력들을 차단하지 말고, 그것을 철회하거나 삭감하지 않도록 그분을 거스르지 말라. 확실히 은혜의 진리를 자신의 게으름으로 말미암아 성장시키지 못하는 사람들이 많다. 그들은 앉아 놀면서 노력하지 않고, 영적 생활에 필요한 적절한 활동을 하지 않음으로써, 그것을 누리지 못하거나 진보시키지 못한다. _ 레이턴 대주교(Archbishop Leighton)

덕, 아름답고 겸손하지만 영원히 박약하다.
그 부드러운 속성은 군중 속에서 짓밟히고,
더러워지지 않고는 세상에 접촉하지 못하리라.
세상은 오염되어 있고, 아침에 흠 없던 것,
저녁에 흠 없이 되돌아오는 것은 거의 없다.
우리가 생각한 어떤 것은 얼룩이 지고,
우리는 변질되고, 흔들린다.
우리는 포기하고 다시 돌아온다.

_ 에드워드 영

"완전한 데로 **나아갈(go on)지니라("** (히 6:2)는 말씀은 "완전한 데로 운반받을(be carried on)지니라"는 의미로 해석되어야 한다. 비록 나아갈 수 없다고 해도, 우리는 확실히 완전한 데로 운반 받을 수 있을 것이다. _ 찰스 스탠퍼드

하나님의 약속은, 그것이 소생시키는 능력이 있는 것처럼, 깨끗하게 하는 능력 또한 가지고 있다. 그것은 정당한 추론이다. 하나님께서 그는 내 아버지가 되고 나는 그분의 아들이 될 것이라고 약속하시는가? 또 그분이 나에게 생명의 영원함을 약속하시는가? 그런데 그 상태가 깨끗함을 요청하고, 거기에 부정한 것은 전혀 없다고 하는가? 확실히 믿음으로 붙드는 이 약속들은 소생시키는 능력이 있는 것처럼 거룩으로 정화시키는 능력 또한 있다.

우리는 우리의 더러움을 천국에 가지고 가는 것을 상상할 수 없다. 욕하는 자가 그의 욕을 천국에 가져가는 것을 상상하겠는가? 부도덕한 사람과 거짓말쟁이들이 거기는 전혀 없다. "부정한 것"이 전혀 없다. 이 약속들을 가진 사람은 스스로를 깨끗하게 하고, "하나님을 두려워하는 가운데서 거룩함을 온전히 이룬다." "주를 향하여 이 소망을 가진 자마다 그의 깨끗하심과 같이 자기를 깨끗하게 하느니라"(요일 3:3). _ 리처드 십스

영적인 마음을 갖고 있는 사람은 감수성이 좋은 식물의 속성과 같은 면이 있다. 즉 그는 악이 접근할 때 자연적으로 움츠리는 거룩한 특징이 있다.
_ 리처드 세실

211
두 가지 근심

하나님의 뜻대로 하는 근심은
후회할 것이 없는 구원에 이르게 하는 회개를 이루는 것이요
세상 근심은 사망을 이루는 것이니라
_ 고린도후서 7:10

내적 경험이 전부인 것처럼 간주되고, 경험적 설교가 그 시대의 주문이었던 때가 있었다. 지금은 그것이 지나치게 무시되는 경향이 있다.

이전에는 내성(內省)이 극단적으로 병적인 자기성찰로 치달았지만, 지금은 완전히 포기된 상태에 있다.

질병에 대한 정확한 진단이 전부는 아니지만, 그것은 굉장히 중요하다.

빈곤의식 자체가 부자를 만드는 것은 아니지만, 그것이 자극을 줄 수는 있다.

죄인들은 자신의 감정을 바라보도록 일부 목사들에 의해 잘못된 영향을 받았다. 많은 사람들이 자신의 불행에서 위로를 찾기 시작했다.

지금 그것은 "오직 믿으라"는 것이다. 이것은 분명히 옳다. 그러나 우리는 분별력을 가져야 한다.

거기에는 반드시 회개를 일으키는 죄에 대한 슬픔이 있어야 한다.

이 점에 관해 우리는 다음과 같은 사실을 살펴보아야 한다:

I. 회개와 죄를 슬퍼하는 것에 대한 일부 잘못된 개념을 제거하라.

흔한 잘못된 생각들 가운데서 우리는 다음과 같은 가설들을 지적해야 한다:

1. 죄에 대한 마음의 단순한 슬픔이 회개라는 것.

2. 죄에 대한 슬픔 없이 회개할 수도 있다는 것.
3. 우리는 비참과 증오의 차원으로 들어가야 하며, 그렇지 않으면 참으로 회개하는 것이 아니라는 것.
4. 회개는 한 번으로 족하고 더 이상 할 필요가 없다는 것.
5. 회개는 가장 불행한 감정이라는 것.
6. 회개는 불신앙과 혼합되어 있고, 은혜가 우리의 비참한 상태를 회복시켜 줄 수 없다는 두려움으로 한층 더 비참해져야 한다는 것.

II. 본문에 언급된 두 가지 근심을 구별하라.

1. 하나님의 뜻대로 하는 근심은 구원에 이르게 하는 회개를 이루는 것으로 다음과 같다:
   - 하나님을 거역하여 저지른 죄에 대한 근심이다.
   - 완전한 마음의 변화를 일으키는 죄에 대한 근심이다.
   - 은혜로 말미암는 구원을 즐겁게 받아들이는 죄에 대한 근심이다.
   - 하나님의 길 안에서 영속적인 보호를 받도록 이끄는 죄에 대한 근심이다. 죄의 길은 혐오하기 때문에 포기된다.

이 종류의 회개는 더 이상 회개할 것이 없다.

2. 세상 근심은 다음과 같다:
   - 밝혀질 때 수치감을 일으킨다.
   - 하나님에 관한 완고한 생각들을 수반한다.
   - 고민과 음울한 감정을 일으킨다.
   - 마음의 강퍅함을 부추긴다.
   - 영혼을 절망으로 이끈다.
   - 최악의 죽음을 일으킨다.

이것은 회개가 필요하다. 그 이유는 그것은 그 자체로 죄이고, 두렵게도 더 크고 더 많은 죄의 원인이 되기 때문이다.

III. 하나님의 뜻대로 하는 근심에 몰두하라.

나아오라. 그리하여 다음과 같은 연유로 큰 슬픔을 갖도록 하라:

1. 순전하고 완전한 율법을 어겼기 때문에.
2. 신성하고 은혜로운 복음에 불순종했기 때문에.
3. 선하고 영광스러운 하나님을 슬프게 했기 때문에.
4. 그 사랑이 부드럽고 한량없는 예수님을 멸시했기 때문에.
5. 이미 사랑받고, 선택받고, 구속받고, 용서받고, 의롭게 되었고, 또 곧 영광에 들어가게 될 것임에도 불구하고, 감사하지 못했기 때문에.
6. 성령과의 즐거운 사귐, 예수님과의 황홀한 친교를 상실할 정도로 어리석었기 때문에.

우리는 예수님 발 앞에 무릎을 꿇고 이 모든 것을 자백하고, 눈물로 그분의 발을 씻어야 하며, 사랑, 우리 자신을 다 바쳐 사랑해야 한다.

✣ 분별에 대해 ✣

여기서 본문과 동류에 속하는 로마서 2:2, 4을 살펴보는 것이 도움이 될 것이다. 이 두 본문은 유사하지만, 구별된 의미가 평행선을 이루고 있고, 등식관계에 있는 것으로 볼 수 있다.

"하나님의 인자하심이 너를 인도하여 회개하게 하심을" (롬 2:4).

"하나님의 뜻대로 하는 근심은 구원에 이르게 하는 회개를 이루는 것이요" (고후 7:10).

우리는 하나님의 인자하심이 하나님의 뜻대로 하는 근심을 통해 회개에 이르도록 한다는 점을 비교의 결과로서 깨닫는다. 일련의 인과관계가 이렇게 적용되고 있다: 하나님의 인자하심 ― 하나님의 뜻대로 하는 근심 ― 회개.

착각하지 말라. 지옥에 대한 두려움이 죄에 대한 근심을 의미하는 것은 아니다. 그것은 하나님의 거룩하신 것에 대한 유감을 표명하는 것에 불과하다.

오랫동안 악한 습관에 빠져있던 심령은 너무 강퍅하기 때문에 오직 인자하심 곧 다른 인자가 아니라 하나님의 인자하심 외에는 그것을 녹일 수 없다. 그분의 인자하심이 가장 큰 선이다. "말할 수 없는 그의 은사로 말미암아 하나님께 감사하노라"(고후 9:15). "예수를 바라보는 것"은 인간의 마음속에 하나님의 뜻대로 하는 근심을 일으키는데 최고의 특효약이다. 한 강퍅한 심령이 빌라도의 재판정 입구에서 주님의 사랑의 눈빛을 바라본 후 마음이 크게 흔들렸다. 예수님이 베드로를 바라보자, 그는 밖으로 뛰어나가 통곡했다. 임마누엘의 사랑은 그 녹이는 능력으로 못할 것이 없다. 아무리 강퍅한 심령이라도 그 사랑은 그의 마음의 문을 활짝 열고 들어가, 오래지 않아 그 마음이 녹아 흘러내리도록 할 것이다. 십자가에 달려 돌아가신 그리스도 안에 구현되어 있는 하나님의 인자하심은 성령의 사역을 통해, 믿는 사람들의 마음속에 하나님의 뜻대로 하는 근심을 심으실 것이다.

_ 윌리엄 아노(William Arnot)

죄책에 대한 슬픔으로 압도된 마음은
불에 에워싸인 전갈과 같으니,
좁은 공간에서 불에 탈 때,
그 포로 주위의 불화살이
천 가지 고통을 주며 깊숙이 꽂히고,
분노 속에서 발광할 때에야 멈춘다.
그가 알고 있는 슬프고도 유일한 치료는
원수들을 쏘려고 간직해온 독침뿐,
그 독액은 결코 헛된 것이 아니었으니,
하나의 고통을 주고, 만 가지 고통을 제거하며.
절망적인 그의 뇌로 파고들어가

영혼의 어둠을 몰아낸다.
아니면 불에 에워싸인 전갈처럼 살고,
후회가 그 마음을 갈래갈래 찢어놓으니,
땅에서도 옳지 않고, 하늘에서도 당연하지 않아,
위에서는 어둠이요, 밑에서는 절망이고
그 옆에는 불길이요, 그 안에는 죽음뿐이라.

_ 바이런(Byron)

언젠가 한 어머니가 교회 목사에게 교회에 출석하려는 자신의 딸에 대한 고민을 털어놓았다. 그녀는, "딸이 충분한 확신이 없어요"라고 불평했다. 계속해서 그녀는 이렇게 말했다: "하지만 나는 딸에게 계속 반복되는 그녀의 죄에 관해 말해 주었어요. 우리 둘이 눈물을 흘릴 때까지 조목조목 딸 앞에 그 죄목들을 제시했답니다. 오, 내가 더 무엇을 할 수 있을까요?" 그때 목사는 그녀의 손에 성경을 주고, 큰 소리로 이사야서 6:1- 5을 천천히 읽어 주었다. 그녀는 하나님의 모습이 선지자의 눈에 섬광처럼 비칠 때 그에게 지식이 주어지고, 스랍들이 "거룩하다"고 외친 바로 그 순간에 회개하게 된 것을 깨달았다. 이어서 목사는 욥기 42:5- 6을 펼쳤다. 거기서 그녀는 묵묵히 족장이 자신의 친구들이 자신을 화나게 하며 고소하는 순간이 아니라 눈을 열어 하나님을 바라보는 순간에 회개하는 장면을 보았다. 그녀는 딸에게 경이롭고 감격스러운 마음으로 **여호와의 거룩하심**에 관해 조용히 말해 주었다. 드디어 그녀의 딸은 환상을 보기 전에 마음이 녹아 회개하고 통곡했다. _ C. S. 로빈슨

죄, 회개 그리고 용서는 각각 일 년 중 봄에 해당되는 세 달 곧 3월, 4월, 5월과 같다. 죄는 3월에 불어오는 거센 폭풍처럼 격렬하게 몰아닥친다. 회개는 4월에 내리는 소나기처럼 울음과 눈물로 가득 채운다. 그리고 용서는 즐

거움과 꽃으로 만발한 5월처럼 기뻐 뛰며 노래 부른다. 우리의 눈이 회개의 슬픔을 가진 4월로 가득해지면, 우리의 마음은 참된 용서의 즐거움을 가진 5월로 가득하게 될 것이다. _토머스 아담스

212
피해야 할 의논

내가 곧 혈육과 의논하지 아니하고
_ *갈라디아서 1:16*

바울의 회심은 기독교의 진리성을 증명하는 기념비적인 사건이다. 그 사건의 가치는 수많은 지성인들의 회심의 수단이 되었다는데 있다.

그의 경우는 유명인, 학자, 진지한 지성인 그리고 정열적 성격을 지닌 사람들에게 복음의 능력이 어떻게 역사하는지를 보여 주는 훌륭한 사례다.

회심한 바울은 독립적 과정을 거쳤다.

그는 다음과 같이 하나님의 가르침을 받았다:

- 그는 자신의 믿음이 남에게 받은 것처럼 보이지 않으려고, 이미 신자가 된 사람들에게 조언을 구하지 않았다.
- 그는 그동안 훈계를 해 준 그의 인척들에게 조언을 구하지 않았다.
- 그는 회심하기 전에 갖고 있던 모든 기득권에 도움을 구하지 않았다. 그는 이것을 그리스도를 위해 잃어버린 것으로 간주했다.
- 그는 자신의 안전을 위해 타협하지 않고, 예수님을 위해 생명의 위협을 무릅썼다. 이 독립적 과정 속에서 그는 의롭게 되고, 본받을 만한 성도가 되었다.

I. 믿음은 하나님의 뜻 외에 다른 보증을 원하지 않는다.

1. 모든 시대의 선한 사람들은 이 확신에 따라 행동했다.

노아, 아브라함, 야곱, 모세, 삼손, 다윗, 엘리야, 다니엘 그리고 풀무불에 던져진 다니엘의 세 친구 등이 그들이다.

2. 다른 것을 더 요구하는 것은 결국 주님을 우리의 명령자와 인도자로 인

정하지 않는 것이며, 인간을 그분의 자리로 높이는 것이다.

3. 자기이익 때문에 주저하는 것은 주님을 공개적으로 무시하는 것이다.
4. 육체의 판단에서 오는 의무 주장에 따르는 것은 우리에게 자신을 주고, 의심 없이 또는 지체 없이 자신에게 우리 자신을 바치기를 기대하는 주 예수님의 인격과 주장에 반대되는 것이다.
5. 우리가 이 권면을 지키지 않고 의무를 지체하는 것은 무엇을 하든 거의 실패로 끝날 것이다. 원하지 않는 의무를 피하려고 핑계대는 일이 너무 자주 벌어질 것이다.

II. 그 원리는 광범한 적용범위를 가지고 있다.

1. 당연한 의무들에 대해:
   - 죄를 포기할 때, 우리는 사회와 타협해서는 안 된다.
   - 정당한 거래를 할 때, 우리는 거래관행과 타협해서는 안 된다.
   - 그리스도를 위해 헌신할 때, 우리는 동료 그리스도인들 사이에서 일반적인 낮은 기준을 따라서는 안 된다.
   - 섬길 때, 우리는 개인적 기호, 편의, 영예, 진보에 대한 기대, 또는 보수 등을 고려해서는 안 된다.
2. 필수적인 희생에 대해. 우리는 다음과 같은 일로 주저해서는 안 된다:
   - 정직이나 거룩한 일로 인한 손해.
   - 신앙으로 인한 사업상 손해.
   - 믿음으로 말미암은 친구관계에서의 손해.
   - 거짓말, 뇌물, 아부, 아첨, 타협, 비밀 또는 변덕 등을 거부함으로써 주어지는 지위와 세속적 영예에 대한 손해.

우리는 혈육과 의논해서는 안 된다. 왜냐하면:

- 선한 사람도 자기방종에 빠질 수 있고, 그래서 그들은 자신의 육체를 의지할 수 있기 때문이다.

- 악한 사람들은 우리가 그들의 조롱을 두려워하고, 그 두려움에 따라 행동함으로써, 실제로 그들을 의논 대상으로 삼을 수 있기 때문이다.
- 우리의 혈육은 아내, 남편, 형제, 자녀, 친구 등을 부적절하게 대하면서, 의논 대상으로 삼을 수 있기 때문이다.

3. 특별한 섬김에 대해. 우리는 다음과 같은 이유로 이것을 외면해서는 안 된다:
   - 개인적 연약함 때문에.
   - 눈에 보이는 수단들이 부족하기 때문에.
   - 다른 사람들이 우리의 행동을 어떻게 생각할지 눈치를 보기 때문에.

심지어 당신의 형제들이 이 자리에 있다고 해도 의논하지 말라. 왜냐하면:

- 선한 사람들일지라도 당신과 같은 믿음을 갖고 있지 않을 수 있기 때문이다.
- 그들은 당신의 부르심을 판단할 수 없기 때문이다.
- 그들은 당신의 책임을 면제시킬 수 없기 때문이다.

4. 그리스도에 관한 공개적인 맹세에 대해. 우리는 다음과 같은 이유로 그 맹세를 거역해서는 안 된다:
   - 우리의 행동 속에 자신들이 연루되어 있다고 생각하는 다른 사람들의 소원 때문에.
   - 경건을 비웃는 사람들로부터 경멸당할 두려움 때문에.
   - 신앙을 지키지 못하고, 그로 인해 신앙을 수치스럽게 할 걱정 때문에.
   - 세상을 포기할 마음이 없고, 은밀히 세상의 길에 집착하기 때문에. 이것은 극히 위험한 악덕이다. "롯의 아내를 기억하라."

III. 그 원리는 우리에게 최선의 판단을 요구한다.

그것은 다음과 같은 것을 통해 정당화된다:

1. 우리가 다른 사람들에 대해 행하는 판단. 우리는 그들이 자기 의견을 갖고 있지 못하면 그들을 비난한다. 그들이 담대한 믿음을 견지하면 그들을 칭송한다.
2. 계몽된 양심의 판단.
3. 임종 때 침상에서의 판단.
4. 영원한 세계에 대한 판단.

하나님과 이런 일로 친교를 나누게 된다면, 혈육과 의논할 필요가 없다.

우리는 다음 생각이 오기를 기다려서는 안 되고, 즉시 의무에 대한 확신을 실천하고, 도움을 요청 받거나 사랑의 충동이 일어나면 곧 순종해야 한다.

확증

한 인도 선교사는, 힌두교도는 그들 자신의 신념에 따라 행동하지 않고, 그들 자신의 말에 따르면, "나는 열 명의 사람이 하는 대로 한다"고 말한다. 그리스도인의 표어도 "나는 내 하나님이 내게 하시는 대로 한다"가 되어야 한다.

웰링턴 공작은 자신이 받은 명령대로 실천이 불가능하다고 주장하는 한 기술 장교에게 이렇게 말했다: "여보게, 나는 귀관의 의견을 요구하지 않았네. 나는 귀관에게 명령했고, 귀관은 그 명령에 순종하기를 바라네." 이것은 예수님을 따르는 모든 제자들의 순종이 되어야 한다. 그분이 하신 말씀은 그대로 우리의 법이다. 우리는 우리의 판단이나 생각에 따라 그것에 반대하는 것이 허용되지 않는다. 비록 죽음이 그 길에 있다손 치더라도, 우리는 이렇게 해야 한다:

이유를 찾는 것은 우리의 일이 아니다 —
우리의 일은 용감히 죽는 것이다.

우리 주님의 명령 따라 홍수나 불길도 뚫고 나아가야 한다. _「화살깃」

그러나 이것은 배우기에 난해한 교훈이다. 나는 얼마 전에 이것을 깨달은 한 독일군 대위에 관한 글을 읽었다. 그는 일단의 지원병들을 훈련시키고 있었다. 연병장은 해변에 위치해 있었다. 병사들은 훈련을 잘 소화시키고 있었으나 대위는 그들에게 명령에 복종하는 법을 가르치려고 생각했다. 그들은 그곳에서 약간 떨어진 바닷가 지점을 목적지로 삼아 그곳을 왕복하면서 행군하고 있었다. 그는 직접 바다를 향해 행군하도록 명령함으로써, 그들이 얼마나 멀리 들어갈 수 있는지를 보고자 했다. 병사들은 계속 앞을 향해 행군했다. 대위는 "일동 정지!" 하고 말했다. 그 순간 그들은 딱 멈춰 섰다. 그 다음 명령은 "우향우" 였다. 그러자 그들은 즉시 오른쪽으로 돌았다. "**앞으로 전진**"이 그 다음 명령이었다. 어김없이 그들은 즉각 바다를 향해 행군했다. 그들이 행군할수록 바다는 더 가까워졌다. 곧 바닷가에 다다랐다. 그런데 그들은 갑자기 거기서 멈춰 섰다. "왜 정지해? 정지란 말 한적 없어" 라고 대위는 소리쳤다. 그러자 병사들 가운데 하나가 "왜 그러십니까? 대위님, 여기는 바다입니다" 라고 말했다. "그걸 누가 모르나?" 대위는 흥분해서 소리쳤다. "물은 아무것도 아니다. 불도 아무것도 아니다. 모든 것은 아무것도 아니다. 앞으로 전진하라고 내가 명령했다. 그러니 너희는 무조건 앞으로 전진하라." 대위가 옳았다. 병사의 첫 번째 의무는 순종을 배우는 것이다. _ 리처드 뉴턴 박사

하나님께서 사람을 부르시는 것은 그를 통해 일하시기 위함이다. 만일 하나님께서 그 일을 하도록 나를 부르신다면, 여섯 개의 세계라도 다스릴 수 있지만, 부르시지 않는다면 여섯 마리의 양도 지배하지 못할 것이다. _ 페이슨 박사(Dr. Payson)

213
속박 아래에서

믿음이 오기 전에 우리는 율법 아래에 매인 바 되고
계시될 믿음의 때까지 갇혔느니라
_ *갈라디아서 3:23*

여기서 우리는 우리 주 예수님이 오심으로써 복음이 충분히 계시되기 전의 세상 역사가 요약되어 있는 것을 볼 수 있다.

구원받은 영혼 각자의 역사는 그대로 세상 역사의 축소판이다. 하나님은 똑같은 원리를 가지고 인류와 개인을 모두 다루신다.

I. 불행한 시대. "믿음이 오기 전에."

1. 우리는 본성상 믿음이 어떤 것인지 전혀 모른다. 우리가 예수님을 믿음으로써 구원 받을 수 있다는 개념은 인간의 마음속에 도저히 생길 수 없다.
2. 우리는 믿음이 구원의 방법이라는 것을 들었을 때, 그것을 이해하지 못했다. 우리는 설교자가 사용한 말들이 통상적이고 일상적 의미로 사용한 말들이라고 받아들일 수 없었다.
3. 우리는 다른 사람들 속에서 믿음을 발견하고, 그 결과에 대해 놀랐다. 그러나 우리는 그것을 우리 자신의 것으로 만들 수 없었다.
4. 심지어 우리가 그 필요성을 느끼고, 그 유효성을 인정하며, 그것을 행사하는 자가 되기를 원했을 때에도 믿음에 이를 수 없었다.

이 무력함의 이유는 지성적인 데 있는 것이 아니라 도덕적인 데 있었다:

- 우리는 교만했고, 자기의를 포기하기를 바라지 않았다.
- 그것이 우리가 통상적으로 사용하는 용법과 정반대였기 때문에 우리

는 믿음으로 말미암는 구원의 관념을 이해할 수 없었다.

- 우리는 믿음이 영적 행위이기 때문에 당황했고, 우리는 영적인 존재가 아니다.

5. 우리는 하나님의 영이 없는 상태에 있었고, 따라서 무능력했다.

우리는 "믿음이 오기 전"의 상태로 돌아가기를 원하지 않는다. 왜냐하면 그것은 어둠, 비참, 무기력, 절망, 죄 받을 반역, 자기교만 그리고 정죄의 상태이기 때문이다.

II. 우리가 처해 있는 속박. "율법 아래에 매인 바 되고 갇혔느니라."

1. 우리는 항상 율법의 영역 아래 있었다. 사실상 그것으로부터 벗어날 길은 없다. 온 세상에 가이사를 대적한 사람을 가두는 오직 하나의 감옥이 있었던 것처럼, 온 우주에 죄인을 가두는 하나의 감옥만 있다.
2. 우리는 항상 율법의 굴레에 대항하여 몸부림치며 죄를 범하고, 또 더 죄를 범할 수 없었다는 이유로 탄식하고 있다.
3. 우리는 감히 율법을 뛰어넘지 못하고, 그 권세도 거부할 수 없다. 따라서 율법은 우리를 고소하고, 그 진력나는 금지들과 명령들로 우리를 포로로 만든다.
4. 우리는 안식을 발견할 수 없었다. 율법은 양심을 일깨우고, 이 일깨움은 두려움과 수치심을 동반한다.
5. 우리는 희망을 발견할 수 없었다. 왜냐하면 진실로 우리가 율법 아래 있는 동안에는 아무것도 발견할 수 없기 때문이다.
6. 우리는 절망의 혼돈 속으로 빠져들지 않을 수 없었다. 왜냐하면 율법은 희망을 금지시켰지만, 생명을 자극했기 때문이다.

우리를 속박 속에 가두는 것들 가운데 다음과 같은 것들이 있었다:

- 생각과 동기와 욕구를 자극하는 율법의 권세.
- 하나라도 죄를 범하면 행위구원에 대한 모든 소망이 사라지는 완전

한 순종의 요구.

- 각각의 순종 행위가 완전해야 한다는 요청.
- 완전한 순종이 한평생 지속되어야 한다는 필연성.

III. 우리를 자유롭게 하는 계시.

"계시될 믿음의 때까지." 우리를 속박에서 이끌어낼 수 있는 유일한 길은 믿음이었다. 믿음이 왔고, 그래서 우리는 다음과 같이 이해하게 되었다:

1. 믿어야 할 것은 무엇인가.
   - 타자에 의한 구원.
   - 가장 복된 종류의, 지극히 확실하고 완전한 구원.
   - 가장 영광스러운 존재에 의한 구원.
2. 믿는다는 것은 무엇인가.
   - 우리는 그것이 절대적이고 순수한 "신뢰"라는 것을 보았다.
   - 우리는 그것이 자아를 포기하고 그리스도께 순종하는 것임을 알았다.
3. 왜 믿는가.
   - 우리는 이 유일한 구원의 길에 갇혀 있기 때문이다.
   - 우리는 다른 모든 길로부터 차단되어 있기 때문이다.
   - 우리는 값없이 은혜를 받아들이든지 아니면 멸망하든지 양자택일을 하도록 되어 있기 때문이다.

우리의 의무는 사람들에게 인간 공로의 길은 막혀있다는 것을 보여 주는 것이다.

우리는 오직 믿음에 갇혀 있어야 하고, 믿음의 길만이 유효하다는 것을 사람들에게 보여 주어야 한다.

주목

율법과 복음은 두 개의 열쇠다. 율법은 모든 사람을 정죄 아래 가두는 열쇠고, 복음은 그 문을 열어 그들을 풀어주는 열쇠다. _ 윌리엄 틴데일

"믿음의 때까지 갇혔느니라." 당신이 이 표현의 의미를 효과적으로 파악하기 위해서는 그 앞부분인 "율법 아래에 매인 바 되고"라는 말씀에서 "**매인**"이라는 말이 헬라어에서 보초를 의미하는 말에서 유래했다는 것을 알아야 한다. 그 개념의 형식은 완전히 군사용어다. 율법은 단 한 길만 빼고 모든 길을 지키는 보초 역할을 담당하고 있는데, 그 하나의 길이란 바로 복음신앙의 길로 나아가도록 요청받는 사람들을 인도하는 것이다.

그들은 그들의 유일한 선택의 길인 이 믿음의 때까지 갇혀 있다. 이것은 마치 자기들이 스스로를 지킬 수 있는 유일한 위치를 차지하거나 그들이 피난처나 보호처를 발견할 수 있는 유일한 도시로 도망하기 위해 반대편 장군의 탁월한 전략들을 이용하는 원수와 같다.

이것은 바울이 가장 선호하는 논증 방식으로서, 그는 이 방법을 자기 주님을 비방해온 원수들과의 지적 전쟁을 수행하는데 써먹은 것으로 생각된다. 그것은 우리가 그의 로마서에서 접하게 되는 핵심적 그리고 결정적 추론의 기초를 형성한다. 능숙한 전략을 구사함으로써, 그는 그들을 교묘하게 이끌어 복음신앙의 때까지 그들을 가두어놓았다(우리가 이 표현을 쓰는 것이 허락된다면). 그것은 그가 종종 그러는 것처럼, 그들의 원리에 관해 그들과 논쟁할 때, 그의 논증에 결정적인 효과를 제공함으로써, 그들 스스로 자기들의 신념을 의심하도록 만들었다. 유대인들과 함께 있을 때, 그는 유대인으로서 이야기했다. 그는 유대교의 율법을 그들이 다른 모든 피난처로 도망치지 못하도록 가로막고, 그들 앞에 복음이라는 피난처가 임할 때까지 그들을 가두어두는 보초로서 사용했다. 그는 그들을 그들이 거절할 수 없었던 초등교사에 의해 그리스도께 나아오도록 이끌었다. 그런데 이 초등교사에

관한 교훈은 아주 결정적이었지만, 거의 효과가 없는 것이었다. "이 율법의 말씀을 실행하지 아니하는 자는 저주를 받을 것이라"(신 27:26). 그러나 사실상 그들은 그것을 지키지 못했다. 그들은 율법의 저주에 속한 자들이 되었다. 그 규정의 준엄한 형벌이 그들 위에 있었다. 그들은 믿음과 복음을 값없이 주신 자만이 그들을 받아들이기 위해 열려있는 유일한 대로임을 깨달았다. 그들은 이 대로가 열릴 때까지 갇혀 있었다. 율법은 그들 모두가 죄 아래 있다고 가르쳐 줌으로써, 그들에게 신약성경에서 말하는 은혜와 자비의 무조건적 행위 외에 다른 탈출구가 없도록 만들었다. _ 찰머스 박사

율법은 그리스도를 통하는 길 외에 구원의 다른 길이 없다는 것을 보여 줌으로써 사람들에게 그분을 준비하도록 주어진 것이다. 그것은 두 가지 특별한 목적이 있다: 첫 번째 목적은 율법 아래 사는 사람들을 치명적인 정죄에 대한 의식을 갖도록 이끌어 그들을, 말하자면, 죄의 감옥에 가두어놓고, 그 감옥으로부터 탈출할 수 있는 유일한 문 곧 예수님을 믿는 믿음의 문을 바라보도록 하기 위한 것이다. 두 번째 목적은 율법을 받은 선민들을 보호하고 경계하는 것 즉 특별한 백성들로서 그들을 세상과 구별시켜 때가 되면, 그들로 하여금 그리스도의 복음을 전파하도록 함으로써, 그것이 전체 인류의 즐거움과 위로가 되도록 하기 위한 것이다. _ T. G. 루크(T.G. Rooke)

214
다양한 방해물

너희가 달음질을 잘 하더니
누가 너희를 막아 진리를 순종하지 못하게 하더냐
_ *갈라디아서 5:7*

무조건 비난하지 말라. 당신이 더 효과적으로 악을 책망하기를 원한다면 먼저 상대방의 선을 칭찬하고 찬미하라. 바울은 먼저 "너희가 달음질을 잘 하더니"라고 말함으로써, 갈라디아 교인들을 칭찬하는데 주저하지 않았다.

성도들이 달음질을 잘하는 것을 보는 것은 큰 기쁨의 원천이다. 그렇게 하기 위해 그들은 올바른 길을, 곧장 앞으로, 끈기 있게, 최고 속도로 그리고 그리스도께 시선을 고정시키고 달려가야 한다. 이것이 방해받거나 지체되는 것은 큰 비극이다. 그 길은 진리이고, 달음질은 순종을 말한다. 사람들은 진리에 순종하기를 멈출 때 방해를 받는다.

우리 주변 사람들 가운데서 우리를 방해하는 사람을 찾아보는 것은 도움이 될 수 있다.

I. 우리는 본문을 신자들을 방해하는 것에 연관시켜 사용할 것이다.

1. 당신은 분명히 방해를 받고 있다:
   - 당신은 예전처럼 그렇게 사랑하고 열심을 내지 않는다.
   - 당신은 새로운 관념을 위해 옛 믿음을 포기한다.
   - 당신은 처음 기쁨과 평강을 상실하고 있다.
   - 당신은 지금 항상 주님과 함께 거하는 삶을 살지 못하고 있다.
2. 누가 당신을 방해하는가?
   - 내가(목사가) 그렇게 했는가? 그렇다면 당신의 목사를 위해 기도하

라.

- 당신의 동료 그리스도인이 그렇게 했는가? 당신은 그들에게 반론을 제기해야 한다. 그들은 그것을 알지 못했을 것이다. 그들을 위해 기도하라.
- 세상이 그렇게 했는가? 왜 그 안에 그토록 오래 머무는가?
- 마귀가 그렇게 했는가? 그를 대적하라.
- 당신 자신이 그렇게 하지 않았는가? 그럴 가능성이 매우 높다.

당신은 세속적 염려로 큰 부담을 느끼지 않았는가?

당신은 세속적 안일에 집착하지 않았는가?

당신은 교만으로 말미암아 자기만족에 취하지 않았는가?

당신은 기도, 성경읽기, 공식적인 은혜의 수단, 주의 만찬 등을 소홀히 하지 않았는가?

당신의 길을 교정함으로써, 당신의 영혼이 방해받지 않도록 하라.

- 갈라디아 교회에서처럼, 거짓 교사들이 그렇게 하지 않았는가?

만일 그렇다면 즉시 그들을 물리치고, 오직 그리스도의 복음에만 귀를 기울이라.

3. 당신은 그것을 잘 살피고, 속도를 조절해야 한다.

- 당신의 손실은 이미 엄청나다. 당신은 지금쯤 그 길에서 훨씬 더 멀리 가 있을 것이다.
- 당신의 자연적 성향은 더 느리게 가도록 획책할 것이다.
- 당신의 위험은 허물과 죄로 말미암아 크게 임박해 있다.
- 당신의 죽음은 진리에 순종하지 못하도록 만들 것이다.
- 당신의 지혜는 정확하게 달려갈 수 있도록 도와달라고 간구하는 것이다.

II. 우리는 본문을 죄인들을 지체시키는 것에 연관시켜 사용할 것이다.

1. 당신은 달음질하는 자로 서 있다.
    - 하나님은 당신을 일깨우기 위해 자신의 말씀을 허락하셨다.
    - 하나님은 당신을 포기하지 않으셨다. 이것은 분명하다.
    - 하나님의 구원의 길은 아직도 당신 앞에 열려 있다.
2. 무엇이 당신을 방해했을까?
    - 자기의와 자기신뢰?
    - 부주의와 우유부단과 게으름?
    - 자기방종에 대한 사랑과 은밀하게 쾌락을 추구하는 악한 습관?
    - 천박하거나 회의적인 또는 사악한 친구들?
    - 하나님의 은혜에 대한 불신과 의심?
3. 가장 악한 죄악들이 방해받는 일로 인해 일어날 것이다.
    - 진리에 순종하지 않는 사람은 거짓말로 속이는 사람이 될 것이다.
    - 복종되지 않은 진리는 불순종이고, 따라서 그것은 이중의 죄다.
    - 무시된 진리는 고소자가 되고, 그 증거는 우리의 정죄를 더 굳게 한다.

하나님은 **방해자들**에게 자비를 베푸신다. 우리는 그들을 견책해야 한다.

하나님은 **방해 받은 자들**에게 자비를 베푸신다. 우리는 그들을 격려해야 한다.

자극

뛰는 것보다는 걷는 것이 좋고, 걷는 것보다는 서 있는 것이 좋고, 서 있는 것보다는 앉아있는 것이 좋으며, 앉아있는 것보다는 누워 있는 것이 좋다는 인디언 속담을 받아들이는 사람들이 있다고 세실은 말한다. 그러나 이것은 복음의 가르침은 아니다. 하나님의 길을 가는데에는 걷는 것도 좋지만, 뛰는 것이 더 좋다. 즉 경험과 성취에서 날마다 진보함으로써, 실제적이고, 가시적인 성장을 이루는 것이 좋다. 다윗은 경주하기를 좋아하는 강한 사람을 태양에 비유한다. 즉 그는 그것을 두려워하거나 그것으로부터 후퇴하거나 하지 않고, 자신의 온 힘을 발휘할 기회로 알고 즐거워한다. 그렇게 달려가는 자가 더 잘 달리리라. _ *The Christian*

그리스도인의 경주는 절대로 쉽지 않다. 우리는 "우리 앞에 당한 경주"(히 12:1)를 하는데에 다음과 같은 이유로 방해를 받아 크게 고통을 당하기 때문이다: (1) 죄의 본성이 극히 성숙한 성도들 속에도 여전히 남아 있다. (2) 어떤 사람들은 죄에 쉽게 얽매인다(히 12:1). (3) 무겁고 꼭 끼는 옷처럼, 세상의 혼란한 일들이 경주의 속도를 떨어뜨린다. (4) 경주가 오래 지속되거나 길이 거칠 때 우리는 연약함과 부족함으로 말미암아 곧 지치고 기진맥진해진다. _ 보우스의 「주일의 관점에서」

어떤 이들은 너무 바쁘다. 그러나 그들은 너무 많이 달려서 잘 달리지 못한다. 또 어떤 이들은 처음에는 아주 잘 달린다. 그러나 그들은 결국엔 숨이 차 달리지 못한다. _ 린치(T.T. Lynch)

헨리 워드 비처는 이 본문을 주제로 한 설교에서 그리스도인의 성장을 방해하는 것들의 하나에 대해 다음과 같이 묘사한다: "우리는 신앙 문화로부터 크게 멀어져 있다. 하나님의 말씀에 대한 묵상과 기도 그리고 가족들의 믿음에 대한 영향 등을 통해 행동하는 신앙적 열심과 습관과 가정과 문화를 상실해 버렸다. 그리고 이 경향은 하나님의 말씀을 우리의 지성으로 포장하고 숨겨 버리는 신앙서적들, 소책자들, 전기와 역사서들, 주석들이 크게 늘어남으로써 더 크게 호응을 얻고 있다. 다르게 말하면, '참고서'로 불리는 이것들이 크게 증가되었고, 우리의 관심을 더 크게 차지하고 있기 때문에 우리는 이 참고서들을 읽을 때, 정말 도움이 되는 다른 책들을 읽을 시간을 가질 수 없다. 그리고 성경은 그 '참고서들' 아래 파묻혀 있고, 방치되어 있다."

동료 신자가 얼마든지 방해자 역할을 할 수도 있다. 우리는 종종 동료 순례자들의 발걸음과 보조를 맞출 필요가 있다. 만일 그들이 느림보라면, 우리는 그렇게 하기가 훨씬 수월할 것이다. 그때 우리는 다른 사람들처럼 잠을 자기 쉽다. 우리는 그리스도인으로서 교제 관계에 있는 다른 사람들에 의해 자극을 받거나 침체되고, 또는 더 부지런하거나 게을러지게 된다. 많은 경우에 **세상 친구들과 동료들**이 훼방꾼이 되는 것을 두려워해야 할 더 큰 이유가 있다. 참으로 그들은 방해하는 것 말고는 아무 역할을 하지 못한다. 그들 자신이 경주에 참여하고 있는 자들이 아니라면 그 경주에서 우리를 도울 수 있는 자는 아무도 없다. 그 외의 다른 사람들은 방해만 될 뿐이다. 그리스도인이 불신자와 긴밀한 교제를 나눈다면, 그 순간부터 모든 신앙의 성장은 중지되고 만다. 그는 갔던 길을 되돌아와야 한다. 왜냐하면 그리스도인 친구는 반대 방향으로 가고 있는데, 그가 이전에 갔던 길을 되돌아오지 않고서 어떻게 그 친구와 함께 갈 수 있겠는가? _ P.

한 선원은 이렇게 말한다: "쿠바에서 출항하여 우리는 하루에 60마일 정도 항해를 했다고 생각했다. 그러나 그 다음에 관측해 보니, 30마일 이상 오히려 뒤로 후퇴하게 된 것을 알았다. 그것은 배 밑의 해류 때문이었다. 배는 바람을 타고 앞으로 전진했으나 역행하는 해류 때문에 뒤로 밀리게 된 것이었다." 마찬가지로 사람의 신앙의 길도 종종 올바르게 진보하는 것처럼 보이지만, 그를 에워싸고 있는 보이지 않는 죄의 흐름이 그를 잡아당기고 있어서 그가 생각하고 있는 것과 오히려 정반대로 갈 수 있다. _ 치버(Cheever)

215
십자가의 걸림돌

그리하였으면 십자가의 걸림돌이 제거되었으리니
_ *갈라디아서 5:11*

바울은 여기서 십자가의 걸림돌이 결코 제거되지 않았고, 또 제거될 수도 없다는 사실을 선언하고자 한다. 그것이 제거되었다고 생각하는 것은 어리석은 일이다.

예수교는 가장 평화롭고, 온화하고, 자비롭다.

그러나 그 역사는 항상 가장 신랄한 미움의 대상이 되어 공격 받아왔음을 보여 준다. 그것은 거듭나지 않은 정신에 대해 분명히 걸림돌이다.

과거보다 오늘날 그것이 세상에 대해 조금은 호의적이라고 믿을 만한 근거는 전혀 없다. 세상과 복음의 관계는 절대로 변하지 않는다.

I. 십자가의 걸림돌은 어디에 있는가?

1. 그 속죄의 교리가 사람의 교만에 걸림돌이다.
2. 그 단순한 가르침이 사람의 지혜와 인위적 기호에 걸림돌이다.
3. 사람의 멸망에 대한 그 치유책이 자력 구원을 주장하는 사람의 환상적 능력에 대해 걸림돌이다.
4. 모든 사람을 죄인으로 보는 그 견해가 바리새인들의 존엄성에 걸림돌이다.
5. 그 진리를 계시로 보는 견해가 "현대사상" 에 걸림돌이다.
6. 그 고결한 거룩성이 죄를 사랑하는 인간에 걸림돌이다.

II. 이 걸림돌은 어떻게 나타나는가?

1. 신자들에게 자주 현실적 핍박을 가함으로써.
2. 신자들을 더 자주 구시대적이고, 어리석고, 소심하고, 까다롭고, 독단적이라고 중상하고 조롱함으로써.
3. 십자가를 선포하는 것을 종종 생략함으로써. 많은 사람들이 오늘날 그리스도가 없는 설교를 하고, 피 없는 복음을 선포한다.
4. 정통적 용어에 새로운 의미를 집어넣음으로써.
5. 십자가상에서 죽은 주님의 신성과 그분의 고난의 대속적 성격을 노골적으로 부인함으로써.

진실로 십자가가 우리에게 이런저런 면에서 걸림돌임을 보여 주는 방법은 무수히 많다.

III. 그러면 어떻게 할까?

1. 이 안에 사람들을 다음과 같은 것에 대해 걸림돌이 되게 하는 어리석음이 있다:
   - 하나님이 정하신 것.
   - 싸움에 승리하도록 되어 있는 것.
   - 그들을 구원할 수 있는 유일한 것.
   - 지혜와 아름다움으로 충만한 것.
2. 이 안에 은혜가 있다:

이전에 십자가로 말미암아 걸림돌이 된 우리는 지금은 그것이 다음과 같이 되었음을 알고 있다:

- 우리 마음의 유일한 소망.
- 우리 영혼의 최고의 즐거움.
- 우리 입술의 유쾌한 자랑거리.

3. 이 안에 마음의 살핌이 있다.
   - 어쩌면 우리는 십자가에 대해 은밀하게 걸림돌이 되고 있을지 모른

다.

- 어쩌면 우리는 십자가를 미워하는 자들에게 걸림돌이 되지 않고 있을지 모른다. 많은 신앙고백자들이 대다수 불신자들에게 걸림돌이 되지 않고 있다.

이것은 그들이 십자가에 대해 증거하지 않기 때문이 아닌가?

이것은 그들이 세상을 십자가에 못 박지 못해서가 아닌가?

이것은 십자가를 의지하는 참된 믿음과 그리스도에 관한 참된 지식이 없기 때문이 아닌가?

우리는 십자가의 친구가 아닌 설교자들을 따라가서는 안 된다.

우리는 그리스도와 교제가 없는 사람들과 사귀어서는 안 된다.

시대의 영에 붙잡힌 설교자들은 세상에 속한 자다. 세상은 자신에게 속한 것을 사랑하지만, 우리는 그들과 절연해야 한다.

우리는 심지어 가장 신랄한 조롱을 받는다고 해도, 십자가에 대해 걸림돌이 됨으로써 고통을 자초해서는 안 된다.

우리는 십자가를 우리가 올바른 사람이라는 것을 보여 주는 징표로서 기대하고, 받아들여야 한다.

주해

십자가는 유대인에게는 걸림돌이요, 헬라인에게는 어리석음이 될 수 있지만, 속죄를 만족시킬 수 있는 능력이 인간 정신 속에는 없다. 헨리 로저스의 말에 따르면, “쓴 약이 환자에게 더 적합한 것처럼, 십자가도 인간의 본성에 더 적합하다. 그것을 가진 사람은 그 효력을 시험해 보고, 영적 건강을 회복할 것이며, 기꺼이 그 가치를 자랑할 것이다. 그러나 그것을 갖지 못해 시험해 보지 못하는 사람들에게 그것은 여전히 불쾌한 재산이 될 뿐이다.”

나는 옛날에 아노비우스가 기독교를 반대하여 쓴 책을 펴서 읽어보았다:

"우리 신들은 전능한 하나님을 경배하는 너희 그리스도인들을 불쾌하게 여기지 않는다. 그러나 너희는 십자가에 달려 죽은 한 사람의 신성을 주장하고, 그가 아직껏 살아있다고 믿으며, 너희는 날마다 기도하며 그를 높이고 있다." 사람들은 내게 로마의 키르케리아노 박물관에서 공개된 지 몇 년 되지 않은 팔라티노 언덕의 궁전 벽에 있던 0.3m² 넓이의 석고 벽화를 보여 주었다. 한 짐승의 머리와 함께 십자가를 짊어지고 있는 한 인간의 형상이 거친 진흙 위에 그려져 있었다. 그 형상은 십자가에 못 박혀 있는 상태에 있었고, 그 앞에 한 병사가 헬라식 헌신의 자세로 무릎 꿇고 두 손을 쭉 뻗고 있었다. 그리고 그 아래에는 헬라어로 "알렉사메노스는 그의 신을 경배하노라"는 글귀가 거칠게 새겨져 있었다. 기독교의 핵심사상을 담고 있는 그 그림은 카라칼라 황제 시대에 어떤 무례한 병사에 의해 조소를 당했지만, 지금 로마에서 그것은 그 당시 세계에서 가장 위엄 있는 불후의 명작으로 빛나고 있다. _ 조셉 쿡(Joseph Cook)

만일 내가 전달해야 하는 진리의 어떤 부분이 감추어진다면, 이것은 죄를 범하는 것이다. 중국의 예수회 교도들은 십자가의 걸림돌을 제거하기 위해 그리스도가 십자가에 못 박힌 것은 유대인들이 날조한 허위라고 선언했다. 그러나 그들은 제국으로부터 배척을 받았다. 아무리 선한 목적이 있다고 해도, 날조에 의해 주어지는 유익은 아무것도 없다는 것은 모든 선교사들에게 하나의 경고로서 이야기되어야 하리라고 본다. _ 리처드 세실

십자가는 목사의 능력이다. 나는 십자가 없이는 절대로 세상에 나아가지 않겠다. 그것이 없으면 나는 무기 없는 군인과 같고, 화필 없는 화가와 같고, 나침반 없는 파일럿 같고, 연장 없는 기술자 같다고 느낄 것이다. 다른 사람들은, 원한다면, 법과 도덕에 관해 설교하도록 두라. 지옥의 공포와 천국의 행복에 관해 설교하도록 두라. 그들의 회중들에게 성례와 교회에 관한 가르

침으로 가득 채우게 두라. 그러나 내게는 그리스도의 십자가를 달라. 이것이 지금까지 세계를 완전히 뒤집어놓은 유일한 지레로서, 사람들로 하여금 죄를 포기하도록 만들었다. 그리고 만일 이것이 그렇게 하지 않는다면, 그것은 아무것도 아닐 것이다. 어떤 사람이 라틴어와 헬라어와 히브리어에 대한 완벽한 지식을 갖고 설교를 시작할 수 있다. 그러나 그가 십자가에 관해 제대로 알고 있지 못하다면 그의 청중들에게 유익한 영향은 거의 아니 조금도 끼치지 못할 것이다. 십자가에 달리신 그리스도를 충분히 파악하지 못한 목사는 영혼의 회심에 도울 것이 거의 없다. 루터, 러더퍼드, 휫필드, 맥체인은 가장 저명한 십자가 설교자들이었다. 이것이 성령께서 즐겁게 축복하시는 설교다. 그분은 십자가를 영화롭게 하는 자들을 영화롭게 하신다. _J. C. 라일

과거 나의 생각은 해로운 것들로 얽혀 있었다.
두려운 두 개의 죽음이 가까이 다가온 지금, 그것은 어떤가?
하나는 임박했고, 다른 하나는 그 창을 흔들고 있다.
그림과 조각의 도움을 나는 헛되이 갈망하고,
나의 유일한 피난처는 하나님의 사랑뿐이네.
그 사랑이 십자가로부터 팔을 뻗쳐 나를 구원하네.

_미켈란젤로가 80세가 넘어 마지막으로 쓴 시

216
짐을 짊어짐

너희가 짐을 서로 지라
그리하여 그리스도의 법을 성취하라 …
각각 자기의 짐을 질 것이라
_ *갈라디아서 6:2, 5*

갈라디아교회 성도들은 분명히 율법과 그 짐들을 더 좋아했다. 적어도 그들은 의식을 기꺼이 준수하고, 따라서 모세의 율법을 성취할 준비가 되어 있었다.

바울은 그들이 다른 짐에 관해 생각하기를 원했다. 즉 그들이 그리스도의 법을 성취하는 짐을 짊어지기를 원했다. 우리는 법 아래 있지 않고 사랑 아래 있다. 그러나 사랑은 또한 가장 고상한 의미에서 법이다. 그리스도의 법이 사랑이다. 사랑은 율법의 성취다. "너희가 짐을 서로 지라 그리하여 그리스도의 법을 성취하라."

이 원리가 주제넘은 것이 되지 않도록 그는 개인 책임의 원리를 언급한다. "각각 자기의 짐을 질 것이라."

I. 공동체. "너희가 짐을 서로 지라."

1. 소극적으로:

그것은 묵시적으로 어떤 행동양식들을 금지한다.

- 우리는 다른 사람들에게 짐을 지워서는 안 된다. 어떤 이들은 본문이 그 원래 의미와는 정확히 반대로 마치 "다른 사람들에게 네 짐을 지게 하라" 고 말하는 것처럼 생각하고 그렇게 할 자유를 취한다.
- 우리는 다른 사람들의 짐을 몰래 조사해서 그것을 누설해서는 안 된

다.

- 우리는 이 짐을 지는 데에 그들을 경멸해서는 안 된다.
- 우리는 모든 일이 마치 우리 자신을 높이기 위해 존재하는 것처럼 행동해서는 안 되고, 모든 사람들이 우리 자신의 목적에 무릎 꿇도록 해서는 안 된다.
- 우리는 다른 사람들의 슬픔을 안중에 두지 않는 세상에 빠져서는 안 된다.

2. 적극적으로:

우리는 다른 사람들의 짐을 함께 짊어져야 한다:

- 연민을 통해, 그들의 과거 죄를 함께 짊어져야 한다(1절).
- 인내를 통해, 그들의 허물과 심지어는 그들의 오만까지 함께 짊어져야 한다(2절).
- 동정을 통해, 그들의 슬픔을 함께 짊어져야 한다(2- 3절).
- 기도와 실제 도움을 통해, 그들의 수고의 짐을 함께 짊어지고, 그리하여 그것을 가볍게 해야 한다(6절).

3. 특별히 우리는 다음과 같은 대상을 배려해야 한다:

- 범죄한 형제. 1절에 "무슨 범죄한 일이 드러나거든" 이라고 언급되어 있다. 우리는 그를 조심스럽게 회복시켜야 한다.
- 화를 자극하는 형제. 그는 자신이 그만한 자격이 있다고 생각한다(3절을 보라). 그와 함께 짐을 짊어지라. 그의 잘못은 그 앞에 많은 짐을 가져다 줄 것이다.
- 특별히 우리에게 죄를 범한 형제. 심지어는 그리스도의 법의 척도에 따라서 보더라도, 일흔 번씩 일곱 번이라도 짐을 함께 짊어져야 한다.
- 엄청난 죄를 범한 형제. 그에게는 가장 큰 동정을 보여 주어야 한다.
- 그리스도의 사역자. 그는 세상의 짐으로부터 해방되어, 주님의 짐만 전적으로 짊어질 수 있어야 한다.

II. 제외. "각각 자기의 짐을 질 것이라."

우리는 다른 사람들의 모든 짐을 짊어질 수 없을 것이다.

우리는 자의적인 위법, 과실 또는 반역에 참여하도록 서로 강요해서는 안 된다.

1. 자신이 계속 집착하고 있는 죄가 있다면, 그 죄는 각각 자신이 짊어져야 한다.
2. 자신의 죄로 말미암아 일어나는 수치는 각각 자신이 짊어져야 한다.
3. 자신의 영역 안에서 져야 할 책임은 각각 자신이 짊어져야 한다.
4. 마지막 날 임하는 심판은 자신이 짊어져야 한다.

III. 개인성. "각각 자기의 짐을 질 것이라."

참된 경건은 개인의 문제다. 우리는 우리의 개인성을 벗어버릴 수 없다. 그러므로 우리는 하나님이 은혜로써 다음과 같은 문제들에서 우리 자신을 선대해 주시기를 구해야 한다:

1. 개인적 종교. 거듭남, 회개, 믿음, 사랑, 거룩, 하나님과의 교제 등은 모두 개인적이다.
2. 개인적 자기 살핌. 우리는 우리 영혼의 상태에 관한 문제를 버려두고 다른 사람들의 심판에 신경 쓸 수 없다.
3. 개인적 섬김. 우리는 어느 누구도 대신해 줄 수 없는 일을 스스로 해야 한다.
4. 개인적 책임. 의무는 다른 사람에게 이전될 수 없다.
5. 개인적 수고. 그 어떤 것도 이것을 대체할 수 없다.
6. 개인적 고뇌. "마음은 그 괴로움을 알고 있다."
7. 개인적 위로. 우리는 우리 자신을 위해 보혜사가 필요하다. 우리는 개인적으로 주님의 역사를 위해 그분을 바라보아야 한다.

이 모두는 그리스도인 몫이고, 우리는 그것을 통해 스스로를 판단할 수 있다.

당신 자신의 짐을 짊어지되, 다른 사람들을 잊지 않도록 하라.

다른 사람들이 죄책 아래 나아오지 않도록 신앙생활을 하라.

다른 사람들이 자기신뢰를 파괴하도록 그들을 돕는 자가 되라.

뼈 있는 말

위대한 나폴레옹에 관한 한 일화가 있다. 하루는 그가 일부 군사들을 동반하고 시골길을 행군하고 있는데, 무거운 장작을 등에 짊어지고 오는 한 농부를 만났다. 그 농부는 당연히 그들 일행을 보고 길을 비켜주려고 했다. 그 때 황제는 자신을 따르는 군사들에게 최대한 팔을 뻗쳐 흔들며 그들에게 길을 비키라고 명령하고, "제군들, 짐을 존경하게"라고 말하면서 무거운 짐을 진 농부를 위해 길을 비켜주었다.

사회 한 계층에서 다른 사람들이 고통 속에 있을 때, 가장 높이 승진하기를 바라는 사람은 자신의 한쪽 얼굴이 따귀를 맞을 때, 다른 쪽 얼굴은 웃을 수 있는지 시험해 보아야 한다. _ 토머스 풀러

"사람은 누구나 자신을 위하고, 하나님은 우리 모두를 위하신다"는 솔로몬의 잠언 못지않은 잠언이 있다. 그러나 모든 사람이 자신을 위하는 곳에서는 마귀가 모든 것을 차지할 것이다. _ 윌리엄 세커(William Seckes)

"각각 자기의 짐을 지라" 이 말씀은 필수법칙이다. "너희가 짐을 서로 지라" 이 말씀은 그리스도의 법칙이다. 사람은 그의 이웃의 짐을 같이 짊어짐으로써 자신의 짐을 가볍게 해야 한다. _ T. T. 린치

런던의 좁은 도로 출입구 위에는 "화물 통과 금지"라고 기록되어 있다.

이 도로를 자주 이용하는 한 친구가 이 팻말을 보고 다른 친구에게 말하기를 "그러나 우리는 우리가 가지고 있는 모든 짐과 함께 언제나 무사통과"라고 했다. 그들은 보이지 않는 짐을 운반했다. 그들의 어깨 위에는 외관상 보이는 짐은 없었지만, 많은 사람들처럼 내면적으로 마음을 무겁게 내리누르는 많은 짐들로 어깨가 축 늘어지는 사람들이었다. 가장 힘든 짐은 결코 눈에 보이지 않는 짐들이다.

버넷 주교는 자신의 주교 관구 사제들의 책임을 강조하기 위해 단체의 중요성에 대해 열변을 토하곤 했다. 솔즈베리를 처음 방문했을 때, 그는 성 버나드의 권위에 대해 언급했다. 그의 추종자들 가운데 한 사제가 두 성직록을 받을 수 있는지의 여부에 대해 조언을 구하자 "두 영지를 동시에 보살필 수 있느냐?"고 질문했다. 이에 그 사제는 "그 가운데 하나는 대리인을 통해 보살피도록 하겠습니다"라고 대답했다. 이에 성자는 "대리인이 그대를 위해 영원한 형벌도 받을 수 있겠는가?"라고 물었다. 그리고 이렇게 말했다: "그대는 대리인을 통해 그대의 건강을 돌보게 할 수는 있으나 형벌은 따로 받아야 할 것이다." 이 일화는 경건하고 부자였던 사제 켈시에게 큰 감동을 주었다. 그는 즉시 연간 소득이 엄청난 버크셔의 버네톤 주교 영지를 포기했다. 그러나 그는 그보다 훨씬 더 큰 가치를 얻게 되었다. _ 화이트크로스(Whitecross)

많은 사람들이 인간사 속에서 개인이 해야 할 섬김을 돈으로 대체한다. 그러나 우리는 악에 대항하는 전쟁에서 군사가 되어야 한다. 단순히 전쟁세를 지불하는 것으로는 되지 않는다. _ *Ecce Homo* (이 사람을 보라)

217
심음과 거둠

스스로 속이지 말라 하나님은 업신여김을 받지 아니하시나니
사람이 무엇으로 심든지 그대로 거두리라
_ *갈라디아서 6:7*

루터와 칼빈은 이 말씀을 말씀 선포자들을 돕는 것에 적용시키는데, 확실히 거기에는 그만한 의미가 있다.

목사들을 굶주리게 하는 교회는 그 자신도 굶주리게 될 것이다.

그러나 우리는 그 말씀을 일반원리를 표현하는 것으로 생각하고자 한다.

I. 하나님은 하찮은 존재로 대할 분이 아니다.

1. 상급과 형벌이 없다는 관념으로 말미암아.
2. 단순한 고백만으로 우리가 구원받기에 충분하다는 개념으로 말미암아.
3. 현실도피에 대한 환상으로 말미암아.
4. 우리의 삶과는 상관 없이, 어떤 의식들은 지키기만 하면 마지막에 모든 것을 안심하게 만들 것이라는 미신적인 가정으로 말미암아.
5. 정통적 신조, 위장된 회심, 위선적 믿음에 의존하고, 빈약한 자선에 그침으로써.

II. 그분의 통치의 법들은 무효화될 수 없다.

1. 그것은 자연 속에서 그러하다. 법은 변개할 수 없다. 중력은 그것을 거역하는 사람을 박살낸다.
2. 그것은 섭리 속에서 그러하다. 악의 결과는 반드시 사회악을 초래한다.
3. 양심은 우리에게 그것이 그러하다는 것을 말해 준다. 죄는 처벌받아야 한다.

4. 하나님의 말씀은 이 점에 관해 극히 명쾌하다.
5. 법을 변개하는 것은 우주를 혼란에 빠뜨리고, 의인들의 소망의 근거를 제거하고 말 것이다.

III. 악을 심으면 악을 거둘 것이다.

1. 이것은 어떤 죄의 실제 결과 속에서 보인다.
   - 정욕의 죄가 사람의 몸에 질병을 일으킨다.
   - 우상숭배의 죄는 사람들을 잔인하게 만들어 타락한 행동을 하도록 만들었다.
   - 분노의 죄는 살인, 전쟁, 분쟁 그리고 비참의 원인이 되었다.
   - 탐식의 죄, 특히 알콜중독은 가난, 비참, 광란의 원인이 되었다.
2. 이것은 타락의 힘은 아주 강하고, 죄악을 보는 능력과 시험에 저항하는 힘은 훨씬 약한 마음속에서 보인다.
3. 이것은 노골적으로 하나님을 싫어함으로써 속박을 초래하고 형벌을 자초하는 사람에게서 보인다.
4. 이것은 죄인이 자신의 행위의 결과에 대해 실망하게 될 때 보인다. 그의 악덕은 그의 마음을 잡아먹고, 그의 탐욕은 그의 영혼을 갉아먹고, 그의 불신앙은 그의 위로를 파괴하며, 그의 맹렬한 정욕은 그의 영을 심하게 흔들어 놓는다.
5. 이것은 회개하지 않는 자가 악에 빠진 결과로 영원히 후회하며 형벌을 받을 때 보인다. 지옥은 인간 자신의 죄의 대가다. 양심은 그를 갉아먹는 벌레다.

IV. 선을 심으면 선을 거둘 것이다.

그 법칙은 선한 두 길을 보장한다. 그러므로 우리는 이 선을 심는 것이 무엇인지 물어보아야 한다:

1. 그것을 행하기 위해서는 어떤 힘이 필요한가?
2. 우리가 그것을 행할 때 어떤 방법과 정신을 가져야 할까?
3. 그 씨는 무엇인가?
    - 하나님을 향해, 우리가 성령 안에서 믿음과 순종을 심는 것이다.
    - 인간들을 향해, 우리가 사랑, 진리, 정의, 자비, 인내를 심는 것이다.
    - 자아를 향해, 우리가 탐욕의 절제, 순결 등을 심는 것이다.
4. 성령이 거두는 것은 무엇인가?

우리 안에 영원히 내주하고, 거기서 영원히 사는 생명.

항상 선한 씨를 심어야 한다.

그에 합당한 열매를 거두기 위해서는 먼저 충분히 심어야 한다.

즉시 그것을 심기 시작하자.

씨

하나님을 조롱하는 자들은 그 이상으로 자신을 조롱하는 것이다.
_ 존 트랩

내가 오늘 심을지 심지 않을지의 문제는 반드시 결정되어야 할 문제가 아니다. 결정되어야 할 유일한 문제는 내가 선한 씨를 심느냐 아니면 악한 씨를 심느냐 하는 것이다. 모든 사람은 누구나 영원의 추수를 위해 가라지 아니면 알곡을 심는다. 씨를 뿌리는 사람은 심은 대로 그 열매를 거두게 될 것이다. 허영의 바람을 심은 자는 진노의 회오리바람을 거둘 것이다. 어떤 사람이 자기 이웃이 거둔 열매와 같은 수확을 기대하고, 작은 조약돌을 모아 씨앗처럼 보이도록 조심스럽게 염색을 해서 봄에 그것을 밭에 뿌린다고 상상해 보자. 그는 미친 사람이다. 그는 자신의 어리석은 술수로서 자연법칙을 피하고, 자연의 하나님을 업신여길 수 있다고 생각하는 바보다. 그러나 현재 악을 심으면서 마지막 날에 안전을 거두리라고 기대하는 사람 역시 똑같이 어리석고, 사실 그는 훨씬 더 무거운 형벌에 처해질 것이다. 죄는 무익하고 불길하다. 그것은 현저하게 속이는 것이다. 사람들은 알면서 자신을 멸망의 길에 던지지 않는다. 죄는 죄인을 속여 그로부터 그의 영혼을 빼앗는다.

그러나 의를 심는 것은 절대로 무익한 수고가 아니다. 하나님의 은혜와 그분의 명령에 따라 행해지는 모든 행위는 생명력이 있고, 열매를 맺는다. 그것은 밭고랑 밑에 숨겨진 씨앗처럼 눈에는 보이지 않을 수 있으나 다시 나타날 것이다. 그리스도인이여! 계속 씨를 심으라! 그 씨가 어떻게 자라는지는 눈으로 볼 수 없을 것이다. 그러나 보이지 않더라도 믿음으로 심으라. 그러면 당신은 곧 기쁨의 단을 거둘 것이다. _ 윌리엄 아노

"사람이 무엇으로 심든지 그대로 거두리라." 마름병도, 흰가루병도, 불같은 태양열도, 노도 같은 빗방울도 그 수확을 수포로 돌아가게 하지는 못할 것이다.

항상 존재하고, 항상 활동하는 우주 속에 당신의 행동, 당신의 말을 던져보라. 그것은 결코 죽지 않는 씨앗이 될 것이다. 그것은 오늘은 눈에 띄지 않으나 얼마 가지 않아 벵골 보리수 나무 숲처럼 크게 무성해져 있음을 발견하게 될 것이다(그러나 슬프도다! 그것은 마치 독미나리 숲처럼 되었도다).
_ 토머스 칼라일

또한 씨는 온갖 유혹과 정욕의 위협을 받는다. 그것들은 항상 씨 주변에 떨어진다 — 잡초처럼. 씨는 그 안에 얼마나 큰 힘을 갖고 있을까! 그것은 얼마나 오랜 생명력을 갖고 있을까! 그것은 마치 수천 년 동안 어둠 속에서도 그 힘을 보존하다 지금 다시 활동하는 이집트의 미라 같다. 또 그것은 얼마나 교묘한 방법으로 자신을 보존시키고 번식시킬까! 그것은 날개가 있어서

몇 마일은 쉽게 날아간다. 그것은 광활한 바다 위로 흘러가 전혀 생소한 이역만리에 자리를 잡을 수도 있다. 그것은 대상을 강하게 붙잡고, 떨어지지 않는다. 종종 그것은 새를 통해 거리가 먼 지역에 떨어지기도 한다. 씨가 잡초와 함께 있는 것처럼, 선도 모든 악한 성향 및 습관과 함께 있다. 그것은 스스로를 번식시키고, 전체 영혼에 영향을 미치며, 대대로 전달된다.
_ 제임스 맥코쉬 박사(Dr. James McCosh)

어떤 사람이 선을 행하는 것으로 손해 본다고 생각할까? 그렇게 생각하는 사람은 아무도 없다. 그는 그의 씨를 심을 때, 그것을 잃어버릴 것이라고 생각하지 않는다. 추수 때 더 많이 거두기를 바란다. 그렇다면 당신은 땅은 믿고 하나님은 믿지 못하겠는가? 확실히 하나님은 땅보다 보상을 더 잘해 주시는 분이다. 은혜는 자연보다 훨씬 더 큰 보상을 제공한다. 땅을 보라. 당신은 거기서 하나를 심으면 40배의 결실을 거둘 것이다. 그러나 천국에서는 (그리스도의 약속에 따르면) 100배의 열매를 거두도록 되어 있다. 후히 되어 누르고 흔들어 넘치도록 하여 우리에게 안겨 주실 것이다(눅 6:38). "가난한 자를 보살피는 자에게 복이 있음이여." 심음이 먼저다. "재앙의 날에 여호와께서 그를 건지시리로다"(시 41:1). 그러면 거둠이 있다. 그것이 전부인가? 아니다. 마태복음 25:35도 있다: "내가 주릴 때에 너희가 먹을 것을 주었고 목마를 때에 마시게 하였고" — 이 말씀은 고난 속에 있던 나에게 위로가 되었다. 심음이 먼저 있다. "내 아버지께 복 받을 자들이여 나아와 창세로부터 너희를 위하여 예비된 나라를 상속 받으라"(마 25:36). 그리고 거둠이 있다. _ 토머스 아담스

218
십자가에 못 박는 것 세 가지

그러나 내게는 우리 주 예수 그리스도의 십자가 외에
결코 자랑할 것이 없으니
그리스도로 말미암아 세상이 나를 대하여 십자가에 못 박히고
내가 또한 세상을 대하여 그러하니라
_ *갈라디아서 6:14*

바울은 십자가 교리에서 떠난 자들을 신랄하게 비판했다(12- 13절).

우리는 다른 사람들을 비판할 때, 우리 자신이 조심스럽게 올바른 길을 가는 사람이 되어야 한다. 그래서 그는 "내게는 우리 주 예수 그리스도의 십자가 외에 결코 자랑할 것이 없다" 고 말한다. 우리 자신이 단호하게 진리를 고수하는 일은, 실천적으로 적용될 때, 반대자들에게 아주 강력한 변증의 무기가 된다.

바울은 십자가의 대적자들에 관해 말할 때는 마음이 뜨거워진다. 그가 그 주제를 다룰 때만큼 그의 마음을 불타오르게 하고 흥분시킬 때가 없었다. 그러나 그는 그 이유들을 갖고 있고, 본문의 후반부에서 그것들에 대해 분명하게 그리고 강력하게 천명한다.

여기에 세 종류의 십자가 못 박힘이 있다:

1. 그리스도가 못 박힘. "주 예수 그리스도의 십자가."

그는 가장 분명하고 가장 강력한 말로 예수님의 대속적 죽음에 관해 언급한다. 십자가는 교수대만큼 수치스러웠다.

그러나 십자가를 그것을 감당하는 사람과 가장 극명하게 대조시키고 있다. 왜냐하면 그는 그분에 대해 "우리 주 예수 그리스도"라는 영광스러운 이름에 최고의 영예를 부여하고 있기 때문이다.

그는 십자가에 달려 죽으신 예수님의 죽음을 통해 이루어진 자유로운 칭의와 충분한 속죄에 관한 교리를 언급하고 있다.

그는 이 십자가에 어디서도 찾을 수 없는 영광을 부여했다. 왜냐하면 그는 그것을 다음과 같이 보았기 때문이다:

1. 신적 속성을 보여 주는 것으로. "곧 하나님께서 그리스도 안에 계시사" (고후 5:19).
2. 구주의 사랑의 표상으로(요 15:13).
3. 속죄를 통해 죄를 제거하는 것으로(히 9:26).
4. 절망하는 영혼에게 소망, 평화, 기쁨을 불어넣는 것으로.
5. 심령을 감동시키고, 삶을 변화시키는 위대한 수단으로.
6. 예수님이 죽으신 것을 바라봄으로써, 죽음의 공포를 제거하는 것으로.
7. 모든 믿는 자들에게 천국을 보증하는 것으로.

이 관점들 가운데 어느 것으로 보더라도 십자가는 형언할 수 없는 영광으로 불타고 있는 빛의 기둥이다.

II. 세상이 못 박힘. "세상이 나를 대하여 십자가에 못 박히고."

십자가의 빛을 따라 모든 것을 바라본 결과, 그는 세상을 십자가에 못 박혀 처형당한 중죄인으로 보았다.

1. 세상의 임금이 정죄됨(요 12:31).
2. 세상의 판단이 정죄됨. 누가 교수대에 처형된 중죄인의 의견을 주목하겠는가?
3. 세상의 가르침이 무시됨. 어떻게 세상이 그 권위를 가질 수 있겠는가?
4. 세상의 쾌락, 영예, 보물들이 거부됨.
5. 세상의 추구, 기준, 정신이 배척됨.
6. 세상의 위협과 유혹이 무력화됨.
7. 세상 자체는 곧 사라지고, 그 영광과 유행도 소멸됨.

III. 신자도 못 박힘.

"내가 또한 세상을 대하여 그러하니라." 세상을 대하여, 바울은 바로 십자가에 못 박힌 사람이었다.

만일 믿음이 있다면, 그리스도인은 자신이 수치스러운 죽음에 처해지는 것을 당연히 여길 것이다.

그는 아마 다음과 같은 자신을 발견할 것이다:

1. 처음에 위협받고, 배척받고, 조롱받은 자신.
2. 가난한 성도들과 교제하기 때문에 별로 알려지지 않은 자신의 이름과 영예.
3. 제대로 표현되지 못한 자신의 행동과 동기.
4. 일종의 미친 사람 또는 의심 많은 지성의 소유자로 멸시받은 자신.
5. 타파되고 사멸된 것으로 묘사된 자신의 가르침.
6. 금욕적이고 위선적인 것으로 간주된 자신의 방법과 습관.
7. 돌이킬 수 없는 존재로 포기되고, 그래서 사회에 대해 죽은 존재로 생각된 자신.

우리는 십자가가 세상의 영광과 영예와 능력을 못 박아 죽였기 때문에, 그것을 영광스럽게 해야 하리라!

사람들이 우리에게서 다른 모든 영광을 빼앗아갈 때, 십자가를 영광스럽게 해야 한다.

메 모

우리가 **이 같은** 구주를 소유하고 있다는 것은 큰 기쁨과 영광의 주제가 된다. 세상은 그분을 경멸의 시선으로 바라보고, 십자가는 유대인에게는 거리끼는 것이요, 이방인에게는 미련한 것이다. 그러나 그리스도인에게는 그 십자가가 영광의 대상이다. 그것은 다음과 같은 이유 때문이다: (1)거기에 고난 받으신 분의 사랑이 있기 때문이다. (2)무죄하신 그분이 죄인을 위해 죽으심으로써, 거기에 그분의 인격의 순결함과 거룩함이 있기 때문이다. (3)그분이 그것을 더럽히지 않고 죽으심으로써, 거기서 하나님의 율법을 영예롭게 하셨기 때문이다. (4)인간의 노력이나 힘으로는 절대로 이루어질 수 없는 것을 성취하심으로써, 거기서 죄를 위한 화목을 이루셨기 때문이다. (5)거기서 죄인들을 위해 죄 사함의 역사를 이루셨기 때문이다. (6)우리가 그것을 통해 세상에 대해서는 죽고, 하나님에 대해서는 살도록 되었기 때문이다. (7)우리가 시험당할 때 견딜 수 있도록 십자가에서 도움과 위로가 나오기 때문이다. (8)그것이 우리에게 천국의 길을 허락하고, 영광의 세계에 들어가는 자격을 주는 칭호를 얻게 하기 때문이다. 모든 영광이 십자가 주위를 감싸고 있다. 죽으신 분은 영광스러운 구주셨다. 그분을 죽음의 길로 이끈 것은 영광의 사랑이었다. 세상을 구속하는 것이 영광의 목적이었다. 그리고 그분이 자신의 죽음을 통해 상실되고 파멸된 죄인들을 일으키시리라는 것은 말로 할 수 없는 영광이다. 오, 누가 이런 구주께 영광을 돌리지 않겠는가! _ 알버트 반스(Albert Barnes)

만일 당신이 아직까지 십자가에 달려 죽으신 그리스도가 성경 전체의 기초라는 것을 깨닫지 못했다면, 지금까지 읽은 성경은 별로 도움이 되지 못했을 것이다. 당신의 신앙은 태양 없는 천국이요, 이맛돌 없는 아치요, 바늘 없는 나침반이요, 태엽이나 추 없는 시계요, 기름 없는 등이다. 그것은 결코 당신을 위로하지 못할 것이다. 그것은 당신의 영혼을 지옥에서 구원하지 못할 것이다. _ J. C. 라일

십자가의 속죄 능력을 알지 못했다면 다른 것들을 아는 것으로 만족하지 말라. 십자가의 영광은 생명의 길이 오직 예수님께만 있다는 것과 매순간 그것이 우리에게 죄와 죽음을 파괴시키는 능력이 되고, 영생의 능력 안에서 우리가 살 수 있도록 인도한다는데 있다. 그러므로 구주로부터 이것을 위해

십자가를 써먹는 거룩한 기술을 배우라. 십자가의 능력과 그 승리를 믿는 믿음은 날마다 육신의 행실 곧 육체의 정욕들을 죽은 것으로 만들 것이다. 이 믿음은 십자가가 자아에 대해서는 지속적으로 죽게 하고, 당신의 모든 영광을 그것에 돌리도록 가르쳐 줄 것이다. 왜냐하면 당신은 자신을 고통스러운 죽음의 관점에 따라서 계속 십자가의 길을 가고 있는 사람으로서가 아니라 이미 그리스도 안에서 살고 있고, 지금은 단지 죄의 몸을 죽음의 상태에 두는 복된 도구로서 십자가를 간직하고 있는 사람이기 때문에, 자신을 십자가 죽음이 이미 지나간 사람으로서 간주해도 되기 때문이다(롬 6:6). 세상과 죄에 대한 완전한 승리를 얻기 위한 기준은 십자가다. _ 앤드류 머리(Andrew Murray)

안디옥 교회의 목사였던 이그나티우스는 트라여누스 황제에 의해 로마에서 사형선고를 받았을 때, 그곳에 있던 그리스도인들이 자기를 각별히 사랑해서 자신의 죽음을 막기 위해 노력하고 있다는 것을 알고 있었다. 그리하여 그는 서머나에서 로마에 있는 성도들에게 편지를 써서 그들에게 진지하게 자신의 생명을 연장시키기 위해 애쓸 필요가 없다고 탄원했다. 그는 거기에 "나는 죽기를 갈망한다" 고 쓰고, 그 이유로서, 자신의 죽음이 그리스도에 대한 사랑을 보여 주는 증거가 되었으면 좋겠다고 덧붙이면서 "내 사랑은 십자가에 못 박힌다" 고 적었다.

사랑이 십자가를 쉽고, 사랑스럽고, 훌륭하고, 매력적인 것으로 만든다.

형제들아, 그리스도의 십자가가 여러분의 면류관이고, 그리스도의 수욕이 여러분의 재산이며, 그리스도의 수치가 여러분의 영광이다. _ 조셉 얼라인(Joseph Alleine)

219
보증

약속의 성령으로 인치심을 받았으니,
이는 우리 기업의 보증이 되사
_ 에베소서 1:13-14

천국은 기업 곧 상속을 통해 주어진 것으로 우리의 것이다. 그것은 어떤 공로나 힘에 의해 얻어진 것이 아니라 상속권에 의해 확보된 것이다.

이 기업에 관해 우리는 여기서 다음과 같은 전조를 갖고 있고, 그 전조는 담보물이나 보증의 성격 곧 우리가 그것을 충분히 소유할 때를 보장하고 있다. 보증은 그것이 보증하는 궁극적인 복과 동일한 성격이 있다. 담보물은 되찾아지고 보증은 약속된 물건의 한 부분으로서 보존된다.

올바르게 이해되는 한, 우리가 우리 기업의 보증을 소유할 때 큰 기쁨이 수반된다.

I. 성령 자신이 천국 기업의 보증이다.

그분은 보증일 뿐만 아니라 영원한 복의 전조다.

1. 그분은 우리 영혼에 들어오실 때, 천국에 들어가는 생명 곧 영생을 가지고 오신다.
2. 그분은 우리 안에 거하실 때, 우리가 영원토록 지켜야 할 목적 곧 주 우리 하나님에 대한 섬김으로 우리를 성별시킨다.
3. 그분은 우리 안에서 활동하실 때, 천국의 복을 누리는데 본질적인 거룩을 우리 안에 창조하신다.
4. 그분은 우리를 감동시키실 때, 천국에서 영원히 누릴 하나님과의 교제를 우리에게 허락하신다.

5. 그분이 우리의 것이 될 때, 최소한 천국이 우리 것이 되는 것과 똑같다. 왜냐하면 우리가 천국의 하나님을 소유한다면 우리는 천국뿐만 아니라 다른 모든 것도 소유하게 되기 때문이다.

성령을 소유하는 것은 영광의 서광이다.

II. 성령은 천국 기업의 다양한 축복을 미리 우리에게 허락하신다.

1. 안식. 이것은 천국의 중심 이념으로서, 우리는 지금 이 순간 예수 그리스도 안에서 이 안식을 누린다(히 4:3).
2. 섬김의 즐거움. 우리는 지금도 즐거움 속에서 주님을 섬기고 있다.
3. 죄인이 회개하는 것을 기뻐함. 이것을 우리는 지금도 누릴 수 있다.
4. 성도들과의 교제. 이 불완전한 상태에서도 이것은 얼마나 달콤할까!
5. 하나님과 모든 신적 사실들에 관한 확대된 지식. 우리는 여기서도 부분적으로 천상에서 알게 될 사실들을 알고 있다.
6. 죄, 사탄 그리고 세상에 대한 승리.
7. 그리스도 예수 안에서의 안전.
8. 사랑하는 우리 주님께 가까이 나아감.

이 창문들을 통해 우리는 하나님이 자기를 사랑하는 자들을 위해 예비해 놓으신 것을 들여다보자. "오직 하나님이 성령으로 이것을 우리에게 보이셨으니"(고전 2:10).

III. 이 밝은 주제와 대조되는 극히 어두운 주제가 있다.

"멸망의 분명한 증거들" 즉 슬픔의 보증들이 있다. 또 영원한 비참의 상태에 대한 보증과 전조들이 있다.

불경건한 자들은 때가 되면 죄가 자기에게 어떤 결과를 일으킬지에 대해 분명히 인식할 때가 올 것이다. 그들은 다음과 같은 것들을 발견하게 될 것이다:

1. 이 세상에서 맛보게 되는 죄의 열매: 수치, 가난, 질병 등.
2. 그들의 죽음에 대한 공포는 죄에 대한 생각을 일깨운다.
3. 그들이 자주 느끼는 불안과 금지. "악인은 쫓아오는 자가 없어도 도망하나"(잠 28:1). 그들은 "메뚜기같이 불려간다."
4. 그들의 동료들에 대한 실망, 상호불화와 미움. 이 사람들과 영원히 차단되어야 한다면 어떻게 되겠는가?
5. 그들이 선한 일을 싫어하고 기도에 무력한 일 등. 그들이 천국에서 성도 및 천사들에게 참여하지 못하는 불가능성에 대한 모든 보증들.

오, 천국이 이 아래에서도 시작되었음을 발견할 수 있도록 성령이 충만하기를!

정선된 발췌

보증과 우리 안에서 활동하는 은혜를 가져다주는 성령의 내주 사이에는 유사점이 있다. (1) 보증은 어떤 청구서에 따라 예정된 날짜에 지급되도록 되어 있는 전체 금액 가운데 한 부분이다. 마찬가지로 우리가 소유하고 있는 성령과 그분의 은혜도 우리가 궁극적으로 들어가게 될 영광스러운 존재의 시작이다. 그러나 그것은 수준은 다르지만, 본질상으로는 같다. (2) 보증은 전체와 비교해 볼 때 아주 작은 부분을 차지한다. 20실링은 100파운드를 차지하도록 하는데 충분한 보증이다. 마찬가지로 우리가 소유하고 있는 모든 은혜는 우리가 바라보고 있는 장래의 충만한 은혜와 비교하면 아주 작다. 이것은 첫 열매를 풍성한 추수와 비교하는 것과 같다. (3) 보증은 그것을 받아든 사람에게 그가 계약을 맺는 상대방에 관해 정직한 태도를 취하리라고 확신하게 한다. 마찬가지로 성령과 우리가 하나님으로부터 받는 은혜는 우리로 하여금 그분이 우리를 영원한 영광으로 정확하게 인도할 것을 확신하게 한다. _ 폴 베인(Paul Bayne)

그리스도인들이여! 하나님은 우리의 가장 친한 친구보다 더 가까이 계신다. 그분은 우리가 **오직** 그리스도의 손의 감촉만을 느끼고, 그분의 옷깃만을 스친다고 할지라도, 그때보다 우리에게 더 가까이 계신다. 왜냐하면 그분은 우리 **안에** 자신의 거처를 두고 계시기 때문이다. 플라톤이 "신은 우리 자신보다 우리에게 더 내면적이다"라고 말할 때, 그는 이 영광스러운 진리를 어렴풋이 감지하고 있었던 것으로 보인다. 그것이 그에게는 하나의 아름다운 상상이었다면, 우리에게는 말할 수 없는 감동을 주는 실재이다. 왜냐하면 우리는 "성령의 전이기" 때문이다. _ 찰스 스탠퍼드 박사

우리가 본향으로 돌아가기로 작정하는 순간 우리의 본향은 전조를 통해 우리를 맞이할 준비를 한다. 본향의 평화가 우리를 감싸고, 비둘기처럼 성령이 우리 마음속에 강림한다. 본향의 영광이 우리를 매혹시키고, 본향에서 내려온 천사들이 우리를 수종들며 우리의 귀향길을 돕는다. 오, 우리의 갈 길이 아직 먼데, 이처럼 달콤한 권리들을 우리에게 보내줄 수 있는 본향은 얼마나 멋진 곳일까! _ 존 펄스퍼드(John Pulsford)

"**보증.**" 이 말의 헬라어는 '**아라본**'(arrhabon)이다. 그 말은 히브리어(최소한, 셈어)에 기원을 두고 있다. 동일한 히브리어 단어가 창세기 38장에 나타나고 있다. 어원상 그것은 **교환**(exchange)이라는 뜻과 연관되어 있고, 따라서 첫 번째로 담보물을 가리킨다. 그러나 그 용법은 **보증**이라는 말과 유사한 의미로 사용되었다. 그 말은 신랑이 신부에게 주는 약혼 선물에 대해 사용되었고, 여기서 사용된 말은 이 뜻과 정확히 일치된다. 교회용 라틴어를 보면, 그 말이 보통 '**아라**'(arra)라는 축약형으로 나타난다. 이 말은 프랑스어에서 거래를 마무리하기 위해 지불되는 돈을 가리키는 '**아레스**'(arrhes)라는 말로 존속되었다. '**아라본**'은 신약성경의 다른 곳 곧 고린도후서 1:22; 5:5에서도 나타난다. 여기서처럼, 거기서도 그 말은 성도들에게 주어진 성령

의 선물을 가리키고 있다. 이것은 마치 장래에 주어질 "영광의 복"을 한 부분 미리 지불받는 것과 같다. 말하자면 장래에 가장 완전하게 그 심오한 본질에 따라(요일 3:2) 바라보게 될 주님의 모습을 성령께서 여기서 미리 볼 수 있도록 시작하고 전개시키셨다는 것이다(고후 3:18). 이와 유사한 표현이 "성령의 **처음 익은 열매**"(롬 8:23)라는 표현이다. _「신학생을 위한 케임브리지 성경」

220
왕의 가족

하늘과 땅에 있는 각 족속에게 이름을 주신
_ *에베소서 3:15*

우리를 땅으로 향하도록 끌어들이는 가치들과 그것에 우리를 묶어두는 끈들이 많다. 이것들 중에서 영적 족속들이 취할 만한 것은 하나도 없다.

우리는 하늘을 향한 욕망이 필요하다. 오, 우리가 본문에서 그것을 발견할 수 있기를!

아래 있는 성도들과 위에 있는 성도들 사이에는 복된 관계가 존재한다.

오, 우리가 하나의 족속임을 느끼게 되기를!

I. 우리는 본문의 말을 이해해야 한다.

1. 핵심 단어는 "족속" 곧 가족이라는 말이다.
   - 건물은 건축자의 계획의 단일성을 보여 준다.
   - 양들은 목자의 소유의 단일성을 보여 준다.
   - 시민이라는 호칭은 시민으로서의 권리의 단일성을 함축하고 있다.
   - 군대라는 개념은 목적과 목표의 단일성을 보여 준다.

여기서 우리는 "족속"이라는 말에 더 가까이 나아가고, 더 깊이 배울 것이 있다.

- 동일한 아버지. 이것 역시 관계의 단일성을 보여 준다.
- 동일한 삶. 여기서는 본성의 단일성이 나타난다.
- 동일한 상호 사랑. 여기서는 본성과 관계를 통해 자라는 사랑이 나타난다.
- 동일한 욕구, 관심, 기쁨 그리고 소원 등도 단일성을 보여 준다.

- 거주, 안전, 삶의 향유를 위한 동일한 가정도 단일성을 보여 준다.
- 곧 소유하게 될 동일한 유산도 단일성을 보여 준다.

2. 연계어는 "각"(whole)이다. "하늘과 땅에 있는 각 족속에게."

땅에서, 우리는 족속 곧 가족으로서 겪게 되는 경험을 다음과 같이 발견한다:

- 아직 완전하지 않지만, 죄를 범하고 회개함.
- 사람들 사이에서 이방인과 외국인으로서 고난당하고 멸시받음.
- 아직 육체 가운데 있기 때문에 죽음에 이르고 신음함.

천국에서, 우리는 족속으로서 겪게 되는 또 다른 경험을 다음과 같이 발견한다:

- 섬기며 즐거워함. 무죄하고, 모든 결함으로부터 벗어남.
- 하나님을 영화롭게 하고 그분으로 말미암아 영광을 누림.
- 슬픔의 탄식으로부터 벗어나 즐겁게 노래하는데 진력함.

십자가 군사와 승리자는 결코 분리될 수 없는 한 족속이다.

3. 최고의 단어는 "이름을 주신"(named)이다.

우리는 장자인 예수 그리스도와 같은 이름을 부여받는다.

- 따라서 우리 모두는 주 예수님처럼 참된 아들로서 인정받게 된다. 왜냐하면 우리에게 그분과 똑같은 이름이 주어졌기 때문이다.
- 따라서 그분은 우리들 가운데 크게 영화롭게 된다. 그분의 이름은 그 이름을 진실로 소유하고 있는 각 사람을 통해 영광받는다.
- 따라서 우리는 그토록 존엄한 이름을 가짐으로써 그분 안에서 크게 영예를 누린다.
- 따라서 우리는 그분을 본받도록 가르침받는다. 우리는 그 이름을 의롭게 해야 한다.
- 따라서 우리는 우리를 향하신 그분의 크신 사랑, 우리에게 베푸신 그분의 크신 선물, 우리와 함께 하시는 그분의 연합 그리고 우리에 대한

그분의 가치를 당당하게 상기해야 한다.

II. 우리는 본문의 정신을 포착해야 한다.

여기서 우리는 한 가족으로서의 감정을 느끼고, 보여 주어야 한다.

1. 한 가족의 일원으로서, 우리는 우리가 공유하는 일들에 동참해야 한다.

우리 모두는 다음과 같이 해야 한다:

- 동일한 업무. 주님을 섬기고, 형제를 축복하며, 영혼을 구원하는 것이 우리의 음식과 음료가 되어야 한다.
- 동일한 즐거움들: 친교, 확신, 기대 등.
- 아버지에 대한 동일한 사랑.
- 우리 하나님과 함께 하는 동일한 의로움과 용납.
- 은혜의 보좌, 천사들의 수종, 영적 양식 그리고 영적 조명과 같은 동일한 권리들.
- 동일한 소원들: 은혜 안에서 자라감, 끝까지 견딤, 최후의 영광 등.

2. 한 가족의 일원으로서, 우리는 서로 친밀해야 한다.
3. 한 가족의 일원으로서, 우리는 서로 실제적으로 돕는 자가 되어야 한다.
4. 한 가족의 일원으로서, 우리는 우리를 갈라놓는 이름들, 목표들, 감정들, 야망들 그리고 믿음은 피해야 한다.
5. 한 가족의 일원으로서, 우리는 하늘에 계신 아버지의 영광과 나라를 위해 분투해야 한다.

우리는 잃어버린 가족들을 찾아야 한다.

우리는 잊혀진 가족들을 소중히 여겨야 한다.

우리는 가족의 평화와 일치를 위해 힘써야 한다.

엄선된 말

성경은 모든 믿는 자들의 처소로서 하늘 아니면 땅이라는 두 처소에 관해서 말한다. 따라서 사도는 그들의 머리이자 대속주이신 그리스도 아래 그들이 모인 것에 관해 말할 때, 그것을 "하늘에 있는 것이나 땅에 있는 것"(엡 1:10)이라고 정리한다. 사도는 저곳의 림보와 이곳의 연옥은 말하지 않는다. 성경은 오직 두 부류의 성도들만 언급하고 있고, 따라서 두 처소에 대해서만 말한다. 그것은 승리한 자들을 위한 하늘과 전투하는 자들을 위한 땅이다.

_ 폴 베인(Paul Bayne)

"하늘과 땅에 있는 **각** 족속"은 두 족속을 말하는 것이 아니다. 하늘과 땅에 있는 분리된 가족이 아니라 한 가족을 말하는 것이다. 얼핏 보면 그것은 우리가 **죽음**의 손을 통해 아주 효과적으로 산 자와 죽은 자로 분리되었을 때를 말하는 것처럼 보인다. 그렇다면 어떤 사람들은 땅에서 수고하고 있고, 어떤 사람들은 무덤 아래에서 잠자고 있을 때, 우리가 과연 한 가족이 될 수 있겠는가? 워즈워스와 대화를 나눈 한 어린 하녀가 한 말에는 위대한 진리가 담겨 있었다. 그녀가 "오 주인님, 우리는 일곱식구예요"라고 말했을 때, 워즈워스는 이렇게 말했다:

"그러나 그들은 죽었다. 그들 가운데 둘은 이미 죽었다.
그들의 영혼은 지금 하늘에 있단다!"
그러나 그의 말은 소용이 없었다.
왜냐하면 어린 하녀는 여전히 자신의 뜻을 고집했기 때문이다.
"아니에요, 우리는 일곱 식구예요."

여기서 신적 가족에 관해 말해서는 안 될까? 왜냐하면 죽음은 하나님의 집에서 그 가족을 분리시키는데 아무런 힘이 없기 때문이다. _ 스펄전

어떤 사람이 "어렸을 때, 나는 천국을 커다란 성벽과 둥근 천장과 뾰족탑이 있는 찬란한 빛이 나는 도시로서, 나에게는 생소한 하얀 천사들 외에는

아무도 없는 곳으로 생각했다. 그런데 내 어린 동생이 죽자 나는 성벽과 둥근 천장과 뾰족탑을 가진 커다란 도시로서, 내가 전혀 모르는 냉정한 천사들의 무리와 내가 잘 알고 있는 한 어린 소년이 거주하는 곳으로 생각되었다. 그는 그 당시 내가 알고 있던 유일한 사람이었다. 그런데 또 다른 형제가 죽었다. 그곳에는 내가 알고 있는 두 사람이 있었다. 이후 내가 아는 사람들이 죽게 되자 내가 아는 사람들의 수도 늘어갔다. 그러나 내 어린 아들 하나를 그의 할아버지 — 하나님 — 께 보냈을 때는 생각이 바뀌었다. 그때부터 나는 내 자신이 그곳에 가야 한다고 생각하기 시작했다. 이어서 둘째 아들, 셋째 아들, 넷째 아들도 그곳으로 보냈다. 그때 나는 천국을 성벽과 둥근 천장과 뾰족탑이 있는 도시로는 전혀 생각하지 못하고, 내가 아는 사람들이 많이 거하고 있는 곳으로 생각했다. 나는 천국에 거하는 거주자들을 생각하기 시작했다. 그리고 지금 그곳에는 내가 아는 많은 사람들이 가 있고, 때때로 내가 땅보다 하늘에 있는 것을 더 잘 알고 있는 것처럼 느껴진다. _「예화사전」

독일의 저명한 정치가로서 1809년에 프로이센 정부의 수반이었던 슈타인은 1812년에 문스터 백작에게 다음과 같이 편지를 썼다: "나는 내가 내 안에서는 프로이센의 요주의인물이고, 당신 안에서는 하노버 왕조의 배반자인 것이 각하에게 죄송합니다. 나는 오직 하나의 조국을 갖고 있고, 그곳은 바로 독일입니다. 구정권 하에서 나는 독일의 어떤 지역이 아니라 오로지 독일 전체에 속한 것처럼, 그 한 지역이 아니라 독일 전체에 대해 내 온 마음을 다 바칠 것입니다."

토머스 브룩스는 서섹스의 루이스 근방에서 살던 병든 한 여성에 관해 말한 적이 있었다. 그녀를 소중히 여기는 한 이웃 사람이 그녀를 방문해서, 만약 그녀가 죽는다면, 천국에 가서 하나님, 예수 그리스도 그리고 성도들 및 천사들과 함께 살게 될 것이라고 말했다. 이 병든 여인은 그 말에 담담하게

이렇게 대답했다: "하지만 부인. 나는 그곳과 아무 상관이 없어요. 아니, 그곳에 나는 아는 사람도, 친구도 없어요. 아무도 아는 사람이 없기 때문에 그곳에 가서 이방인으로 사는 것보다 나는 당신과 다른 이웃들과 함께 있는 것이 더 좋아요." 많은 사람들에게 자기 생각을 말하도록 할 때, 그들이 똑같이 말하는 것은 두려운 일이다.

221
측량할 수 없는 것을 측량함

그의 영광의 풍성함을 따라 그의 성령으로 말미암아
너희 속사람을 능력으로 강건하게 하시오며 믿음으로 말미암아
그리스도께서 너희 마음에 계시게 하시옵고
너희가 사랑 가운데서 뿌리가 박히고 터가 굳어져서
능히 모든 성도와 함께 지식에 넘치는 그리스도의 사랑을 알고
그 너비와 길이와 높이와 깊이가 어떠함을 깨달아
하나님의 모든 충만하신 것으로 너희에게 충만하게 하시기를 구하노라
_ *에베소서 3:16-19*

본문에 묘사된 이해와 깨달음의 능력은 사도의 기도제목으로서, 우리는 그것이 가장 바람직한 성취 단계임을 크게 확신할 수 있다. 그가 어떻게 기도하고, 자신의 간구를 어떻게 드리고 있는지 관찰해 보자.

하나님은 우리에게 측량할 수 없는 것을 측량할 수 있도록 하시지만, 그러기 전에 우리를 그렇게 하기에 적합한 존재로 만드실 것이다.

우리는 여기서 네가지 측량의 주요 요점을 확인하고, 무엇이 앞에 오고, 뒤에 오는지를 살펴볼 것이다.

I. 이 측량을 위해 요구되는 사전 능력.

1. 그분은 그들의 영적 능력을 활력 있게 하실 것이다.
- "너희 속사람." 이해, 믿음, 소망, 사랑 — 이 모든 것은 하늘로부터 오는 능력이 필요하다.
- "강건하게." 원기 있고, 활력 있고, 건강하고, 너그럽게 만들 것이다.
- "능력으로." 낮은 수준의 힘으로는 충분하지 못할 것이다.
- "그의 성령으로 말미암아." 요구되는 힘은 영적이고, 거룩하고, 천상

적이고, 신적인 것으로, 실제로는 성령에 의해 주어지는 힘이다.

2. 그분은 그 주제를 항상 그들 앞에 두셨다. "믿음으로 말미암아 그리스도께서 너희 마음에 계시게 하시옵고."
   - "너희 마음에." 사랑은 그리스도의 사랑을 깨닫기 위해 배워야 한다. 그것은 머리보다는 마음에 계시되는 것이다.
   - "믿음으로." 육에 속한 사람은 눈으로 봄으로써 깨닫지만, 성도는 믿음으로 깨닫는다.
   - "계시게 하옵시고." 그분은 우리가 자신을 깨닫기를 배우도록 항상 우리 가까이 계신다. 친교는 이 지식의 기초다.
3. 그분은 그들이 깨달음의 기술을 발휘하도록 하셨다. "너희가 사랑 가운데서 뿌리가 박히고 터가 굳어져서."
   - 그리스도의 사랑을 헤아릴 수 있으려면, 그분을 사랑해야 한다.
   - 우리는 그분의 사랑을 경험함으로써, 그분에 대한 우리 자신의 사랑을 확증해야 한다. 그렇지 않으면 우리는 그분의 사랑을 헤아릴 수 없다.
   - 우리는 또한 그리스도에 관한 생생한 깨달음이 있어야 한다. 우리는 흙에 크게 지탱하고 있는 나무처럼 뿌리가 박혀야 한다.
   - 우리는, 건물처럼, 그분의 사랑을 땅 위에서 세워놓고 있는 우리의 기초로서 확고히 해야 한다.
   - 우리는 또한 우리의 인격, 믿음 그리고 목표에서 견고성, 확실성, 견인성을 보여 주어야 한다.

II. 측량 자체.

이것은 문제에 대한 현실의식을 함축하고 있다.

그것은 우리 연구의 목표로 더 가까이 나아가도록 한다.

그것은 심오한 연구와 조심스러운 탐구가 필요하다.

그것은 그 주제의 모든 면을 조명하도록 이끈다.

그 측량의 순서는 우리 자신이 은혜 안에서 자라가는 통상적인 순서와 같다. 즉 너비와 길이 그리고 높이와 깊이 순이다.

1. 너비. 광대하다.

- 모든 민족을 포함한다. "모든 족속에게 복음을 전파하라"
- 만민의 죄악을 덮는다. "모든 죄의 습관."
- 모든 필요와 염려를 감싸준다.
- 이생과 내세를 위한 무한한 복을 제공한다.

이 강을 가로질러 항해하고, 그 광대한 수면을 측량해 보는 것은 유익한 일이다.

2. 길이. 영원하다.

우리는 하나님이 우리를 전폭적으로 사랑하신다는 것이 경이롭다. 우리는 다음과 같은 사실을 묵상해 보아야 한다:

- 샘에 있는 영원한 사랑: 선택과 언약.
- 흘러나오는 끝없는 사랑: 대속, 부르심, 성도의 견인.
- 인내 속에 있는 무한한 사랑: 오래 참으심, 용서, 신실하심, 견디심, 불변성.
- 길이가 무한한 사랑. 그것은 우리의 죄, 고통, 허물, 나이 또는 시험의 길이보다 훨씬 더 길다.

3. 깊이. 헤아릴 수 없다.

- 신적 사랑의 굴복. 이 사랑은 우리를 배려하고, 우리와 교제를 나누며, 사랑으로 우리를 받아들이고, 우리의 죄악을 감당하며, 비천한 상태로부터 벗어나도록 하기 위해 낮아지신 사랑이다.
- 그리스도 안에 육화된 사랑의 굴복. 그분은 낮아져서 육체를 입고 우리의 슬픔을 당하고, 우리의 죄를 담당하며, 우리의 수치와 죽음을 대신 당하셨다.

• 이 모든 것을 재는 척도는 무엇인가?

우리의 연약함, 비천함, 죄악됨, 절망이 이 척도의 한 요소가 된다.

그분의 영광, 거룩, 위대하심 그리고 신성이 또 다른 척도를 구성한다.

4. **높이.** 무한하다.

• 예수님과 연합하여, 현재의 특권 안에서 자라가기 때문에.

• 장래의 영광을 바라보기 때문에.

• 모든 시대를 통해서도 충분히 헤아리지 못하기 때문에.

III. 이 측량의 실제적 결과.

"하나님의 모든 충만하신 것으로 너희에게 충만하게 하시기를."

여기에 깊이 상고할 만한 가치가 있는 신비로운 말씀이 있다.

• **충만**하라. 그렇게 된다면 사람이 얼마나 위대한 것들을 가질 수 있을까!

• **하나님으로** 충만하라. 얼마나 높아질까!

• **하나님의 충만하신 것으로** 충만하라. 과연 그럴 수 있을까?

• **하나님의 모든 충만하신 것으로** 충만하라. 이 이상 무엇을 더 상상할 수 있을까?

이 사랑과 이 충만은 그리스도의 사랑을 본받도록 이끌 것이다.

그분에 대한 우리의 사랑은 넓고, 길고, 깊고, 높다.

삽입

복음의 역사 속에서, 우리는 그리스도께서 사람의 아들들에게 네 종류의 대접을 받은 것을 보게 된다: 어떤 이들은 그분을 집으로 맞아들였으나 마음으로는 영접하지 못했다. 바리새인 시몬은 그분에게 입맞춤하지도 않았고, 그분의 발을 씻겨드리지도 않았다. 어떤 이들은 마음으로는 맞아들였으나 집으로는 영접하지 아니했다. 니고데모와 다른 사람들이 바로 그런 사람들이다. 또 어떤 자들은 그분을 마음으로도, 집으로도 맞아들이지 아니했다. 무자비하고 완고한 가다라 지방 사람들이 그랬다. 또 다른 이들은 그분을 집으로도 맞아들이고 마음으로도 영접했다. 나사로, 마리아, 마르다가 바로 그런 사람들이다. 따라서 모든 그리스도인들은 이렇게 해야 한다: 그리스도께서 믿음으로 말미암아 그들의 마음속에 거하도록, 그들의 몸이 그분의 영의 집이 되는데 합당하도록 노력함으로써, 그분이 그들의 마음의 문에 서서 간절한 마음으로 두드리고 계시는 지금 이 세상에서, 그들의 영혼의 빗장을 위로 들어 올리고 그분이 들어오도록 해야 한다. 왜냐하면 그들이 이후에 하나님의 도성의 문으로 들어가기를 바란다면, 지금 이 세상에서 그들 자신의 도성의 문인 마음을 열고 그분이 들어오도록 해야 하기 때문이다.

_ 존 스펜서

믿음은 어둡고, 비천하고, 황폐한
인간의 마음을
그 희한한 방법을 통해
왕궁으로 만든다.
무수한 세월 동안 그 교만함이 바벨탑보다 높은 우리 마음속에
믿음으로 말미암아 그리스도께서 영광의 소망으로 거하신다.

- F. 테이트(F.Tate)

우리는 더 많이 알수록 우리에게 알려지지 않은 것에 대한 우리의 무지를 더 깊이 의식하게 된다. 그것은 찰머스 박사가 자신이 가장 좋아하는 수학으로부터 "빛의 직경이 넓을수록, 어둠의 영역도 더 커진다"는 실례를 들어 그것을 그의 학생들에게 가르친 것과 같다. 사람은 더 많이 알수록 모르고 있는 지점에 가까이 근접하게 된다.

하나님을 발견하기는 어렵다. 하지만 그분을 존재하는 그대로 파악하는 것은 끝없는 노고다.

_ 로버트 헤릭(Robert Herrick)

다니엘 웹스터와 함께 예배당을 지나가던 한 신사가 "당신은 삼위일체 교리를 어떻게 이성과 조화시킬 수 있다고 봅니까?"라고 물었다. 이에 그는 "당신은 천국의 수학을 이해하겠습니까?"라고 되묻는 것으로 대답했다.

222
머리와 몸

그는 머리니 곧 그리스도라
그에게서 온 몸이 각 마디를 통하여 도움을 받음으로
연결되고 결합되어 각 지체의 분량대로 역사하여
그 몸을 자라게 하며
사랑 안에서 스스로 세우느니라
_ *에베소서 4:15- 16*

본문의 말씀은 몸 자체만큼 "치밀하다."

우리는 원문에 대한 충분한 또는 정확한 주해를 시도하지 않고, 영어판 본문의 비유를 상고할 터인데, 당연히 그것은 성경적이고, 교훈으로 가득 차 있어 유익이 많다.

우리는 본문에서 다음과 같은 네 가지 주제를 발견하게 된다:

I. 우리와 그리스도의 연합.

"그는 곧 머리니 그리스도라."

1. 생명에 본질적임. 우리는 그분으로부터 분리될 때 죽은 존재다.
2. 성장에 본질적임. 우리는 머리되신 그분 안으로 자라간다.
3. 완전에 본질적임. 우리에게 머리가 없다면 어떻게 되겠는가?
4. 모든 지체에 본질적임. 아무리 강한 지체라도 가장 약한 지체처럼 머리에 붙어 있어야 할 필요가 있다.

II. 우리의 개체성.

"각 마디"; "각 지체."

각자는 자신의 임무에 신경 써야 한다.

1. 우리는 각각 개인적으로 몸, 특히 머리와의 활력적인 연합관계에 주의해야 한다.
2. 우리는 몸에서 우리의 적절한 위치를 찾고 유지하는데 집중해야 한다.
3. 우리는 온 몸을 위해 우리의 개인적 건강에 유의해야 한다. 왜냐하면 하나의 병든 지체가 몸 전체를 상하게 하기 때문이다.
4. 우리는 온 몸을 위해 우리의 성장에 힘써야 한다.

심혈을 기울인 자기경계는 이기적 방책이 아니라 나머지 다른 지체들과의 관계 속에서 마땅히 해야 할 당연한 의무다.

III. 우리와 각 마디의 관계.

"연결되고"; "각 마디를 통하여."

1. 우리는 의도와 정신에서 다른 성도들과 합력하기에 적당한 자가 되어야 한다. 우리는 각 마디와 결합되어 있어야 한다. 그것들 없이 어떻게 몸이 될 수 있겠는가?
2. 우리는 그렇게 행할 때, 사랑의 윤활유를 공급해야 한다. 진실로 각 지체는 나머지 다른 지체들에게 각자 고유의 영향력을 미쳐야 한다.
3. 우리는 우리의 위치에서 우리 자신의 견고성과 건전한 견실성을 통해 온 지체의 온전성을 도와야 한다.
4. 우리는 모든 지체에 대해 섬김을 실천해야 한다. 우리는 나머지 다른 지체들의 기능이 마치 우리 자신의 기능인 것처럼 생각하고, 그들을 보호하고, 인도하고, 지원하고, 양육하고, 위로해야 한다.

IV. 교회로서 우리가 가져야 할 결속적 연합.

"사랑 안에서 스스로 세우느니라."

1. 그분은 유일한 머리로서, 오직 그리스도의 한 몸만이 존재한다.
2. 그것은 단순히 신앙 고백하는 사람들의 단체가 아니라 하나님의 영이

각 지체에 "효과적으로 역사함으로써" 소생하는 한 몸으로서, 실제적이고, 살아 있는 연합이다.

3. 그것은 점점 자라가는 연합체다. 그것은 서로 세워줌으로써 자라가되, 거품처럼 부풀어 오르는 것이 아니라 건물처럼 지어져간다.
4. 그것은 결코 소멸되지 않는 불멸의 몸이다. 머리가 살아 있는 한 그 몸 또한 살아 있기 때문이다.

우리는 그리스도의 몸인가?

우리는 그것이 완전한 몸이 되기를 바라지 않는가?

몸이 지체인 우리에게 당연히 기대하는 능력을 제공하고 있는가?

조화

머리와 지체에 관한 비유에는 절묘한 조화가 들어있다. 머리는 다음과 같다: (1) 몸에서 가장 높은 자리에 있고, 최고로 높임을 받는다. (2) 가장 민감한 부분으로, 신경과 감각, 쾌락과 고통의 자리다. (3) 가장 영예로운 부분으로, 사람의 영광이요, 사람의 몸 가운데 복을 받아들이고, 면류관을 쓰고 있고, 즐거움과 성결의 기름이 부어지는 부분이다. (4) 가장 많이 노출되는 부분이다. 특히 전투 시에는 집중 공격의 대상이 됨으로써, 상처를 입기 쉽고, 그 상처는 어떤 부분보다 위험성이 크다. (5) 가장 표현력이 풍부한 부분으로, 표현의 자리이다. 그곳에는 승낙의 미소, 불쾌의 찡그림, 연민의 눈물, 사랑의 표정 등이 있다. _ G. S. 보우스

머리를 잃는 것보다 발을 잃는 것이 훨씬 더 낫다는 것은 누구나 알고 있다. 아담은 몸을 지탱시켜 주는 발이 있었지만, 그의 불순종으로 말미암아 우리는 그것을 잃어버렸다. 그러나 우리는 결코 잃어버리지 않을 위대한 머리가 있기에 영원히 안전하게 살 수 있으니, 영광이 하나님께 있으리라!

_「화살깃」

내가 나 자신과 그리스도를 둘로 보는 순간, 잘못하는 것은 모두 나 자신이다. 그러나 우리가 하나라는 것을 보는 순간, 모든 것은 안식과 평화로 바뀐다. _ 루터

교회와 그리스도의 지체들은 얼마나 행복한 조건 속에 있을까! (1)머리되신 그리스도와 똑같은 사랑의 대상이 된다. (2)머리되신 그리스도와 똑같은 선택 규정을 적용받는다. (3)다가올 세상에서와 똑같은 관계에 들어가고, 똑같은 부요함을 누리며, 그 구성원으로서 똑같은 생명과 불멸성을 보장받는다. "이는 내가 살아 있고 너희도 살아 있겠음이라"(요 14:19).

_ 벤저민 키치

그리스도의 교회에 대한 온갖 상징들 가운데 나는 이것을 좋아한다. 그것은 다른 관계들과 마찬가지로, 우리와 그리스도의 관계로부터 나오는 것으로, 우리 서로에 대한 어떤 다른 관계보다 더 나은 관계로서, 그것은 우리에게 사랑과 자비와 부드러운 동정에 관한 교훈을 가르쳐 준다. 밀낫이나 가지치기 칼로 나무에서 가지를 잘라낼 때, 떨어져 나온 줄기는 축 늘어진다. 그것은 한동안 눈물 흘리는 것처럼 보이지만, 곧 말라비틀어진다. 다른 가지들도 아무런 고통을 느끼지 못하고, 동정을 보여 주지 못한다. 바람에 즐겁게 춤 추던 그 잎사귀들도 초라하게 죽은 가지 위로 떨어져 시들고 만다. 그러나 부드러운 동정은 몸과 그 지체들에 골고루 스며든다. 내 손가락이 거칠게 다가가면, 온몸이 그것을 느낀다. 이 발이 상처를 입으면, 몸의 온 뼈마디가 부르르 떨리고, 그 고통은 머리 위까지 올라간다. 마음이 병들면 아니 심지어 치통, 두통만 오더라도 온몸이 장애를 일으킨다. 병든 지체가 생기면 얼마나 근심스러운가! 수족을 고치기 위해 얼마나 조심스럽게 노력을 기울일까! 몇 달이나 몇 년 동안 고통 속에 있었던 환자에게 마지막 수술을 실시할 때 의사의 칼은 조심스러워 얼마나 느리게 움직일까! 주님은 이

비유를 통해 사랑, 자비 그리고 동정에 관한 많은 거룩한 교훈들을 가르친다. _ 거스리 박사

우리는 합력해서 일해야 한다. 다음과 같은 표현에서 볼 수 있는 것처럼, 성경은 이것을 강조한다: "너희 중의 두 사람이 땅에서 합심하여 무엇이든지 구하면"(마 18:19). "우리로 진리를 위하여 함께 일하는 자가 되게 하려 함이라"(요삼 1:8). "너희가 한마음으로 서서 한 뜻으로 복음의 신앙을 위하여 협력하는 것과"(빌 1:27). 그것은 인간의 손과 같다. 예를 들어 손가락들 가운데 집게손가락을 생각해 보자. 그것은 개별적으로 많은 일을 할 수 있다. 내 심장의 박동 상태를 알려 주기 위해 그 위에 올려놓는다. 그것으로 책장을 넘긴다. 낯선 사람에게 길을 가르쳐 주기 위해 그것을 사용한다. 조용하라고 암시할 때는 그것을 입술 위에 세운다. "**네가 그 사람이라**"고 말할 때 그것으로 그를 가리킨다. 경고나 항의 표시로 그것을 흔들기도 한다. 그러나 손은 하나의 손가락이 할 수 있는 일의 5배, 50배, 500배, 5,000 배, 아니 그 이상을 할 수 있다. 마찬가지로 교회도 그렇게 할 수 있다. 그러나 그렇게 되는 것은 개인적 수고뿐만 아니라 "각각 은사를 받은 대로 하나님의 여러 은혜를 맡은 선한 청지기 같이 서로 봉사하라"(벧전 4:10)는 신약성경의 원리에 따라, 하나로 연합된 수고가 있어야 한다. _ 쿨로스 박사(Dr. Culross)

223
참된 배움

오직 너희는 그리스도를 그같이 배우지 아니하였느니라
진리가 예수 안에 있는 것 같이 너희가 참으로 그에게서 듣고
또한 그 안에서 가르침을 받았을진대
_ *에베소서 4:20-21*

그리스도인과 다른 사람들 사이에는 구별이 있다: "오직 너희는."

세상이 "세상"으로 있는 한 이 구별은 필연적이다. 이 구별의 기준은 우리의 제자도에 있다. 우리는 그리스도를 배워왔다. 우리는 그분을 안다고 고백하는 많은 사람들을 만족시키는 방법과는 다른 것으로 그리스도를 배웠다.

우리가 그리스도의 이름을 고백하면서 방탕한 삶을 산다면, 그것은 그분을 배운 것이 전혀 아니다. 우리는 배우는 자들로서, 성령의 후견 하에 있다. 우리가 어떻게 배우느냐 하는 것이 시금석이다. 어떤 이들은 그리스도를 배우지만, 구원받지 못한다. 또 다른 이들은 그분을 배우지 못했지만, 그분의 참된 제자들이다.

I. 우리의 교훈.

"그리스도를 배우라."

이같이 그리스도를 배우는 것은:

- 교리, 교훈 또는 의식을 배우는 것보다 더 중요하다.
- 그리스도에 관해 알거나 그리스도로부터 배우는 것보다 더 중요하다.

그것은 다양한 지식의 형태를 포함한다:

1. 그분을 인격적 그리스도로서 아는 것.

2. 그분의 본성을 알고, 그 본성에 맞추어 그분을 대하는 것.
3. 그분의 직분과 그것을 사용하는 방법을 아는 것.
4. 하나님과 우리를 위해 그분이 성취하신 사역을 아는 것.
5. 사람들에게 미치는 그분의 영향력을 알고, 그것을 시험해 보는 것.
6. 그리스도를 배움으로써 그분처럼 사는 방법을 아는 것.

II. 우리가 그것을 배우지 못한 이유.

1. 우리가 변화 받지 못했으면서도 안심하는 이전 상태에 머물러 있기 때문이다.
2. 주님의 대속을 구실로 죄를 핑계하기 때문이다.
3. 죄 사함을 구실로 죄에 대한 자유를 느끼기 때문이다.
4. 그리스도의 이름으로 죄를 범하기도 하기 때문이다.
5. 죄를 이길 수 없다고 간주하고, 어떤 구조적인 유혹 아래 주저앉아 있기 때문이다.
6. 그분의 이름과 인격에 대한 존경을 고백하면서도 그분이 계시하는 진리에 대해서는 별로 생각하지 않기 때문이다.

III. 우리가 그것을 배우는 방법.

우리는 진리를 알되, 그 최고의 빛 가운데서 그것을 알고 있다:

1. 그분 자신의 자아와 그분 자신의 영을 통해 직접 가르침을 받음으로써.
2. 그분의 삶과 인격에 나타난 진리를 특별히 구현함으로써.
3. 진리를 그분에게 연결시키고, 그분을 존경함으로써.
4. 결과적으로, 진리가 그분 안에 있도록 함으로써. 진리는 예수님 안에 있고, 진실로 그분은 진리의 예수님이다. 왜냐하면 그분 안에서 모든 것이 참이 되기 때문이다.
5. 결과적으로, 진리가 우리 안에서 완전한 변화를 일으키고, 우리로 하여

금 진리의 화신인 그분을 닮도록 함으로써.

그러므로 우리는 예수님에 관해서 배우는 것으로 그치지 말고, 예수님 자신을 배우도록 유의해야 한다.

그분을 듣고, 그분에게 배우는 것으로는 충분하지 않다. 우리는 그분 자신을 알기 원한다.

그분을 알 때 우리는 진리를 안다. 진리가 그분 안에 있기 때문이다.

생각

"그에게서 듣고 또한" 에서 '듣고 또한' (if so be that)이라는 말을 아주 유능한 다수의 학자들은 "들었으므로" 또는 "들었기 때문에" 등으로 번역한다. 왜냐하면 사도는 여기서 가정된 사실을 언급하는 것이 아니라 20절이 증거하는 것처럼, 이미 일어난 사실에 대해 진술하고 있기 때문이다.

_W. 오닐

사도는 단지 그들의 외관적 습관의 개혁만이 아니라 그리스도 안의 은혜의 교리와 능력이 모든 진실한 그리스도인들 속에서 가르치고 역사하는, 성화의 길로 진실하고 신실하게 나아가는 개혁을 권면한다. 그는 "진리가 예수 안에 있는 것 같이 너희가 참으로 그에게서 듣고 또한 그 안에서 가르침을 받았을진대"라고 말한다. 이것은 철학자들의 교훈과 같이, 단지 외적 습관에서 나타나는 악을 벗어버리거나 이리 같은 성질에 양가죽을 입혀놓은 것과 같이 옛 본성 위에 새로운 습관을 덧입히라고 가르치는 것이 아니다. 그는 그리스도께서 요구하는 은혜의 진리를 절대로 결여하지 말라고 가르친다. 그것은 주로 외적 습관 속에서 온갖 악의 원인이 되는, 옛 사람을 벗어버리라고 가르친다. 그리고 그것이 그가 "구습을 따르는 옛 사람을 벗어버리라" 고 말할 때 전하려는 의미로서, 옛 사람을 벗지 않고는 절대로 습관의 개혁이 이루어지지 않는다는 것을 가리킨다. _토머스 굿윈 앞에서 언급한 내용의 실례를 체스터필드 경에게서 찾아볼 수 있다. 그는 자신의 외아들을 훈련시키는데 , 악덕을 버리라고 가르치지 않고 그것을 행할 때 신사가 되라고 가르쳤다.

어떤 사람들은 "옛 사람을 벗겨 주는" 대신에 그에게 새로운 형태의 옷을 입혀준다. _ 성 버나드

성결하지 못한 지혜는 마귀의 최대의 도구가 된다. 한 움큼의 선한 삶은 한 말의 지식의 가치가 있다.

224
빛의 자녀와 어둠의 일

너희는 열매 없는 어둠의 일에 참여하지 말고
도리어 책망하라
_ *에베소서 5:11*

이 땅에서 사는 동안 어떻게 살 것인지에 대한 지침은 굉장히 필요하다. 우리는 지속적으로 불신자들과 접촉하며 살고, 이것은 피할 수 없다. 그러나 여기서 우리는 그들과의 교제를 피하도록 가르침을 받는데, 그것이 우리를 그들의 악한 행실에 참여하는 자로 만들기 때문이다.

말하자면 여기서 세 가지 진리가 언급되고 있다: 악한 일들은 열매가 없다는 것. 그것들은 어둠의 일이라는 것. 그리고 그것들은 책망 받을 일이라는 것.

우리는 어떤 순간이든, 어떤 방법이든, 또는 어떤 일이든 그들과 함께 해서는 안 된다.

I. 무엇이 금지되고 있는가? "어둠의 일에 참여하는 것."

이 참여는 다양한 방식으로 일어날 수 있다:

1. 앞에서 묘사되고 있는 죄들을 개인적으로 범함으로써 또는 그것들을 범하는 다른 사람들에게 동조함으로써.
2. 단순한 말이나 당연한 추론을 통해 잘못된 행실을 가르침으로써.
3. 위협, 간청, 설득, 유도, 강제, 뇌물 또는 영향력 등을 통해 압박하고, 명령하고, 유혹함으로써.
4. 분노, 경쟁 또는 방해 등을 통해 화를 유발시킴으로써.
5. 질책을 게을리 함으로써. 특히 부모와 선생들이 자기들의 직위를 남용

하고, 가정에서 익히 알려진 악을 허용함으로써.

6. 조언과 충고를 할 때 또는 본보기를 통해 인도할 때.
7. 동조, 동의. 협력할 때. 악한 음모에 가담함으로써, 다투는 양자 사이에서 이득이 있는 편에 가담함으로써. 오류에 빠진 교회에 가담하는 사람들이 바로 이런 사람들이다.
8. 죄를 눈감아 줄 때. 죄를 용납하고, 감추어 주고, 가볍게 여길 때.
9. 이미 저질러진 악행을 칭찬하고, 후원하고, 옹호하고, 변명함으로써. 그것을 폭로하고, 비난하고, 벌하는 사람들을 비판함으로써.

II. 무엇이 명령되고 있는가? "도리어 책망하라."

원어에서 "책망하라"는 단어는 다양한 의미를 지닌 말이다.

1. 꾸짖다. 그 오류를 지적하고, 당신이 그것을 미워하고 있음을 보이라.
2. 유죄선고를 하다. 성령께서 죄의 세계를 책망하시는 것처럼, 당신도 거룩한 삶과 담대한 증거를 통해 세상이 죄로 얼룩진 세계임을 선포하라.
3. 전환하다. 이것은 당신이 당신 주변 사람들에 대해 지속적으로 관심을 가져야 할 일이다. 당신은 사람들이 악의 길에서 돌이킬 수 있도록 책망해야 한다.

오, 우리가 온갖 악을 책망하는데 더 성실하고, 열심 내기를!

III. 그것이 나에게 명령되고 있는 이유.

다른 사람들의 죄를 제거하도록 하는 것은 다음과 같은 이유들로 말미암아 특별히 나의 의무다:

1. 하나님의 사랑을 입은 자녀로서 그분을 본받는 자이기 때문에(1절).
2. 하나님 나라의 상속자이기 때문에(5- 6절).
3. 어둠에서 떠나 주 안에서 찬란한 빛으로 들어간 자이기 때문에(8절).
4. 성령의 열매인 모든 착함과 의로움과 진실함이라는 열매를 맺는 자이

기 때문에(9절).

5. 부끄럽거나 어리석은 일을 해서는 안 되는 자이기 때문에(12, 15절).

우리가 하나님과 교제하는 자라면, 어둠의 길에서 떠나야 한다.

IV. 그 명령에 순종할 때 오는 것.

비록 좋은 결과를 보지 못한다 해도, 의무가 분명히 지켜질 때, 그 유익은 참으로 크다:

1. 우리는 어둠의 행위들에서 분명히 손을 떼게 될 것이다.
2. 우리는 불경건한 사람들의 양심 속에서 존경의 대상이 될 것이다.
3. 그리하여 우리는 그들을 회개와 영생으로 이끌게 될 것이다.
4. 우리는 구별된 삶을 통해 그리고 우리가 그것을 고수할 때 가지는 경건한 인내를 통해 하나님을 영화롭게 할 것이다.
5. 그리하여 우리는 다른 사람들이 거룩해져서 세상과 타협하지 않도록 이끌 것이다.

우리는 본문을 세속적인 신앙고백자들에 대한 경고로 사용해야 한다.

우리는 본문을 불경건한 사람들과의 대화의 지침으로 사용해야 한다.

모범

힐 목사 교회의 한 출석자는 극장에 자주 가는 습관이 있었다. 목사는 그에게 찾아가 "내 교회의 성도가 극장을 출입하는 것은 절대로 안 된다"고 말해 주었다. 그러자 그 출석자는 "특별한 즐거움을 위해 가끔 간 것은 사실이지만, 습관적으로 간 것은 아니기 때문에 그리 큰 잘못이라고 생각하지 않는데요"라고 대답했다. 이에 롤런드 힐 목사는 "오! 그러면 당신은 생각보다 더 악한 위선자입니다. 어떤 사람이 내가 썩은 고기를 먹는다는 소문을 냈는데, 내가 대답하기를 '글쎄요, 그것이 그리 큰 잘못은 아니잖아요. 나는 가끔 **특별한 즐거움을 위해** 그것을 먹습니다'라고 했다고 상상해 봅시다. 이

때 당신은 '롤런드 힐 목사는 **특별한 즐거움을 위해** 썩은 고기를 먹으러 가는데, 이것은 정말 역겹고, 더럽고, 불결한 식욕입니다' 라고 말하지 않겠습니까? 종교는 그리스도인의 가장 참된 즐거움이고, 그리스도는 그가 누리는 최고의 오락입니다." _ 찰스워스(Charlesworth)의 롤런드 힐의 생애.

언젠가 포츠머스로 우편물을 배달하던 앤드루 풀러는 반대편에 앉아있던 두 젊은이가 나누는 저속한 대화에 짜증이 났다. 얼마 후 그들 중 하나가 그의 근엄한 태도를 관찰하더니, 참을 수 없다는 듯이 상스럽고 버릇없는 말로 포츠머스에 도착할 때까지 자기들과 그토록 다른 태도를 취하는 이유가 무엇이냐고 따지듯 물었다. 풀러는 짙은 눈썹을 지그시 내리며, 그 젊은이의 얼굴을 직시하고서, 진지한 어조로 "젊은이, 나는 하나님을 두려워하는 사람일세" 라고 말해 주었다. 그 여행의 남은 기간 동안 그는 거의 한마디도 하지 않았다. _ 앤드루 풀러의 회고

매튜 윌크스는 어느 날 한 젊은 귀족 및 한 여성과 역마차에 동승했다. 그 귀족은 마부 및 그 여성과 부적절한 말을 사용하여 대화를 나누기 시작했다. 적당한 기회가 오자 윌크스는 그의 관심을 끌어낸 다음, "선생, 체통을 지키시오!" 라고 말해 주었다. 그 책망은 그에게 전달되어 효과가 나타났다. 그리스도인은 항상 자신의 체통을 지켜야 한다.

한 저명한 그리스도인 여성이 최근에 롱 브랜치 호텔에 몇 주간 묵고 있었다. 어느 날 그녀를 대동하면 자신의 위치가 더욱 부각될 것을 기대한 사회적 지위가 높은 한 남자로부터 댄스파티에 참석해 달라는 제의가 들어왔다. 그녀는 친구들의 끈질긴 설득에도 불구하고 그 제의를 사양했다. 결국 존경받는 한 상원의원이 그녀를 설득하면서, "B양, 이 파티는 아무 해가 없는 모임입니다. 우리는 당신의 참석에 특별한 경의를 표할 생각입니다" 라고

말했다. 그러나 그녀는 이렇게 말했다: "의원님, 저는 그렇게 할 수 없습니다. 저는 그리스도인이거든요. 저는 여름휴가 기간에 어디를 가거나 할 수 없습니다. 그렇게 되면 주일학교에서 가르치는 아이들에게 잘못된 영향을 미치거든요." 상원의원은 고개를 숙이고, "당신을 존경합니다. 당신 같은 그리스도인들이 더 많다면, 나 같은 사람들이 그리스도인이 되는 것도 그만큼 더 쉽겠지요"라고 말했다. _ 펜테코스트 박사

책망은 언제나 사랑 안에서 행해져야 한다. 절대로 사람의 얼굴에 황산을 끼얹지 말라. 어떤 사람들은 쥐를 잡기 위해 초가삼간을 다 태워 버린다. 아주 사소한 잘못을 대죄로 비난한다면, 아무리 사이좋은 형제라도 관계가 끊어지고 악한 감정이 솟구치는 법이다. 따라서 그럴 때는 너그러운 자세로 기분 나쁘지 않게 넌지시 알려 주는 것이 효과적으로 책망하는 훨씬 좋은 방법이다. _ 스펄전

225
사랑의 표본

남편들아 아내 사랑하기를 그리스도께서 교회를 사랑하시고
그 교회를 위하여 자신을 주심 같이 하라
_ *에베소서 5:25*

그리스도의 교회에 대한 사랑은 남편들이 가져야 할 표본이다.

그것은 순전하고, 열렬하고, 지속적이고, 자기희생적인 사랑이어야 한다.

예수님의 행위는 그분의 사랑에 대한 최고의 증거이다. 그분은 "교회를 사랑하셔서 그 교회를 위하여 자신을 주셨다."

우리의 행위도 우리의 사랑에 대한 참된 결과가 되어야 한다.

I. 그리스도께서 교회를 어떻게 사랑하셨는가.

그분은 자신의 교회를 다음과 같은 사랑으로 사랑하셨다:

1. 각별하고 특수한 호감을 가진 사랑.
2. 비이기적인 사랑. 그분은 교회들을 사랑하신 것이 아니라 교회를 사랑하셨다.
3. 만족하는 사랑. 그분은 교회를 "헵시바 곧 나의 기쁨이 그녀에게 있다"고 부르신다.
4. 연민으로 가득 찬 사랑. 교회의 관심사가 그분의 관심사다.
5. 친교가 넘치는 사랑. 그분은 그의 어여쁜 신부에게 자신을 분명히 드러내신다.
6. 연합으로 충만한 사랑. 애정이 있고, 생명력이 있고, 지속적인 연합이 이루어진다.
7. 불변의 사랑. 그분은 끝까지 사랑하신다.

II. 그분이 자신의 사랑을 어떻게 증명하셨는가.

"자신을 주심."

1. 그분은 천국을 떠나 교회의 본질을 취하는 성육신을 행하심으로써, 자신을 교회에 주셨다.
2. 그분은 지상 생애 전체를 통해 자신의 온 힘을 사랑하는 교회를 위해 사용하심으로써, 자신을 주셨다.
3. 그분은 교회를 위한 대속물로 자신을 죽음에 내어주셨다.
4. 그분은 자신의 영원한 생명을 내놓으셨다. 부활, 승천, 다스림, 간구 — 이 모든 것을 사랑하는 교회를 위해 행하셨다.
5. 그분은 사랑하는 교회에 무한한 유익을 주기 위해 지금 신인(神人)으로서 보좌에 앉아 계실 정도로 자신을 내주셨다.

III. 우리는 그것을 어떻게 생각해야 하는가.

그것은 우리 마음에 영향을 미쳐야 할 사랑으로 놓여있다.

우리는 그것을 생각하고, 다음과 같은 길로 나아가야 한다:

1. 이런 사랑에 크게 놀라는 심정을 가짐으로써, 감사의 길로.
2. 아내가 남편에게 순종하는 것처럼, 순종의 길로.
3. 그토록 위대하고, 그토록 천상적이고, 그토록 완벽하고, 그토록 신적인 사랑을 주목하고, 존경의 길로.
4. 우리의 거룩한 남편같이 되기를 즐거워함으로써, 거룩의 길로.
5. 그분께 우리의 온 마음을 바침으로써, 사랑의 길로.
6. 그분을 위해 다른 사람들을 사랑함으로써, 모범의 길로.

우리는 예수님의 사랑 속으로 들어가 마음으로 그것을 즐거워하고, 가정에서 그것을 본받아야 한다.

✣ 사랑에 관해 ✣

롤런드 힐 목사는 종종 공개적으로 자신의 부인인 힐 여사에 대해 말하기를 좋아하는 사람들이 자신의 말에 대해 많은 억측을 해서 헛소문이 난무할 때 커다란 서글픔을 느끼고 있었다. 아내에 대한 그의 고백은 생애를 마칠 때까지 아주 신사적이고, 애정 어린 고백으로 점철되었다. 그가 아내에 관해 가졌던 고결한 입장은 다음과 같은 사실을 통해 짐작할 수 있다: 한 친구가 힐 여사에게 목사의 아내인 한 여성의 죽음의 소식을 알려 주었을 때, 그녀는 "나는 목사님이 자신의 아내를 너무나 극진히 사랑하는 것이 염려되었는데, 주님은 지혜롭게 그녀를 데려가셨다" 고 말했다. 이 말을 들은 힐 목사는 가장 깊은 애정을 갖고 이렇게 말했다: "여보, 한 남편은 현모양처인 아내를 얼마나 깊이 사랑할 수 있을까? 그것은 아마 그리스도가 교회를 사랑하는 것보다 더 사랑하지 않고는 불가능할 거야. '남편들아 아내 사랑하기를 그리스도께서 교회를 사랑하시고 그 교회를 위하여 자신을 주심 **같이** 하라' "

"너희 모든 일을 사랑으로 행하라" (고전 16:14)고 사도는 말한다. 다른 사람들에 대한 당신의 행동, 그 중에서도 당신이 아내에게 행하는 모든 일은 사랑으로 행해져야 한다. 당신의 생각은 사랑의 생각이 되어야 하고, 당신이 바라보는 것은 사랑으로 바라보는 것이 되어야 한다. 당신의 입술은, 벌집처럼, 달콤함과 사랑 외에 다른 것을 떨어뜨려서는 안 된다. 당신의 훈계는 사랑으로 날이 세워져야 하고, 당신의 비판은 사랑으로 부드러워져야 한다. 아내를 향한 당신의 태도와 전체 대화는 오직 당신의 사랑의 열매요, 입증이어야 한다. 오, 당신의 본보기인 그리스도께서 어떻게 행하셨는지를 보고, 배우자를 사랑하라! 그분의 탄생, 생애 그리고 죽음은 오직, 말하자면, 상상할 수 있는 가장 열렬한 사랑이 시종일관 생명을 위해 구석구석 펼쳐진 것이었다. 그것은 의식적, 무의식적 사랑이었다. 로마 황제 티베리우스 그라쿠스는 자신의 침상에서 두 마리의 뱀을 발견하자 점쟁이들을 불러 의견을 들었는데, 그들 가운데 하나가 그 뱀 가운데 한 마리를 죽여야 한다고 말했다. 그러나 그 중에 수컷을 죽이면 황제 자신이 먼저 죽게 될 것이고, 암컷을 죽이면 그의 아내가 먼저 죽게 될 것이라는 것이었다. 아내 코넬리아에 대한 그의 사랑은 특별했다. 그래서 그는 수컷 뱀을 죽였고, 그는 아내보다 더 빨리 죽었다고 플루타르크는 말한다. _ 조지 스윈녹 (George Swinnock)

스페인 시인 칼데론은 자신의 한 희곡에서 결국 기독교로 개종해서 순교자가 된, 다리아라는 이름을 지닌 한 아름다운 로마 여인에 관해 이렇게 묘사한다: 그녀는 비록 이방인이었지만, 그녀에 대한 자신의 사랑을 입증하기 위해 죽은 한 사람을 발견할 때까지 사랑한 적이 없다고 고백했다. 그녀는 그리스도에 관해 듣고, 마음이 그분에게 이끌렸던 것이다.

226
천국 신발

평안의 복음이 준비한 것으로 신을 신고
_ *에베소서 6:15*

그리스도인들은 견고하고, 활동적이고, 움직이고, 전진하며, 올라가도록 되어 있다. 그래서 그들은 발을 조심스럽게 내디뎌야 한다.

그들 스스로는 연약하고 보호가 필요하다. 그들의 길 역시 험난하고, 그러기에 그들은 은혜가 제공하는 신을 신는 것이 필수적이다.

I. 우리는 그 신을 검사해 보아야 한다.

1. 그 신은 복된 조물주로부터 온다. 그분은 온갖 기술을 구사하는데 능숙하고, 경험상 무엇이 요구되는지를 정확히 알고 있다. 그분 자신이 직접 가장 거친 인생길을 걸으신 분이기 때문이다.
2. 그 신은 아주 우수한 재료로 이루어져 있다. "평안의 복음이 준비한 것"은 보기에도 좋고, 신기에도 편하며, 오래 신을 수 있다.
   - 과거, 현재 미래를 망라해 주어지는 하나님과의 평화.
   - 하나님의 마음과 뜻에 철저하게 복종하는데서 오는 평안.
   - 말씀과 그것이 가르치는 모든 교훈과의 평화.
   - 우리의 내적 자아, 양심, 눈물, 욕구 등과의 평화.
   - 교회와 가정에서 형제들과의 평화.
   - 모든 사람들과의 평화. "할 수 있거든 너희로서는 모든 사람과 더불어 화목하라"(롬 12:18).
3. 그 신은 복음을 보내고 평안을 준비하신 주님 외에는 아무도 만들 수 없는 신이다.

4. 그 신은 예수님이 신으셨고, 또 모든 성도들이 신고 있는 신이다.
5. 그 신은 한 번 신으면 결코 벗겨지지 않는 신이다. 그 신은 아무리 오래 되어도 항상 새 신이다. 우리는 그것을 언제 어디서나 신을 수 있다.

II. 우리는 그 신을 신어보고 시험해 보아야 한다.

즐겁게 다음과 같은 사실을 관찰해 보라:

1. 그 신의 완전한 적합성. 그 신은 우리 각자에게 딱 맞게 만들어져 있다.
2. 그 신의 우수한 발판. 우리는 이 신을 신으면 아무리 높은 곳이라도 거룩한 담대함으로 올라 갈 수 있다.
3. 일상적 의무를 충분히 감당하도록 제작된 그 신의 힘. 이 신을 신을 때 아무도 피곤을 느끼거나 신발에 쓸려 상처가 나지 않는다.
4. 길을 갈 때 엄습하는 시련에 대한 그 신의 놀라운 보호력. "네가 사자와 독사를 밟으며 젊은 사자와 뱀을 발로 누르리로다" (시 91:13).
5. 신을 때 그 신의 쾌적함. 그 신은 인간의 전체 부분에 편안함을 준다.
6. 고된 일에도 끄떡없는 그 신의 적응성. 산을 오르거나 밭을 갈 때에도 끄떡없다.
7. 불과 물에도 견디는 그 신의 내구성(사 43:2). 마음의 평화를 통해 우리는 온갖 형태의 시험을 통과하는 비결을 배운다.
8. 전투를 위한 그 신의 장점. 그 신은 실제로 "하나님의 전신갑주" 의 한 부분이다. (본문이 포함되어 있는 장을 보라.)

III. 우리는 우리 주변에서 맨발로 다니는 사람들을 주목해야 한다.

- 죄인은 맨발이다. 하지만 그는 공연히 발길질을 해 상처를 입는다. 그가 어떻게 해야 천국 순례에 동참할 수 있는 희망이 생길까?
- 단순한 신앙고백자는 너무 헐렁하거나 너무 꼭 끼는 신을 신고 있다. 보기에 좋아 보이는 그의 슬리퍼는 곧 닳아없어질 것이다. 그는 복음

을 사랑하지 않고, 그 평안에 대해 무지하며, 준비물을 구하지 않는다.

오직 복음만이 모든 발에 맞는 적절한 신을 제공한다.

복음을 향해 우리는 즉시 달려가야 한다. 오라, 불쌍한 맨발의 거지들이여!

장착

"**발에 신을 신기라**"(눅 15:22)는 말씀은 돌아온 탕자에게 아버지가 명령한 첫 번째 말 가운데 하나였다. 맨발로 다닌다는 것은 이스라엘에서는 큰 수치의 표시로서, 그가 기업의 상실, 비참과 빈궁 상태에 처해 있음을 말해주었다(신 25:10).

중국인들은 신을 자랑할 때 구름 위를 걷는 것 같다고 말한다. 이사야서 40:31과 비교해 보라. "오직 여호와를 앙망하는 자는 새 힘을 얻으리니 독수리가 날개 치며 올라감 같을 같을 것이요 **달음박질하여도** 곤비하지 아니하겠고 **걸어가도** 피곤하지 아니하리로다"; "인내로써 우리 앞에 당한 경주를 하며"(히 12:1- 3).

"평안의 복음이 준비한 것으로 신을 신고"(엡 6:15). 이 말씀은 다음과 같이 의역된다: "복음의 확고한 지식이 주는 견고한 발판으로 신을 신고." 여기서 "준비"라는 단어는 **대비** 또는 **채비**를 의미한다. 디모데후서 4:2과 비교해 보라: "때를 얻든지 못 얻든지." 로마서 1:15을 보라: "복음 전하기를 원하노라"(I am ready to preach the gospel). 이 채비는 하나님이 크게 기뻐하시는 것이다. "귀한 자의 딸아 신을 신은 네 발이 어찌 그리 아름다운가"(아 7:1; 사 52:7). _ 고든 부인(Mrs. Gordon)

크리스챤은 아름다운 궁정에 도착했다: "그 다음 날 그들이 그를 병기고 안으로 데리고 갔다. 거기서 그들은 그에게 천국 순례자들에게 필요한 온갖 도구들 곧 검, 방패, 투구, 흉배, 기도, 절대로 닳아 없어지지 않는 신 등을 보여 주었다. 그것들은 저기 무수한 하늘의 별들처럼 많아서, 아무리 많은 사람들이라도 이곳에서 그들의 주님을 섬기기에 충분한 양이었다." _ 존 번연

오직 그리스도 외에는 거친 길을 더 쉽게 가도록 할 수 있는 신을 만들어 피조물의 발에 신겨줄 수 없다. 그분은 피조물이 충분히 만족하면서 길을 가도록 하실 수 있다. 그러면 그는 그것을 어떻게 할까? 진실로, 그것을 밑에 두는 것 외에 다른 길은 없다. 또는 당신이 원한다면, 복음의 평안으로 그것을 채우는 것이다. 그 길에 날카로운 돌이 놓여 있다면 어떻게 생각하는가? 만일 이 신이 그리스도인의 발과 그것들 사이를 지나간다면, 그 돌들의 날카로움은 별로 느껴지지 않을 것이다.

만일 옳다면, 병사의 신은 화려함보다는 방어에 적당하도록 가장 견고한 재료로 만드는 것이 좋을 것이다.

복음의 신은 당신의 발이 죄악의 기운(여기서 이 말은 불의하거나 불경건한 습관을 의미한다)에 흠뻑 빠져있는 한, 발 가까이 오지 아니할 것이다. 이 죄악은 회개를 통해 제거되어야 한다. 그렇지 않으면 당신은 평안의 신을 결코 신을 수 없다.

유대인들은 유월절에 허리에 띠를 띠고, 발에 신을 신고, 손에 지팡이를 잡고 급히 음식을 먹어야 했다(출 12:11). 하나님께서 그리스도인에게 현재의 위로가 담긴 잔치를 베푸실 때, 그는 이 복음의 신을 신고 있어야 한다. 마치 집안에서 잔치를 하는 것처럼 앉아 있어서는 안 되고, 길을 가는 도중 여관에서 날라오는 고기를 가로채 먹고, 그리하여 여행에 조금이라도 새로운 원기를 보충하는 것처럼, 서서 먹어야 한다.

자신을 과대평가하는 교만한 신앙고백자는 자신이 준비된 신을 신고 있다고 생각한다. 그러나 그 신은 올바른 복음의 신발이 아니다. 그는 자신의

발의 길이를 잴 수 없는데, 어떻게 자신에게 맞는 신발을 신을 수 있겠는가?

그리스도인이여, 아직도 신발을 신고 있지 않는가? 당신은 아직도 앞으로 진군할 채비가 되어 있지 않는가? 만일 당신이 그것을 신고 있다면, 무엇이 두려운가? 어떤 돌이 그 두꺼운 밑창을 뚫고 당신의 발을 상하게 할 수 있겠는가?

바울은 다음과 같은 신을 신고 있었다: "내가 확신하노니 그 어느 것도 우리를 우리 주 그리스도 예수 안에 있는 하나님의 사랑에서 끊을 수 없으리라"(롬 8:38). "우리가 알거니와 하나님을 사랑하는 자 곧 그의 뜻대로 부르심을 입은 자들에게는 모든 것이 합력하여 선을 이루느니라"(롬 8:28). 그리고 이 도구는 그로 하여금 도중에 고통의 소나기가 우박처럼 쏟아지는 그토록 어려운 길을 즐겁게 노래 부르며 가도록 했다. 비록 서신서에 나오는 것은 아니지만, 이것은 어떤 면에서 하나님의 자녀들로 하여금 살모사와 도마뱀을 짓밟고 지나가게 한다. 그렇다. 독사를 물리치되, 상처를 입지 않게 한다. 반면에 그 발이 조금이라도 벗겨져 있어 이 평안의 신발을 신고 있지 못하다면, 우리는 어떤 일을 통해서든 쓰라린 고통을 맛보게 될 것이다.

_ 폴 베인(Paul Bayne)

227
기쁨의 의무

주 안에서 항상 기뻐하라 내가 다시 말하노니 기뻐하라
_ *빌립보서 4:4*

기쁨은 불화를 몰아낸다. 본문이 교회 안에서 일어나는 불화 사건에 대한 치유책으로 어떻게 전개되는지를 보라(1- 2절).

기쁨은 인생의 시험을 극복하는데 도움이 된다. 그래서 그것은 6절에 규정되고 있는 믿음의 안식을 예비하는 준비 단계로서 언급되고 있다.

I. 명령된 은혜. "기뻐하라."

1. 그것은 즐겁다. 우리 영혼의 축제는 기쁨이 들어올 때 시작된다.
2. 그것은 감정을 표현하는 것이다. 그것은 평안보다 더 좋은 것이다. 그것은 활력이 있고, 빛이 나며, 노래를 부른다. 왜 그렇지 않겠는가? 기쁨은 한 마리의 새다. 그러므로 그것이 열린 천국 안에서 날아다니도록 하고, 그 노랫소리를 만인이 듣도록 해야 한다.
3. 그것은 그것을 소유한 자를 자극해서 담대한 행동을 하도록 이끈다.
4. 그것은 선에 대한 영향력이 있다. 죄인들은 성도들의 기쁨을 통해 예수님께 가까이 나아간다. 한 말의 식초보다 한 숟가락의 꿀이 더 많은 파리를 잡는 법이다.
5. 그것은 전염성이 강하다. 우리의 즐거움을 통해 다른 사람들도 즐거움을 느끼게 된다.
6. 그것은 명령이다. 그것은 선택이 아니라 절대 필수다.

우리는 안식일을 지키라는 말보다 기뻐하라는 명령을 더 많이 받는다.

- 그것은 기쁨이 우리로 하여금 하나님을 닮도록 만들기 때문에 명령

되고 있다.

- 그것은 그것이 우리에게 유익이 있기 때문에 명령되고 있다.
- 그것은 다른 사람들에게도 유익이기 되기 때문에 명령되고 있다.

II. 구별된 기쁨. "주 안에서."

1. 영역에 관해. "주 안에서" 이것은 그리스도인의 삶이 항상 미쳐야 하는 구별된 영역이다.
2. 대상에 관해. "주 안에서."

우리는 주 하나님 곧 성부, 성자, 성령에 대해 즐거워해야 한다.

우리는 죽으시고 살아나신 주 예수님을 즐거워해야 한다.

- 우리의 기쁨의 대상은 일시적, 개인적, 정치적, 금전적인 것이 아니다.
- 더 큰 책임을 수반하는 특별한 권리도 아니다.
- 종교적 성공에 있는 것도 아니다. "그러나 귀신들이 너희에게 항복하는 것으로 기뻐하지 말고 너희 이름이 하늘에 기록된 것으로 기뻐하라 하시니라"(눅 10:20).
- 자아와 그 행위들에 있는 것도 아니다(빌 3:3).

III. 지정된 시간. "항상."

1. 어떤 다른 일로 기뻐할 수 없을 때에도 하나님을 기뻐하라.
2. 다른 일들로 기뻐할 수 있을 때에는 하나님을 기뻐함으로써 모든 것을 거룩하게 하라.
3. 이전에 기뻐하지 못했다면, 지금 즉시 기뻐하기 시작하라.
4. 오랫동안 기뻐할 때에는 그것이 한 순간이라도 멈추지 않게 하라.
5. 다른 사람들이 함께 기뻐해 줄 때에는 기쁨의 길로 그들을 인도하라.
6. 홀로 있을 때에는 이 기쁨을 철저하게 누려라.

IV. 강조된 명령. "내가 다시 말하노니 기뻐하라."

바울은 다음과 같은 이유로 자신의 권면을 반복한다:

1. 자신의 사랑을 그들에게 보여 주기 위해. 그는 그들이 자신의 기쁨을 나누어 갖기를 간절히 염원했다.
2. 지속적인 기쁨이 어렵다는 것을 제시하기 위해. 그는 우리가 순종을 게을리 하기 때문에 두 번에 걸쳐 명령한다.
3. 그것의 가능성을 보증하기 위해. 두 번의 생각 끝에 그는 권면을 반복하는 것이 적절하다고 느낀다.
4. 의무의 중요성을 강조하기 위해. 다른 것은 다 잊을지라도, 이것만은 기억하라: 기뻐하라.
5. 개인의 특별한 증거를 위해. "내가 다시 말하노니 기뻐하라."

바울은 기뻐했다. 그는 평소 행복한 사람이었다.

이 빌립보서는 특별히 기쁨의 책이다.

그것을 찾아보자. 사도는 전체에 걸쳐 기뻐한다:

- 그는 기쁨으로 기도를 향기롭게 한다(1:4).
- 그는 그리스도가 전파되는 것을 즐거워한다(1:18).
- 그는 교회를 기쁘게 하기 위해 살기를 원했다(1:25).
- 같은 마음을 가진 지체들을 보는 것이 그의 기쁨이었다(2:2).
- 헛되이 수고하지 않은 것이 그의 기쁨이었다(2:16).
- 그들에 대한 그의 인사말은 "주 안에서 기뻐하라" 였다(3:1)
- 그는 그리스도 예수 안에서 기뻐하는 자들에 관해 말한다(3:3).
- 그는 자신의 회심을 자신의 기쁨이요 면류관이라고 부른다(4:1).
- 그는 그들의 친절에 대해 자신의 기쁨을 표현한다(4:4, 10, 18).

모든 친구들을 향해, 우리는 "주 안에서 기뻐하라"는 말을 축복의 인사말로 사용해야 한다. 이 말은 '행복해', '안녕' 이라는 말에 대한 가장 적절한 표현이다.

안녕, 영원히,
영원히 안녕.

✣ 기쁨의 종 ✣

기뻐하거나 기뻐하지 않는 일에 대해서는 무관심할 일이 아니다. 만일 우리가 기뻐하지 않는다면, 계명을 어기는 것이기 때문에 우리는 기뻐하도록 명령받는다. 오, 보혜사 자신이 우리에게 기뻐하라고 명하실 때, 그것이 얼마나 큰 위로가 될까! 하나님은 사람들이 지나치게 기뻐하기 때문에, **회개하고, 기뻐하지** 말라고 말씀하지 않으셨다. 여기서 하나님은 마치 어떤 사람들이 너무 기뻐하지 않은 것처럼, 기뻐하라고 명하신다. 그러므로 여러분은 그분이 말씀하시는 것을 이해해야 한다. 시편 149:5에는 악인들에게 기뻐하라고 말씀하지 않고, "성도들은 즐거워하라" 고 말씀한다. 그리고 이사야 40:1에서는 내 원수들을 위로하라고 말씀하지 않고, "내 백성을 위로하라" 고 말씀하는 것을 볼 때, "항상 기뻐하라" 는 바울의 이 계명이 그의 백성들에게 주어진 것임을 보여 준다. _ 헨리 스미스

여러분이 보는 것처럼, 그가 권면하는 일은 기뻐하는 것이다. 즐거움을 좋아하는 육에 속한 사람이 쉽게 빠질 수 있는 일은 육체를 가지고 사는 날 동안 자신을 즐겁게 하는 것이다. 그런데 그것은 패역하고 부조리한 사람들 사이에서 살고 있던 빌립보 교회 성도들에게는 불합리한 일처럼 보였을 것이다. 그들은 자기들이 고백한 진리로 말미암아 미움을 받기까지 했다. 그러므로 사도가 강조한 것은 그들이 기뻐하되, 곧 주 안에서 기뻐해야 한다는 것이었다. 여기서 육에 속한 사람은 아마 **기뻐하라**고 말할 때, 그 말을 좋아했을 것이다. 그런데 **주 안에서**라는 말이 덧붙여졌을 때에는 싫어하고 그렇게 하기를 포기했을 것이다. 그러나 이 세상의 환난의 물결과 파도로 말미암아 **기뻐하라**는 말이 말해졌을 때, 그 말을 받아들일 수 없던 사람들은 **주**

안에서 기뻐하라는 말이 덧붙여졌을 때에 이전에 붙들었던 그 말씀을 더 확고하게 붙들었을 것이다. 그리고 그들은 그리스도인의 기쁨은 변함없이 유지되어야 한다는 것을 지적하기 위해 세 번째로 **주 안에서 항상 기뻐하라**는 말이 덧붙여졌을 때에는, 그것을 영원히 붙들고 확실하게 지켰을 것이다.

_ 헨리 에어레이(Henry Airay)

이 주 안에서의 기쁨과 다른 모든 기쁨을 구별시키는 또 다른 표시는 그것의 충만함과 풍부함이다. 왜냐하면 그것은 밀과 포도주와 기름이 증가됨으로써 주어지는 기쁨보다 더 큰 기쁨이기 때문이다. "주 안에서 항상 기뻐하라"고 말한 사도가 "내가 다시 말하노니 기뻐하라"고 덧붙일 필요성은 또 무엇이었을까? **항상** 기뻐하는 것보다도 더 크게 기뻐해야 한다는 뜻으로, 우리의 잔이 흘러넘칠 때까지, 우리의 충만한 기쁨이 넘쳐야 한다는 것을 덧붙이고자 했던 것이 아닐까?

근무일에는 일할 힘을 주시고, 당신의 손의 수고를 통해 당신을 기르시는 주님을 즐거워하라. 휴일에는 주께서 당신에게 성전에서 활력과 부요함을 베푸시는 주님을 즐거워하라. 풍부할 때에는 주님이 베푸시는 복으로 말미암아 기뻐하고 기뻐하라. 곤궁할 때에는 주님이 가져가신 것을 생각하고 기뻐하라. 그렇게 일어나는 모든 일들로 말미암아 주님을 기뻐하라.

_ 에드워드 마버리(Adward Marbury)

죄인의 달력은 일 년 중 단지 며칠만이 축제일로 표시되어 있다. 그러나 그리스도인의 달력은 모든 날이 하나님의 손에 의해 기쁨의 날로 표시되어 있다. _ 무명씨

성도들이 슬퍼하는 것은 불경건한 일이다. _ 에드워드 영

나폴레옹은 엘바 섬에 유배될 때, 자신의 운명에 대한 오만한 반항으로서 "어디서든 행운이!"(Ubicunquce felix)라는 모토를 채택했다. 그러나 그의 경우를 보면 그것은 진실이 아니었다. 하지만 그리스도인에게는 진실로 항상 "어디서든 행복이" 그 모토다.

228
창조자 그리스도

만물이 그에게서 창조되되
하늘과 땅에서 보이는 것들과 보이지 않는 것들과
혹은 왕권들이나 주권들이나 통치자들이나 권세들이나
만물이 다 그로 말미암고 그를 위하여 창조되었고
_ *골로새서 1:16*

어떤 주제든 구주를 높이는 주제는 성도들에게 아주 소중하다.

본문은 설교자가 지금 자신이 다루는 주제가 얼마나 자신의 능력을 초월하는 주제인지를 보여 주는 것 외에는 소망할 것이 없는 말씀이다.

만물은 하나님으로 말미암아 그리고 하나님을 위해, 또 예수님으로 말미암아 예수님을 위해 창조되었다. 왜냐하면 그분은 진실로 하나님으로, 아버지와 하나이기 때문이다.

I. 진술 자체를 상고해 보자.

1. 천국 자체는 그리스도 예수로 말미암아 그리고 그리스도 예수를 위해 창조되었다.
   - 예수님이 그 중심 자리를 차지하는 장소와 상태가 있다. 거기에는 에녹과 엘리야가 그들의 육체를 입고 있고, 사람으로서 예수님도 역시 거기 계시며, 그분의 모든 백성들도 거기 있을 것이다. 순수한 영이신 하나님은 이런 장소가 필요하지 않고, 천사들 역시 마찬가지인데, 그 이유는 그들은 어디서나 하나님을 볼 수 있기 때문이다.
   - 천국은 예수님과 그분이 자기와 함께 영원토록 하나가 되도록 이끄는 백성들을 위해 창조되었다.
   - 천국은 예수님으로 말미암아 그리고 예수님을 위해 존재한다.

천국에 있는 모든 것은 예수님으로 말미암아 마련되었다. 그분은 그것의 계획자다.

천국에 있는 모든 것은 예수님을 반영한다. 그분은 그것의 영혼이다.

천국에 있는 모든 것은 예수님을 찬양한다. 그분은 그것의 왕이다.

2. 천사. 모든 계급의 천사들은 그분으로 말미암아 그리고 그분을 위해 지음 받았다.
   - 그분을 경배하고, 그 경배를 통해 그분을 영화롭게 하기 위해.
   - 그들이 죄인들이 회개할 때 기뻐한 것처럼, 그분과 함께 그리고 그분 안에서 즐거워하기 위해.
   - 그리스도의 백성들의 삶을 보호하고, 죽을 때 그들을 그분께 이끌기 위해.
   - 바로에게 했던 것처럼, 그분을 도와 심판의 목적을 달성하기 위해.
   - 베드로를 옥에서 구출한 것처럼, 그분을 도와 구원의 목적을 성취하기 위해.
3. 이 세상도 그분으로 말미암아 창조되었는데, 그분에게 그곳은 다음과 같다:
   - 그분이 살고 죽기 위한 장소.
   - 그의 백성들이 살고 활동하는 무대.
   - 그분의 지배권이 충분히 회복되어야 할 영역.
   - 만일 그런 세계가 있다면, 다른 세계를 축복하고, 또 예수님의 영광을 영원토록 보여 주기 위한 다가올 미래의 새 세계.
4. 하등 피조물도 예수님을 위해 지음 받았다. "땅에서 보이는 것들과"
   - 그것들은 인간에게 필수적인 존재들이고, 그래서 우리 주님의 은혜 아래 있다.
   - 그것들은 그리스도의 지혜, 권능, 그리고 선하심의 사례들이다.
   - 그것들은 그분을 위해 호의적으로 다루어져야 한다.

5. 인간도 그리스도로 말미암아 그리고 그리스도를 위해 창조되었다.
   - 물질적 형태로 구현된 영적 존재들을 창조하는데에, 그분이 능력과 기교의 특별한 국면을 보여 주셨다는 것.
   - 그분 자신이 그 존재들 가운데 하나가 되셨다는 것.
   - 그분 자신이 하나님의 자녀들로서, 선과 악에 대해 알고 있고, 감사를 통해 하나님께 나아가는 고상한 존재들의 머리가 되셨다는 것.
   - 그들을 구원하기 위해 그분은 죽고, 그들을 영원히 자신의 동반자, 친구 그리고 예배자로 만드셨다는 것.
   - 악인들에게 둘러싸여 있을 때에도, 사람의 보좌들을 제어나 권세를 통해 자신의 목적을 돕도록 사용하셨다는 것.

II. 그 진술에서 파생되어 나오는 사상을 검토해 보자.

1. 예수님은 하나님이시다. "만물이 그에게서 창조되되."
2. 예수님은 우주의 단서이자 그 중심과 해명이 되신다. 만물은 십자가의 빛 안에서 보아야 하고, 만물은 십자가의 빛을 반사한다. 만물은 그분을 위해 존재한다.
3. 따라서 예수님을 위해 사는 것은 우리 존재의 참된 목적을 알고, 모든 피조물과 조화를 이루는 것이다.
4. 예수님을 위해 살지 않을 때 우리는 어떤 복도 받을 수 없다.
5. 우리는 그분**으로 말미암아** 사는 것처럼, 오로지 그분을 위**해서만** 살 수 있다. 그것은 만물이 그렇기 때문이다.
6. 그분이 승리할 것이 확실하다. 모든 일이 그렇게 진행되고 있다. 만일 우리가 그분의 보좌에서 역사를 바라본다면, 만물이 "그분을 위해" 있음을 보게 될 것이다. "그분이 다스리실 것이다." 우리는 이 말들로 서로 위로해야 한다.

가장 미천한 존재가 이 왕의 수행원이 된다는 것은 얼마나 영예로울까!

✣ 경의의 말 ✣

순교자 피오니우스가 재판관으로부터 "너는 어떤 하나님을 경배하느냐?"는 질문을 받았다. 그는 "나는 하늘을 지어 그곳을 아름다운 별들로 수놓고, 땅을 만들어 그곳을 꽃과 나무로 부요하게 하신 하나님을 경배합니다"라고 대답했다. 재판관들이 "십자가에 못 박힌 그 사람(illum dicis qui crucifixus est)을 말하느냐?"고 물었다. 이에 피오니우스는 "그렇습니다. 아버지께서 세상을 구원하시려고 보내신 바로 그분을 말합니다." 피오니우스가 순교한 것처럼, 블란디나도 순교했다. 또 주후 3세기경 무수히 많은 성도들이, 아직 니케아 신조를 알지 못해, 그 내용을 명시적으로는 아니지만 함축적으로 표현했고, 그 신앙을 화염과 토굴 속에서, 굶주림과 헐벗음 속에서, 고문과 칼의 위협 속에서 선언했다. _ 조셉 쿡

창조하실 때 하나님은 우리에게 자신의 손을 보여 주지만, 구속하실 때 하나님은 우리에게 자신의 마음을 보여 주신다.

_ 아돌프 모노(Adolphe Monod)

이 주제(천사들의 창조)가 우리에게 그리스도의 위대함에 관해 제공하는 것은 얼마나 탁월한 견해일까! 그분으로 말미암아 피조된 모든 존재들은 그들의 모든 속성, 중요성 그리고 존엄성 등이 더욱 빛나게 되었다고 사도는 말하고 있다. 물론 모든 노동자의 인격은 그가 종사하는 일의 본질 속에서 보인다.

만일 그 일이 무의미하고 무가치하다면, 그것은 단지 조물주의 무의미와 무가치성을 보여 줄 뿐이다. 만일 그 일이 희한하고 탁월하다면, 웅대하고 놀랍다면, 그것은 강하게 그리고 확실하게 그분의 위대함, 지혜 그리고 영광을 드러낸다. 천사들은 신복으로서 얼마나 큰 기능이 있을까! 얼마나 그 정

신의 지성, 순결, 권능, 사랑, 고결함이 넘칠까! 그렇다면 천사들을 고안하고 만드신 분, 말씀으로 그들을 존재로 만드신 분, 영원토록 그들을 보존하고, 형성하고, 지시하고, 조종하고, 복 주시는 분의 완전함은 과연 어느 정도일까! 천사들이 아무리 위대하고 탁월하다고 해도, "그분의 눈에는 불결하고" 그분 앞에서는 "어리석다고 책망 받는" 존재들로서 나타난다. 그렇다면 그분의 인격의 완전함은 얼마나 놀라울까! 얼마나 위대하고, 얼마나 지혜롭고, 얼마나 좋을까! _ 티머시 드와이트(Timothy Dwight)

바울은 창조주로서의 신적 영예의 권리를 갖고 있는 주님에 관해 우리 정신을 혼란시키는 의심의 그림자를 일소시켰다. 그는 "만물이 그에게서 창조되었다"고 말한다. 그리고 그가 이 글을 쓸 때 마치 자기 옆에 천사가 서서 고개를 숙이고 자기 귀에 대고 속삭이는 것처럼, 예수님의 영예를 가로채려고 시도하는 사람들이 그 진리 위에 의심의 그림자를 던지고, 그것을 교묘하게 피하고 발뺌하는 것에 대해, 그 진리성을 분명히 하기 위해 "하늘과 땅에서"라고 덧붙인다.

하지만 그는 그것으로 만족하지 않는다. 그는 더 포괄적인 단어를 사용한다. 그는 땅을 넘어서고 하늘의 경계를 넘어서는 하나님의 우주의 모든 영역을 포함하기 위해 "보이는 것들과 보이지 않는 것들"이라는 말을 덧붙인다. 아니 그는 그것으로 자신의 임무를 끝내지 않는다. 그는 우주의 모든 존재들 곧 가장 높은 곳과 가장 낮은 곳에 존재하는 것들, 사람들과 벌레들, 천사들과 곤충들이 모두 그리스도의 손에 들어있다는 뜻으로 "혹은 왕권들이나 주권들이나 통치자들이나 권세들이나"라는 말을 덧붙인다.

_ 거스리 박사

한 이교도가 "**만약 내가 나이팅게일이라면**"(Si essem luscinia)이라고 말한 것은 옳았다. 만약 내가 나이팅게일이라면, 나이팅게일처럼 노래했을 것이다: **내가 종다리라면**(si alauda) 종다리처럼 하늘 높이 날아올랐을 것이다. 그러나 나는 사람이므로 쉬지 않고 하나님을 알고, 사랑하고, 찬양하며, 나의 창조자를 영화롭게 해야 하지 않겠는가? 사물들은 그것들의 목적을 추구하거나 그것에 봉사하지 않는다면, 무익하고 잘못된 자리에 있는 것이다. 그러므로 우리가 우리의 적절한 목적에 합당치 못하다면, 어떤 용도에 사용할 수 있겠는가? 우리는 포도나무와 같아서 물건을 걸기 위해 못 하나 만들기에도 부적당한 무익한 존재들이다(겔 15:2- 3). 그 열매가 없다면, 불에 던져 살라 버리는 것 외에는 아무 쓸모가 없다. 우리가 지음 받은 목적에 봉사하지 않는다면, 무슨 유익이 있겠는가? _ 토머스 맨턴

229
받았으니, 행하되

그러므로 너희가 그리스도 예수를 주로 받았으니
그 안에서 행하되
_ *골로새서 2:6*

처음 원리로 되돌아가는 것이 가장 안전하다. 가장 올바른 길을 가기위해서는 맨 처음 입구로 되돌아가는 것이 좋다. 시작이 반이다.

본문은 불신자도, 이방인도 아닌 "그리스도 예수를 주로 받은" 사람들에게 주어진 말씀이다. 그들에게 주어진 권면이다. 따라서 그들은 처음 시작했던 당시의 상태를 유지해야 한다.

사도는 이처럼 믿음을 가진 사람들의 영적 선과 성숙을 바라고 있고, 이 목적을 위해 권면을 주고 있다.

I. 본문에 진술된 사실을 주목하자.

진실한 신자들은 "그리스도 예수를 주로 **받은**" 바로 그 행위를 소유하고 있다.

이 말이 원래 복음의 표현이다. 여기에는 안으로부터의 진화가 아니라 영혼이 진심으로 받아들인, 외부로부터의 선물이 있다.

이 말은 값없이 주어진 은혜의 표현이다. "받은"이라는 말은 취득하거나 구한 것이 아니다.

그들이 그리스도의 **말**을 받았다고 말하지 않는다. 물론 그것은 사실이다. 왜냐하면 그들은 모든 교훈과 가르침을 상으로 받았기 때문이다. 그들은 그리스도를 받았다.

다음과 같은 사항을 유심히 관찰해 보자:

1. 그들이 받은 것은 그분의 인간 자체다. "그리스도 예수 주" 곧 그분의 인격, 그분의 신성, 그분의 인성, 그분 자신이다. 그들은:

- 그분을 자기들의 지식으로 받아들였다.
- 그분을 자기들의 이성으로 받아들였다.
- 그분을 자기들의 감정으로 받아들였다.
- 그분을 자기들의 의지로 받아들였다.
- 그분을 거듭날 때 자기들의 생명으로 받아들였다. 그들이 그분을 받았을 때, 그분은 그들에게 하나님의 자녀가 되는 권세를 주셨다.

2. 그들이 그분을 받은 것 속에는 3중적 속성이 들어있다.
"그리스도 예수 주"라는 본문의 말씀이 이것을 암시한다.
그들은 그분을 다음과 같은 분으로 받았다:

- 하나님의 기름 부음을 받고 사명을 받은, 그리스도로서.
- 그들을 구속하고 거룩하게 하는, 구주 곧 예수로서.
- 일관된 통치력을 가지고 그들을 다스리며 지배하는, 주님으로서.

3. 이 구원의 영접행위가 있으면, 자아로부터 눈을 돌린다.

당신이 예수님을 위해 싸우고 그분을 위해 승리한다거나 진리를 탐구하고 그리스도 예수를 찾았다고 말하지 않고, 단순히 그분을 "받았다 '고 한다. 이것은 우리가 그저 받았기 때문에 자랑할 것이 없도록 만든다.

4. 바울이 "너희가 그리스도 예수를 주로 **받았으니**"라고 쓴 대상들이 확신하는 복된 경험이 있다. 그들은 예수님을 실제로 받았다. 그들은 그 복을 참된 것으로 알았다. 의심 없이 자기들이 그것을 소유하고 있음을 상기했다.

II. 이어 주어진 권면을 주목하자. "그 안에서 행하되."

"행하라"는 단어에는 네 가지 사실이 함축되어 있다.

1. 생명성. 주 예수님을 활력적으로 향수하라.
2. 지속성. 그리스도 안에 거하라. 그분을 당신의 일상적 활동과 임무 속에서 지속적인 거처로 삼으라.
3. 활동성. 이제는 더 이상 새로운 구원의 길을 위해서는 바쁘게 살 것이 없다. 예수님을 위해, 그분과 더불어, 그분께 순종하며 일하라.
4. 진보성. 전진하라. 그러나 항상 당신의 가장 진보된 생각을 그분 안에 두도록 하라.

III. 마지막으로 우리에게 제시되고 있는 본보기를 주목하자.

우리는 "그분을 받았으니" 그리스도 예수 안에서 행해야 한다.

그것을 어떻게 받았는가?

1. 우리는 그분을 감사함으로 받았다. 우리가 우리의 비천한 신분을 존중하신 것에 대해 그분의 이름을 얼마나 송축했던가!
2. 우리는 그분을 겸손하게 받았다. 우리는 그분의 은혜에 대해 아무런 자격이 없었다. 따라서 우리는 이것을 고백하고, 낮은 자세를 취했다.
3. 우리는 그분을 즐겁게 받았다. 우리의 첫 번째 즐거움은 아침 이슬처럼 밝게 빛났다. 우리가 그것을 잃어버렸는가?
4. 우리는 그분을 유효하게 받았다. 우리는 무수한 영적 열매를 맺고, 생명, 믿음, 사랑, 그리고 모든 은혜 안에서 풍성해졌다.
5. 우리는 그분을 아무 조건 없이 받았다. 우리는 그분과 합의한 조건들이 없었다. 우리는 육체를 위해 아무것도 할 것이 없었다.

따라서 우리는 그분 안에서 계속 걸어가고, 일상적 삶 속에서 날마다 이 모든 요점들을 촉진시켜야 한다.

슬프게도, 그럼에도 어떤 이들은 예수님을 받지 아니하는도다!

우리의 마지막 말은 이 사람들에게 전해져야 하리라.

만일 여러분이 예수님을 받지 못한다면, 지금 여기서는 자비를 거절하는 것이고, 이후에는 천국에서 그러하리라! 그런데도 여러분은 이 큰 은혜를 받아들이지 않겠는가?

주해

구도자들은 그리스도께 자기 마음을 바치거나 주님을 위해 자기를 성결케 하도록 자주 권면을 받는다. 우리는 그들이 그렇게 하지 못한다고 지나치게 비판해서는 안 된다. 이것은 실제로 복음이 아니다. 은혜의 기쁜 소식은 하나님이 그의 아들로 말미암아 우리에게 영생과 구속을 주셨다는 것과 구원받기 위해서 죄인은 그것을 받아들이는 것 외에 할 일이 아무것도 없다는 것이다.

그러나 하나님의 은혜를 받고 그분의 회심시키는 은혜에 참여하는 자가 되었다면, 그때부터 우리는 섬김에 대한 신적 의무를 감당하도록 권면을 받기 시작한다. 주님은 우리가 받은 자가 되는 순간부터 구하는 분이 되신다. "**그러므로 너희가 그리스도 예수를 주로 받았으니 그 안에서 행하되.**" 성결이 회심의 면류관이 되도록 하라. 그리스도에 대한 자기헌신이 당신을 위한 그분의 자기헌신의 보답이 되도록 하라._ 고든 박사

어떻게 신앙이 이처럼 예수 안에 거할 때 행사되고, 또 그분 앞에 더 깊이 그리고 더 견고하게 뿌리 박게 하는지 알고자 한다면, 당신은 처음에 그분을 받을 때로 돌아가지 않으면 안 된다. 당신은 그때 당신의 믿음의 길에 어떤 장애물이 나타났었는지를 잘 기억할 것이다. 먼저 당신의 무가치함과 죄책이 거기 있었다. 거기서는 죄 사함과 사랑에 대한 약속이 이 같은 죄인에게 주어진다는 것이 불가능한 것으로 나타났다. 그 다음 연약성과 죽음에 대한 의식이 있었다. 당신은 당신을 부르신 분에게 복종하고 의지할 능력이 없음

을 느꼈다. 그 다음에는 미래에 대한 두려움이 있었다. 당신은 자신이 오래 견디지 못하고 불신앙과 타락의 길로 신속하게 떨어질 것을 잘 알고 있었기 때문에 감히 예수님의 제자가 될 용기를 갖지 못했다. 이런 어려움들이 당신의 길에 산처럼 서 있었다. 그런데 그것들이 어떻게 제거되었는가? 단순히 하나님의 말씀으로 인해서였다. 말하자면, 과거의 죄책과 현재의 연약함 그리고 미래의 불신앙에도 불구하고, 예수님이 당신을 받아들이고 구원하시리라는 약속을 믿도록 이끌었던 원동력이었다. 그 말씀 때문에 당신은 나아갈 용기를 냈고, 속임을 당하지 아니했다. 당신은 예수님이 진실로 당신을 받아주고 구원하신다는 것을 발견했다.

예수님께 나아올 때 겪었던 당신의 경험을 그분 안에서 계속 거하는 일에 적용해 보라. 믿음으로 말미암아 당신은 첫 번째 은혜에 참여자가 되었다. 똑같은 믿음으로 말미암아 당신은 그분 안에서 거하는 지속적인 은혜에 참여할 수 있다. _ 앤드류 머리

그들이 그리스도에 관한 교훈을 받아들인 이후, 거짓 교훈을 참된 것으로 착각하는 무분별함이나 그것을 받을 때 선하고 충분하고 알고 있었던 교훈을 거절하거나 변질시켜 버리는 불안정성을 참회해야만, 다시는 그것과 결별하지 않게 될 것이다. 당신의 믿음이 건전하다면, 왜 그것을 변질시키는가? 만약 건전하지 못하다면, 어떻게 그것을 누리고 있었는가? 주 예수님이 복음 안에서 자신을 우리에게 제시하실 때, 그분을 받아들이지 않는 것이 극악한 죄가 된다면, 그분을 받아들인 후에 그분을 팽개치는 것은 얼마나 더 큰 죄악일까! 그것은 당신이 어떤 사람을 인정하고 집 안으로 받아들인 다음에 그를 집에서 내쫓는 것이 처음에 그를 거절하여 문을 닫아 버리는 것보다 더 큰 불법인 것과 같다. _ 진 데일리(Jean Daille)

230
그리스도는 만유시다

거기에는 헬라인이나 유대인이나 할례파나
무할례파나 야만인이나 스구디아인이나 종이나
자유인이 차별이 있을 수 없나니
오직 그리스도는 만유시요 만유 안에 계시니라
_ *골로새서 3:11*

두 세계가 있다: 옛 세계와 새 세계. 이 두 세계에는 인간성의 두 계열에 따르는 족속이 각각 살고 있다. 9절과 10절을 보면, 옛 사람과 새 사람이 바로 그들이다.

전자에는 후자에는 없는 많은 일들이 있다.

후자에도 전자에는 없는 많은 일들이 있다.

본문은 우리에게 새 사람 속에 없는 것과 있는 것에 대해 말해 준다.

우리는 듣는 자가 자신이 **거기에** 속해 있는지 묻는 것으로 시작해야 한다. 왜냐하면 본문은 "거기"라는 말에 관심을 두고 있기 때문이다.

I. 새 사람 안에 없는 것.

우리는 우리를 지으신 분의 형상을 따라 새롭게 되었을 때, 다음과 같은 차별이 제거되었음을 발견한다:

1. 민족적 차별. "헬라인이나 유대인이나 … 차별이 있을 수 없나니."
   - 예수님은 사람이다. 가장 넓은 의미에서 볼 때, 그분은 유대인도 아니요 이방인도 아니다. 우리는 그분 안에서 제한적인 민족성을 보지 못한다. 우리 자신의 고유한 민족성도 그분과 연합할 때 수면 아래로 가라앉는다.
   - 예수님이 현재 우리의 민족, 우리의 헌법 그리고 우리의 조국이다.

- 예수님이 우리의 영웅, 입법자, 조상, 지도자다.
- 예수님이 우리에게 율법, 관습, 역사, 족보, 권세, 특권, 의지, 능력, 유산, 승리를 공급하신다.
- 예수님이 우리에게 우리가 끝까지 안전하게 누릴 수 있는 새 애국심, 충성심 그리고 가문을 제공하신다.

2. 의식적 차별. "할례파나 무할례파나 … 차별이 있을 수 없나니." 표상적 차별이 제거된다.
   - 분리 의식은 폐지되고, 육체를 따라 주어진 민족적 특혜라는 특별한 권리가 그것과 함께 사라진다.
   - 멀다고 간주되던 사람들이 가까워진다.
   - 유대인과 이방인이 십자가의 한 몸으로 연합된다.
3. 사회적 차별. "종이나 자유인이 차별이 있을 수 없나니."

우리는 신적 은혜를 통해 다음과 같은 사실을 볼 수 있다:

- 이 차별은 일시적이다.
- 이 차별은 표면적이다.
- 이 차별은 별로 가치가 없다.
- 이 차별은 영적 영역에서는 존재하지 않는다.

모든 인간이 한 몸으로 연합하는 놀라운 복이 주 예수님으로 말미암아 일어났도다! 우리 모두는 연합의 방향을 따라 활동해야 한다.

II. 새 사람 안에 있는 것.

"오직 그리스도는 만유시요 만유 안에 계시니라"는 말씀은 다양한 의미를 갖고 있다.

1. 그리스도는 우리의 모든 문화다. 그분 안에서 우리는 "헬라인"을 필적하고, 능가한다.
2. 그리스도는 우리의 모든 계시다. 우리는 그분 안에서 심지어 "유대인"

이 하나님의 계시를 받은 것 이상으로 영예를 누린다.

3. 그리스도는 우리의 모든 의식이다. 우리는 "할례"를 받지 않는다. 또 7성례나 무수한 육체의 의식들도 갖고 있지 않다. 그분은 이것들을 훨씬 능가하신다. 성경의 모든 규정들은 그분에 관한 것이다.
4. 그리스도는 우리의 모든 순결이다. 우리는 "무할례파"로 불릴 수 있는 엄격한 도덕주의를 믿지 않는다.
5. 그리스도는 우리의 모든 자연적 전통이다. 그분은 우리에게 "야만인"의 정신을 뛰어넘는 극히 순수한 이념들보다 훨씬 더 순수한 분이다.
6. 그리스도는 우리의 모든 정복 불가능한 능력이요 자유다. "스구디아인"은 우리가 그분 안에서 발견하는 자주성을 갖지 못했다.
7. 그리스도는 우리의 주인으로서, 만일 우리가 그분과 연합한다면, 우리의 모든 것이 되신다. 그분이 머리 곧 주인이신 종은 얼마나 행복할까!
8. 그리스도는, 만일 우리가 "자유"하다면, 우리의 대헌장, 아니 우리의 자유 자체이시다.

마치면서 우리는 "그리스도는 만유시요 만유 안에 계시니라"는 말씀을 우리 자신에 대한 적용 본문으로 사용해야 할 것이다. 그 말씀은 우리에게 시금석이 되는 질문을 제공한다.

그리스도는 우리의 모든 것이라고 할 수 있을 정도로 과연 크신 분인가?

그리스도는 우리의 모든 것 속에서 모든 것이 되실 정도로 광범하고 충분하신 분인가?

따라서 그분은 우리의 신뢰, 우리의 소망, 우리의 확신, 우리의 기쁨, 우리의 목표, 우리의 힘, 우리의 지혜에서 모든 것 — 한마디로 "만유 중의 만유" — 이 되시는가?

만일 그렇다면, 우리는 모든 것을 그분을 위해 살고 있는가?

그분이 우리에게 모든 것 되시기 때문에 우리가 그분**을 위해** 행하고 있는가?

✣ 장식 ✣

참으로 예수 그리스도께 관심을 두고 있는 모든 사람들은 얼마나 풍성한 유산을 갖고 있을까! **그리스도는 나의 전부이시다**(Christus meus et omnia). 그들은 만유 중의 만유이신 그분을 소유하고 있다. 그분을 소유하고 있을 때, 그들은 만유를 소유하는 것이다. 야곱은 에서에게 "내 소유도 족하다"(창 33:11)고 말한다. 만유 중의 만유이신 분을 소유한 자는 절대로 부족함이 있을 수 없다. 바울 사도는 "지금 것이나 장래 것이나 다 너희의 것이요 너희는 그리스도의 것이라"고 말한다(고전 3:22- 23). 참 신자여, 그대는 외적으로도 가난한 자가 되지 말라. 그대는 진리 안에서 세상 모든 사람들 가운데 가장 부요한 사람이다. 그대는 만유 중의 만유를 소유한 사람이다. 그렇다면 거기에 더할 것이 무엇이 있겠는가? _ 랠프 로빈슨

그리스도는 그분이 모든 것보다 위에 두어지지 않는다면, 아무런 가치가 없다. _ 아우구스티누스

누군가 길을 잘못 가고 있다면, 그분이 길이다.
누군가 헐벗고 있다면, 그분이 옷이다.
누군가 굶주리고 있다면, 그분이 떡이다.
누군가 종이라면, 그분이 자유다.
누군가 참으로 약하다면, 그분은 얼마나 강하실까!
죽은 자에게 그분은 생명이고, 병든 자에게 그분은 건강이다.
눈먼 자에게 그분은 시력이고, 곤궁한 자에게 그분은 부다.
그분은 상실 없는 즐거움이요, 숨길 필요 없는 보물이시다.

_ 자일스 플레처(Giles Fletcher)

모든 것 즉 우리의 모든 욕구와 소원 속에 주님을 두도록 하라. 이것에 관

해 충분히 생각하고 믿는 마음을 가진 현명한 상인이 누구인가? 그는 이 진주를 사기 위해 자신의 모든 소유를 팔고, 이 다이아몬드를 얻기 위해 자신의 보석들과 바꾼다. 진실로 온 세상에 있는 모든 장식품을 다 모은다 해도 이 보석과 비교할 만한 가치가 되지 못한다.

나는 경건한 목사인 웰시에 대한 기억을 잊을 수 없다. 그는 그리스도를 증거하는 설교를 마친 후 깊은 묵상에 잠겼는데, 그의 눈에서는 자신도 모르게 하염없는 눈물이 흐르고 있었다. 후에 그 이유를 묻자 그는 솔직하게 고백하기를 그리스도의 진정한 가치를 자신의 둔한 마음으로는 제대로 묘사할 수 없었기 때문이라고 했다. 나는 그리스도인들 가운데 이런 생각을 하는 사람이 무척 드물다는 사실이 두렵다. 왜냐하면 많은 사람들이 예수님을 위해 아주 작게 일하면서도 충분할 만큼 일하고 있다고 생각하고, 심지어는 그분을 위해 지나치게 많은 일을 하고 있다고 생각하기 때문이다.

_ 새뮤얼 워드(Samuel Ward)

"드디어 어느 날 저녁, 한 기도회에 참석했을 때 큰 구원이 내게 임했다. 예수님의 피가 모든 죄에서 나를 깨끗하게 했다는 성령의 충만한 증거를 받았다. 나는 내가 아무것도 아니고, 그리스도만이 만유의 만유가 되심을 알았다. 나는 지금 그분을 그분의 모든 직분 안에서 곧 나를 가르치시는 나의 선지자, 나를 위해 속죄를 이루신 나의 제사장, 나를 다스리시는 나의 왕으로 즐겁게 받아들이고 있다. 오, 얼마나 무한하고, 무한한 행복이 그리스도 안에 있을까! 이 모든 것이 나같이 불쌍한 죄인들을 위해 있도다! 이 복된 변화가 1772년 3월 13일에 내 영혼 속에서 일어났다.

_ 윌리엄 카보소(William Carvosso)

독일인 조각가 단네커(Dannecker)는 그리스도의 얼굴을 조각하는데 8년의 세월을 보냈다. 드디어 사랑과 슬픔의 감정을 완전히 결합시켜 보는 이들이 그것을 바라볼 때 눈물을 흘리게 만들 정도의 작품을 완성했다. 그 후 재능을 인정받아 비너스 상을 조각하도록 요청받았을 때, 그는 "그리스도의 얼굴을 그토록 오랫동안 응시한 후에 내가 지금 이교도 여신에게 관심을 가질 수 있다고 생각하느냐?" 고 대답했다. 여기에 세속의 우상들을 버리게 하는 참된 비결 곧 그리스도만 바라보도록 하는 "새로운 애정의 배타적 힘" 이 있다.

> 나는 예수의 음성을 들었다.
> 다른 소리는 절대로 내게 말하지 말라.
> 나는 예수의 얼굴을 보았다.
> 내 전체 영혼은 그것으로 만족한다.
>
> _ 고든 박사

231
행복한 사역자들의 모임

이러므로 우리가 하나님께 끊임없이 감사함은
너희가 우리에게 들은 바 하나님의 말씀을 받을 때에
사람의 말로 받지 아니하고
하나님의 말씀으로 받음이니 진실로 그러하도다
이 말씀이 또한 너희 믿는 자 가운데에서 역사하느니라
형제들아 너희가 그리스도 예수 안에서 유대에 있는
하나님의 교회들을 본받은 자 되었으니
그들이 유대인들에게 고난을 받음과 같이
너희도 너희 동족에게서 동일한 고난을 받았느니라
_ *데살로니가전서 2:13-14*

바울은 데살로니가에 있는 사랑하는 교회에 자신의 마음을 털어놓았다.

그는 고린도교회 교인들과 갈라디아교회 교인들로 말미암아서는 마음에 염려가 있음을 알았지만, 데살로니가교회 교인들에 대해 감사할 때에는 마음에 안식이 있음을 깨달았다.

혹독한 고난을 받은 사역자들은 어느 정도 밝은 면이 있다.

데살로니가교회에 대한 자신의 즐거운 기억을 말하면서, 바울은 우리에게 다음과 같은 세 가지 사실을 제시하고 있다:

I. 감사하는 사역자들.

"이러므로 우리가 하나님께 끊임없이 감사함은."

사역자들은 비록 종종 그런 일들을 겪기는 해도, 항상 신음하고 우는 것만은 아니다. 그들은 바울의 경우처럼, 감사할 때가 있다.

1. 이것은 심한 고생 끝에 왔다(9절을 보라). 우리가 눈물로 씨를 뿌리기만 하면 기쁨으로 거둘 것이다.

2. 이것은 거룩한 삶 뒤에 왔다. 10절과 11절의 강조점을 묵상해 보라. 거룩하지 못한 사역자들은 기쁨의 이유들이 빈약할 것이다.
3. 그것은 모든 자기높임을 막아주었다. 그들은 하나님께 감사했다. 그리고 이것은 자기를 영화롭게 하는 것과 정확히 반대다.
4. 그것은 사회적 성격을 갖고 있었다. "우리가 하나님께 감사함은." 여기서 우리는 바울, 실라, 디모데를 말한다. 우리는 사랑하는 백성들 사이에서 우리를 축복하실 때, 형제들과 기쁨의 모임을 갖는다.
5. 그것은 지속적 성격을 갖고 있었다. "끊임없이." 우리는 구원받는 영혼들 속에 나타난 하나님의 선하심을 찬양하기를 멈출 수 없다.
6. 그것은 더 깊은 섬김을 자극했다. 17절에 따르면, 그들은 형제들을 다시 만나고, 그들을 위해 더욱 힘쓰기를 소원했다.

하나님의 종들이 우리에 관해 감사할 때, 우리 모두에게 얼마나 큰 은혜일까! 그들의 기쁨은 우리의 구원에 있다.

II. 말씀을 받은 청중들.

"너희가 우리에게 들은 바 하나님의 말씀을 받을 때에."

누구나 그것을 받는 것이 아니다. 어떤 이들은 복음을 얼마나 악하게 취급할까!

데살로니가 사람들이 그런 것처럼 그것은 누구나 다 받는 것이 아니다. 그것을 받은 자들은 다음과 같이 받았다:

1. 그들은 하나님의 말씀을 받았다. 그들은 그것을 조용히 듣고, 순수하게 접근하고, 조심스럽게 다루었다.
2. 그들은 하나님의 말씀을 진심으로 환영하는 마음으로 받았다. 그들은 개인적 신뢰와 기쁨과, 믿음으로 그것을 받아들였다.
3. 그들은 사람의 말로 받지 않았다. 그들이 그 방향으로 문을 걸어 잠근 것은 잘한 일이다. 우리는 모든 것을 다 받아들일 수 없다. 우리는 단순

히 인간적인 가르침은 거부해야 하고, 우리 마음속에 주의 말씀을 위한 방을 더 크게 남겨두어야 한다.

4. 그들은 복음을 사람의 말로 받지 않았다. 그들의 믿음은 그것을 선포한 자의 지식과 웅변과 논리와 교리와 또는 감정에 그 기초를 두지 아니했다.
5. 그들은 그것을 하나님의 계시된 말씀으로 받았고, 그래서 그것을 다음과 같이 받았다:
   - 그 신적 속성을 존중함으로써.
   - 그 무오성을 확신함으로써.
   - 그 권위에 순종함으로써.
   - 그 성결의 능력을 체험함으로써.
6. 그들은 그것이 그들 속에서 효과적으로 역사하기 때문에 그것을 받았다. 그것은 실천적이고 유효한 것으로, 그들의 삶과 인격에 명백히 역사했다.

III. 가족적 유사성을 보여 주는 회심자들.

1. 그들은 믿음과 경험과 고난에 대하여 그들 가운데 최고인 유대인 그리스도인들과 같았다.
2. 그들 가운데 많은 이들이 이교도로서 큰 불이익을 받고 시작했다.
3. 그들은 유대에 있는 하나님의 교회를 본 적이 없었고, 그래서 그것을 모방할 수도 없었다. 하지만 그들은 유대인 그리스도인들의 복사판이었다.
4. 이것은 그 사역의 신적 속성을 보여 주는 하나의 확증이다.
   - 동일하신 주님이 모든 신자들 속에서 역사하신다. 대체로 모든 성도들은, 비록 서로 얼굴을 본 적이 없을지라도, 동일한 경험을 한다.
   - 거듭난 모든 사람들 사이에 나타나는 이 유사성은 회심의 신적 기원

에 대해 아주 유익한 일련의 경험적 증거를 제공한다.

우리는 박해에 대해 위축되어서는 안 된다. 왜냐하면 데살로니가에서 바울은 핍박을 받았지만, 승리했기 때문이다.

우리는 어디서든 나타나는 말씀의 효력을 즐거워하자.

메모

이전에 참된 설교자로서 신실하고 사랑이 넘치는 한 복음 사역자가 있었다. 그의 사역은 특별히 성공하지 못한 것으로 판단되었다. 20년이나 수고했지만, 그가 그리스도께 인도한 영혼은 단 하나 밖에 없었던 것으로 알려져 있었다. 그의 회중들도 그렇게 알고 있었다. 도랑 속에서 일하는 불쌍한 노동자로다! 그의 수고는 사람들에게는 보이지 않고, 하나님의 눈에만 보였다. 어느 날 그에게 성도들의 대표단이 찾아왔다. 그는 하나님께서 성도들에 대한 그의 사역을 전혀 합당치 않게 보시기 때문에, 다른 교회로 떠나가는 것이 좋겠다는 뜻을 전달받았다. 그들은 그가 고작 한 명의 죄인을 회심시키는 정도밖에 쓰임 받지 못한 도구이기 때문에 차라리 다른 곳에서 사역하는 것이 낫겠다고 말했다. 이에 그는 "뭐라구요? 내가 진정 한 사람을 그리스도께 인도했다구요?" "예, 한 명, 딱 한 명입니다." 그러자 그는 이렇게 부르짖었다: "오, 하나님께 감사합니다. 그렇게 했었다니, 정말 감사합니다. 제가 그리스도께 한 영혼을 인도했었군요. 이제까지 20년 이상 여러분들 속에서 수고했는데, 하나님이 나에게도 나누어 주셨군요. 그렇다면 이제 아마 나는 두 번째 사람을 인도하는 영광의 도구가 될 것입니다."

_ 칼스럽(Calthrop)

한 중국인 회심자가 이렇게 고백했다: "이 책을 만든 자가 나를 만들었다. 그것은 내게 내 마음의 생각들을 말해 준다."

한 저명한 프랑스인이 "나는 하나님의 말씀이 성령의 검임을 알고 있다.

왜냐하면 그것이 나를 관통했기 때문이다"라고 했다.

로스킬이 쓴 "북미 인디언들에 대한 모라비아 선교사들의 선교 보고서"에서 나는 두 가지 교훈을 받았다. 나는 그 글에서 하나님의 은혜는 사람들 가운데 통일적으로 역사한다는데 대한 놀라운 예증을 발견했다. 크란츠는 자신의 "그린랜드 선교보고서"라는 글에서 하나님의 은혜가 어리석고, 우둔하고, 분별없는 피조물 곧 지금까지 그가 보았던 사람과는 동떨어진 동물 같은 사람에 대해서도 베풀어지는 것을 보았다고 썼다. 로스킬은 마귀 같은 사람 곧 난폭하고, 잔인하고, 복수에 사무친 전사로서 미친 사람처럼 춤을 추며 지옥 같은 전쟁을 좋아하는 사람에게 똑같은 은혜가 베풀어진 경우를 본다. 하나님의 은혜는 이런 사람들도 동일한 길로 이끈다. 그것은 그린랜드 원주민을 소성시키고, 격려하고, 성화시킨다. 그것은 일종의 새 생명을 그에게 일으킨다. 그것은 그에게 완전히 새로운 의식을 제공하는 것처럼 보인다. 그것은 그의 눈과 귀를 열고, 그의 마음을 일깨우며, 나아가 그를 성화시킨다. 똑같은 은혜가 인디언의 사나운 정신을 길들인다. 그것은 그를 어린아이 같이 온순하고, 유순하고, 단순하게 만든다. 이런 사실들로부터 기독교에 대해 주어지는 증거를 가지고 반대자들을 설복시키기에는 아마 충분하지 않을 것이다. 그러나 이미 믿고 있는 사람에 대해서는 그의 믿음의 근거를 크게 강화시키는 역할을 할 것이다. 또한 나는 이 책들로부터, 기독교 전도자는 문명화된 민족들 사이에서도 그린랜드 원주민이나 인디언들과 똑같이 사람들을 다루어야 한다는 것을 배웠다. _ 리처드 세실

이 살아 있는 서신서들의 편집은 세계 어디서나 동일하다. 다만 그 제본만 다를 뿐이다.

232
선을 행하다 낙심하는 것

형제들아 너희는 선을 행하다가 낙심하지 말라
-데살로니가후서 3:13

앞의 두 구절을 읽어보고, "도무지 일하지 아니하고" 일을 만들기만 하는 자들에 관해 사도가 어떤 책망을 하고 있는지를 주목해 보라.

교회는 일하는 벌들로 붐비는 벌통과 같아야 한다. 거기에는 질서가 있어야 하고, 누구든 일하는 곳에 질서가 있을 것이다. 사도는 11절에서 무질서를 정죄한다. 거기에는 조용함이 있어야 하고, 일은 그것을 촉진시킬 것이다(12절). 거기에는 성실함이 있어야 하고, 일은 그것을 길러 줄 것이다.

위험한 것은 우리가 먼저 일에 대해 싫증이 나고, 그래서 그것 때문에 충분히 일했다고 착각하는 것인데, 그때 우리는 사적인 중요한 일 때문에 또는 우리가 할 일을 다른 사람이 하도록 맡겨둠으로써 섬김으로부터 벗어나게 된다. 조금이라도 힘이 남아있는 한, 우리는 예수님을 위한 개인적인 일을 멈출 수 없다.

또 위험은 벌처럼 일하지 않고 참견하기 좋아하는 사람들 속에도 있을 것이다. 그들은 그들 자신의 떡을 위해서는 일하지 않고, 다른 사람들의 떡을 위해서는 놀랍게 부지런하다. 이들은 곧 분란과 외로움에 빠지고, "선을 행하는" 법에 대해서는 아무것도 모르고 있다.

사도는 이 질병을 치유하기 위해 힘쓰고 있고, 따라서 다음과 같이 제시한다:

I. 그리스도인의 삶의 요약.

그는 그것을 "선을 행하는 것" 이라고 부른다.

1. 신앙적인 일이 곧 선을 행하는 것이다. 설교, 가르침, 책 쓰기와 편지 쓰기, 절제모임, 성경공부, 노방전도, 개인전도, 개인기도, 찬양 등.
2. 자선을 베푸는 일이 곧 "선을 행하는 것" 이다. 가난한 자, 과부와 고아, 무식한 자, 병자, 타락한 자 그리고 절망한 자 등을 자상한 관심을 가지고 보살피는 것이다.
3. 일상적 노동이 곧 "선을 행하는 것" 이다.

만일 우리가 앞 구절을 읽는다면, 이것이 본문의 핵심적 요점임을 알게 될 것이다. 선을 행하는 것은 다양한 형태로 나타난다. 나머지 것들은 다음과 같다:

- 남편으로서 가족을 부양하는 일.
- 아내로서 살림을 꾸리는 일.
- 딸로서 가정사를 돕는 일.
- 젊은이로서 부지런히 직업에 종사하는 일.
- 학생으로서 열심히 공부하는 일.
- 가정부로서 신실하게 근무하는 일.
- 노동자로서 매일 열심히 수고하는 일.

4. 어떤 일은 그 자체로는 평범한 일이지만, 특별히 자선적, 신앙적 목적으로 행해졌기 때문에 "선을 행하는 것" 이 된다.
   - 노인을 위해 일하는 사람으로서, 그들을 보살피는 일.
   - 연약하거나 병이 든 지인들을 돌보는 일.
   - 어린아이들을 주를 경외하는 자들로 양육하는 일.
   - 하나님의 교회와 관련하여 행한 일은 다른 사역자들로 하여금 편안하게 복음을 선포할 수 있도록 만든다.

하나님을 의지하고 그분의 말씀을 믿는 믿음으로, 그리스도에 대한 사랑을 따라, 다른 사역자들을 돕겠다는 선한 의지로 그리고 인도와 용납과 복을 구하는 기도와 함께, 의무감을 가지고 행해진 모든 일이 곧 "선을 행하는 것" 이다. 일상적인 행동들도 그 동기가 순수하고 고상하다면, 거룩하게 되고, 단조로운 일이라도 신성한 일이 된다.

우리는 이제 서신서로부터 다음과 같이 교훈을 얻는 것이 지혜롭다는 사실을 생각해야 한다:

II. 선을 행하는 자들을 낙심하게 만드는 원인에 관한 경고.

1. 무가치하게 구제를 받아들이는 자들은 열심히 일하는 자들을 낙심하게 한다(10절).
2. 게으른 사람들은 부지런한 사람들을 게으름으로 이끈다(11절).
3. 교회에서 일만 만들고 규모 없이 행하는 사람들은 많은 사람들의 근면한 봉사를 방해한다(11- 12절).
4. "부당하고 악한 사람들" 과 같은 말썽꾸러기들은 주님을 섬기는 사람들을 낙심케 한다(2절).
5. 우리 자신의 육체가 안일을 추구하고 어려운 일은 피하도록 되어 있다.

우리는 지나치게 많은 일을 만들 수 있고, 또 지나치게 일을 하지 않을 수도 있다. 어떤 경우든 우리는 낙심하지 않도록 조심해야 한다.

이제 결론을 내려 보자:

III. 낙심하지 않도록 선을 행하는 자들에게 주는 권면.

"형제들아 너희는 선을 행하다가 낙심하지 말라."

1. 당신이 이미 행했던 것을 상실하지 말라.
2. 다른 사람들 예컨대 군인들, 레슬러, 보트경주의 노잡이 등과 같은 사람들이 힘든 일을 위해 자기부인을 어떻게 실천하는지를 살펴보라.
3. 하나님의 눈이 당신을 바라보고 있고, 그분의 손이 당신을 붙들고 있고, 그분의 미소가 당신을 향하고 있고, 그분의 다스림이 당신에게 주어지고 있음을 기억하라.

4. 주님을 위해 그리고 그분의 영광을 위해 행해진 섬김은 그 자체로 숭고하다는 것을 생각하라.
5. 이 천국을 섬기는 일에 당신을 앞서갔던 사람들의 탁월한 삶을 주목해 보라.
6. 당신의 눈을 예수님과 그분이 인내하신 것에 고정시키라.
7. 천국상급 곧 면류관과 승리의 영광을 바라보라.

비록 다른 사람들이 싫증을 내고, 힘이 빠지더라도, 낙심하지 말라.

비록 다른 사람들이 그들의 동료들에게 떡을 주는 일에 인색하더라도, 당신은 받는 것보다 주는 것이 더 좋다는 것을 기억하라.

비록 다른 사람들이 교회의 평화를 깨더라도, 당신은 부지런한 섬김을 계속 유지하고, 그리하여 16절의 복을 누리도록 하라.

✣ 타산지석 ✣

참 그리스도인은 일하는 자가 되어야 한다. 일할 때에는 근면하거나 부지런한 것이 경건의 핵심요소다. 하나님이 요구하시는 근면은 우리의 전 본성의 연합적 활동이다. 이것이 없으면, 사람은 "행하는 자"가 아니라 몽상가가 될 수밖에 없다. 우리 본성의 어떤 기능이 사용되지 않고 놀고 있다면, 우리는 온전한 기독교적 인격을 갖출 수 없다. 내가 해야 한다.

나 곧 나의 전자아, 나의 손, 나의 발, 나의 눈, 나의 혀, 나의 오성, 나의 감정 등 모든 부분이 단순히 결심하고, 계획하고, 느끼고, 의욕을 가지는 것으로 끝나는 것이 아니라 활력적으로 행동해야 한다. "우리가 행하자."

그러나 이 이상 나아가야 한다. 나는 "선을 행해야" 한다. 이에 해당하는 헬라어 단어는 아름다움(美)을 가리키고, 이것이 사도의 생각을 잘 말해 준다. 참된 경건은 아름답다. 그것이 아름다움을 결여하고 있다면, 그것은 기형적인 것이 될 것이다. 그러나 바울에 의해 사용된 이 말은 그 이상의 의미를 내포하고 있다. 그것은 완전한 도덕적 탁월성을 의미한다. 행동만으로는 충분하지 않다. 왜냐하면 지나치게 격렬한 행동은 악이 될 수도 있기 때문이다.

루시퍼는 가브리엘 못지않게 활동적이고, 쉬지 않고, 열심이었다. 그러나 전자는 마귀요, 후자는 스랍이다. 선이 아닌 행동은 어떤 것이든 항상 그리고 반드시 저주가 된다. 다른 존재에 고통을 주는 파충류나 파멸시키는 악마보다는 생명이 없고, 움직이지 못하는 물질 — 돌, 흙덩어리 — 이 더 낫다. 거듭남 속에는 커다란 실제적 변화가 있다. 그것은 단순히 행하는 자가 아니라 선을 행하는 자로 변화시킨다. 그것은 힘의 변화가 아니라 방향의 변화다. _ 찰스 워즈워스(Charles Wadsworth)

히브리인들은 하나님이 명사보다 부사를 더 좋아한다는 속담을 갖고 있다. 즉 하나님의 관심사는 무엇을 했느냐보다 어떻게 했느냐에 있다는 것이다. "**얼마나 많이 했느냐가 아니라 어떻게 잘 했느냐**"가 문제라는 말이다. 그리고 잘 하는 것을 만족시키는 것이 선을 행하는 것이다. 그러므로 우리는 명사적으로나 동사적으로가 아니라 부사적으로 하나님을 섬겨야 한다.
_ 랠프 베닝(Ralph Venning)

무엇인가 할 일이 남아있다면, 아무것도 하지 않았다고 생각하라.
_ 새뮤얼 로저스

디즈렐리(D' Israeli)는 포트 로얄 소사이어티 교회의 두 명의 성도에 관해 다음과 같이 말한다: 아놀드는 새 일을 할 때 니콜라이를 도와주기를 원했다. 그때 니콜라이가 "우린 이제 늙었어. 쉴 시간이 없지 않아?" 라고 말했다. 이에 아놀드는 "쉰다! 우리에게 쉰다는 것은 영원히 없지 않아?" 라고 되물었다. 제럴드 마시는 이렇게 노래한다:

나는 지금 일하리라, 영원을 위해,
그 불후의 한가한 날이 나를 기다리고 있노라.

233
신실한 구원의 말씀

미쁘다 모든 사람이 받을 만한 이 말이여
그리스도 예수께서 죄인을 구원하시려고 세상에 임하셨다 하였도다
죄인 중에 내가 괴수니라
_ *디모데전서 1:15*

바울은 12절에서 자신이 사도 직분을 받은 것을 언급했다. 이어 그는 계속해서 자기 같은 사람을 사역의 길로 부르신 것 속에 나타나 있는 은혜에 관해 말한다(13절). 그리고 그 사역을 감당하게 된 것은 더 큰 은혜라고 말한다.

나아가 그는 자신의 사역에 관한 메시지를 언급하도록 인도받는다.

우리는 다음과 같이 본문을 유익하게 사용할 수 있다.

I. 우리는 복음을 어떻게 전파해야 할까?

1. 확실하게. 그것은 "미쁜"(faithful) 말씀이기 때문이다. **우리는** 우리가 전하는 메시지의 진리성을 의심하지 않는다. 그렇지 않다면 우리가 어떻게 **당신이** 그것을 믿기를 기대할 수 있겠는가? 우리는 믿고 확신한다. 왜냐하면:
   - 그것은 하나님의 계시이기 때문이다.
   - 그것은 이적들을 통해 검증되기 때문이다.
   - 그것은 자체 안에 그 증거를 담고 있기 때문이다.
   - 그것은 우리 마음속에 그 권능을 입증했기 때문이다.
2. 일상적 진리로서. 그것은 우리에게 "금언" 또는 잠언이다.

복음은 가정에서, 직장에서, 병들었을 때, 건강할 때, 삶 속에서, 젊었을 때와 늙었을 때, 그리고 죽을 때 등 모든 경우에 우리에게 역사한다.

3. 일상적 관계 속에서. 그러므로 이 "말씀"은 모든 부류의 사람들, 특히 가장 악한 죄인들에게도 들려져야 한다.
   - 죄인으로서 구주가 필요한 모든 사람들.
   - 예수를 구주로 믿는 모든 사람들.
   - 예수님이 자기들을 구원하셨음을 자신의 삶을 통해 보여 주는 모든 신자들.
4. 주의를 요구하며. "모든 사람이 받을 만한."
   - 당신은 그것을 진리로 믿어야 한다.
   - 당신은 그것을 자신에게 적용시켜야 한다.
   - 당신은 그렇게 해야 한다. 왜냐하면 그것은 당신이 받을 만한 가치가 있기 때문이다.

II. 우리는 어떤 복음을 전파해야 할까?

1. 한 사람에 관한 복음: "그리스도 예수."
   - 그분은 하나님의 기름 부음을 받으신 자다: "그리스도."
   - 그분은 사람들의 구주다: "예수."
   - 그분은 한 인격 안에서 하나님이면서 사람이다.
   - 그분은 죽었지만, 영원토록 살아 계신다.
2. 하나님의 오심에 관한 복음. 예수님은 세상에 임하셨다.
   - 사람으로 출생하심으로써.
   - 사람들과 어울리심으로써.
   - 우리를 위해 우리의 슬픔과 죄를 짊어지심으로써.
3. 죄인들을 위한 복음.
   - 이런 죄인들을 위해 예수님은 살고, 수고하셨다.
   - 이런 죄인들을 위해 그분은 죽고, 대속을 이루셨다.
   - 이런 죄인들을 위해 그분은 죄 사함의 복음을 보내주셨다.

- 이런 죄인들을 위해 그분은 천국에서 대언하신다.

4. 이미 이루신 사역의 복음.
   - 그분은 구원 사역을 세상이 있기 전에 이루셨다.
   - 그 사역은 오늘날까지 완전하게 지속되고 있다.
   - 그분은 그것을 자기에게 나아오는 모든 사람들에게 적용시킬 준비를 하고 있다.
5. 효과적인 구원의 복음. "죄인을 구원하시려고."
   - 죄인의 절반만 구원하시는 것이 아니다.
   - 그들을 구원 가능한 존재로 만드는 것도 아니다.
   - 그들이 스스로를 구원하도록 돕는 것도 아니다.
   - 그들이 의롭기 때문에 구원하는 것도 아니다.
   - 그 대신 그들의 죄로부터 완전하게 그리고 유효하게 그들을 구원하시는 것이다.

III. 우리는 왜 복음을 전파해야 할까?

1. 우리가 그것으로 말미암아 구원받았기 때문이다.
2. 우리는 지금 예수님과 같은 마음을 품고 있고, 그래서 죄인들 아니 심지어는 그 괴수들이라도 구원하기를 바라기 때문이다.
3. 복음이 그것을 듣는 모든 사람들에게 복이 되리라고 믿고 있기 때문이다. 만일 당신이 그것으로 말미암아 구원 받았다면, 당신은 행복할 것이고, 우리 역시 그렇다.
4. 우리는 그것을 전할 수밖에 없기 때문이다. 왜냐하면 우리의 내적 충동이 우리에게 임한 은혜의 이적에 대해 말하도록 강요하기 때문이다.

당신은 그토록 확실한 복음을 믿지 않겠는가?

당신은 그토록 기쁜 복음을 받아들이지 않겠는가?

당신은 그토록 합당한 구주께 나아오지 않겠는가?

✣ 잠언 ✣

로마를 방문한 한 사람이 이렇게 말했다: "나는 교회의 소중한 유산들을 보여 주는 사제들과 다른 전시자들이 그 유산들에 대해 설명할 때, '전해진다' (on dit)는 말을 사용하는 것에 대해 자주 반감이 들었다. 그들은 자기들이 설명하고 있는 것들에 대해 참된 증인이 되지 못하는 것이다. '전해진다' 그렇다면 그들은 그 유산들에 대해 부끄러워하는가? 그래서 그들은 자기들의 양심을 무마하려고 그렇게 말하는 것인가? 그때 그들은 자기들의 개인적 믿음을 표현하는 것이 아니고, 그래서 **'전해진다'** 고 말하게 되는 것이다. 그러나 복음 전도자들은 그렇게 말하지 않는다. 그들은 '우리는 보고 들은 것을 너희에게 전하노라' 고 말한다."

본문에 아주 멋진 말이 있는데, 그것은 "받을 만한" (acceptation)이라는 말이다. 그것은 모든 것이 당신을 위해 주어졌다는 말이다. 그것은 잔칫상과 아주 흡사하다. 당신은 이미 놓여있는 식탁을 발견하고, 거기엔 모든 것이 준비되어 있다. 당신은 아무것도 가져오지 않아도 된다. 나는 전에 한 가난한 과부에게 차를 대접받기 위해 초대 받은 적이 있다. 그때 나는 주머니에 먹을 것을 좀 준비해 갔다. 그러나 이제는 다시 그렇게 하지 않을 것이다. 그것은 과자 두 개였는데, 내가 그것을 꺼내 식탁 위에 놓자 그녀는 그것을 집어 문 밖으로 던져 버렸다.

그리고 "내가 당신에게 차를 마시자고 청했지, 당신에게 나를 위해 차를 준비해 달라고 청하지 않았어요" 라고 외쳤다. 그리스도 역시 마찬가지다. 그분이 청하고, 그분이 제공하신다. 단지 우리 자신만 원하신다. 만일 우리가 그 외에 다른 어떤 것을 가지고 온다면, 그분을 그것을 거절하실 것이다. 우리가 있는 모습 그대로 나아갈 때 그분과 함께 성찬을 먹게 될 것이다. 누가 구원받을까? 그 누구는 이렇게 말할 것이다:

나는 위로부터 축복을 받는다.

당신의 무한한 사랑이 정말일까?

_존 올드 아크릴, "칼과 삽" 에서

무디 목사는 이렇게 말했다: "나는 '구원자로서의 그리스도' 라는 주제로 계속 설교하고 있었던 것으로 기억한다. 그러다 내려와 한 스코틀랜드 사람에게 다가가 '나는 아직 이 설교를 다 마치지 못했습니다' 라고 말했다. 이에 그는 '아, 목사님! 당신은 마치려는 마음이 없었어요, 그렇지 않습니까? 그리스도께서 사람을 위해 행하신 일에 대해 전하는 것은 영원히 계속되어야지요' 라고 말했다."

루터는 이렇게 말한다: "어느 날 마귀가 내게 '마틴 루터, 너는 큰 죄인이야. 저주 받을 거야!' 라고 말했다. '그만! 그만!' 하고 나는 외쳤다. '한 번에 하나씩만 말해. 그래 나는 큰 죄인이다. 그건 사실이야. 하지만 너는 나에게 그렇게 말할 권리가 없어. 나는 그것을 인정한다. 그럼 그 다음에는?' '그러니까 너는 저주를 받을 것이란 말이다.' '그것은 합당치 않아. 내가 큰 죄인인 것은 사실이지만, 성경엔 "예수 그리스도가 죄인들을 구원하기 위해 오셨다" 고 기록되어 있어. 그러므로 나는 구원받을 거야! 이제는 제발 물러가라.' 이처럼 나는 그의 검으로 그를 쳐버렸고, 마귀는 죄인이라고 부름으로써 나를 넘어뜨릴 수 없었기 때문에 슬퍼하며 도망갔다."

유대인들은 자기가 가장 좋아하는 것이 자기에게 딱 맞아떨어졌을 때, 만나를 맛보았다는 속담을 갖고 있다. 복음은 그의 필요나 욕구가 무엇이든, 누구에게나 적합하다.

윌리엄 캐리를 마지막으로 방문했던 사람들 가운데 하나가 알렉산더 더프 목사다. 그는 지난날의 삶에 관해 대화를 나누었다. 그때 목사는 무릎 꿇고 그의 옆에서 기도했다. 방을 나온 후 더프 목사는 그가 자신을 부르는 소리를 들었다. 죽어 가던 그는 등을 돌리더니 속삭이는 목소리로 "더프 목사님, 당신은 캐리 박사, 캐리 박사에 관해 얘기를 나누었습니다. 내가 죽고 나면 캐리 박사에 관해서는 아무 말도 하지 마십시오. 캐리 박사의 **구주**에 관해서 말하십시오"라고 말했다.

234
바울의 회심과 방법

그러나 내가 긍휼을 입은 까닭은
예수 그리스도께서 내게 먼저 일체 오래 참으심을 보이사
후에 주를 믿어 영생 얻는 자들에게 본이 되게 하려 하심이라
_ *디모데전서 1:16*

바울의 회심은 통상적인 사물의 질서 속에서는 전혀 기대되는 일이 아닌 특별한 사건이라는 것이 일반적인 관념이다.

본문은 이런 가정을 단호하게 배격한다. 그는 자신의 구원의 참된 이유가 다른 회심들에 대해 본이 될 수 있다는 입장이다.

I. 바울의 회심 속에서, 주님은 다른 사람들을 보았다.

그의 회심 사실과 그 형태는 다음과 같은 특징이 있다:

1. 다른 바리새인과 유대인들의 관심을 끌고 확신시키는 경향이 있었다.
2. 자신의 설교에서 다른 사람들을 회심시키고, 힘을 북돋아주는 간증으로 사용되었다.
3. 설교자로서의 바울에게 다른 사람들을 위한 소망을 갖도록 자극했다.
4. 그에게 다른 사람들을 찾아가도록 하는 강력한 변론이 되었다.
5. 바울이 죽은 후에도 오랫동안, 기록으로 남아 많은 사람들을 예수님께 이끄는 수단이 되었다.

우리 각자는 다른 사람들의 구원을 목표로 구원받은 자들이다.

당신은 누구의 구원을 위해 구원받았는가?

당신은 이 목표를 위해 당신의 회심 사건을 충분히 사용하고 있는가?

II. 자신의 전 생애 속에서, 바울은 다른 사람들에게 말한다.

그는 죄인의 괴수였고, 은혜 역시 그러했다. 따라서 그의 생애는 모든 면에서 극단적인 입장에 있는 사람들에게 말한다.

1. 죄에 대하여. 그의 회심은 예수님이 아무리 큰 죄인들이라도 받으신다는 것을 증명한다.
   - 그는 비방자, 박해자 그리고 폭행자였다.
   - 그는 그리스도와 그의 백성들에게 미움을 살 수밖에 없는 지경에 이르렀다.
   - 그러나 하나님의 은혜로 말미암아 그는 변화를 받고, 용서를 받았다.
2. 은혜에 대해. 그는 하나님이 능력으로 성화시키고 보존하신다는 것을 증명했다.
   - 그는 사역에 충실했고, 지식에 분명했고, 정신에 열렬했고, 고난 중에 인내했고, 섬김에 부지런했다.
   - 이전에 저지른 과오에도 불구하고, 이 모든 것이 그에게 허락되었다.

죄인의 괴수도 구원받을 수 있고, 따라서 구원의 문이 닫혀 있는 사람은 아무도 없다. 이들은 구원을 얻었을 때 최고의 믿음과 사랑을 받을 수 있고, 또 받게 마련이다.

III. 자신의 전체 사건들 속에서, 바울은 다른 사람들의 모습을 본다.

1. 그에 대한 하나님의 오래 참으심에 관해. 그의 경우를 보면 이렇다:
   - 오래 참으심은 최고 수준에 도달한 것이었다.
   - 오래 참으심은 하나님의 **모든** 인내가 그 하나의 사건에 다 계시된 것처럼 컸다.
   - 오래 참으심은 전력을 기울인 것이었다. 지금까지 나타났거나 다른 사람들에게 항상 나타날 모든 오래 참으심이 그에게 나타났다.
   - 다양하게 그 모습을 드러내는 오래 참으심은 다음과 같은 이유 때문

이다:

성도들을 핍박할 때, 그를 살려주기 위해.

죄 사함의 가능성을 그에게 허락하기 위해.

은혜로 말미암아 효과적으로 그를 부르시기 위해.

충만한 개인적 복을 그에게 주시기 위해.

사명을 주어 그를 이방인들에게 파송하기 위해.

끝까지 그를 지키고 돕기 위해.

2. 그의 회심의 형태에 관해.

그는 특별한 방법으로 구원 받았다. 그러나 우리가 그 사건의 이면을 바라본다면, 다른 사람들 역시 그와 동일한 방법으로 구원받게 됨을 알게 될 것이다:

- 그의 경우에, 그는 사전 준비 없이 구원받았다.
- 흑암과 죽음으로부터 즉시 구원받았다.
- 오로지 신적 능력으로만 구원받았다.
- 하나님의 영으로 말미암아 그의 마음속에 주어진 믿음으로 구원받았다.
- 분명하게 그리고 모든 의심을 초월하여 구원받았다.

우리 역시 정확히 이와 똑같은 방법으로 구원받지 않았는가?

우리는 우리 자신 속에서 충분히 바울에 필적하는 요소들을 발견하는 것이 가능하다:

- 우리의 죄를 볼 때, 유사점이 있다.
- 우리를 향하신 하나님의 오래 참으심을 볼 때, 비슷한 점이 있다.
- 계시 면에서 볼 때, 어느 정도 일치점이 있다. 왜냐하면 주 예수님도 하늘로부터 "네가 어찌하여 나를 박해하느냐" 고 물으시기 때문이다.
- 믿음 측면에서 볼 때에도 평행성이 없겠는가?
- 우리도 "주님 누구시니이까" 그리고 "주님 무엇을 하리이까" 라고 묻

지 않겠는가?

✣ 원판복사 ✣

원래 "원판"(pattern)이라는 말은 표상적 단어다. 무한한 복사가 이루어지는 원판이다. 당신은 연판(鉛版 — 활자를 짠 원판(原版)에 대고 지형(紙型)을 뜬 다음에 납, 주석, 알루미늄의 합금을 녹여 부어서 뜬 인쇄판)에 관해 들었을 것이다. 견본이 만들어지면, 그것을 지형으로 떠서 고정된 연판을 만들었다. 따라서 하나의 연판으로부터 당신은 다시 판을 떠야 하는 불편함 없이 연속해서 무수한 페이지의 복사본을 찍어낼 수 있다. 바울은 "나는 복사를 통해 세상 끝날까지 찍어낼 수 있는, 결코 닳지 않는 — 결코 파괴되지 않는 — 원판이다"라고 말한다. 자신을 죄인의 괴수로 묘사한, 사도 바울이 자신을 웅대하고 특별한 목적을 위해 용서받은 자로 묘사함으로써, 자신을 영원히 복사할 수 있는 원판으로 묘사하고, 자신의 일대기를 읽고 절망에 빠질 사람은 아무도 없다는 것을 피력한 것은 얼마나 놀라운 사상일까!
_ 커밍 박사

한 불신자가 병석에 있는 동안 자신의 비참한 상태를 확인하게 되었다. 그는 주일학교 교사의 도움으로 구주께 인도 받고, 그분의 피로 구원 얻게 되었다. 마음속에 변화가 일어난 후부터, 그는 종종 구주의 사랑과 자신이 빨리 들어가기를 바라는 천국에 관해 말했다. 자신의 생명이 빠르게 종말을 향해 달려가고 있음을 깨달은 그는 그 교사에게 마지막으로 선을 행하는 영광스러운 활동을 하겠다고 알렸다. 그런 다음 분주하고 복잡한 거리의 사람들이 내려다보이는 침대 창문을 열고, 밑에 있는 사람들을 응시하며, 젖 먹던 힘까지 끌어내 큰 목소리로 이렇게 외쳤다: "모든 사람들을 위한 자비가 있도다! 절대로 절망할 필요가 없습니다. 나처럼 불쌍한 불신자도 자비를 얻었습니다." 그의 이 마지막 활동은 그 수고로 말미암아 성취되고, 마감되었다. 그는 침대 위로 쓰러졌고, 곧 숨을 거두었다.
_ 호튼(Haughton), 「베이츠 백과사전」에서.

존 뉴턴은 케임브리지 대학의 로빈슨 박사가 프리슬리 박사의 집에서 급사한 사건에 관해 이렇게 말했다: "나는 프리슬리 박사가 인간적으로 긍정적 확신을 가질 수 없었을 것이라고 생각한다. 그러나 주님은 그를 확신시킬 수 있을 것이다. 누군들 이 불의의 사건이 자신의 마음에 좋은 인상을 주었다고 말할 수 있겠는가? 나는 우리 주님의 능력의 한계를 정할 수가 없다. 그러므로 나는 그를 위해 계속 기도한다. 나는 그가 현재 과거의 나보다 진리로부터 더 멀리 있다고 생각하지 않는다." 이와 똑같은 마음으로, 뉴턴은 다음과 같은 시를 썼다:

나의 동료 죄인들이여, 와서 시험해 보라.
예수님의 마음은 사랑으로 가득 하다.
오, 나 뿐만 아니라 그대에게도.
이 놀라운 자비는 증명될 수 있으리라!
그분은 모든 것이 준비되었다, 모든 것이 자유하다고
선포하기 위해 내게 오셨다.
나같이 비참한 죄인도 구원받는데,
어떤 영혼인들 절망에 빠질 이유가 있는가?

극악한 죄인의 모든 회심은 하나님의 사랑의 새로운 복사판이고, 그것은 그분의 은혜의 탁월함에 대한 반복된 선언이다. 이것이 바울의 회심 속에서 보여 주고자 한 그분의 목적이다. 그분은 배반자들을 자신에게 초대하여 그들이 충성심을 회복하도록 이 사도를 흰 깃발처럼 사용하신다. 대죄인에 대한 모든 두려운 심판이 사슬에 매여 있는 사람을 보게 함으로써 그 처지로부터 벗어나도록 다른 사람들에게 경고가 되는 것처럼, 모든 회심도 하나님의 자비의 행위로서, 그 바라보는 자들에 대한 초청장이 된다.
_ 스티븐 차녹(Stephen Charnock)

235
우리의 복음

이로 말미암아 내가 또 이 고난을 받되 부끄러워하지 아니함은 내가 믿는 자를 내가 알고 또한 내가 의탁한 것을 그날까지 그가 능히 지키실 줄을 확신함이라
_ *디모데후서 1:12*

큰 박해와 핍박을 받은 바울은 믿음과 그리스도 예수 안에서 갖는 안전감으로 말미암아 자신을 지탱하게 된다.

본문에서 찾아볼 수 있는 의미는 복음이 바울에게 주 예수님이 심판때까지 지켜 줄 수 있으리라는 확신을 갖게 했다는 것이다. 이것은 설명할 만한 충분한 가치가 있다. 복음은 예수님의 관심 속에서 안전하다.

바울은 자신의 영혼을 예수님께 의탁한 결과 큰 위안을 느꼈다.

우리는 여기서 다음과 같은 사실을 고찰해야 한다:

I. 그가 한 일.

자신의 영혼의 가치를 느끼고, 그 위험성을 깨닫고, 자신의 연약함을 자각하고, 주 예수님의 은혜와 권능을 믿은 바울은 자신의 영혼을 그분의 손에 의탁했다.

1. 그의 영혼의 질병은 예수님이 **의사**로서 고쳐 주셨다.
2. 그의 영혼의 요구는 예수님이 **목자**로서 다 채워 주셨다.
3. 그의 영혼의 여정은 예수님이 **조종사**로서 인도하셨다.
4. 그의 영혼의 송사는 예수님이 **변호사**로서 변론하셨다.
5. 그의 영혼의 관심사는 예수님이 **보호자**로서 보호하셨다.

그는 자신의 영혼을 믿음의 행위를 통해 예수님께 맡겼고, 그 행위는 계속해서 유지되었다.

II. 그가 깨달은 것.

"내가 믿는 자를 내가 알고."

그는 그분에 대해 믿는다(believe in him)고 말하지 않고 그분을 믿는다(believe him)고 말한다. 인격적 구주를 인격적으로 믿는 믿음이다. 이 믿는 분을 그는 알았다.

1. 그는 다메섹 도상과 다른 시간에 이루어진 그분과의 인격적인 만남을 통해 주 예수님을 알았다.
2. 그분에 관해 읽고 들은 것을 통해 그리고 거기서 비롯된 자신의 묵상을 통해, 그는 그분을 알았다.
3. 그분과의 교제를 통해, 그는 그분을 알았다. 이 방법은 모든 성도들에게 열려 있다.
4. 경험을 통해, 그는 그분을 알았다. 그는 그분의 사랑과 신실함을 시험하고 입증했다. 그는 그분의 고난과 죽음의 입장에 들어가 봄으로써 주님을 알게 되는 실천적 교육을 받았다.

우리는 주님과 이 같은 인격적 친교를 갖고 있는가?

만일 그렇다면, 우리는 모든 것을 그분께 의탁해야 한다.

III. 그가 확신한 것.

"그가 능히 지키실 줄을."

그의 확신은 합리적이고, 신중했다. 그래서 그는 "확신함이라"고 말한다.

사도는 다음과 같이 확신했다:

1. 예수님의 능력이 자기에게 의탁하는 모든 영혼들을 지키실 것이다.
   - 그분은 신적 존재로서, 구원을 이루시는데 전능하시다.
   - 그분의 사역은 율법의 모든 요구를 충족시킬 정도로 성취되었다.

- 그분의 지혜는 모든 위험을 막아낼 정도로 완전하다.
- 그분의 변호는 지속적이고, 자신의 백성들을 보존하시기에 충분하다.

2. 예수님의 능력은 바울 자신의 영혼을 지켜 주실 것이다.
3. 예수님의 능력은 그의 영혼이 무거운 시험 아래 있을 때에도 지켜 주실 것이다. "내가 또 이 고난을 받되 부끄러워하지 아니함은 … 그가 능히 지키실 줄을 확신함이라."
4. 예수님의 능력은 만물이 끝날 때까지 그의 영혼을 지켜 주실 것이다: "그날까지."

이에 관해 바울은 확신했다. 이것이 우리의 확신이 되도록 하자.

많은 일들이 우리로 하여금 이와 정반대의 확신을 갖게 만든다. 그러나 우리는 **알고 있고**, 그러므로 그 문제에 관해 조금이라도 의심하도록 설득당하지 않을 것이다.

IV. 그 결과 그에게 일어난 일.

1. 크게 즐거워했다. 그는 완전히 행복한 사람의 모습과 태도를 갖게 되었다.
2. 크게 담대해졌다. 비록 죄수였지만, 그는 "내가 부끄러워하지 아니한다"고 말한다. 그는 자신의 상태에 관해서도, 그리스도로 인한 모든 일들에 관해서도 그리고 십자가에 관해서도 부끄러워하지 아니하였다.
3. 크게 감사했다. 그는 자신이 믿은 주님을 감사하면서 찬양했다. 본문은 신앙의 고백이자 경배의 한 형식이다.

우리는 우리 주님을 우리 영혼을 지키시는 자로서 더 깊이 아는 지식을 추구해야 한다.

우리는 의탁하고 두려워하지 않는 담대한 확신을 가져야 한다.

✣ 실례와 예증 ✣

제임스 알렉산더 박사가 죽어 가고 있을 때, 그의 아내는 주옥 같은 말로 남편을 위로하기 시작했다. 그녀는 남편에게 "내가 믿는 자를 내가 알고"(I know **in** whom I have believed)라고 말했다. 알렉산더 박사는 즉시 아내의 말을 "Not **in** whom I have believed)"가 아니고 "I know **whom** I have believed"라고 수정했다. 그는 자신의 영혼과 자신의 구주 사이에 사소한 전치사가 있는 것조차 그냥 넘어가지 않았다.

"아주 오랜 세월 동안 나를 괴롭혔던 처절한 의심의 사슬과 절망을 끊어 버렸다. 나는 그전과 다름없이 죄를 범했고, 시험 가운데 있었다. 이전보다 더 강렬하게 그것들과 씨름한 것도 아니다. 물론 때로는 그것이 힘든 싸움이기는 했다. 그러나 그전에는 왜 내가 구원**받아야 하는지를** 볼 수 없었지만, 지금은 그리스도께서 죄인들을 위해 죽으셨다면, 왜 내가 구원**받아서는 안 되는지를** 볼 수 없다. 나는 이 말 위에 서 있고, **거기서 쉼을 얻는다.**
_ F. R. 하버갈(F.R. Havergar)

순교자 유스티누스는 빈정거리는 로마 제국의 재판장에게 참수당하면 승천하게 될 것을 믿느냐는 질문을 받았다. 그는 이렇게 대답했다: "예수 그리스도께서 의심의 그림자가 내 마음속에 조금도 들어올 수 없도록 나에게 은혜 베푸신 것을 확신합니다."

도널드 카길(Donald Cargill)은 1681년 7월 27일, 단두대 위에서 자신이 즐겨 보던 성경을 옆에 서 있던 친구 가운데 하나에게 넘겨주면서 이렇게 증거했다: "30년 이상 나는 하나님과 평화를 누렸고, 그것을 잃고 흔들린 적이 결코 없음을 주님께 감사드립니다. 또 나는 이 성경과 하나님의 영이 모든 것을 나에게 베푸실 것을 믿기 때문에, 지금도 그리스도 안에서 얻을 유익과 하나님과의 평화를 확신합니다. 나아가 내가 죽음을 두려워하지 않고 또는 죄 때문에 지옥을 무서워하지 않는 것은 내가 죄를 전혀 범하지 않았다고 생각해서가 아닙니다. 내가 범한 모든 죄가 예수 그리스도의 보혈과 중보를 통해 값없이 사함 받고, 완전히 씻음 받았기 때문입니다."

믿음, 소망 그리고 사랑은 종교가 가르쳐온 미래의 영광에 관한
자기들의 생각을 질문 받았다:

믿음은 그것이 확실히 진실임을 믿었다.
소망은 그것을 얻으리라고 기대했다.
사랑은 "믿는가? 바라는가? 나는 그렇게 되리라고 알고 있노라!"
미소 지으며, 득의만만하게 대답했다.

_ 존 바이롬

자기에게 주어진 어떤 값진 물건을 가진 아이가 그것을 간수하기 위해서는 아버지 손에 그것을 넘겨주는 것보다 더 좋은 방법이 없다. 마찬가지로 우리가 우리 영혼의 안전을 위해 취할 수 있는 가장 좋은 방법은 그것을 하나님의 손에 맡기는 것이다. _ 존 트랩

236
심판 날에 주어질 긍휼

원하건대 주께서 그로 하여금
그날에 주의 긍휼을 입게 하여 주옵소서
_ *디모데후서 1:18*

어떤 이들의 친절에 대해 우리의 감사를 보여 줄 수 있는 최고의 방법은 그들을 위해 기도해 주는 것이 될 것이다. 아무리 최상의 조건에 있는 사람일지라도 우리의 기도를 통해 더 좋아질 것이다.

바울은 이미 오네시보로의 집을 위해 기도했고, 이제는 오네시보로 자신을 위해 특별히 간구하는 것으로 끝을 맺는다. 여기서 "주"라는 단어를 반복 사용하는 것은 그의 기도를 특별히 엄숙하게 만든다.

오네시보로는 바울이 위험 속에 있을 때 그를 기억했고, 바울은 주님께 심판 날에 그에게 긍휼을 베풀어달라고 간구했다.

그러나 그가 그토록 선한 사람을 위해서 간구할 수 있었던 최고의 근거 역시 **은혜**다. 아무리 긍휼이 넘치는 자라도 긍휼이 필요하다. "사람들이 긍휼를 얻는" 것은 전적으로 주님 자신으로부터 나오는 은혜다.

우리는 이 기도를 다음과 같은 세 가지 제목에 따라 고찰해야 할 것이다:

I. "그날"

"그날에." 그날이 언제인지는 구체적으로 묘사되지 않는다. 그 이유는 그리스도인들 사이에는 이날이 잘 알려져 있고, 또 항상 중요하게 생각하는 날이기 때문이다. 우리는 그날에 대해 충분히 생각하고 있는가? 만일 그렇다면, 우리는 그날이 올 때, 주님의 자비가 크게 필요하다는 사실을 느끼게 될 것이다.

- 그 날짜는 주어지지 않는다. 그것은 단지 호기심을 불러일으킬 뿐이다.
- 그 기간은 구체적으로 나타나 있지 않다. 통상적인 하루가 될 것인가? 하지만 그날은 모든 사람들을 면밀하게 심판하기에 충분할 정도의 기간이 될 것이다.
- 그 도래가 엄숙하게 선포되고 있다. 우리는 그날이 임하는 것을 분명히 알게 될 것이다. 천사들의 행렬과 나팔 소리와 함께 임하기 때문에, 누가 되었든 그것을 모를 이유가 없다.
- 그 영광: 하늘에서 심판의 보좌 위에 앉아계신 예수님에 관한 계시를 보여 준다. 이것은 그날을 가장 기념할 만한 날로 만들 것이다.
- 그 사건: 산 자와 죽은 자들이 다 모이고, 최후의 심판이 행해진다.
- 그 성격: 기쁨과 두려움의 감정이 고조된다. 그날은 날 중의 날이다. 왜냐하면 다른 모든 날들이 그날에 의해 좌우되기 때문이다.
- 그날에 우리 각자가 얻는 개인적 이득은 최고가 될 것이다.
- 그날은 선인이나 악인의 은밀한 생각, 말, 행위 등이 적나라하게 드러나는 가장 두려운 날이 될 것이다.
- 그 심판은 엄정하고, 명백하고, 불변적이다.
- 그날은 최후의 날로서, 사람들의 상태가 영원한 기쁨 아니면 슬픔으로 완전히 고정될 것이다.

우리는 심판 날에 얼마나 큰 긍휼이 필요할까! 우리는 모든 생각을 이것을 느끼는데 집중해야 할 것이다. 우리는 그에 관해 기도해야 한다.

II. 긍휼.

모든 사람에게 긍휼이 필요할 것이다. 우리는 확실히 그것이 필요하다.

우리 자신을 각성시키기 위해, 우리는 그날에 주의 긍휼을 받지 못할 사람들에 관해 생각해 보아야 한다:

- 다른 사람들에게 긍휼을 베풀지 못한 사람들.
- 회개하지 않고 살다 죽은 사람들.
- 구원을 무시한 사람들. 그들이 어떻게 심판을 피할 수 있겠는가?
- 자기는 긍휼이 필요 없다고 말한 사람들, 곧 자기의로 충만한 사람들.
- 긍휼을 구하지 않은 사람들, 곧 내일로 미룬 자들과 무관심한 자들.
- 그리스도를 조롱하고 복음을 거부한 사람들.
- 자기들의 주님을 팔아먹고, 그분을 배반한 사람들.
- 거짓되고 위선적인 신앙고백을 한 사람들.

III. 오늘.

이 순간 우리의 사명은 우리가 본문의 기도를 특별히 해 주어야 하는 사람들에게 있다.

설교자와 회중들의 심판에 대한 전망은 우리로 하여금 즉시 그들을 위해 기도하게 하고, 동시에 그들이 주님을 만날 수 있을 때까지 주님께 구해야 한다.

우리는 그들이 장래에 절망에 빠지지 않고, "그날" 에 긍휼을 얻도록 현재 그것을 발견할 수 있다는 소망을 주어야 한다.

- 오늘은 은혜 받을 만한 때임을 기억하라. 왜냐하면:
- 그들은 아직 심판대 앞에 서 있지 않기 때문이다.
- 그들은 아직 기도를 들을 기회가 있기 때문이다.
- 그들은 믿음이 그것을 그리스도에 대해 행사하는 모든 사람들을 구원하는 지점에 있기 때문이다.
- 그들은 성령이 분투하는 자리에 있기 때문이다.
- 그들은 죄가 즉시 그리고 영원히 잊혀질 수 있는 곳에 있기 때문이다.
- 그들은 비록 죄가 관영하다고 할지라도, 은혜가 지배하는 장소에 있기 때문이다.

최소한 당신에게, 아니 어쩌면 모든 사람에게, 오늘은 은혜의 날이고, 내일은 또 다른 종류의 날이 될 것이다. 심판이 문 앞에 이르렀다. 즉시 긍휼을 구하고, 그것이 영원토록 당신의 것이 되도록 하라.

나팔소리

나는 한 형제의 풍부한 재산보다 그의 신실한 기도의 은사가 더 부럽다. 그리고 내가 한 형제를 위해 신실한 기도를 드릴 때, 그에게 줄 수 있는 최고의 선물을 주었다고 느낀다. _ 에드워드 어빙(Edward Irving)

영국 은행에는 제분기가 곡물을 받아들이는 것처럼, 충분한 무게를 가진 금화들을 가려내기 위해 일률적으로 그것들을 처리하는 기계가 있다. 금화가 통과될 때, 그 기계는 한 치의 오차도 없이 한 편에는 기준 무게보다 가벼운 금화들을 차곡차곡 쌓아놓고, 충분한 무게를 가진 금화들은 다른 편에 똑같이 쌓아놓는다. 그 과정은 내게는 조용하지만, 엄숙한 하나의 비유다. 자연법칙 위에 굳게 세워져 있는 그것은 그날의 심판이 얼마나 확실한지를 보여 주는 가장 생생한 비유다. 가벼움을 그냥 넘어가는 실수나 편파성은 절대로 없다. 유일한 희망은 그들이 들어가기 전에 요구되는 표준 무게를 견지하는 것이다. _ 윌리엄 아노

한 신자가 한 불신자를 목사에게 소개하면서, "이 사람은 절대로 공중예배에는 참석하지 않습니다"라고 말했다. "아! 그래요? 나는 당신이 잘못하고 있다고 생각합니다" 그러자 그 불신자는 "천만에요! 저는 회계 업무를 보면서 주일을 보내고 있습니다"라고 대답했다. 이에 목사는 조용하면서도 엄숙한 목소리로 "슬프도다! 형제여, 당신은 심판 날에 그와 똑같은 방법으로 회계를 받게 되겠군요"라고 말했다. _ G. S. 보우스

토머스 후커가 죽기 직전에 한 사람이 그에게 "형제님, 당신은 당신의 수고의 대가를 받게 될거예요"라고 말했다. 이에 그는 겸손하게 이렇게 대답했다: "형제여, 나는 다만 긍휼을 얻기 바랍니다."

"**영원한** 심판"이라는 그 두려운 말에 입각해서 당신의 길을 비추는 것, 그것이 지혜롭도다! 만일 그 말의 참된 의미가 이 순간 당신 위를 비춘다면, 각 사람의 영혼은 얼마나 크게 당황할까! 사람은 누구나 아무리 조용히 죽음을 맞이한다고 해도, 그의 발에 용수철이 붙어있는 것처럼, 날뛰면서 "말해 주세요. 이 순간 내가 어떻게 해야 하는지 말해 주세요"라고 소리칠 것이다.
_ 찰스 스탠퍼드

말하기에는 애잔하지만, 그 절대적 진리성에는 찬성하지 못하는 옛날 얘기가 하나 있다. 옛날에 축제에서 불릴 축가를 작곡한 저명한 음악가가 있었다. 그는 마지막 심판 장면을 마음속으로 그려보고, 그 곡에 상실된 자들의 처절한 슬픔을 표현하는 선율의 곡조를 집어넣었다. 그러나 어느 가수도 이 부분을 부르기를 원치 않았다. 그래서 울부짖고 애통하는 소리들은 생략되었다. 그 부분에 이르렀을 때, 지휘자는 단순히 그 두려운 부분이 다 끝날 때까지 조용히 시간만 보냈다. 그리하여 가수들은 영광스럽게도 그것과는 정반대되는 것 곧 "환호하는 사람의 외침소리와 축제를 즐기는 사람들의 찬가"만이 담겨있는 축가를 부르게 되었다. _ C. S. 로빈슨 박사

237
매이지 않는 하나님의 말씀

복음으로 말미암아 내가 죄인과 같이 매이는 데까지 고난을 받았으나
하나님의 말씀은 매이지 아니하니라
_ *디모데후서 2:9*

그리스도의 부활이 바울의 최후 보루였다. 8절을 살펴보면, 거기서 그는 그것을 복음의 본질로 언급한다.

바울은 고난을 받고 매인 바 되었으나 위로가 없었던 것이 아니었다. 그의 큰 즐거움은 하나님의 말씀은 매이지 않는다는 것이다.

I. 어떤 의미에서 이것이 사실인가.

"하나님의 말씀은 매이지 아니하니라."

1. 그것은 전파될 수 없을 정도로 매이지 않는다.
   - 복음을 설교하는 목사들은 갇힐 수 있으나 말씀은 아니다.
   - 그것을 담고 있는 책은 불태워질 수 있으나 진리는 계속된다.
   - 교리는 공개적인 증거 현장에서 거의 사라질 수 있으나 그것은 다시 출현할 것이다.
2. 그것은 마음에 접근할 수 없을 정도로 매이지 않는다.

그것은 그 신적 목적을 결코 방해받지 않을 것이다.

- 죄인의 완악함을 뚫고. 왜냐하면 은혜는 전능하기 때문이다.
- 수단의 결여를 극복하고. 성령은 말씀을 듣거나 읽지 않아도 양심에 역사하실 수 있다.
- 그것을 조롱하는 현실을 뚫고. 심지어는 조롱자와 회의자도 회개하고 회심할 수 있다.

3. 그것은 영혼을 위로할 수 없을 정도로 매이지 않는다.
    - 죄에 대한 가책은 믿음이 주어질 때 얻는 위로를 방해하지 못할 것이다.
    - 체질적인 낙심도 말씀의 빛 앞에서는 사라질 것이다.
    - 만성적인 절망도 삼손이 힘의 근원이 된 머리를 싹둑 잘렸을 때 그랬던 것처럼 극복될 것이다.
4. 그것은 목적을 이룰 수 없을 정도로 매이지 않는다.
    - 섭리는 각 개인에 대한 약속을 반드시 성취할 것이다.
    - 섭리는 끝까지 거역하는 자들에 대한 경고를 실천할 것이다.
    - 섭리는 천년왕국에 대한 미래의 예언들을 이룰 것이다.
5. 그것은 오류를 극복할 수 없을 정도로 매이지 않는다.

불신앙, 의식주의, 교황제도, 광신 등도 복음이 사람들에게 유해한 영향을 미치도록 하려고 그것을 제한하지 못할 것이다. 복음은 하나님의 목적들을 성취해야 하고, 또 성취할 것이다.

II. 어떤 이유로 이것이 사실인가.

하나님의 말씀은 다음과 같은 이유로 매일 수 없다:

1. 그것은 전능자의 음성이기 때문이다.
2. 그것은 성령의 활력에 찬 활동을 수반하고 있기 때문이다.
3. 그것은 사람들에게 절대 필수적이기 때문이다. 사람들이 떡을 먹으려면 그것으로부터 떨어질 수 없는 것처럼, 그들은 진리에 대해서도 그렇게 해야 한다. 복음은 그 안에서 자유롭게 매매가 이루어져야 할 만큼 절실한 필요 속에 있는 것이다.
4. 그것은 본질상 매이지 않고 제약이 없는 것으로, 자유의 진수다.
5. 그것은 그것이 거하는 마음속에 열정을 일으킴으로써, 사람들이 그것을 널리 선포하도록 한다. 그러므로 그것은 매일 수 없다.

III. 다른 어떤 사실들이 이것과 평행되는가.

바울의 매임이 하나님의 말씀을 매이게 하지 못한 것처럼:

- 사역자들의 죽음이 복음의 죽음은 아니다.
- 일꾼들의 연약함이 복음의 연약함은 아니다.
- 설교자의 정신의 속박이 복음의 속박은 아니다.
- 사람들의 냉랭함이 복음의 냉랭함은 아니다.
- 위선자들의 허위가 복음을 거짓되게 하는 것은 아니다.
- 죄인들의 영적 파멸이 복음의 패배는 아니다.
- 불신자들이 복음을 거부하는 것이 그것의 전복은 아니다.

주님의 말씀은 절대로 매이지 않는 과정을 거친다는 것을 즐거워하자.
자신을 일깨워 복음과 함께 그리고 복음으로 말미암아 일하자.
복음의 매이지 않는 능력을 받아들여 즉시 우리 자신을 자유롭게 하자.

예증

"하나님의 말씀은 매이지 아니하니라." 그것은 퍼져 나가 영광스럽게 되고(살후 3:1), 매이지 않고 족쇄에 채워지지 않는다. 바울은 "비록 죄수지만 나는 복음을 전한다"고 말하고, 브래드퍼드와 다른 순교자들 역시 그렇게 말한다. 폭스는 이렇게 말한다: "메리 여왕 치하가 되자 몇 날이 안 되어 영국의 거의 모든 감옥들은 완전히 기독교학교와 교회로 바뀌게 되었다. 왜냐하면 그리스도인들에게는 신앙 때문에 감옥에 갇혀 있는 성도들과 아름다운 대화를 나누고 그들의 기도와 설교 등을 듣기 위해 감옥에 가는 것만큼 더 큰 위안이 되는 일이 없었기 때문이다." 더비 백작이 의회에서 브래드퍼드를 고소한 이유는 감옥에서 쓴 편지와 대화들로 말미암아(그때 그는 그것을 선한 악이라고 지칭했다) 브래드퍼드가 그때까지 설교를 통해 주었던 것보다 훨씬 더 강력하게 자신의 마음을 불쾌하게 만들었기 때문이었다.
_존 트랩

지금도 이 나라(영국)에는 틴데일의 초상화가 보존되어 있는데, 그 그림을 보면 이 영웅의 모습 옆에 한 장면이 그려져 있다. 그것은 막대기에 매인 한 권의 책이 불에 타고 있고, 그와 비슷한 다른 많은 책들은 불 밖으로 날아가고 있는 장면이다. 그 의미는 역사적 사실과 관계가 있다. 런던의 대주교인 톤스탈(Tonstal)은 틴데일로부터 수십 권의 성경책을 구입해서 그것들을 불태웠다. 틴데일은 그 책을 판 돈으로 더 정확한 새 성경책을 만들 수 있었다.

지난 세기 말엽, 성서공회가 창설되기 전에, 미국에서는 성경책이 극히 귀해서 구하기 어려운 슬픈 시기가 있었다. 그 이유는 부분적으로는 프랑스의 무신론이 만연한 결과였고, 부분적으로는 독립전쟁에 따른 일반적인 종교적 무관심의 결과였다. 그 시기에 한 사람이 필라델피아에 있는 한 서점에 들어가 성경책을 사려고 했다. 서점 주인은 "한 권도 없습니다. 이 도시에는 살 성경이 하나도 없을 것입니다"라고 말했다. 그는 (프랑스 사고방식에 속한 사람이었기 때문에) 계속해서 말하기를 "더 말씀드린다면, 앞으로 한 50년은 성경책을 찾아보기 어려울 것입니다"라고 했다. 이에 대해 그 손님은 퉁명스럽게 "당신이 죽어 지옥에 간 후 천년이 지나면 이 세상은 성경으로 가득 찰 것이오"라고 말했다. _ *The Christian Age.*

바운(Baune) 시장의 딸이 기르던 카나리아를 잃어버렸을 때, 그녀의 부모는 새가 도망치지 못하도록 그 도시의 모든 성문을 닫아걸도록 엄한 명령을 내렸다. 그러나 문이 다 닫혀 있었음에도 불구하고 새는 곧 산을 넘어 하늘로 훨훨 날아가 버렸다. 이와 마찬가지로 진리는 일단 알려지면, 그 전파를 인간의 힘으로는 도저히 막을 수 없다. 그 전진을 아무리 방해하려고 시도할지라도, 시장의 조치처럼 아무런 효력이 없을 것이다. 공중의 새처럼 진리도 재빠른 날개를 가지고 멀리 날아간다. 빛의 광선처럼 진리도 궁정과 오두막집을 마음대로 넘나든다. 붙들어둘 수 없는 바람처럼, 진리도 법과 금지령을 조롱한다. 벽도 그것을 제한할 수 없고, 쇠창살도 그것을 가두어둘 수 없다. 진리는 자유하고, 또 자유를 만들어낸다. 진리는 모든 자유자로 하여금 자기편에 서게 하고, 그리하여 그로 하여금 그것의 궁극적 성공을 추호도 의심하지 못하도록 함으로써, 자신의 영혼을 어둡게 하지 않도록 한다. _스펄전

두 웨슬리(존 웨슬리와 찰스 웨슬리)를 추모하기 위한 웨스트민스터 사원 묘비에는 "하나님은 자신의 일꾼을 장사하지만, 그 일을 계속하고 계신다"는 글이 새겨져 있다.

진리는 물보다 더 압축할 수 없는 것이다. 만일 한 곳으로 그것을 압축한다면, 그것은 그 압축한 사람들을 통해 새어나오고, 또 압박하는 시도를 통해 더욱 크게 드러날 것이다. _퓨지 박사(Dr. Pusey)

238
보석 같은 복음

이는 범사에 우리 구주 하나님의 교훈을 빛나게 하려 함이라
_ *디도서 2:10*

사도는 복음 교리에 커다란 가치를 부여한다. 그렇지 않으면 그는 그것을 빛나게 하는 것에 대해 그리 큰 관심을 가지지 않았을 것이다.

사도는 종교의 실천적 측면에 큰 비중을 둔다. 그래서 그는 그것을 복음의 아름다움이자 장식으로 간주한다.

우리가 이 짧은 편지 속에서 발견하는 실천적 교훈은 그 적용범위가 얼마나 넓을까! 이것이 이 교훈에 얼마나 정교하게 결합되어 있을까!

우리는 그 교훈을 빛낼 수 있도록 그것에 순종하라는 명령을 받는다.

본문에서 우리는 다음과 같은 사실을 발견한다:

I. 복음의 빛나는 이름. "우리 구주 하나님의 교훈."

1. 그것은 복음의 위대함을 선포한다: "하나님의 교훈."
   - 우리의 타락, 파멸, 죄 그리고 형벌 등은 지극히 컸다.
   - 우리의 구원과 대속은 엄청난 사실이다.
   - 우리의 안전, 행복 그리고 소망도 크다.
2. 그것은 복음의 확실성을 선포한다. 그것은 "하나님의" 것이다.
   - 그것은 하나님의 계시로 말미암아 임한다.
   - 그것은 하나님의 성실하심을 통해 보장된다.
   - 그것은 하나님 자신만큼이나 불변하는 것이다.
3. 그것은 복음에서 예수 그리스도와의 관계를 선포한다: "우리 구주 하나님의."

- 그분은 복음의 저자시다.
- 그분은 복음의 본체시다.
- 그분은 복음의 선포자시다.
- 그분은 복음의 목적이시다. 복음은 예수님을 영화롭게 한다.

4. 그것은 복음의 권위를 선포한다.
   - 계시된 전체 진리 체계는 하나님의 체계다.
   - 구주 자신이 하나님이고, 따라서 그분은 받아들여져야 하는 분이다.
   - 복음 자체는 신적이다. 하나님의 마음은 주 예수님의 교훈 속에 구체화되어 있고, 따라서 그것을 거절하는 것은 하나님을 거절하는 것이다.

우리는 이 "우리 구주 하나님의 교훈"을 믿고, 존중하고, 옹호하고, 선전해야 한다. 다른 어떤 것이 그것만큼 우리의 열심과 사랑을 받을 가치가 있겠는가?

II. 복음을 빛나게 하는 방법

이것은 정말 주목할 만한 구절이다. 고찰해 보자:

1. 복음을 빛나게 하는 사람들.
   - 바울 당시, 하인과 노예들.
   - 오늘날 이 시대, 극히 보잘것없는 명령에도 기꺼이 순종하는 겸손한 종들.

이런 사람들이 이 막중한 임무를 수행하도록 되어 있다는 것은 정말 놀랄 만하다.

그러나 하녀들은 그들의 여주인을 빛나게 하는 법이고, 가장 빈곤한 계층에 속하는 사람들이 그것을 빛낼 준비가 더 잘 되어 있다.

복음을 받아들이는 사람들 가운데 가난한 자들만큼 복음을 영예롭게 하는 자들은 없다.

2. 이 사람들이 특별히 복음을 빛나게 할 수 있었던 방법:

- 자기 상전들에게 복종함으로써(9절).
- 그들을 힘써 기쁘게 함으로써: "기쁘게 하고."
- 자기들의 혀를 제어함으로써: "거슬러 말하지 말며."
- 철저하게 정직함으로써. "훔치지 말고"(10절).
- 믿을 만한 인격을 보여 줌으로써: "모든 참된 신실성을 나타내게."

이 모든 것은 그들의 상전들로 하여금 예수교를 예찬하도록 만들었다.

3. 일반적 교훈을 빛나게 하는 방법.

소극적인 면에서, 그것은 다음과 같다:

- 성전, 제사장, 성가대 또는 예배자들의 허례에 빠지지 않음으로써.
- 특수한 복장과 언사의 매력에 끌리지 않음으로써.
- 철학 사상의 현학에 휩쓸리지 않음으로써.
- 수사학적 웅변의 외화(外華)에 치우치지 않음으로써.

적극적인 면에서, 그것은 다음과 같이 다르게 진행된다.

- 우리는 우리의 경건한 삶을 통해 그것을 빛나게 해야 한다.
- 실제로 그렇다면, 빛나게 함은 **아름다움과 조화를 이룬다.** 거룩함, 자비로움, 유쾌함은 복음에 어울리는 것들이다.
- 빛나게 함은 종종 **아름다움에 대한 찬사다.** 이것은 경건한 대화다. 그것은 복음을 영예롭게 한다.
- 빛나게 함은 **아름다움에 대한 선전이다.** 거룩함은 복음의 자연적 아름다움을 환기시킨다.
- 빛나게 함은 **아름다움을 확장시킨다.** 경건은 교훈의 탁월성을 강조한다.

우리 모두는 다음과 같이 함으로써 복음을 빛나게 하는데 주력해야 한다:

- 일할 때 지극히 성실한 모습을 보여 줌으로써.
- 언제나 정중한 행동을 함으로써.

- 우리 주변 사람들을 이타적으로 사랑함으로써.
- 손해를 끼치는 자들을 신속히 용서함으로써.
- 시련이 올 때 충분히 인내함으로써.
- 항상 거룩한 평온과 자제력을 가짐으로써.

보석

당신이 주목한 것처럼, 이것은 큰 은사를 받은 소수의 특권으로 행해지는 것도 아니고, 또 어떤 기회에 사람들이 자랑스럽게 높아져서 우주의 주목을 받는다고 되는 것도 아니다. 본문에서 발견되는 것처럼, 그것은 편지를 쓰고 있는 그레데의 가엾은 노예들의 능력으로 일어났다. 그것도 그들의 상전이 때때로 잔혹하게 그들의 신앙을 억압하는 데서 오는 고통이나 순교와 같은 어떤 극도의 시련 속에서가 아니라 "범사에" 곧 그들이 매일 해야 하는 천하고, 고단한 노예업무 속에서 일어난 것이다. 다시 말하면 큰일이나 사소한 일 속에서, 화려한 궁궐에서나 지저분한 마굿간과 양우리에서, 곧 "모든 일들 속에서" 전적으로 그들은 하나님의 영광스러운 복음을 빛나게 했던 것이다. 오, 복 받을 그레데의 노예들이여, 비록 채찍과 사슬 아래 있었지만 믿음의 심장으로 그 짐을 다 짊어지고, 눈물 속에서도 사랑의 미소를 잃지 않으며, 하나님을 위해 천사도 할 수 없었던 일을 행하였도다! _ 찰스 워즈워스

우리는 모두 자신이 지금 "매트 밑을 청소했기 때문에" 회심한 것이 틀림없다고 고백한 한 소녀의 이야기를 들었다. 인디언 전사인 코바는 최근 "나는 매일 기도하고 양파를 캐냅니다"라고 말함으로써 자신의 회심을 입증했다. 인디언으로서는 그것보다 자신의 회심의 진실성을 보여 줄 수 있는 것이 없었다. 육체노동은 인디언 전사에게 결코 주업도 아니고 자랑거리도 아니었기 때문이다.

폭스는 이렇게 말한다: "사람들이 퀘이커교도의 정직함과 신실함을 경험하게 될 때, 곧 그들은 정직하게 예면 예, 아니오면 아니오로 확실하게 행동하고, 또 사업할 때에는 말씀대로 행하고, 절대로 사람들을 속이거나 부정을 저지르지 않고, 사람들이 자신의 아이를 어떤 물건을 사오라고 그들이 운영하는 가게에 보낸다고 해도, 어른이 가게에 온 것처럼 아이를 대하는 것을 볼 때에, 형제단의 삶과 대화는 크게 소문이 났다. 그때 사람들의 질문은 오직 하나 '퀘이커교도 포목상, 점원, 재단사, 제화공 또는 어떤 다른 상인이 어디 있느냐?' 는 것이었다.

브라만교의 신도가 한 선교사에게 편지를 썼다: "우리는 당신을 알고 있습니다. 당신은 당신의 책(성경)만큼 선하지 않습니다. 만일 당신의 사람들이 당신의 책만큼 선하다면, 인도는 5년 안에 그리스도에게 정복당할 것입니다."

말씀을 왜곡시키는 기발한 비유와 미사여구만큼 듣는 자들의 마음을 매료시키는 것은 없다. 잡초는 밀밭 속에서 그 화려함이 돋보인다. 그러나 밀밭 속에 그것은 없는 것이 백번 낫다. _ 레이턴(Leighton)

239
하나님의 검

하나님의 말씀은 살아 있고 활력이 있어
좌우에 날선 어떤 검보다도 예리하여
혼과 영과 및 관절과 골수를 찔러 쪼개기까지 하며
또 마음의 생각과 뜻을 판단하나니
_ *히브리서 4:12*

하나님의 말씀은 성경에 대한 호칭일 뿐만 아니라 그리스도의 이름이기도 하다. 여기서는 성경을 의미하지만, 그렇다고 거기서 주 예수님을 분리시켜서는 안 된다. 참으로 그분은 기록된 말씀의 본체이시다.

성경은 주 예수님이 그 안에 자신을 담아놓으셨기 때문에 성경이다.

우리는 이 본문으로부터 다음과 같은 사실을 고찰해야 한다:

I. 말씀의 특성.

1. 신적이다. 그것은 하나님의 말씀이다.
2. 살아 있다. "하나님의 말씀은 살아 있고."
   - 사라지고 마는 우리의 말과 비교할 때, 하나님의 말씀은 항상 유지된다.
   - 그것은 생명 자체다. 그것은 "살아 있고 썩지 않는 씨"다.
   - 그것은 임하는 곳마다 생명을 창조한다.
   - 그것은 절대로 파괴되거나 소멸되지 않는다.
3. 유효하다. "살아 있고 활력이 있어."
   - 그것은 뉘우침과 회심을 가져온다.
   - 그것은 위로와 확신을 일으킨다.
   - 그것은 우리를 고도로 높은 거룩과 행복의 단계로 이끄는 능력이 있

다.

4. 자른다. "좌우에 날선 어떤 검보다도 예리하여."
   - 그것은 철저하게 잘라버린다. 그것은 완전히 날이 서 있다. 그것은 극히 날카롭다.
   - 그것은 크든 작든 그것을 만지는 모든 사람에게 상처를 입힌다.
   - 그것은 자기의, 죄, 불신앙을 죽인다.
5. 찌른다. "찔러 쪼개기까지 하며."
   - 그것은 강퍅한 마음속을 뚫고 들어가는 힘이 있다.
   - 그것은 화살이 갑옷의 틈새를 뚫고 들어가듯이, 아무리 작은 틈이라도 관통한다.
6. 분리시킨다. "혼과 영과 및 관절과 골수를 찔러 쪼개기까지 하며."
   - 그것은 자연종교와 영적 종교처럼, 서로 비슷한 것들을 구별시킨다.
   - 그것은 내적인 것과 외적인 것을 분리시킨다. 곧 "관절과 골수" 처럼, 외적 종교와 내적 종교를 서로 나누어 놓는다.
   - 그것은 자체의 관통능력과 식별능력을 통해 그 일을 한다.
7. 드러낸다. "또 마음의 생각과 뜻을 판단하나니."
   - 그것은 푸줏간에서 고기를 쪼개는 것처럼 사람을 쪼개, 영혼의 그 은밀한 기능과 성향을 밖으로 드러낸다.
   - 생각, 의도 그리고 내적 행위들을 적나라하게 보여 준다.
   - 그것들을 비판하고, 그것들에 대해 올바른 평가를 한다.
   - 그 굴곡을 따라가 그것들의 미심쩍은 성격을 드러낸다.
   - 선한 것은 인정하고, 악한 것은 정죄한다.

우리는 이 모든 것을 하나님의 말씀이 선포될 때 발견하게 된다.

당신은 그것이 과연 그러함을 느끼지 못했는가?

II. 거기서 우리가 배워야 하는 교훈.

- 말씀을 하나님이 진실하게 말씀하신 것으로 알고 크게 존중할 것.
- 우리 자신의 영혼을 살리기 위해 그 앞에 나아갈 것.
- 진리를 위해 투쟁할 때, 능력을 얻기 위해 그 앞에 나아갈 것.
- 우리 자신의 죄를 죽이고, 시대의 악을 극복하는데 도움을 주는 자르는 능력을 얻기 위해 그 앞에 나아올 것.
- 사람들의 양심과 심령에 접근하기 어려울 때, 찌르는 능력을 얻기 위해 그 앞에 나아올 것.
- 극히 완악한 사람들의 양심을 일깨우고, 그들을 죄로부터 돌이킬 수 있도록 하기 위해 그것을 사용할 것.
- 그 수단들을 통해 진리와 거짓을 구별해낼 것.
- 그것이 우리와 우리의 의견, 계획, 행위 그리고 우리 주변의 모든 것을 비판하도록 할 것.

우리는 지금까지 해 온 것보다 견고하게 그 손잡이를 붙잡아야 한다.

칼

그리스도와 그의 성도들이 이 세상에서 이루어놓은 온갖 위대한 승리들은 이 검(말씀)과 함께 얻어진 것이다. 그리스도께서는 원수들을 물리치기 위해 오셔서 이 검을 자신의 허리에 차신다(시 45:3). "용사여 칼을 허리에 차고 왕의 영화와 위엄을 입으소서." 원수들에 대한 그분의 승리는 그 검에 기인한 것으로 묘사되고 있다(4절). "왕은 진리와 온유와 공의를 위하여 왕의 위엄을 세우시고 병거에 오르소서." 여기서 진리는 진리의 말씀을 가리킨다.

우리는 사도행전에서 아볼로가 "유대인의 말을 이겼다"는 기록을 읽는다(행 18:28). 말하자면 그는 자신의 논리의 힘으로 그들을 제압했다. 그는 어떤 무기고로부터 그들을 물리친 검을 가지고 왔는가? 같은 구절을 보라.

“이는 성경으로써 예수는 그리스도라고 증언하여.” 그러므로 그는 “성경에 능통한 자”(24절)라고 이야기된다.

하나님께서 말씀의 효력으로 당신의 영혼에 역사하신 것을 찬송하라. 말씀의 침이 당신의 심장을 찌르고, 그 칼날이 당신의 정욕의 피를 쏟아지게 하였는가? 그 일을 행하신 하나님을 송축하라. 당신은 외과의사가 당신의 몸에서 곪은 부분을 도려내기 위해 칼로 수술할 때와 같이 격렬한 고통에 처할 것이다. 그때 나는 당신이 하나님께서 큰 사랑을 베푸실 것이라고 생각하기를 바란다 … 이 세상에서 이것 외에 잘라내는 것을 통해 치료할 수 있는 다른 칼은 없다. 또 하나님의 영 외에 이 검을 이처럼 적절하게 사용할 수 있는 다른 팔도 없다.

하나님의 말씀은 너무 성스럽고, 설교는 너무 엄숙한 것이기에, 어떤 사람들이 그러는 것처럼 설교를 단순한 재치나 멋진 웅변의 문제로 전락시키는 것은 안될 일이다. 만일 우리가 선을 행하고자 한다면, 단순히 말로써가 아니라 능력으로 사람들의 마음에 다가가야 한다. 사탄은 천 가지 재치나 수사학적 웅변술에 넘어가지 않는다. 그러므로 당신의 칼집에서 이 검을 빼어 그 날카로운 칼날로 내리쳐라. 이것이 사람의 양심을 꿰뚫고 그들의 죄의 피를 흘리게 하는 유일한 길임을 발견하게 될 것이다. _ 윌리엄 거널

이교도들은 개종자들이 자기들을 변화시킨 책을 읽고 있는 모습을 보자, 그들이 그 책에게 무슨 말을 했는지에 대해 물었다. 그러자 그들은 “아니오. 그 책이 우리에게 말했소. 그 책은 하나님의 말씀이거든요”라고 대답했다. 이교도들은 “정말, 그 책이 말을 한단 말이오?”라고 다시 물었다. 이에 그리스도인들은 “그럼요, 그 책은 우리 심령에 말을 하지요”라고 즐겁게 대답했다. _「모펫의 생애」

훼이틀리 양은 이렇게 말한다: "모슬렘 여성의 둔하고 방치된 정신을 일깨우는 것은 대단한 일이다. 왜냐하면 그녀들은 무지와 타락에 빠져 있기 때문이다. 그러나 몇 주 전 나는 그녀들 가운데 하나에게 성경을 읽어 주고 있었는데, 놀랍게도 '희한하게도, 마치 내가 어둠 속에서 빠져나오는 것 같고, 길을 찾아갈 수 있도록 당신이 내게 등을 들어주고 있는 것 같습니다' 라고 소리쳤다."

로마의 제임스 월 목사는 성경을 읽다가 회심하게 된 경우로서, 다음과 같은 실례들을 언급하고 있다: 회심자들 가운데 하나는 처음에 신약성경을 선물 받게 되었는데, 그 책을 받고 "정말 작네요. 담배를 말아 피우기에 딱 알맞은 크기인데" 라고 말하고, 그것으로 담배를 말아 피우기 시작했다. 그는 그렇게 복음서 전체를 거의 다 말아 피우고, 요한복음 10장에 이르게 되었다. 그때 하나님께서 그에게 역사해서 그 부분의 내용을 조금 읽어보도록 자극하셨다. 만약 그렇게 하시지 않았더라면, 더 이상 읽은 부분이 남아있지 않았을 것이었다. 첫 번째 구절의 말씀이 그의 심령을 감동시켰고, 그는 거기서 그리스도를 발견하게 되었다.

암살을 통해 자신들의 목적을 달성하려는 목적을 가진 정치가들의 한 비밀결사 단체는 회원들이 모의를 위해 만났던 방의 식탁 위에 (아무 의미 없이) 성경을 올려놓는 습관이 있었다. 어느 날 밤, 사소한 안건 처리를 위해 만났으나 졸음이 오자, 회원 중 하나가 성경을 펼쳤고, 그의 심장을 꿰뚫는 말씀을 보게 되었다. 그는 곧 책을 다시 펼쳐 그것을 더 깊이 읽어보았다. 그리고 지금 그는 주 예수님을 아주 열렬하게 따르는 성도가 되어 있다.
_ *Missionnary Herald*

240
보좌 앞에서 담대함

그러므로 우리는 긍휼하심을 받고 때를 따라 돕는 은혜를 얻기 위하여 은혜의 보좌 앞에 담대히 나아갈 것이니라
_ *히브리서 4:16*

기도는 그리스도인의 삶에서 가장 중요한 위치를 차지한다. 그의 활력, 행복, 성장, 유익 등이 기도에 달려 있다. 성경에서 최고의 격려는 항상 기도와 연관되어 있다. 이 구절은 가장 달콤한 기도에의 초대 가운데 하나다.

I. 우리의 최고의 안식처가 여기 있다. "은혜의 보좌."

이전에는 그것을 "시은좌"라고 불렀지만, 지금은 "보좌"로 부른다.

기도를 통해 하나님께 가까이 나아갈 때 우리는 다음과 같이 한다:

1. 왕이신 하나님께 존경과 신뢰와 복종하는 마음으로 나아간다.
2. 왕으로서 주시는 분에게 나아간다. 그러므로 우리는 크게 그리고 충만한 기대감을 가지고 구하게 된다. 그분은 은혜와 능력이 풍성하신 분이다.
3. 은혜를 베푸시기 위해 "은혜의" 보좌 위에 앉아 계신 분에게 나아간다. 왕으로서의 자신을 보여 주시는 것이 그분의 계획이고, 목적이다.
4. 기도를 들으시는 분은 보좌에 앉아계시고, 영광스러운 분이다. 신자들이 기도할 때 은혜가 최상급으로 제공된다. 그것은 보좌 위에서 베풀어지는 은혜다.
5. 기도를 들으시는 분은 주권자로서 행하시는 분이다. 그러나 그분의 주권은 전적으로 은혜에 속해 있다.

불쌍한 죄인들은 하나님의 보좌로 나아오도록 초대 받는다. 오, 은혜의 왕을 알현하는 특권이여!

II. 사랑의 권면이 여기 있다. "나아갈 것이니라."

그것은 우리와 함께 가는 자의 음성이다. 그것은 초대다:

1. 우리와 똑같은 사람이지만 기도의 능력을 크게 맛본 성숙한 신자인 바울로부터.
2. 바울을 통해 말하고 있는 전체 교회로부터.
3. 성령으로부터. 왜냐하면 사도는 영감을 받아 말하고 있기 때문이다. 우리 안에서 중보사역을 담당하고 계시는 성령이 "나아갈 것이니라" 하신다.

우리는 이 애정 어린 부르심에 절대로 무관심해서는 안 된다. 즉시 하나님께 가까이 나아가도록 하자.

III. 힘을 주는 부사가 여기 있다. "담대히 나아갈 것이니라."

그곳은 보좌이기 때문에 오만하게, 뻔뻔하게 또는 요구하는 태도로서 나아가서는 안 된다. 그 대신 "담대히" 나아가야 한다. 왜냐하면 그곳은 은혜의 보좌이기 때문이다.

"담대히"라는 부사에는 다음과 같은 뜻이 들어있다:

1. 우리는 지속적으로, 항상 나아갈 수 있다.
2. 우리는 조건 없이, 온갖 청원들을 가지고 나아갈 수 있다.
3. 우리는 자유롭게, 단순한 말을 가지고 나아갈 수 있다.
4. 우리는 들어주시리라는 기대와 충분한 확신으로 나아갈 수 있다.
5. 우리는 열렬하게, 끈질긴 간청을 갖고 나아갈 수 있다.

IV. 담대히 나아갈 이유가 여기 있다.

"**그러므로** 우리는 … 담대히 나아갈 것이니라."

1. "긍휼을 얻고 은혜를 받을 수 있기 때문에. 곧 우리가 말로만 위로를 받는 것이 아니라 실제로 복을 받을 수 있기 때문에.
   - 우리는 우리의 죄로 말미암아 커다란 긍휼이 필요할 때 나아가야 한다.
   - 우리는 받은 은혜가 작을 때 나아가야 한다.
   - 우리는 더욱 큰 은혜가 크게 필요할 때 나아가야 한다.
2. 즉시 그리고 담대히 나아갈 다른 이유들이 많다.
   - 우리의 속성이 우리에게 요구할 것이다. 우리는 "긍휼"을 위해 나아가도록 초청 받고, 그러기에 아무 자격 없는 죄인이지만 나아갈 수 있다.
   - 하나님의 속성이 우리로 하여금 담대히 나아가도록 용기를 줄 것이다.
   - 자녀들로서 하나님과 우리의 관계가 우리에게 커다란 자유를 준다.
   - 성령의 인도하심이 우리를 보좌 가까이 이끈다.
   - 하나님의 약속들이 그 위대함, 그 값없음, 그 확실함 등을 통해 우리를 초대한다.
   - 그리스도께서 이미 우리에게 자신을 주셨고, 그러므로 하나님은 우리에게 아무것도 거절하지 않으실 것이다.
   - 보좌에 나아간 우리의 선배 신앙인들이 우리에게 견고한 확신을 심어 준다.
3. 담대히 나아갈 가장 큰 이유는 예수님 안에 있다.
   - 그분이 단번에 죽임을 당하시고, 그 피를 속죄소 안에 뿌렸기 때문이다.
   - 그분이 부활하시고, 자신의 의로 우리를 의롭게 하셨기 때문이다.
   - 그분이 승천하셔서 우리를 위해 모든 언약의 복을 취하셨기 때문이다. 따라서 그것이 우리 자신의 것이 되도록 나아가 구해야 한다.

• 그분이 우리에게 연민이 있고, 부드럽고 면밀하시기 때문이다. 그러므로 우리는 나아가 들어야 한다.

우리는 죄인일 때, 긍휼을 얻기 위해 보좌에 나아가야 한다.
우리는 연약할 때 도움을 얻기 위해 보좌에 나아가야 한다.
우리는 시험당할 때 은혜를 얻기 위해 보좌에 나아가야 한다.

강설

하나님이 법을 제정하실 때, 그분은 입법의 보좌 위에 계신다. 이 법을 집행하실 때에는 통치의 보좌 위에 계신다. 이 법을 그의 피조물에게 적용하실 때에는 심판의 보좌 위에 계신다. 그러나 그분이 청원을 받으시고 호의를 베푸실 때에는 **은혜의 보좌** 위에 계신다.

보좌의 개념은 두려움의 감정을 불러일으키고, 그것은 떨림으로 확산된다. 그것은 가까이 가도록 초대하기보다는 오히려 달아나도록 물리친다. 우리 가운데 떨림 없이 그 앞에 나아갈 수 있는 자는 거의 없다. 그러나 지금까지 막강한 권세를 휘둘러온 지상의 최고 권력자의 보좌는 어떤가? 우리가 나아가는 하나님은 만왕의 왕이시다. 그분의 눈에 알렉산더 대왕은 벌레에 지나지 않는다. 아니, 그분 앞에서 열방은 무와 공허에 다름 아니다. 그런데 우리가 감히 어떻게 그분의 무한하신 엄위 앞에 나아갈 수 있겠는가? 하지만 그분의 이름이 복되도다. 그분은 은혜의 보좌 위에 계신다. 우리 모두는 담대히 그 앞에 나아오도록 허락 받고, 아니 심지어는 명령을 받았도다.
_ 윌리엄 제이

그곳이 은혜의 보좌로 불리는 것은 하나님의 영광스러운 엄위에 은혜롭고 자유로우신 그분의 자비가 덧입혀져 공존하기 때문이다. 그곳에서 엄위와 자비가 함께 만나고 있다. 이것은 율법 아래에서는 증거궤로 상징화되었다. 증거궤 끝부분에는 하나님의 영광스러운 엄위를 선포하기 위해 천사가 달려 있었다. 그 덮개는 "속죄소"(출 25:17-18)로 이름 불렸다.
_ 윌리엄 가우지(William Gouge)

거룩한 담대함과 겸손한 친숙함이 올바른 기도의 참된 정신이다. 루터는 기도할 때 무한하신 하나님께 기도하는 것처럼 커다란 경외심을 가짐과 동시에 가장 가까운 자신의 친구에게 말하는 것처럼 익숙한 친밀감으로 기도했다고 전해진다. _ G. S. 보우스

담대히라는 말은 속박이 없는 자유를 의미한다. 당신은 환영받기 때문에 자유로울 것이다. 당신은 자유롭게 말할 수 있다. 이 말은 사도행전 2:29과 4:13에서도 이 같은 의미로 사용된다. 당신은 자신의 의사를 마음대로 표현할 자유가 있다. 당신의 심정, 괴로움과 필요, 두려움 그리고 근심을 모두 표현할 자유가 있다. 다른 사람들이 하나님께 기도하는 당신에게 무슨 말을 해야 할지 정해 줌으로써 당신을 속박할 수 없는 것처럼, 당신은 스스로를 제약할 필요가 없으며, 자유롭게 당신의 상태에 필요한 모든 것을 말할 수 있다. _ 데이비드 클락슨(David Clarkson)

한 청원자가 어느 날 아우구스투스 황제에게 나아와 크게 두려워하며 벌벌 떨자 황제는 야단치기를 "허허, 이 사람아! 그대는 지금 코끼리에게 빵을 주기 위해 나아왔다고 생각하는가?"라고 했다. 그는 완고하고 잔혹한 통치자로 생각되기를 바라지 않았다. 사람들이 기도할 때 노예근성을 갖고, 냉랭하게, 상투적인 말만 늘어놓으며, 짐짓 점잖을 뗀다면, 자유케 하시는 주의 영은 당연히 그들을 책망할 것이다. 당신은 폭군에게 나아가는 것인가? 거룩한 담대함, 아니 최소한 어린아이 같은 소망이 그리스도인에게 가장 어울리는 태도다.

긍휼을 얻는 것이 먼저이고, 때를 따라 돕는 은혜를 받는 것은 그 다음이다. 당신은 하나님이 정하신 순서를 바꿀 수 없다. 당신은 구원하시는 긍휼을 구하고 얻기 전에는 때를 따라 돕는 은혜를 받지 못할 것이다. 당신은 그리스도 예수 안에서 얻게 되는 하나님의 긍휼이라는 첫 번째 은혜를 받기 전에는 하나님의 도우심과 보호하심과 인도하심을 요청할 권리가 없고, 또 "예수 그리스도 안에서 믿음으로 말미암아 하나님의 자녀에게" 그분이 약속하시는 놀라운 다른 모든 축복들도 간구할 자격이 없다. 왜냐하면 하나님의 모든 약속은 예수 그리스도 "안에서만" 예와 아멘이 되기 때문이다.

_F. R. 하버갈

241
무식한 자에 대한 동정

그가 무식하고 미혹된 자를 능히 용납할 수 있는 것은 자기도 연약에 휩싸여 있음이라
_ *히브리서 5:2*

무식한 사람들은 냉소적이거나 비판적이거나 게으른 사람들과 함께 취급되어서는 안 된다. 왜냐하면 그들은 용납 받을 수 있기 때문이다. 우리는 그들을 참아줌으로써, 그들의 유익을 도모해야 한다. 은혜의 구주로부터 자기가 알고 있는 것 전부를 배운 제자는 "무식한 자"를 용납해야 한다.

길을 찾은 방황자도 "미혹된 자"를 용납해야 한다.

제사장은 그와 한 몸, 한 피를 가진 백성들을 용납해야 한다. 그렇다면 우리의 대제사장이신 우리 주님은 더 확실하게 무식한 자를 용납하실 것이다.

그들을 향한 그분의 크신 연민을 생각해 보자.

I. 여기서 무식하다는 것은 어떤 뜻인가?

그것은 도덕적, 영적인 것을 포함하고, 영원한 것들을 망라한다.

1. 그것은 두렵게도 모든 계층의 사람들 사이에 통상적으로 나타난다.
2. 그것은 그들을 그들 자신에게 이방인이 되게 한다.
   - 그들은 그들 자신의 무지를 깨닫지 못하고 있다.
   - 그들은 마음의 부패함을 알고 있지 못하다.
   - 그들은 자기들이 범하는 현실적 죄의 극악성을 의식하지 못하고 있다.
   - 그들은 그들의 현재의 그리고 미래의 위험을 생각하지 못하고 있다.
   - 그들은 선에 대한 자신들의 전적 무능력을 자각하고 있지 못하다.

3. 그것은 그들을 구원의 길에 대해 무지하게 만든다. 그들은 다른 길을 선택한다.

- 그들은 그 유일한 길에 대해 혼동되고 무익한 관념을 갖고 있다.
- 그들은 종종 이 절대적으로 유일한 길에 대해 의심을 품고, 의혹을 제기한다.

4. 그것은 그들을 예수님을 아는 지식에 대해 무지한 자로 만든다.

그들은 그분의 인격, 그분의 직분, 그분의 사역, 그분의 속성, 그분의 능력, 그분이 준비해 놓은 구원의 길에 대해 모르고 있다.

5. 그것은 그들을 성령에 대해 무관한 자가 되게 한다.

- 그들은 성령의 내적 전투를 인식하지 못한다.
- 그들은 거듭남에 대해 무지하다.
- 그들은 그분이 가르치는 진리를 깨달을 수 없다.
- 그들은 성결케 하시는 성령의 능력을 수용할 수 없다.

6. 그 결과는 극히 파멸적이다.

- 그것은 사람들로 하여금 그리스도를 찾지 못하도록 한다.
- 그것은 통상 그러는 것처럼, 자의적이 될 때, 그들을 변론하지 못한다.

II. 우리를 자극하고, 그래서 용납이 필요한 이 무식 속에 무엇이 있는가?

1. 그 어리석음. 지혜는 무식의 부조리함으로 말미암아 난관에 처한다.
2. 그 교만함. 분노는 자기교만의 허영심으로 말미암아 자극 받는다.
3. 그 편견. 그것은 듣거나 배우지 아니할 것이다. 이것은 곤란한 일이다.
4. 그 완고함. 그것은 이성을 거절한다. 이는 정말 참을 수 없는 일이다.
5. 그 반대. 그것은 명백한 진리와 다툰다. 이것은 발칙한 일이다.
6. 그 고지식함. 그것은 계발될 수 없다. 그것은 참으로 어리석은 일이다.
7. 그 불신앙. 신적 진리에 대한 증거를 믿지 않고 거부한다.

8. 그 자의성. 그것은 알려고 하지 않는다. 그것은 가르치기가 어렵다.
9. 그 타락성. 그것은 어리석음으로 되돌아가, 지혜를 망각하고 거부한다.
   이것은 참사랑에 대한 쓰라린 고통이다.

III. 무식한 자에 대한 주님의 용납하심은 어떻게 나타나고 있는가?

"그가 무식한 자를 능히 용납할 수 있는 것은." 그분은 이것을 다음과 같이 분명히 보여 주신다:

1. 그들을 가르치는 권면을 통해.
2. 그들을 실제로 제자로 받아들임으로써.
3. 그들을 조금씩, 극히 겸손한 자세로 가르침으로써.
4. 그들을 같은 사실을 반복해서 그리고 인내하며 가르침으로써.
5. 그들의 우둔함에도 불구하고 절대로 그들을 경멸하지 않음으로써.
6. 그들의 어리석음에 지쳤음에도 그들을 물리치지 아니함으로써.

이처럼 연민이 풍성하신 주님께 우리는 무식한 그대로 나아가야 한다.

이처럼 연민이 풍성하신 주님을 위해 우리는 아주 무식한 사람들 사이에서 수고하고, 그들을 동정하는데 주저함이 없어야 한다.

주의

점자책을 읽어야 하는 맹인에게 손가락 끝이 무뎌지는 것은 서글픈 일이다. 그렇게 되면 그는 글에 담겨 있는 사람들의 생각을 읽을 수 없게 되기 때문이다. 그러나 영혼의 민감성을 잃어버리는 것은 훨씬 더 슬픈 일이다. 그렇게 되면 인간의 본성의 책을 읽지 못하고, 심령의 거룩한 책에 대해서는 아무것도 배울 수 없기 때문이다. 당신은 "철 공작"(iron duke)에 관해 들어보았을 것이다. 마찬가지로 철 그리스도인(iron Christian)도 아주 무서운 사람일 것이다: 육체의 마음은 신적 은혜의 선물로서, 그 확실한 결과 가운데 하나는 아주 동정적이고, 부드럽고, 연민으로 가득 차 있는 능력이다.

_스펄전

무식은 마귀의 대학이다. _크리스마스 에반스

교황주의자들이 신앙의 어머니로 찬송하는 것을 우리는 미신의 어머니로 반박한다. _윌리엄 세커

지식을 가질 능력이 있는 사람이 무식한 자로 죽어야 할 때, 나는 이것을 비극이라고 부른다. 잠깐 동안 20번 이상 그런 일이 일어났다면, 조금만 계산해 보아도 그 비극의 행렬은 얼마나 길까!

불가지론이 광범하게 만연된 우주에서 인류가 연합해서 얻은 과학에 대한 비참한 결과들은 그토록 열렬하게 힘쓰는데도 불구하고 왜 모두에게 전달되지 않을까? _토머스 칼라일

전적 무지는 정신의 비극적 상태에 대한 아주 효과적인 방어책이다. 그렇게 되면 아마 편견이 제거될 것이다. 불신앙도 그럴듯하게 이해시킬 수 있을 것이다. 심지어는 귀신들도 진리에 대한 증거능력을 갖게 될 것이다. 그러나 상습적인 무지의 어리석음은 사람들을 더 지혜롭고 더 성숙하게 만드는 수단의 궁극적 효력을 무산시킬 뿐만 아니라 그것들을 적용하는 행위도 크게 무시하는 입장에 서게 된다. 그것은 우리로 하여금 나폴레옹이 이집트를 침공했을 때, 진흙으로 이루어진 대요새 안의 적군들을 전멸시키기 위한 시도를 상기시킨다. 그 요새의 방벽이 나무였다면, 포위군들은 불을 쏘아 그것을 태워버리면 그만이었다. 그것이 돌로 이루어져 있다면, 대포를 쏘아 깨뜨림으로써 크게 흔들리게 하거나 또는 밑으로 갱도를 파서 폭파시킬 수도 있었을 것이다. 그러나 거대한 흙덩어리는 불이나 다른 어떤 힘에 의해서 전혀 타격을 입힐 수 없었다. 대포를 쏘았지만, 묵중한 진흙 속에 파묻

히고 말았다. 온갖 폭약도 아무 효력이 없었다. _ 존 포스터

카터 박사는 자신의 저서 "시각, 그 선과 악" 에서 이렇게 말한다: "불완전한 시각 때문에 완고하거나 어리석다고 처벌받는 것만큼 통상적인 경우는 없을 것이다. 나는 오랫동안 완고하고 어리석은 아이들은 주로 인위적인 판단에 의해 그렇게 되었다는 것을 깨달았다. 나는 1200명의 아이들이 매일 등교하는 에딘버러 초등학교 교장으로부터 들은 즐거운 이야기를 쉽게 잊지 못한다. 그 교장이 아이들을 다루는 근본 원리는 '원래부터 나쁜 아이나 바보는 없다' 는 것이었다."

나는 스스로 잘못할 때, **신앙적으로 어리석다**고 자책하곤 했다. 그러나 지금은 하나님이 나의 자상하신 아버지임을 알고 있고, 그래서 가혹한 주인처럼 완전히 지칠 때까지 목숨과 열심을 다하여 수고하기를 바라는 눈으로 보고 계시지 않는다는 것을 깨달았다. 이 교훈을 배우는데는 오랜 세월이 흘렀다. 누구든 그리스도의 마음의 온유함과 연민과 오래 참으심을 알려면 그것을 깊이 통찰해야 한다.

예수님의 사랑 — 그것은
그분의 고난을 받아본 사람만이 알고 있는 것.
_ 엘리자베스 프랜티스

242
하나님의 아들들에 대한 교육

그가 아들이시면서도 받으신 고난으로 순종함을 배워서
_ *히브리서 5:8*

우리는 주님의 발자취를 바라 볼 때마다 항상 위안을 얻는다.

우리는 시험당하신 그분을 볼 때 똑같은 시험에 기꺼이 복종하게 된다.

그분이 고난의 법칙에서 예외가 될 수 있었지만, 전혀 그렇지 않았음을 인식하게 될 때, 우리는 우리가 고난당할 때 인내하며 감수하도록 자극을 받는다.

맏형께서 시험을 크게 받으셨음을 기억할 때, 우리는 복종을 통해 하나님의 뜻에 순종하도록 충분히 이끌릴 것이다.

I. 자녀라고 해서 고난으로부터 면제되는 것이 아니다.

1. 아들이신 예수님도 고난을 면하지 못했다.
   - 그분은 특별한 그리고 다른 아들들보다 뛰어난 **그** 아들(the Son)이셨다.
   - 그분은 존귀하고 사랑받는 맏아들이셨다.
   - 그분은 신실하고 무죄한 아들이셨다.
   - 그분은 곧 특별히 영화롭게 된 아들이셨다.
2. 하나님의 아들에게 주어지는 영예가 고난을 면제시키지 못했다.
3. 거룩한 인격이나 완전한 순종도 하나님의 자녀들을 고난의 학교로부터 제외시킬 수 없다.
4. 하나님의 자녀들의 기도가 아무리 진지하다고 해도, 그들에게서 육체의 모든 가시를 제거하지는 못할 것이다.

5. 하나님의 자녀 속에 있는 사랑이 아무리 열렬하다고 해도, 그에게 임하는 시험을 가로막지는 못할 것이다.

하나님의 사랑과 지혜는 하나의 예외도 없이 천국의 모든 상속자들에게 훈련을 실시할 것이다.

II. 고난이 자녀됨을 손상시키는 것은 아니다.

우리 주님의 경우는 하나님의 모든 자녀들에게 모범으로 세워져 있다.

1. 그분은 가난 때문에 자신의 자녀됨을 거부당하지 아니했다(눅 2:12).
2. 그분은 시험 때문에 자신의 자녀됨이 흔들리지 아니했다(마 4:3).
3. 그분은 비방을 받았다고 해서 자녀됨이 위태롭게 되지 아니했다(요 10:36).
4. 그분은 두려움과 슬픔 때문에 자녀됨을 문제 삼지 아니했다(마 26:39).
5. 그분이 사람들에게 배척당하셨다고 해서 자녀됨이 무효로 되지 않았다(요 16:32).
6. 그분이 하나님으로부터 버림당하신 것이 자녀됨을 변경시키지 않았다(눅 23:46).
7. 그분의 죽으심이 자녀됨을 의심하도록 하지 않았다(막 15:39). 그분은 다시 살아나셨고, 그리하여 아버지께서 자기를 기뻐하신다는 것을 입증했다(요 20:17).

고난당하는 자들보다 더 진실하고, 더 사랑스럽고, 더 사랑을 받으신 아들보다 더 큰 고난을 받은 자는 없었다. "그는 간고를 많이 겪었으며 질고를 아는 자라"(사 53:3).

III. 순종은 아들들이라도 배워야 한다.

심지어는 자연적 죄성이 전혀 없고, 선천적으로 온전한 순결함을 소유한 그분도 순종을 배워야 했다.

1. 순종은 경험을 통해 배워야 한다.
   - 행하고, 감수해야 하는 것은 순종이라는 실천적 과정을 통해서만 배울 수 있다.
   - 그것을 행하는 방법은 실천을 통해 발견되어야 한다.
   - 그것을 실제로 행하는 것은 오직 시험 속에서만 가능하다.
2. 순종은 고난을 통해 배워야 한다.
   - 교사들의 교훈으로부터 나오는 말을 통해서가 아니다.
   - 다른 사람들의 삶에 대한 관찰을 통해서가 아니다.
   - 우리 자신의 부단한 활동을 통해서도 아니다. 이것은 우리로 하여금 순종보다는 오히려 공로를 자랑하도록 만든다. 우리는 고난을 겪어야 한다.
3. 순종은 땅과 하늘에서 써먹기 위해 배워야 한다.
   - 땅에서는 다른 사람들을 동정함으로써.
   - 하늘에서는 경험으로부터 자라난 하나님에 대한 완전한 찬양을 드림으로써.

IV. 고난은 참 아들들을 가르치는 특수한 능력이 있다.

고난은 그 어느 교사보다 훌륭한 교사다. 왜냐하면:

1. 그것은 인간의 자아 곧 그의 뼈, 육체, 마음 등 전체에 영향을 미치기 때문이다.
2. 그것은 사람의 은혜를 테스트하고, 순종의 증거가 아니라 자기의지에서 나온 속임수를 제거하기 때문이다.
3. 그것은 뿌리까지 미쳐서 우리의 새 본성의 진실성을 테스트하기 때문이다. 그것은 회개, 신앙, 기도 등이 단순한 수입품인지 아니면 자국산 열매인지를 드러낸다.
4. 그것은 우리의 인내를 테스트하고, 우리가 하고 있다고 생각하는 순종

에서 얼마나 멀리 서 있는지를 알도록 하기 때문이다. "그분이 나를 죽일지라도 나는 그분을 의지할 것입니다"라고 말할 수 있는가?

염려할 문제: 나는 과연 아들인가?

열렬한 갈망: 순종을 배우자.

받아야 할 훈련: 나는 고난에 순종한다.

지팡이에 핀 꽃

징계는 우리의 양자됨의 보증이자 자녀됨의 표지이다. 하나님의 독생자는 죄는 없었으나 슬픔이 없었던 것은 아니다. 하나님은 자기 백성 외에는 아무도 징계하지 않기 때문에 하나님께 속한 모든 자들은 확실히 그것을 받게 되고, 그들은 그것을 은혜로 여길 것이다(고전 11:32). _ 존 트랩

나는 주님의 작업장에서 다른 그 어떤 것보다 불과 망치와 철판에 더 큰 도움을 입고 있음을 기꺼이 증거하는 바다. 나는 때때로 지금까지 지팡이가 아닌 다른 것으로 뭔가를 배운 것이 있는지를 자문해 본다. 나의 교실이 어둠 속에 있을 때, 나는 가장 잘 배웠음을 깨닫는다. _ 스펄전

어떤 것이 우리에게 뭔가를 가르칠 수 있다면,
고통의 얼굴은 우리로 하여금
우리 자신을 더 가까이서 바라보도록 하리라.
그 어느 책보다 우리로 하여금
우리 자신을 알도록 가르치리라.
또는 지금까지 학교에서 배운 모든 지식들을 능가하리라.
이 여주인은 최근에 내 귀를 잡아당겨서,
다양한 주옥 같은 교훈을 내게 가르쳐 주었다.
나의 지각은 더 민감해지고,

이성은 더 명쾌해졌다.
그것은 내 의지를 개혁하고,
내 생각을 교정시켰다.

_ 존 데이비스 경

루터는 "나는 고난당하기 전에는 하나님의 말씀의 의미를 알지 못했다. 고난이 나의 최고의 스승임을 언제나 발견해 왔다"고 말했다. 과거 어느 날 아침에 리벳 박사는 영적 시험에 관해 언급하면서, 한 친구(저스틴 요나)에게 "박사, 나는 날을 구별해야겠네. 나는 어제 신학교에 있었네." 그때 자신이 한 공부 가운데 하나로서, 그는 아주 정확하게 고통을 "그리스도인들의 신학"이라고 부른다. 리벳 박사는 고통이 끝나는 날 하나님께 고백하기를 "저는 당신이 저를 찾아오신 지난 10일간, 과거 50년 동안 배운 것보다 훨씬 더 심오한 신학을 배웠습니다. 당신은 그토록 많은 시간을 투자했던 독서를 통해 무수한 박사들이 가르친 방법보다 훨씬 더 훌륭한 방법으로 저를 가르치십니다"라고 했다. _ 찰스 브리지

한 목사가 위독한 병에서 점차 회복되고 있었다. 그때 한 친구가 그에게 이렇게 말했다: "여보게, 하나님께서 자네를 죽음의 문에서 건져내실 것으로 보이는군. 하지만 자네가 건강을 충분히 회복하고, 평소처럼 설교할 만큼 정신의 힘을 충분히 회복하려면 오랜 시간이 걸릴 것이네." 이에 그가 대답했다. "친구여, 자네가 잘못 생각했네. 병이 들어 고생했던 최근 6주 동안에 과거의 모든 연구와 지난 10년 동안 했던 목회를 모두 합친 것보다 더 깊은 신학을 배웠다네." _「새 예화백과」

불행해지는 것이 불행이 아니다.
비참을 아는 것이 비참이 아니다.

분별에 이르는 최고의 길은
역경을 통해 나아가는 길이다.
사람들은 행운을 가져오는 것을 모두 소유할 때보다
재난이라는 노련한 손가락 때문에
그것들을 놓쳐버리는 것이 더 낫다.
그 누구도 그들에게 사물의 참된 면모를 보여 줄 수 없다.

_ 새뮤얼 대니얼

243
첫째 것과 둘째 것

그 첫째 것을 폐하심은 둘째 것을 세우려 하심이라
_ *히브리서 10:9*

하나님의 길은 선에서 선으로 나아가는 것이다.

이것은 이적과 감사를 촉진하도록 자극한다.

이는 사람에게 최고의 사실들을 받아들일 능력을 갖도록 돕는다.

둘째 것을 더 합당하게 하려고 첫 선한 것은 폐해진다.

여기서 우리는 둘째 것에 관해 묵상하고, 다음과 같은 사실을 주목할 것이다:

I. 중요한 사실. 첫째 것으로 유대인의 희생제사가 왔고, 둘째 것으로는 하나님의 뜻을 행하기 위해 예수님이 오셨다.

1. 교훈적이고, 위안을 주는 율례들을 제거하심.

그것들은 지속되는 동안 큰 가치가 있었는데, 예수님이 오셨기 때문에 제거되었다:

- 그것들은 모형으로서 이제는 필요 없게 되었다.
- 그것들은 준수하기에는 너무 무거운 짐들로 증명되었다.
- 그것들은 형식주의라는 시험에 빠지게 하는 위험이 있었다.
- 그것들은 그림자로서 그것들이 비추고 있던 실체의 자리를 빼앗았다.

2. 참되고, 완전하고, 영원한 속죄를 이루심.

이것은 복된 진행이다. 왜냐하면:

- 예수님을 보는 자는 아론을 아쉬워할 필요가 없기 때문이다.

- 복음의 단순함을 알고 있는 자는 복잡한 의식법 아래 나아가기를 바라지 않기 때문이다.
- 시온의 자유를 느끼는 자는 시내 산의 속박으로 다시 돌아가길 바라지 않기 때문이다.

다른 어떤 규례들을 세우지 않도록 조심하라. 왜냐하면 이것은 하나님이 폐하신 것을 다시 세우는 것이기 때문이다. 그것은 사태를 더 악화시킬 뿐이다.

첫째 것이 실패한 것처럼, 둘째 것도 실패할 수 있다고 생각하지 않도록 조심하라. 전자는 "폐해졌지만" 후자는 하나님 자신에 의해 **세워졌다.**

II. 역사적 사실들. 이것들은 다양하다. 여기 몇 가지만 소개한다:

1. 지상 낙원은 죄로 말미암아 사라졌다. 그러나 하나님은 우리에게 그리스도 안에서의 구원과 천국을 제공하셨다.
2. 첫 사람 아담은 실패했다. 둘째 아담을 바라보라.
3. 첫째 언약은 깨졌다. 둘째 언약이 영광스럽게 그 자리를 대신하고 있다.
4. 일시적 영광에 두어졌던 첫 번째 성전은 무너졌다. 그러나 둘째 성전 곧 영적 처소가 위대하신 건축가의 눈과 손을 통해 아래에 세워졌다.

III. 경험적 사실들.

1. 우리의 첫째 의는 죄의 가책으로 말미암아 사라지지만, 그리스도의 의가 세워진다.
2. 우리의 첫째 평화는 흔들리는 방벽처럼 무너져 버렸지만, 우리는 시대의 반석이신 그리스도 안으로 피한다.
3. 우리의 첫째 힘은 연약함보다 못한 것으로 판명되었지만, 주님은 우리의 힘이자 노래다. 그분은 또한 우리의 구원이 되신다.

4. 우리의 첫째 인도자는 우리를 어둠 속으로 이끌었지만, 지금 우리는 자아, 미신 그리고 철학을 포기하고, 하나님의 영을 의지한다.
5. 우리의 첫째 기쁨은 화분을 뚫고 삐져나온 가시들처럼 사라졌지만, 지금 우리는 하나님 안에서 즐거워하고 있다.

IV. 기대되는 사실들.

1. 썩어져가는 우리의 몸은 부활하신 우리 주님의 형상으로 새롭게 될 것이다.
2. 사라지고 있는 우리의 땅과 해체되고 있는 요소들은 새 하늘과 새 땅으로 다시 설 것이다.
3. 우리의 가정은 하나씩 해체되고, 우리는 위에 있는 아버지 집에서 대가족으로 재결합함으로써 기뻐하게 될 것이다.
4. 우리의 모든 존재는 사라지고, 하나님 안에서 그 이상의 것을 발견하게 될 것이다.
5. 우리의 생명은 점차 쇠해지고, 영생이 영광으로 충만한 물결을 타고 굽이치며 다가올 것이다.

우리는 첫째 것이 사라지는 것에 대해 슬퍼할 필요가 없다.
우리는 둘째 것이 세워지는 것을 기대해야 한다.

더 나은 것

율법은 복음을 예견하고, 복음은 율법을 완성시킨다. _ 홀 주교

죄를 파멸시키는 자(복음)가 왔기 때문에 우리는 더 이상 죄를 드러내는 자(율법) 아래 있지 않다. _ 마틴 부스(Martin Boos)

선지자를 부를 필요가 없다.

태양이 떠오르면 별은 뒤로 물러난다.
보혜사가 와서 우리 머리 위에
그분의 거룩한 기름을 부으시리라.

_ 조시아 칸더(Josiah Conder)

알렉산더는 희망에 찬 원정을 떠날 때, 그의 금을 두고 갔다. 그는 자신을 지켜주는 것이 무엇인지에 대해 질문 받자 대답하기를 "더 위대하고, 나은 것에 대한 희망"(Spem majorum et meliorum)이라고 했다. 그리스도인의 표어는 언제나 "나는 더 나은 것을 바란다"(Spero meliora)이고, 또 항상 그래야 한다. _ 토머스 브룩스, "가장 좋은 것은 최후까지 유보되었다"에서.

춥고 바람이 심하게 불던 3월의 어느 날, 한 신사가 과일 가게 앞에 멈추어 섰다. 가게 주인은 일견 거칠어 보이는 이탈리아인이었다. 그가 험악한 날씨에 대해 불평하자 그 이탈리아인은 환한 미소를 지으며, 서툴지만 유쾌한 어조로 "예, 정말 춥군요. 하지만 잠시 후 그것에 대해 생각하십시오"라고 말했다. 다르게 말하면 따스한 공기, 꽃 그리고 즐거운 노래를 부를 때가 가까이 있으니, 그때를 생각하라는 것이다. 그 비천한 노점상 주인은 자신의 몇 마디 말로 말미암아 어떤 감정이 일어났는지에 대해 거의 생각하지 못했다. "잠시 후 그것을 생각하라!"

유대의 랍비들은 요셉이 애굽에 풍년이 들자 곡식을 넉넉히 저장해 놓았을 때, 나일 강에 그 찌꺼기들을 던져 넣었는데, 그것들이 이웃 도시들과 나라들로 멀리 흘러들어가 그곳에서 열매를 맺음으로써, 그 풍성한 곡식이 그들 스스로만이 아니라 다른 사람들을 위해서도 주어진 것임을 알게 되었다고 기록하고 있다(실제로는 확실한 얘기가 아니지만). 마찬가지로 하나님도 그 풍성한 인자하심에서 우리로 하여금 천국에 얼마나 큰 영광이 있는지를 알도록 하기 위해서 여기 이 세상에 그 부스러기를 던져 주시고, 그리하여 그 달콤함을 미리 맛보도록 하심으로써, 우리가 위에 있는 그 복을 열망하고, 이 행복한 결론이 우리의 보배로운 영혼에 가장 큰 위로가 되도록 하신다. 즉 이 땅에서의 작은 영광이 우리를 그토록 놀랍게 한다면, 천국에서의 영광은 얼마나 더 우리를 놀라게 할 것인가? 만일 하나님의 발등상에 이런 영광이 있다면, 그 보좌에는 어떤 영광이 있겠는가? 만일 그분이 나그네로서 우리가 순례하는 땅에서 이토록 많은 것을 주신다면, 우리 본향에서 주어지는 것은 얼마나 더 크겠는가? 만일 그분이 그의 원수들에게도 이토록 많은 것을 베푸신다면, 그의 친구들에게 제공하는 것은 어떤 것이 되겠는가?
_ 존 스펜서

이 서신서(히브리서)에서 자주 등장하는 말로써, 마치 열쇠더미처럼, 보화를 발견하도록 문을 열어 주는 말씀이 있다. 이 열쇠는 "나은"(better)이라는 말로, 우리는 주 예수님을 천사보다 더 나은(1:4; 요한복음 5:4-6에 예증된), 그리고 모세(3장), 여호수아(4장), 아론(7장)보다 더 나은 존재로 묘사하고 있음을 발견한다. 또 그분의 피를 아벨의 피보다 더 나은 것으로 말씀하고(12:24), 그분 자신을 더 좋은 약속으로 세우신, 더 좋은 언약의 보증으로 설명한다(7:22; 8:6). 사람의 약속에 근거한 옛 언약(출 19:8; 24:7-8)은 40일 만에 깨져 버렸지만, 하나님의 아들로 말미암아 이루어진 **성과**는 더 좋은 언약의 기초가 되었다. "두 증거판이 그(모세)의 **손**에 있었다"(출 32:15; 갈 3:19). 그러나 하나님의 법은 우리의 보증이신 주님의 **마음**속에 있다(시 40:8; 신 10:1-2과 비교해 보라). 그 단어는 천사들에게도 이야기되었지만(히 2:2, 행 7:5), 사실은 "천사보다 훨씬 **뛰어난**" 주께 주어진 말씀이다.
_ E. A. H.(고든 부인)

244
다리를 저는 양

너희 발을 위하여 곧은 길을 만들어 저는 다리로 하여금 어그러지지 않고 고침을 받게 하라
_ *히브리서 12:13*

우리는 때때로 발이 빠르고 정신이 유쾌한 사람들을 만난다. 누구나 하나님께 그러면 얼마나 좋을까! 그러나 그러지 못하기 때문에 절름발이에 대해 언급하는 것이다.

길은 비틀거리는 사람도 활보할 수 있어야 한다.

우리의 소원은 전체 무리가 안전하게 여행 목적지에 도달하는 것이다.

I. 전체 양떼 중에는 저는 양이 있다.

1. 어떤 양들은 본래 나면서부터 그렇다.
   - 그들은 쉽게 절망하고 의심한다.
   - 그들은 쉽게 불신에 빠지고 실족한다.
   - 그들은 쉽게 유혹에 굴복하고, 그래서 불안정하다.
   - 그들은 실천적 의무를 이행할 준비가 되어 있지 않고, 연약하다.
2. 어떤 양들은 잘못된 음식을 먹는다. 이것은 발을 썩게 하고, 절게 한다.
   - 많은 양이 거짓 가르침을 배운다.
   - 많은 양이 애매하고 모호한 교리를 받아들인다.
   - 많은 양이 천박하고, 비본질적이고, 사소한 교훈을 듣는다.
3. 어떤 양들은 괴롭힘을 당하고, 그래서 절게 된다.
   - 사탄에 의해. 그의 감언이설과 유혹으로 말미암아.
   - 핍박자들에 의해. 그들의 중상과 조롱과 조소로 말미암아.

- 교만한 신앙고백자들에 의해. 그들의 애정 없는 경건과 엄격한 비판 등으로 말미암아.
- 병든 양심에 의해. 아무도 없을 때 저지르는 악을 보라.

4. 어떤 양들은 거친 길을 가느라 지쳐 버린다.
   - 과도한 무지가 그들을 제대로 자라지 못하게 한다.
   - 과도한 세속적 환난이 그들을 낙심하게 만든다.
   - 과도한 내적 갈등이 그들을 슬프게 한다.
   - 과도한 논쟁이 그들을 피곤하게 한다.
5. 어떤 양들은 갈수록 약해진다.
   - 은혜의 수단들을 무시함으로써 타락에 빠진다.
   - 다른 사람들에게 악한 영향을 받음으로써 타락에 빠진다.
   - 마음의 오만과 자기만족으로 말미암아 타락에 빠진다.
   - 습관적으로 마음이 냉랭해져서 타락에 빠진다.
6. 어떤 양들은 무서운 죄악에 떨어진다.
   - 이것은 제대로 성장하지 못하도록 그들의 뼈를 부러뜨려 놓는다.
   - 이것은 그들에게 유익을 주는 힘줄을 끊어 버린다.
   - 이것은 그들로 하여금 거룩한 기쁨에 대해 무기력하게 한다.

II. 나머지 양떼는 저는 양의 치유를 도와야 한다.

1. 그들이 부주의, 멸시, 절망의 길을 감으로써 멸망당하지 않도록 그들과의 교제를 유지함으로써.
2. 그들을 위로하고, 그들을 회복시키기 위해 노력함으로써. 이것은 우리들 중 경험이 많은 노련한 자들이 감당할 수 있을 것이다. 그리고 이처럼 전문적인 사역에 적합하지 않은 사람들은 본문에서 분명히 언급하고 있는 것처럼 곧은 길을 만들어 주는 역할을 할 수 있을 것이다.
3. 우리 자신의 발걸음을 위해 곧은 길을 만듦으로써.

- 나무랄 데 없이 거룩한 삶을 사는 것으로써.
- 우리 자신의 순전한 길을 통해 복음을 분명하게 가르침으로써.
- 주 안에서 기뻐하는 모습을 보여 줌으로써.
- 그들을 당혹스럽게 하는 모든 부정한 습관들을 피함으로써.
- 이같이 예수님이 우리에게 "길, 진리, 생명"이 되심을 그들에게 보여 줌으로써. 예수를 믿는 순전한 믿음만큼 곧은 길을 만드는 방법은 있을 수 없다.

III. 양떼의 목자가 저는 양을 돌보신다.

1. 그들의 두려움: 그들은 그분이 자기를 버려두실 것이라고 생각한다.
2. 그들의 이유: 그렇게 하는 것이 그분을 위해 사는 것을 훨씬 더 쉽게 하기 때문에.
3. 그들의 불안: 만약 그분이 그렇게 버려두신다면, 그들은 결국 망하게 될 것이다.
4. 그들의 위로: 그분은 저는 양들을 치유할 모든 수단을 제공하셨다는 것.
5. 그들의 소망: 그분은 온유하고 부드러우신 분으로, 그들 가운데 하나라도 방황하거나 망하기를 원하지 않으신다.
6. 그들의 확신: 치유는 그분에게 큰 영예와 감사의 마음을 갖게 할 것이다. 그러므로 우리는 그분이 그들을 보살펴 주실 것을 믿는다.

우리는 가장 연약한 양들을 공격하거나 그들에게 상처를 주지 않도록 조심해야 한다.

우리는 길을 벗어나 유리하는 자들을 회복시키고, 심하게 고통을 겪고 있는 양들을 위로하도록 힘써야 한다.

✣ 양에 관한 상식 ✣

양은 질병에 걸릴 가능성이 많다. 그들 대부분은 약하고 힘이 없다. 선한 목자는 이들을 동정하고, 그들을 치유하고 힘을 주기 위해 노력한다. 마찬가지로 하나님의 성도들도 전능자로 하여금 큰 연민을 갖도록 만드는 다양한 연약함, 유혹, 고통에 종속되어 있고, 그분은 그의 양 무리들을 학대하고, 그들에게 무관심한 이스라엘의 목자들을 엄히 꾸짖는다: "너희가 그 연약한 자를 강하게 아니하며 병든 자를 고치지 아니하며"(겔 34:4). 그래서 그분은 자기 자신의 손으로 친히 그 일을 하겠다고 말씀하신다: "상한 자를 내가 싸매 주며 병든 자를 내가 강하게 하려니와"(겔 34:16). _ 벤저민 키치

오늘날 많은 설교자들이 "**어둠의 박사**"로 불린 헤라클레이토스와 같다. 그들은 숭고한 관념을 애매한 표현과 기괴한 말로 바꾸고, 명백한 진리를 난해하게, 쉬운 진리를 어렵게 만든다. "그들은 무지한 말로 생각을 어둡게 하는 자들이다"(욥 38:2). 설교에 나타나 있는 표현들과 고상한 관념들을 연구해 보면, 길에 있는 아사헬의 시체와 같아서 단지 사람들로 하여금 그 발걸음을 멈추고 그것을 바라보도록 하지만, 그들에게 유익을 주거나 더 좋게 하지는 못한다. 진리는 그 귀에 가짜 진주를 달아두는 것보다는 본래 그 모습으로 두는 것이 더 낫다. _ 토머스 브룩스

그들이 문을 향해 나갈 때, 소심씨가 주저하는 눈치를 보였다. 그것을 본 용감씨가 "소심씨, 이리 와 기도하고 함께 갑시다. 내가 안내자가 되어 줄 테니, 안심하고 같이 갑시다."

소심: "글쎄요! 나는 나에게 맞는 동행자를 원해요. 당신들은 모두 튼튼하고 강하지만, 보다시피, 나는 약합니다. 그러므로 나의 약함 때문에 당신들과 나 자신에게 짐이 되지 않도록 나는 뒤따라 가도록 하겠습니다. 말한 것처럼, 나는 약하고 힘없는 마음을 가진 사람이라 남들은 능히 견딜 수 있는

난관도 쉽게 견디지 못합니다. 나는 잘 웃지도 못합니다. 화려한 옷을 입는 것도 좋아하지 않습니다. 나는 쓸 데 없는 질문을 받는 것도 싫어합니다. 게다가 나는 너무 약해서 다른 사람들은 얼마든지 자유롭게 하는 일에도 상처를 받을 정도입니다. 나는 진리를 다 알고 있지 못합니다. 아주 무지한 그리스도인입니다. 때때로 주 안에서 즐거워하기도 하지만, 그것을 실천할 수 없기 때문에 오히려 괴롭습니다. 나는 강한 자들 사이에 서 있는 약한 사람이요, 건강한 사람 가운데 서 있는 병자요, 도대체 뭘 어떻게 해야 될지를 모르는 "멸시받는 불구자"가 바로 나입니다. '평안한 자의 마음은 재앙을 멸시하나 재앙이 실족하는 자를 기다리는구나' (욥 12:5).

하지만 형제여, 나는 '마음이 약한 사람을 위로하고,' '약한 자를 돕는 것' 이 사명입니다. 그대는 우리와 함께 가도 됩니다. 함께 간다면 우리는 그대를 기다려줄 것이고, 부축해 줄 것입니다. 우리는 당신을 위해 말이든 행동이든 조심할 것입니다. 당신 앞에서는 '의심스러운 논쟁' 은 절대로 하지 않겠습니다. 당신을 홀로 남겨놓고 가기보다는 당신을 위해 '모든 것을 희생할' 것입니다. _ 존 번연「천로역정」

강한 성도들과 약한 성도들 사이는 류트의 두 현 사이가 서로 관련되어 있는 것처럼 되어야 한다. 한 현이 두드림을 당하면 다른 현이 떠는 것처럼, 약한 성도가 공격을 당하면, 강한 성도가 떨어야 한다. "너희도 함께 갇힌 것 같이 갇힌 자를 생각하라" (히 13:3). _ 토머스 브룩스

245
들으라! 들으라!

너희는 삼가 말씀하신 이를 거역하지 말라
땅에서 경고하신 이를 거역한 그들이 피하지 못하였거든
하물며 하늘로부터 경고하신 이를 배반하는 우리일까 보냐
_ 히브리서 12:25

예수님은 계속 복음으로 우리에게 말씀하신다. 이런 음성, 이런 메시지를 듣는 것은 얼마나 큰 특권일까! 예수님의 말씀 듣기를 거절하는 것은 얼마나 큰 죄일까! 경건한 관심을 가지고 그분에게 복종하라는 극히 절실한 권면이 여기 있다.

I. 이 권면이 필요한 이유는 다양하다.

1. 말씀의 탁월함. 그것은 주의를 기울여 순종할 만한 가치가 있다.
2. 사탄의 궤계. 그것이 우리가 하나님의 말씀을 받지 못하도록 훼방하기 때문이다.
3. 거룩하고 영적인 메시지를 받아들이지 못하는 우리 자신의 우유부단함.
4. 우리는 너무 오랫동안 그것을 거절해 왔다. 우리는 계속 그렇게 하는 것을 두려워해야 하고, 우리가 취할 올바른 과정은 즉시 그것을 경청하는 것이다.
5. 말씀은 우리 영혼을 사랑한다. 그러므로 우리는 그것을 주목하고, 사랑을 사랑으로 보답해야 한다.

II. 말씀하시는 분을 거절하는 방법도 다양하다.

1. 듣지 않음. 공중 예배에 참석하지 않고, 성경 읽기를 게을리함. "너희는

삼가 말씀하신 이를 거역하지 말라."

2. 성의 없이 들음. 마치 잠자는 듯, 무감각하게.
3. 믿기를 거부함. 지식적으로는 믿지만, 마음으로는 믿지 않음.
4. 트집을 잡음. 곤란한 문제들만 찾아내고, 불신앙을 좋아함.
5. 공격적임. 복음에 대해 화를 내고, 단순한 말에 분을 내며, 솔직한 인격적 책망에 대항함.
6. 그분의 말씀을 왜곡함. 성경을 곡해하고, 대적해 싸움.
7. 그분을 떠나도록 강요함. 양심을 무디게 하고, 회개를 하찮게 여기고, 안일을 위한 사소한 교제에 집착함.
8. 그분을 욕함. 그분의 신성을 부인하고, 그분의 복음과 그분의 거룩한 길을 싫어함.
9. 그분을 박해함. 그의 백성들을 전체적으로 공격하거나 개인적으로 핍박함.

III. 이 거절에 대한 이유도 다양하다.

1. 둔감한 무관심. 이것은 모든 선한 일들을 멸시하는 원인이 된다.
2. 자기의. 이것은 자아를 우상으로 만들고, 그리하여 살아 계신 구주를 거절하는 원인이 된다.
3. 자아의존적 지혜. 이것은 너무 교만해서 하나님의 음성을 듣지 못하게 한다.
4. 거룩을 싫어함. 이것은 순종보다는 자기고집을, 순결보다는 정욕을, 하나님의 것보다는 이기적인 것을 더 좋아하도록 만든다.
5. 세상에 대한 두려움. 이것은 위협이나 뇌물이나 아첨 같은 말에 귀 기울이도록 만들고, 올바른 행동을 하지 못하도록 한다.
6. 미루는 습관. 이것은 "내일"을 외치지만, 그것은 결국 "하지 않겠다"는 의미다.

7. 절망과 불신. 이것들은 복음이 구원에 대해 무능하고, 위로에 대해 무력하다고 선포한다.

IV. 그리스도를 듣기를 거부하면, 최고의 권위가 멸시받는 것이다.

"하늘로부터 경고하신 이."

1. 그분은 신적 본성을 갖고 계시고, 우리에게 하나님과 천국에 관해 자신이 알고 있는 것을 계시하신다.
2. 그분은 신적 권위로 무장하고 하늘에서 오셨다.
3. 그분은 이 순간에 자신의 영원한 영으로 말미암아 성경 안에 있는 복음의 내용과 규례들을 하늘로부터 말씀하신다.
4. 그분은 심판 때에도 하늘로부터 말씀하실 것이다.

그분은 하나님 자신으로서, 그분이 말씀하시는 것은 무엇이든 그 안에 신적 권위를 담고 있다.

V. 우리가 그리스도를 거부한다면, 최후의 운명을 두려워하게 될 것이다.

땅에서 말한 모세를 거부한 사람들은 심판을 피하지 못했다.

1. 우리는 그들의 운명을 기억하고, 똑같은 파멸이 그리스도를 거부하는 모든 자에게 일어날 것을 유념해야 한다.
   - 바로와 애굽 사람들.
   - 광야에서 죽어간 불평자들.
   - 고라, 다단 그리고 아비람.
2. 우리는 교회 안에서 사람들이 어떻게 멸망했는지를 보아야 한다.
   - 유다, 아나니아와 삽비라 등.
3. 우리는 세상에 남아있는 다른 사람들이 그리스도의 품을 향해 그곳을 떠나지 않음으로써 어떻게 멸망당하는지를 보아야 한다.

- 그들은 영혼소멸이나 연옥이나 우주의 복원과 같은 경우를 통해서도 멸망을 피하지 못할 것이다.
- 그들은 불신앙, 마음의 강퍅함, 교활함 또는 위선 등에 의해 멸망을 피하지 못할 것이다. 그들은 피할 유일한 길을 거부했고, 따라서 그들은 영원토록 멸망당할 것이다.

거절하는 대신에 듣고, 배우고, 순종하자.

그리하면 저주 대신 축복을 받게 될 것이다.

경 고

우리의 영광스러운 주님은 그리스도인 모두에게 "지금 하늘로부터 말씀하시는 분"으로 표현되고 있다. 비록 우리가 서신서에 직접 언급된 사람들에게 속한 사람은 아니라고 해도, 그분은 육체를 입고 계시는 동안 자신을 눈으로 직접 보거나 자신의 말을 들은 적이 없는 모든 사람들에게 말씀하시는 것이다. 이것은 오직 영감 받은 사람들의 행위를 통해 일어날 수 있었는데, "그리스도의 이름으로" 가르치고 명하도록 주어진 그들의 선포는 이적들로 입증이 되었다. 사도행전과 서신서의 많은 구절에 분명히 나타나 있는 것처럼, 그들은 이 이적들을 그분께 귀속시켰다. 이처럼 그리스도는 능력과 권위와 활동의 한복판에 서 있고, 그것은 **그의 선지자들에 의해 언급된** 구약성경에서 끊임없이 여호와께 귀속된 말씀이었다. 미카엘리스는 "이 그리스도의 말씀은 말할 수 있는 가장 위대한 말씀이다"라고 지적한다.
_ 스미스 박사(Dr. J. Pye Smith)

우리는 하나님의 말씀을 한쪽 귀로 듣고 한쪽 귀로 흘려 버린다. 그러나 말씀은 마지막 날 심판받을 때까지 결코 우리를 잊지 않고 있음을 기억해야 할 것이다. _ 저지 헤일(Judge Hale)

음악에 조예가 깊은 한 음악가가 있었다. 그는 카도간 목사가 자신의 연주에 무관심하다는 것을 알고 어느 날 그에게 말하기를 "자 목사님, 제가 음악의 힘을 느끼도록 해 드리겠습니다. 이 부분을 특히 유의해서 들으십시오." 연주가 끝나자 그는 "어때요? 이제 하실 말씀이 없으세요?" "글쎄요, 전에 들은 것과 비슷한데요." "아니! 이것을 듣고도 감동을 받지 못했단 말이에요? 정말, 저는 목사님의 무감각에 놀랐습니다. 목사님의 귀는 어디에 달려 있습니까?" 이에 카도간 목사는 이렇게 말했다: "오 형제님, 진정하고 내 말도 좀 들어보세요. 때때로 나 역시 놀라곤 합니다. 나도 강단에서 당신 앞에 아주 감동적이고 공감이 가는 진리를 선포했었습니다. 나는 죽은 자도 일어날 수 있는 목소리로 말했습니다. 그래서 '이제는 확실히 느꼈을 거야' 라고 생각했지만, 당신은 내 음악에 대해서는 별로 매력을 느끼지 못했습니다. 당신의 음악보다 훨씬 더 감미로운데도 말입니다. 그래서 나 역시 똑같이 놀라는 마음으로 '그 귀는 어디에 달려 있을까?' 라고 말하는 바입니다."

현대 사상가들 가운데 하나가 어느 집에서 보편구원론을 열심히 설파하고 있었다. 그 치명적인 이야기를 듣고 있던 한 아이가 다음과 같이 말하는 것을 들었다: "이제 우리는 도둑질하고, 거짓말하고, 나쁜 짓을 해도 괜찮아. 우리가 죽어도 지옥은 없거든." 만일 이런 설교자가 이 나라에서 큰 힘을 발휘한다면, 우리는 지옥에 대한 질문을 할 필요가 없을 것이다. 왜냐하면 우리가 벌써 지옥에 와 있기 때문이다. _ 스펄전

246
결코, 결코, 결코 아니하리라

그가 친히 말씀하시기를
내가 결코 너희를 버리지 아니하고
너희를 떠나지 아니하리라
_ *히브리서 13:5*

"그가 친히 말씀하시기를." 본문은 하나님 자신의 입술에서 직접 나온 신적 말씀이다. 여기에 자주 언급되어온 약속이 있다: "그가 말씀하시기를." 이 약속은 반복적으로 나타난다.

여기에 영양만점의 기름진 음식 몇 가지가 있다. 그 문장은 말이 많지 않지만 의미로 충만하다.

여기에 고기의 진미, 약의 진수가 있다.

성령께서 우리에게 이 독보적인 말씀에 숨겨져 있는 보화를 보여 주시기를!

I. 그 말씀을 인용된 말씀으로 생각하자.

성령께서는 얼마든지 새로운 말씀으로 하실 수 있었지만, 바울로 하여금 성경으로부터 인용하도록 이끄셨다.

그리하여 그는 구약성경을 존중했다.

그리하여 그는 고대의 성도들에게 선포된 말씀이 우리에게도 속한다고 가르쳤다.

사도는 정확한 말씀이 아니라 그 느낌을 인용하고 있다. 따라서 그는 우리에게 본문의 정신이 중요하다는 것을 가르친다.

우리는 여기서 바울이 인용하고 있는 말씀들을 발견한다:

- 창세기 28:15. "내가 네게 허락한 것을 다 이루기까지 너를 떠나지 아

니하리라." 이 구절은 집을 떠나 있던 야곱에게 주신 말씀으로, 인생 속에서 방황하고 있는 성도들에게 주시는 말씀이다.

- 신명기 31:8. "여호와 그가 네 앞에서 가시며 너와 함께 하사 너를 떠나지 아니하시며 버리지 아니하시리니." 이 구절은 여호수아와 또 지도자를 잃어버린 사람들에게 주신 말씀으로, 스스로 지도자가 되어야 할 사람들과 담대한 용기가 필요한 큰 전투와 싸움 속에 들어가야 하는 모든 사람들에게 주시는 말씀이다.
- 역대상 28:20. "네가 여호와의 성전 공사의 모든 일을 마치기까지 여호와 하나님 나의 하나님이 너와 함께 계시사 네게서 떠나지 아니하시고 너를 버리지 아니하시리라." 이 구절은 솔로몬에게 주신 말씀으로, 곧 자기들에게 막중한 책임이 부과되어 큰 지혜가 필요한 사람들에게 주어진 말씀이다. 우리는 영적 성전을 지어야 할 사람들이다.
- 이사야서 41:10. "두려워하지 말라 내가 너와 함께 함이라." 이 구절은 이스라엘 곧 시험 속에서 고통 받고 있는 주의 백성들에게 주신 말씀이다.

II. 그 말씀을 하나님으로부터 온 귀에 익은 말씀으로 생각하자.

1. 그것은 특별히 하나님의 말씀이다. "그가 말씀하시기를" 이것은 영감을 통해서가 아니라 하나님 자신이 친히 하신 말씀이다.
2. 그것은 헬라어로 5개의 부정적 술어를 따라 강력한 메시지를 천명하고 있다.
3. 그것은 하나님 자신과 그의 백성들을 관계시킨다. "내가" … "너희를"
4. 그것은 그분의 임재와 도우심을 보증한다. 그분은 우리와 함께 하시지 않는 한, 움직이지 않는다.
5. 그것은 최고선을 보장한다. 우리와 함께 하시는 하나님은 선 자체를 의미한다.

6. 그것은 우리가 마땅히 감당해야 하고 진정 두려워해야 하는 무서운 악을 피하도록 한다. 즉 하나님께 도망치도록 한다.
7. 그것은 오직 그분만이 말씀하고 진실이 되게 할 수 있는 말씀이다. 다른 어느 누구도 고뇌 속에서, 죽음 속에서 그리고 심판의 때에 효과적으로 우리와 함께 있을 수 없다.
8. 그것은 시간과 영원 속에서 모든 환난, 상실, 유기, 연약함, 난관, 장소, 때, 위험과 같은 것들에 대해 대책을 세워준다.
9. 그것은 하나님의 사랑하심과 불변하심 그리고 신실하심을 통해 실증된다.
10. 그것은 다른 사람들과 우리 자신에게 행하시는 하나님의 역사를 살펴보면 더욱 분명하게 확증된다.

III. 그 말씀을 만족을 위한 동기로 삼자.

"돈을 사랑하지 말고 있는 바를 족한 줄로 알라."

참으로 은혜로운 이 말씀은:

- 우리가 손에 많은 재물을 쥐고 있을 때, 가시적인 것을 초월해서 살도록 우리를 이끈다.
- 우리가 가진 재물이 아무리 적을지라도 현재 있는 것으로 만족하도록 우리를 이끈다.
- 미래의 모든 위험에 대비하여 준비된 양식을 보도록 우리를 이끈다.
- 인도제국의 모든 재화보다 더 만족스럽고, 확실하고, 고귀하고, 신성한 보증 속으로 우리를 이끈다.
- 하나님에 대한 일종의 불경죄를 혐오하도록 우리를 이끈다.

하나님은 항상 우리와 함께 하시기 때문에, 어찌 지엽적인 것을 원할 수 있겠는가?

Ⅳ. 그 말씀을 용기를 갖는 이유로 삼자.

"그러므로 우리가 담대히 말하되 주는 나를 돕는 이시니 내가 무서워하지 아니하겠노라 사람이 내게 어찌하리요 하노니."

1. 우리를 돕는 이는 우리 원수보다 더 크신 분이다. "주는 나를 돕는 이시니."
2. 우리의 원수는 철저하게 그분의 손에 있다. "내가 무서워하지 아니하겠노라 사람이 내게 어찌하리요."
3. 비록 우리가 고난당하도록 허락하신다고 해도, 하나님은 그 파멸에서 우리를 보존하실 것이다.

이 짧은 말씀 속에 우리를 초조하게 하고, 두렵게 만드는 일로부터 구원하는 복된 능력이 참으로 크게 들어있도다!

우리는 성령이 우리에게 분명히 제시하는 사건의 노선을 따라가는데 지체해서는 안 된다.

"부정"에 관한 글

주여, 사도는 하나님께서 "내가 결코 너희를 버리지 아니하고 너희를 떠나지 아니하리라"고 말씀하셨기 때문에, 이 논증을 가지고 히브리인들이 탐욕에서 벗어나도록 설득하고 있습니다. 그러나 저는 하나님께서 모든 유대인들에게 이 약속을 주신 것이 아니라고 생각합니다. 하나님께서 처음에 여호수아를 가나안 족속들을 몰아낼 지도자로 삼으셨을 때 하신 말씀은 오직 그에게만 주신 말씀이었습니다.

그러나 사도는 본문(유추적 해석의 여지가 없는)을 경건한 모든 성도들에게 적용시키고 있습니다. 그렇다면 우리는 성경을 통해 당신의 종들에게 주어진 약속들에 대해 외견상으로만 상속자입니까? 그러면 그들에게 허락된 은혜의 헌장들이 나에게도 그대로 유효하게 됩니까? 그래야 저는 야곱처럼 "내가 족하다"고 말할 것입니다. 하지만 그들의 경건을 본받지 않고는 그들에게 주어진 약속들을 내 것으로 삼을 수 없기에 저에게는 전자를 통해 위로를 얻기보다는 후자를 따르는데 더 신경을 쓸 수 있도록 허락해 주옵소서. _토머스 풀러

최근에 작고한 우리 친구 본 대학의 윌리엄 그레이엄 박사에 대한 일화가 있다. 한 사람이 임종 자리에서 그에게 "그가 친히 말씀하시기를 내가 결코 너희를 버리지 아니하고 너희를 떠나지 아니하리라"는 말씀을 읽어주자 그 경건한 박사는 숨이 곧 끊어지는 상황 속에서 "의심은 없다! 절대로 의심은 없다!"고 했다. _스펄전, 1884년, 「칼과 삽에서」

나는 브룩스가 어느 변두리 지역으로 이주하게 된 일단의 가난한 그리스도인들에 관해 한 말을 읽은 적이 있다. 한 구경꾼이 그들 사이를 지나가면서 이 가난한 사람들은 사람들의 사회를 떠나 짐승들이 사는 곳으로 들어가야 할 아주 비참한 처지에 있다고 말했다. 이에 옆의 다른 사람이 "하나님을 발견할 수 없는 곳으로 이주해야 한다면, 그건 정말 슬픈 일이지. 그러나 그들은 즐거워하고 있어. 하나님이 함께 가시기 때문이지. 그들이 가는 곳마다 하나님이 함께 하시는 위로가 넘치기 때문이야"라고 말했다.

한 이교도 현자가 자기 친구에게 "카이사르가 자네 친구라면, 절대로 자네의 불행에 대해 불평하지 말게"라고 말했다. 우리는 땅의 군주들의 왕이신 분이 자신의 아들이요, 형제라고 부르는 사람들에게 뭐라고 말해 주어야 할까? "내가 결코 너희를 버리지 아니하고 너희를 떠나지 아니하리라"(히 13:5). 이 말씀이 모든 두려움과 땅에 대한 염려를 다 던져 버리도록 하지 않는가? 만물을 소유하고 있는 그분을 소유하는 자는 모든 것을 소유하는 것이다. _F. W. 크루마허(F. W. Krummacher)

쉼을 위해 예수님께 기대는 영혼을
나는 결단코, 결단코 그분의 원수에게 보내지 않으리라.
온갖 지옥이 흔들기 위해 갖은 애를 쓰는 영혼을
나는 절대로, 절대로 포기하지 않으리라.

- 조지 케이스(George Keith)

247
시험을 참는 자가 복이 있다

시험을 참는 자는 복이 있나니 이는 시련을 견디어 낸 자가
주께서 자기를 사랑하는 자들에게 약속하신
생명의 면류관을 얻을 것이기 때문이라
_ *야고보서 1:12*

복이 있다는 것은 행복하고, 은혜롭고, 번영한다는 것이다.

그러나 그것은 그 자체로 신비하고, 신성한 특징이 있다. 왜냐하면 은혜와 번영은 오직 하나님만이 주실 수 있는 것이기 때문이다.

누가 하나님으로부터 복 받기를 바라지 않겠는가?

대부분의 사람들은 복의 소재에 대해 착각하고 있다.

그것은 부, 직위, 권력, 재능, 칭찬, 우정, 건강, 쾌락 또는 이 모든 것들을 모아놓은 것으로 한정되지 않는다.

그것은 전혀 기대하지 못했던 곳에서도 종종 발견된다. 시련과 유혹 속에 있을 때 등이 그것이다.

I. 현세에서의 복.

1. 복은 본문에서 볼 때 편안함, 시련의 면제 또는 유혹이 없는 것과 연결되어 있지 않다.

시험을 거치지 않은 보물은 가치가 없다. 불에 연단 받은 것들은 그렇지 않다. 만약 시련이 자신의 모든 능력을 빼앗아갈 것이라고 두려워한다면, 어느 누구도 자신을 복 있는 자로 여기지 못할 것이다.

2. 복은 시험을 참는 자에게 속해 있다.

- 이들은 믿음을 갖고 있다. 그렇지 않으면 시험도 받지 않았을 것이다.

믿음이 복이다.

- 이들은 시험을 감당하는 생명을 갖고 있다. 영적 생명이 복이다.
- 이들은 결백, 순결, 진실, 인내 등이 있다. 이 모든 미덕이 복이다.

3. 복은 하나님에 대한 사랑 때문에 시험을 참는 사람들에게 속해 있다. 본문은 "자기를 사랑하는 자들"이라고 말씀한다.
   - 하나님을 사랑하는 자는 그 사랑 속에서 기쁨을 발견한다.
   - 그는 또한 그 사랑 때문에 오는 고난 속에서 복을 발견한다.
4. 복은 시험에 의해 참됨을 입증한 사람들에게 속해 있다.
   - 시험 후에 인정이 온다. 개역판(R. V.) 영어성경은 "시련을 견뎌 낸 자가"를 "인정을 받은 자가"라고 번역한다.
   - 시험 후에 우리의 옳음에 대한 보증이 온다. 확신이야말로 가장 보배로운 자산이다.
5. 복은 인내의 경험으로부터 나온다.
   - 견딤에 대한 감사의 복.
   - 연약함을 알고 하나님을 의지하는 복.
   - 하나님의 품 안에서 누리는 평화와 복종의 복.
   - 더 혹독한 시험에 대해 두려움을 갖지 않는 복.
   - 고난 속에서 하나님과 친교를 누리는 복.
   - 시험을 통해 은혜 안에서 자라가는 복.

시험을 받는 자는 호된 시련 속에서 도움을 받고, 그 시험으로부터 옳다고 인정받은 자는 복 있는 사람이다.

II. 내세에서의 복.

시험을 참는 자들은 특별한 복을 상속 받는다:

1. 면류관을 받는다. 전쟁이 없는 곳인데, 어떤 면류관일까?
   - 원수를 이겼기 때문에 면류관을 받는다.

- 하나님에 의해 인정받았기 때문에 면류관을 받는다.
- 그들의 동료를 영예롭게 했기 때문에 면류관을 받는다.
- 상급의 조건들을 지켰기 때문에 면류관을 받는다.

2. 시험을 참음으로써 영광과 "생명의 면류관"을 받는다. 따라서 생명은 그 꽃과 면류관이 나타날 때까지 계속 자라갈 것이다.
   - 시험은 가장 순수한 정신의 건강을 가져온다.
   - 시험은 가장 강한 은혜의 힘을 훈련시킨다.
   - 시험은 그들의 본성의 모든 부분을 계발시킨다.
   - 시험은 영원 속에서 최고의 영광을 누릴 수 있게 한다.
3. 무한한 기쁨을 주는 살아 있는 면류관을 소유한다. "생명의 면류관" 즉 살아 있는 면류관은 절대로 시들지 않고, 사라지지 않는다.
   - 그토록 혹독한 시험도 그들을 죽일 수 없다면, 아무것도 그들을 죽일 수 없을 것이다.
   - 그들이 영적 복을 소유하고 있다면, 그것은 결코 소멸될 수 없다.
   - 그들이 천국 생명을 소유하고 있다면, 그것은 항상 그 면류관이 있는 지점에 있을 것이다.
4. 이 생명의 면류관을 하나님으로부터 받을 것이다.
   - 그분의 약속이 그것을 계시하고 보여 준다.
   - 자기를 사랑하는 사람들에 대한 그분의 특별한 관심이 이중으로 그것을 보장한다.
   - 그분의 손이 그것을 씌워주실 것이다.

우리는 시험을 즐겁게 감수해야 한다.

우리는 인내를 인정받을 때까지 기다려야 한다.

우리는 생명의 면류관을 큰 즐거움 속에서 고대하고, 그에 대한 확신으로부터 용기를 얻어야 한다.

✣ 발췌 ✣

"복이 있나니"(Blessed) 이 말씀은 이미 복을 받았다는 것이다. 그들은 세상이 그들을 판단하는 것만큼 불행하지 않다. 그것이 그리스도인의 역설이고, 거기에 말씀에 대한 환상이 있다(욥 5:17). "볼지어다 하나님께 징계 받는 자에게는 복이 있나니." 그것은 경이이고, 따라서 욥은 세상을 향해 보라고 외치는 것이다. **볼지어다!** 마찬가지로 사도도 세상의 판단에 반하여 **복이 있나니**(Blessed)라고 선언한다.

고난은 하나님의 백성들을 불행하게 만들지 못한다. 그리스도인과 세상 사람 사이에는 커다란 차이가 있다. 세상 사람의 최고의 재산은 허사에 불과하다(시 39:5). 그리스도인은 최악의 상태에서도 행복하다. 하나님을 사랑하는 자는 주사위와 같다. 그를 높거나 낮게 던져보라. 그래도 그는 여전히 사각형을 유지하고 있다. 그는 때때로 고통을 받지만, 그래도 항상 행복하다. _토머스 맨턴

고통의 시간들은 자주 큰 시험의 시간으로 나타나고, 따라서 그 고통은 시험으로 불린다. _토머스 브룩스

고대 금속 가운데 가장 내구성이 있고, 가치 있는 것은 고린도산 청동이었다. 그것은 고린도가 불타 없어질 때 한 덩어리로 융합되어 그 실체를 잃지 않았다고 전해진다. 가장 소중한 경험의 산물은 시련의 불 속에서 얻어진다. _존 레지(John Legge)

한 늙은 선원이 모래톱과 암초가 어떤 목적으로 형성되어 있는지에 대해 질문을 받았다. 그 대답은 "선원들이 그것을 피할 수 있도록 하기 위해서"라는 것이었다. 한 기독교 철학자가 시련과 유혹은 어떤 목적으로 주어지는가에 대한 질문에 그 원리를 원용하면서, "우리가 그것을 극복하고 이용할 수

있도록 하기 위해서"라고 대답했다. 생명의 참된 존엄성은 어려움을 피하는 데서 발견되는 것이 아니라 그리스도를 위해 그리고 그리스도의 능력 안에서 그것을 극복하는데 있다. _ 딘 스탠리(Dean Stanley)

로마제국에서는 승리자들에게 다양한 면류관을 씌워주었다:

(1) **코로나 시비카**(Corona civica) — 이 관은 오크 나무로 만들어진 것으로 전쟁시 적군으로부터 다른 시민의 생명을 구한 로마시민에게 주어졌다.

(2) **오브시디오날리스**(Obsidionalis) — 이 관은 풀로 만들어진 것으로, 적에게 포위된 도시나 성을 구해낸 사람에게 주어졌다.

(3) **무랄리스**(Muralis) — 이 관은 금으로 만들어진 것으로, 어느 도시나 성의 벽을 가장 먼저 타고 올라간 사람에게 주어졌다.

(4) **카스트랄리스**(Castralis) — 이 관은 금과 같은 재료로 만들어진 것으로, 적군의 진영에 가장 먼저 침투한 사람에게 주어졌다.

(5) **나발리스**(Navalis) — 이 관 역시 금으로 만들어진 것으로, 적군의 배에 가장 먼저 승선한 사람에게 주어졌다.

(6) **오발리스**(Ovalis) — 도금양(상록관목)으로 만들어진 이 관은 적국의 도시나 성을 정복하거나 싸우지 않고 쉽게 어느 지역을 차지한 지휘관들에게 주어졌다.

(7) **트라이엄팔리스**(Triumphalis) — 월계수 잎으로 만들어진 관으로, 승리하고 개선하는 대장이나 집정관에게 주어졌다.

다른 관들과 함께 이 모든 면류관은 왕권적 위엄이 있고, 장엄하고, 영광스러운 관(면류관이라기보다는 오히려 화관이나 제관에 해당)이지만, 하나님께서 자기를 사랑하는 자들을 위해 준비해 놓으신 영광의 면류관과는 비교가 안 된다. 누가 그 영광을 말로 제대로 표현할 수 있고, 또는 이같이 영광스러운 일이 세상 어디에 있겠는가? 비록 내가 사람과 천사의 입술을 갖고 있다고 해도, 그 가치에 합당한 설명을 할 수 없을 것이다. 그것은 영광의 면류관일 뿐만 아니라 그것을 차지하는 경건한 참성도들의 각각의 특징에 해당되는 다양한 이름을 갖고 있다. 그것은 그리스도의 의를 덧입기 때문에 의의 면류관이고, 영원한 생명을 가질 수 있게 하기 때문에 생명의 면류관이다. 또 그것은 별처럼 영원토록 빛나는 것이기 때문에 별의 면류관이다.
_ 존 스펜서

승리의 면류관을 쓰는 사람은 누구나
고뇌의 조수가 되어야 하리라.

_ 로버트 헤릭

248
더욱

그러나 더욱 큰 은혜를 주시나니
_ *야고보서 4:6*

야고보서가 실천을 강조하는 서신이라는 이유로, 사도는, 오늘날 비복음주의 설교자들이 그렇게 하는 것처럼, 하나님의 은혜를 찬송하는 일을 게을리 하지 않는다.

우리가 그 뿌리를 무시하면서 열매만 명령한다면, 잘못을 범하는 것이다. 모든 미덕은 은혜에까지 소급되어야 한다. 우리는 내적 은혜뿐만 아니라 거기서 흘러나오는 외관적 섬김의 물줄기도 함께 분명히 지적해야 한다.

은혜의 원리는 선행의 실천을 낳고, 오직 모든 은혜의 하나님만이 그 원리의 창조자요, 보존자가 되실 수 있다. 만일 우리가 어디서나 실패한다면, 더 큰 은혜를 구하는 것이 지혜일 것이다.

하나님의 은혜를 바라보라. 그분은 항상 주시고, 항상 더 풍성하게 주실 준비를 하고 계신다.

I. 본문을 그 문맥에 따라 살펴보자.

1. 대조가 나타나고 있다: "그러나 더욱 큰 은혜를 주시나니."

두 가지 유력한 동기가 대립되어 있다. "하나님이 우리 속에 거하게 하신 성령이 시기하기까지 사모한다"는 말씀과 "그러나 더욱 큰 은혜를 주시나니"라는 말씀이 대조되고 있다.

2. 찬미의 중요성이 제시되고 있다.

- 죄가 많은 곳에 은혜가 더욱 많게 된다는 것은 얼마나 놀라운 사실일까!
- 우리가 자신의 연약함을 깊이 깨달을수록 하나님은 그만큼 더 큰 은

혜를 주신다.

3. 영적 싸움에 대한 교훈을 암시하고 있다.
   - 우리가 싸움의 무기를 어디서 얻어야 하는지를 배운다. 우리는 은혜를 주시는 주님을 바라보아야 한다.
   - 우리는 그 무기의 속성에 대해 배운다. 그것은 법적인 것도 아니고, 기발한 것도 아니고, 심미적인 것도 아니며 은혜로운 것이다.
   - 우리는 악한 정욕은 영적 욕구를 성취하고, 더 큰 은혜를 얻음으로써 극복되어야 한다는 것을 배운다.
4. 싸움을 계속하는데 우리에게 용기를 주고 있다.
   - 믿는 영혼 속에 싸우고자 하는 열정이 조금이라도 있다면, 하나님은 그것을 가지고 싸울 수 있도록 은혜를 주실 것이다.
   - 우리가 죄의 권세에 대해 슬퍼하면 할수록 우리가 구원을 위해 예수님을 믿는 한, 은혜는 그만큼 더 확실하게 주어질 것이다.
5. 명백히 승리가 예정되어 있음을 암시하고 있다.

"더욱 큰 은혜를 주시나니"라는 말씀은 다음과 같은 약속을 분명히 한다:
   - 하나님은 우리를 포기하지 않고, 우리에게 은혜의 힘을 더 크게 허락하심으로써, 죄가 하나님의 주권에 복종하도록 하실 것이다.

지금까지 은혜를 주셨고, 또 우리가 영광에 들어갈 때까지 은혜를 계속해서 더욱 크게 베푸실 하나님이 영광을 받으시기를! 더욱 크게 베푸시는 하나님의 은혜의 선물을 금지시키거나 제한시킬 것은 전혀 없다.

II. 본문의 일반적 진리를 살펴보자.

하나님은 항상 주시는 분이다. 본문은 그것이 하나님의 방식과 습관인 것처럼 말씀한다. "더욱 큰 은혜를 주시나니."

1. 그분은 새로운 은혜를 주신다.
2. 그분은 은혜를 더 크게 주신다.

3. 그분은 더 높은 차원의 은혜를 주신다.
4. 그분은 옛 본성이 강하게 역사할 때 그만큼 더 큰 은혜를 주신다.

이것은 다음과 같은 것이 될 것이다:

1. 날마다 우리 자신을 위해 사용하는 진리.
2. 날마다 다른 사람들을 위해 내세우는 약속.
3. 더 고상하고 더 엄격한 의무에 관해 성찰하고, 더 넓은 영역으로 들어가도록 장려하는 자극.
4. 일상적 삶 속에서 겪게 되는 혹독한 시련 하에서의 위로.
5. 질병과 죽음과 같은 엄격한 시험들이 예상될 때에 대한 보증.

하나님의 속성이 은혜를 더욱 넘치게 베푸는 것이라는 것을 알고, 우리는 더 확실하게 그분을 신뢰해야 한다.

III. 그것은 특별한 부족을 채우는데 사용된다.

1. 따라서 나의 영적 빈곤은 전적으로 내 잘못이다. 왜냐하면 하나님은 그것을 믿는 모든 사람들에게 더욱 큰 은혜를 주시기 때문이다.
2. 나의 영적 성장은 그분의 영광이 되어야 한다. 왜냐하면 나는 그분이 더욱 큰 은혜를 주실 때에만 자라갈 수 있기 때문이다. 오, 지속적으로 자라갈 수 있기를!
3. 내가 찾아갈 하나님은 얼마나 좋으신 분일까! 나는 현재에는 즐거워하고, 미래에는 소망을 가지리라. 더 자주 찾아갈수록 그만큼 은혜도 더 커지는 것을 알기에, 나는 불굴의 용기를 가지고 찾아갈 것이다.

형제들아. 우리가 하나님의 인자하심을 의지하자. 기도로 그것을 시험하고, 믿음으로 그것을 증명하고, 열심으로 그것을 증거하며, 감사의 기쁨으로 그것을 찬미하자.

격려

미국 전쟁 동안, 로드 노스는 그 불행한 전쟁을 기뻐할 만한 방법으로 치르는 길이 무엇인지 알아보려고 마델리 교회의 플레처 목사에게 어떻게 할지 알려 달라는 편지를 보냈다. 목사는 그에게 딱 한 가지 일 외에 자기가 원하는 것은 없다고 말했는데, 그것은 그의 주권의 힘을 자신에게 두지 말고 **더욱 큰 은혜**에 두라는 것이었다. _ 존 화이트크로스(John Whitecross)

사람이 꽃을 줄 때 그것은 완전한 선물이다. 그러나 은혜의 선물은 꽃의 씨를 선물하는 것과 같다.

매튜 헨리는 어렸을 때, "겨자씨" 비유에 대한 설교를 듣고 크게 감동을 받았다. 집으로 돌아오는 길에 그는 누나에게 "나는 은혜의 한 낟알을 받은 것 같아"라고 말했다. 그것은 "물 위에 던져진" 대주석의 씨앗이었다.
_ 찰스 스탠퍼드

나는 매일, 매순간 은혜를 받았다! 지난 40년 동안 하루에 아홉 번 씩, 하루에 스무 번 씩 반역이 일어날 때, 왕의 은혜가 심판의 도끼 아래로부터 무수한 용서와 형의 감면을 베풀어 얼마나 감미롭고 달콤하게 했던지! 내 경우 헤아릴 수 없이 많은 대속이 이루어졌도다! 얼마나 한량없는 대속이었는지! 나는 매시간 더러워졌고, 그리스도는 나를 씻으셨다. 나는 넘어지고, 은혜는 나를 일으킨다. 나는 오늘, 이 아침에도 의의 견책 아래 있으나 은혜는 용서한다. 그리고 그 일은 내가 천국에 들어갈 때까지 계속될 것이다.
_ 새뮤얼 러더퍼드

당신 자신이 이루어놓은 현재의 어떤 업적으로 만족한다면, 그것은 은혜의 오용이 되고 말 것이다. 그것은 당신이 하나님의 은혜의 능력에 대해 실제로는 아무것도 모르고 있다는 것을 증거한다. 왜냐하면 다음과 같기 때문이다:

누구든 나는 원하는 것이 **아무것도 없다**고 말하는 것은
아무것도 가진 것이 없다고 고백하는 것이다.

주님을 만난 사람들은 항상 "주여 원하오니, 제게 당신의 영광을 보여 주소서"라고 기도할 것이다. 주님의 은혜를 한 번이라도 맛본 사람들은 언제나 "이 일용할 양식을 영원히 우리에게 주소서"라고 부르짖을 것이다.
_ 윌리엄 제이

작은 은혜는 장차 우리를 천국으로 이끌 것이다. 그러나 큰 은혜는 지금 우리를 천국으로 이끈다. _ 옛 성자

오, 그리스도인들이 항상 어제처럼 머물러 있다면, 얼마나 슬픈 일일까! 당신은 더욱 큰 은혜를 받아야 한다. 그리하여 당신은 나는 동일한 내가 아니다(ego non sum ego) 또는 지금 나의 이전 것은 잊혀졌다(nunc oblita mihi)고 말해야 한다. 아니면 베드로 사도가 말한 것처럼 "너희가 음란과 정욕과 술취함과 방탕과 향락과 무법한 우상 숭배를 하여 이방인의 뜻을 따라 행한 것은 지나간 때로 족하도다"(벧전 4:13) 해야 한다. _ 토머스 맨턴

그대는 주님을 믿어 왔는가?
아직 더 믿어야 할 것이 있도다.
그대는 그분의 은혜를 받은 적이 있는가?
아직 더 받아야 할 것이 있도다.
오, 아버지께서 은혜를 보여 주시는가?
그래도 아직 더 보아야 할 것이 있도다.
그분이 값없이 은혜를 베푸시는가?
아직 더 얻어야 할 것이 있도다.

249
받지 못할 구원은 없다

믿음의 결국 곧 영혼의 구원을 받음이라
_ *베드로전서 1:9*

구원의 더 큰 유익들은 장래에 다가올 일들 속에 보통 포함되어 있다. 그러나 진실로 그것들 대부분은 지금 여기서 받을 수 있는 것이다.

I. 여기서 구원에 관해 받게 되는 것은 무엇인가?

1. 구원 전체는 믿음의 능력과 소망의 은혜로 말미암아 주어진다.
2. 절대적 · 최종적 죄 사함은 이 순간 우리의 것이다.
3. 종의 속박과 하나님으로부터의 두려운 분리에 대한 구원은 현재 누리는 구원이다.

평화, 화해, 하나님과의 친교 그리고 하나님 안에서의 기쁨을 우리는 이 순간에도 누리고 있다.

4. 정죄하는 죄의 권세로부터의 구원은 현재 완결된 것이다.
5. 죄의 지배권으로부터의 해방도 지금 우리의 것이다. 그것은 더 이상 그 뜻대로 우리에게 명령할 수 없다. 또는 긴장을 느슨하게 하는 그 권세를 통해 우리가 잠에 빠지도록 유혹할 수 없다.
6. 악을 이기는 정복 능력이 지금 우리에게 최대한 주어지고 있다.
   - 죄는 정복할 수 있는 것이다. 아무도 그 구조상 또는 환경 때문에 당연히 죄를 범할 수밖에 없다고 생각해서는 안 된다.
   - 거룩하게 사는 것은 가능하다. 어떤 이들은 높은 수준의 거룩한 삶을 보여 주었다. 그렇다면 왜 다른 사람들이라고 안 되겠는가?
7. 기쁨은 슬픔의 와중에도 지속될 수 있다.

신자들의 직접적 유산은 참으로 크다.

구원은 오늘도 우리의 것으로, 그 속에는 "모든 것" 이 다 들어있다.

II. 그것은 어떻게 받게 되는가?

1. 신적 은혜의 선물로서, 철저히 예수님으로부터.
2. 시각이나 감정이 아니라 믿음으로. 우리는 보기 위해 믿고, 이것이 옳다. 믿기 위해 볼 필요가 있다는 것은 잘못된 것이다.
3. 하나님에 대한 열렬한 사랑으로 말미암아. 이것은 죄를 혐오하고 순결을 추구하도록 이끈다. 이것은 또한 우리로 하여금 성결한 삶을 살고, 거룩을 낳도록 자극한다.
4. 하나님 안에서 기뻐함으로써. 이것은 우리로 하여금 조금도 과장하거나 확대시키지 않고, 말로 표현할 수 없는 평화를 받도록 한다. 이것은 그것을 누리고 있는 사람들조차도 이해하기에는 너무 크고, 또 너무 깊다.

천국의 유산 가운데 많은 부분이 우리가 그곳에 이르기 전에 누릴 수 있는 것이다.

III. 당신이 그것을 받았다면, 어떻게 받았는가?

1. 당신은 구원에 관해 들었다. 그러나 들음으로 구원을 얻는 것은 아니다.
2. 당신은 그것을 안다고 고백하는가? 그러나 단순한 고백으로 구원을 얻는 것은 아니다.
3. 당신은 죄 사함을 받았는가? 그것을 확신하는가?
4. 당신은 거룩해졌는가? 당신의 삶 속에서 날마다 깨끗해지고 있는가?
5. 당신은 믿음과 소망과 사랑으로 안식을 얻고 있는가?

이 문제들을 하나님의 관점에 따라 생각해 보라.

만일 그 결과가 만족스럽지 않다면, 즉시 하나님을 찾으라. 가장 충만한 의미에서 "당신의 믿음의 결국"인 구원을 받을 때처럼, 하나님의 나타나심을 추구하라.

요약

한 복음주의자가 이렇게 말하는 것을 들었다: "믿는 자는 영생을 **얻는다 (hath).** 여기서 H- A- T- H라는 철자는 'got it' (그것을 얻었다)로 발음된다." 발음은 이상하지만, 그것은 건전한 해석이다. _ 스펄전

이것은 그들의 확실한 소망으로서, 마치 그것을 이미 받은 것과 같다. 만일 하나님의 약속과 그리스도의 공로가 효력이 있다면, 그분을 믿고, 그분을 사랑하는 자들은 확실히 구원을 얻게 된다. 하나님의 약속은 그리스도 안에서 "예 하고 아니라 함이 되지 아니하셨으니 그에게는 예만 되었다"(고후 1:19). 믿음과 사랑으로 예수 그리스도에게 연합되는 어느 한 영혼이 그분으로부터 분리되고, 따라서 그분 안에서 바라는 구원이 사라지는 것이 강이 거슬러 흐르고, 하늘이 그 운행을 바꾸고, 자연의 구조가 해체되는 것보다 훨씬 더 어렵다. 이것이야말로 그들의 최고의 즐거움이다. _ 레이턴 대주교

비록 그 죄책이 망각된다 해도, 죄에 빠지는 것은 심각한 문제다. 자주 불순종의 죄를 범하는 한 소년이 아버지에게 각각의 죄에 대해 기둥에 못을 박으라는 지시를 받았다. 하루 동안 죄를 범하지 않고 보내자 박은 못 가운데 하나를 빼내도록 허락받았다. 그는 자신의 못된 기질과 용감하게 싸웠고, 그 결과 드디어 기둥으로부터 못을 다 빼내게 되었다. 아버지는 그를 칭찬했다. 이에 아들은 "슬픕니다. 아버지, 못은 다 빠졌지만, 그 구멍은 여전히 남아 있네요"라고 말했다. 용서받은 후에도 우리는 죄의 악한 결과로부터 벗어나기 위해 여전히 은혜의 이적이 필요하다.

로마에 있는 베드로 성당에서 나는 영국의 왕인 제임스 3세, 찰스 3세, 헨리 9세의 기념물을 보았다. 이 군주들은 나에게는 전혀 생소했다. 그들은 분명히 통치자로서 이름은 있었으나 하나님의 통치는 받지 못했다. 그들은 그들의 믿음의 결국 곧 구원을 받지 못했다. 많은 고백자들이 똑같은 상태에 있지 않은가? _ 스펄전

250
만일 그렇다면 — 어떻게 되겠는가?

또 의인이 겨우 구원을 받으면
경건하지 아니한 자와 죄인은 어디에 서리요
_ *베드로전서 4:18*

"겨우 구원을 받으면" 이라는 말씀은 구원의 어려움을 암시한다.

어떤 이들은 믿음으로 시작하는 것이 쉽다고 생각하지만, 이사야 선지자는 "누가 믿었느냐" (사 53:1)고 외치고, 예수님은 "인자가 올 때에 세상에서 믿음을 보겠느냐" (눅 18:8)고 말씀하신다.

또 어떤 이들은 그것을 끝까지 지키는 것이 쉽다고 생각하지만, 경건한 자들은 그들의 얼굴을 시온을 향해 두는 것이 어렵다.

구원받는 것은 쉬운 일이 아니다. 전능자의 은혜가 요청된다.

상실자가 되는 것은 사소한 일이 아니지만, 무시하면 그렇게 될 수 있다.

I. 사실.

"의인이 겨우 구원을 받으면."

1. 문맥으로부터, 우리는 하나님의 법의 엄격함 때문에 의인이 구원을 얻는 것이 어렵다고 결론짓는다. "하나님의 집에서 심판을 시작할 때가 되었나니" (벧전 4:17).
   - 이 특별한 시험에는 공평성과 적합성이 있다.
   - 이 시험은 다수로서, 다양하고 반복적이고 하나님 자신에 의해 적용된다.
   - 알곡은 낫, 도리깨, 키, 체, 방아, 가마에도 잘 견딘다.
   - 모든 것 중에 가장 큰 시험은 질투하시는 하나님의 전지하신 심판이

다. 어떤 은혜가 이 호된 시험을 통과하는데 필요할까!

2. 성도들의 경험으로부터, 우리는 똑같은 결론을 얻게 된다.

그들은 수많은 구원 행위들이 실천하기 어렵다는 것을 발견한다. 실례를 들면 다음과 같다:

- 죄인으로서 단순히 그리스도를 붙드는 것.
- 날마다 육체를 극복하는 것.
- 세상의 유혹, 위협, 악습에 저항하는 것.
- 겸손하고 거룩한 영으로 필수적인 의무를 수행하는 것.
- 은혜의 사역을 성취하고, 그것을 지속하는 것.
- 깨어나고 투명한 양심의 법정을 통과하고, 거기서 면소판결을 받는 것.

3. 안전하게 착륙한 사람들의 증거로부터.

"이는 큰 환난에서 나오는 자들인데" (계 7:14).

II. 사실로부터 나오는 추론.

"경건하지 아니한 자와 죄인은 어디에 서리요."

1. 진짜 금도 그렇게 엄격하게 검사를 받는다면, "버려진 은" 은 얼마나 더 그러하겠는가?
2. 성도들이 겨우 천국에 들어간다면, 경건하지 아니한 자는 어떻게 되겠는가?
   - 하나님 없는 그들이 무엇을 할 수 있겠는가?
   - 구주 없는 그들이 무엇을 할 수 있겠는가?
   - 하나님의 영이 없는 그들이 무엇을 할 수 있겠는가?
   - 기도, 말씀, 하나님의 약속 없이 무엇을 할 수 있겠는가?
   - 부지런하지 않으면 어떻게 되겠는가? 상인이 조심해도 재산을 다 잃어버린다면, 방탕자는 어떻게 되겠는가?

- 진실하지 않다면 어떻게 되겠는가? 불이 튼튼하게 세운 집을 다 태워 버린다면, 나무, 풀, 짚은 어떻게 되겠는가?

3. 만일 성도들이 그렇게 심하게 책망을 받는다면, 공공연하게 반역한 죄인에게는 어떤 판결이 내려지겠는가?

III. 다른 추론.

단순한 신앙고백자들은 어디에 설까?

만일 진실로 경건한 자가 그것을 위해 힘든 싸움을 한다면:

- 형식주의자는 의식들 속에서 보잘것없는 위로를 얻을 것이다.
- 거짓 고백자는 그의 위선으로 말미암아 파멸될 것이다.
- 오만한 자는 그의 주제넘은 교만으로 말미암아 초라한 도움을 받는데 그칠 것이다.
- 단순히 정통신조를 의지한 사람은 멸망에 이를 것이다.
- 높은 자리에 있는 사람은 더 큰 책임 외에는 얻는 것이 없을 것이다.

IV. 다른 추론.

시험당하는 영혼은 구원받을 수 있다.

진실로 성도인 사람들도 힘들게 구원받는 것처럼 보인다. 우리가 그것을 위해 어려운 싸움을 하고 있다면, 우리는 구원받을 수 있다.

- 타락이 증가하면 우리는 비틀거린다.
- 핍박하는 세상이 우리를 신랄하게 시험한다.
- 이유 없는 맹렬한 시험이 우리를 당혹하게 만든다.
- 내면의 기쁨의 상실이 우리를 의기소침하게 만든다.
- 거룩을 위한 수고의 실패가 우리의 믿음을 시험한다.

그러나 이 모든 것 속에서 우리는 모든 시대의 의인들과 교제하고 있다. 그들은 구원받았다. 따라서 우리도 그렇게 될 것이다.

V. 다른 추론.

천국은 얼마나 행복한 곳일까!

거기서는 어려움이 영원히 제거될 것이다.

거기서는 앞에서 언급된 시험들이 영원한 행복의 기반이 될 것이다.

✣ 실천 ✣

사도가 **"의인이 겨우 구원을 받으면"**이라는 말을 사용할 때, 확실히 그 의미는 그들의 구원의 근거에 관한 절대적이고 완전한 충분성이 의심이 간다거나 그 결과에 어떤 불확실성이 있다거나 최후의 행복에 어떤 빈약함이나 불완전함이 있다거나 또는 신자들이 마지막 날 심판대 앞에 섰을 때, 그 길이 너무 엄격해서 간신히 무죄선고를 받고, 오래 불확실하게 흔들리는 저울 위에 세워지고, 하나님의 온전한 의와 보조를 맞추기에는 그들의 결함이 너무나 커서 겨우 의인 편에 세워지거나 한다는 것이 아니다. 그는 이런 뜻을 의도한 것이 아니다. **그의 말은 그들이 최후의 구원을 얻기까지 감당해야 할 어려움이 많다는 것**을 가리킨 것이다. 즉 채찍과 풀무를 사용할 필요성, 많은 경우 엄격한 교정과 정화가 필요한 과정, 그들을 불과 물을 통해 부요한 곳으로 이끄는 과정, 무수한 환난을 통해 천국에 들어가게 하는 과정 그리고 세상과 함께 멸망당하지 않도록 하나님의 징계를 받는 과정 등을 말한다. 또 "불 같은 시험"이 요구된다면, 곧 하나님의 죄를 미워하는 마음과 그의 자녀들을 향한 사랑이 그들의 거룩에서 남아있는 불순물을 제거하기 위해 그런 시험을 요구한다면, 그 죄가 고상한 재료 속에 있는 단순한 불순물이 아니라 **모든 것이 죄에 불과한** 그의 원수들에 대해서 하나님의 악을 혐오하는 마음은 어떻게 바라보셔야 하겠는가? _ 워드로 박사(Dr. Wardlaw)

소돔으로부터 롯을 구해낼 때나 애굽으로부터 이스라엘을 구해낼 때나 극도의 어려움이 있었다. 타락 상태에 있는 사람을 구하는 것은 쉬운 일이

아니다. _ 리처드 십스

순교자들이 불을 통과하는 시련보다 현세에서 오염되지 않는 삶을 사는 것이 훨씬 더 어려운 헌신이라고 나는 확신한다. _ 팔머 여사

당신은 힘들게 구원받아야 한다는 사실을 슬퍼하고 불평하는가? 몰염치한 피조물이여! 당신은 정죄를 받아도 할 말이 없는 사람이었다. 하나님의 복수는 당신의 파멸을 위해 군대를 준비하셨고, 그분의 진노는 오래 전부터 당신이 그분의 안식에 들어오지 못하도록 칼을 갈고 계셨다. 그런데 하나님이 당신의 길에 항상 장미꽃을 뿌려놓지 않았다는 이유로 그분의 인도에 불평할 수 있는가? _ 도드리지 박사

"경건하지 않은 자와 죄인은 어디에 서리요?" 확실히 설 곳이 없다. 성도들과 천사들 앞도 아니다. 거룩이 그들의 상징이기 때문이다. 또 하나님 앞도 아니다. 그분은 "너무 순전한 눈을 갖고 계셔서 그들을 바라볼 수 없기" 때문이다. 그리스도 앞도 아니다. 그분은 복수를 일으키는 불타는 화염 속에서 오시기 때문이다. 천국도 아니다. 그곳은 더럽혀지지 않은 기업이기 때문이다. _ 존 트랩

251
증인과 참여자

너희 중 장로들에게 권하노니
나는 함께 장로 된 자요 그리스도의 고난의 증인이요
나타날 영광에 참여할 자니라
_ *베드로전서 5:1*

사도의 염려가 나타나 있다. 그는 장로들이 하나님의 양들을 치고, 그들에게 본이 되어야 한다고 걱정했다.

사도의 관대한 모습이 나타나 있다. "권하노니." 이것은 명령이 아니다.

사도의 겸손이 나타나 있다. "나는 함께 장로된 자요." 그는 사도직이 더 큰 직분이었음에도 불구하고 그것을 내세우지 않는다.

사도의 지혜가 나타나 있다. "나는 함께 장로된 자요." 여기서 그는 장로들에게 자신의 권면의 가장 큰 비중을 두고 있다.

이 외에도 그는 두 가지 다른 자격을 언급하고, 스스로를 "그리스도의 고난의 증인이요 나타날 영광에 참여할 자"라고 소개한다.

I. 그리스도의 고난의 증인.

가능한 한, 우리는 베드로와 같은 증인이 되어야 한다.

1. 눈으로 그 고난을 증언함. 사도들은 예수님을 본 사람들이었다.

베드로는 주님의 고난과 죽으심을 목격했다.

이 일에 우리는 참여자가 될 수 없다. 따라서 그렇게 하게 해 달라고 구할 필요도 없다.

2. 믿음으로 그 고난을 증언함.

- 그는 처음에 예수님을 인격적으로 믿었다.

- 그는 그분과 친교하는 시간을 가짐으로써 더 잘 믿었다.

3. 증인으로 그 고난을 증언함.
   - 그는 예수님이 당하신 그 고난의 쓰라림을 증언하였다.
   - 그는 속죄로서의 그 고난의 중요성을 증언하였다.
   - 그는 대속의 만족으로서의 그 고난의 온전성을 증언하였다.
   - 그는 완전한 구원에 미치는 그 고난의 효력에 대해 증언하였다.
4. 참여자로서 그 고난을 증언함.
   - 진리를 변론할 때, 그는 반대자들에게 고난을 받았다.
   - 다른 사람들을 구원으로 이끌 때, 그는 자신의 마음의 고뇌로 말미암아 고난 받았다.
   - 주님을 섬길 때, 그는 붙잡힘, 박해, 죽음 등을 당했다.

이 모든 방법을 따라 그가 증언한 것은 자신의 전생애의 동기이자 자극제가 되었다.

II. 나타날 영광에 참여할 자.

우리는 우리가 선포하는 모든 것 속에 참여하는 것이 중요하다. 그렇지 않으면 우리는 생명력과 확신 없이 선포하게 될 것이다.

1. 베드로는 변화산에서 문자 그대로 영광을 미리 맛보는 복을 누렸다. 우리도 영원한 기쁨의 담보물을 갖고 있다.
2. 베드로는 나타날 영광을 아직 **보지는** 못했으나 영적 의미에서 그것에 참여하는 자가 되었다. 우리의 참여도 영적으로 이루어질 것이다. 베드로는 다음과 같은 방법으로 영적 참여자가 되었다:
   - 확실한 영광에 들어가리라는 믿음을 통해.
   - 영광의 기쁨에 들어가리라는 소망을 통해.
   - 영광 속에 들어가 계신 주님과 한마음을 품음으로써.
3. 베드로는 그 영광 속에서 다음과 같은 믿음의 결과를 느꼈다:

• 그것이 그에게 일으킨 위로 속에서.
• 그것이 그 안에 일으킨 천국의 상태 속에서.
• 그것이 그에게 부여한 용기 속에서.

이 두 가지 사실, 곧 그의 증언과 참여는 하나님의 영광을 위한 그의 열심을 더욱 심화시켰다. 그는 그 선한 말씀을 눈으로 보고, 또 맛보았기 때문에 생명력 있는 권능과 감동적인 말로 그것을 선포했다. 모든 설교자들은 증인과 참여자가 되어야 한다.

이 사실은 그로 하여금 "하나님의 양을 치기 위해" 다른 사람들을 절박한 심정으로 바라보게 했다. 이 사람은 부질없는 일들에 시간을 허비할 수 없었다.

이 사실은 정말 제대로 쓰임 받고, 인정받는 섬김의 사역에 반드시 있어야 할 본질이다. 주님은 오직 증인과 참여자들을 축복하실 것이다.

힌트

나는 다음과 같은 이야기를 기억하고 있다: 기도하고 있는 한 성도에게 악령이 왕복을 입고, 보석으로 치장한 면류관을 쓰고 찬란한 모습으로 나타나 "내가 그리스도다. 내가 땅 위에 강림한 하나님이다. 가장 먼저 너에게 내 모습을 보여 주기를 원한다"고 했다. 그 성도는 침묵을 지켰고, 그 유령을 바라보았다. 이윽고 그는 "나는 그리스도께서 고난 받은 상태와 형상이 아닌 모습으로 나에게 오신 것을 믿지 않을 것이다. 그분은 상처와 십자가 표시의 옷을 입고 오셔야 한다"고 말했다. 그러자 거짓 영은 사라졌다. 그 결론은 이렇다: 그리스도는 지성의 교만과 능력의 화신으로 오시지 않는다는 것이다. 이것들은 사탄이 지금 자신을 치장하기 위해 입고 있는 으리으리한 옷이다. 많은 거짓 영들이 무저갱에서 나와 세상에서 광범하게 활동하고 있다. 그것들이 보여 주는 자기증명서는 정신, 미, 부, 깊이, 독창성 등에 대한 보배 같은 능력이다. 그러나 성도로서 그리스도인은 그것들에 대해서

는 묵묵히 침묵을 지키고, 그 대신 못 자국이 있는지에 대해 물어보아야 한다. _J. S. 호손 박사

설교자들이 자기들이 결코 이해하지 못하고, 사랑하지 않고, 경험하지 못한 사실들을 적당히 구성해서 프린트하는 프린터처럼 되는 것은 정말 슬픈 일이다. 그들이 목표로 하는 것은 프린트를 위한 돈이 전부다. 그것이 그들의 거래다. 또 목사들이 숙녀들을 자기 자리에 앉도록 안내하고 정작 자신은 들어가지 않는 신사들처럼 되는 것도 슬픈 일이다. 즉 그들은 다른 사람들은 천국으로 이끌면서 자기들은 밖에 머무른다.
_ 랠프 베닝(Ralph Venning)

252
우리를 지켜 주는 주님의 지식

주께서 경건한 자는 시험에서 건지실 줄 아시고
불의한 자는 형벌 아래에 두어 심판 날까지 지키시며
_ *베드로후서 2:9*

"주께서 아시고." 하나님에 관한 초월적 지식을 믿는 우리의 믿음은 우리에게 큰 위로의 원천이 된다:

- 혼란시키는 교리들과 관련하여.
- 당혹케 하는 예언들과 관련하여.
- 놀라게 하는 약속들과 관련하여.
- 고민하게 하는 섭리들과 관련하여.
- 근심하게 하는 시험들과 관련하여.
- 마지막 엄숙한 죽음의 순간에 미지의 세계 속으로 들어갈 때에.

이 세상과 다가올 세상의 정부는 절대로 실수하지 않고 방심하지 않으시는, 전능하신 분의 손에 있다.

I. 사람에 대한 주님의 지식.

1. 그분은 경건한 자들을 아신다:
   - 시련 속에서, 그들이 다른 사람들에게 알려지지 못할 때.
   - 시험 속에서, 그들 자신조차 잘 알지 못할 때.
2. 그분은 불의한 자들을 아신다:
   - 비록 그들이 큰 소리로 경건을 고백할지라도.
   - 비록 그들이 그들의 넉넉한 소유로 존대 받을지라도.

하나님에 의해 이루어지는 공정함과 엄격함은 절대로 실수가 없다.

II. 경건한 자에 대한 주님의 지식.

경건한 자는 하나님을 알고, 두려워하고, 의지하고, 사랑하는 사람이다.

그분은 그들이 고난을 어떻게 감수하는지 알고 계시지만, 동시에 가장 온전하고, 영광스러운 방법으로 그들을 구원하는 방법을 알고 계신다.

1. 그분의 지식은 그들의 지식이 대답하는 것보다 훨씬 더 완전한 대답을 갖고 계신다.
2. 그들의 형편에 대한 그분의 지식은 완전하다. 시험 이전, 시험 도중, 시험 이후에 그들이 갖고 있는 슬픔을 그분은 아신다.
3. 그분은 모든 경우에 그들을 어떻게 구원하실지 알고 계신다.
4. 그러므로 모든 경우에 피할 방법을 갖고 계심이 틀림없다.
5. 그분은 그들을 구원할 가장 적절한 방법을 알고 계신다.
6. 그분은 자신을 영화롭게 할 방법을 알고 계신다.
7. 그분의 지식은 그들로 하여금 거룩한 신뢰를 가지고 그분을 의지하도록 이끌고, 피함으로써 죄를 범하도록 하지 않는다.

III. 불의한 자에 대한 주님의 지식.

그들은 다음과 같이 행하기 때문에 모든 면에서 불의하다:

- 법을 지키는 일에서, 법적으로 의롭지 않다.
- 예수를 믿는 믿음에서, 복음적으로 의롭지 않다.
- 일상적 삶에서, 실천적으로 의롭지 않다.

주님은 다음과 같은 사항에 대해 가장 잘 아신다:

1. 일상적으로 그들을 어떻게 다루실지.
2. 그들을 제어를 통해 어떻게 보존하실지. 그분은 그들의 형을 유예하고, 법과 질서를 지키도록 역사하실 수 있다.
3. 지금도 불안과 두려움에 빠져있는 그들을 어떻게 처벌하실지.
4. 그들의 죄악이 관영할 때 어떻게 그리고 언제 그들을 치실지.

5. 심판과 미래의 상태를 통해 그들을 어떻게 다루실지. 영원한 운명의 신비는 그분의 손에서 안전하다.

주님이 의인들과 악인들을 다루시는데 대한 가장 좋은 실례 두 가지는 사도행전 12장에서 베드로의 생애와 관련하여 발견될 수 있다.

옥에 갇힌 베드로는 예기치 못한 방법으로 해방되었다.

보좌 위에 앉은 헤롯은 벌레에 갉아먹혔다.

요약

강풍에 휩쓸려 해안으로 실종된 한 소년의 묘석이 있었다. 그 묘석에는 생년월일도, 이름도, 가문도 적혀 있지 않고, 대신 "하나님은 아신다"라고만 적혀 있었다. _ 레저 아워(*Leisure Hour*)

"주께서 … 줄 아시고." 이 말씀은 언제까지나 변함없이 진리다. 사람도, 사도도, 천사도 하나님의 구원하시는 모든 수단을 알 수 없다. 그분 자신만이 충분히 아신다. 이것은 하나님이 어떻게 하실지 말씀하시지 않는 한, 주제넘은 모든 탐구자들의 입을 막는 역할을 할 것이다. … 우리는 구원을 바라본다. 하나님이 언제 또는 어떻게 당신이나 나를 구원하실 것인지, 그것은 하나님 자신의 마음속에 있고. 그분의 내밀한 보혜사인 예수 그리스도의 가슴 속에 있다. _ 토머스 아담스

「G. 티크너의 생애와 편지」라는 책을 보면, 이런 말이 나온다: 브뤼셀에서 당시 그곳의 몇몇 엘리트 계층 사람들과 대화를 나눌 때, 그는 그와 함께 앉아있던 두 고상한 지성인이 오스트리아 경계에 있는 것이 발견된다면, 붙잡혀 사형선고 받을 사람들이라는 것을 끊임없이 생각하지 않을 수 없었다. 우리는 우리 주위의 무수한 사람들이 지금 "정죄 아래" 있고, 심판의 날까지 그 처벌이 유보된 상태에 있다는 것을 잊을 수 없다.

253
머지않아

우리가 지금은 하나님의 자녀라
장래에 어떻게 될지는 아직 나타나지 아니하였으나
그가 나타나시면 우리가 그와 같을 줄을 아는 것은
그의 참모습 그대로 볼 것이기 때문이니
_ *요한일서 3:2*

신자의 현재 상태는 그 불완전함에도 불구하고, 충만한 기쁨과 영예의 상태다. 믿음의 빛 속에서 볼 때, 그것은 정말 대단하다. 왜냐하면 "우리가 지금은 하나님의 자녀이기" 때문이다.

우리는 하나님의 자녀로서 그분의 마음속에 가까이 있다.

우리는 보호를 위해 하나님의 날개 아래 숨는다.

우리는 교제를 위해 그분의 장막 안에 거한다.

우리는 양식을 위해 그분의 초장 안에서 길러진다.

이 모든 것에도 불구하고, 우리의 지상에서의 삶은 우리가 영원히 바라는 최상의 삶이 아니다. 그것은 순례자의 여행, 선원의 항해, 병사의 전쟁과 같고, 우리는 즐거운 기대를 가지고 그 마지막을 고대한다.

우리는 본문을 글자 그대로 나누어 살펴볼 것이다:

I. "장래에 어떻게 될지는 아직 나타나지 아니하였으나"

현재 우리는 베일에 가려 있고, **익명으로** 세상을 여행하고 있다.

1. 주님은 여기 이 세상에서 명백하게 드러나지 아니하셨다.
   - 그분의 영광은 육체에 가려졌다.
   - 그분의 신성은 연약함 속에 감추어졌다.
   - 그분의 권능은 슬픔과 약함 아래 숨겨졌다.

- 그분의 부요함은 가난과 수치 아래 잠겨 버렸다.

세상은 그분을 알지 못했다. 그분이 육체를 입으셨기 때문이다.

2. 우리는 아직 충분한 형상으로 나타나기에는 적합하지 않다.
   - 아들은 어렸을 때 종처럼 다루어진다.
   - 유산은 어른이 될 때까지 후견인에게 맡겨진다.
   - 왕은 보좌에 오르기 전에 군사로서 섬긴다.

우리는 아침이 오기 전에 밤을 겪어야 하고, 대학에 들어가기 전에 초등학교를 다녀야 하며, 음악이 있기 전에 곡이 준비되어야 한다.

3. 지금은 나타날 세상이 아니다.
   - 세상에는 우리가 가치를 둘 만한 것이 아무것도 없고, 그것은 마치 왕이 잠에서 깨어나야 그 왕권을 보여 주거나 현자가 바보들 앞에서 철학을 강의하는 것과 같다.
   - 현재처럼 전투하며 기다리고 있는 상태는 모든 것이 나타날 때로는 적당하지 않다.
4. 지금은 영광 속에서 나타날 때가 아니다.

겨울은 꽃을 준비하지만, 그것을 활짝 피우도록 하지는 못한다.

- 간조는 바다의 비밀을 보여 주지만, 무수한 강의 웅장한 배들이 항해할 수는 없다.
- 모든 것은 때가 있다. 지금은 영광의 때가 아니다.

II. "그가 나타나시면 우리가 아는 것은"

1. 우리는 주님의 나타나심에 대해 의심 없이 말한다. "우리가 아는 것은."
2. 우리의 믿음은 너무 확실해서 지식이 된다.
   - 그분은 이 땅에 인간으로 자신을 나타내실 것이다.
   - 그분은 완전한 행복을 갖고 나타나실 것이다.
   - 그분은 최고의 영광 속에서 나타나실 것이다.

- 그분은 확실하게 나타나고, 따라서 우리는 그날을 우리 자신을 위한 날로 선포할 것이다. "그가 나타나시면."

오, 이 위대한 나타나심에 줄줄이 달려 있는 소망, 영광, 지복 그리고 충만한 기쁨이여!

III. "우리가 그와 같을 줄을"

그분이 그러신 것처럼 우리도 나타나고, 또 분명히 보게 될 것이다.

궁정에 공개적으로 출현할 때가 올 것이다.

1. 그분의 몸과 같은 몸을 갖게 될 것이다.

죄가 없고, 썩지 않고, 고통이 없고, 신령하고, 아름다움과 능력으로 덧입혀졌으나 가장 실제적이고 진정한 몸이 될 것이다.

2. 그분의 영혼과 같은 영혼을 갖게 될 것이다.

완전하고, 거룩하고, 유식하고, 계몽되고, 힘이 넘치고, 활력적이고, 시험과 갈등과 고통으로부터 벗어난 영혼이 될 것이다.

3. 그분이 받는 것과 동일한 존귀와 영광을 받을 것이다.

왕과 제사장과 승리자와 심판자와 하나님의 자녀가 될 것이다.

우리는 지금도 어느 정도 그분처럼 되어 있다. 그렇지 않다면 우리는 그분이 나타나실 때 나타나지 못할 것이다.

IV. "그의 참모습 그대로 볼 것이기 때문이니"

1. 이 영광스러운 참모습은 우리의 완전한 형상을 보여 줄 것이다.
2. 이것은 그분을 닮은 우리 존재의 결과가 될 것이다.
3. 마음이 청결한 자 외에는 하나님을 볼 수 없기 때문에 이것은 그분을 닮은 우리 존재의 증거가 될 것이다.
   - 그 참모습은 황홀할 것이다.
   - 그 참모습은 변화되고 거룩하게 되는 장면이 될 것이다.

• 그 참모습은 지속적이고, 영원토록 행복의 근원이 될 것이다.

우리가 하나님의 아들이라는 사실에서 나오는 영광이 어떠한지 보라.

우리가 예수님을 믿는 믿음으로 하나님의 아들이 되는 권세를 얻을 때까지 안심하지 말자. 그리고 자녀의 특권을 누리는 데까지 나아가자.

❖ 빛 ❖

하나님은 우리를 피조물로 만드실 때 **권능**을 보여 주셨다. 그러나 우리를 아들로 삼으실 때에는 **사랑**을 보여 주셨다. 플라톤은 신이 자기를 짐승이 아니라 사람으로 지으신 것에 대해 감사했다. 그러나 그들을 자녀로 삼으신 하나님의 사랑을 찬미해야 한다는데 무슨 이유가 필요할까! 사도는 그에 대해 에케(ecce) 곧 **보라**고 말한다. _ 토머스 왓슨

여기서 독자는 내가 어쩔 줄 모른다고 해도, 내 표현에 대해 내가 제대로 이해하지 못하고 있다고 해도, 놀라지 말라. 그리스도의 비밀에 대해 담대히 말하고 질문하는 사랑하는 제자에게 그분의 계시가 충만하고, 그분의 영광 속에 있는 새 예루살렘이 보이며, 그리스도와 모세와 엘리야가 그들 편에 있는 것이 보였다면, 비록 우리가 장래에 어떻게 될지 아직 나타나지 않았다 할지라도, 그리스도께서 나타나시면 우리가 그와 같을 줄을 내가 거의 모른다고 해도 이상한 일은 아니다. _ 리처드 백스터, 「성도의 영원한 안식」에서.

현재 우리의 생각 이상으로 하나님이 장차 우리에게 보여 주실 어떤 신적 계시는 우리의 생각을 넘어서는 것일 수 있다. "우리의 형상을 따라 우리의 모양대로 우리가 사람을 만들자"(창 1:26)는 하나님의 창조의 말씀 속에는 얼마나 깊은 진리가, 얼마나 심오한 의미가 들어있을까! 보이지 않는 것의 형상을 나타내 보이고, 신의 성품에 참여하며, 하나님의 우주 법칙을 그분과 공유하는 것이 인간의 운명이다. 그의 위치는 참으로 말할 수 없는 영광 가

운데 하나다. 두 영원 사이에 서서 우리가 첫 아들의 형상을 따르도록 예정되어 있는 영원한 목적은 그분의 영광 속에서 그분과 같이 될 때 영원히 실현될 것이다. 우리는 사방에서 들려오는 그 음성을 듣는다. 오, 너희 하나님의 형상을 지닌 인간들아! 하나님과 그리스도의 영광에 동참하고, 하나님을 닮은 생활을 하며, 그리스도의 삶을 따라 살라! _ 앤드류 머리

언젠가 거듭난 한 맹인이 이렇게 말했다: "예수 그리스도는 내가 눈을 뜨게 되면 보게 될 첫 번째 사람이 될 것이다. 왜냐하면 내 눈은 천국에서 뜨게 될 것이니까."

그때 우리는 당신을 존재하시는 그대로
영원히 황홀한 시선을 고정시키고 볼 것입니다.
그러나 새로 창조된 마음을 가진 사람들은
대대로 더 고귀한 사랑과 찬양을 올려 드릴 것입니다.

_ 존 케블

롤런드 힐이 임종하는 자리에서 한 친구가 "자네는 예수님과 동행하고, 그분을 계신 그대로 볼 걸세"라고 말했다. 이에 힐은 "그럼, 그리고 나는 그분**같이** 될 거야. 그것이 최고의 면류관이지"라고 대답했다.

그분을 참모습 그대로 보는 것은 우리가 더 차원 높은 눈을 갖게 될 때까지 유보된다. 지금 우리가 갖고 있는 이 눈은 육욕적이고, 썩을 것으로, 썩지 않은 곳에 두어질 때까지 우리는 하나님을 볼 수 없다. _ 리처드 베이커 경

예수님을 참모습 그대로 보는 눈은
모든 죄가 영원히 죽었다는 것을 꿰뚫어볼 것이다.

_ W. 쿠퍼

254
소망으로 깨끗하게 됨

주를 향하여 이 소망을 가진 자마다
그의 깨끗하심과 같이 자기를 깨끗하게 하느니라
_ *요한일서 3:3*

그리스도인은 그 주요 재산이 상속권 속에 있는 사람이다. 대부분의 사람들은 소망이 있지만, 그의 소망은 특별하고, 그 결과는 특이하다. 왜냐하면 그것이 그에게 깨끗함을 일으키기 때문이다.

I. 신자의 소망. "주를 향하여 이 소망을 가진 자마다."

1. 그것은 예수님처럼 되겠다는 소망이다.

그분은 죄와 사망과 지옥을 이기신 완전하고 영광스러운 승리자다.

2. 그것은 하나님의 사랑에 기초되어 있다. 1절을 보라.
3. 그것은 자녀의 권세로부터 나온다. "하나님의 자녀라 일컬음을 받게 하셨는가" (1절).
4. 그것은 우리와 예수님 간의 연합에 의존한다. "그가 나타나시면" (2절).
5. 그것은 분명히 **주**를 향한 소망이다. "우리가 그와 같을 줄을" (2절).
6. 그것은 그분의 재림에 대한 소망이다.

II. 그 소망의 결과. "깨끗하게."

그것은 바리새인들의 자만처럼, 자화자찬하는 것이 아니다.

그것은 율법폐기론자들의 몰염치처럼, 삶을 방탕하게 만들지 않는다.

그것은 우리에게 어떤 과정이 감사하고, 은혜에 합당하고, 새 본성에 일치되고, 완전한 미래에 대한 대비책이 되는지를 보여 준다.

1. 신자는 다음과 같은 것들로부터 자신을 깨끗하게 해야 한다:
   - 그의 집합적 죄. 악한 친구들과 어울리며 짓는 죄 등.
   - 그의 은밀한 죄. 나태, 상념, 욕망, 불평 등.
   - 그의 마음, 기질, 육체, 관계 등에 연루된 죄.
   - 그의 가정, 일터, 교회에서 범하는 관계의 죄.
   - 그의 국민성, 교육, 직업으로부터 일어나는 죄.
   - 그의 말, 생각, 행동 그리고 의무불이행으로부터 나오는 죄.
2. 그는 아주 자연스럽게 다음과 같이 해야 한다.
   - 실제로 어떻게 깨끗해야 하는지에 대한 분명한 관념을 가짐으로써. 부드러운 양심을 지키고, 자신의 잘못을 슬퍼함으로써.
   - 하나님께 눈을 고정시키고, 그분의 지속적인 임재를 바라봄으로써.
   - 자신의 선행이나 모범을 다른 사람들에게 보여 줌으로써.
   - 자신에 대한 책망을 귀담아 듣고, 그것을 마음속에 새김으로써.
   - 하나님께 자신을 살피도록 기도하고, 자기검토의 삶을 실천함으로써.
   - 알려진 모든 죄와 단호하게 그리고 역동적으로 싸움으로써.
3. 그는 예수님을 자신의 모델로 삼아야 한다. "그의 깨끗하심과 같이 자기를 깨끗하게 하느니라"

III. 그 소망의 시금석. "자기를 깨끗하게 하느니라."

활력적으로, 개인적으로, 기도하면서, 긴밀하게, 지속적으로 그는 자기를 깨끗하게 하는데 집중하고, 도움을 위해 하나님을 바라보아야 한다.

- 어떤 이들은 고의로 자신을 더럽힌다.
- 어떤 이들은 사물을 더러운 그대로 취한다.
- 어떤 이들은 자기들이 깨끗하게 될 필요가 없다고 생각한다.
- 어떤 이들은 깨끗함에 관해 말은 하지만, 그것을 위해 노력하지는 않는다.
- 어떤 이들은 겉으로 깨끗한 척함으로써 영광을 취한다.

참된 소망의 사람은 이 항목들 가운데 한 곳에도 속한 사람이 아니다. 그는 진실로 그리고 성공적으로 자신을 깨끗하게 하는 사람이다.

선한 소망없이 어떻게 그렇게 될 수 있겠는가? 믿음이 없는 곳에 어떻게 소망이 있을 수 있겠는가? 은혜가 우리를 아들로 선택하고, 그 선택이 우리에게 소망을 준다. 소망은 우리가 첫아들처럼 될 때까지 우리를 깨끗하게 한다.

생명을 주는 말씀

(1) **일하는 사람.** "주를 향하여 이 소망을 가진 자마다." 영광의 나라에서 주 예수님 닮기를 소망하는 자는 누구나 이 업무에 착수하는 사람이다. (2) **그 일**은 홀로 감당해야 할 일이다. 그는 주의 농장의 한 부분이다. 그는 그것이 자신의 땅을 파고, 자신의 곡식을 위해 잡초를 제거하는 것처럼 자신을 깨끗하게 하는 일에 수고해야 한다. 이것은 그의 현재 사업이요, 개인적 업무다. (3) 그가 본받아야 할 **모범**은 주 예수님이다. 곧 그분의 깨끗함이다. 그분을 본보기와 실례로 취하라. 우리 믿음의 저자이자 완성자이신 분을 바라보라. 그분이 하시는 것을 보고, 당신도 그렇게 하라. 그분이 깨끗한 것처럼 당신도 당신을 구속하신 분의 미덕이 당신의 삶 속에 드러나도록 깨끗함에 힘쓰라. _ 리처드 십스

그렇다면 당신은 구원에 대한 당신의 소망과 당신이 대화 속에서 거룩하게 되기를 바라는 소망을 일치시켜야 한다. 사도는 합당한 행실의 증거로부터 이 사실을 이끌어낸다(벧후 3:11). "이 모든 것이 이렇게 풀어지리니 너희가 어떠한 사람이 되어야 마땅하냐 거룩한 행실과 경건함으로 하나님의 날이 임하기를 바라보고 간절히 사모하라." 확실히 이 복된 날을 고대하는 자는 가장 거룩한 자, 심지어는 존경받는 자가 될 것이다. 따라서 우리는 영광에 대하여 천사들같이 되기를 소망하고, 가능한 한, 지금 거룩에 대하여 천사들같이 살아야 한다. 모든 믿는 영혼은 다 그리스도의 배우자다. 회심의 날은 약혼식 날로서, 그날 신부는 믿음으로 그리스도와 약혼 하고, 그 자격

으로, 이삭이 리브가를 자기 어머니의 장막으로 데리고 들어간 것처럼, 혼인식 날 곧 신랑의 사랑을 충분히 받으면서 행복하게 살기 위해 자기 아버지의 집으로 데리고 들어갈 날에 대한 소망을 갖고 산다. 그런데 신부가 더럽고 비천한 예복을 입고 신랑을 만날 것인가? 절대로 안 된다. "신부가 어찌 그의 예복을 잊겠느냐"?(렘 2:32) 신부가 혼인식 날을 대비해 만든 혼인예복 가져오는 것을 잊어버리거나 신랑이 오기를 기다리면서 그것을 입는 것을 잊어버린다면 어떻게 되겠는가? 그리스도인이여, 거룩은 당신이 당신의 왕과 남편에게 나아가기 위해 입어야 할 예복이다(시 45:14). 무엇 때문에 혼인식 날이 그토록 오래 연기되는지 아는가? 이 예복을 제대로 만들도록 하기 위함이다. 당신이 준비된 예복을 입으면, 그 즐거운 날이 오리라. 성령이 요한계시록에서 그날에 대해 어떻게 말씀하는지를 기억하라. "어린양의 혼인 기약이 이르렀고"(계 19:7). _ 윌리엄 거널

은혜를 통해 갖는 선한 소망은 생명력이 있어서 생명에 활동력을 주고, 그것이 가는 곳마다 깨끗하게 된다. 이것은 바다로 흐를 때 바위에 부딪치면서 스스로 정화되는 하이랜드 강물과 같다. _ G. 샐터(G. Salter)

그리스도인은 구원을 위해서 대속주로서의 그리스도가 믿음의 대상으로서 필요하다. 헌신과 섬김을 위해서는 그리스도 자신을 사랑의 대상으로 필요로 한다. 그리고 세상과의 분리를 위해서는 영광 속에 오실 그리스도를 소망의 대상으로 필요로 한다. _ W. 하슬람(W. Haslam)

휴이트슨의 전기작가는 그에 관해 이렇게 말한다: "그는 주님의 신속한 도래를 믿었을 뿐만 아니라 그것을 사랑하고, 그것을 기다리고, 그것을 주시했다. 그 동기가 얼마나 강했는지, 그는 이후 그것이 자기에게 일종의 두 번째 회심을 가져왔다고 말하곤 했다." _ A. J. 고든

255
사랑으로 확증되는 생명

우리는 형제를 사랑함으로
사망에서 옮겨 생명으로 들어간 줄을 알거니와
_ *요한일서 3:14*

우리가 말하는 영적 사실들은 사실 지식의 문제들이다.

요한은 자신의 서신서 거의 모든 구절에서 "우리가 알거니와"라는 말을 사용한다. 믿는 것과 아는 것 간의 철학적 구별은 간단한 이론이다. "우리는 알고 믿었다."

I. 우리는 우리가 죽었다는 것을 안다.

1. 율법과 복음이 우리에게 전해졌을 때, 우리에게 아무 느낌이 없었다.
2. 의를 향한 굶주림이나 갈증도 없었다.
3. 회개하며 하나님께 나아갈 능력도 없었다.
4. 기도할 힘이나 소원의 충동도 없었다.
5. 타락의 표지가 있었다. 그것들 가운데 어떤 것들은 극히 악했다.

II. 우리는 우리가 희한한 변화를 겪었다는 것을 안다.

1. 그 변화는 생명에서 죽음으로 나아가는 자연적 변화와는 반대였다.
2. 죽은 자가 변화되는 것은 쉽게 납득하기 어렵다.
3. 이 변화는 외적 현상 자체는 각 경우마다 다르지만, 그것은 본질상 모두 동일하다.
4. 일반적으로 그 과정은 다음과 같다:
   - 그것은 고통스러운 감정과 함께 시작된다.

- 그것은 우리의 자연적 연약함에 대한 비통한 깨달음으로 나아간다.
- 그것은 예수님을 믿는 인격적 믿음에 의해 더 분명해진다.
- 그것은 회개와 성결을 통해 사람에게 작용한다.
- 그것은 성화 과정의 인내를 통해 지속된다.
- 그것은 무한하고 영원한 기쁨 속에서 완결된다.

5. 이 변화의 시기는 시간과 영원 속에서 감사의 찬송을 드리며 회고되어야 할 시기다.

III. 우리는 우리가 살았다는 것을 안다.

1. 우리는 우리가 정죄 아래 있지 않다는 것을 안다.
2. 우리는 믿음이 우리에게 새로운 지각을 주고, 새로운 세계를 붙들도록 하며, 영적 은혜를 누리도록 했음을 안다.
3. 우리는 새로운 소망, 두려움, 욕구, 즐거움 등을 갖고 있음을 안다.
4. 우리는 우리가 새로운 환경과 새로운 영적 세계에 들어와 있음을 안다: 하나님, 성도, 천사 등.
5. 우리는 우리가 신령한 호흡, 양식, 교훈, 교정 등과 같은 새로운 요구를 갖고 있음을 안다.
6. 우리는 이 생명이 영생의 지복을 보장한다는 것을 안다.

IV. 우리는 사랑하기 때문에 생명이 있다는 것을 안다.

"우리가 형제를 사랑함으로."

1. 우리는 그리스도를 위해 그들을 사랑한다.
2. 우리는 진리를 위해 그들을 사랑한다.
3. 우리는 그들의 유익을 위해 그들을 사랑한다.
4. 우리는 세상이 그들을 미워할 때 그들을 사랑한다.
5. 우리는 그들의 동료, 그들의 모범, 그들의 권면을 사랑한다.

6. 우리는 그들의 약점, 연약함 등에도 불구하고 그들을 사랑한다.

우리는 우리의 인자함을 통해 우리의 사랑을 입증해야 한다.

그래서 우리는 우리가 은혜 안에서 자라가고 있는 증거를 보여 주어야 한다.

사랑의 선(線)

요한은 자신의 복음서에서 **로고스**라는 단어를 비그리스도인이 사용하지 못하게 보호하고 있는 것처럼, 이 서신서에서도 그는 "안다"는 단어를 그렇게 보호하고, "믿음이 약한 자녀들"이 참된 의미의 영지주의자 곧 지식 있는 성도가 되기를 바랐다. 지식이란 정말 탁월한 것이지만, 마태복음에서 요한의 사상에 가장 가까운 말씀인 "내 아버지께서 모든 것을 내게 주셨으니 아버지 외에는 아들을 아는 자가 없고 아들과 또 아들의 소원대로 계시를 받는 자 외에는 아버지를 아는 자가 없느니라"(11:27)는 말씀에 따르면, 그에 이르는 길은 아무리 예리하고 날카롭다고 해도 지적 사색만으로는 불가능하고, 예수 그리스도를 믿는 믿음과 그분에 대한 순종을 통해서만 가능하다.

_ 클로스 박사(Dr. Culross)

기독교 변증가는 영지주의자의 증언을 거부할 때 절대로 그들이 하는 실수를 하지 않는다. 영지주의자가 내게 자기는 영적 세계에 대해 눈이 멀고, 귀가 먹고, 말 못하고, 감각이 없으며, 죽어 있다고 말할 때, 나는 그의 말이 진실이라고 믿는다. 예수님은 그렇게 말씀하신다. 바울도 그렇게 말한다. 과학도 그렇게 말한다.

그는 이 가장 먼 영역에 대해서는 무지하다. 우리는 그 귀 없는 사람이 음악 세계에 대해, 심미안이 없는 사람이 예술 세계에 대해 아무것도 모른다고 고백하는 것처럼, 그것을 통탄할 때, 그의 진실함을 쉽게 믿지 않을 수 없다. 영지주의 철학의 불가지론은 육에 속한 정신은 시체와 같다는 증거를 경험

적으로 보여 준다. _헨리 드러먼드(Henry Drummond)

세상 사람들은 언제나 우리가 변화 받은 것을 아는 것이 불가능하다고 믿기를 좋아한다. 만일 당신이 그들에게 묻는다면, 그들은 "나는 확실하지 않다. 말할 수 없다"고 대답할 것이다. 그러나 성경 전체는 우리가 죄 사함을 받을 수 있고, 또 받은 것을 알 수 있다고 선언한다.
_ R. M. 맥체인(R.M. McCheyne)

바울 서신서의 글들을 보면, "주 예수를 믿는 믿음과 모든 성도에 대한 사랑"이라는 어구가 잘 이해되고, 자주 반복되는 선후관계를 구성하고 있다. 그러므로 사랑의 물줄기가 위에 있는 믿음의 샘에 제대로 연결되어 있지 아니하면, 그 샘을 제한하는 결과는 낳는다. _ W. 아노

오 그리스도여, 그리스도의 사랑을
당신에게 관련된 사람들에게 보여 주지 못한다면,
우리가 당신이 누구인지 알려 줄 수 있는
외적 증거는 없게 되나이다.
지식도 있을 수 있고,
형식적 공의도 그 증거가 될 수 있으나
우리가 서로 사랑을 실천할 때까지는
믿음과 행위는 거짓에 불과하기 때문입니다.

_ 조지 위더, 1588- 1667

그렇다. 그리스도 안에 있는 형제들은 누구나 똑같으신 한 분, 곧 믿음과 사랑과 경배에 동일하신 대상, 복된 소망의 동일하신 대상, 시험당할 때뿐만 아니라 기도할 때에도 동일하게 역사하시는 한 아버지를 모시고 있다. 그들

은 동일한 속죄소 앞에 날마다 나타나 동일한 식탁에서 먹을 것을 공급해 주시는 동일한 손을 의지한다. 신앙고백에서 뿐만 아니라 마음속에서, 그들을 하나로 묶는 일은 얼마나 많을까! 따라서 "우리는 형제를 사랑함으로 사망에서 옮겨 생명으로 들어간 줄을 안다"는 말씀이 그것을 재는 결정적 시금석이다. _ D. 케턴스(D. Katterns)

초기의 기독교는 로마제국의 이교사상을 극복하고 이 거룩한 상호 사랑을 통해 긴밀하게 결속된 새로운 공동체를 형성했다. 로마의 카타콤은 이 은혜로운 형제애를 보여 주는 결정적 증거다. 거기에는 로마제국 최고위층 고관들, 아니 심지어는 황제의 가족들의 시체가 하층계급에 속한 노예들과 노동자들의 시체와 함께 놓여 있었다. 그리고 초기의 무덤에는 거기에 매장된 사람의 사회적 지위에 대해서는 비문에 아무런 언급이 없었다. 그들은 집정관이거나 종이거나, 군대의 지휘관이거나 일반 병사이거나, 귀족이거나 직공이거나 불화가 없었다. 그들은 그가 그리스도를 믿고, 하나님을 경외하는 사람이었음을 아는 것으로 충분했다. 그들은 세상이 행하는 무익한 차별을 죽음 앞에서도 고집하지 않았다. 그들은 "너희 선생은 하나요 너희는 다 형제니라"(마 23:8)는 주님의 영광스런 가르침을 실천했다.
_ E. 드 프레상세(E. De Pressense)

256 하위법정

이는 우리 마음이 혹 우리를 책망할 일이 있어도
하나님은 우리 마음보다 크시고 모든 것을 아시기 때문이라
사랑하는 자들아 만일 우리 마음이 우리를 책망할 것이 없으면
하나님 앞에서 담대함을 얻고
_ *요한일서 3:20- 21*

많은 사람들의 잘못은 그들이 영적인 일에 전혀 신경을 쓰지 않기 때문이 아니라 피상적으로 신경을 쓰기 때문에 일어난다. 이것은 어리석고, 죄가 되며, 치명적이다. 우리는 우리의 경우를 우리 자신의 양심의 법정에서 심각하게 심문해 보아야 한다.

그들의 마음에 대한 판결을 만족시키는 더 나은 수단은 없고, 그 이상의 법정을 기억할 이유도 없다. 만일 그렇게 한다면 위선적이 되거나 쓸데없이 곤란을 자초하는 것이 된다. 우리는 이 하위 법정의 판결을 주목할 것이다. 여기서 우리는 다음과 같은 사실을 살펴볼 것이다:

I. 우리 자신에 대한 정확한 판결.

그 과정은 다음과 같이 정리된다:

1. 법정은 왕의 권위에 따라 심판하기 위해 왕의 보좌 아래 놓여 있다. 죄인에 대한 고소문이 낭독된다. 양심은 고발하고, 추정된 죄목에 적용시킬 수 있도록 율법을 인용한다.
2. 기억은 증거를 제공한다. 과거 오랫동안 저질러온 죄의 사실들과 최근에 저질러진 죄에 관해서다. **죄목들**이 언급된다. 주일을 어긴 죄, 십계명의 각 조항을 어긴 죄, 복음을 거부한 죄, 무수히 저지른 부작위의 죄, 동기와 영과 기질이 잘못되어 일으킨 죄 등이 열거된다.

3. 지식은 현재의 정신과 마음과 의지의 상태가 말씀에 합당치 못한 증거를 제시한다.
4. 자기사랑과 교만은 선한 의지와 경건한 행위가 진행되지 못하도록 방해한다. 그 변명을 들어보라! 하지만 슬프도다! 그것은 들을 만한 가치가 없다. 그 변명은 단지 "거짓말의 도피처" 가운데 하나에 불과하다.
5. 율법에 따라 판단하는 마음은 유죄판결을 내린다. 따라서 사람은 죽음과 지옥에 대한 공포 아래 마치 감옥에서 사는 것처럼 산다.

만일 우리의 편협하고, 덜 계발된 마음도 우리를 이토록 정죄한다면, 우리가 주 하나님 앞에 나타나는 것은 생각만 해도 소름이 끼칠 것이다.

상위 법정은 훨씬 더 정당하고, 충분한 정보가 있고, 더 권위가 있으며, 더 엄격하게 처벌할 수 있다. 하나님은 전능하시다. 망각한 죄, 모르고 있는 죄 그리고 아직 드러나지 않은 죄도 여호와 앞에서는 몽땅 드러날 것이다.

이것이 얼마나 두려운 일인가! 하위 법정에서도 정죄 받는다면, 상위 법정에서 받는 정죄는 얼마나 더 확실하겠는가!

II. 우리 자신에 대한 부정확한 판결.

과정은 앞과 같다. 그 선고는 아주 분명하게 드러날 것이다.

그러나 상위 법정에 의해 수정될 때, 그것은 바뀌게 되는데, 여기에는 다음과 같은 충분한 이유가 있다:

1. 그 빚은 그 사람의 영광스러운 보증에 의해 청산되었기 때문이다.
2. 그 사람은 죄인과 동일한 사람이 아니다. 비록 죄를 범했지만, 그는 죄에 대해 죽었고, 지금 그는 위에서 난 자처럼 살고 있기 때문이다.
3. 속죄와 거듭남과 같은 그를 옹호하는 증거가 하위 법정에서는 망각되고, 저평가되고, 잘못 판단 받았기 때문이다. 그래서 그는 정죄 받았던 것이다. 이 문제들이 적절하게 처리되면 정죄의 선고는 더 이상 없다.
4. 허약한 양심에 의해 채택된 증거는 더 이상 찾을 수 없는 것이 되었기

때문이다. 왜냐하면 그것은 더 이상 존재하지 않기 때문이다. 즉 자연적 선, 완전함, 깨지지 않는 기쁨 등은 원래 없었기 때문이다. 그때 심판자는 무지했고, 정상참작이 없었다. 그러므로 그 판결은 잘못된 것이었다. 항소는 기각된다: "하나님은 우리 마음보다 크시고 모든 것을 아시기 때문이라."

III. 정확한 사죄의 판결.

우리의 마음은 때때로 정확하게 "우리를 정죄하지 못한다."

사죄에 대한 변론은 정확하다. 다음은 우리가 은혜 받은 것을 입증하는 증거의 항목들이다:

1. 우리는 하나님에 대한 사랑을 고백하는데 진실하다.
2. 우리는 형제에 대한 사랑으로 충만하다.
3. 우리는 그리스도, 오직 그분만 의지한다.
4. 우리는 거룩하게 되기를 간절히 바란다.

우리가 갖고 있는 마음의 이 행복한 판결의 결과는 다음과 같다:

- 우리를 실제로 자신의 자녀로 삼아 주신 하나님에 대한 신뢰.
- 예수 그리스도로 말미암아 우리가 하나님과 화해한 사실에 관한 신뢰.
- 그분이 우리를 해롭게 하지 않고 축복하실 것에 대한 신뢰.
- 기도할 때 그분이 듣고 응답하실 것에 대한 신뢰.
- 마지막 위대한 날에 은혜의 상급을 받을 미래의 심판에 대한 신뢰.

IV. 부정확한 사죄의 판결.

1. 속고 있는 마음은 정죄가 없다고 부정할 수 있으나 하나님은 우리 모두를 동일하게 심판하실 것이다. 그분은 자만심을 세우도록 허락하지 아니하실 것이다.

2. 거짓된 마음은 면책될 수 있으나 이것이 믿음을 제공하지는 않는다.
3. 속이는 마음은 그 중심에 정죄하는 마음이 있음에도 면죄 받은 것처럼 꾸민다.

만일 우리가 지금 뒤로 물러선다면, 심판 때 우리에게 어떤 일이 일어나겠는가? 마지막 때 정죄 받는 우리 자신을 생각한다면, 얼마나 깨어 있어야 할까!

인용

월터 랄라이 경은 단두대에서 처형당하기 위해 머리를 그 뒤에 올려놓았을 때, 사형집행인에게 머리가 올바로 두어졌는지 질문을 받았다고 전해진다. 그때 그는 영웅의 평온함과 그리스도인의 신앙을 갖고 우리 머리가 그 불안한 죽음의 베게 위에 던져져 놓였을 때 우리 모두가 느낄 그 힘에 대해 이렇게 대답해 주었다고 한다: "친구여, 머리가 어떻게 놓였는지는 그리 중요하지 않네. 중요한 것은 마음이 얼마나 올바로 놓였느냐 하는 것이라네."
_ 스틸(Steele)

루터는 이렇게 말한다: "양심은 우리를 내리누르고, 하나님은 진노하시는 분이라고 말하지만, 그분은 우리 마음보다 크신 분이다. 양심은 한 방울의 물에 불과하지만, 화해하시는 하나님은 위로의 바다가 되신다."
_ 비평판 「영어성경」

마비된 양심은 자아를 높이 평가하고, 상처받은 양심은 자아를 최악의 것으로 평가한다. 전자는 모든 죄를 오락으로 생각하지만, 후자는 모든 오락을 죄로 생각한다. 우울한 사람들은 병에 걸릴 때 헛기침만으로도 감기에 걸리고, 작은 종기만 나도 역병에 걸린 것만큼이나 심각해질 준비가 되어 있다. 마찬가지로 상처받은 양심은 과실의 죄를 고의의 죄로, 무지의 죄를 지식의

죄로 간주함으로써, 자기의 경우를 실제보다 훨씬 더 위험한 경우로 생각한다. _토머스 풀러

한 위대한 마술사가 왕에게 선물로 바친 반지에 관한 동양의 한 전설이 있다. 이 전설에 따르면, 양심은 그 반지와 같이 참으로 귀하다. 그 반지는 무한한 가치가 있었는데, 그 요인은 그것에 박혀 있는 것은 금강석과 루비와 진주 등이 아니라 아주 희귀하고 신비한 반지 자체의 속성이었다. 그것은 일반적인 상황에서는 쉽게 손가락에 낄 수 있었으나 그 반지를 낀 자가 악한 생각을 품거나 악한 행동을 구상하거나 저지르면, 충고자가 되었다. 갑작스럽게 오그라들어 낀 손가락에 고통을 줌으로써, 죄에 대해 경고를 했다. 이런 반지가 왕의 특별한 소유물이 아니라 연약한 우리 모두에게도 주어져 있음을 하나님께 감사하자. 이 무한한 가치가 있는 반지를 아무나 소유하고 낄 수 있도록 되어 있다. 전설에 나오는 반지는 양심과 같아서, 우리 안에 울려 퍼지는 하나님의 음성으로서, 시내 산 돌 판이 아니라 새로운 마음판에 그분의 손에 의해 새겨진 법이다. 양심은 모든 사람의 마음속에서 주권자로 좌정하고, 그가 올바르게 행동하도록 명령하고, 잘못을 행했을 때는 정죄한다. _거스리 박사

사람의 영은 자주 하나님의 촛대의 불이 희미하고 어렴풋한 빛을 내도록 하는데, 하나님의 영은 그 불을 꺼 버리고, 자신의 권능으로 그것이 더 밝은 빛을 내도록 한다. _벤저민 베돔(Benjamin Beddome)

257
승리하는 믿음

무릇 하나님께로부터 난 자마다 세상을 이기느니라
세상을 이기는 승리는 이것이니 우리의 믿음이니라
_ *요한일서 5:4*

이 말씀의 의미는 무엇일까? 죄의 권세가 우리를 에워싸고 있다. 그것은 악에 작용하는 영향력이 되어 하나님의 계명과 목적들을 좌절시킨다. 이 세상 임금은 이 악의 권세와 크게 연루되어 있다. 이 세상은 우리의 원수로서, 우리는 그것과 맞서 싸워야 한다.

우리는 세상을 이길 때까지 싸워야 한다. 그렇지 않으면 세상이 우리를 이길 것이다.

I. 승리 자체.

"세상을 이기느니라."

우리는 다른 사람과 다투거나 그들을 반대하는데 열심을 내서는 안 된다. 그러나 우리는 겁쟁이처럼 싸움을 피하는데 진력해서도 안 된다.

우리는 세상 사람들과 섞여 살고 있으나 항상 대기 중인 전사들처럼 조심하면서 승리를 목표로 삼아야 한다. 그러므로:

1. 우리는 세상 풍습에 예속되어서는 안 된다.

2. 우리는 모든 일 속에서 고상한 주님께 순종할 자유가 있다.

우리는 가난에 대한 공포나 부에 대한 탐욕, 직무상 명령이나 개인적 야망, 명예에 대한 집착이나 수치에 대한 두려움 또는 다수의 힘 등에 사로잡혀서는 안 된다.

3. 우리는 환경을 넘어서야 하고, 눈에 보이지 않는 것들 속에서 우리의 행

복을 찾아야 한다. 그래야 우리가 세상을 이기게 된다.

4. 우리는 세상의 권위를 넘어서 있다. 세상의 전통적 관습이나 새로운 규칙들은 거기에 속한 자식들을 위한 것이다. 우리는 그것을 지배자나 심판자로 여기지 않는다.
5. 우리는 세상의 실례, 영향 그리고 정신을 초월해 있다. 우리는 세상에 대해 십자가에 못 박혔고, 세상은 우리에 대해 십자가에 못 박혔다.
6. 우리는 세상 종교를 초월해 있다. 우리는 인간적 원천으로부터가 아니라 하나님과 그분의 말씀으로부터 나오는 종교를 갖고 있다.

이 승리자의 한 실례로서 아브라함의 이야기를 읽어보라. 그가 집을 떠난 일, 외롭게 유랑하던 일, 롯에게 취한 태도, 소돔과 그 나라의 왕에 대한 일 그리고 이삭에 관한 일 등에 대해 생각해 보라.

II. 승리하는 사람.

"하나님께로부터 난 자마다."

1. 이 사람만이 세상과의 싸움을 제대로 감당할 수 있다.
2. 이 사람만이 그것을 계속할 수 있다. 그 외 다른 사람들은 싸우다 지쳐 버린다.
3. 이 사람은 정복자로 태어난다. 하나님은 주님이시고, 그분에게서 태어나는 자는 왕이요, 지배자다.
   - 그것은 태초의 창조를 바꾸는 것이 아니다.
   - 그것은 창조주와 무관하게 행하는 새 창조도 아니다. 그것은 하나님으로부터 나온다.
   - 창조주는 정복당할 수도 없고, 하나님께로부터 난 자도 정복당하지 않는다.
   - 첫 아들 예수도 결코 패하신 적이 없고, 그분에게 속한 자들도 궁극적 승리를 놓치지 않을 것이다.

• 우리 안에 계시는 성령은 반드시 승리하실 것이다. 그분이 어떻게 정복당하시겠는가? 그런 생각은 신성모독이다.

III. 승리의 무기.

"우리의 믿음이니라."

우리는 다음의 일들과 관련해서 승리자가 될 수 있다:

1. 우리를 기다리고 있는 보이지 않는 상급.
2. 우리를 둘러싸고 있는 보이지 않는 존재. 하나님과 허다한 증인들이 우리를 눈동자처럼 지켜보고 있다.
3. 우리 안에서 역사하는 은혜로 말미암아 이루어지는 그리스도와의 신비적 연합. 예수를 의지할 때 우리는 세상을 이긴다.
4. 보이지 않는 하나님과 우리가 누리는 성별된 교제.

오늘날도 믿음은 죄를 이기도록 역사한다.

IV. 승리의 특징.

"이기는 승리는 이것이니."

1. 믿음의 안식을 구하는, 구원.
2. 하나님의 아들 예수의 지혜를 구하는 본받음.
3. 예수 안에서 우리를 안전케 하는 승리를 바라보는 위로.

당신의 싸움을 싸우라! 당신은 싸우기 위해 태어났다.

당신의 승리를 바라보라! 승리가 보장되어 있다.

싸움의 함성

한 여행자가 어떤 거대한 건물의 엄청난 구조를 보고 감탄하지 않았느냐는 질문을 받았을 때, "**아뇨, 로마에 갔을 때 매일 이보다 더 웅장한 건물을 봤거든요**"라고 대답했다. 오 신자여, 만일 세상이 그 희한한 장관과 진기한

광경으로 당신을 유혹한다면, 매순간마다 천국을 상상하며, 믿음으로 무한히 좋은 그 축복들을 바라본다면, 그것을 물리칠 수 있을 것이다. "세상을 이기는 승리는 이것이니 우리의 믿음이니라" _화살깃

그리스도인들이 보이는 것들이나 세상(성경에서 말씀하는 의미로)의 영향에 노출되어 있는 위험성이 사도 요한의 일반서신이 보여 주려는 중심 목적이다. 그는 세상을 이룰 수 없는 것을 약속하고, 그럴듯한 말로 신뢰를 얻으려는 일종의 거짓 선지자로 보고 있는 것 같다. 세상을 기독교의 대적으로 보고 그는 그것을 "적그리스도의 영"으로 부른다. 그 자체로 거짓 영이고, 모든 헛된 교훈들의 교사인 그 영은 무수한 악의 자식들의 아버지로서, 수많은 사람들을 종으로 이끌었다. 이 대유혹자의 대적자는 진리의 영으로서, "세상에 있는 자보다 크신"(요일 4:4) 분이다. 그분은 세상의 얄팍함을 헤아리고, 그 오류의 안개를 뚫고 그것을 능가하는 영광스러운 하나님의 나라를 볼 수 있는 날카로운 믿음의 눈을 은사로 지니고 계시기 때문에 승리의 대적자가 되신다. 그래서 본문은 "세상을 이기는 승리는 이것이니 우리의 믿음이니라"고 말씀한다. _J. H. 뉴먼

신자는 그 추한 것들뿐만 아니라 외관상 아름답게 보이는 것들 속에서도 세상을 이겨낸다. 알렉산더와 다른 정복자들이 정복할 때 썼던 방법이 아니라 훨씬 더 고상한 방법으로 세상을 이긴다. 사실 그들은 세상을 이긴 것이 아니라 오히려 세상의 종이 되었다. 수많은 사람들을 죽음에 몰아넣은 사람은 세상을 이긴 것이 아니기 때문이다. 참된 정복자는 바울처럼 다음과 같이 말할 수 있는 사람이다: "우리 주 예수 그리스도로 말미암아 우리에게 승리를 주시는 하나님께 감사하노니"(고전 15:57). "누가 우리를 그리스도의 사랑에서 끊으리요 환난이나 곤고나 박해나 기근이나 적신이나 위험이나 칼이랴"(롬 8:35). "그러나 이 모든 일에 우리를 사랑하시는 이로 말미암아

우리가 넉넉히 이기느니라" (롬 8:37). 이런 사람은, 믿음으로, 무오한 표준인 하나님의 말씀에 의지한다. 참으로 다른 표준은 없다. 그는 말씀에 따라 세상을 판단하고, 절대로 세상에 속임을 당하지 않을 것이다. 그는 세상의 좋은 것들을 자신의 몫으로 취하도록 유혹받을 때, 그것을 거절한다. 더 좋은 것을 수중에 갖고 있기 때문이다. 따라서 그리스도를 믿는 믿음은 부패한 권세, 무절제한 사랑, 비굴한 공포, 우상숭배, 우정, 거짓 지혜 그리고 세상의 처세 등을 이겨낸다. 또 그것은 어리석음을 물리칠 뿐 아니라 잘못된 것인 줄 알고 세상의 모든 종교를 거부한다. 그리스도인은 최고의 권세가 있고, 최고의 힘을 사용한다. 의심할 여지 없이 그는 "나는 대원수와 맞서지만, 나와 함께 하시는 이가 세상에 있는 자보다 더 크시다" 고 말한다.
_ 리처드 세실

이 우아한 피조물(낙원의 새)은 항상 바람에 맞서 날아가는 것이 확실하다. 만약 그렇지 않으면 아름답지만 우아한 그 깃털은 나풀거려 다 빠지고 말 것이기 때문이다. 영적 의미에서 이 낙원의 새는 세속의 바람에 거슬러 날아야 제대로 날아가는 것이다. 그 바람은 항상 천국의 방향과는 반대로 불기 때문이다. _J. D. 홀

신자들아, 너희가 **승리자**의 군사들이라는 것을 잊지 말라. _J. H. 에반스

258
영혼의 건강

사랑하는 자여 네 영혼이 잘됨 같이
네가 범사에 잘되고 강건하기를 내가 간구하노라
_ *요한삼서 1:2*

복음은 요한을 놀랍게 변화시켰다. 이전에 그는 대적자들에게 하늘에서 불이 떨어지게 해 달라고 요구한 적이 있었다. 그러나 성령을 받은 지금 그는 사랑과 온정에 대한 욕구로 충만하다.

복음은 우울한 자를 즐겁게 만들고, 방탕한 자를 진지하게 만들며, 적개심으로 가득한 자를 사랑이 충만하게 만든다. 요한과 같은 사람을 만나면, 그는 사랑의 거울로 변하게 된다.

한 사람의 개인적인 편지를 통해 우리는 종종 그의 마음의 비밀들을 들여다 볼 수 있게 된다.

러더퍼드, 커크 화이트, 쿠퍼, 존 뉴턴 등이 바로 그런 사람들이다.

이 편지에서 요한은 감사하면서 가이오가 범사에 복을 받기를 바라는데, 무엇보다 건강하기를 바라고 있다.

건강은 가치를 평가할 수 없는 은혜다. 그것은 잃어버렸을 때에야 그 가치를 비로소 인정받는다.

그러나 요한은 그것을 영혼의 잘됨과 나란히 놓고 있다.

인간은 두 요소로 구성된다. 하나는 물질적, 육체적 요소, 다른 하나는 비물질적, 영적 요소. 인간이 육체만 생각하고 영혼을 망각하는 것 곧 거주자를 무시하고 집을 수리하거나 하등 쓸모없는 그릇은 소중히 여기면서 거기에 담겨있는 보화를 무시하는 것은 얼마나 어리석을까!

I. 본문의 말씀을 상고해 보자.

1. "내가 소원하노라"(I wish). 더 정확하게 말하면 "내가 간구하노라"(I pray)다. 기도는 성별된 소원이다. 당신의 소원을 기도로 바꾸라.
2. "네가 범사에 잘되고." 우리는 친구들의 번영을 위해 기도해야 한다. 특별히 가이오처럼, 그들이 자신의 재물로 하나님과 그분의 뜻을 섬긴다면 더욱 그렇게 해야 한다.
3. "강건하기를." 이것은 번영을 누리기 위해 필수적이다. 그것이 없다면 다른 것이 무슨 소용이 있겠는가?
4. "네 영혼이 잘됨 같이." 우리는 이 간구에 깜짝 놀라게 된다. 가이오의 영적 강건함이 그의 외적 번영의 표준이 되어 있기 때문이다. 우리의 많은 친구들을 위해서도 그렇게 기도해야 하지 않을까?

우리 자신을 위해서도 그렇게 기도해야 하지 않을까? 만일 이런 기도가 응답받는다면, 그 결과는 무엇일까? 우리의 몸과 영혼이 닮았다고 상상해 보라.

어떤 이들은 열병을 앓고 있고, 또 어떤 이들은 중풍을, 또 다른 이들은 학질을 앓고 있을 것이다. 우리는 몸이 영혼의 상태를 재는 불변의 징조가 아닌 것에 대해 감사해야 한다. 자신의 영적 상태를 외적 상태로 보여 주는 데 신경을 쓰는 사람들은 극히 적다.

II. 강건하지 못함의 징후들을 언급해 보자.

1. 식은 열정.
   - 미지근함은 나쁜 징조다. 사업할 때 이런 사람은 별로 이윤을 남기지 못한다. 신앙에서 이런 사람은 아무것도 감당하지 못한다.
   - 이것은 목사의 경우 치명적이다.
   - 이것은 평신도의 경우 위험하다.
2. 좁은 마음.

- 어떤 이들은 교리에 얽매이지 않는 반면에 어떤 이들은 지나치게 얽매이는데, 얽매이는 이들은 자기들과 견해를 같이 하지 않는 모든 사람들을 철저히 무시한다.
- 만일 우리가 형제들을 사랑하지 않는다면, 뭔가 잘못된 것이다.

3. 영적 양식에 관해 식욕이 없음.
4. 호흡이 곤란함.

기도가 싫증나는 의무가 되고 말 때, 만사가 잘못된다.

5. 일반적 무감각. 거룩한 섬김을 기피함, 마음이 없음 등.
6. 건전하지 못한 일들을 절제 없이 갈망함. 어떤 불쌍한 사람들은 오물, 먼지 등을 먹는다. 어떤 고백자들은 오락과 쾌락을 지나치게 추구함으로써 똑같은 악에 빠진다.

III. 회복의 수단을 찾아보자.

비록 하나님께서 위대한 의사가 되시지만, 우리는 여기서 그분이 사용하시는 방법을 다루지 않고, 우리가 스스로 사용할 수 있는 처방에 대해 생각해 볼 것이다.

1. 신령한 젖을 사모하라. 복음 선포자의 말을 들으라. 말씀을 공부하라.
2. 자유롭게 호흡하라. 기도를 제한하지 말라.
3. 경건을 연습하라. 하나님을 위해 수고하라.
4. 원래의 모습을 회복하라. 갈보리 언덕의 공기를 마셔라.
5. 바닷가에서 살라. 하나님의 충만하신 은혜를 가까이 하라.
6. 만일 이상의 일들을 실천하지 못했다면, 여기 전통적인 처방이 있다. 그것은 "그리스도의 몸과 피"다. 이것을 취해 하루에 몇 번이라도 회개의 눈물을 흘린다면, 아주 확실한 처방이다.

하나님께서 당신에게 천국의사의 처방을 이행하도록 도우시기를!

IV. 권면으로 마치자.

그리스도인 형제여, 약하고 힘이 없는 것이 작은 문제인가? 그대는 온갖 원기를 필요로 한다. 갈보리로 나아가 원기를 회복하라.

죄인이여, 그대는 시체다. 그러나 생명과 건강이 그리스도 안에 있도다!

치료법

고대에 한 로마인이 자신의 가슴 속에 모든 사람이 자신의 마음을 보도록 하나의 창문을 갖기를 원했다. 이에 대해 현자는 이 경우 반드시 문이 필요하고, 그것도 꼭 닫아두지 않으면 안 된다고 말해 주었다. 우리는 우리의 영적 상태를 누구나 볼 수 있는 징조를 외적으로 나타낼 수 없어야 한다. 만약 그렇게 되면 우리는 그 수치를 씻어내는데 우리의 피를 다 사용해도 모자랄 것이다. _ 스펄전

성경에서 죄는 질병의 이름으로 불린다. 즉 그것은 마음의 재앙으로 불린다(왕상 8:38). 육체의 질병이 그런 것처럼 영혼도 많은 질병을 갖고 있다. 술취함은 영적 수종증이다. 안일함은 영적 마비증이다. 질투는 영적 궤양이다. 정욕은 영적 열병이다(호 7:4). 배교나 타락은 영적 간질이다. 마음의 강퍅함은 영적 결석이다. 마비된 양심은 영적 졸음이다. 판단의 동요는 영적 중풍이다. 교만은 영적 종양이다. 허영은 영적 옴이다. 영혼의 어떤 질병도 육체의 어떤 질병으로 비유될 수 있고, 그에 해당하는 이름을 갖고 있다.
_ 랠프 로빈슨

영혼에 성장과 성숙을 제공하는 성경의 사실은 우리가 지식을 갖고 있는 가장 실제적인 경험이다. 우리 가운데 어느 누구도 "염려함으로 그 키를 한 자라도 더할 수 없다" (마 6:27). 그러나 하나님의 위대한 사상을 취함으로써, 그것을 먹고, 내면적으로 그것을 소화시킬 때 그 영적 키가 얼마나 크게 자

랐던가! _A. J. 고든 박사

사랑하는 옛 친구여! 만일 강건하고 생기가 넘치는 상태에 있을 때의 모습을 그린 초상화와 똑같은 사람이 중병에 걸린 후나 거의 굶어 죽게 되거나 감금에 의해 몸이 약해진 상태에 있을 때 그린 초상화가 있다면, 두 그림이 동일한 사람의 그림이라고 거의 생각하지 못할 것이다. 만일 **영적** 초상화를 그릴 수 있다면, 어떤 사람이 성도로서 진실하고 생명력 있는 삶을 살 때의 모습과 그의 영혼이 적절한 영적 영양분을 공급받지 못하거나 영의 양식 대신 "재"를 먹어 거의 빈사상태에 있을 때의 모습 사이는 육체의 차이보다 훨씬 더 클 것이다. _G. S. 보우스

오, 우리 친구들의 영혼이 잘 되기를! 우리는 이 최고의 건강에 대해 별로 관심이 없도다! 그들의 영혼이 잘 될 때, 우리는 그들의 육체가 고통 속에 있으면 슬픔을 느끼게 될 것이다. 그러나 이 일이 자주 일어난다. 영혼은 고침을 받는데, 육체는 여전히 고통 속에 있도다! 그러나 그것은 그 둘 모두가 악한 상태에 있을 때보다는 훨씬 낫도다! 어차피 내가 병이 들어야 한다면, 주여, 고상한 영적 부분보다는 열등한 육체 부분이 병들게 하소서! _스펄전

259
유다의 송영

능히 너희를 보호하사 거침이 없게 하시고
너희로 그 영광 앞에 흠이 없이 기쁨으로 서게 하실 이
곧 우리 구주 홀로 하나이신 하나님께
우리 주 예수 그리스도로 말미암아
영광과 위엄과 권력과 권세가
영원 전부터 이제와 영원토록 있을지어다 아멘
_ *유다서 1:24- 25*

우리는 유다의 송영으로 주님을 즐겁게 찬미할 것이다.

찬미는 자주 드릴수록 좋다. 그리고 찬미의 이유에 관한 특별한 진술은 열렬한 감사를 드리는데 도움이 된다.

우리의 최대의 위험은 타락과 과실이다.

우리의 최대의 안전은 하나님의 능력과 신실하심이다. 그러므로 우리는 우리 주님을 욕되게 하지 않도록 조심해야 한다.

I. 우리는 타락으로부터 우리를 지켜 주시는 분을 찬미해야 한다.

1. 우리는 다음과 같은 타락에서 보존 받을 필요가 있다:
   - 이 시대에 크게 유행하고 있는 교리의 오류.
   - 사랑의 결핍, 분별력의 결여, 불신앙, 경신, 광신 또는 자만과 같은 영의 실수.
   - 외적 죄악. 슬프게도, 가장 높은 곳에서 얼마나 낮은 곳으로 떨어져 내릴까!
   - 무지, 게으름, 생각 부족 등으로 일어나는 의무 태만.
   - 배교. 우리는 아무 생각 없이 이 상태에 빠져 들어갈 수 있다.

2. 하나님만이 우리를 타락으로부터 보호하실 수 있다.

- 우리는 그분이 없으면 스스로 자신을 지킬 수 없다.
- 안전이 보장된 곳은 어디에도 없다. 교회, 골방, 친교실 등 어디라도 유혹은 임한다.
- 어떤 법이나 규칙도 우리를 실족으로부터 지켜 주지 못한다. 일상적인 습관 속에도 치명적인 죄가 숨어 있다.
- 악으로부터 근절되거나 악으로부터 우리를 보호해 주는 어떤 경험도 없다.

3. 주님이 그것을 하실 수 있다. 그분은 "능히 보호하시며"; "우리 구주 홀로 하나이신 지혜의 하나님" 이시다. 그분의 지혜는 그분의 능력의 한 부분이다.

- 무지로 말미암아 죄에 떨어지지 않도록 우리를 가르쳐 주심으로써.
- 우리에게 경고하심으로써. 이것은 다른 사람들의 타락을 우리에게 지적하시거나 내적 권면 또는 말씀을 통해 하실 수 있다.
- 섭리, 고난 등을 통해. 이것은 죄를 범할 기회를 차단한다.
- 쓰라린 죄의식을 통해. 이것은 불에 데어본 어린아이가 불을 무서워하듯이 우리로 하여금 죄를 두려워하게 한다.
- 성령을 통해. 성령은 우리 안에 거룩을 따라 살려는 욕구를 창조하신다.

4. 주님이 그것을 하실 것이다. 개역판 성경에 따르면 그분은 "우리 구주 홀로 하나이신 하나님" 이시다. 그분은 확실히 구원하실 것이다.

최종적 타락으로부터 그리고 일시적 실족으로부터, 그분의 신적 능력은 우리를 보호하실 수 있고, 또 그렇게 하실 것이다.

II. 우리는 자신의 보좌 앞에서 우리를 흠 없게 하실 분을 찬미해야 한다.

1. 허물을 가리지 않은 사람은 누구도 그 보좌 앞에 설 수 없다.

2. 구주 자신 외에 그 누구도 우리를 과거의 죄책으로부터 구원하거나 미래의 일상적 허물로부터 보호해 주실 수 없다.
3. 그분은 우리 구주로서 그렇게 하실 수 있다. 그분은 신적 능력으로 우리를 충분히 성결케 할 만큼 지혜롭다.
4. 그분이 그렇게 하실 것이다. 우리는 그분이 사용하지 않은 능력에 대해 그분을 찬양하도록 권면 받지 않는다.
5. 그분은 자기 자신과 우리 모두를 위해 "큰 기쁨으로" 그렇게 하실 것이다.

III. 우리는 최고의 찬미로 그분을 높여야 한다.

1. 우리 주님이신 예수님께 찬양을 돌리자.
2. 영광과 위엄과 권력과 권세가 그분께 있기를 바라자.
3. 과거에 관해서도 이것들을 그분께 돌리자. 그분은 "영원 전부터" 하나님이시기 때문이다.
4. "이제" 에도 그분께 그것들을 돌리자.
5. "영원토록" 그분께 그것들을 돌리자.
6. 이 찬미와 그의 모든 성도들의 찬미에, 우리 자신의 간절한 "아멘"을 덧붙이자. 그분에게 돌려지는 모든 찬양에 충심으로 동조하자.

과거에 우리를 지켜 주신 내용들을 기억함으로써, 우리는 **지금** 우리의 인도자를 찬양해야 한다. 그분이 앞으로 우리를 위해 행하실 일을 이리 음미하면서, 그분을 찬양해야 한다.

"기쁨으로" 서게 하실 그분을 찬양해야 한다.

진술과 실례

우리는 하나님께서 붙들어 주시지 아니하면 한 순간도 설 수 없다. 우리는 사람의 손에 있는 막대기와 같은 존재들이다. 손을 펴면 막대기는 땅에 떨어진다. 우리는 유모의 팔에 안겨있는 어린 아기와 같다(호 11:3). 만약 우리가 스스로의 발로 걸음을 걸으려고 한다면, 곧 넘어지고 말 것이다. 우리가 만들어낸 은혜로는 그토록 무수히 닥쳐오는 어려움들에 맞서 지탱할 수 없다. 우리 육체의 조상들 가운데 하나는 "에고 데피키암"(Ego deficiam — 나는 실패할 것이다)이라고 말하고, 세상은 "에고 데키피암"(Ego decipiam — 나는 그들을 속일 것이다)이라고 말하며, 마귀는 "에고 에리피암"(Ego eripiam — 나는 그들을 쓸어버릴 것이다)이라고 말한다. 그러나 하나님은 "에고 쿠스토디암"(Ego custodiam — 나는 그들을 지킬 것이다, 나는 그들이 실패하지 않게 할 것이다. 나는 그들을 포기하지 않을 것이다)라고 말씀하신다. 우리의 안전은 바로 거기에 있다. _토머스 맨턴

1882년 10월 22일에 작고한 침례교 원로 목사인 필립 디커슨은 죽기 직전에 이렇게 고백했다: "70년 전 주님은 아무 자격이 없는 나를 자신을 섬기도록 인도하셨다. 그분은 내게 좋은 성격을 주셨고, 그 은혜로 말미암아 나는 그것을 지금껏 지켜왔다."

260
구름을 타고 오심

볼지어다 그가 구름을 타고 오시리라
각 사람의 눈이 그를 보겠고
그를 찌른 자들도 볼 것이요
땅에 있는 모든 족속이 그로 말미암아 애곡하리니
그러하리라 아멘
- 요한계시록 1:7

본문 앞에 나오는 송영은 정말 영광스럽다. 그것은 개역판 영어성경을 보면 잘 드러난다: "우리를 사랑하시고 우리를 (죄에서) 해방시키신 그에게"(To him that loved us and loosed us)(6절).

흠정역 영어성경을 보면, "우리를 사랑하시고, 우리를 (죄에서) 씻기신"(loved us and laved us)이라는 말씀을 읽게 되는데, 우리는 거기서 두운법칙(첫 글자를 같은 글자로 하는)을 발견할 수 있다.

우리를 왕으로 삼으신 분은 왕 자신이고, 자기에게 영광을 돌리는 자신의 나라 안으로 오시는 분이다.

우리의 경배는 우리의 기대로 말미암아 더 커진다. "그가 오시리라."

우리의 진지한 찬양은 우리의 기대가 신속히 이루어지리라는 소망으로 말미암아 더 심화된다. 그 오심은 현재 시제로 되어 있다.

이전에 "보라 하나님의 어린양이로다"라는 음성을 들었던 요한은 지금 "볼지어다 그가 오시리라"는 목소리를 내고 있다.

I. 우리 주 예수님이 오신다.

1. 이 사실은 감탄사로 표현할 가치가 있다: "볼지어다!"

2. 그것은 "볼지어다 그가 오시리라"고 우리가 외칠 때까지 생생하게 실

현될 것이다.

3. 그것은 열렬하게 선포되어야 한다. 우리는 사자의 목소리로 "볼지어다" 하고 외쳐야 한다.
4. 그것은 의심할 여지가 없는 진리로 주장되어야 한다. 확실히 그분은 오시기 때문이다.
   - 그것은 오래 전에 예언되었다. 에녹이 바로 그다(유 1:14).
   - 그분은 우리에게 그것에 관해 친히 경고하셨다. "내가 진실로 속히 오리라"(계 22:20).
   - 그분은 성만찬을 제정하여 그것을 기념하도록 하셨다. "그가 올 때까지."
   - 무엇이 그분의 오심을 방해하는가? 그것에 대한 다양한 이유들이 없는가?
5. 그것은 직접적인 관심을 갖고 조명되어야 한다.
   - "볼지어다." 그것은 사건들 가운데 가장 큰 사건이기 때문이다.
   - "그가 오시리라." 그 사건은 임박해 있기 때문이다.
   - 당신의 주님이자 신랑이신 "그가" 오시기 때문이다.
   - 그분은 지금도 오고 계시기 때문이다. 그분은 자신의 도래를 위해 모든 것을 예비하셨고, 따라서 오고 계시는 중이라고 말할 수 있다.
6. 그것은 특별한 표적이 수반되어야 한다. "구름을 타고."

그 구름은 그분의 재림을 특징짓는 표지다.

   - 신적 임재의 표지. "그의 발의 티끌이로다"(나 1:3).
   - 구름 기둥은 광야에서 그와 같았다.
   - 그분의 엄위의 상징.
   - 그분의 권능의 폿대.
   - 그분의 심판에 대한 경고. 이 구름들은 흑암과 돌풍으로 말미암아 형성된다.

II. 우리 주님의 오심은 누구나 보게 될 것이다.

1. 그것은 문자 그대로 일어날 것이다. 모든 사람이 그분에 관해 생각할 뿐만 아니라 "각인의 눈이 그분을 볼 것이다."
2. 그것은 살아 있는 사람들은 누구를 막론하고 보게 될 것이다.
3. 그것은 오래 전에 죽은 자들도 보게 될 것이다.
4. 그것은 주님을 실제로 죽인 사람들과 그들과 비슷한 다른 사람들도 보게 될 것이다.
5. 그것은 주님 보기를 원하지 않은 사람들도 보게 될 것이다.
6. 그것은 **당신의** 눈에도 보이게 될 것이다.

당신은 그분을 볼 것이 틀림없는데, 왜 즉시 그분을 바라보고 살지 않는가?

III. 그분이 오실 때 슬퍼할 자들이 있다.

"땅에 있는 모든 족속이 그로 말미암아 애곡하리니."

1. 그 슬픔은 극히 보편적일 것이다. "땅에 있는 모든 족속이."
2. 그 슬픔은 아주 격렬할 것이다. "애곡하리니."
3. 그 슬픔은 사람들이 전체적으로 회심하지 않으리라는 것을 증명한다.
4. 그 슬픔은 또한 사람들이 그리스도의 오심으로 큰 구원이 일어날 것을 기대하지 않는다는 것을 보여 준다.
   - 그들은 형벌을 피하기를 바라지 않을 것이다.
   - 그들은 멸망을 주목하지 않을 것이다.
   - 그들은 회복을 바라보지 않을 것이다.
   - 만일 그렇게 한다면, 그분의 오심은 그들에게 애곡해야 하는 사건이 될 것이다.
5. 그 슬픔은 어떤 면에서는 그분의 영광으로 말미암아 일어나는데, 이것은 그들이 주님을 거절하고 반대한 것을 깨닫게 되기 때문이다. 그 영

광은 그들을 거부할 것이다.

6. 그 슬픔은 두려운 결과로 인해 정당화될 것이다. 그들의 형벌에 대한 공포가 그 근거가 될 것이다. 위대한 심판자를 눈으로 볼 때 그들의 두려움은 결코 가벼운 공포가 아닐 것이다.

주님의 오심에 대해 신자는 그 결과가 어떠하든지 간에 거짓 없이 동조해야 한다.

당신은 "아멘 주 예수여 오시옵소서"라고 말할 수 있는가?

재림에 관한 사상

아멘, 주 예수여, 속히 오시옵소서! 그때까지 하늘도 나에게서 당신을 멀어지게 할 수 없고, 땅도 당신으로부터 나를 떼어놓을 수 없습니다. 내 영혼을 붙드셔서 당신을 의지하는 믿음의 삶을 살게 하소서! 당신의 재림을 고대하면서 당신과의 대화를 즐기게 하소서! _ 홀 주교

"각 사람의 눈이 그를 보겠고." 모든 눈 곧 살아 있는 모든 사람의 눈이, 그가 누구든 막론하고, 그분을 볼 것이다. 그 누구도 그것을 막을 수 없다.

승리의 함성, 찬란한 불꽃으로 말미암아 모든 사람들의 눈이 그분을 바라보고, 그 시선을 그분에게 고정시킬 것이다. 아무리 바쁘거나 허탄한 눈이라 하더라도, 이전에 어떤 일을 하고 있었든, 어떤 즐거움에 빠져 있었든 간에 더 이상 그 일을 하거나 그것을 즐기지 못하고 그분을 바라보게 될 것이다. 그 눈은 그리스도를 올려다보고, 더 이상 돈, 책, 땅, 집, 정원 등을 내려다보지 못할 것이다. 슬프도다! 이것들은 한 순간에 모두 사라지고, 살아 있는 자들의 눈도 그것들을 보지 못할 것이다. 그러나 한 순간일지라도 해를 바라보던 모든 눈들이, 잠자는 죽은 자들의 모든 눈이 깨어나 열릴 것이다. 이전 세대의 성도들과 죄인들의 눈이 깨어나 열릴 것이다. 욥의 눈은 그 장면에 대해 그토록 깊고 은밀한 의미에서 황홀한 말로 "내가 알기에는 나의 대속

자가 살아 계시니 마침내 그가 땅 위에 서실 것이라 내 가죽이 벗김을 당한 뒤에도 내가 육체 밖에서 하나님을 보리라 내가 그를 보리니 내 눈으로 그를 보기를 낯선 사람처럼 하지 않을 것이라"(욥 19:25-27)고 했다. 발람도 "내가 그를 보아도 이때의 일이 아니며 내가 그를 바라보아도 가까운 일이 아니로다"(민 24:17)라고 말했을 때, 그가 이미 놀라운 지식을 갖고 있었음을 보여 주었다. 여러분의 눈과 내 눈도 그러하다. 오 참으로 놀라운 사상이로다! 복 되신 예수여! 우리가 더 이상 눈물 어린 눈으로 주님을 보지 않기를! 그 장면을 보고 절대로 두려워 떨지 않게 되기를! _ 도드리지 박사

"주께서 돌이켜 베드로를 보시니 베드로가 … 밖에 나가서 심히 통곡하니라"(눅 22:61-62). 좀 다르기는 하겠지만, 심판 날에도 죄인들이 그렇게 통곡할 것이다. 예수님의 눈이 심판하기 위해 그들을 바라보실 때, 그 시선은 그들의 잠자는 기억을 일깨우고, 죄와 수치의 짐들 — 셀 수 없이 많고 저주스런 죄악들, 한평생 회개하지 않은 탓으로, 베드로의 것보다 훨씬 더 악한 부인들, 그들에게 애절하게 펼쳐졌던 사랑을 비웃었던 조롱과 그들을 자비로 부르신 부르심을 무시한 경멸들 — 을 고스란히 드러낼 것이다. 이 모든 것은 그들이 예수님의 시선을 바라볼 때, 그들의 심장을 관통할 것이다. 그리고 그들은 예수님 앞에서 쫓겨나 결코 돌아올 수 없는 외부의 어둠 속으로 들어가게 될 것이다. 그들은 슬피 울게 될 것인데, 그 애곡은 이전에는 그렇게 울어본 적이 없을 정도로 대성통곡이 될 것이다. 또 땅에서 흘렸던 어떤 눈물도 그들이 불 속에서 흘리는 눈물만큼 뜨겁지 않을 것인데, 그 애곡은 결코 위로받지 못하고, 결코 닦아지지도 않을 것이다. 그들의 눈은 눈물의 샘이 될 터인데, 그것은 회개와 치유의 눈물이 아니라 쓰라림과 후회의 눈물 — 피눈물 — 로서, 마음을 갈갈이 찢어놓고, 영혼을 헤아릴 수 없는 비탄에 빠뜨릴 것이다. _ 무명씨

261
하나님의 언약궤

이에 하늘에 있는 하나님의 성전이 열리니
성전 안에 하나님의 언약궤가 보이며
또 번개와 음성들과 우레와 지진과 큰 우박이 있더라
- 요한계시록 11:19

본문의 문맥을 파악하기는 쉽지 않지만, 본문 자체만 본다면 그것은 지극히 교훈적이다.

우리는 하나님께 속해 있는 것을 많이 보지 못한다. 우리에게 하나님의 성전은 천국에서도 여전히 어느 정도는 문이 닫혀 있다. 그것은 성령을 통해 우리에게 열려야 할 필요가 있다.

예수님은 성전 휘장을 찢으심으로써 성소만이 아니라 지성소까지도 활짝 열어 놓으셨다. 그러나 우리가 눈이 멀어서 그 보물이 보일 수 있도록 그것은 계속 열릴 필요가 있다.

지금도 하나님의 비밀을 보는 심령들이 있다. 우리 모두는 하늘에서 그렇게 될 것이다. 지금 땅 아래 있을 때에도 어느 정도는 그렇게 될 수 있다.

천국의 성전에서 보이도록 되어 있는 주요 대상들 가운데 하나님의 언약궤가 있다. 이것은 언약이 항상 하나님의 심중에 있다는 사실과 그분의 가장 거룩하고, 가장 은밀한 목적들은 그 언약과 연관되어 있음을 의미한다.

그것은 단순히 약속(testament)이 아니라 언약(covenant)이다.

1. 언약은 항상 하나님 가까이 있다.

"성전 안에 하나님의 언약궤가 보이며."

무슨 일이 일어나더라도 언약은 안전하게 세워져 있다.

우리가 그것을 바라보든 안 보든 언약은 하나님 가까이, 그 자리에 있다.

은혜언약은 영원토록 동일하다. 왜냐하면:

1. 그것을 정하신 하나님이 변함 없으시기 때문이다.
2. 그 보증이자 본체이신 그리스도께서 변함 없으시기 때문이다.
3. 그것을 제공케 한 사랑이 변함 없기 때문이다.
4. 그것이 세워져 있는 원리가 변함 없기 때문이다.
5. 그 안에 포함된 약속들이 변함 없기 때문이다. 그리고 무엇보다
6. 언약의 능력과 그 묶는 힘이 변함 없기 때문이다.

그것은 처음에 하나님이 그것을 두신 자리에 영원토록 있고, 또 있을 것이다.

II. 언약은 성도들에게 보여진다.

"성전 안에 하나님의 언약궤가 보이며."

우리가 비록 부분적으로 언약을 보나 그렇다고 해도 복이 있다.

우리는 다음과 같은 경우에 그것을 본다:

1. 믿음을 통해 우리가 예수님을 우리 언약의 머리로 믿을 때.
2. 교훈을 통해 우리가 은혜의 체계와 계획을 이해할 때.
3. 확신을 통해 우리가 하나님의 신실하심과 그분이 언약 안에서 하신 약속들을 의지할 때.
4. 기도를 통해 우리가 언약을 이유로 내세울 때.
5. 경험을 통해 우리가 섭리의 통치를 통해 꿰어진 은실처럼 언약과 사랑이 묶여 있는 것을 확인하게 될 때.
6. 특별한 회상을 통해 우리가 천국에 들어갈 때를 묵상하고, 신실하신 언약의 하나님의 모든 역사를 바라볼 때.

III. 언약은 바라볼 가치가 있는 것들을 무수히 포함하고 있다.

언약궤는 우리에게 하나의 상징으로 작용할 수 있다.

우리는 언약궤는 모형적으로, 언약은 실체적으로 바라본다:

1. 하나님이 사람들 사이에 거하신다는 것. 하나님은 성막 안의 언약궤처럼 진영의 중심에 계신다.
2. 하나님이 속죄소 위에서 사람들과 화해하고 교통하신다는 것.
3. 그리스도 안에서 율법이 완성되었다는 것. 언약궤 안에 두 좌석이 있다.
4. 그리스도 안에서 천국이 세워지고 번성한다는 것. 아론의 지팡이를 보라.
5. 광야를 위한 양식이 준비되었다는 것. 그 이유는 언약궤 안에 만나를 담은 금단지가 놓여 있었기 때문이다.
6. 속죄소 위의 그룹들이 상징하는 것처럼, 언약의 목적들을 수행하는데 우주가 합력한다는 것.

IV. 언약은 준엄한 환경을 갖고 있다.

"또 번개와 음성들과 우레와 지진과 큰 우박이 있더라."

그것은 다음과 같은 것들을 수반하고 있다:

1. 하나님의 권능에 대한 재가: 승인됨.
2. 영원한 힘에 관한 지원: 성취됨.
3. 영적 능력의 활동: 그 은혜를 적용시킴.
4. 영원한 율법에 대한 두려움: 그 대적자를 물리침.

은혜언약을 연구해 보라.

그 보증이신 예수님께 달려가라.

건전한 신적 진리

언약의 위대한 영광은 그 확실성에 있다. 은혜언약은 하나님의 영광의 최고봉이요, 그리스도인의 최고의 위로다. 은혜언약에 담겨 있는 모든 자비는 "다윗에게 허락한 확실한 은혜"이고, 언약 속에 담겨 있는 모든 은혜는 확실한 은혜이며, 언약 속에 담겨 있는 모든 영광은 확실한 영광이고, 언약의 내, 외적 복은 확실한 복이다. _ 토머스 브룩스

언약은 절대 변함없이 세워져 있다. 변덕스러운 피조물이 그 유대와 언약을 깨뜨린다. 그들은 자기들의 이해와 일치하지 않을 때, 삼손의 밧줄처럼, 그것을 갈기갈기 찢어버린다. 그러나 불변하시는 하나님은 자신의 언약을 지키신다. "산들이 떠나며 언덕들은 옮겨질지라도 나의 자비는 네게서 떠나지 아니하며 나의 화평의 언약은 흔들리지 아니하리라"(사 54:10).
_ 스티븐 차녹(Stephen Charnock)

언약궤는 특별히 그리스도의 모형이다. 그것은 정확히 들어맞는다. 그 이유는 돈궤나 금고 속에 사람들은 그들의 보석, 금은, 돈, 보물 등 소중한 것이나 귀중하게 여기는 모든 것을 보관하기 때문이다. 이 금고를 그들은 항상 거처하는 집 안에, 날마다 살고 있는 방 안에 둠으로써, 그들 가까이에 보관한다. 마찬가지로 그분의 보물도 그의 금고 속에 있는데, 그분의 마음 역시 그곳에 있다. 따라서 그리스도 안에 "지혜와 지식의 모든 보화가 감추어져 있다"(골 2:3). 그분은 "은혜와 진리로 충만하다"(요 1:14). "아버지께서는 모든 충만으로 예수 안에 거하게 하시고"(골 1:19). 여기서 그리스도는 "하나님의 사랑의 아들"(골 1:13), "내 마음에 기뻐하는 자 곧 내가 택한 사람"(사 42:1), 그리고 "하나님 우편에 앉으신 자"(히 10:12)가 되신다.
_ 윌리엄 가우지(William Gouge)

생애 말기에 병이 든 에벤에셀 어스킨 목사를 찾아온 한 친구가 그에게 "여보게, 자네는 많은 유익한 말씀들을 전해 주었네. 자네 영혼이 지금 무엇을 해야 할지에 대해 기도하게"라고 말했다. 이에 그는 "나는 지금도 그 일

을 하고 있네. 내가 40년 전에 했던 일이 '나는 네 하나님 여호와니라' 는 말씀에 의지했던 일이고, 지금 죽음을 목전에 둔 시점에도 그렇게 하고 있네" 라고 말했다. 계속 그는 이렇게 덧붙였다: "언약이 나의 헌장이고, 만일 '나는 네 하나님 여호와니라' 는 복된 말씀이 없었더라면, 내 소망과 힘은 주님으로부터 벌써 사라져 버렸을 것이네." _ 화이트크로스

언약의 무지개는 위에서 반짝거리고, 진노의 번개는 아래에서 번쩍거린다. 이것은 성소로부터 그 법을 모독하는 사람들을 소멸시키기 위해 타오르는 불이다. 그것은 제단으로부터 어린양의 피를 발로 짓밟는 사람들을 파멸시키려는 그분의 진노다. 그것은 생명에 이르게 하는 생명의 향기인 복음을 거절한 사람들에게는 죽음에 이르게 하는 죽음의 향기이다. 그것은 고결하게 높아지신 그분을 끌어내려 그들 자신의 권위로 그분에게 명령하고, 자기들 손으로 그분을 억압한 사람들에 대한 그리스도의 대응이다. "내가 만일 하나님의 사람이면 불이 하늘에서 내려와 너와 너의 오십 명을 사를지로다" (왕하 1:12). 그리스도께서 스스로 하늘에서 땅으로 내려오도록 한 것은 겸손이고, 소멸시키는 불을 내려오게 한 것은 교만이다. 어떤 사람들이 언약궤를 바라보는 똑같은 성전으로부터 그들의 가증한 것들로 그 성소를 더럽히는 사람들에게는 번개와 음성들과 우레와 지진과 큰 우박이 내려온다.
_ 조지 로저스

262
하나님을 영화롭게 하는 회개

넷째 천사가 그 대접을 해에 쏟으매
해가 권세를 받아 불로 사람들을 태우니
사람들이 크게 태움에 태워진지라
이 재앙들을 행하는 권세를 가지신 하나님의 이름을 비방하며
또 회개하지 아니하고 주께 영광을 돌리지 아니하더라
_ *요한계시록 16:8- 9*

모든 천사들이 그분을 섬기기 때문에, 하나님께서 자신의 뜻대로 하실 수 있는 힘이 얼마나 강할까! 천사들은 그분의 진노의 대접을 쏟아놓는다.

이 존재들은 얼마나 큰 능력으로 자연 위에 군림할까! 천사가 해 위에 그의 대접을 비우면 사람들은 불에 타 새까맣게 된다.

사람들은 하나님의 심판의 능력을 절대로 초월하지 못한다. 그분은 어떤 매개체를 통해서든 그들에게 임하실 수 있다. 그분은 우리가 갖고 있는 최고의 복에서 아주 악한 결과를 만들어내실 수도 있다. 태양으로부터 불태워 버리는 열이 쏟아지는 것이 그 한 경우다.

하나님의 심판 자체가 참된 회개를 일으키는 것은 아니다. 왜냐하면 이 사람들은 심판에도 불구하고 "회개하지 아니하고 주께 영광을 돌리지 아니했기" 때문이다.

I. 재앙은 회개(A repentance)를 일으킬 수 있다.

1. 형벌에 대한 두려움에서 인간적 회개가 일어날 수 있다. 가인이 그 경우다.
2. 심판에 대한 두려움으로 일시적 회개가 있을 수 있다. 바로가 그 경우다.

3. 여전히 죄에 거하는 피상적 회개가 있을 수 있다. 헤롯이 그 경우다.
4. 죽음으로 끝나는 절망적 회개가 있을 수 있다. 유다가 그 경우다.

이것들 가운데 하나님께 영광이 되는 회개는 하나도 없다.

II. 재앙은 하나님께 영광을 주는 회개(The repentance)를 일으킬 수 있다.

참된 회개는 하나님을 영화롭게 한다:

1. 우리가 죄에 관한 사실과 그 어리석음을 고백할 때, 그분의 전능성과 그분의 경고의 지혜로움을 인정함으로써.
2. 그분의 율법의 의로움과 죄의 악함을 인정함으로써.
3. 주님의 경고의 정당함을 고백하고, 경건한 복종심으로 그분의 보좌 앞에 무릎 꿇음으로써.
4. 우리를 처벌하거나 은혜로써 우리를 용서하거나 하는 것보다 더 큰 주권적 자비가 그분에게 있음을 시인함으로써.
5. 주 예수 안에 담겨져 있는 하나님의 은혜를 받아들임으로써.
6. 받아들인 은혜에 따라 거룩한 감사 속에서 삶을 살기 위해 성화를 추구함으로써.

본장의 경우에서 볼 때, 재앙을 당한 사람들은 설상가상으로 회개하지 않았을 뿐만 아니라 신성모독죄까지도 범했다. 그러나 경건한 슬픔이 있는 곳에서 죄는 사함 받는다.

III. 재앙은 사람들이 강퍅해지면 더 큰 죄를 범하게 할 수 있다.

1. 그들의 죄는 지식의 죄 이상의 것이 된다.
2. 그들의 죄는 반항의 죄 이상의 것이 된다.
3. 그들의 죄는 하나님을 속이는 허위의 죄가 된다. 맹세는 깨지고, 결심은 잊혀진다. 이 모든 것은 성령을 기만하는 죄다.

4. 그들의 죄는 하나님을 증오하는 미움의 죄가 된다. 그들은 심지어 하나님을 반대하기 위해 자신을 희생하기까지 한다.
5. 그들의 죄는 갈수록 고의적이고, 확대되고, 완고하게 된다.
6. 그들의 죄는 그들의 본성 속에 깊이 내재되어 있는 것으로 판명된다.

IV. 재앙은 신중하게 조명되어야 한다.

경솔한 일반화는 하나님의 심판에 관해 커다란 잘못을 범하도록 만들 것이다.

1. 하나님의 은혜의 도구로 사용될 때, 재앙은 소생시키고, 자극시키고, 억제시키고, 겸손하게 하고, 회개로 이끄는 경향이 있다.
2. 재앙은 그 자체로 유익한 것이라고 간주될 수 없다.
   - 사탄은 고난을 통해 더 선해지지 않는다.
   - 지옥에 떨어진 자들은 그 고통을 통해 더 완악해진다.
   - 많은 악인들이 자기들의 가난 때문에 더 악해진다.
   - 많은 병자들이 실제로 회개하지 않고 위선적인 모습을 보여 준다.
3. 우리는 심판과 공포 아래 있지 않을 때, 회개해야 한다.
   - 하나님의 오래 참으심과 선하심 때문에.
   - 우리가 지금 고통으로 힘들지 않기 때문에.
   - 지금 우리가 심판과 상관없이 죄를 생각할 수 있고, 또 지금 회개할 때 정직해지기가 더 쉽기 때문에.
   - "우매한 짐승" 처럼 되기보다는 그렇게 하는 것이 더 현명하고 고결하기 때문이다.

우리의 유일한 목적을 "하나님께 영광을 돌리는 것" 에 두자.

이 목적으로 회개를 시작하고, 믿음으로 계속 그것을 견지하며, 소망으로 그것을 더욱 견고하게 붙들고, 열심과 사랑으로 그 안에 거하자.

✣ 저명한 저자들로부터 ✣

봄에 아름다운 꽃을 피우는 나무가 가을에 아무런 열매를 맺지 못할 수 있다. 마찬가지로 어떤 사람들은 아주 날카롭게 영혼을 훈련시키지만, 그것은 단지 지옥을 미리 맛보는 것에 불과하다. _ 보스턴

리처드 십스는 "우리는 병을 앓다 다시 회복되어 하나님을 위해 큰일을 하겠다고 약속한 많은 사람들을 통해, 그들의 고백이 얼마나 위선적인 회개인지를 확인한다. 왜냐하면 그들은 전보다 더 악화되기 때문이다. 그로사트 박사는 한 교도소 교회의 최근 통계를 통해 교수대 그늘 아래에서 분명한 회개와 **마음의** 변화에 대한 온갖 증거를 보여 주고 "집행유예로 풀려난" 죄수들이 이후에 사회에서 실제로 변화된 삶을 살아간 경우는 고작 500명 가운데 하나 정도라고 덧붙인다.

대부분의 사람들의 회개는 죄를 죄로서 느끼거나 진실로 그것을 미워하기에 갖는 애통이 아니라 더 이상 죄를 지어서는 안 된다는 데서 나오는 우울한 애통이라고 나는 생각한다. _ 아담스의 "개인묵상"

지옥에는 회개가 없다. 그들은 불꽃에 새까맣게 타면서도 하나님의 이름을 모독하고, 회개하며 그분께 영광을 돌리지 않는다. 그들은 자기들의 고통과 비애로 말미암아 하나님을 저주하고, 자기들의 행위에 대해서는 회개하지 않는다. 참된 회개는 믿음과 소망으로부터 나온다. 하지만 영원한 형벌에 대한 확실한 지식이 있는 곳에는 결코 사죄에 대한 믿음이 있을 수 없다. 그 지식과 의식이 믿음을 몰아내기 때문이다. 절망의 사슬이 있는 곳에는 종말에 대한 소망이 있을 수 없다. 그곳엔 고통에 대한 절망적인 슬픔과 죄에 대한 회개의 슬픔만 있을 것이다. 어린양의 보혈에 의지하지 않고는 구원 받을 자가 아무도 없다. 그러나 세상이 끝날 때 그 샘도 마르게 될 것이다. 양심의 벌레가 이 후회감과 함께 그들을 갉아먹을 것이며, 그들의 마음

에 현재의 고통의 원인을 각인시켜 줄 것이다. 그들은 얼마나 자주 천국으로 청함을 받았던가! 얼마나 쉽게 지옥을 벗어날 수 있었던가! 그들은 그 둘 중 어느 하나가 회개에 이르도록 한 것 때문이 아니라 천국을 잃고, 지옥을 얻은 결과 때문에 슬피 울며 이를 갈 것이다. … 그들은 고통을 당하며, 욕을 할 것이다. _ 토머스 아담스

"우박의 재앙 때문에 사람들이 하나님을 모독했다"는 글을 읽을 때 얼마나 두렵던지! 고통은 선한 사람들을 더 선하게 만들고, 악한 사람들은 더 악하게 만든다는 말은 정말 사실이로다! 진노는 사람을 변화시키지 못한다. 은혜만이 사람을 구원한다. 응징은 강퍅한 마음을 부드럽게 하지 못한다. 심판은 사람들로 하여금 신을 모독하게 하고, 재앙이 클수록 더 큰 모독을 일으킨다. 하나님의 경고를 자주 무시한 결과에 대한 재앙은 얼마나 엄숙하고, 얼마나 진실한 것일까! 사람의 미래 상태의 모습을 보라 — 천국에서는 찬양하고, 지옥에서는 모독한다. _ 조지 로저스(George Rogers)

263
어린양의 혼인잔치

천사가 내게 말하기를 기록하라
어린양의 혼인 잔치에 청함을 받은 자들은
복이 있도다 하고
_ *요한계시록 19:9*

요한은 그가 보고 들은 것에 대해 너무 놀라 기록하는 것을 잊어버렸다. 그때 그는 그것을 기록하도록 경고를 받았는데, 그 이유는 다음과 같다:

- 그 안에 기록된 진술의 가치 때문에.
- 하나님의 확실한 약속과 참되신 말씀으로서 그 절대적 확실성 때문에.
- 주님의 재림을 바라는 모든 사람들의 위로를 위해 이 말씀을 항상 기억해야 할 당위성 때문에.

이 사실 곧 사람들이 어린양의 혼인잔치에 참여하게 된다는 것은 너무나 좋은 일이기 때문에 주님의 명령을 통해, 그리고 성령의 비준과 보증 아래 특별히 인증되지 않는다면 참된 것으로 보이지 않을 것이다.

역사적 순서를 보면, 사이비 매춘부 교회가 먼저 심판을 받도록 되어 있다(앞장을 보라). 그리고 이어서 그리스도의 신부가 인정을 받고 영광을 받는다.

I. 신랑에 관한 묘사.

영감을 받은 사도는 그분을 "어린양"으로 묘사한다.

이것은 주님에 대한 요한의 특별한 호칭이다. 아마 그는 그 호칭을 요단강가에서 "어린양을 보라"고 외친 세례 요한에게서 듣고 배웠을 것이다.

우리가 일찍 배우는 것은 오래도록 지속된다.

요한은 이 호칭을 요한계시록에서 끊임없이 사용한다.

성경의 마지막 책은 계속해서 예수님을 하나님의 어린양으로 계시한다.

이 구절에서 어린양의 혼인은 비유로서는 적절치 못한 것처럼 보일 수도 있으나 요한은 말이 아니라 의미적인 면에서 그렇게 바라보고 있는 것이다.

그는 무엇보다 먼저 우리가 죄에 대한 희생제물로서 주님이 영광 중에 나타나리라는 것과 어린양으로서 그분이 교회가 완전케 될 때 자신을 만물의 완성자로서 드러내신다는 것을 기억하기를 바란다.

1. 어린양으로서 그분은 죄에 대한 영원한 희생제물이다. 그분은 영광 중에 이것을 분명히 하실 것이다.
2. 죄를 위해 고난당하신 어린양으로서 그분은 천사들 및 다른 거룩한 존재들의 눈에 특별히 영광스럽게 되고, 그 영광스러운 날에 그 모습을 더욱 크게 보여 줄 것이다.
3. 어린양으로서 그분은 그의 교회에 대한 사랑을 충분히 보여 주셨다. 따라서 그분은 그의 사랑이 승리하는 날에 더욱 그런 모습으로 나타나실 것이다.
4. 어린양으로서 그분은 우리 영혼들을 가장 사랑하신다. 보라, 그분이 어떻게 우리를 죽기까지 사랑하셨는가를!

심지어는 죄에 대한 희생제물로서도 그분은 우주에 자신을 나타내시기를 좋아하신다.

II. 혼인 잔치의 의미

저녁 때, 곧 복음의 시대가 끝날 때 다음과 같은 일이 있을 것이다:

1. 교회의 온전함과 완전함. "그의 아내가 자신을 준비하였으므로"(7절).
2. 교회가 그리스도와 가장 가깝고, 가장 행복한 친교에 들어감. "어린양의 혼인 기약이 이르렀고"(7절). 그 배우자들이 이것을 위해 나아올 것

이다.

3. 교회와 그리스도 양자의 간절한 기대가 성취됨.
4. 양자 간의 사랑과 연합이라는 위대한 사실이 공개적으로 이루어짐.
5. 양자 간의 즐거움과 기쁨이 흘러넘침. “우리가 즐거워하고 크게 기뻐하며” (7절).
6. 잔치에서 아낌없는 아량이 베풀어짐.
7. 영원히 깨지지 않을 안식이 시작됨. 교회는, 룻처럼, 그의 남편의 집에서 안식을 얻게 될 것이다.

III. 잔치에 청함 받은 사람들.

그들은 청함을 받고 그것을 거부한 사람들이 아니라:

1. 청함을 받고 그 초대에 응한 사람들이다.
2. 입장권인 믿음을 소유한 사람들이다.
3. 신랑과 신부를 사랑하는 사람들이다.
4. 성결의 혼인예복을 입은 사람들이다.
5. 불이 켜진 등을 들고 잠을 자지 않은 사람들이다.

이들은 혼인잔치에 청함 받은 사람들이다.

IV. 그들에게 돌아가는 복.

1. 그들은 지금도 자기들을 행복하게 하는 전망을 갖고 있다.
2. 그들은 이런 미래로 청함 받은 것에 큰 영예를 갖고 있다.
3. 그들은 그 잔치가 있을 때 진실로 행복하게 될 것이다 왜냐하면:
   - 청함 받은 사람들은 입장을 허락받은 사람들이기 때문이다.
   - 입장을 허락 받은 사람들이 혼인하게 될 것이기 때문이다.
   - 예수님과 혼인하게 되는 사람들은 영원토록 행복할 것이다. 얼마나 많은 혼인이 불행으로 끝나고 말까! 하지만 주님과의 결혼은 절대로

그렇지 않다.

슬프도다, 이 복을 받지 못한 사람들이여! 이 복을 받지 못하는 자들은 정죄 받을 것이다.

✣ 결혼행진곡 ✣

잔치에 낯선 사람들을 청한 자들이 마지막 손님이 올 때까지 머물렀던 것과는 다르게, 그리스도께서 영광 중에 오실 때에는 택함 받은 모든 자들이 한 번에 모일 것이다. 우리를 자신에게 이끌기 위해 그리스도께서 영광 중에 오시는 그때는 오심 중의 오심이 될 것이다. _ 리처드 십스

"어린양의 혼인 잔치"에 "청함 받아" 그 자리에 "앉아 있는" 자들은 얼마나 복 있는 자들일까! 그들은 "진실로 그분의 식탁에 앉아 왕"이 되고 "거기서 향기를 풍기는 감송향"이 될 것이다."

모든 인간을 위해 단번에 십자가에서 그 괴로운 죽음을 당하신 주님은 흰 세마포를 입고 환한 얼굴을 하고 있는 행복한 사람들을 둘러보고, 자신의 고난의 열매를 바라보실 것이다. 그분은 "자기 영혼의 산고의 열매를 보고 만족해 하실 것이다." 그것은 가장 심오한 계획에 의해 성취된 하나님의 영원한 연합이다. 그들은 창세전에 그리스도께 주어진 사람들로서, 그날에 구별되고, 모이고, 깨끗함을 받고, 구원 받아 한 사람도 버림 받지 아니하리라! _ 제임스 본(James Vaughan)

우리는 주님이 현재 우리를 사랑하는 것보다 그때 더 크게 사랑하리라고 말하지는 못하지만, 그 사랑을 더욱 누리게 될 것이라고는 말할 수 있다. 그분은 그것을 더욱 분명히 드러내시고, 우리는 그것을 더 분명히 보고, 더 잘 이해하게 될 것이다. 그것은 마치 그분이 우리를 더 크게 사랑하시는 것처럼 보이게 할 것이다. 그분은 모든 감정과 비밀과 목적들을 담고 있는 자신

의 온 마음을 우리에게 활짝 열어 보여 주시고, 우리로 하여금 최소한 그것들을 이해할 수 있을 때까지 알려 주실 것이다. 그렇게 우리에게 알려 주시는 것은 그대로 우리의 행복이 될 것이다. 이 순간의 사랑은 완전한 사랑이 될 것이다. 이 혼인잔치는 사랑의 축제요, 사랑의 승리가 될 것이다. 높아지신 구주께서 최대한도에 이르기까지 우리를 사랑하신 그 사랑을 온 우주에 보여 주시기에 우리는 천국에서도 새로운 열정과 감사와 경배와 즐거움으로 그분을 사랑하게 될 것이다.

우리의 행복을 위해 주님이 마련해 놓은 준비들이 우리를 깜짝 놀라게 할 것이다. 화려한 군주의 식탁에 처음으로 앉아본 거지를 상상해 보라. 이때는 특별한 영광과 즐거움의 시간이 될 것이다. 그가 자기 주위의 웅대함을 보고, 또 자기를 흡족하게 하기 위해 준비된 방대한 물건들을 보고 얼마나 놀라겠는가! 어떤 것들은 그에게 완전히 새롭고, 또 어떤 것들은 지금까지 전혀 상상하지 못했던 풍성함과 광대함을 보여 주었을 것이다. 이와 마찬가지의 일이 천국에서 우리에게 일어날 것이다. 우리는 그것을 잔치, 그것도 왕의 잔치라고 부를 것이다. 그것은 우리에게 한 번도 상상하지 못했던 즐거움, 우리가 지금까지 가졌던 최고의 기대보다 더 크고, 더 높은 기대를 갖고 바라보는 만족이 될 것이다. 우리는 우리의 지위와 조건이 아니라 영광의 하나님의 지위와 조건 그리고 그 위대함과 웅대함에 기초해서 준비된 우리를 위한 장면들을 보게 될 것이다. _ 찰스 브래들리

264
하나님의 참되신 말씀인 성경

또 내게 말하되 이것은 하나님의 참되신 말씀이라
_ *요한계시록 19:9*

이 말씀은 직전 말씀과 관련이 있다.

- 음행한 교회에 대한 심판(2절).
- 그리스도의 영광스런 우주적 통치(6절).
- 마지막 영광의 시기에 구원 받은 자들에게 주어지는 그리스도의 확실한 보상과 영광(7- 8절).
- 교회의 현존, 미덕, 순결, 단일성 그리고 영광.
- 사랑과 기쁨과 영광 속에서 펼쳐지는 그리스도와 교회의 연합.
- 이 연합에 참여하는 자들 모두에게 주어지는 복.

여기서 언급되고 있는 주제들은 하나님이 인류 역사의 미래에 관해 하신 말씀을 요약하고 있다.

우리는 우리 앞에 주어진 이 말씀을 급보를 전하는 것처럼 살펴볼 것이다:

I. 성경에 대한 올바른 평가.

1. 우리가 신구약성경에서 발견하는 이 말씀은 사실이다. 과실이 없고, 확실하고, 지속적이고, 오류가 없다.
2. 이 말씀은 신적 말씀이다. 무오하게 영감 받은 참진리로서, "하나님의 말씀"이다.
3. 이 말씀은 다음과 같은 것들과 반대되는 것으로서 진실하고 신적이다:
   - 인간의 말. 이것은 참일 수도 있고, 아닐 수도 있다.

- 자칭 하나님의 말씀. 거짓 선지자들은 어리석은 지식을 하나님의 이름으로 공언하지만, 그들의 말은 거짓말이다.

4. 이 말씀은 한마디도 빠짐없이 신성한 말씀이다. "이것은 하나님의 참되신 말씀이라."
   - 다음과 같이 말할 수 있을 만큼, 이 말씀은 진실해서 너무 엄격하고 사랑의 하나님에 의해 선포된 말씀으로서 너무 두렵다:
   - 떠는 자들이 두려워할 만큼, 진리로서 정말 유익하다.
   - 새것을 추구하는 자들도 인정할 만큼, 진리로서 결코 고리타분하지 않다.
   - 세상의 지혜도 말할 만큼, 신성한 진리로서 아주 단순하다.
5. 이 말씀은 다음과 같은 이유로 우리에게 복이다.
   - 만일 우리가 하나님으로부터 오는 확실한 계시를 가지고 있지 못하다면, 무엇이 우리를 인도할 수 있겠는가?
   - 그 계시가 전부 진실이 아니라면 어떻게 우리가 그것을 이해할 수 있겠는가? 우리를 크게 초월해 있는 주제들에 관해 우리가 어떻게 진실과 오류 사이를 분별할 수 있겠는가?

II. 이 평가가 가져오는 결과.

만일 당신이 "이것은 하나님의 참되신 말씀이라" 고 믿는다면:

1. 당신은 그것을 귀 기울여 듣고, 설교자를 통해 들은 내용을 이 무오한 기준에 따라 판단하게 될 것이다.
2. 당신은 이 말씀을 확신을 가지고 받아들일 것이다.
   - 이것은 이해한 것에 대해 신뢰를 줄 것이다.
   - 이것은 마음에 평안을 줄 것이다.
3. 당신은 존중하는 마음으로 이 말씀에 복종하고, 이 교훈에 순종하며, 그 가르침을 믿고, 그 예언들을 높이 평가할 것이다.

4. 당신은 어려움 속에서도 하나님의 약속이 이루어질 것을 기대할 것이다.
5. 당신은 계시된 진리를 끝까지 붙들고 있을 것이다.
6. 당신은 담대하게 그것을 전파할 것이다.

III. 이 평가에 대한 우리의 정당화.

오늘날 우리는 성서숭배자 또는 다른 새로운 범죄자들이라고 비난받을 수 있다. 하지만 우리는 성경의 영감에 대한 믿음을 고수해야 한다. 왜냐하면:

1. 성경이 스스로 하나님의 말씀임을 천명하고 있기 때문이다.
2. 성경은 유일한 엄위와 권위를 갖고 있고, 하나님의 진리가 선포될 때 우리는 이것을 역력히 느끼기 때문이다.
3. 성경속에는 놀라우신 하나님의 전능성이 담겨져 있는데, 우리는 그것이 우리의 내밀한 영혼에 비춰질 때, 그것을 인식하게 되기 때문이다.
4. 성경은 스스로 진리임을 다음과 같이 우리에게 입증해 보였기 때문이다.
   - 성경은 죄의 쓰라린 열매에 대해 경고하고, 우리는 그것을 경험했다.
   - 성경은 마음의 죄악에 관해 말하고, 우리는 그것을 확인했다.
   - 성경은 평안을 주는 보혈의 능력에 관해 말씀하고, 우리는 예수님을 믿는 믿음 안에서 그것을 확인했다.
   - 성경은 하나님의 은혜의 순결케 하는 힘에 관해 말씀하고, 우리는 이미 그 실례들을 갖고 있고, 그래서 그 이상이 되기를 갈망했다.
   - 성경은 기도의 효력에 관해 주장하는데, 그것은 사실이다.
   - 성경은 하나님을 믿는 믿음의 고도의 능력을 확증하고, 우리는 믿음으로 말미암아 시험 속에서도 그 능력을 체험했다.
   - 성경은, 섭리 속에 드러난 것처럼, 그의 백성들에 대한 하나님의 신실

하심을 주장하고, 우리는 그것을 체험했다. 지금까지 모든 것이 우리를 위해 합력하여 선을 이루었다.

5. 우리 마음속에 계시는 성령의 증거는 성경에 대한 우리의 믿음을 확증한다. 우리는 믿음을 통해 죄로부터 구원받게 됨을 확신한다. 이 말씀은 우리 안에 이처럼 은혜로운 결과들을 가져다주기 때문에 진정 하나님의 말씀임에 틀림없다.

따라서 우리는 다음과 같은 사실들을 하나님의 참되신 말씀으로 받아들인다.

- 우리 주님이 재림하신다는 선언.
- 죽은 자들이 그분의 부르심을 따라 살아난다는 교리.
- 산 자와 죽은 자에 대한 심판이 있을 것이라는 사실. 그리고 그 결과 성도들은 영생을 누리고 죄인들은 영벌에 처해질 것이라는 사실.

중요한 인용

하늘에서 온 것이 아니라면, 특별히 그 비법을 배우지 않은 사람들이
그토록 무수한 시대에 걸쳐, 그토록 다양한 분야에서,
이처럼 일치된 진리를 어떻게 보여 줄 수 있었겠는가? 아니 어떻게,
아니 왜 그들이 공모해서 거짓말로 우리를 속이려고 했단 말인가?
그들의 고통은 대가가 없고, 그들의 권고는 보람이 없고,
그들의 업적은 사장되고, 그들의 희생은 박해를 받았도다.

_드라이든

대부분의 일들에 관해 "헛되고 헛되니, 모든 것이 헛되도다" 고 말할 수 있다. 하지만 성경에 관해서는 "진실하고 진실하니, 모든 것이 진실하다" 고 진실로 말할 수 있다. _애로우스미스(Arrowsmith)

참된 것은 어떤 불에도 능히 견디고 정련되어 나오는 유일한 석면과 같다. _ 토머스 칼라일

한 젊은이가 방탕한 생활 습관에 빠져 방종하고 무절제한 삶을 살았다. 그는 자주 밤늦게까지 잠을 자지 않았고, 그리스도인인 아버지의 충고를 듣지 않았다. 드디어 올 것이 오고 말았다. 아버지는 그에게 집을 떠나든지 절제 있는 생활을 하든지 양자택일을 하라고 다그쳤다. 그는 옛 습관을 선택했고, 집을 떠나 떠돌이 생활을 했다. 그는 그 생활이 집에서 억압된 삶을 사는 것보다 훨씬 더 즐겁다고 생각했다. 얼마 후 그는 불신 사상을 가진 몇몇 친구들과 어울렸고, 곧 그들처럼 신앙에 대해 냉소적이고, 부모가 가르쳤던 모든 교훈들을 무시했다. 그러나 그의 부모의 기도는 계속되었고, 그 기도는 놀랄 만한 방법으로 응답을 받았다. 어느 날 밤 그는 자리에서 일어나 홀로 상념에 빠져들었다. "나는 사람들에게 성경에는 진리가 없다고 말한다. 하지만 어딘가 진리는 있을 것이고, 만일 성경에 진리가 없다면, 그것은 과연 어디에 있을까? 성경이 진리에 관해 말하는 것이 놀랍다."

이렇게 하여 그는 성경에 이끌리게 되었고, 진리가 선언되고 있는 구절을 모조리 읽게 되었다. 성경은 스스로 그 진리를 증거했다. 그는 성경이 살아계신 하나님의 진리의 말씀이라고 가르침 받았던 기억이 되살아났다. 그는 자신의 과거의 삶의 죄를 회개했다. 그리고 길과 진리와 생명이신 예수님을 바라보도록 이끌렸다. 그의 이후의 삶은 과거의 삶과는 정반대가 되었다. _ G. 에버러드(G. Everard)

독자 여러분들께 알립니다!

'CH북스'는 기존 **'크리스천다이제스트'**의 영문명 앞 2글자와
도서를 의미하는 **'북스'**를 결합한 출판사의 새로운 이름입니다.

세계기독교고전 63

스펄전 신약설교노트

1판 1쇄 발행 2005년 9월 25일
2판 1쇄 발행 2019년 8월 19일
2판 2쇄 발행 2021년 9월 7일

발행인 박명곤 CEO 박지성
기획편집 채대광, 김준원, 박일귀, 이은빈, 김수연
디자인 구경표, 한승주
마케팅 유진선, 이호, 김수연
재무 김영은
펴낸곳 CH북스
출판등록 제406-1999-000038호
전화 070-4917-2074 **팩스** 031-944-9820
주소 경기도 파주시 회동길 37-20
홈페이지 www.hdjisung.com **이메일** main@hdjisung.com
제작처 영신사 월드페이퍼

※ CH북스는 (주)현대지성의 기독교 출판 브랜드입니다.

“크리스천의 영적 성장을 돕는 고전”
세계기독교고전 목록

1 **데이비드 브레이너드 생애와 일기**
조나단 에드워즈 편집
2 **그리스도를 본받아** | 토마스 아 켐피스
3 **존 웨슬리의 일기** | 존 웨슬리
4 **존 뉴턴 서한집 - 영적 도움을 위하여** | 존 뉴턴
5 **성 프란체스코의 작은 꽃들**
6 **경건한 삶을 위한 부르심** | 윌리엄 로
7 **기도의 삶** | 성 테레사
8 **고백록** | 성 아우구스티누스
9 **하나님의 사랑** | 성 버나드
10 **회개하지 않은 자에게 보내는 경고**
조셉 얼라인
11 **하이델베르크 요리문답 해설** | 우르시누스
12 **죄인의 괴수에게 넘치는 은혜** | 존 번연
13 **하나님께 가까이** | 아브라함 카이퍼
14 **기독교 강요(초판)** | 존 칼빈
15 **천로역정** | 존 번연
16 **거룩한 전쟁** | 존 번연
17 **하나님의 임재 연습** | 로렌스 형제
18 **악인 씨의 삶과 죽음** | 존 번연
19 **참된 목자(참 목자상)** | 리처드 백스터
20 **예수님이라면 어떻게 하실까** | 찰스 쉘던
21 **거룩한 죽음** | 제레미 테일러
22 **웨이크필드의 목사** | 올리버 골드스미스
23 **그리스도인의 완전** | 프랑소아 페넬롱
24 **경건한 열망** | 필립 슈페너
25 **그리스도인의 행복한 삶의 비결** | 한나 스미스
26 **하나님의 도성(신국론)** | 성 아우구스티누스
27 **겸손** | 앤드류 머레이
28 **예수님처럼** | 앤드류 머레이
29 **예수의 보혈의 능력** | 앤드류 머레이
30 **그리스도의 영** | 앤드류 머레이
31 **신학의 정수** | 윌리엄 에임스
32 **실낙원** | 존 밀턴
33 **기독교 교양** | 성 아우구스티누스
34 **삼위일체론** | 성 아우구스티누스
35 **루터 선집** | 마르틴 루터
36 **성령, 위로부터 오는 능력** | 앨버트 심프슨
37 **성도의 영원한 안식** | 리처드 백스터
38 **웨스트민스터 소요리문답 해설** | 토머스 왓슨
39 **신학총론(최종판)** | 필립 멜란히톤
40 **믿음의 확신** | 헤르만 바빙크
41 **루터의 로마서 주석** | 마르틴 루터
42 **놀라운 회심의 이야기** | 조나단 에드워즈
43 **새뮤얼 러더퍼드의 편지** | 새뮤얼 러더퍼드
44-46 **기독교 강요(최종판) 상·중·하** | 존 칼빈
47 **인간의 영혼 안에 있는 하나님의 생명**
헨리 스쿠걸
48 **완전의 계단** | 월터 힐턴
49 **루터의 탁상담화** | 마르틴 루터
50-51 **그리스도인의 전신갑주 I, II** | 윌리엄 거널
52 **섭리의 신비** | 존 플라벨
53 **회심으로의 초대** | 리처드 백스터
54 **무릎으로 사는 그리스도인** | 무명의 그리스도인
55 **할레스비의 기도** | 오 할레스비
56 **스펄전의 전도** | 찰스 H. 스펄전
57 **개혁교의학 개요(하나님의 큰 일)**
헤르만 바빙크
58 **순종의 학교** | 앤드류 머레이
59 **완전한 순종** | 앤드류 머레이
60 **그리스도의 기도학교** | 앤드류 머레이
61 **기도의 능력** | E. M. 바운즈
62 **스펄전 구약설교노트** | 찰스 스펄전
63 **스펄전 신약설교노트** | 찰스 스펄전
64 **죄 죽이기** | 존 오웬